Das Buch

„Bei allem, was über Kybernetik geschrieben worden ist, fehlte es bisher an einer zusammenfassenden Gesamtdarstellung, die auch dem interessierten Laien diese Wissenschaft zugänglich macht. Im Vorwort erklärt Flechtner zwar, daß es sich bei diesem Werk nicht um ein Lehrbuch handeln solle, doch man kann sich kaum vorstellen, wie ein gutes Lehrbuch über Kybernetik besser geschrieben werden könnte."
Frankfurter Allgemeine Zeitung

„Die Darstellung stößt wirklich bis zu den grundlegenden Aussagen vor. In Zukunft kann sich niemand, der ohne Sachkenntnis über Kybernetik spricht, damit herausreden, es handle sich bei ihr um eine Geheimwissenschaft. Das Buch zeigt, daß die Elemente der Kybernetik durchaus einem breiten Leserkreis zugänglich gemacht werden können, wenn sich der Autor nur der Mühe unterzieht, sich durch das Dickicht der üblichen schwülstigen Betrachtungen zu diesem Thema hindurchzuarbeiten."
Bayerischer Rundfunk

Hans-Joachim Flechtner:

Grundbegriffe der Kybernetik

Eine Einführung

Deutscher
Taschenbuch
Verlag

dtv

April 1984
Deutscher Taschenbuch Verlag GmbH & Co. KG,
München

Umschlaggestaltung: Celestino Piatti
Gesamtherstellung: C. H. Beck'sche Buchdruckerei,
Nördlingen
Printed in Germany · ISBN 3-423-04422-5

Vorwort zur 1. Auflage

Die Zahl der bereits vorliegenden einführenden und auch allgemein verständlichen Schriften über Kybernetik ist nicht gerade gering, doch sie betreffen meist nur ausgewählte Teile dieser sehr komplizierten Wissenschaft. Die meisten Werke sprechen überdies mehr *über* Kybernetik, nur wenige stellen sie selbst dar. Mehrfach wird die Ansicht vertreten, daß eine Einführung in *die* Kybernetik gar nicht von einem einzelnen dargestellt werden könne, es bedürfe dazu vielmehr der Zusammenarbeit verschiedener Fachgelehrter. Hierbei verwechselt man zweifellos die *Anwendungen* der Kybernetik mit dieser selbst.

In dem vorliegenden Buch wird versucht, eine Einführung in *die* Kybernetik zu geben, und zwar speziell eine Einführung für Leser, die zwar großes Interesse für Kybernetik besitzen, denen aber die mathematischen und technischen Vorkenntnisse zu einem fachlichen Studium dieser Wissenschaft fehlen. Wenn auch eine Einführung in die Kybernetik ganz ohne Mathematik als ernsthafter Lehrgang nicht möglich ist, so wird doch in dem Buch versucht, die unbedingt notwendige Mathematik auf die *einfachste Schulmathematik* zu beschränken (und auch von dieser wird noch manches erneut erklärt).

Das Buch ist eine Einführung und kein Lehrbuch, man erarbeitet sich mit ihm die elementaren Begriffe — eben die „Grundbegriffe" — und man kann auf diese Weise einen ersten Überblick über diese Wissenschaft gewinnen, die mit ihren Problemen, Methoden und Erkenntnissen fast alle Disziplinen berührt, zumal da diese elementare Einführung noch durch wissenschaftstheoretische Betrachtungen ergänzt wurde.

Nach einem Gesamtüberblick über das weit verzweigte Gebiet kybernetischer Probleme aus der „Vogelschau" im ersten Teil werden die Grundbegriffe in den Abschnitten „Information", „Informations-Übertragung", „Nachrichten-Verarbeitung" entwickelt und mit dem Leser zusammen erworben.

Dabei entsteht das Bild der Kybernetik als einer allgemeinen *Grundwissenschaft*.

Von dieser Basis aus bemüht sich die Darstellung um eine Klärung der für die Kybernetik zentralen Probleme. Der letzte Teil behandelt „das Verhalten der Systeme", speziell das „Lernen" und „Denken" in kybernetischer Sicht, wobei auch auf das viel erörterte Problem „Können Maschinen denken?" neues Licht fällt. Auch die Anwendungsmöglichkeiten der Kybernetik, die Hilfe, die sie in zahlreichen anderen Wissenschaften zu geben vermag, werden dadurch verständlicher und erscheinen wohl nicht mehr — wie heute noch manchem Fachgelehrten — als eine Art „Eindringen artfremden Denkens".

Das Buch läßt sich als der Versuch einer Synthese kennzeichnen, einer Synthese zweier Darstellungsmöglichkeiten der Kybernetik, wie sie durch die Titel zweier bekannter Bücher bezeichnet werden können: „Cybernetics without Mathematics (H. GRENIEWSKI) und „Kybernetik in philosophischer Sicht" (G. KLAUS): es bemüht sich, durch die „philosophische Sicht" die mathematikfreie Einführung zu vertiefen und zugleich auf dem Wege einer schrittweise vordringenden Einführung eine philosophische Sicht der Kybernetik zu gewinnen.

Marburg, April 1966 H. J. FLECHTNER

Vorwort zur 5. Auflage

Durch den schnellen Absatz der 4. Auflage innerhalb eines Jahres wurde eine Neuauflage notwendig, die nur geringfügige Änderungen enthält. Sehr dankbar bin ich für einige Hinweise in den Kritiken, die noch berücksichtigt werden konnten.

Marburg, Januar 1970 H. J. FLECHTNER

Inhaltsverzeichnis

Was ist Kybernetik?

Ein Buch — und eine neue Wissenschaft 1
Die Entstehung der Kybernetik 3
Vorläufige Begriffsbestimmung 9

1. Kommunikation

1.1. Was ist Kommunikation? 12
1.2. Das Kommunikations-System und seine Teile 16
1.2.1. Das Kommunikations-System 16
1.2.2. Die Teile des Kommunikations-Systems 18
1.3. Das Verhalten der Systeme 24
1.3.1. Wirkung der Nachricht 24
1.3.2. Auslösen 26
1.3.3. Steuern 27
1.3.4. Regeln 34
1.3.5. Anpassung 43
1.3.6. Abschluß und Überleitung 50

2. Information

2.1. Grundbegriffe 52
2.1.1. Zeichen und Signal 52

2.1.1.1. Zeichen und Anzeichen 52
2.1.1.2. Die drei Dimensionen der Semiosis 54
2.1.1.3. Alphabet und Code 55
2.1.1.4. Code und Signal 57
2.1.2. Signal und Nachricht 61
2.1.3. Nachricht und Information 64
2.2. Der Begriff der Information 66
2.2.1. Der Alltagsbegriff 66
2.2.2. Die drei Dimensionen der Information 69
2.2.3. Information und Nachricht 71
2.2.4. Der syntaktische Informations-Begriff 73
2.3. Code und Codierung 78
2.3.1. Die Kombination der Zeichen 78
2.3.1.1. Das Dualsystem 78
2.3.1.2. Anzahl der Kombinationen 80
2.3.1.3. Die Universalbibliothek 83
2.3.2. Synthetische und lebende Sprachen 89
2.3.3. Auswahl und Entscheidung 91
2.3.4. Der Binärcode 94
2.3.5. Anzahl der Entscheidungen 98
2.3.6. Code und Wahrscheinlichkeit 101
2.3.7. Redundanz 111
2.3.7.1. Der Begriff der Redundanz 111
2.3.7.2. Code und Redundanz 114
2.4. Das Maß der Information 117

3. Nachrichten-Übertragung

3.1. Theorie der Informationsübertragung 123
3.1.1. Das Informationssystem 123
3.1.1.1. Der Begriff 123
3.1.1.2. Struktur des Systems 124

3.1.1.3. Funktion und Eigenschaften des Systems 127
3.1.2. Die Informationsquelle 131
3.1.2.1. Begriff der Informationsquelle 131
3.1.2.2. Arten von Informationsquellen 132
3.1.2.3. Die Information der diskreten Quelle 134
3.1.2.4. Die kontinuierliche Quelle 135
3.1.3. Das Kanalsystem 141
3.1.3.1. Begriff des Kanalsystems 141
3.1.3.2. Der Wandler 144
3.1.3.3. Der eigentliche „Kanal" 148
3.1.3.4. Der Rückwandler 153
3.1.4. Der Empfänger 155
3.2. Technische Nachrichten-Übertragung 158
3.2.1. Arten technischer Informations-Systeme 158
3.2.2. Träger und Signal 161
3.2.3. Parallel- und Serienübertragung 165
3.3. Nachrichtenübertragung in biologischen Systemen 170
3.3.1. Die biologische Nachrichtenübertragung und ihre Arten 170
3.3.2. Energie als Nachrichtenträger 172
3.3.3. Nachrichtenübertragung mit materiellen Trägern 179
3.4. Ein Sonderfall: Das Speichern 188
3.4.1. Über den Begriff des Speicherns 188
3.4.2. Technisches Speichern 190
3.4.3. Biologisches Speichern 195

4. Nachrichten-Verarbeitung

4.1. Begriff und Arten des Verknüpfens 201
4.2. Elementare Verknüpfungen 208
4.2.1. Beispiele 208
4.2.2. black-box-Theorie 215
4.2.3. Schaltalgebra 221

4.3. Systemtheorie 228
4.3.1. Begriff und Arten der Systeme 228
4.3.2. Zur Theorie der Verknüpfungen 231
4.4. Kybernetische Modelle 246
4.4.1. System-Modelle 246
4.4.2. Real-Modelle 257
4.5. Kybernetische Maschinen 262
4.5.1. Maschine und Mensch 262
4.5.2. Der Digital-Rechner 269
4.5.3. Der Analog-Rechner 283

5. Das Verhalten der Systeme

5.1. Begriff und Arten des Verhaltens 286
5.2. Lernen 290
5.2.1. Der Begriff „Lernen" 290
5.2.2. Arten des Lernens 294
5.2.3. Lern-Modelle 300
5.2.3.1. Systematik der Automaten 302
5.2.3.2. Beispiele realer Lernmodelle 312
5.3. Denken 324
5.3.1. Der Begriff „Denken" 324
5.3.2. Algebra des Denkens 329
5.3.3. Modelle des Denkens 334
5.3.4. Können Maschinen „denken"? 343
5.4. Transformation und Regelung 351
5.4.1. Über Anpassung 351
5.4.2. Transformation 353
5.4.2.1. Die Transformation und ihre Darstellung 353
5.4.2.2. Systeme mit Input 360
5.4.2.3. Transformation und Information 367

5.4.3. Regelung 383
5.4.3.1. Regelung und Transformation 383
5.4.3.2. Technische und biologische Regelung 388
5.4.4. Spieltheorie und soziales Verhalten 396

Anhang

Über das Rechnen mit Logarithmen 409
Lösungen der Übungsaufgaben 412
Verzeichnis der angeführten Literatur 414
Sachregister 417
Quellenverzeichnis der übernommenen Abbildungen 423

WAS IST KYBERNETIK?

Ein Buch – und eine neue Wissenschaft

1. Im Jahre 1948 erschien ein Buch des amerikanischen Mathematikers NORBERT WIENER mit dem Titel „Cybernetics—or Control and Communication in the animal and the machine"[1]. Das war an sich nichts Ungewöhnliches; der Leser mochte einen der zahlreichen Versuche erwarten, Parallelen und Analogien zwischen Lebewesen und Maschine aufzuweisen: die Knochen als Bauträger des Körpers, die Nerven als Telegrafendrähte u. dgl. mehr. Ungewöhnlich dagegen, ja etwas anmaßend erschien, was man weiter auf dem Schutzumschlag des Buches lesen konnte: „Ein Buch von lebenswichtiger Bedeutung für Psychologen, Physiologen, Elektroingenieure, Radioingenieure, Soziologen, Philosophen, Mathematiker, Anthropologen, Psychiater und Physiker." Und mancher mag damals vielleicht gerade wegen dieses Hinweises das Buch nicht in die Hand genommen haben.

In den noch nicht zwei Jahrzehnten, die seit dem Erscheinen des Buches vergangen sind, hat sich die „Kybernetik", die damit ins Leben getreten war, derart entwickelt, daß wohl heute kaum noch jemand an ihrer Wichtigkeit für alle diese Gebiete und noch eine ganze Anzahl anderer zweifeln wird. Diese Entwicklung von einem einzelnen Buch bis zu einer umfangreichen Wissenschaft, die schon wieder in verschiedene Spezialgebiete sich aufgeteilt hat, deren Anwendungen in alle Wissenschaften, und zwar sowohl Natur- als auch Geisteswissenschaften, wie auch in die Technik, Medizin und Pädagogik reichen, dürfte in der Wissenschaftsgeschichte einmalig sein. Das Erscheinen dieses Buches wirkte wie ein Kristallkeim in einer übersättigten Lösung: gleichsam mit einem Schlage lagerten sich Kristalle an, gewann all das, was auf den verschiedensten Gebieten und in den verschiedensten Ländern „in der Luft lag", plötzlich Form, schloß sich zusammen — und die Wissenschaft „Kybernetik" war da!

Schon heute ist die Literatur über Kybernetik für einen einzelnen nicht mehr zu überblicken, gibt es in vielen Ländern eigene Zeitschriften für Kybernetik, eigene Institute nicht nur in den USA, in England, Deutschland, Frankreich usw., sondern ebenso auch in der UdSSR, in Polen und anderen Ländern. Nationale und internationale Kongresse, Symposien, Konferenzen vereinigen die Forscher der Kybernetik zu Gedankenaustausch, und seit 1956 besteht eine „Internationale Gesellschaft für Kybernetik".

---

[1] Erschienen bei Hermann et Cie. in Paris sowie bei John Wiley & Sons, Inc., in New York. — 1963 brachte der Econ-Verlag in Düsseldorf auf Grund einer erw. 2. amerikanischen Auflage eine deutsche Übersetzung unter dem Titel: Kybernetik. Regelung und Nachrichtenübertragung im Lebewesen und in der Maschine.

2. Die Diskussionen über das, was „Kybernetik" nun eigentlich ist, sind noch nicht verstummt; aber aus dem Streit der Meinungen wird doch deutlich, daß es sich hier um eine eigenartige, neue Wissenschaft handelt mit eigenen Problemen, Methoden und eigenen Denkformen — und z. T. überraschenden, ja „sensationellen" Ergebnissen.

Man kann seit einigen Jahren beobachten, wie kybernetische Anschauungen, Begriffe, Fragestellungen und Erkenntnisse in andere Wissenschaften eindringen — sei es die Biologie oder die Medizin, sei es Psychologie, Soziologie oder Wirtschaftswissenschaft. In vielen Fällen handelt es sich dabei allerdings um eine Modeerscheinung: Man übernimmt die Begriffe oder gar nur die Namen, um schon Bekanntes in neuer Form darzustellen. In vielen anderen Fällen aber hat dieses Eindringen in den anderen Wissenschaften zu neuen Fragestellungen, neuen Sichten geführt, oder es hat geholfen, komplizierte Zusammenhänge einfacher und klarer zu erfassen und damit besser zu verstehen. So gibt es heute in den verschiedensten Wissenschaften kybernetische Arbeitsgruppen, selbst in die Philosophie ist die Kybernetik eingedrungen, wenn auch sicherlich dort noch nicht gern gesehen.

Das „Sensationelle" der Entwicklung wie auch der Erkenntnisse und Theorien der Kybernetik und das Selbstbewußtsein, mit dem diese Theorien oft vorgetragen werden, haben viele Wissenschaftler abgeschreckt, und mancher wird gedacht haben, daß es einer neuen Wissenschaft angemessener sei, nicht nur den Namen der alten griechischen „Steuermannskunst", der κυβερνητική, zu entlehnen, sondern auch zu beherzigen, was PLATON einmal über diese Steuermannskunst sagt: „Sie ist aber anspruchslos und bescheiden und macht kein Aufheben von sich und gebärdet sich nicht, als ob sie Wunder was ausrichte."[1]

Hinzu kommt — was durchaus verständlich ist — daß die Öffentlichkeit in Presse, Rundfunk und populärem Schrifttum sehr bald die Ergebnisse der Kybernetik aufgriff. Kybernetische Begriffe und Thesen wurden zu vielzitierten, in seltsamstem Mißverstehen vielfältig angewendeten Schlagworten, die die Gemüter erregten, zu übertriebener Begeisterung und zu ebenso übertriebener Abwehr veranlaßten:

„Die zweite industrielle Revolution", „Der Mensch — eine Nachricht", „Denkmaschinen", „Elektronengehirne", „Maschinen mit Bewußtsein", ja, „mit Phantasie" — das sind einige dieser Schlagworte, die dem Laien einen Begriff von der Kybernetik geben sollen, die aber, da man ihren immerhin vorhandenen guten Sinn nicht kennt, nur geeignet sind, ein Zerrbild von ihr zu entwerfen.

So bedauerlich dies auch ist, so hat diese etwas künstlich entfachte Erregung vielleicht doch das eine Gute, daß die Menschen aufmerksam werden auf das nun tatsächlich Neuartige und, wenn man so will, in gutem Sinne „Sensationelle", das in dieser neuen Wissenschaft ans Licht drängt. Noch können wir nicht übersehen, wie die Kybernetik sich in vielleicht schon naher Zukunft auf unser aller Leben auswirken wird — daß die Automatisierung der Industrie *eine* Seite kybernetischer Einwirkung auf das Leben ist, mag zeigen, welche schwierigen Probleme diese Entwicklung auch Politikern und Wirtschaftspolitikern stellt. Das eine aber ist heute gewiß: „Man kann sich des kybernetischen Zugriffs bedienen oder aber ihn miß-

---

[1] PLATON: Gorgias 511 St. (Ausg. Phil. Bibl. v. O. APELT, 1944, S. 139f.).

billigen. Um ihn aber zu mißbilligen, genügt es nicht mehr, ihn einfach abzulehnen: Es bedarf der verantwortlichen, konkreten Widerlegung erwiesener Prinzipien" (STAFFORD BEER[1]).

3. In dieser „Einführung" wollen wir zu zeigen versuchen, daß die Kybernetik etwas Neuartiges ist, daß das, was diese Wissenschaft uns lehrt und was sie für die Gestaltung des menschlichen Lebens wie zur Erkenntnis der Natur und des Menschen beiträgt, nicht weniger wichtig und vom Geistigen her sicherlich nicht weniger erregend ist als etwa Atomkernenergie und Weltraumflug. Und es ist auch kein Zweifel, daß hier Probleme gestellt und bearbeitet werden, deren Lösungen wahrhaft beängstigend erscheinen müssen, solange sie noch als einzelne wie Gebilde von einem anderen Stern in den heutigen Wissenschaften auftreten und ihren Platz verlangen. Gewiß, diese Gefahren sind nicht so dramatisch wie die der Atomkernenergie — aber sie greifen vielleicht tiefer in unser Wesen ein und fordern dann noch mehr als jene eine Herrschaft der Vernunft zu ihrer Bewältigung.

4. Wenn die Kybernetik auch neu, ja neuartig ist, so ist sie doch nicht allein dem Geiste NORBERT WIENERS entsprungen. WIENER selbst betont durchaus den Zusammenhang seiner Gedanken mit früheren, und sagt einmal: „Hätte ich aus der Geschichte der Wissenschaften einen Schutzpatron für die Kybernetik zu wählen, so müßte ich LEIBNIZ wählen"[2], und stellt damit die Beziehung der Kybernetik zu jahrhundertealten Bemühungen fest.

So erscheint es nicht nur für ein anfängliches Verständnis nützlich, sondern sogar notwendig, einen Blick auf das Entstehen der Kybernetik zu werfen und aus dieser Entstehungsgeschichte ihre eigentliche Stellung in der Gesamtheit der Wissenschaft zu verstehen.

Entstehung der Kybernetik

Die erstaunliche Expansionskraft der Kybernetik erklärt sich vielleicht zum Teil dadurch, daß sie nicht nur ein Kind unserer Zeit ist, sondern daß ihre Gedanken und die ihr eigentümlichen Probleme in verschiedenen Formen tief in die Geschichte, ja bis ins Altertum reichen. Man kann fast sagen, die Kybernetik sei eine Verwirklichung sehr alter Träume, Phantasien und Wünsche — eine Verwirklichung, die eben erst heute mit unseren technischen Mitteln möglich geworden ist. Aber man betont diese geschichtliche Verwurzelung der Kybernetik doch zu sehr, wenn man, wie COLIN E. CHERRY, erklärt: „Dieser neuartige Arbeitszweig stellt keineswegs eine neue Wissenschaft dar, sondern lediglich eine Wiederbelebung von sehr alten Belangen, speziell aus dem 17. und 18. Jahrhundert, allerdings mit völlig neuer Blickrichtung und Bedeutung".[3] Daß die Blickrichtung „völlig neu" ist, das eben ist entscheidend — dieser Tatsache gegenüber sinken die „sehr alten Belange" zu bloßen Vorläufern oder gar nur zu analogen Erscheinungen herab.

---

[1] STAFFORD BEER: Kybernetik und Management. Dtsch. Übers. von ILSE GRUBRICH (Welt im Werden) Frankfurt/M. 1962, S. 7.

[2] WIENER: Cybernetics. S. 20.

[3] E. COLIN CHERRY: Kybernetik (Arbeitsgem. f. Forschung des Landes Nordrhein-Westfalen). Köln und Opladen 1954, H. 38, S. 11.

Der entscheidende Unterschied zwischen der Kybernetik und jenen alten — besser vielleicht „verfrühten“ — Versuchen und Bemühungen scheint mir darin zu liegen, daß jene Versuche kühne, phantasievolle und auch phantastische Vorstöße in Neuland waren, während die Kybernetik sich aus dem gegenwärtigen Zustande unserer Naturwissenschaft und Technik geradezu mit Notwendigkeit entwickelt hat.

Zum Verständnis der aktuellen Entstehungsgeschichte der Kybernetik muß man daher zweierlei berücksichtigen: Einmal die allgemeine wissenschaftliche Situation, aus der sie entstand — und dann den aktuellen Anlaß, der zu ihrer „Gründung“ führte, der die Entwicklung in Gang setzte.

1. Es bedarf keiner besonderen Betonung oder gar Begründung der Feststellung, daß die Wissenschaft unserer Zeit durch eine immer weiter getriebene Spezialisierung gekennzeichnet ist. Wer als Forscher aktiv arbeiten will und gezwungen ist, die Entwicklung seines Problemgebiets zu verfolgen, also die zuständige Literatur zu kennen, ist auf immer kleinere Ausschnitte verwiesen.

Diese Entwicklung, die seit etwa eineinhalb Jahrhunderten mit zunehmender Geschwindigkeit fortschreitet, hat in unseren Tagen anscheinend einen gewissen Höhepunkt erreicht. Wir stehen heute in einer Umwandlung des Spezialistentums, die erzwungen worden ist durch Probleme, die im Zuge der wissenschaftlichen Arbeit aufgetaucht sind und die sozusagen an den Grenzen der Wissenschaften liegen, dort, wo sie sich mit den Nachbarwissenschaften berühren. Dies zwingt den forschenden Wissenschaftler, sich auch mit Problemen, Denkweisen und Methoden dieser Nachbarwissenschaften zu befassen — etwas, was nach einem spöttischen Wort von Wiener bisher gleichsam als ein „breach of privacy“ betrachtet und verurteilt wurde.

Will man diese Veränderung kurz kennzeichnen, so kann man etwa sagen: aus dem „Fachspezialisten“ entwickelt sich heute der „Problemspezialist“, der aus mehreren, einander benachbarten Wissenschaften alles das kennen muß, was zur Bearbeitung und Lösung seines Problems wichtig ist. Genauer gesagt: er müßte es kennen. Da dies aus naheliegenden Gründen nur bis zu einem gewissen Grad möglich ist — dieser Grad ist allerdings in einigen Fällen schon heute erstaunlich hoch —, kam es zur Bildung der sogenannten „Arbeits-teams“, in denen Vertreter verschiedener Fächer, z. B. Physiologen, Neurologen, Biophysiker, Biochemiker, Biologen und Mathematiker, gemeinsam an einem derartigen Problem arbeiten, dessen Lösung alle diese Wissenschaften in Anspruch nimmt und zu der sie alle ihr Teil beitragen können.

Dies aber führte zu einer Annäherung der Wissenschaftler verschiedener Disziplinen, die in dieser Intensität früher unbekannt war: man lernte in der gemeinsamen Arbeit die Methoden und Denkweisen, vor allem aber auch die Problemstellungen und den Begriffsapparat des anderen Fachs kennen. Allerdings ergab sich sehr bald eine Schwierigkeit: Man hat in den letzten Jahren die Gesamtheit der Wissenschaften mehrfach mit dem „babylonischen Turmbau“ verglichen. Es zeigte sich nämlich, daß die Arbeiter am gemeinsamen Bau sich häufig nicht verstanden. Sie sprachen zwar scheinbar dieselbe Sprache, gebrauchten dieselben Wörter — aber die Begriffe, die mit diesen Namen verbunden waren, deckten sich nicht.

Dieses gegenseitige Nichtverstehen war — oft ausdrücklich — einer der wesentlichen Gründe für die große Zahl von Konferenzen und Symposien im klassischen Lande der Team-Arbeit, in den USA. Man rief Wissenschaftler der verschiedensten, an einem Problem interessierten Disziplinen zusammen, um in offener Aussprache zunächst einmal einen gemeinsamen Boden für ein Verständnis zu finden: eine einheitliche Terminologie.

Um nur ein Beispiel zu nennen: in den Jahren 1950–1954 fanden in New York fünf Symposien über „Problems of Consciousness“ statt, an denen Psychologen, Psychiater, Neurologen, Physiologen, Biochemiker, Anatomen und Embryologen, Zoologen und Biologen, Anthropologen, Psychoanalytiker, Soziologen und Ethnologen teilnahmen — also Vertreter so ziemlich aller Disziplinen, die am „Problem des Bewußtseins“ interessiert sind. Das Ergebnis des 1. Symposiums wurde von einem Teilnehmer boshaft in das Schlagwort zusammengefaßt: „Consternations and Confusion of Consciousness“, was ein zweiter dann weiter steigerte zu „Chaotic Aspects of Consciousness“.

Hier lag also offensichtlich ein ernstes Problem vor, nämlich „einen gemeinsamen Grund zu finden, auf dem die verschiedenen Wissenschaften und Disziplinen sich begegnen können“ — und darin liege nach dem Wort eines französischen Kybernetikers nun „die eigentliche raison d'être der Kybernetik“ (G. T. GUILBAUD[1]). Der englische Kybernetiker W. ROSS ASHBY formuliert entsprechend: „Cybernetics offers one set of concepts that, by having exact correspondences with each branch of science, can thereby bring them into exact relation with one other“.[2]

2. Hinzu kommt nun eine zweite Folge der Spezialisierung: die speziellen Disziplinen überdecken das Gebiet der Wirklichkeit nicht völlig. Zwischen den Grenzen der Einzelfächer finden sich „weiße Gebiete“ auf der Karte, die wissenschaftliches „Niemandsland“ darstellen — „no-man's land between the various established fields“ (WIENER) — und gerade diese Gebiete sind nach WIENERs Meinung für die Forschung die allerfruchtbarsten.

Aus dieser Vorstellung entwickelte sich bei WIENER und den mit ihm verbundenen gleichgestimmten Wissenschaftlern eine Art Traumbild einer „Akademie“, wie sie

[1] G. T. GUILBAUD: What is Cybernetics? Übers. aus dem Französischen. Heinemann, London, 1959, S. 5.

[2] W. ROSS ASHBY. An Introduction to Cybernetics. Chapman & Hall, London, 1957, S. 4. — Unabhängig von diesen aus den Einzelwissenschaften entstandenen Bemühungen haben Philosophie und moderne Wissenschaftstheorie schon vor Jahrzehnten begonnen, die Grundlagen für eine begriffliche und auch terminologische Vereinheitlichung der Wissenschaften zu legen, vor allem die sogenannte „Wiener Schule“ mit CARNAP, NEURATH u. a. (in den USA auch als „Logischer Positivismus“ bezeichnet). In einem groß angelegten Sammelwerk „International Encyclopaedia of Unified Science“ werden die Ergebnisse ihrer Untersuchungen in Einzelabhandlungen niedergelegt (The University of Chicago Press, seit 1950). Andere Richtungen, wie P. W. BRIGDMAN's „Operationismus“ (1927) oder S. S. STEVENS Bemühungen um eine „Unity of Science“ (seit 1939) sind weitere Anzeichen für die Aktualität des Problems — auch STEVENS stellt fest: „LEIBNIZ, though if any single man, was father to the idea“. „Operationism and Logical Positivism“ in: Theories in Contemporary Psychology, ed. M. H. Marx, New York, London 1963, p. 66.

wohl letztlich schon LEIBNIZ bei seinen Akademiegründungen vorgeschwebt haben mag. Es war nicht schwer, die geeigneten Mitglieder für diese „Akademie" zu finden — den Kern bildete eine Gruppe meist jüngerer Mediziner der Harvard Medical School, die sich zusammengefunden hatten, um über „wissenschaftliche Methoden" zu diskutieren. Zu diesen Diskussionen hatten sie Physiker, Mathematiker, Chemiker usw. zugezogen — und an ihnen nahm auch WIENER teil.

Der Krieg hatte auf diesen Arbeitskreis eine recht paradoxe Wirkung: Er führte zwar zu einer Auflösung des Kreises — aber er brachte zugleich den Beginn positiver Arbeit in der hier vorbereiteten Richtung: der Erforschung der „blanc spaces on the map of science", die zwischen den Disziplinen liegen und in die manche von ihnen vorstoßen, ohne daß diese Gebiete einer von ihnen eigen sind. In einem solchen Niemandsland, das an besonders viele verwandte, aber untereinander disparate Wissenschaften angrenzt, etablierte sich dann auch die Kybernetik als eigene Wissenschaft.

Schwieriger war die Wahl der Themen für die positive Arbeit. Es gab bereits eine ganze Anzahl Probleme dieser Art, die auch schon diskutiert und bearbeitet wurden — in verschiedenen Ländern und von verschiedenen Fachdisziplinen.

Da war einmal die sogenannte „Regeltechnik", also die Theorie technischer Regelgeräte, ihre Konstruktion und ihre Einführung in die Industrie zur Kontrolle von Produktionsvorgängen oder auch zur Automatisierung der Produktion.

In Biologie und Physiologie hatte sich eine ähnliche Entwicklung angebahnt, nur gleichsam in umgekehrter Richtung. Daß die „Regulierung" physiologischer Vorgänge in den Organismen eine hervorragende Rolle spielt, war schon lange bekannt — bestimmt seit CLAUDE BERNARD (1895) ihre Rolle hervorgehoben hat[1], und der Begriff der „Homöostase" (CANNON, 1932) ist auch nicht erst von Kybernetikern geschaffen worden. Dann aber hatten einige Physiologen und Biologen begonnen, auf der Suche nach Methoden, mit denen sie dieses Verhalten der Organismen und das ungeheuer komplizierte Zusammenspiel der physiologischen Vorgänge in den Lebewesen beschreiben könnten, die Begriffe und vor allem die mathematischen Methoden der Regeltechniker zu übernehmen — in Deutschland als erster der Münchner Physiologe R. WAGNER schon seit 1925. Umgekehrt konnten die Techniker aus dieser Berührung mit der Biologie wieder viel für die Theorie und für die Konstruktion ihrer „Regler" lernen.[2]

Ein zweites Gebiet, auf dem entsprechende Probleme schon behandelt wurden, war die Nachrichtentechnik — nicht zufällig ein spezielles Arbeitsgebiet WIENERS.

[1] Vgl. z. B. auch H. SCHAEFER: „Wir haben in der Physiologie eine Phase durchlebt, wo speziell in Deutschland die Regulation als vornehmstes Forschungsgebiet galt, wo zwar nicht in der Sprache des Regeltechnikers, aber doch an seinem Gegenstand gearbeitet wurde, und wo die Entdeckung regulativen Verhaltens gewisser Größen die Menschen bereits mit einer nur aus der Metaphysik verständlichen Begeisterung erfüllte." — „Die Stellung der Regeltheorie im System der Wissenschaft" in: Regelungsvorgänge in der Biologie (Beihefte z. Regelungstechnik), München 1956, S. 44.

[2] H. SCHMIDT, Prof. a. d. Techn. Universität Berlin, unternahm von technischer Seite einen Vorstoß zu einer „Allgemeinen Regelungskunde". 1940 fand auf seine Einladung eine Zusammenkunft von Technikern und Biologen in Berlin statt, auf der das Thema

Mit der rapiden Zunahme des Nachrichtenwesens in der Welt, das zugleich immer größere Entfernungen zu überbrücken hatte, entstanden für die Nachrichtentechniker viele neuartige Probleme, etwa: Wie kann man mit möglichst wenig Aufwand und in möglichst kurzer Zeit ein Maximum von Nachrichten auf beliebig weite Entfernungen übertragen? Welche Rolle spielen dabei die unvermeidlichen „Störungen"? Wie lassen sich diese Störungen vermindern, ja, auch wenn sie technisch unvermeidbar sind, doch für die Nachrichtenübertragung selbst unschädlich machen? Dabei tauchten zwangsweise Fragen auf, die die Formulierung von Nachrichten betrafen, also Probleme der Sprache, der Schrift, der „Codierung" von Nachrichten, der Erkennbarkeit von Zeichen und dgl.

Bei diesen Untersuchungen entdeckte und präzisierte man einen ganz neuen Begriff, den der „Information". Es entwickelte sich ein eigener Wissenschaftszweig, die *Informationstheorie*, selbst eine Wissenschaft auf einer terra incognita zwischen Nachrichtentechnik, Sprachtheorie, symbolischer Logik, Mathematik usw., die dann wieder für die Regeltechnik und die Biologie von zunehmender Wichtigkeit wurde, ja, letztlich für alle Gebiete — wie für die Soziologie, die Wirtschaftswissenschaft usw. — in denen das Übertragen und der Austausch von „Information" von Bedeutung ist.

Eng benachbart zu Regeltechnik und Informationstheorie wuchs die Theorie der großen Rechenautomaten, der elektronischen Rechenmaschinen. Für ihre Konstruktion waren neben den beiden genannten Wissenschaften Elektrotechnik, Elektronik, Mathematik, mathematische Logik und dgl. wichtig und mußten zur Bewältigung der hier entstehenden Probleme herangezogen werden.

So bestanden schon auf vielen Gebieten — man könnte noch manche anführen, wie z. B. die Neurophysiologie, die Psychologie — Strömungen, die aufeinander konvergierten, sich zum Teil auch überlappten. Alles drängte eigentlich zu einer Vereinheitlichung, zu einer Zusammenfassung — und es bedurfte nur des entscheidenden Anstoßes und eines Entschlusses zur „Gründung" einer solchen fundamentalen Wissenschaft, eben der *Kybernetik*.

3. Diesen Anstoß gab der Ausbruch des zweiten Weltkriegs, speziell der Eintritt der USA in diesen Krieg. Es erschien auch in den Vereinigten Staaten selbstverständlich, daß die Wissenschaftler sich jetzt für die Bearbeitung aktueller, drängender Probleme ihrem Lande zur Verfügung stellten. NORBERT WIENER war zunächst mit der Weiterentwicklung großer Rechenautomaten (computers) befaßt, wechselte dann aber zu einer dringenderen Aufgabe über: der Verbesserung der Flugzeugabwehr (anti-aircraft artillery).

Das zentrale Problem, das in dieser Aufgabe enthalten war, bestand darin, daß das Geschoß so gesteuert werden mußte, daß es zu einem späteren Zeitpunkt genau

„Regelung als Grundproblem der Technik wie der Physiologie" diskutiert wurde, und 1941 veröffentliche SCHMIDT eine „Denkschrift zur Gründung eines Institutes für Regelungstechnik" (Neudruck als Beiheft der „Grundlagenstudien aus Kybernetik und Geisteswissenschaft", Quickborn 1961) — die wohl wesentlich dazu beitrug, daß 1944 in Berlin ein „Lehrstuhl für Regelungstechnik" gegründet wurde, auf den H. SCHMIDT berufen wurde.

an der Stelle sich befand, an der auch das Flugzeug inzwischen angekommen war. Dieses Problem ähnelt ein wenig dem des Weltraumfluges, speziell des Anfliegens eines Sterns — ja, seine einfachste mathematische Formulierung ist schon sehr alt, nämlich die bereits von LEONARDO DA VINCI behandelte „Verfolgungskurve", auch „Hundekurve" genannt: Welche Kurve läuft ein Hund, der seinen geradlinig weitergehenden Herrn von einem seitlichen Ort wieder zu erreichen sucht? Nur ist hier der Weg des „Ziels", des „targets", mathematisch festgelegt oder, wie etwa beim Ansteuern des Mondes, genau berechenbar. Bei der Flugzeugabwehr aber ist das target kein gesetzmäßig wandelnder Stern, sondern ein Pilot, der bewußt und willkürlich die Bahn des Flugzeugs ändern wird, um den Geschossen zu entgehen.

Doch — und das wurde WIENERS Ausgangspunkt — diese „Willkür" ist begrenzt, und zwar physiologisch, psychologisch und auch technisch begrenzt. Wieweit läßt sich also die Bahn des Flugzeugs trotzdem voraussehen oder gar vorausberechnen? Dies führte zu Untersuchungen über das, was WIENER gern als „Vorhersageproblem" oder auch als „theory of prediction" bezeichnet: „the forecasting of the future".

Dazu bedurfte es nun genauerer Kenntnisse über das menschliche Verhalten — und dabei entdeckten WIENER und sein Mitarbeiter JULIAN BIGELOW die Bedeutung des „feed back", der Rückkopplung, die in der „automatic control" eine so entscheidende Rolle spielt, auch für die Lebewesen.

Die drängende Zeit und die Kriegssituation mögen die Ursache gewesen sein, daß ihnen die zahlreichen, damals schon vorliegenden Arbeiten auf diesem Gebiet unbekannt blieben.[1] Die Parallelen zwischen Biologie, Psychologie und Technik wurden ihnen jedenfalls immer deutlicher — speziell interessierten sie die Analogien zwischen Nervensystem und Rechenautomaten. WIENER aber sah das Problem sogleich umfassender, da er neben den Regelungsproblemen auch gleich die der Nachrichtenübertragung und der Informationsverarbeitung mit einbezog. Er vollzog damit „den Schritt von der Beschreibung der Analogien zur Theorie der Gemeinsamkeiten der analogen Gebiete" (B. HASSENSTEIN).

4. Und eines Tages — so schreibt nun WIENER — brachte ich „eine Gruppe von Neurophysiologen, Fernmeldeingenieuren und Rechengerätfachleuten in Princeton zu einer zwanglosen Sitzung zusammen" und: „Ich glaube, diese Tagung kann wohl als der Geburtstag der neuen Wissenschaft der Kybernetik gelten, oder der Theorie der Kommunikation und der Steuerungs- und Regelungsvorgänge bei Maschinen und lebenden Organismen."[2]

Für diese Wissenschaft wurde dann der Name „Cybernetics" (Kybernetik, Cybernétique) gewählt, zurückgehend auf das griechische κυβερνήτης = Steuermann. WIENER berief sich dabei ausdrücklich auf den großen englischen Physiker CLERK MAXWELL, der 1868 die erste bedeutende Theorie eines „feed-back"-Mechanismus geliefert hat, nämlich des Wattschen Dampfmaschinenregulators (governor). Diese Gründung und Taufe der Kybernetik wurden im Sommer 1947 vollzogen.

[1] Zum Beispiel R. WAGNERS Arbeiten in der Zeitschrift für Biologie 1925–1927, in denen auch der Begriff der „Rückkoppelung" (= feed back) schon auftritt.

[2] NORBERT WIENER: Mathematik — mein Leben. Düsseldorf–Wien 1962, S. 233.

Vorläufige Begriffsbestimmung

1. Es gibt heute schon eine Fülle von Definitionen und Wesensbestimmungen der Kybernetik, die wohl alles Wesentliche an ihr erfassen, aber doch meist in Überbetonung einer bzw. einiger Seiten. Man kann Kybernetik z. B. bestimmen als „allgemeine formale Wissenschaft der Maschinen" (W. Ross Ashby), aber eine solche Bestimmung ist solange nichtssagend, als man nicht weiß, daß hier unter „Maschinen" auch Lebewesen, Gemeinschaften, Volkswirtschaften und dgl. zu verstehen sind. Nimmt man den Begriff der „Maschine" aber so weit, so schießt die Definition über das Ziel hinaus — auch dann, wenn man sie etwa auf das „Verhalten" solcher Maschinen einengt.

Welches Verhalten? Nun, etwa das „Erreichen von Zielen". Die Kybernetik wäre dann eine Wissenschaft, die uns „systematisch zur Erreichung jedes beliebigen Zieles" befähige (A. Ducrocq), also z. B. auch politischer Ziele. Damit wäre dann der Anschluß an die Geschichte gefunden, denn 1834 hat der große Physiker André Marie Ampère die Idee einer Wissenschaft entwickelt, die er „cybernétique" nannte und die sozusagen eine Verfahrenslehre des Regierens sein sollte. Doch wie stimmt eine solche Definition zusammen mit der These, Kybernetik sei „die Theorie der Aufnahme, Verarbeitung und raumzeitlichen Übertragung von Information" (H. Frank, 1962[1])? Besser schon paßt dazu die Bestimmung „Kybernetik ist die Wissenschaft von Kommunikation und Regelung" (Stafford Beer), die sich an die ursprüngliche Wieners anschließt. Doch eine andere Definition Wieners stützt wieder die Bestimmung Franks, wenn er sagt, Gegenstand der Kybernetik sei das „Studium von Nachrichten und insbesondere von Regelungsnachrichten".

Sehr allgemein bestimmt Julien Loeb Kybernetik als „science des rélations", was aber sicherlich zu allgemein ist, ebenso wie der kurze Name „Systemtheorie" (H. Boehm, L. v. Bertalanffy) die charakteristischen differentias specificas verschweigt. Dagegen dürfte die Kennzeichnung als „Wissenschaft vom Steuern" (z. B. B. Hassenstein) nur eine Namenerklärung und zugleich zu eng sein. In strengerer Fassung — wobei dann die Regelungstechnik wieder in den Mittelpunkt tritt — definieren russische Forscher: „Das Grundverfahren der Kybernetik ist die algorithmische Beschreibung des Funktionsablaufs von Steuerungssystemen. Der mathematische Gegenstand der Kybernetik ist das Studium der steuernden Algorithmen" (A. A. Ljapunow).

Legt man das Gewicht mehr auf die Informationstheorie, so kommt man zu Bestimmungen wie: die Kybernetik sei eine „general science of informed and informing systems, and in particular, information systems" (H. Greniewski), oder wie die Definition, die Norbert Wiener 1960 auf der Naturforscher- und Ärzte-Tagung in Hannover gab: „Die Kybernetik ist die Wissenschaft von Kontrolle und Information, gleichgültig, ob es sich um lebende Wesen oder um Maschinen handelt".

2. Wenn auch keine dieser Bestimmungen als eine strenge Definition der Kybernetik angesehen werden kann, so erfassen sie doch so viele Seiten an ihr, daß man eine Vorstellung von dem Reichtum und der Vielseitigkeit dieser Wissenschaft

[1] In neuerer Fassung (1964): „Kybernetik ist die Theorie oder Technik der Nachrichten, des Nachrichtenumsatzes oder der diesen leistenden Systeme".

bekommen haben wird. Wie auch die geschichtliche Darstellung gezeigt hat, spielen Begriffe wie Kommunikation, Kontrolle, Information, Regelung, das „Erreichen von Zielen“ und das Übertragen und die Verarbeitung von Nachrichten in ihr eine wichtige Rolle. Und da das mit diesen Namen Bezeichnete offenbar in keiner anderen Wissenschaft als eigentlicher Gegenstand behandelt wird, ergibt sich schon daraus, daß die Kybernetik ein eigenes Gegenstandsgebiet besitzt.

Hinzu kommt nun aber etwas sehr Wesentliches: diese Gegenstände werden in der Kybernetik allgemein behandelt; nicht beschränkt auf Maschinen oder auf Lebewesen oder auf Gemeinschaftsformen wie Staaten oder Volkswirtschaften — aber auch nicht auf alle diese zusammen ausgerichtet. Kybernetik ist vielmehr — und darauf deuten die obigen allgemeinen Definitionen wie „Relationstheorie“ und „Systemtheorie“ hin — eine Wissenschaft von „Maschinen“ oder Systemen und deren Relationen schlechthin. Das meint etwa auch ASHBY, wenn er betont, sie sei eine Wissenschaft von allen „überhaupt möglichen Maschinen“ (im oben hervorgehobenen allgemeinen Sinn), wobei es von sekundärem Interesse sei, ob diese „Maschinen“ vom Menschen geschaffen oder in der Natur vorgefunden werden oder ob sie überhaupt nicht (oder noch nicht) verwirklicht sind.

3. Dieses wesentliche Merkmal der Allgemeinheit spiegelt sich wider in den Versuchen, die Stellung der Kybernetik innerhalb der Wissenschaft festzulegen. Man hat die Kybernetik mit der Geometrie verglichen (ASHBY) oder mit der Statistik (ST. BEER) und auch mit der Theoretischen Physik (K. STEINBUCH). Man hat ihr dann allerdings auch den Charakter einer Wissenschaft überhaupt abgesprochen und sie eher als eine Technik bezeichnet, da sie ja nicht nur Erkenntnisse erstrebe, sondern eine Veränderung der Umwelt und Lebenswelt des Menschen — letztlich mit dem großen Ziel, das WIENER auf das Titelblatt seines zweiten Buches setzte: „The Human Use of Human Beings“[1].

4. Versuchen wir nun, vorgreifend selbst eine Kennzeichnung der Kybernetik zu geben, so können wir vom Begriff des Systems ausgehen. Sicherlich kann man Maschinen und Organismen, die Menschen und ihre Gemeinschaften auch als Systeme ansehen, als organisierte Ganzheiten, deren Teile untereinander in vielfältigen Beziehungen stehen, und die selbst, als Ganze, mit anderen Systemen und allgemein mit ihrer Umwelt in zahlreichen Beziehungen verflochten sind. Also abstrakt gesprochen: strukturierte Systeme, die sich zu anderen Systemen irgendwie verhalten, somit nicht starre, sondern dynamische Systeme sind. So kommen wir zu der vorläufigen Bestimmung:

Kybernetik ist die allgemeine, formale Wissenschaft von der Struktur, den Relationen und dem Verhalten dynamischer Systeme[2].

---

[1] Der Titel der deutschen Übersetzung dieses Buches, „Mensch und Menschmaschine“ (A. Metzner Verlag, Frankfurt–Berlin 1952) legt, zum mindesten für einen unvorbereiteten Leser, eine geradezu gegensätzliche Bedeutung nahe, da mancher glaubt, hier würde die Entwicklung zum manipulierten Menschen — also zum „Maschinenmenschen“ — aufgezeigt.

[2] Dies entspricht weitgehend der Definition, die GEORG KLAUS in seinem interessanten Buche gibt: „Kybernetik ist die Theorie des Zusammenhangs möglicher dynamischer selbstregulierender Systeme mit ihren Teilsystemen“. Kybernetik in philosophischer Sicht. Dietz Verlag, Berlin 1961, S. 27.

5. Dies betrifft den grundlegenden und zugleich zentralen Teil, den wir als „Allgemeine Kybernetik“ bezeichnen wollen. Sie läßt sich ergänzen durch eine „Spezielle Kybernetik“, zu der etwa die Theorie (und Konstruktion) der elektronischen Rechenautomaten, der „lernenden Maschinen“, biologischer und soziologischer „Modelle“, von Schachspielmaschinen, von Maschinen, die sich „fortpflanzen“ können, d. h. die gleichartige Maschinen automatisch produzieren usw., zu rechnen sind.[1]

Diesen beiden Disziplinen, die man zusammenfassend „Reine Kybernetik“ nennen könnte, steht dann gegenüber die „Angewandte Kybernetik“, nämlich die Anwendung kybernetischer Begriffe, Methoden und Erkenntnisse auf Physik, Chemie, Biologie, Psychologie, Medizin, Soziologie usw. Hier spielt die Kybernetik als Hilfswissenschaft eine ähnliche Rolle wie die Mathematik in den Naturwissenschaften, wie die Physik in Chemie und Biologie. Die verschiedenen Problemgebiete der „Angewandten Kybernetik“ sind somit nicht Teile der Kybernetik selbst, sondern der betreffenden Einzelwissenschaften.

Beachtet man dies nicht, so liegt die Gefahr einer Überschätzung der Kybernetik und einer Überspannung ihres Aufgabenbereiches nahe; eine Gefahr, der manche Kybernetiker in der ersten Begeisterung zweifellos erlegen sind, so wenn einer von ihnen behauptet hat, er sei überzeugt, daß die Kybernetik die „zukünftige Universalwissenschaft“ sein werde. Von derartigen Übertreibungen wird hier nicht die Rede sein. Das Aufgabengebiet der Kybernetik ist reich und umfassend genug, und wir wollen uns bemühen, ihre Grenzen einzuhalten, denn: „Es ist nicht Vermehrung, sondern Verunstaltung der Wissenschaften, wenn man ihre Grenzen ineinanderlaufen läßt“ (Kant).

[1] Georges R. Boulanger unterscheidet auf andere Weise eine „spezielle“ („cybernétique restreinte“) von einer „allgemeinen“ Kybernetik („cybernétique générale“(. Ausgehend davon, daß die „Mechanisierung des Lernens“ den eigentlichen Ausgangspunkt der Kybernetik bilde, ist für ihn „speziell“ die „Cybernétique de Wiener“, die die Vorgänge der Selbstregulation und des Reflexverhaltens untersucht, während die „allgemeine“ morgen „intelligente Maschinen“ konstruieren wird. Deren Anspruch wird sein, „de réaliser la synthèse totale de la vie et de la mécanique“. Vgl. Boulanger: „L’Art de l’Ingenieur et la Biologie“ in: Regelungsvorgänge in lebenden Wesen (Beih. z. Regelungstechnik) München 1961, S. 13. — Daß die „Spezielle Kybernetik“, von der wir hier sprechen, nicht etwa nur eine Sonderform der Anwendung der Kybernetik auf die Konstruktion von Modellen, Maschinen usw., sondern Bestandteil der Kybernetik selbst ist, hebt etwa F. H. George hervor („The Brain as a Computer“ Pergamon Press 1961, S. 2) „Cybernetics insists ... on a rather special condition that distinguishes it from ordinary scientific theorizing: it demands a certain standard of effectiveness“ und a. a. O. S. 4. „By ‘effective’ we shall mean the construction of a theory that can be translated into a particular blueprint form, from which an actual hardware model could, if necessary, be constructed“. — Über eine andere Einteilung der Kybernetik in *Allgemeine Nachrichtentheorie, allgemeine informationelle Systemtheorie, allgemeine Regelkreislehre* und *allgemeine Systemkomplextheorie* vgl. H. Frank: „Was ist Kybernetik?“, in „Kybernetik — Brücke zwischen den Wissenschaften“. 5. veränderte Aufl., Frankfurt/M. 1965, S. 16ff.

1. KOMMUNIKATION

1.1. Was ist Kommunikation?

1. Auf Grund unserer Bestimmung der Kybernetik (S. 10) gehen wir vom „System" aus. Wir verstehen unter einem *System* vorläufig jede Zusammenstellung, Vereinigung oder Gesamtheit von „Gegenständen"[1], deren Bestandteile — im Unterschied etwa zur „Menge" — nicht ein bloßes Beieinander bilden, sondern untereinander und zum Ganzen in bestimmten Beziehungen stehen. Wir können sagen:

Systeme sind Ganze, organisierte Gesamtheiten, deren Bestandteile je nach der Art der Organisation des Ganzen sowie der Art der Beziehungen der Bestandteile untereinander und zum Ganzen als „Elemente", „Teile", „Glieder" usw. bezeichnet werden.

Die Unterscheidung von „Menge" und „System" ist dabei wesentlich methodischer Art, genauer: sie ist eine Frage der Einstellung, der Blickrichtung. Es gibt im Realen kein bloßes Beieinander im strengen Sinne, da jedes Beieinander realer Gegenstände zu Beziehungen zwischen ihnen führt: sie üben Kräfte aufeinander aus, reagieren chemisch miteinander und dgl. Wir können aber in bestimmten Fragestellungen Systeme „als Mengen ansehen", indem wir von allen Beziehungen innerhalb des Beieinander absehen. Ebenso können wir — wovon im folgenden oft die Rede sein wird — höher organisierte Ganzheiten wie etwa den Menschen, menschliche Gemeinschaften usw., in bestimmter Fragestellung als bloße „Systeme" betrachten, wobei wir uns nur für die Beziehungen zwischen den Bestandteilen interessieren: im Organismus z. B. für die Beziehungen zwischen den Zellen, Geweben, Organen, in der Gemeinschaft für die Beziehungen zwischen den Individuen.

2. Unser Thema sind also *Systeme* — aber da wir hier noch nicht „systematische Kybernetik" betreiben, sondern in diese Wissenschaft erst einführen wollen, nicht „Systeme schlechthin", sondern wir betrachten sozusagen alles in der Welt unter dem Gesichtspunkt des Systems. Das wäre nun eine unlösbare Aufgabe; um zu einer sinnvollen Fragestellung zu kommen, müssen wir uns beschränken. Dies ist in zwei Richtungen möglich: a) wir grenzen den Kreis der betrachteten Gegenstände grundsätzlich ein, oder b) wir untersuchen nicht alle Beziehungen innerhalb der Systeme.

Wir wählen hier die zweite Möglichkeit: unter den zahllosen Beziehungen zwischen den Bestandteilen realer Systeme gibt es eine besondere Gruppe, die uns vor

[1] Alles das oder woran ich denken kann ist „Gegenstand" des Denkens. So allgemein wollen auch wir hier das Wort „Gegenstand" verstehen. Gegenstand ist also jedes Ding, jedes Lebewesen, aber auch jeder Begriff, jeder Lehrsatz einer Wissenschaft. Ebenso sind auch Kollektiva, Ganze und „Systeme" selbst „Gegenstände".

allem von menschlichen Gemeinschaften her vertraut ist und die wir zusammenfassend als „Kommunikation" bezeichnen. Mit dieser Art von Beziehungen haben wir es vor allem zu tun.

Diese Wahl scheint nun aber den Bereich der betrachteten Gegenstände doch sehr erheblich einzuschränken, nämlich auf die menschlichen Gemeinschaften — aber dies ist nur scheinbar. Allerdings sind menschliche Gemeinschaften, ist speziell die Kommunikation zwischen zwei Menschen für unsere Wanderung in die bunte, vielgestaltige Welt der Kommunikation der gegebene Ausgangspunkt.

3. Beispiele für Kommunikation zwischen zwei Menschen lassen sich in nahezu beliebiger Anzahl nennen: ich spreche jemanden an, unterhalte mich mit ihm, ich winke ihm zu, grüße ihn, oder ich telefoniere mit ihm, schreibe ihm einen Brief; oder ich drücke ihm — gratulierend oder kondolierend — die Hand, packe ihn bei den Schultern usw. usw. In allen diesen Fällen stelle ich jene besondere Beziehung zu meinem Mitmenschen her, die wir *Kommunikation* nennen. Was ist nun das Gemeinsame an diesen Formen des In-Beziehung-Tretens, das erlaubt, alle diese und noch viele andere Fälle unter einen Begriff zu subsumieren? Und wodurch unterscheiden sie sich von anderen Beziehungen zwischen zwei Menschen, die nicht Kommunikation sind?

Zunächst wird aufgefallen sein, daß wir soeben von einem „In-Beziehung-Treten" gesprochen haben. Zwei Menschen können in vielerlei Beziehungen stehen — z. B. Vater und Sohn, Geschwister, Ehepaar, Freunde, Nachbarn, Kollegen usw. — ohne daß diese Beziehungen immer aktualisiert zu sein brauchen. Unter Kommunikation aber verstehen wir im allgemeinen eine aktuelle Beziehung zwischen Menschen. Weiterhin ist sie eine reale Beziehung; genauer gesagt: wir interessieren uns hier, um philosophischen Problemen auszuweichen, nur für reale Kommunikation.

Bei dieser realen Kommunikation wird die Beziehung zwischen zwei Menschen A und B dadurch hergestellt, daß „Etwas" von A zu B „übergeht". Dies wird anschaulich deutlich beim Briefeschreiben, beim Telegrafieren, aber auch beim Telefonieren, beim Sprechen miteinander. Das, was bei einer solchen Kommunikation übergeht, wollen wir vorläufig eine *Mitteilung* nennen: tritt A mit dem B in Kommunikation, so will er ihm etwas mitteilen. Das gilt nicht nur für die vier letztgenannten Beispiele, sondern ebenso auch für das grüßende Zuwinken und für den gratulierenden Händedruck: A teilt dem B etwas mit, eine Tatsache, ein Ereignis, eine gefühlsmäßige Verbundenheit, ein Mitempfinden — oder er teilt dem anderen seine Gedanken, Wünsche oder Sorgen mit. Das gilt aber schließlich auch für die Fälle, wo der Mitteilungscharakter nicht so offenbar ist: wenn wir nicht aussagen, daß wir etwas wünschen oder wollen, sondern direkt darum bitten oder etwas befehlen.

Übermittlung und Austausch von Mitteilungen — das wäre somit der erste Begriff der *Kommunikation*.

4. Damit ergibt sich aber schon, daß Kommunikation nichts nur dem Menschen Eigentümliches ist. Die „Tänze" der Bienen, mit deren Hilfe sie den Stockgenossen von der Lage günstiger Futterplätze Mitteilung machen, das gegenseitige Betasten und Beriechen der Ameisen mit ihren Antennen („Duftsprache"), das wahrscheinlich

entsprechende Funktionen hat, sind ebenso Beispiele einer Kommunikation im Tierreich wie der Warnruf eines Herdentiers beim Nahen eines Feindes. Ja, es liegt nahe, den Begriff „Kommunikation" noch etwas weiter zu fassen und z. B. das Aussenden von Sexuallockstoffen durch gewisse geschlechtsreife Insektenweibchen zum Anlocken männlicher Tiere ebenfalls als eine Form der Kommunikation anzusehen.

Lassen wir dieses Beispiel zu, so öffnen wir damit ein nahezu unendliches Feld von Möglichkeiten. In ähnlichem Sinne wären dann nicht nur die zahlreichen mimischen Reflexe, Ausdrucksbewegungen usw. „Mitteilungen"[1], sondern etwa auch die Fiebertemperatur eines Kranken, wären alle Krankheitssymptome „Mitteilungen" des Organismus an den Arzt. Schließlich können wir dann auch alle unsere Wahrnehmungen als „Mitteilungen" der Umwelt an uns auffassen.

Ob derartige Erweiterungen des Begriffes zweckmäßig, ja erlaubt sind, muß sich noch erweisen. Wir geraten schon hier an der Schwelle in die Gefahr einer zu großen und zu schnellen Verallgemeinerung, durch die leicht charakteristische Eigenschaften des Begriffes verlorengehen können, so daß unsere Aussagen über die Sache so allgemein werden, daß sie letztlich nichts mehr aussagen — nicht mehr, als etwa die selbstverständliche, aber für das Verständnis der betrachteten Objekte nichtssagende Aussage, daß auch die kompliziertesten Ganzheiten, wie Organismen, Gemeinschaften, elektronische Rechenmaschinen, ganze automatische Fabriken aus Atomen bestehen.

5. Wir wollen dies an einem Beispiel noch genauer betrachten, um damit zugleich auch die „Ebene" der Kommunikation im Gesamt der möglichen Beziehungen deutlich zu machen:

A steht dem B gegenüber und gibt ihm mit der Faust einen kräftigen Stoß gegen die Schulter. B „reagiert" darauf in drei verschiedenen Weisen:

a) Der Stoß trifft ihn so unerwartet, daß er zurücktaumelt. Dies ist ein rein mechanischer Vorgang, eine *Ursache-Wirkung-Beziehung.*

b) B schlägt sofort „automatisch" zurück — wir haben eine *Reiz-Reaktion-Beziehung*, speziell eine Reflexhandlung.

c) Auch jetzt schlägt B zurück, aber er hat den Stoß von A „verstanden" und boxt A freundschaftlich in die Seite: ein etwas rauher Ausdruck freundschaftlicher Beziehung — eine *Kommunikations-Beziehung.*

Verallgemeinern wir nun — in umgekehrter Reihenfolge — den Begriff der Kommunikation so weit, daß er auch den Fall a) umfaßt, so können wir wohl sagen, das „Gemeinsame" ist bei a) und c) wie auch bei b) der Stoß von A, den man als eine Form der Kommunikation ansehen kann. Aber eine Untersuchung der Ursache-Wirkung-Beziehung (a) wird uns wenig über den Fall c) sagen können — auch dann nicht, wenn der Getroffene B auch im Falle c) zunächst zurücktaumelt. Anders ge-

[1] Die neuere Psychologie betont durchaus den Mitteilungscharakter der Mimik, z. B.: „'Looking surprised' is not an immediate, necessary muscular response to certain stimulus situations, but rather a learned means of telling people how you feel under certain conditions. Facial expression substitutes for verbal expression in the communication of feeling". William A. Hunt in Boring, Langfeld, Weld: Foundations of Psychology. New York, London 1956, S. 97.

sagt: eine Untersuchung der Ursache-Wirkung-Beziehung wird zum vollständigen Erfassen auch der beiden anderen Fälle notwendig, sie wird für b) und c) aber nicht erschöpfend sein. Das gleiche gilt, oder kann gelten, wenn wir die Reiz-Reaktion-Beziehung b) schon als Kommunikation auffassen.

Bei jeder solchen Verallgemeinerung müssen wir uns fragen: was wird dadurch gewonnen? — z. B. eine umfassendere Gesetzmäßigkeit kann gefunden werden. Was geht dabei verloren? — z. B. das eigentliche Charakteristikum der Kommunikation geht verloren, der Begriff wird — ganz entsprechend der alten Platonischen Begriffspyramide — mit wachsendem Umfang immer inhaltsleerer.

In der Kybernetik wird nun der Begriff „Kommunikation" so verallgemeinert, daß er nicht nur Menschen und Tiere, sondern auch Maschinen umfaßt. Diese Verallgemeinerung liegt aber gleichsam auf einer anderen Ebene, als die soeben besprochene: es handelt sich, wie wir vorerst nur sagen, noch nicht beweisen können, immer um echte Kommunikation, also um eine Übermittlung und einen Austausch von Mitteilungen. Daß dabei auch die Ursache-Wirkung-Beziehung ebenso wie die Reiz-Reaktion-Beziehung eine Rolle spielen bzw. in der Kommunikation mitenthalten sein können, und daß es in Einzelfällen schwierig sein kann, die „Ebenen" der Beziehung streng zu unterscheiden, haben unsere Beispiele gezeigt.

6. Aus unserem vorläufigen Begriff ergibt sich schon ein wichtiges, ja grundlegendes Moment jeder Kommunikation, dessen Betrachtung uns zugleich an die Probleme des ganzen Bereichs heranführt:

Ich habe einen Gedanken, einen Wunsch, weiß eine Tatsache, die ich dem anderen mitteilen will. Ich muß dann dieses Mitzuteilende umformen, muß es so „transformieren", daß ich die Mitteilung „aussenden", und daß der andere sie „empfangen" kann. Eine solche „Transformation" bedeutet eine Umsetzung „psychischer Inhalte", wie wir vereinfachend sagen können, in die Form etwa der gesprochenen oder geschriebenen Sprache oder in Morsezeichen, in bestimmte Gesten, Bewegungen usw. Der andere muß dann das, was er empfängt, in entsprechender Weise „transformieren", damit er die Mitteilung „verstehen" kann und dann den gleichen Gedanken hat wie ich, meinen Wunsch kennt oder dieselbe Tatsache weiß.

Dabei besteht das Problem, daß die beiden Transformationen den „Inhalt" der Mitteilung oder auch ihren „Sinn" nicht verändern oder gar zerstören dürfen. Dieses Problem ist nicht erst mit der Nachrichtentechnik entstanden — es hat hier nur eine spezielle und in dieser Beschränkung lösbare Form erhalten — sondern taucht im philosophischen Denken schon sehr früh auf. Es sei nur an die drei Grundsätze des alten griechischen Skeptikers GORGIAS erinnert: 1. Nichts existiert. 2. Wenn etwas existierte, so könnte man es nicht erkennen. 3. Wenn man etwas erkennen könnte, so könnte man diese Erkenntnis doch seinen Mitmenschen nicht mitteilen, da wir nie unsere eigentliche Erfahrung, sondern immer nur Worte mitteilen können, die der andere aus seiner Erfahrung anders verstehen muß. Und das heißt eigentlich schon, modern ausgedrückt: die Transformation in die Sprache verzerrt oder verändert notwendig das Mitgeteilte.

1.2. Das Kommunikations-System und seine Teile

1.2.1. Das Kommunikations-System

Wir bleiben vorerst bei dem einfachen Fall einer zweigliedrigen Kommunikation: ein A tritt in Kommunikation mit einem B. Das ist die Grundform eines *Kommunikations-Systems*, das aus einem *Sender* besteht, der die Mitteilung aussendet, einem *Übertragungsmedium*, also dem Wege, auf dem die Mitteilung übergeht, und einem *Empfänger*, der die Mitteilung aufnimmt.

Schematisch: $\mathfrak{S} \xrightarrow{M} \mathfrak{E}$

oder in einem sogenannten *Blockschema*: $\boxed{\mathfrak{S}} \xrightarrow{M} \boxed{\mathfrak{E}}$

Die Verwendung des Blockschemas bzw. der Blöcke für Sender und Empfänger soll besagen, daß wir über $\mathfrak{S}$ und $\mathfrak{E}$ entweder nichts Genaueres wissen, oder daß wir uns nicht dafür interessieren, was $\mathfrak{S}$ und $\mathfrak{E}$ sind, wie sie sich verhalten, wie der Vorgang der Übermittlung abläuft usw. $\mathfrak{S}$ und $\mathfrak{E}$ sind irgendwelche „Größen", sind Glieder des Kommunikations-Systems mit jeweils nur einer Funktion, die durch die gewählten Namen „Sender" und „Empfänger" angedeutet ist.

2. Die Relation „Mitteilen" ist gekennzeichnet dadurch, daß Etwas, die Mitteilung (M), von $\mathfrak{S}$ zu $\mathfrak{E}$ „übergeht". Was geht nun eigentlich über? In vielen Fällen, so etwa beim Briefeschreiben, geht etwas Materielles über, der Brief. Beim Telefonieren geht Energie über, nämlich elektrische Stromstöße. Aber weder das Materielle noch die Energie sind die Mitteilung, obwohl diese mit einem von beiden oder auch mit beiden verbunden sein muß, um „übergehen" zu können. Das, was übergeht, können wir eine *Nachricht* nennen. Was eine „Nachricht" ist, wird genauer zu bestimmen sein, vorerst nehmen wir das Wort in seiner alltäglichen Bedeutung: A teilt z. B. dem B seine neue Adresse mit.

a) *Materie und Energie als Träger:* A sendet einen Brief ab, B erhält ihn. Der materielle Träger, das Papier, und auf ihm die materiellen Striche und Punkte übertragen die Mitteilung. Telegrafiert A dem B seine neue Adresse, so ist der Vorgang komplizierter. Hier ist im wesentlichen die Energie Träger der Mitteilung, doch sie geht nicht von A zu B, sondern läuft zwischen einem eingeschalteten Zwischensender $\mathfrak{S}_1$ und einem Empfänger $\mathfrak{E}_1$: das, was A „absendet" oder abgibt, das geschriebene Telegramm, erhält B nicht — und was B erhält, hat A nicht abgesendet. Was aber durch die verschiedenen Stationen Materie-Energie-Materie sozusagen kontinuierlich übergeht — oder übergehen soll — ist die *Nachricht*. Betrachten wir Materie und Energie als Träger der Nachricht, so bedingt das Telegrafieren selbst in dieser groben Betrachtung schon einen Trägerwechsel, der mit einer Transformation (oder mit mehreren) notwendig verbunden ist.

b) *Zeichen:* Wie aber können Materie und Energie Träger der Nachricht sein? Das Papier des Briefes ist Träger der Schrift, also der Striche und Punkte — und diese „enthalten" die Nachricht. Aber wiederum sind es nicht die materiellen Striche und Punkte selbst, sondern ihre Form, ihre Anordnung. Wir nennen eine derartige Anordnung materieller Elemente wie Striche, Punkte usw. *Zeichen*, eine Anordnung von Zeichen im Nebeneinander eine *Schrift*; genauer:

Schriften, seien es Buchstaben- oder Hieroglyphenschriften, Silben- oder Wörterschriften, sind eine räumliche Anordnung von Zeichen.

Zeichen können aber auch in zeitlichem Nacheinander angeordnet sein, so etwa als Folge von Lauten beim Sprechen. Wir könnten in entsprechender Verallgemeinerung sagen: eine Anordnung von Zeichen in zeitlichem Nacheinander ist ein *Sprechen*. Bei einem Vortrag, einem Gespräch, werden die Mitteilungen in zeitlicher Folge übertragen. Gesten, Winke, Flaggensignale, Blinkzeichen usw. sind in dieser Unterscheidung Formen des Sprechens — doch wäre diese Verallgemeinerung nicht nur ungewöhnlich, sondern auch sachlich bedenklich.

c) *Signal:* Schrift und Sprache sind die allgemeinen Formen, in denen eine Mitteilung übertragen wird. Zum Übertragen einer speziellen Mitteilung, einer *Nachricht*, bedarf es der Transformation der Nachricht in eine spezielle Schrift- oder Sprechform. Eine solche spezielle Form heißt ein *Signal*. Das Signal ist also der Träger der Nachricht; in Form eines Signals geht die Nachricht von $\mathfrak{S}$ zu $\mathfrak{E}$ über.

d) *Nachricht:* Der Begriff „Nachricht" ist bisher noch ungeklärt — und er muß es auch noch einige Zeit bleiben. Wir können uns vorerst mit seiner alltäglichen Bedeutung begnügen. Wir wissen jetzt nur, daß das, was wir zunächst einfach als „Mitteilung" bezeichnet haben, sich als ein kompliziertes und noch nicht ganz durchschaubares Gefüge von Zeichen, Signal und Nachricht erwiesen hat. Ein Signal besteht aus einer Anordnung von Zeichen (im Grenzfall kann ein Signal auch aus einem Zeichen bestehen). Daraus folgt, daß wir bei der Zusammenstellung von Zeichen zu einem Signal gewisse Regeln beachten müssen, wollen wir eine „sinnvolle" Nachricht übersenden. Auf dieser „Ordnung" beruht die Funktion eines Signals, Träger einer Nachricht zu sein.

Jedenfalls ist, das wird aus dem Bisherigen deutlich geworden sein, *Nachricht* (weder im alltäglichen noch im strengen Sinne) nicht Materie und auch nicht Energie. Man nimmt heute vielfach an, daß sie neben jenen beiden eine dritte Grundgröße ist; vielleicht ist sie aber auch eine Sonderform einer solchen dritten Größe, die man dann etwa als „Ordnung" oder als „Organisation" bezeichnen könnte (z. B. W. Wieser), als die man aber auch die „Information" angesehen hat (z. B. W. D. Keidel).

e) *Information:* Auch die Nachricht kann nämlich wieder noch Träger für etwas Anderes sein. Sie kann für den Empfänger wichtig oder unwichtig sein, sie kann ihm etwas Neues, für ihn noch Unbekanntes übermitteln — wir sagen dann: sie überträgt *Information* an ihn, oder: sie enthält keinerlei Information. Das ist die uns vertraute Bedeutung von „Information", an die wir uns ebenfalls vorerst halten wollen.

3. Mit dieser ersten Analyse der Kommunikation haben wir einige Grundbegriffe der Kybernetik kennengelernt — aber nicht mehr als kennengelernt, denn zu einer strengen Definition reichen unsere Kenntnisse noch nicht aus. Doch zeigt sich schon

eins: unser anfängliches Blockschema der Kommunikation ist zu einfach. Die weitere Untersuchung muß von einem erweiterten Schema ausgehen:

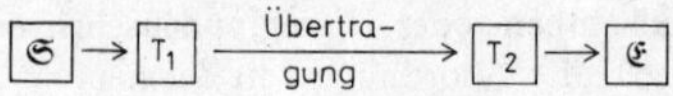

1.2.2. Die Teile des Kommunikations-Systems

1. Wir betrachten zunächst die beiden Teile T_1 und T_2, die *Transformatoren* (Wandler, transducer). Ihre Funktion ist uns schon bekannt: sie formen die Nachricht um. T_1 speziell „übersetzt" die Nachricht in eine Form (*Signal*), die eine Übertragung an $\mathfrak{E}$ auf irgend einem Wege erlaubt, und die zugleich gewährleistet, daß $\mathfrak{E}$ — nach erneuter Umformung durch T_2 — tatsächlich die gleiche Nachricht erhält, die $\mathfrak{S}$ abgesendet hat. Eine solche spezielle Transformation bezeichnet man als *Codieren* und das dabei entstehende Signal als die *Codeform* der Nachricht.

$\mathfrak{S}$, der Sender, wird zunächst seinen Gedanken, den Wunsch oder die Tatsache, die er mitteilen will, sprachlich formulieren und — z. B. für ein Telegramm — niederschreiben. Bereits dies ist eine Transformation, die wir hier aber nicht näher betrachten wollen. Die Niederschrift, die er am Postschalter abgibt, wird nun im ersten Transformator (transducer[1]) in eine andere „Schrift" übersetzt, etwa in die Morse-Schrift, die nur aus Punkten und Strichen besteht. Jedem Buchstaben der Schreibschrift entspricht ein Zeichen oder eine Kombination von Zeichen der Morse-Schrift — diese Zuordnung ist der *Code*, der eine genaue Übersetzung erlaubt. Das Wort „Adresse" z. B. würde, in Buchstaben abgetrennt, so aussehen:

· — /	— · · /	· — · /	· /	· · · /	· · · /	· /
a	d	r	e	s	s	e

In dieser Form läßt sich die Nachricht als eine geordnete Folge kurzer (·) und längerer (–) Stromstöße über den Telegrafendraht senden.

Das Beispiel zeigt schon etwas Wichtiges: statt der 26 Buchstaben des Schrift-Alphabets unserer Sprache besitzt das Morse-Alphabet nur zwei Zeichen[2]; d. h., nahezu alle Buchstaben müssen durch *Kombinationen* dieser beiden Zeichen dargestellt werden. Vergleichen wir das Wort „Adresse" in den beiden Schriften, so stehen den sieben Buchstaben 16 Zeichen gegenüber — das Signal ist also durch die Übertragung länger geworden; es wird jetzt durch eine größere Anzahl von *Elementarzeichen* ausgedrückt. Aber den fünf verschiedenen Buchstaben stehen nur zwei verschiedene Elementarzeichen gegenüber. Das gilt allgemein: Je geringer die Anzahl verschiedener Elementarzeichen ist, anders ausgedrückt: je kleiner das „Alpha-

[1] Da in der ursprünglichen „Informationstheorie" vor allem die nachrichtentechnische Seite der Nachrichten- und Informationsübertragung berücksichtigt wurde, werden die beiden Transformatoren im angelsächsischen Schrifttum meist als T_1 = transmitter (Sender) und T_2 = receiver (Empfänger) bezeichnet, während unser $\mathfrak{S}$ „information source" (Informationsquelle) und $\mathfrak{E}$ „destination" (etwa: Bestimmungsort) heißen.

[2] Genaugenommen drei, da außer den beiden Zeichen noch „Pause" als drittes Zeichen benutzt wird.

bet" ist, desto länger werden die Zeichenkombinationen bei der Codierung einer Schrift, die viele verschiedene Elementarzeichen hat.

T_1 hat die Nachricht durch Codieren in das Signal übersetzt, als solches wird sie jetzt übertragen und gelangt an den zweiten Transformator. Dieser muß die Rückübersetzung, das *Decodieren*, vornehmen, wobei die Nachricht wieder in Schreib- oder Druckschrift entsteht und in dieser Form dann bei 𝔈 eintrifft.

Wir haben bisher nur vom Telegrafieren gesprochen, so daß der Anschein entstehen könnte, dies sei die speziell nachrichtentechnische Struktur eines Kommunikations-Systems. Wir finden aber bei allen Kommunikationsvorgängen gleiche oder ähnliche Strukturen: Stets muß das, was mitgeteilt werden soll — die Nachricht — in ein Signal transformiert werden, geht in dieser Form durch das Übertragungsmedium zum Empfänger und wird dort zurücktransformiert. Sprechen wir mit jemandem, so werden unsere Bewußtseinsinhalte, die wir mitteilen, durch den Sprechapparat in Luftschwingungen codiert; diese gehen als akustisches Signal zum Empfänger, der sie im Akte des „Hörens" entsprechend decodieren und dann „verstehen", also ins Bewußtsein aufnehmen muß. Bei jeder Wahrnehmung werden die *Reize* aus der Außenwelt durch die Sinnesorgane — die *Receptoren* — in elektrochemische Reize der Nerven codiert und so über Zwischenstationen ins Gehirn geleitet, wo sie wieder decodiert werden.

Also: der Transducer codiert die Nachricht (N) in das Signal (Sg), und der Receiver decodiert Sg in N zurück. Bezeichnen wir mit $f(T)$ die vom Transformator ausgeübte Funktion, so bedeutet $f(T_1)$ = Codieren und $f(T_2)$ = Decodieren. Die zwischen den beiden Transformatoren bestehende Funktionsbeziehung läßt sich symbolisch ausdrücken als:

$$f(T_2) = -f(T_1).$$

Diese so einfache, fast selbstverständliche Beziehung, enthält nun aber eine Fülle von Problemen, deren Bewältigung für den Nachrichtentechniker mit erheblichen Schwierigkeiten verbunden ist. Betrachten wir wieder ein, jetzt etwas erweitertes Blockschema des Kommunikations-Systems. Die vom Sender kommende Nach-

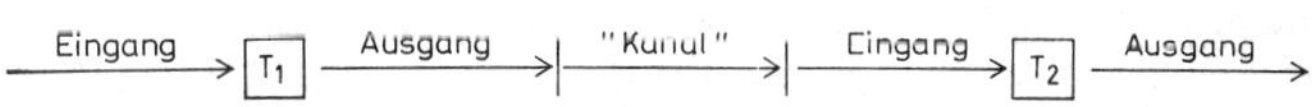

richt wird in T_1 „eingegeben", sie ist, wie man sagt, für T_1 der *Eingang* (input[1]). Die codierte Nachricht, das Signal, ist der *Ausgang* (output) von T_1, der an das Übertragungssystem, den sogenannten *Kanal*, gegeben wird. Dieses Signal kommt dann als Eingang zu T_2, wird dort decodiert, als Ausgang abgegeben und kommt zu 𝔈.

Sowohl in T_1 als auch in T_2 können sich Fehler einschleichen, die die Nachricht verändern. Vor allem aber unterliegt das Signal auch im Kanal leicht verändernden Einflüssen. Alle derartigen Einflüsse bezeichnet man zusammenfassend als *Störung* (noise); sie kann dazu führen, daß die Nachricht verzerrt, verstümmelt oder gar

[1] Ein „Eingang" ist hier nicht ein Tor, durch das Etwas hineingeht, sondern dieses Hineingehende selbst; und dasselbe gilt für den „Ausgang". Man spricht ja auch in Firmen von Post-„Eingängen" und Post-„Ausgängen" in entsprechendem Sinne.

zerstört beim Empfänger eintrifft. Verfolgen wir schematisch den Gang der Nachricht (N) über die Stationen mit den entsprechenden Störungen (St) wobei wir Eingang und Ausgang als (E) und (A) abkürzen, — so sieht unser Schema im Extremfalle so aus:

Abb. 1

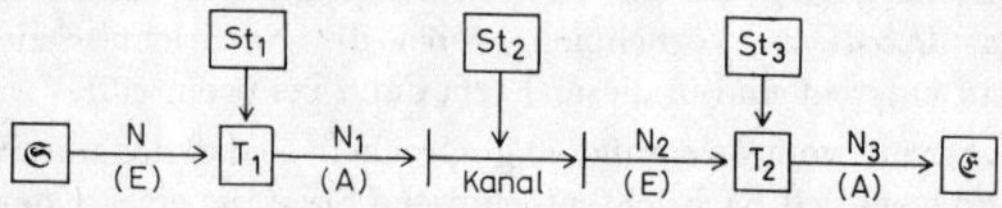

wobei $N \neq N_1 \neq N_2 \neq N_3$ statt des anzustrebenden Idealfalles $N = N_1 = N_2 = N_3$. Das Blockschema stellt nun aber nicht nur ein nachrichtentechnisches Problem dar, das weitgehend lösbar ist, sondern es ist auch die schematische Darstellung, z. B. des Problems des Gorgias (s. S. 15) sowie überhaupt aller Arten der Nachrichtenübertragung einschließlich der „Wahrnehmung der Außenwelt".

Der Idealfall $N = N_1 = N_2 = N_3$ wird sich praktisch kaum verwirklicht finden oder verwirklichen lassen. Worauf es ankommt, und was in allen praktischen Fällen angestrebt und möglichst erreicht werden muß, ist:

$$N \sim N_1 \sim N_2 \sim N_3 \sim N \qquad (\sim \; = \text{ähnlich}),$$

wobei die „Ähnlichkeit" eben so weit gehen muß, daß 𝔈 aus N_3 auf N zurückschließen, in N_3 das abgesandte N erkennen kann.

Wir leben in einer Umwelt, die vom Standpunkt der Kommunikation aus voller „Störungen" ist. Wie sehr erschwert schon der alltägliche „Lärm" unserer Umgebung die Kommunikation, ob es sich nun um Telefonieren oder um Gespräche von Angesicht zu Angesicht handelt: Wir müssen oft „schreien", um uns verständlich machen zu können. Hinzu kommen technische Versager in den Übertragungssystemen, kommen astronomische und meteorologische Einflüsse, ganz abgesehen von den Mängeln im menschlichen Transformations-System, wie undeutliche Aussprache, Schwerhörigkeit und dergleichen.

Für die technische Nachrichtenübertragung stellen die „Störungen" eine Fülle von Aufgaben und Problemen. Nicht alle Störungen lassen sich einschränken oder gar vermeiden. Bei den Störungen St_1 und St_3 im obigen Schema führt oft schon ein geeigneter Code zum Erfolg — ja, man hat Codes erfunden, die Fehler aufzufinden und auszugleichen erlauben. Zur Bekämpfung der Störungen im Kanal (St_2) sind technische Einrichtungen geschaffen worden. Ein Mittel, das allgemein gegen alle Arten von Störungen angewendet werden kann, ist die *Redundanz* (Weitschweifigkeit): Man übermittelt eine Nachricht nicht in der knappsten Form — was sich aus wirtschaftlichen Gründen (z. B. beim Telegrafieren) sonst empfehlen würde — sondern benutzt mehr Wörter, als zum Verständnis unbedingt notwendig wären, in der Hoffnung, daß bei etwaiger Verstümmelung der Sinn doch erhalten bleibt.

2. Das Übertragungssystem, also im Schema den Teil zwischen den beiden Transformatoren, bezeichnet man mit dem nachrichtentechnischen Ausdruck *Kanal*. Auch dieses Wort ist sehr allgemein zu verstehen, nicht immer als ein bestimmtes, geformtes materielles Gebilde, sondern auch im weiteren Sinne als Medium der Übertragung.

Als ein Rohr oder ein System von Rohren finden wir den Kanal etwa bei der Rohrpost, als einen Draht bei der Telegrafie und Telefonie. Beim Sprechen, Rufen und bei anderen Schallsignalen bildet die Luft den Kanal, bei optischen Signalen, bei den Wellen der drahtlosen Telegrafie und Telefonie ist der Raum selbst der Kanal (früher hätte man gesagt: der Äther, und hätte sich damit ein quasimaterielles Medium vorstellen können). Auch mechanische Gebilde, wie Gelenksysteme, hydraulische Systeme und dgl., vermögen als Kanäle zu dienen, wie andererseits biologische Einrichtungen und Organe, z. B. der Blutkreislauf, das Nervensystem.

Natur und Art des Kanals bestimmen Natur und Art des Signals und diese wieder wesentlich den Charakter des verwendeten Codes: Eine Nachricht muß ,,kanalgerecht“ codiert werden — das ist die erste Bedingung, die ein technischer Code erfüllen muß. Die Morse-Schrift ist für die Telegrafie ein kanalgerechter Code, sie ist es aber auch für optische und akustische Signale. Dagegen ist eine gesprochene Nachricht für die telegrafische Übertragung nicht kanalgerecht, sie muß umcodiert werden Ebenso wie ein optisches Signal — etwa ein Lichtblitz — für das Nervensystem nicht kanalgerecht ist: es muß im Auge umcodiert werden.

In der Natur wie auch in der Technik werden zur Nachrichtenübertragung häufig mehrere, verschiedene Kanäle nacheinander benutzt. Zwei Beispiele mögen zeigen, daß dabei sehr ähnliche oder gar gleiche Verfahren verwendet werden:

a) *Telegrafieren* (Morse-Telegraf):

Aufschreiben des Telegramms	→	durch Boten zum Postamt	→	Übersetzung in Morseschrift	→	Stromstöße im Draht	→	Übersetzung in Klartext

→ Telegrafenbote → Lesen des Telegramms

b) *Hören:*

Luftschwingungen (Ton)	→	Übersetzung in Nervenreize	→	Nervenleitung	→	Zwischenübersetzungen

→ Nervenleitung →. . . . .→ eigentliches ,,Hören“

Die Beispiele zeigen nicht nur, wie kompliziert derartige Übermittlungsvorgänge meist sind, sondern auch, daß in der Natur — also z. B. im Organismus — die gleichen Signalträger verwendet werden wie in der Technik, nämlich Energie als Träger in der Nervenleitung und Materie als Träger im sogenannten ,,humoralen“ System, in dem bestimmte Stoffe Nachrichten transportieren — im Nervensystem z. B., um den Zwischenraum zwischen zwei Einheiten (,,Neuronen“) zu überbrücken.

Nur erwähnt sei, daß auch die ,,*Störungen*“ kanalgerecht sein müssen, um wirksam zu sein. Nebel stört wohl optische und akustische, nicht aber elektrische Signale im Draht. In vielen Fällen lassen sich daher drohende Störungen durch Wahl eines geeigneten Kanals weitgehend vermeiden, wenn auch der völlig störungsfreie Kanal ein Ideal bleiben muß.

3. Bei den beiden anderen Bestandteilen des Kommunikations-Systems — dem *Sender* (𝔖) und dem *Empfänger* (𝔈) — erhebt sich wieder die schon gestreifte Frage,

wie weit wir 𝔖 und 𝔈 verallgemeinern, wie weit wir den Bereich der „Kommunikation“ ziehen dürfen. Wenn ein kleines Kind hungert, schreit es; es teilt uns mit, daß es hungert. Auch ein Hund meldet sich, wenn er Hunger hat. Hier werden wir keine Bedenken haben, von Kommunikation zu sprechen. Leidet eine Pflanze aber „Hunger“ und „Durst“, läßt sie die Blätter hängen – auch das ist schließlich ein Sichmelden, auch wenn es nicht „absichtlich“, nicht „als Meldung“ geschieht. Aber für den Empfänger ist es eine Nachricht, auf die hin er handelt. Und wir selbst, wenn wir vergessen haben, zur rechten Zeit zu essen, werden durch das „Knurren“ unseres Magens daran erinnert – unser Leib meldet sich bei uns, benachrichtigt unser Bewußtsein über unseren körperlichen Zustand. Ebenso ist jeder lokale Schmerz eine Zustandsmeldung, eine Nachricht vom Organ als Sender an das Bewußtsein als Empfänger.

Von hier aus ist es nur noch ein Schritt zur allgemeinen Wahrnehmung unserer Umwelt: Wir sehen diese Umwelt, wir hören, riechen, tasten sie, und dies doch nur auf Grund der „Signale“, die wir von ihr erhalten, die die Dinge aussenden. Die frühe griechische Erkenntnistheorie — Demokrit z. B., in gewissem Sinne aber auch schon seine Vorgänger — hat eigentlich bereits eine „Signal“-Theorie der Wahrnehmung entwickelt, wenn sie lehrt, daß von den Dingen „Bilderchen“ ausgehen, in die Poren unserer Sinnesorgane dringen und in uns dann Empfindung und Wahrnehmung verursachen.

Von den drei Grundrelationen, die wir oben (S. 14) an einem Beispiel erörterten, wurde die Ursache-Wirkung-Beziehung wohl zuerst und in der Folge immer wieder zur Erklärung der Wahrnehmung herangezogen: Die Dinge wirken auf uns, auf unsere Sinnesorgane, und erzeugen so die Wahrnehmung. Für die rein physiologische Betrachtung ist diese Relation nach wie vor unerläßlich.

Die Psychologie aber hat bald gelernt, daß das Subjekt, also der Empfänger beim Entstehen der Wahrnehmung eine viel größere Rolle spielt, als ihm in jener Relation zukäme. Sie setzte an deren Stelle die Reiz-Reaktion-Beziehung: Die Wahrnehmung ist eine Reaktion des Organismus auf den vom Dinge ausgehenden Reiz. Auch diese Auffassung trifft weitgehend zu, aber auch sie erschöpft die Beziehungen zwischen Organismus und Umwelt beim Wahrnehmen nicht.

Immer deutlicher hat sich herausgestellt, daß die „Reaktion“ des wahrnehmenden Subjekts ein sehr komplizierter Vorgang ist, der eine Verarbeitung des Aufgenommenen voraussetzt. Die moderne Theorie der Wahrnehmung hat daher von der kybernetischen Theorie der Nachrichtenverarbeitung starke Impulse erhalten.

Es kann nicht zweifelhaft sein, daß die Dinge unserer Umwelt beim Zustandekommen der „Wahrnehmung“ auf uns wirken, aber diese Wirkung ist eben von dreifacher Art: Sie trifft uns als passiver Empfänger der Einwirkung, sie fordert uns zu einer Reaktion heraus, und sie wird als Nachricht aufgenommen, die wir verarbeiten, um unser Verhalten (im weitesten Sinne des Wortes) danach zu richten.

Das gilt nun aber auch — was hier wenigstens angemerkt sei — für andere Einwirkungen der Umwelt auf einen Organismus, z. B. für einen Vorgang, den wir als „Infektion“, also das Eindringen von Krankheitserregern in den Organismus bezeichnen. Das „Eindringen“ selbst bedeutet zunächst eine lokale Schädigung, die in den meisten Fällen unbedeutend ist — sie verursacht gewisse begrenzte Veränderungen. Der eingedrungene Erreger wirkt weiterhin als ein Fremdkörper — also als „Reiz" — man spricht hier medizinisch von einer „unspezifischen Erregung". Sie löst eine allgemeine, „unspezifische" Reaktion aus — die sogenannte „Alarmreaktion". Schließlich aber und vor allem wirkt der Erreger als gerade dieser Erreger einer bestimmten Krankheit und veranlaßt den Organismus zu spezifischen Abwehrreaktionen, nämlich zur Bildung genau auf den Erreger abgestimmter „Antikörper". Das die Antikörper bildende Gewebe erhält also gleichsam eine „Nachricht" über die Art des Erregers, es „verarbeitet" diese Nachricht durch Umstellung auf die Produktion der passenden Antikörper, bildet diese und gibt sie in den Blutkreislauf ab.

Diese Betrachtungen zeigen, daß wir den Begriff des *Senders* eines Kommunikationssystems erheblich erweitern müssen; er wird jetzt, dem englischen Sprachgebrauch entsprechend, zur reinen Nachrichten-„Quelle". Das Aussenden der Nachricht kann nun ein rein kausaler Vorgang sein: die Oberfläche eines Körpers strahlt einen Teil der auf sie auftreffenden Lichtstrahlen zurück in unser Auge. Es kann eine Reaktion auf einen Reiz sein: ein Insektenweibchen sendet Sexuallockstoffe aus; und es kann ein echter Kommunikationsvorgang sein: die Nachricht wird „als Nachricht" abgesendet.

4. Auch der Begriff des *Empfängers* bedarf jetzt sowohl einer Erweiterung als auch einer schärferen Fassung. Daß Tiere Empfänger von Nachrichten sein können, weiß jeder Tierhalter. In der Kybernetik aber betrachtet man auch Maschinen als Nachrichtenempfänger, ja als Nachrichtenverarbeiter. „Es ist durchaus möglich", schreibt WIENER einmal, „daß eine Person zu einer Maschine spricht, eine Maschine zu einer Person und eine Maschine zu einer Maschine"[1] und bringt als Beispiel die in den „unwirtlichen Gebieten des Westens der USA und Nordkanadas" gelegenen kleinen Kraftstationen, die kein Personal benötigen dürfen, aber so konstruiert sind, daß der Lastverteiler ihnen aus der Ferne nicht nur Weisungen geben, sondern von ihnen auch Zustandsmeldungen erhalten kann. Inzwischen haben wir an den Weltraumraketen und Satelliten gelernt, in welch hohem Maße und bis zu welchen Entfernungen Mensch und Maschine in wechselseitige Kommunikation treten können.

Wichtiger aber als diese gewiß zulässige Erweiterung des Begriffes Empfänger ist etwas anderes: Der neue Begriff des *Senders* verlegt den Schwerpunkt im Kommunikationssystem weitgehend auf die Seite des *Empfängers*. Man kann jetzt geradezu sagen: eine *Nachricht* ist nicht etwas, das von einem Sender „als Nachricht" ausgesendet wird, sondern irgend etwas von der Quelle Ausgehendes, das vom Empfänger als Nachricht empfangen, aufgefaßt und verstanden wird. Jede Wirkung eines Gegenstandes auf einen anderen, sei es eine Ausstrahlung, ein Aussenden von Energie oder materieller Teilchen, kann als eine „Nachricht" aufgefaßt werden. Daraus folgt nun aber eine weitere Verallgemeinerung, nämlich, daß auch ein außenstehender Beobachter den „Nachrichten-Charakter" einer Relation feststellen kann, der weder für den Sender noch für den Empfänger besteht, weil beide — etwa zwei Maschinen — kein Bewußtsein haben, das diesen Charakter feststellen könnte.

[1] N. WIENER: Mensch und Menschmaschine. S. 78f.

Allerdings werden wir diese Verallgemeinerungen später wieder etwas einschränken müssen, da ja offenbar die Auffassung einer Relation „als Nachricht" berechtigt oder unberechtigt sein kann, und das bedeutet: daß diese Auffassung in sachlichen Eigenschaften des von der Quelle Ausgesendeten gründen muß, anders ausgedrückt: das Ausgesendete muß so beschaffen sein, daß es das Verhalten des Empfängers „als Nachricht" beeinflußt, was dann eventuell nur von einem außenstehenden Beobachter festgestellt werden kann.

1.3. Das Verhalten der Systeme

1.3.1. Wirkung der Nachricht

Eine Nachricht wird abgesandt, als Signal übermittelt, vom Empfänger aufgenommen, decodiert und „verstanden" und — was geschieht nun mit ihr? Welches ist ihr Schicksal beim Empfänger, wie ihre Wirkung auf ihn? Der Vorgang der Kommunikation ist mit dem Aufnehmen und Verstehen der Nachricht nicht beendet; man muß fast sagen: die eigentliche Phase des Vorganges beginnt erst jetzt.

1. Das erste ist: ob eine Nachricht für mich wichtig oder gleichgültig ist, ob ich sie „behalten" oder schnell wieder „vergessen" will — sie bleibt bei mir, fällt nicht gleichsam aus mir heraus und verschwindet. Sie wird gespeichert.

Wie dies vorgeht, braucht uns hier noch nicht zu interessieren. Als *Speicher* für Nachrichten betrachten wir nicht nur unser „Gedächtnis", sondern jede entsprechende technische Einrichtung: etwas, in dem Nachrichten aufbewahrt werden können, also auch eine Registratur, ein Notizbuch, ein Magnettonband, eine Fotoplatte oder das „Gedächtnis" eines elektronischen Rechenautomaten. Die erste Funktion eines solchen Speichers ist eben das Aufbewahren der Nachricht.

Doch erfüllt ein Speicher seinen Zweck nur dann, wenn die Nachrichten so aufbewahrt sind, daß man sie zu gegebener Zeit wieder abrufen kann. Im einfachsten Falle holt man die unveränderten Nachrichten wieder heraus wie aus einer Registratur einen abgelegten Brief. In diesem Falle nehmen wir an, daß der Speicher „nichts tut", die Nachricht nicht verändert — wobei wir von gewissen Veränderungen absehen wollen, denen gespeicherte Nachrichten ebenso wie gespeicherte Waren mit der Zeit unterliegen: geschriebene Signale „verblassen", und ebenso verblassen im Gedächtnis aufbewahrte Nachrichten, so daß wir sie eines Tages nicht mehr willkürlich abrufen können. Wir sagen dann, wir haben sie „vergessen". Doch wenn wir sie abrufen können, erhalten wir in diesem Falle aus dem Speicher unverändert die eingegebene Nachricht wieder zurück.

Für das menschliche und tierische Gedächtnis reicht diese Vorstellung aber nicht aus. Im „Gedächtnis" — und das unterscheidet zunächst *Speicher* und *Gedächtnis* — werden die gespeicherten Nachrichten verändert. Erinnern wir etwa ein früheres Erlebnis, so entspricht das Erinnerungserlebnis nicht genau dem damaligen. Man hat oft gesagt, das Erinnerungsbild enthalte nur das Wichtige, Wesentliche des damaligen Erlebens — aber das stimmt nicht ganz. Tatsächlich bleiben oft belanglose Einzelheiten erhalten, während Wichtiges vergessen wird. Merkwürdig ist zudem, daß auch das „Wichtige" einer Wandlung unterliegen kann: dann erinnern wir uns nicht an das, was im ursprünglichem Erlebnis „wichtig“ war, sondern was uns heute als wichtig erscheint, auch wenn es damals unwichtig gewesen sein mag. Das „Erinnerungsbild“, das abgerufene gespeicherte Erlebnis, verändert sich also mit unserer eigenen Entwicklung, verändert sich in Einzelheiten, aber auch in der Grundstruktur.[1]

Weitere Veränderungen gespeicherter Nachrichten im Gedächtnis sind allgemeinerer Art: so bilden sich, um jetzt nur dieses eine Beispiel zu nennen, „assoziative“ Verbindungen mit neu aufgenommenen Nachrichten. Wir sprechen hier allgemein von einer „Verarbeitung der Nachrichten“ im Gedächtnis, kurz von einer *Nachrichtenverarbeitung*.

Sollen nun Maschinen als Nachrichtenempfänger dienen, so besteht auch bei ihnen in einigen Fällen — z. B. bei den elektronischen Rechengeräten — die Notwendigkeit, sie mit einem *Speicher* zu versehen, damit sie Nachrichten aufbewahren und zu gegebener Zeit auf Abruf reproduzieren können. Solche Speicher werden uns noch oft begegnen — es gibt für sie heute eine ganze Anzahl technischer Lösungen. Weit schwieriger ist die Konstruktion eines „nachrichtenverarbeitenden Speichers“ — auch von solchen Einrichtungen werden wir später noch zu sprechen haben.

2. Wir kehren wieder zum Menschen zurück, da hier die Funktionen der Nachrichtenwirkung und Nachrichtenverarbeitung vertraut und zugleich am ausgeprägtesten zu finden sind. Das zweite ist: Eine Nachricht beeinflußt unser Verhalten (das Wort wieder in weitestem Sinne genommen). Eine solche Beeinflussung ist ja in den meisten Fällen einer Nachrichtenübermittlung der Zweck der Mitteilung.

Wir können die Wirkungen einer Nachricht auf den Empfänger wieder nach den drei Wirkungsebenen (s. o. S. 14) aufgliedern: Die Nachricht wirkt vorwiegend kausal. Eine freudige oder schreckliche Nachricht kann den Empfänger bis zu schweren körperlichen Wirkungen, ja bis zu Tode erschüttern. Gewiß spielen dabei auch Reaktionen des Organismus eine Rolle, aber das Verhalten des Organismus ist doch wesentlich bestimmt durch den psychischen „Stoß“. Wir sagen ja auch bildlich: Eine Nachricht „wirft uns um“. Ganz anders beim echten Reaktionsverhalten: Hier wirkt die Nachricht als Reiz, der eine sofortige Reaktion auslöst. Alarmrufe, wie „Achtung!“, „Halt!“, „Zurück!“ und dgl. sind Beispiele solcher Nachrichten. Und schließlich wirkt die Nachricht „als Nachricht“, die erst nach Verarbeitung das Verhalten beeinflußt.

Für die *Nachrichtenverarbeitung*, die uns hier speziell interessiert, bestehen nun wieder verschiedene Möglichkeiten:

a) Sofortige Beeinflussung des Verhaltens beim Empfang der Nachricht; z. B. ein Brief, der umgehende Beantwortung, ein Telefonanruf, der sofortige Entscheidung erfordert.

b) Die Nachricht wird für spätere Verwendung gespeichert, entweder als „Material“ für ein Gespräch, eine Verhandlung und dergleichen, oder überhaupt als „Be-

[1] T. A. Ryan zählt in seiner Behandlung der „Changes in Recollection with lapse of time“ 7 Arten der Veränderung des Gedächtnismaterials auf, darunter: 1. details are omitted, 2. new details are added, 3. certain peculiarities become exaggerated, 4. the resemblance between a figure and some familiar object is increased, ... und 7. stories, and sometimes figures, may be made more 'logical' or made to fit a more familiar pattern.“ Boring, Langfeld. Weld: a. a. O. S. 191.

standteil unseres Wissens“, also nicht für einen bestimmten Zweck. Aber auch als solcher Bestand beeinflußt eine Nachricht unser Verhalten — z. B. unser Denken, unsere Arbeit, unsere Gespräche — „aus dem Gedächtnis heraus“, ohne selbst bewußt werden zu müssen. In vielen Fällen bleibt sie gänzlich unbewußt; diese Wirkung entspricht etwa dem psychologischen Begriff des „Erfahrungsgedächtnisses“ (PH. LERSCH[1]). In anderen Fällen wirkt sie indirekt bewußt: das „Wissen, daß ich dies weiß“, genügt schon, unser Verhalten zu beeinflussen.

c) Die Nachricht wird sofort verarbeitet, wobei wir hier unter Verarbeitung verstehen: jede Verknüpfung mit anderen, schon gespeicherten Nachrichten, den Einbau in unseren gesamten Wissens- und Gedächtnisbestand, aber auch jede an der Nachricht vorgenommene Veränderung, z. B. tendenziöse Veränderungen auf Grund politischer oder weltanschaulicher Vorurteile, auf Grund von Sympathie und Antipathie, oder dadurch, daß sie schon beim Aufnehmen in vorgeformtem Sinne „mißverstanden“ wird.

Es ist eine Reduktion dieser Arten von Nachrichtenverarbeitung auf den technisch verwendbaren Kern und zugleich eine Erweiterung des Begriffs auf technische Objekte, wenn man definiert hat: „Bei der Nachrichtenverarbeitung werden mehrere Nachrichten nach bestimmten Vorschriften miteinander verknüpft, so daß als Resultat wieder eine neue Nachricht entsteht“ (K. KÜPFMÜLLER). Dies trifft sicherlich weitgehend auch für die Nachrichtenverarbeitung in Organismen und speziell beim Menschen zu, erschöpft die dort bestehenden Möglichkeiten aber nicht.

Auf jeden Fall, und das gilt auch für die technische Form der Nachrichtenverarbeitung, braucht das durch die Nachricht beeinflußte Verhalten nicht eine unmittelbare Antwort auf die Nachricht zu sein. Das unterscheidet wesentlich die Nachrichtenverarbeitung von der Reiz-Reaktion-Relation. Der Einfluß der verarbeiteten Nachricht kann sich in einer ganz anderen Situation und zeitlich von der Aufnahme weit entfernt auswirken.[2]

So wie das Verhalten eines Organismus äußerst komplex ist, sind es auch die Möglichkeiten seiner Beeinflussung durch Nachrichten. Um einen Überblick über die Fülle der Möglichkeiten und zugleich über die Formen der Nachrichtenauswirkung und -verarbeitung in der Technik zu gewinnen, wollen wir im folgenden einige typische Formen der Beeinflussung genauer besprechen.

1.3.2. Auslösen

Die erste uns interessierende Form einer Beeinflussung des Verhaltens eines Systems durch eine Nachricht ist das *Auslösen:* Eine empfangene Nachricht löst beim Empfänger ein bestimmtes Verhalten aus, entweder unmittelbar oder nach Verarbeitung.

---

[1] Vgl. PH. LERSCH: Aufbau der Person. 5. Aufl. 1952, S. 337f. und 399 ff.

[2] Aus der Verhaltensforschung ist z. B. bekannt, daß es auch bei Tieren Reize gibt, die nicht zu augenblicklichen Antworten, also Reaktionen, führen, sondern die das Lebewesen als Ganzes „umstimmen“, seine neurophysiologische „Stimmung“ (v. HOLST) verändern. Diese Umstimmung wirkt sich dann bei einer späteren Reaktion auf einen ganz anderen Reiz aus.

Die „Auslösung“ und ihre Rolle bei den verschiedenen Naturvorgängen war schon für ROBERT MAYER ein zentrales Problem. Man kann mit gewissem Recht sagen, daß er ihre Bedeutung eigentlich erst entdeckt hat. Er widmete ihr 1876 eine eigene kleine Schrift, ist aber auch in anderen Arbeiten wiederholt auf sie eingegangen. Später hat dann A. MITTASCH viele Untersuchungen darüber veröffentlicht.

Beispiele für Auslösung lassen sich leicht in allen Gebieten der Wissenschaft finden: Ein Funke löst eine Explosion aus, eine Lawine wird „durch den Flügelschlag eines Vogels“ (R. MAYER) entfesselt, ein Ausruf löst eine Panik aus usw. Auch die Reizung eines Sinnesorganes und die Weiterleitung des Impulses durch die Nerven ist eine Kette von Auslösevorgängen, ebenso in vielen Fällen das Reflexverhalten als unmittelbare Antwort auf einen Reiz. Viele Instinkthandlungen können durch Auslösen in Gang gesetzt werden und dergleichen mehr.

Entscheidend ist für alle diese Vorgänge, daß die Energie des auslösenden Vorganges nicht in die Energiebilanz des ausgelösten Vorganges eingeht. Die auslösende Energie kann minimal, ja sie kann nach physikalischen Begriffen gleich Null sein, wie in dem oben erwähnten Beispiel, daß eine freudige oder erschreckende Nachricht im Empfänger eine Art seelischer Explosion oder eine seelische Kettenreaktion auslöst, die dann ins Physiologische übergreifen und schwere Schäden hervorrufen kann. Die für die Übertragung des Signals benötigte Energie spielt dabei überhaupt keine Rolle; und die Nachricht selbst „enthält“ keine Energie.

Aber auch Art und Richtung des ausgelösten Geschehens und Verhaltens werden durch den Auslöser nicht beeinflußt. Ein Zug an einem Hebel kann das Herabstürzen einer Fallramme, die Rotation eines Zahnrades oder das Abfeuern eines Geschützes auslösen, er kann eine Lokomotive in Gang setzen oder ein Pferderennen starten

Die Energiebilanz des ausgelösten Geschehens oder Verhaltens ebenso wie Art und Richtung dieses Verhaltens sind nur durch das ausgelöste System, nicht aber durch das auslösende Signal bestimmt.

Eine spezielle Form des Auslösens ist das *Einschalten* bzw. *Ausschalten.* Gebe ich einem Wasser-, Gas- oder elektrischen Strom den Weg frei oder sperre ihn, so muß der Auslösevorgang zwar kanalgerecht sein, aber meine Anstrengung etwa beim Aufdrehen des Sperrventils einer Flüssigkeitsleitung hat keinen Einfluß auf die Strömungsenergie der Flüssigkeit. Art und Richtung des Strömens sind durch den „Kanal“ – das Rohrsystem – und den Energiegradienten, speziell die potentielle Energie der Flüssigkeit bestimmt.

1.3.3. Steuern

1. Das Auslösen in seiner reinen Form ist eine ungerichtete Form der Beeinflussung eines Verhaltens. Wirkt dagegen ein Auslöser zugleich richtend auf den ausgelösten Vorgang ein, so sprechen wir von *Steuern.* Der Begriff ist von Fahrzeugen her geläufig: das Steuern eines Schiffes, eines Autos. Hier hat ja auch der Name „Kybernetik“ seine Wurzeln. Aber auch andere technische Anwendungen des Wortes sind uns vertraut, etwa das Steuern eines Energieflusses. Dabei verstehen wir dann unter Steuern nicht so sehr das Ein- und Ausschalten des Stromes — dieses läßt sich

als der Spezialfall einer Alles-oder-nichts-Steuerung ansehen —, sondern die geplante Veränderung der Stärke, also das „Regulieren“ des Stromes. Auch in übertragenem Sinne verwenden wir den Begriff im Alltag: das Steuern einer wirtschaftlichen Entwicklung durch den Staat, einer persönlichen Entwicklung durch den Erzieher und dergleichen. Alles dies sind sehr verschiedene Vorgänge (in Material, Struktur usw. wesentlich unterschieden), doch haben sie alle etwas Gemeinsames, das erlaubt, sie als „Steuern“ zu bezeichnen.

Definieren wir allgemein Steuern als eine gerichtete Beeinflussung, so zeigen schon unsere Beispiele, daß „Richtung“ hier nicht nur räumlich verstanden werden darf. Jede quantitative und qualitative Änderung eines Systems verläuft von einem Zustande A_1 zu einem Zustande A_2, oder sie schwankt, oszilliert zwischen diesen Zuständen. Im ersten Falle ist sie von A_1 nach A_2 „gerichtet“, im zweiten Falle wechselt die „Richtung“ ständig. Das Steuern bewirkt, daß der Zustand A_2 ein gewünschter, angestrebter Zustand ist. Es bewirkt somit eine „Ausrichtung“ der Veränderung.

Das gilt wiederum nicht nur für Fahrzeuge, sondern letztlich für alle technischen, biologischen, soziologischen usw. gesteuerten Vorgänge. In der Technik lassen wir Naturkräfte unter bestimmten Bedingungen sich auswirken und *steuern* den Verlauf der Vorgänge so, daß bestimmte vorgesetzte Ziele erreicht werden, sei es, daß bestimmte Stoffe entstehen, Körper gewünschte Formen erhalten, Energien am geplanten Ort in vorausberechneter Stärke sich auswirken usw. Aber auch bei der Züchtung neuer Pflanzenarten, Tierarten und Rassen, bei der Dressur von Tieren, bei der Erziehung, der Führung von Einzelnen, von Gruppen und ganzen Völkern spielt das Steuern eine wichtige Rolle — nicht zuletzt auch bei jener „biologischen Technik“, die wir Medizin nennen. Das alte Wort „medicus curat, natura sanat“ besagt ja letztlich — in diesem Zusammenhange verstanden —, daß der Arzt nur „natürliche Vorgänge“ im kranken Organismus in Gang setzen und sie in bestimmter Richtung steuern kann; das „Heilen“ besorgen dann diese Vorgänge selbst.

Man kann nun, wie es vielfach geschehen ist, dieses „Erreichen von Zielen“ als Wesensmerkmal des Steuerns in den Vordergrund stellen. So wird verständlich, daß NORBERT WIENER bei der modernen „Wissenschaft vom Steuern“ so sehr „the forecasting of the future“ betont, und daß ein französischer Kybernetiker erklärt: „Ein System beherrschen heißt tatsächlich, ihm in einem bestimmten Augenblick der Zukunft einen wohldefinierten Zustand zuzuweisen und dabei alle anderen möglichen Zustände auszuschließen. In diesem Sinne wollen wir den Begriff der Steuerung vor allem auffassen als eine Neutralisierung vom Zufall abhängiger Handlungen, also als einen Kampf gegen den Zufall“ (A. DUCROCQ[1]). An anderer Stelle erklärt derselbe Autor sogar: „Den Zufall zurückschieben ... das ist das ganze Programm der Kybernetik“.[2]

Für die theoretische Kybernetik stellt sich damit das Problem: Was ist nötig, um irgendein Ziel zu erreichen? Welche Bedingungen müssen erfüllt, welche Methoden oder Verfahren müssen angewendet werden? Da bestimmte Ziele zu ihrer Erreichung bestimmte Mittel erfordern, kann es sich für die Kybernetik nur um eine formale

[1] A. DUCROCQ: Die Entdeckung der Kybernetik. Deutsch von GERTRUD WALTHER. Frankfurt/M. 1959, S. 7f.

[2] a. a. O. S. 164.

Analyse eines „Steuerungssystems überhaupt“ handeln, also darum, die Strukturen und Relationen aufzuweisen, die für alle derartigen Systeme gültig sind. Die weitere Aufgabe ist dann, das so Gefundene in eine exakte, möglichst mathematische Form zu bringen, um damit zur Erkenntnis und Beherrschung realer Systeme das theoretische Gerüst zu besitzen.

2. Da ist zunächst das *Ziel* oder der angestrebte Zustand A_n eines Systems. Grundsätzlich bestehen hier zwei Möglichkeiten:

a) Wir setzen A_n und suchen ein Ausgangssystem A_0 so, daß es auf methodischem Wege in den gewünschten Zustand A_n übergeführt werden kann. Dabei müssen wir eine weitere Unterteilung berücksichtigen: a_1) Das Ziel A_n ist gegeben (etwa ein wichtiger natürlicher Stoff, den der Chemiker synthetisieren, also künstlich herstellen will); A_0 ist gesucht: Von welchen Stoffen aus kann die Synthese gelingen? a_2) A_n, das Ziel, ist nur als Idee vorhanden, z. B. einen frühreifenden, winterharten Weizen zu züchten oder einen Textilstoff mit genau bestimmten Eigenschaften herzustellen. Wieder ist A_0 gesucht, doch ist dieses Suchen jetzt weniger bestimmt und damit erheblich schwieriger.

b) Umgekehrt kann aber auch das System A_0 gegeben sein. Gesucht ist jetzt A_n —, und zwar in den beiden möglichen Fassungen: b_1) Welches von A_0 aus erreichbare Ziel A_n ist erstrebenswert?, und b_2) ich suche ein bestimmtes A_n; kann ich es von dem gegebenen A_0 aus erreichen?

Wenn man gesagt hat, die Zielsetzung selbst „gehöre nicht zur Kybernetik, sie sei überhaupt keine wissenschaftliche Tätigkeit“ (H. Frank), so ist das, wie man sieht, nur bedingt richtig. Ein Traum, ein Wunsch, eine vage Idee sind noch kein „Ziel“ im strengeren Sinne, so wenig, wie eine Unklarheit oder eine allgemeine Frage schon ein „Problem“ sind. Man kann vielleicht sagen: ein Problem ist eine umgrenzte und als grundsätzlich beantwortbar erkannte Frage — und dann entsprechend: Ein Ziel ist ein umgrenztes und als grundsätzlich erreichbar erkanntes Wunschbild. Ist mir also etwa ein bestimmtes A_0 gegeben, so kann ich nicht ein beliebiges A_n als Ziel setzen, sondern kann A_n nur unter den möglichen und erreichbaren Zuständen von A_0 auswählen. Dasselbe gilt, wenn ich umgekehrt für ein gegebenes oder als erreichbar erkanntes A_n unter den denkbaren Ausgangssystemen das geeignete auswähle.

3. Sind A_0 und A_n gefunden und bestimmt, so gilt es, einen *Weg* zu finden, der von A_0 zu A_n führt. Im allgemeinen wird das Verfahren darin bestehen, daß bestimmte Bestandteile, Eigenschaften usw. — kurz: bestimmte *Faktoren* des Systems — durch äußere Einwirkung so verändert werden bzw. sich unter dieser Einwirkung so verändern, daß das ganze System A_0 entweder sofort in den Endzustand A_n übergeht oder aber über mehr oder weniger zahlreiche Zwischenstufen $A_0 \to A_1 \to A_2 \to \ldots \to A_{n-2} \to A_{n-1} \to A_n$ dorthin geführt wird. Dabei sind häufig weite Umwege nötig, gelegentlich auch Änderungen, die das System scheinbar von A_n wieder entfernen. Man spricht hier von *Taktiken* (Schützenberger), und zwar von Taktiken nullter Ordnung, wenn A_0 in einem Schritt A_n erreicht, und entsprechend von Taktiken erster, zweiter usw. Ordnung, wenn die entsprechende Zahl von Zwischenstufen oder Teilzielen durchlaufen werden muß.

Die Wahl der geeigneten Taktik und der Mittel zur Beeinflussung der einzelnen Faktoren gehört zur Aufstellung des *Programms* für das Steuern der Vorgänge, die von A_0 schließlich zu A_n führen. Dieses *Programmieren* setzt eine Detailkenntnis nicht nur der Faktoren von A_0, sondern auch der Möglichkeiten ihrer Beeinflussung sowie ein exaktes Zielbild voraus. In der Praxis führen allerdings sehr häufig Zufälle oder auch planloses oder „systematisches" — und das heißt jetzt, alle Möglichkeiten gleichsam mechanisch absuchendes — Probieren zu wissenschaftlichen Entdeckungen und technischen Erfindungen. Aber es ist ja gerade das Ziel der Kybernetik, „den Zufall zurückzuschieben" oder — wie es CARL DUISBERG einmal formulierte: „An die Stelle des Zufallserfolges soll die wissenschaftliche Sicherheit treten."

4. Auch beim *Programmieren* kommt es nun darauf an, aus der gegebenen Zahl möglicher Taktiken und beeinflussender Kräfte die geeigneten auszuwählen, also *Entscheidungen* zu treffen.

Wodurch sind diese Entscheidungen bedingt?

Wir müssen — das war die eine Voraussetzung — das Ausgangssystem A_0 in allen wichtigen Einzelheiten sowie die Möglichkeiten seiner Veränderung kennen. Darüber müssen wir — wie man auch sagen kann — *informiert* sein. Damit entsteht die nächste Frage: Wieviel *Information* müssen wir erhalten, um eine begründete Entscheidung treffen zu können? Und: Wieviel *Information* können wir der Lage der Dinge nach erhalten?

In einfachen Fällen wird die erreichbare Information sicherlich ausreichen, um unser Programm aufstellen und durchführen zu können. Bei komplexen oder gar sehr komplexen Systemen aber — und diese „very large systems" sind nach ASHBY das eigentliche Aufgabengebiet der Kybernetik — wird die erhaltbare Information nicht ausreichen, um das Verhalten des Systems exakt zu bestimmen. Wir müssen dann ständig mit einer mehr oder weniger großen *Unbestimmtheit* des Systems und seines Verhaltens rechnen. Wir können — mit anderen Worten — den Zufall, und das heißt die Einwirkung der Faktoren, über die wir im Augenblick der Entscheidung keinerlei Information erhalten können, wohl „zurückschieben", aber nicht ausschalten. So wird verständlich, daß Wahrscheinlichkeitstheorie und Statistik — als Mittel jenes „Zurückschiebens" — in der Kybernetik eine zentrale Rolle spielen.

Unter diesem Gesichtspunkt lassen sich alle Systeme mit STAFFORD BEER in die beiden Klassen der „determinierten" und der „probabilistischen" Systeme einteilen und so definieren: „Determiniert ist ein System, dessen Teile in vollständig voraussagbarer Weise aufeinander einwirken", „probabilistisch dagegen ist ein System, das keine streng detaillierte Voraussage zuläßt."[1] In weiterer Unterteilung unterscheidet man dann noch „einfache, komplexe und äußerst komplexe" Systeme. Solche äußerst komplexen Systeme sind z. B. ein Organismus, das menschliche Gehirn, ein Volk als geschichtliche Einheit, eine Volkswirtschaft uud dgl., aber auch ein einzelnes wirtschaftliches Unternehmen. Ein elektronisches Rechengerät und die vollautomatisierte Fabrik sind Beispiele komplexer determinierter Systeme.

5. Die Unbestimmtheit eines Systems läßt sich quantitativ erfassen, und zwar durch Angabe der *Freiheitsgrade*, sei esd es Systems selbst, sei es seiner Faktoren.

[1] STAFFORD BEER: Kybernetik und Management. S. 27ff.

Man kann darunter die verschiedenen Arten der Änderungsmöglichkeit verstehen. Am Beispiel mechanischer, genauer translatorischer Bewegungen läßt sich der Begriff des Freiheitsgrades verdeutlichen.

Eine in einer Rille laufende Kugel oder ein Eisenbahnzug auf seinen Schienen hat einen Freiheitsgrad der Bewegung, nämlich vorwärts (bzw. rückwärts), wobei die Bewegung nach Geschwindigkeit und Beschleunigung noch vielfältig variieren kann (das gilt auch für die folgenden Fälle). Ein Schiff hat zwei Freiheitsgrade nach den beiden Dimensionen der ihm zur Verfügung stehenden Ebene: der Meeresoberfläche. Ein Flugzeug hat drei Freiheitsgrade, da es nach allen drei Dimensionen des Raumes beweglich ist. Zum „Steuern" benötigt der Lokomotivführer nur Geschwindigkeitsregulierer, der Autofahrer wie der Schiffssteuermann zusätzlich ein Seitensteuer und der Flugzeugführer abermals zusätzlich ein Höhensteuer. Wächst die Zahl der Freiheitsgrade — bei einer aus drei Atomen bestehenden Molekel z. B. kommen zu den drei Freiheitsgraden der Translationsbewegung noch drei Freiheitsgrade der Rotation der Molekel um die drei Raumachsen und drei weitere Freiheitsgrade der Oszillation (d. h. von Schwingungen der Atome gegeneinander innerhalb der Molekel) —, dann wird unter Bedingungen, die eine Berücksichtigung sämtlicher Freiheitsgrade erfordern — im Beispiel der dreiatomigen Molekel z. B. bei sehr hohen Temperaturen — die Vorausberechnung des Verhaltens schwierig bis unmöglich. Die *Unbestimmtheit* des Systems wächst mit der Zahl der Freiheitsgrade. Verhältnismäßig einfache biologische Bewegungen (wie das Gehen) sind schon recht reich an Freiheitsgraden; und für die Bewegungsmöglichkeiten der Hände schätzt man die Zahl der Freiheitsgrade auf 50. Mit der zunehmenden Unbestimmtheit des Systems wächst dann natürlich auch die Schwierigkeit, das Zusammenwirken aller Faktoren zu erkennen und damit das Verhalten des Systems zu bestimmen. Systeme mit einer großen Zahl von Freiheitsgraden sind komplexe oder äußerst komplexe probabilistische Systeme. Hier bietet sich nun für die Spezielle Kybernetik ein reiches Aufgabenfeld, durch Schaffung geeigneter „Modelle" andere Wissenschaften wie die Biologie, Psychologie, Soziologie zu unterstützen, an der Lösung ihrer Aufgaben mitzuarbeiten.

6. Bei den Steuersystemen unterscheidet man zweckmäßig zwischen *fester* und *variabler* Steuerung. Der Erbauer einer Eisenbahnlinie „steuert" durch das Legen der Schienen die künftig darauf fahrenden Züge gleichsam ein für alle Mal, ebenso die Erbauer von Wasserleitungssystemen, Stromnetzen usw. Der Lenker eines Fahrzeuges dagegen paßt sein Steuern den Gegebenheiten an und vermag kommenden Störungen zu begegnen, sie „abzufangen". Im biologischen Geschehen sind z. B. Reflexe fest gesteuertes Verhalten. Dagegen ist unsere Körperhaltung weitgehend variabel gesteuert. Ein hübsches Beispiel für das Abfangen einer kommenden Störung, die unsere Körperhaltung zu beeinflussen droht, gab H. Mittelstaedt

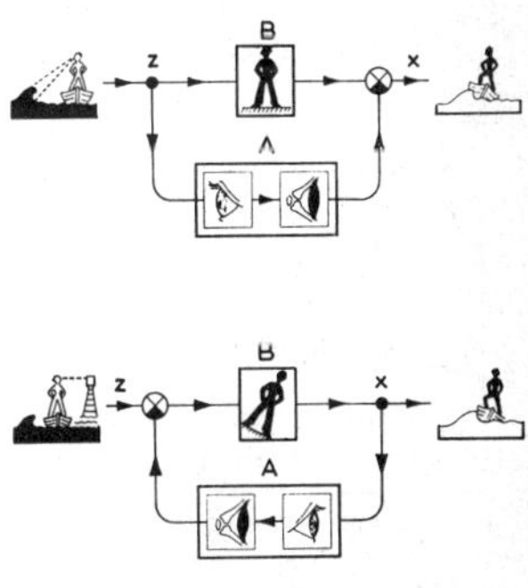

Abb. 2

in seinem Vortrag auf der Naturforscher- und Ärzte-Tagung 1960 in Hannover[1] (s. Abb. 2): Der Mensch im Boot „schätzt Höhe und Geschwindigkeit der anrollenden Wellen ab und bemißt danach Richtung und Betrag seiner Gegenwirkung". Dasselbe tun Radfahrer und Motorradfahrer, wenn sie „in die Kurve gehen".

Wichtig für das Verständnis der Steuerungen sind die energetischen Verhältnisse. Es ist ja in der Technik ein bekanntes Prinzip, daß starke Energien durch schwache gesteuert werden können. Ein Beispiel ist die Verstärkerröhre beim Radio; die ankommenden schwachen elektrischen Wellen steuern den sehr viel stärkeren Strom der Röhre, wodurch die „Verstärkerwirkung" zustande kommt.

Wir müssen — wie beim Auslösen — verschiedene bei dem Vorgang wirksame Energien unterscheiden. Da ist einmal die Energie des ausgelösten und gesteuerten Systems, also die Energie des Automotors, der Schiffsmaschine, der Höhenunterschied, der eine Flüssigkeit zum Strömen bringt usw. Dann die Steuerenergie, die sich aus der geringen Energie zum Auslösen (z. B. Ein- und Ausschalten) und der eigentlichen, für das *Steuern* aufzubringenden Energie (beim Auto also die Energie zum Drehen des Steuerrades) zusammensetzt. Beide Anteile der Steuer-Energie gehen nun — das gehört geradezu zur Definition des Begriffes *Steuern* — nicht in die Energiebilanz des gesteuerten Systems ein, sondern sie ändern nur die Bedingungen des Vorganges. Deshalb spricht B. Hassenstein hier von der besonderen Form der „Steuerkausalität" und definiert: „Steuern heißt Ändern bzw. Kontrollieren der nicht durch Energieübertragung wirksamen Kausalbedingungen für den gesteuerten Vorgang."[2]

7. Nicht durch Energieübertragung wirksam — wodurch aber doch wirksam?

Betrachten wir das Lenken eines Fahrzeuges durch Verstellen des Seitensteuers (Lenkrad, Schiffsruder usw.). Ob z. B. das Steuerrad eines Schiffes wie früher bei starkem Sturm durch die Kräfte der halben Mannschaft oder wie heute dank der Rudermaschine sozusagen „mit dem kleinen Finger" gehalten und gedreht wird, ist für die Wirkung gleichgültig. Die treibende Kraft für die Änderung der Fahrtrichtung ist das Fahren des Schiffes, also der gesteuerte Vorgang; nur fahrende Fahrzeuge können ja mit dem Seitensteuer gelenkt werden. Das Steuer verändert nur die Stellung des Ruders beim Schiff, der Vorderräder beim Auto.

Wie diese Beeinflussung physikalisch verläuft, braucht uns hier wieder nicht zu interessieren. Was wichtig ist, das ist die Parallele beispielsweise zum Herbeirufen eines Hundes oder auch eines Menschen. Der Ruf „zieht" das gerufene Lebewesen nicht heran, sondern löst in ihm einen Vorgang aus, setzt etwas in Gang, einen Steuervorgang, der einem Verstellen des Ruders in etwa entspricht und die Bewegung auf mich, den Rufenden, hin ausrichtet.

Wir können daher sagen: Das nicht durch Energieübertragung wirksam werdende Steuern wirkt als *Signal*. Damit kommen wir zu einer neuen Definition des

[1] H. Mittelstaedt: „Die Regelungstheorie als methodisches Werkzeug der Verhaltensanalyse". Naturwissenschaften **48**, 250 (1961).

[2] B. Hassenstein: Die bisherige Rolle der Kybernetik in der biologischen Forschung. Naturwiss. Rundschau **13**, 349 (1960).

Steuerns: „Steuern ist die Einwirkung einer Nachricht auf einen Energiefluß" (K. KÜPFMÜLLER). Oder allgemeiner:

„Steuern ist die Einwirkung eines Signales auf das Verhalten eines Systems."

Haben wir oben das Ein- und Ausschalten als Spezialfälle des Auslösens angesehen, so können wir hier zum Steuern das *Schalten* im allgemeinen Sinne rechnen. Dazu gehört nicht nur die Einrichtung mehr oder weniger komplizierter Schaltpläne und Stromverzweigungen, von Umleitungen, Widerständen usw. — und dies sowohl für elektrische als auch für Flüssigkeits-, Gas-, Material- und Energieströme aller Art —, sondern auch die Konstruktion sogenannter *logischer Schaltungen*, wie sie für Rechenautomaten und „lernende Automaten" notwendig sind, ebenso aber auch die Lenkung des Verkehrs, die Führung eines Unternehmens, einer Armee usw.

8. Da die Allgemeine Kybernetik sich nur für die Relationen und funktionellen Beziehungen der Systembestandteile, nicht aber für die physikalischen, biologischen, psychologischen oder soziologischen Mechanismen interessiert, stellt sie Steuersysteme durch *Blockschaltbilder* dar (s. Abb.3). Die *Blöcke* I, II, III bedeuten hier verschiedene Teile eines zusammengesetzten Systems, deren Verhalten jeweils durch den vorhergehenden gesteuert wird. Das so dargestellte System heißt eine *Steuerkette*, zum Unterschied von der bei der Regelung auftretenden Struktur auch eine *offene Kette*, kurz eine *Kette*.

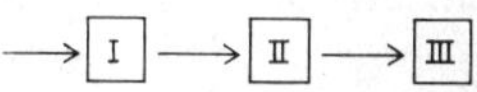

Abb. 3

Das „Abfangen einer Störung" ist ein besonderer Fall von Steuerung, wie an der schematischen Darstellung in Abb. 4 deutlich wird. Die Einwirkung der Störung Z (anrollende Welle) auf das System B (Mensch im Boot) würde zu einer Änderung der Körperhaltung X führen. Das ist eine (offene) Kausalkette (I): Z bewirkt X_B. Parallel zu dieser Kette I liegt nun die Z abfangende Steuerkette (II): Z-A-X. Das Sehen und Abschätzen der anrollenden Welle steuert — als Signal — X schon vorher so, daß die direkte Wirkung der Kette I aufgehoben wird. Ein solches Steuersystem bezeichnet man als *Masche* oder als *Maschenschaltung*.

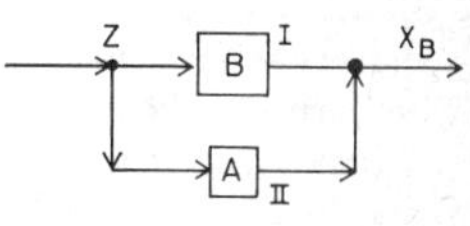

Abb. 4

Entscheidend ist, daß bei der Maschenschaltung die Störungswirkung abgefangen wird, die Störung nicht zur Wirkung kommt. Das unterscheidet die Maschenschaltung von der „Regelkreis"-Schaltung: bei dieser wird eine bereits eingetretene Störung ausgeglichen, behoben. Zum Abfangen ist nötig, daß die Steuerung über die Kette II der Wirkung über I — d. h. der Einwirkung, die eintreten würde, wenn Z sich auswirken könnte — genau gleich, aber entgegengesetzt gerichtet ist. An Organismen sind verschiedene Beispiele solcher Maschenschaltungen gefunden worden.

Auch technisch kann man Störungen durch geeignete Maßnahmen „abfangen". Eine gleichmäßig brennende Heizanlage erwärme ein Zimmer auf eine bestimmte Temperatur, die durch das Zusammenwirken von Heizen und Außentemperatur gegeben ist. Sinkt die Außentemperatur stark ab, so wird sich diese Störung auf die Zimmertemperatur auswirken; auch sie sinkt bald ab. Ich kann die Einwirkung dieser Störung abfangen, indem ich das Außenthermometer so mit dem Heizbrenner schalte, daß über eine Steuerkette ein Absinken der Außentemperatur zu entsprechend verstärktem Heizen führt, so daß die Zimmertemperatur gar nicht erst absinkt, wenn wir von der „Ansprechzeit“ der Geräte einmal absehen.

1.3.4. Regeln

„Regeln“ und „Regelung“ sind Begriffe, die für die Kybernetik so zentral sind, daß von manchen diese Wissenschaft geradezu als „Wissenschaft von der Regelung“ angesehen wird. Diese Auffassung wird noch dadurch unterstützt, daß viele einführende Schriften ihre Darstellung mit der Regelung beginnen. Mag nun auch die „Regelung in Lebewesen und Maschine“ historisch der erste definierte Aufgabenbereich der Kybernetik sein, so ist er doch nicht das systematisch Früheste — und ist schon gar nicht das am einfachsten zu Verstehende in der Kybernetik.

„Regeln“ und „Steuern“ werden im deutschen Sprachgebrauch streng unterschieden, während z. B. das Englische für beide Begriffe nur das eine Wort „control“ besitzt. Beides ist berechtigt; denn einmal unterscheiden sich „Regeln“ und „Steuern“ weitgehend — sie unterscheiden sich, wie die Blockschaltbilder zeigen werden, etwa wie ein Kreis und eine Gerade —, zum anderen aber spielt das Steuern beim Regeln eine entscheidende Rolle, so daß man sagen kann: Das Regeln ist eine besondere Form des Steuerns, nämlich eine „Selbststeuerung des Systems“. Worin die Eigenart des Regelns besteht, das wollen wir uns schrittweise erringen.

1. Wir knüpfen an das letzte Beispiel eines Steuersystems an. Die durch die Heizung erzeugte Zimmertemperatur wird durch eine Steuerkette von der Außentemperatur gesteuert (über eine Regulierung der Heizung): sinkt die Außentemperatur, so wird stärker geheizt, steigt sie, so wird die Heizung entsprechend gedrosselt. Wie hoch die Zimmertemperatur dabei wird, darüber läßt sich aus dem System ebenso wenig etwas entnehmen wie darüber, ob wir in einem so temperaturgesteuerten Raum arbeiten können. Man kann annehmen, daß dies nicht der Fall ist, sondern daß durch das verstärkte Heizen die Innentemperatur allmählich so hoch wird, daß wir nach einiger Zeit die Heizung abstellen und evtl. sogar das Fenster öffnen müssen. Damit entsteht die Frage, ob sich dieses „Regulieren von Hand“ nicht automatisieren läßt? Dazu bedarf es nur einer geringen Änderung unseres Steuersystems. Wir koppeln unsere Heizung, wie wir zunächst vereinfacht sagen wollen, nicht mit dem Außenthermometer, sondern mit dem Zimmerthermometer, und zwar so, daß bei Erreichen einer bestimmten Temperatur im Raum die Heizung automatisch abgeschaltet wird. Haben wir die Koppelung so vorgenommen, daß beim Absinken der Zimmertemperatur die Heizung automatisch wieder anspringt — auch das ist technisch sehr einfach —, dann haben wir in unserem Zimmer eine automatische *Temperaturregelung* anstelle der automatischen *Temperatursteuerung* vorher.

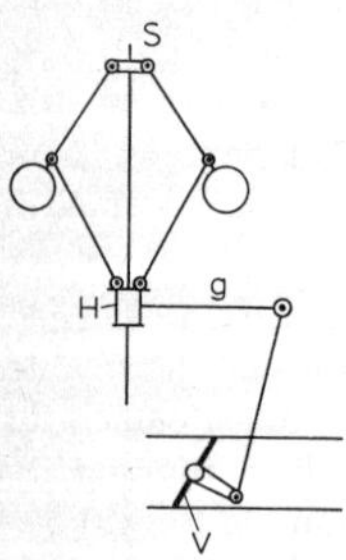

Abb. 5

Das klassische Beispiel eines technischen Regelsystems ist der Fliehkraftregler von James Watt (1788; s. Abb. 5). Mit der Schwungradachse einer Dampfmaschine ist eine senkrechte Achse so gekoppelt, daß beide die gleiche Rotationsgeschwindigkeit haben. An der senkrechten Achse befinden sich zwei am Ende mit Kugeln beschwerte Stäbe, die sich mitdrehen, wobei die Fliehkraft die Kugeln auseinandertreibt. Infolge ihrer Befestigung heben sich die Kugeln und verstellen dadurch das Ventil, das die Dampfzufuhr steuert. Überschreitet die Rotationsgeschwindigkeit den kritischen Wert, wird der Dampf völlig abgesperrt.

Wodurch unterscheiden sich nun *Steuern* und *Regeln*?

Beim *Steuern* greift ein Etwas — der Steuermann, eine Kraft, eine Nachricht — von außen in das System ein. Vom System aus gesehen ist Steuern eine „Störung", die den unter den gegebenen Umständen normalen Ablauf verändert. Der außerhalb des Systems stehende Steuerer setzt dem Verhalten des Systems ein Ziel und sorgt durch Eingriffe von außen dafür, daß das System sich diesem Ziel bis zum Erreichen nähert.

Auch bei der *Regelung* wird dem System von außen ein Ziel gesetzt, z. B. eine bestimmte Temperatur bei der Temperaturregelung, eine bestimmte Rotationsgeschwindigkeit beim Fliehkraftregler. Auch hier wird das Verhalten des Systems auf das Ziel hin gesteuert, aber dies jetzt nicht von außen. Das System ist so eingerichtet, daß es „sich selbst steuert", oder — wie man ja auch sagen kann —, daß es auf das Ziel zusteuert.

Was heißt das nun?

Zum besseren Verständnis wollen wir den Regelvorgang in seine einzelnen Phasen aufgliedern:

a) *Das Erreichen des Ziels:* Wenn ein gesteuertes System das gesetzte Ziel erreicht hat, wird der Vorgang vom Steuermann stillgelegt, abgeschaltet. Steuert ein System selbst sein Ziel an, so muß es gleichsam „wissen", wann es sein Ziel erreicht hat und muß sich selbst abschalten. Der Mechanismus dieses Abschaltvorganges wird ein anderer sein, je nach der Natur des Systems; aber es wird sich zeigen, daß es allgemeine, gleichsam durch alle Gebiete hindurchgehende Prinzipien dieses Verhaltens gibt.

Eines dieser Prinzipien ist bei der Temperaturregelung mit dem Thermostaten verwirklicht. Betrachten wir ein solches Thermostatensystem, das heute ja jedermann sei es an der Ölheizung, sei es am elektrischen Herd oder am Kühlschrank — kennt und benutzt, etwas näher:

Im einfachsten Falle enthalte das Zimmerthermometer zwei Stromzuführungen, die auf eine bestimmte Temperatur am Thermometer eingestellt werden können (s. Abb. 6). Die so eingestellte Temperatur heißt der *Sollwert* des Systems. Steigt nun die Zimmertemperatur infolge der Heizung, so steigt entsprechend die Quecksilbersäule im Thermometer, bis sie den Sollwert erreicht hat. Das metallische Quecksilber ist ein Leiter des Stromes. Bei Erreichen der Kontaktstelle am Sollwert wird also ein Stromkreis ge-

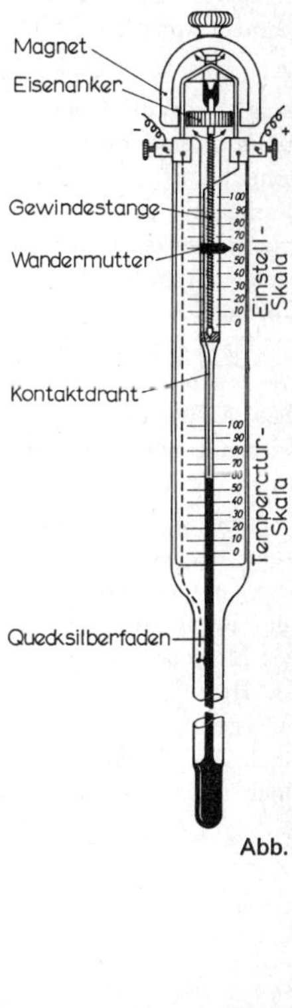

Abb. 6

schlossen, und dieser betätigt ein Relais, das die Heizung abstellt. Das Ziel, der Sollwert, ist erreicht; das System schaltet selbst den Vorgang „Heizen“ ab.

Es gibt in der Technik eine Fülle solcher selbstabschaltender Systeme, z. B. beim Füllen eines Flüssigkeitsbehälters bis zu einer bestimmten Höhe, beim Erreichen einer bestimmten Geschwindigkeit, eines bestimmten Drucks, einer festgelegten Stromstärke und dergleichen. Auch der Wattsche Fliehkraftregler arbeitet ja nach diesem Prinzip. Ebenso finden wir derartige Vorgänge bei den Organismen und im menschlichen Verhalten. Daß wir eine Tätigkeit, die uns zu einem Ziele führen soll — das Gehen an einen bestimmten Ort, das Ergreifen eines Gegenstandes, das Herstellen eines Gebrauchsdinges, das Schreiben eines Briefes usw., usw. — bei Erreichen des Zieles einstellen, ist uns so selbstverständlich, daß wir keinen Gedanken darauf verschwenden. Erst der Versuch, eine Maschine zu konstruieren, die dasselbe leistet, macht uns darauf aufmerksam, daß es hierzu eines Ausschaltmechanismus bedarf, und daß aller Wahrscheinlichkeit nach auch bei uns ein solcher Mechanismus vorhanden sein wird.

b) *Das Bleiben im Ziel:* Mit dem Erreichen des Zieles ist der Vorgang in vielen Fällen beendet, aber nicht in allen Fällen. Der mit der Zielsetzung verbundene Zweck der Steuerung ist nicht nur ein Ankommen im Ziel, sondern ein für gewisse Zeit Dableiben. Das gilt nicht nur für den Zielort einer Wanderung oder einer Reise, sondern ebenso für den Sollwert einer Temperaturregelung: Ich möchte, daß die Zimmertemperatur konstant 20° C beträgt.

Gerade in diesem Falle aber ist das Dableiben, auf das es mir ankommt, nicht möglich. Wird beim Erreichen des Sollwertes die Heizung abgestellt, so wird die Zimmertemperatur nach kurzer Zeit absinken; und das System muß den Sollwert erneut ansteuern. Unser Regelsystem muß also so eingerichtet sein, daß bei jedem Verlassen des Sollwertes die Heizung wieder anspringt — bis ein Wiedererreichen des Sollwertes sie erneut abschaltet. Und diese Folge von Absinken der Temperatur, Einschalten der Heizung, Erreichen des Sollwertes, Abschalten der Heizung wiederholt sich beliebig oft.

Durch ein Regelsystem kann also der Sollwert niemals streng konstant gehalten werden; aus dem einfachen Grunde nicht, weil ein Regelsystem gerade durch das Abweichen vom Sollwert in Gang gesetzt wird. Die Regelung soll eine wirksam gewordene *Störung* wieder aufheben; die Wirkung der Störung setzt die Regelung in Gang.

Aber noch in einem anderen Sinne gibt es bei dieser Art technischer Regelsysteme kein „Bleiben im Ziel“. Nehmen wir wieder die Temperaturregelung als Beispiel: Die Temperaturerhöhung im Zimmer führt zu einem Steigen der Quecksilbersäule im Thermometer. Bei Erreichen des Sollwertes betätigt der durch das Quecksilber geschlossene Strom ein Relais, dieses schaltet einen neuen Stromkreis ein, der dann die Heizung abstellt. All dies benötigt ein wenig Zeit; z. B. haben die Geräte eine gewisse Ansprechzeit. Außerdem werden ja die Heizungen im Raum nicht gleich nach Abschalten der Heizung kühl - kurz, die Zimmertemperatur steigt zunächst noch etwas weiter und damit steigt auch die Quecksilbersäule etwas höher. Die Anlage „schießt über das Ziel hinaus“. Dann wirkt sich das Abstellen der Heizung aus. Das Thermometer sinkt, erreicht jetzt den Sollwert von oben, unterschreitet ihn, und jetzt springt die Heizung erneut an, heizt, und wieder vergeht einige Zeit, bis das Heizen zu einer Temperaturerhöhung führt. Vorerst sinkt die Temperatur noch etwas weiter. Schließlich steigt die Temperatur wieder bis zum Sollwert, und das Spiel beginnt von neuem. Die Temperatur schwingt also um den Sollwert herum in Schwingungen, die bei gut arbeitenden Systemen klein, bei anderen dagegen größer sein können.

c) *Das Ansteuern des Ziels:* Die systembedingten Störungen, die ein System aus dem erreichten Ziel wieder hinaustreiben, sind nur ein Beispiel von Störungen, denen jedes Regelungssystem unterliegt. Andere Störungen wirken schon auf dem Wege des Systems zum Ziel ein; sie gefährden oder verhindern gar das selbständige Ansteuern des Zieles. Diese Störungen muß das System selbst beseitigen, d. h. es muß ihre Wirkungen aufheben. Die Lösung dieser Aufgabe verlangt, daß das System jede solche Störung „als Störung" gleichsam „erkennt", daß es die Wirkung der Störung als ein Abweichen vom Ziel bewertet und entsprechend kompensiert: indem es einen Regulierungsvorgang in Gang setzt, der die Richtung auf das Ziel wieder herstellt.

Alle menschlichen Zielbehandlungen werden — übrigens auf sicherlich sehr komplizierte Weise — so geregelt, z. B. das Ergreifen eines Gegenstandes, das Zeigen auf ein entferntes Objekt, das Arbeiten mit einem Werkzeug, das Fahren eines Autos, wobei wir in den beiden letzten Fällen Mensch und Werkzeug bzw. Mensch und Fahrzeug als Bestandteile e i n e s Systems ansehen müssen.[1] Aber auch jede Unterhaltung, jede Art von Kommunikation sind Beispiele derart geregelter Systeme. Und das gleiche gilt für tierisches Verhalten, z. B. für das Fangen einer Beute. Daß derartiges auch bei Maschinen möglich ist, dafür gibt es heute vielerlei Beispiele. Schon die ersten „kybernetischen" Untersuchungen betrafen ja der Zeit entsprechend das Problem, Geschosse zu konstruieren, die selbsttätig ihr Ziel ansteuern.

2. Auf welchem Prinzip beruht nun eine derartige Regelung?

Beginnen wir mit dem dritten — dem kompliziertesten — Fall, dem Ansteuern des Ziels. Wir können das Verhalten des Systems auch so kennzeichnen: Das System muß bei jedem einzelnen Schritt „wissen", ob dieser Schritt richtig ist, ob er auf das Ziel hinführt oder nicht. Ein solches „Wissen" kann das System aber nur haben, wenn es über den Erfolg jedes einzelnen Schrittes informiert wird, wenn es diese *Information* mit seinem ursprünglichen Zielsuchbefehl vergleichen, und wenn es schließlich das Ergebnis eines solchen Vergleichs zur Grundlage seines nächsten Schrittes machen kann. Ein solches Verhalten entspricht aber genau der Definition der *Nachrichtenverarbeitung* von KÜPFMÜLLER: als Resultat der Verknüpfung zweier Nachrichten, des Zielsuchbefehls und der Erfolgsmeldung, entsteht eine neue Nachricht, der Befehl für die Ausführung des nächsten Schrittes. Mit anderen Worten:

[1] Vgl. z. B. COLIN CHERRY: „ . . . ein Automobil, das mit dem Fahrer ein integriertes Mensch-Maschine-System bildet. Dieses System ist nicht etwa — das sei betont — ein Mensch u n d eine Maschine, sondern eine Einheit, die ihre eigenen Reaktionszeiten und ihre eigenen, von denen eines normalen Menschen abweichenden Verhaltensweisen besitzt". Kommunikationsforschung — eine neue Wissenschaft, Deutsche Übers. v. Dipl.-Ing. P. MÜLLER („Welt im Werden"). Frankfurt/Main 1963, S. 167.

Die Grundlage der Regelung ist eine *Nachrichten-Verarbeitung.*

Ein Beispiel, bei dem dieser Vorgang sozusagen mit der Zeitlupe auseinandergezogen und zugleich vergrößert und vergröbert wird, ist das früher vom Richtkanonier „mit Hand und Auge" gesteuerte Einschießen eines Geschützes: zu kurz — zu weit — rechts daneben — links daneben. Nach jedem Schuß verändert der Richtkanonier auf Grund des gesehenen Erfolges (Erfolgsinformation) die Stellung des Rohres. Im menschlichen Verhalten (ohne Werkzeug) entspricht dem etwa das tastende Suchen, wenn ich im Dunkeln auf meinem Schreibtisch einen bestimmten Gegenstand finden will, wobei ich die dort stehenden Gegenstände und ihre gegenseitige Lage kenne. Im normalen Verhalten, wie überhaupt im biologischen Geschehen vollziehen sich die einzelnen Schritte: Ausführung eines Befehls—Erfolgsmeldung—Nachrichtenverarbeitung zu einem neuen Befehl — Ausführung usw. nicht nur äußerst schnell, sondern auch durch die Übung mit rasch zunehmender Genauigkeit. Man überlege einmal, was alles nötig ist, damit ich die Kaffeetasse auf meinem Schreibtisch ergreifen kann, wie dabei ständig die Zielbewegung durch das Auge kontrolliert werden muß — wobei dies alles völlig unbewußt geschieht, da es „automatisch" geworden ist.

Es bedarf keiner besonderen Erörterung, daß das Prinzip der Regelung durch Nachrichtenverarbeitung auch in den beiden anderen oben betrachteten Fällen dasselbe ist: das System wird darüber informiert, daß es das Ziel erreicht bzw. das schon erreichte Ziel wieder verlassen hat. Es verarbeitet diese Information zu einem neuen Befehl: Abstoppen im einen, Wieder-in-Gang-Setzen im anderen Falle.

3. Welche Struktur muß nun ein System besitzen, das zu einer derartigen Nachrichtenverarbeitung fähig ist?

a) *Das Ziel:* Das erste ist wieder das Ziel; ein bestimmtes Ziel muß dem System gegeben sein. Im Unterschiede zum Steuern, bei dem der Steuernde das Ziel kennt und das System darauf zusteuert, muß beim sich-selbst-steuernden System das System selbst dieses Ziel „kennen".

Das Ziel wird auch bei der Regelung von außen eingegeben; das System muß somit zunächst einen Bestandteil haben, der diese Zieleingabe aufnimmt und speichert. Bei technischen Systemen, wie z. B. dem Thermostaten, bei Füllhöhen- oder Durchflußmengenregelungen usw. ist das „Ziel" ein bestimmter Wert, der *Sollwert,* der erreicht, aber nicht überschritten werden soll. Damit dieser Sollwert eingegeben werden kann, muß das System einen *Sollwert-Einsteller* besitzen. Bei einem einfachen Thermometer-Thermostaten ist dies z. B. eine Einrichtung, die erlaubt, die beiden elektrischen Kontakte auf einen bestimmten Grad der Skala einzustellen.

Auch bei Organismen finden wir derartige Sollwert-Regelungen, also variable Vorgänge, die so geregelt werden, daß ein bestimmter, zahlenmäßig angebbarer Sollwert erreicht und in engen Grenzen konstant gehalten wird. Das bekannteste Beispiel ist die Temperaturregelung der homoiothermen (gleichwarmen) Tiere, die unabhängig von der Außentemperatur eine bestimmte Körpertemperatur einhalten: beim Menschen beträgt dieser Sollwert etwa 37° C, bei niederen Säugetieren finden wir Sollwerte unter 32° C, bei Vögeln liegt der Sollwert zwischen 40 und 42° C. Die Konstanz der Körpertemperatur ist nun allerdings auch bei den Organismen nicht streng: beim Menschen kann die Temperatur normal zwischen 36,4–37,4° C schwanken — abgesehen von Krankheitszuständen wie Fieber, wo sie erheblich stärker vom Sollwert abweichen kann. Wir dürfen zwar nicht annehmen, daß diese Organismen eine Einrichtung besitzen, die als „Sollwert-Einsteller“ wirkt, in den ein äußerer Faktor den betreffenden Sollwert eingibt — aber wir können feststellen, daß ein solcher Sollwert existiert und eingeregelt wird. Das gleiche gilt für die Regelung anderer derartiger Sollwerte, wie des Blutdruckes oder der sogen. „absoluten Reaktion des Blutes“, daß dieses also nicht „sauer“ werden darf, und ähnliches mehr.

Derjenige Faktor eines Systems, der durch die Regelung dem Sollwert angepaßt werden soll — also in den obigen Beispielen die Temperatur, die Füllhöhe, die Durchflußmenge, die Körpertemperatur, der Blutdruck usw. — heißt die *Regelgröße*.

Nun ist der Fall denkbar, daß der Sollwert selbst wieder soll verändert werden können. Wir wollen z. B. bei starkem Frost unsere Zimmertemperatur von bisher 20°C Sollwert auf 22°C Sollwert erhöhen. Das können wir leicht durch Verstellen am Sollwert-Einsteller (z. B. am Zimmerthermostaten) erreichen; wir können diesen Sollwert aber auch automatisch durch die Außentemperatur steuern lassen, kombinieren dann also eine Sollwert-Steuerung mit einer Regelung durch diesen Sollwert. Die den Sollwert steuernde Größe — hier die Außentemperatur — heißt die *Führungsgröße*.

b) *Der jeweilige Zustand:* Soll ein System in der Lage sein, Abweichungen der Regelgröße vom Sollwert auszugleichen, muß es nicht nur den Sollwert, sondern auch seinen jeweiligen Zustand „kennen“. Wie in der Technik, spricht man hier vom *Ist-Wert* des Systems bzw. des betreffenden Systemfaktors. Was dieses „Kennen“ etwa bei Maschinen bedeutet, wird uns noch beschäftigen, vorerst können wir nur sagen: beide Werte, der Sollwert wie der Istwert, müssen in irgendeiner Form in der Maschine vorhanden sein. Nun wird der Istwert nicht wie der Sollwert von außen eingegeben, sondern die Maschine muß ihn — allgemeiner: das System muß seinen jeweiligen Zustand selbst „feststellen“. Das System bedarf dazu wieder einer besonderen Einrichtung, die man nach technischer Terminologie als *Istwert-Fühler* bezeichnet. Bei technischen Systemen wird es sich meist um eine Messung handeln. Die Zustandswerte der Faktoren werden dann gemeldet, d. h. eine entsprechende Nachricht wird dorthin geleitet, wo sie verarbeitet wird. Da auch diese Nachricht als ein Signal übermittelt werden muß, ist der Istwert-Fühler meist mit einem Transformator in der Technik auch als *Meßumformer* bezeichnet — gekoppelt.

Man muß beachten, daß der Istwert-Fühler bei mechanischen Systemen „blind“ arbeitet, d. h. er meldet das, was er „fühlt“ und nicht immer das, was er im Sinne des Regelungs-Systems fühlen soll. Regeln wir z. B. die Zimmertemperatur mit Hilfe eines einfachen Thermometer-Thermostaten, so enthalten die Istwert-Meldungen des Fühlers (Thermometer) nur den Stand des Thermometers, ganz gleich, ob dieser Stand durch eine erhöhte Zimmertemperatur („sinnvoll“) oder durch das Thermometer erwärmende Sonnenstrahlen oder durch ein herangebrachtes Streichholz verursacht worden ist.

c) *Der Regler:* Unter einem *Regler* verstehen wir hier im engeren Sinne diejenige Einrichtung eines Systems, in der die beiden Nachrichten Sollwert-Einstellung und Istwert-Messung eingegeben, miteinander verglichen und zu einer neuen Nachricht verarbeitet werden. Dies klingt recht kompliziert. In Organismen, speziell im menschlichen Gehirn, aber auch in sehr komplexen Systemen der Technik, werden die Vorgänge entsprechend kompliziert sein. In der Technik aber können sie sehr einfach verlaufen.

Stellen wir uns als ein primitives Beispiel etwa eine automatische Abwägevorrichtung vor: eine zweischalige Waage mit ihrem Balken. Auf der einen Schale steht das Gewicht — der Sollwert. Die andere wird aus einem Vorratsbehälter automatisch mit dem zu wägenden Gut gefüllt. Der Zeiger am Waagebalken ist der Istwert-Fühler, seine Stellung gibt an, wie weit die Waage jeweils noch vom Gleichgewicht entfernt ist; er zeigt also die jeweilige Abweichung vom Sollwert an. Diese Anzeige läßt sich nun verhältnismäßig einfach auf einen Regler übertragen, in dem sie umgesetzt wird in eine allmähliche Drosselung der Zufuhr des Gutes — bis bei Erreichen des Sollwerts die Zufuhr völlig gestoppt wird, die Waage ist jetzt im Gleichgewicht. Gleichzeitig wird ein anderer Vorgang ausgelöst: die Schale mit dem abgewogenen Gut kippt ihre Last aus, das Gleichgewicht der Waage ist gestört — der Vorgang beginnt von neuem.

So einfach verlaufen, wie gesagt, die Vorgänge der Nachrichtenverarbeitung zur Regelung des Verhaltens bei Organismen oder gar beim denkenden Menschen nicht — aber auch die Technik kennt sehr viel kompliziertere Regelvorgänge. Beim Bemühen, „lernende“ Maschinen und nachrichtenverarbeitende Apparate mit technischem „Gedächtnis“ und dergleichen zu bauen, muß die Technik versuchen, auch „Denkvorgänge“ technisch zu realisieren. Darüber wird noch genauer zu sprechen sein. Doch soll hier im Gesamtüberblick über die Probleme der Kybernetik wenigstens ein Hinweis auf diese Fragen gegeben werden.

Schon vor zweieinhalb Jahrtausenden entdeckten griechische Philosophen, daß sich im menschlichen Denken, also in unserem Urteilen, Folgern und Schließen, bestimmte formale Beziehungen, Regeln und Gesetzmäßigkeiten aufweisen lassen, die unabhängig sind vom „Inhalt“ des Denkens. Und es ist eine der großen Leistungen des ARISTOTELES, daß er die Erforschung dieser „Denkformen“ zu einer systematisch aufgebauten Formalen Logik entwickelte. Auf LEIBNIZ gehen dann die Versuche zurück, diese Formale Logik zu mathematisieren, sie nach Art der Mathematik aufzubauen: das Denken also als ein Rechnen mit Begriffen darzustellen. Aus diesen Versuchen hat sich seit etwa hundert Jahren die Disziplin der „Mathematischen Logik“ oder „Logistik“ entwickelt, die eine der wesentlichen Grundlagen für alle Bemühungen geworden ist, Denkvorgänge in irgendeiner Form zu technisieren. Ein interessantes, man kann fast sagen epochemachendes Beispiel für diese Verbindung von Logik und Technik ist die Doktorarbeit von CLAUDE SHANNON (1938), in der er die 1847 und 1854 veröffentlichte „Logische Algebra“ von GEORGE BOOLE auf die Analyse elektrotechnischer Schaltnetze anwendete. Einen weiteren Schritt vollzogen dann MCCULLOCH und PITTS (1943), die mit Hilfe der BOOLEschen Algebra neurophysiologische Netzwerke untersuchten.

SHANNON hatte also ernst gemacht, und zwar exakt wissenschaftlich ernst gemacht mit der Analogie vom Gehirn als einem „Schaltwerk der Gedanken“ (C. L. SCHLEICH). Betrachtet man das logische Denken als eine Art „Schalten“, so muß es möglich sein, entsprechende Schaltungen auch technisch auszuführen bzw. technische Schaltungen nach Art logischer Schaltungen zu verstehen. Dies sei an zwei ganz einfachen Beispielen gezeigt:

Wir haben z. B. zwei Aussagen, die wir formal als p und q bezeichnen wollen. Es gibt dann eine dritte Aussage, die in bestimmter Weise von p und q abhängt, also mathematisch gesprochen eine Funktion von p und q ist: $f(p, q)$. Sie entsteht auf irgendeine Weise durch Kombination der beiden ursprünglichen Aussagen. Worauf es in der Logik ankommt, ist: wie hängen Wahrheit und Falschheit der Aussage $f(p, q)$ von Wahrheit und Falschheit der Aussagen p und q ab? Es gibt nun eine logische Grundverknüpfung, die man als „*und*"-*Verknüpfung* bezeichnet und die besagt: $f(p, q)$ ist immer dann und nur dann wahr, wenn sowohl p als auch q wahr sind. Bezeichnet man die Wahrheit einer Aussage allgemein mit +, die Falschheit mit —, so läßt sich die Wahrheitsfunktion dieser Verknüpfung durch die obenstehende kleine Tabelle (nach L. WITTGENSTEIN) darstellen.

"und"

p	q	f (p,q)
+	+	+
+	—	—
—	+	—
—	—	—

Eine andere logische Verknüpfung ist die „*oder*"-*Verknüpfung* (= das „einschließende oder"). Die aus ihr folgende Aussage ist immer dann wahr, wenn entweder p oder q oder beide wahr sind; sie ist also nur dann falsch, wenn sowohl p als auch q falsch sind. Diese Beziehung ist in der zweiten Tabelle wiedergegeben.

"oder"

p	q	f (p,q)
+	+	+
+	—	+
—	+	+
—	—	—

Überträgt man dies auf die Technik, so kann man zunächst rein analog sagen: führt die Kombination zweier Aussagen zu einer wahren Aussage, so hat das Denken ein Ergebnis, es „kommt etwas dabei heraus". Entsprechend: führt die Kombination zweier Nachrichten bzw. Signale zu einem richtigen dritten Signal, so wird dieses etwas bewirken, etwas Sinnvolles oder Beabsichtigtes. Handelt es sich um elektrische Signale, so wird das dritte Signal somit weitergeleitet werden bis zum Punkt seines Wirkens. Wir können dann vergleichen: die Wahrheit der dritten Aussage mit dem Fortleiten des Signals, also mit dem Fließen eines elektrischen Stromes.

Stellen wir uns nun p und q vereinfacht als Schalter in einem Leitungssystem vor, so ergibt sich für die „und"- bzw. für die „oder"-Verknüpfung folgende Schaltskizze:

Bei der „und"-Schaltung fließt in f nur dann ein Strom, wenn sowohl Schalter p als auch Schalter q geschlossen (+) sind. Bei der „oder"-Schaltung fließt in f nur dann kein Strom, wenn sowohl p als auch q offen (—) sind.

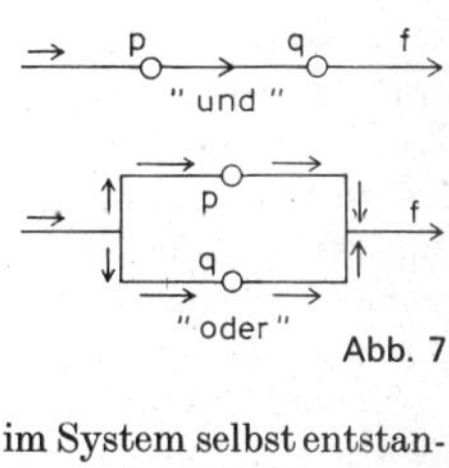

Abb. 7

Aus der Übertragung logischer Verknüpfungsschemata auf technische Schaltungen hat sich inzwischen eine eigene Disziplin entwickelt, die Schaltungsalgebra oder *Schaltalgebra*.

d) *Das Stellglied:* Der durch die Nachrichtenverarbeitung im System selbst entstandene neue Steuerbefehl muß realisiert werden; es bedarf dazu eines Bestandteils, der auf Grund dieses Befehls das Verhalten des Systems umsteuert. Dieser

Bestandteil ist das *Stellglied*. In der Technik ist das Stellglied meist mit einem *Verstärker* gekoppelt derart, daß das ankommende, energieschwache Signal einen stärkeren, das System verstellenden Energiestrom steuert.

4. Damit haben wir die wichtigsten Größen beisammen, um ein einfaches *Blockschalt-Schema* eines Regelsystems aufstellen zu können:

X_K ist der Sollwert, der durch die Führungsgröße *W* eingestellt bzw. verstellt und dem Regler *R* zugeführt wird. Dieser gibt die Stellgröße *Y* an das zu regelnde Systemglied *S*, die sogenannte *Regelstrecke*, deren Ausgang dann die Regelgröße *X* ist. *Z* symbolisiert die Störung, die das System aus dem Sollwert hinaustreibt bzw. sein Erreichen zu verhindern sucht. *X* ist somit noch n i c h t im Sollwert. Dies stellt in *F* der Meßfühler fest; er meldet den jeweiligen Zustand z u r ü c k an den Regler — das ganze System ist also vom Endzustand zum Eingang „zurückgekoppelt", man spricht daher von einem *Regelkreis*. Sollwert und Istwert werden so gemeinsam dem Regler zugeführt — Ausgang des Reglers ist die durch Verarbeitung beider Signale gebildete Stellgröße *Y*. Sie verstellt *S* entsprechend, nämlich e n t g e g e n g e s e t z t der Einwirkung von *Z* — verstellt *S* so lange, bis $X =$ (bzw. wieder $=$) X_K.

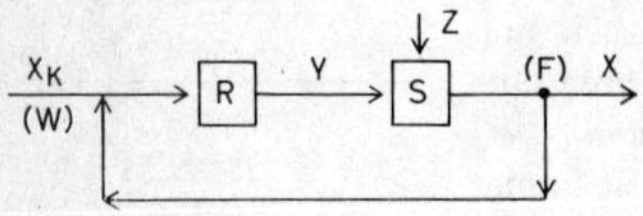

Abb. 8

5. Ein Regelsystem wird durch *negatives feedback*, durch negative Rückkoppelung gesteuert: die durch die Störung hervorgerufene Änderung im Zustand des Systems soll rückgängig gemacht werden. Der „große Feind" der Regeltechniker ist nun die Gefahr, daß ein solches System *instabil* wird: der Regelbefehl hinkt, sei es durch die zeitliche Verzögerung der Signalübermittelung, sei es durch die Ansprechzeit der technischen Systemglieder oder sei es schließlich, bei bewegten Massen, durch deren Trägheit, immer ein wenig hinter dem Sollwert-Befehl her — er ist zu diesem, wie man sagt, *phasenverschoben*. Das System schießt infolge der Störungseinwirkung etwas über den Sollwert hinaus (vgl. S. 36), wird vom Regler zurückgeholt, überschreitet den Sollwert abermals, jetzt in entgegengesetzter Richtung, wird wieder zurückgeholt — und pendelt oder schwingt so um den Sollwert herum. Man hat daher mit Recht gesagt, „daß jeder geschlossene Regelkreis in theoretischer Hinsicht ein schwingungsfähiges Gebilde darstellt. Das bedeutet: Wird der Gleichgewichtszustand des Systems durch Auslenken der Regelgröße gestört, so ist der zeitliche Verlauf des Regelvorganges, in welchem die Regelgröße ihrem Sollwert wieder zustrebt, prinzipiell ein Schwingungsvorgang" (H. Drischel)[1]. Beträgt die Phasenverschiebung nun im ungünstigsten Falle genau eine halbe Phase, so kann das feedback die gegenteilige Wirkung haben: die Regelbefehle treffen immer im falschen Zeitpunkt ein, und statt daß das System im Sollwert ins Gleichgewicht kommt, schaukelt es sich zu immer stärkeren Schwingungen auf, bis schließlich das ganze System zerstört werden kann.

Norbert Wiener berichtet aus den Anfangszeiten seiner Untersuchungen ein Erlebnis, das wesentlich zur Konstituierung der Kybernetik beigetragen hat. Er und

[1] H. Drischel: „Dynmik vegetativer Regelvorgänge" in: Regelungsvorgänge in der Biologie. S. 104.

Bigelow waren bald auf die Gefahren dieses Oszillierens von Regelsystemen aufmerksam geworden und hatten sich gefragt, ob es ähnliches wohl auch bei Lebewesen, speziell bei Zielbewegungen des Menschen gäbe. Wiener schreibt:

„Mr. Bigelow und ich traten an Dr. Rosenblueth mit einer speziellen Frage heran: Gibt es eine pathologische Situation, in der der Patient bei dem Versuch, einen willentlichen Akt wie das Ergreifen eines Bleistifts auszuführen, über das Ziel hinausschießt und in unkontrollierbares Zittern (an uncontrollable oscillation) gerät? Dr. Rosenblueth antwortete sofort, daß dies eine sehr gut bekannte Erscheinung sei, die als Intentions-Tremor bezeichnet wird."[1]

Diese Antwort brachte Wiener und seinem Mitarbeiter eine wichtige Bestätigung ihrer Annahme von der Gleichartigkeit, ja Gleichheit der Regelungsmechanismen in Maschinen und Lebewesen. Für die Kybernetik bildet die *Stabilität* von Regelsystemen somit ein wesentliches Problem, und speziell die Regeltechniker benötigen sichere Kriterien, ob von ihnen entworfene Regelsysteme stabil sein werden oder zu entarten drohen.

1.3.5. Anpassung

1. Sprechen wir im Alltag von *Anpassung*, so meinen wir im allgemeinen die Fähigkeit lebender Wesen, auch bei einer Veränderung der Umweltbedingungen existieren zu können, also funktionsfähig zu bleiben, zu „überleben", wie man meist einfach sagt. In Biologie und Psychologie spielt die „Anpassung" eine große Rolle; man muß aber feststellen, daß dieser Begriff eine Fülle recht verschiedener Erscheinungen umfaßt: sowohl die Anpassung = *Adaptation* der Sinnesorgane an die Intensität oder die Dauer der Reize als auch die Umstellung des ganzen Organismus als Reaktion (*Alarmreaktion*) auf bestimmte, heute als *stress* bezeichnete Reize (dieses Verhalten in einer stress-Situation wird medizinisch Anpassungs- oder *Adaptationssyndrom* genannt); der Begriff umfaßt weiter die physiologische Umstellung auf eine veränderte Umwelt (Klima, Ernährung usw.) — sei es für kurze Zeit (beim Menschen z. B. im Urlaub) oder für die Dauer (z. B. beim Auswandern). Diese Umstellung kann bis zu einer Veränderung von Geweben führen (sogenannte „funktionale Anpassung"), ja, man hat versucht, durch die Annahme der Vererbung individuell erworbener Eigenschaften, die der Anpassung dienen, das Entstehen neuer Arten zu erklären (Evolutionstheorie von Lamarck). Als „Anpassung" bezeichnet und versteht man aber auch die psychische „Einstellung", z. B. der Aufmerksamkeit auf ihren Gegenstand oder des Menschen auf seinen Partner bei der Kommunikation, und weiterhin — speziell in der neueren amerikanischen Psychologie — die Bewältigung der sozialen Anforderungen, die das Leben in der Gesellschaft stellt („adjustment").

In allen diesen Fällen reagiert der Organismus auf Reize aus der Umwelt, und in allen diesen Fällen sind diese Reize eine „Störung" des Gleichgewichtszustandes des Organismus, der nun versuchen muß, entweder den alten Gleichgewichtszustand wieder zu erreichen oder durch „Umstellung" eine neue Gleichgewichtslage zu finden. Eine wichtige Rolle spielt diese Anpassung als Umstellung auf neue Lebensbedingungen nach schweren Erkrankungen (z. B. Herzinfarkt), nach Operationen

[1] Norbert Wiener: Cybernetics S. 15 (dtsch. S. 34).

oder gar Amputationen: der Mensch, nicht nur als Organismus, sondern vor allem als Person, muß sich um ein neues körperliches und psychisches Gleichgewicht bemühen.[1]

Spezialformen der Anpassung sind die „Nachahmung“, die „Gewöhnung“ und die „Automatisierung“ bewußt erlernter Fähigkeiten (z. B. Radfahren, Klavierspielen usw.).

Ist der Gleichgewichtsstand erreicht bzw. von Natur schon gegeben, so spricht man von *Angepaßtsein*, allgemein auch von *Angepaßtheit*, die verschiedener Grade fähig ist vom optimalen bis zum gerade noch erträglichen Zustand. Ist die untere Grenze überschritten, so ist der Organismus oder der Mensch schlecht angepaßt. Dann setzen entweder die Anpassungsvorgänge ein oder der Organismus erkrankt. Beim Menschen kommt es z. B. im Falle schlechten sozialen Angepaßtseins („mal adjustment“) zu asozialem oder auch zu neurotischem Verhalten.

1. Der einfachste Fall der Anpassung ist eine Regelung, bei der nun aber der Sollwert nicht von außen eingestellt wird, sondern sich als Gleichgewicht zwischen Organismus und Umwelt selbst einstellt. Wir können somit die drei wichtigsten, durch Nachrichten bewirkte Verhaltensänderungen schematisch so charakterisieren:

Steuerung: das Ziel wird dem System von außen gesetzt, Richtung und Art des Verhaltens werden von außen dirigiert.

Regelung: das Ziel, der *Sollwert*, wird von außen gesetzt, das System verändert selbst sein Verhalten so, daß dieser Sollwert erreicht wird.

Anpassung: das System verändert sein Verhalten so, daß sich ein Gleichgewichtszustand zwischen System und Umwelt einspielt — dieser selbst entwickelte *Sollwert* wird jetzt der künftigen Regelung zugrunde gelegt.

Wahrscheinlich sind letztlich alle biologischen Sollwert-Regelungen derartige Anpassungsvorgänge, bei denen der Organismus sich in eine gegebene Umgebung einpaßt, ihren Schwankungen durch entsprechende Regelungen begegnet und so in sich und mit seiner Umwelt „ins Gleichgewicht kommt“. Niedere Lebewesen, z. B. die wechselwarmen (*poikilothermen*) Tiere, können Schwankungen der Umwelteinflüsse ohne Störung ihrer Lebensfunktionen oder ihres „inneren Milieus“ in Grenzen folgen; ihre Lebensvorgänge werden also weitgehend von der Umwelt gesteuert. Man könnte sagen, daß diese Tiere — gewissermaßen „von außen“ — an ihre Umwelt besonders gut angepaßt sind. Sie haben, wenigstens in Grenzen, kein festes „inneres Milieu“, sondern sind mit ihrer jeweiligen Umwelt im Gleichgewicht. Die höheren Lebewesen dagegen sind infolge der stärkeren Differenzierung ihrer Organe und deren Funktionen mehr darauf angewiesen, ein festes inneres Milieu zu besitzen: „La fixité du milieu interne est la condition de la vie libre“ lehrte schon vor 100 Jahren Claude Bernard. Heute spricht man nach dem Vorgange des amerikanischen Physiologen Walter B. Cannon (1932) von *Homöostase* und meint eben die Tatsache, daß das „milieu interne“ dieser Organismen auch bei wechselnden Außenbedingungen erstaunlich konstant bleibt, daß also der Zustand des Organismus nur

[1] Vgl. dazu etwa A. Plügge: Wohlbefinden und Mißbefinden. Tübingen 1962, spez. S. 123ff.: „Über das Befinden von Kranken nach Herzinfarkt“.

wenig um die Gleichgewichtslage schwingt. Diese Homöostase wird durch Regelung erreicht.

Da die Homöostase ein Gleichgewicht der einen Organismus erhaltenden Funktionen, also letztlich verschiedener, den Zustand eines Systems bestimmender Kräfte ist, finden wir sie oder entsprechende Vorgänge in allen Systemen mit Bestandteilen, denen spezielle Funktionen im Ganzen zugewiesen sind, also in der Reihe der Lebewesen grundsätzlich bis herab zu den Einzellern. Man hat sogar einmal gesagt: „Es spricht vieles dafür, daß es keine untere Grenze homöostatischer Vorgänge gibt" (G. SCHALTENBRAND). Doch droht hier wieder die Gefahr einer Grenzüberschreitung, wenn man wie SCHALTENBRAND etwa die „Selbstergänzung der Elektronenhülle eines Atoms, die ‚Heilungsvorgänge' an der Oberfläche eines verletzten Kristalls" u. a. m. als homöostatische Vorgänge ansieht.[1]

Nehmen wir als Beispiel einer homöostatischen Regelung eine Hormone produzierende sogen. *innersekretorische Drüse*. Sie stellt bestimmte Wirkstoffe her, die für den geregelten Ablauf der physiologischen Vorgänge nötig sind, und gibt sie direkt ins Blut ab. Das Blut befördert diese Hormone (= Botenstoffe) zu den Geweben, in denen sie benötigt werden. Sind die betreffenden Gewebe versorgt. so nehmen sie keine Hormone mehr auf; diese sammeln sich im Blut an — und die erhöhte Konzentration der Hormone im Blut stoppt nun wieder die Ausschüttung aus der Drüse und damit dann auch deren Produktion.

Einen entsprechenden Vorgang können wir im Wirtschaftsleben finden: Eine Firma produziert ein Produkt X, das auf dem Markt gesucht wird. Ist der Markt für einige Zeit damit gesättigt, so füllen sich die Lager der Firma — und die Firmenleitung reduziert die Produktion oder stoppt sie für einige Zeit ganz ab.

Das wirtschaftliche Beispiel zeigt aber schon, daß diese Art von Anpassungs-Regelung noch recht grob ist: die ruckhafte Änderung von hoher Produktion zu völligem Abstoppen der Produktion wäre für den Betrieb wie auch für den Markt recht unzweckmäßig. Es ist vielmehr nötig, feiner zu regeln, so daß sich ein Gleichgewicht zwischen Produktion und Abnahme des Produktes einspielen kann, also eine echte Anpassung an die Marktsituation.

Das durch derartige Regelungen und speziell durch homöostatische Vorgänge erzielte Gleichgewicht ist stabil, d. h. es stellt sich, wenn es in geringen Grenzen gestört wird, stets von selbst wieder ein, wie in dem bekannten physikalischen Beispiel einer Kugel in einer Mulde. Dabei besagt aber Stabilität nicht unbedingt, daß im Gleichgewicht Stillstand herrscht, alle Vorgänge zur Ruhe gekommen sind; vielmehr kann das Gleichgewicht ein „dynamisches" oder besser „kinetisches" sein, bei dem + und —, auf und ab, Zunahme und Abgabe usw. sich jeweils genau entsprechen.

2. Verändern sich die Umweltbedingungen eines Organismus sehr stark oder für die Dauer, werden also z. B. Pflanzen oder Tiere in ganz andere Klimata oder in ganz andere Lebensbedingungen versetzt, so vermag die Regelung oft das innere Gleichgewicht nicht mehr aufrechtzuerhalten: die *Störungen* aus der Umwelt sind zu stark,

[1] G. SCHALTENBRAND: „Grenzen der Maschinentheorie des Nervensystems", in: Regelungsvorgänge in der Biologie S. 165.

als daß sie noch ausgeglichen werden könnten. Man kann dasselbe auch vom Gesamtsystem Organismus-Umwelt aus betrachten und sagen: *dieses* System ist nicht im Gleichgewicht, da der bisherige innere Gleichgewichtszustand des Organismus nicht mehr zu der neuen Umwelt „paßt". Dann müssen die Sollwerte der einzelnen Faktoren geändert, das Gleichgewicht selbst den neuen Verhältnissen angepaßt werden. Diejenigen Organismen, die sich derart umstellen können, überleben — die anderen gehen ein, wie viele versuchsweise verpflanzte Tiere und Pflanzen. Eine entsprechende Umstellung auf eine neue Gleichgewichtslage ist notwendig, wenn im System innere Störungen und Veränderungen auftreten, die das Einhalten des alten Gleichgewichtszustandes unmöglich machen, wie etwa bei chronischen Erkrankungen, beim Verlust von Organen usw.

Worin besteht nun diese „Umstellung"?

Es liegt nahe, zum Vergleich den oben besprochenen Fall einer Steuerung der thermostatisch geregelten Zimmertemperatur durch die Außentemperatur (s. S. 39) heranzuziehen. So wie dort könnte hier eine Steuerung der Sollwerte bestimmter Faktoren dem Organismus diesen neuen Sollwert geben, worauf sich dann im Zusammenspiel der Kräfte das neue Gleichgewicht einstellt und durch Regelung konstant gehalten wird.

Wie dies im einzelnen vor sich geht, darüber könnten wir verschiedene Vermutungen anstellen und entsprechende Hypothesen entwerfen. Interessant ist, daß derartige Vermutungen gerade in diesem Falle ihrerseits wieder durch ein technisches Modell „gesteuert" werden können, nämlich durch den berühmt gewordenen *Homöostaten* des britischen Neurologen W. Ross Ashby. Dieser Apparat ist so konstruiert, daß er sozusagen spontan die „Suche nach einem neuen Gleichgewicht" vornimmt. W. Grey Walter vergleicht den Homöostaten — die „machina sopora, wie man ihn nennen könnte" (von sopor = Schläfrigkeit, tiefer Schlaf) — einmal mit einer Katze oder einem Hunde, „die sich an ihrem Kaminplatz nur regen, wenn sie aufgestört werden, und dann systematisch eine neue bequeme Stellung suchen und weiterschlafen".[1]

In einer sehr vereinfachten Darstellung kann man den Homöostaten etwa so beschreiben:

Das System besteht aus zwei Teilen *A* und *B*. Der Teil *A* enthält vier Variable — es handelt sich um Magnete, deren Stellung durch Zeiger auf einer Skala abgelesen werden kann *A* besitzt mehrere stabile Zustände, bei denen die Zeiger alle feststehen. *Einer* dieser Zustände liegt vor, wenn alle vier Zeiger auf den Skalen zentral stehen. In dieser Gleichgewichtslage, und *nur* in ihr, liefert *A* keinen „Ausgang" (output) an *B*. Und *nur* in diesem Falle ist auch *B* stabil, also im Gleichgewicht. *B* besteht aus vier Schaltern, von denen jeder 25 Stellungen einnehmen

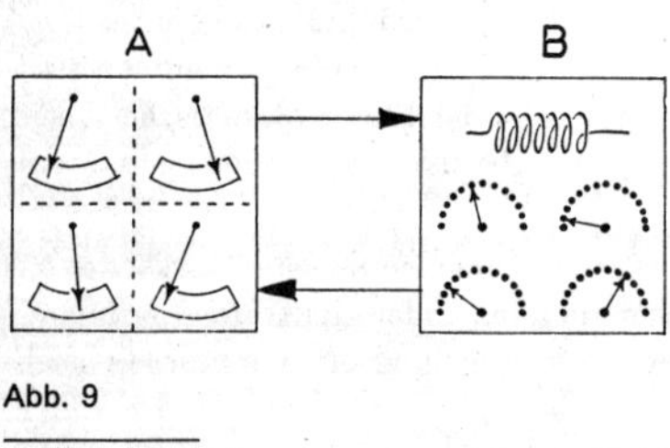

Abb. 9

[1] W. Grey Walter: Das lebende Gehirn. Deutsch von Gertrud Walther. Köln, Berlin 1961, S. 136.

kann, die durch ein Relais gesteuert werden. Erhält *B* von *A* Strom — „Ausgang" von *A* —, so wandern die Schalter über ihre Stellungen, wobei sie jeweils zusammen einen der 781250 möglichen „Zustände" von *B* verwirklichen — welchen, ist nicht vorauszusehen. Der Zustand von *B* wirkt nun als „Eingang" auf *A* und verstellt dort die Magnete. Hat *A* also irgendeinen stabilen Zustand erreicht, der nicht der ausgezeichnete ist, so erregt *A* das Relais in *B* — und *B* sagt gleichsam „nein!" *A* muß also unter dem Einfluß von *B* einen anderen Gleichgewichtszustand suchen, so lange, bis der ausgezeichnete Zustand erreicht ist. Dann hat das System *A* keinen output, damit ist auch *B* stabil — und das Ganze kommt zur Ruhe.

Entscheidend ist, daß hier zwei verschiedene Funktionen zusammenwirken: einmal die feedback-Regelung, und dann das gleichsam sprunghafte Suchen nach der geeigneten Kombination in *B*. ASHBY spricht hier von einer *Sprungfunktion* (step-function) und nennt Systeme, die derartige step-functions enthalten, *ultrastabil*.

3. Eine besonders wichtige Form der Anpassung ist das *Lernen*. Man ist leicht geneigt, die Fähigkeit zum Lernen nur dem Menschen zuzuschreiben und bei Tieren von „Dressur" zu sprechen. Das ist nicht richtig. Einmal, weil auch die Dressur eine Form von Lernen ist, und zum anderen, weil Formen des Lernens sich in der gesamten Tierwelt bis herunter zu den Einzellern finden. *Lernen*, d. h. einmalige oder mehrmalige Erfahrungen für das künftige Verhalten verwerten, ist eine Fähigkeit, die mit dem freien Leben notwendig verbunden ist — und die letzten Jahrzehnte haben uns belehrt, daß auch Maschinen so konstruiert werden können, daß sie des Lernens fähig sind: „Lernende Automaten".

„Lernen" ist nun gewiß ein sehr umfassender Begriff, der vom „gebrannten Kind", das das Feuer scheut, bis zum wissenschaftlichen Studieren, vom Verhalten des Einzellers, der durch „trial and error" die erfolgbringende Reaktion herausfindet, bis zum Menschen reicht, der durch „Lebenserfahrung" reift und vielleicht sogar weise wird. Die Psychologie des Lernens — sowohl bei Menschen als auch bei Tieren — ist in den letzten Jahrzehnten sehr intensiv betrieben worden; auch die Kybernetiker beschäftigen sich vordringlich mit diesen Problemen. So kommt es, daß in der letzten Zeit mehrere Versuche aufgetaucht sind, den recht schillernden Begriff „Lernen" durch Unterteilungen zu präzisieren und zugleich zu gliedern. Wir brauchen diese Versuche hier noch nicht zu erörtern, wollen nur einige herausgegriffene Typen kurz betrachten.

a) *Der bedingte Reflex* kann als eine Grundform des Lernens angesehen werden: ein adäquater Reiz *a* bewirkt eine Reaktion *A* — z. B. der Anblick und der Duft der Nahrung bewirkt bei einem Hunde Ausschütten von Mundspeichel und Magensaft (PAWLOW)[1]: $a \rightarrow A$. Gebe ich nun eine Zeit lang regelmäßig kurz vor dem adäquaten Reiz *a* einen inadäquaten Reiz *b* — z. B. einen Glockenton, der an sich also für die Reaktion *A* „bedeutungslos" ist — so koppelt der Hund allmählich *b* mit *a* derart, daß nach einiger Zeit *b* allein die Reaktion *A* auslöst: $b \rightarrow A$. Der *unbedingte* Reflex $a \rightarrow A$ funktioniert weiterhin, daneben aber funktioniert jetzt auch der *bedingte Reflex* $b \rightarrow A$.

---

[1] Die Entdeckung der „bedingten Reflexe" verdankt die Wissenschaft dem großen russischen Physiologen IWAN PETROWITSCH PAWLOW (1902).

Dieser einfache „Lernvorgang" läßt sich schematisch etwa so darstellen:

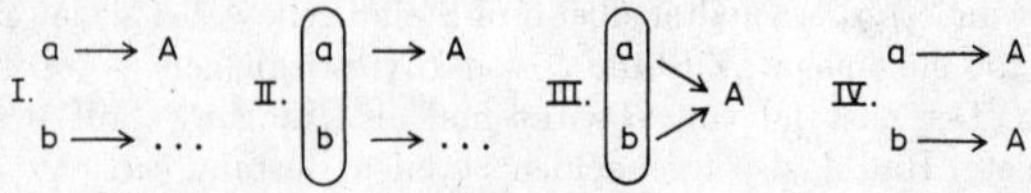

Man kann nun auch Modelle und Maschinen konstruieren, die einen derartigen „bedingten Reflex" entwickeln: sie „lernen", anstelle einer vorgesehenen Relation $a \rightarrow A$ in derselben Weise wie ein Lebewesen eine nicht vorgesehene Relation $b \rightarrow A$ zu entwickeln. Es gibt heute schon eine ganze Anzahl derartiger Modelle, das erste war wohl die „Cora" des englischen Neurologen W. Grey Walter. (Walter gibt seinen Modellen gerne humoristische Namen, die — aus Abkürzungen gebildet — ihre Funktion charakterisieren. Cora = *co*nditioned *r*eflex *a*nalogue). Es wäre nun verfehlt, wie H. Schaefer dies einmal getan hat,[1] derartige Modelle als Spielereien anzusehen, die „eher in die Spielzeugindustrie als in die Wissenschaft gehören", oder sie gar als „Geschmacklosigkeiten" zu bezeichnen. Mit ihnen versucht man nicht, „Tiere nachzuahmen", sondern man will — wenn ein chemischer Vergleich gestattet ist — gleichsam komplizierte Naturstoffe schrittweise synthetisieren. In der Chemie zerlegt man einen solchen komplizierten Naturstoff — z. B. ein Vitamin, ein Hormon, einen Farbstoff — in identifizierbare einfachere Stoffe und diese evtl. weiter in noch einfachere Stoffe. Umgekehrt versucht man dann, zunächst die einfachsten und aus ihnen schrittweise die komplizierteren Bestandteile aufzubauen, bis man schließlich den Naturstoff selbst erhält.[2] Ähnlich greift man beim Bau von Modellen für Lebensvorgänge zunächst eine Funktion des Organismus oder des Nervensystems heraus — eben z. B. die Fähigkeit, bedingte Reflexe zu bilden — und fragt: wie muß ein System, eine „Maschine" konstruiert sein, die diese Fähigkeit ebenfalls besitzt? Das ist, nach unserer Einteilung, zunächst ein Problem der Speziellen Kybernetik, und in diesem Rahmen kann man es auch zu lösen versuchen. Ist die Lösung gelungen, das Modell entworfen und hergestellt und arbeitet es zufriedenstellend, dann kann man den Schritt zur Allgemeinen Kybernetik machen und etwa fragen: welche Struktur muß ein System haben, das einen bedingten Reflex entwickeln, das allgemein „lernen" kann? — jetzt ohne Berücksichtigung der „Natur" der Teile, die beim Modell z. B. Relais, Trioden, Fotozellen usw., beim Nervensystem Eiweißstoffe, Membranen, Ganglienzellen, Nervenfasern usw. sind. Für diese allgemeine Fragestellung, die nun auch für die Biologie von größter Bedeutung ist, wird man aus der Lösung der speziellen Fragestellung, also vom Modell her, fruchtbare Anregungen und Hinweise gewinnen können. Man kann aber auch umgekehrt zunächst in einer systemtheoretischen Untersuchung das allgemeine Problem zu lösen versuchen, daraufhin ein *Systemmodell* („paper and pencil machine") entwickeln und dieses in ein reales Modell („hardware model") übertragen, wobei die gelungene Modelldarstellung dann die theoretischen Vorstellungen bestätigt.

[1] H. Schaefer: „Die Stellung der Regelungstheorie im System der Wissenschaft" in: Regelungsvorgänge in der Biologie. 1956. S. 41.

[2] Derartige Synthesen haben vor allem den Zweck, die analytisch gefundene Struktur des Stoffes zu bestätigen bzw. zu beweisen. Technische Synthesen gehen meist ganz andere Wege, die technisch und wirtschaftlich zweckmäßiger sind.

b) *Das Lernen durch den Erfolg*, auch als „trial and error-method" bezeichnet, ist eine Form des Lernens, die sich in der gesamten Welt der Lebewesen findet. So gerät ein Einzeller, der durch eine äußere Störung, etwa einen starken Lichtstrahl, getroffen wird, zunächst in einen „Bewegungssturm", eine panikartige Fülle zielloser Bewegungen — bei weniger heftigen Reaktionen spricht man von „Probierbewegungen" — bis eine den Erfolg bringt: er gelangt aus dem Lichtkreis heraus. Bei Wiederholung der Versuche wird er allmählich diese erfolgbringende Bewegung schneller „finden" — er „lernt", wie er sich schnell und zweckmäßig dem Lichtstrahl entziehen kann. Eine Sonderform dieses Lernens durch den Erfolg ist die Dressur durch „Belohnung und Strafe".

c) In der Psychologie hat lange Zeit die Theorie des *assoziativen Lernens* eine große Rolle gespielt. Zweifellos wirkt die Assoziation beim Lernen mit, sie gehört zu den Grundformen des Lernens, aber Lernen erschöpft sich nicht im Stiften von Assoziationen.

Die Theorie der Vorstellungsverbindungen durch Assoziation reicht bis ins Altertum zurück. Aristoteles unterschied schon vier Formen, nämlich 1. die Assoziation durch Ähnlichkeit, 2. die durch Kontrast, 3. die Assoziation durch räumliche Koexistenz und 4. die durch zeitliche Sukzession. Später faßte man diese vier Formen zu zwei Paaren zusammen (1, 2 und 3, 4).

Was räumlich und zeitlich zusammen wahrgenommen wird, assoziiert sich leicht aneinander, so daß die Erinnerung an das eine die an das andere mit sich ziehen kann. So mag beim Anblick eines Hauses plötzlich das Bild eines Menschen auftauchen, den wir dort kennengelernt haben und an den wir jahrelang nicht mehr gedacht haben. Was einander ähnlich ist, assoziiert sich ebenfalls oft, auch dann, wenn die zweite Wahrnehmung an einem ganz anderen Ort und vielleicht erst Jahre später gemacht wurde. So mag bei einer bewußt hervorgerufenen Vorstellung des Kölner Doms plötzlich ein Erinnerungsbild des Breslauer Doms auftauchen. Nicht immer aber handelt es sich um anschauliche Vorstellungen, oft veranlaßt uns die assoziative Verknüpfung nur, an das Verknüpfte zu denken. Wir brauchen auf die schwierigen Probleme der Assoziation, ihrer Formen und Gesetze, hier nicht näher einzugehen, worauf es jetzt ankommt, ist:

Das, was im Speicher unseres Gedächtnisses ruht, ist keine „Menge", kein bloßes Beieinander, sondern ist schon durch Assoziation strukturiert. Nur dürfen wir uns dies nicht so primitiv vorstellen, als ob alles, was zusammen wahrgenommen wurde, sozusagen in dasselbe Kästchen kommt und daß auch das durch Ähnlichkeit Zueinandergehörige in ein solches Kästchen gerät, so daß das Abrufen eines Bestandteils die im selben Kästchen befindlichen anderen mit sich zieht. Vielmehr laufen Kreuz- und Querverbindungen hin und her, und einmal taucht dieser, ein anderes Mal ein anderer assoziierter Bestandteil bei derselben Erinnerungsvorstellung auf.

Bei alledem handelt es sich um eine Form des Lernens, denn jede Verknüpfung zwischen den Bestandteilen im Speicher unseres Gedächtnisses — auch die assoziative durch bloßen Kontakt — bedeutet eben eine Strukturierung und damit die Möglichkeit, unseren Besitz für unser Verhalten besser nutzen zu können. Dabei müssen wir noch unterscheiden zwischen dem assoziativen Lernen durch bloße Erfahrung — also Assoziationen, die sich im Verlaufe unseres Erlebens von selbst bilden — und bewußtem, absichtlichem Lernen, bei dem wir derartige Assoziationen herstellen. Assoziationen durch Kontakt bilden wir etwa beim Lernen von Vokabeln, von Geschichtszahlen und dergleichen; das Herstellen der Assoziationen durch Ähnlichkeit (oder Kontrast) führt schon zur nächsten Stufe, dem verständnisvollen Lernen, das nicht mehr auf assoziativen, sondern auf sinnvollen Verknüpfungen beruht.

Kehren wir noch einmal zurück zum PAWLOWschen Hund, also zum Bedingten Reflex. Wir können im Sinne des assoziativen Lernens sagen, daß Anblick und Duft der Speise sich beim Hunde mit dem Ton der Glocke assoziativ verknüpfen (zeitliche Assoziation), so daß das Ertönen der Glocke allein die „Vorstellung" (wenn wir es einmal so nennen dürfen) der Nahrung hervorruft. Diese „Vorstellung" läßt dem Hunde das Wasser im Maul zusammenlaufen. Diese Darstellung — und nur deshalb wurde sie hier gegeben — macht die engen Beziehungen deutlich zwischen Reflextheorie, Assoziationstheorie und allgemeiner Theorie der Nachricht. Denn man kann den Vorgang auch so verstehen: Der Glockenton ist das Signal, das jetzt die Nachricht „Nahrung kommt!" übermittelt — und das bedeutet: Das Entstehen des bedingten Reflexes beruht letztlich auf einem Umcodieren der Nachricht vom Duftcode auf den akustischen Code. Diese Andeutung mag hier genügen; es wird sich zeigen müssen, ob eine solche Auffassung berechtigt ist und welche Konsequenzen daraus für die Kybernetik, vor allem für die Spezielle Kybernetik und den Bau „Lernender Automaten" gezogen werden können.

1.3.6. Abschluß und Überleitung

Wir sind am Ende unserer ersten orientierenden Reise durch das Gebiet der Kybernetik. Wir haben versucht, zunächst das Ganze in den Blick zu bringen und Einzelheiten nur so weit zu erörtern, wie zum Verständnis des Ganzen notwendig erschien. Wir haben weiterhin versucht, die inneren Beziehungen zwischen den zahlreichen Problemkreisen der Kybernetik sichtbar zu machen, damit die Einzelheiten, denen wir uns jetzt zuwenden müssen, von Anfang an im Zusammenhang gesehen werden und den Leser nicht, wie so oft beim ersten Eindringen in eine neue Wissenschaft, verwirren, weil er nicht weiß, wohin sie gehören und weshalb man gerade diese Frage stellt oder jenes Problem erörtert.

Drei große Problemkreise der Kybernetik haben sich herausgeschält:

1. Das Problem der *Nachricht* mit ihren Beziehungen zum *Zeichen* und zum *Signal* sowie das für uns noch ganz offene Problem der „Information".

2. Das Problem der *Nachrichtenübertragung*, zu dem die Fragen der Codierung, der Redundanz, aber auch allgemeine Sprachprobleme (soweit nicht schon unter 1. behandelt) und nicht zuletzt die technische Seite der Nachrichtenübertragung gehören.

3. Das Problem der *Nachrichtenverarbeitung* mit der Überfülle der Probleme, die Regelung, Lernen, Anpassung usw. stellen.

Wir werden versuchen, in diese drei Problemkreise einzudringen, soweit dies unter den gegebenen Bedingungen möglich ist, nämlich ohne Anwendung von Mathematik.

Ganz ohne Mathematik wird es natürlich nicht gehen, aber wir werden uns bemühen, den Bereich der Schulmathematik nicht zu überschreiten und auch hier noch manches erklären. Wenn auch die Kybernetik zutiefst eine mathematische Wissenschaft ist — und der berechtigte Vergleich mit der Theoretischen Physik sollte uns daran erinnern — so vertrauen wir doch auf das optimistische Urteil ASHBYS, der in seiner Einführung in die Kybernetik schreibt:

„Viele, die in den biologischen Wissenschaften arbeiten — Physiologen, Psychologen, Soziologen — sind an der Kybernetik interessiert und würden gerne deren Methoden und Techniken auf ihrem eigenen Spezialgebiet anwenden. Viele aber wurden gehindert, dieses Gebiet aufzugreifen, weil sie annehmen, daß sie zuvor ein langes Studium der Elektronik und der höheren reinen Mathematik dazu benötigen; sie haben den Eindruck gewonnen, daß diese Gebiete voneinander untrennbar sind.

Der Autor aber ist überzeugt, daß dieser Eindruck falsch ist. Die grundlegenden Gedanken der Kybernetik können ohne Bezug auf Elektronik dargestellt werden, und sie sind grundlegend einfach, so daß — obwohl für fortgeschrittene Anwendungen auch fortgeschrittene Methoden notwendig sein mögen — doch vieles mit sehr einfachen Methoden getan werden kann (speziell in den biologischen Wissenschaften). Vorausgesetzt ist, daß man sie mit einem klaren und vertieften Verständnis der einschlägigen Prinzipien anwendet. Sind die Grundlagen im allgemein Verständlichen gelegt und sind sie gut verstanden, und wird das Ganze dann Schritt für Schritt aufgebaut, so besteht kein Grund dafür, daß jemand mit nur elementaren mathematischen Kenntnissen die Grundprinzipien nicht sollte vollständig verstehen können. Auf Grund dieses Verständnisses wird er dann fähig sein, genau zu sehen, welche weiteren Methoden und Techniken er zu lernen hat, wenn er weiter eindringen will.“[1]

[1] W. ROSS ASHBY: An Introduction to Cybernetics, London 1957. Preface (freie Übersetzung vom Verfasser).

2. INFORMATION

2.1. Grundbegriffe

2.1.1. Zeichen und Signal

2.1.1.1. *Zeichen und Anzeichen*

Kommunikation beruht auf der Übermittlung von Nachrichten in Form von Signalen, deren Bestandteile Zeichen sind. Was ist ein Zeichen? Wollten wir hier versuchen, den Begriff „Zeichen" sozusagen freihändig zu definieren, so würden wir schnell in die Enge geraten. Die Definitionen, die Wissenschaft und Philosophie uns zur Verfügung stellen, helfen uns auch nicht viel weiter, da sie entweder zu eng sind oder von Voraussetzungen ausgehen, die eine Übertragung auf kybernetische Probleme schwierig machen. Einfluß auf Kommunikations-Theorie und Kybernetik hat die Zeichentheorie von C. W. Morris gewonnen[1], die wieder auf Untersuchungen des amerikanischen Philosophen C. S. Peirce zurückgeht. Eine Darstellung dieser Zeichentheorie würde hier zu weit führen, doch müssen wir einige Grundgedanken einer allgemeinen Theorie der Zeichen behandeln, da „Zeichen" eben wesentliche Mittel der Nachrichtenübermittlung sind. Die sprachlichen Schwierigkeiten, die dabei wegen eines oft recht laschen Gebrauchs der Begriffe entstehen — so wird z. B. „Zeichen" in der Literatur gelegentlich gleichbedeutend mit „Signal" oder auch mit „Nachricht" verwendet — müssen wir so gut es geht zu bewältigen suchen

1. Zum Wesen eines *Zeichens* gehört das „Verweisen auf . . .". Jedes Zeichen ist „Zeichen von etwas". Man sagt oft auch, ein Zeichen sei „Zeichen für etwas", doch ist diese Ausdrucksweise, wie sich gleich zeigen wird, nicht glücklich. Wer also ein Zeichen sieht, hört oder sonstwie wahrnimmt, wird dadurch auf etwas anderes verwiesen.

Nun sind aber Zeichen selbst „Gegenstände" im oben definierten Sinn, Gegenstände, die wir als solche wahrnehmen. Das was wir zunächst wahrnehmen, die „mathematisch-naturwissenschaftlich faßbare Erscheinung" (H. Frank), bezeichnet man als *Zeichenträger*. Doch ist „ein Zeichen sehen" — etwa ein grünes Licht — und etwas „als Zeichen sehen" — das grüne Licht als Zeichen für „Freie Fahrt" — nicht dasselbe. Nur ist das Wahrnehmen des Zeichenträgers die Voraussetzung für das Sehen des Zeichens als Zeichen.

Ein Zeichen, das wir als solches wahrnehmen, deutet auf etwas anderes hin — dieses „andere" nennt man oft die *Bedeutung* des Zeichens. Exakter ist es, von Be-

---

[1] Vgl. Charles W. Morris: Foundations of the Theory of Signs. (Intern. Encyclopedia of Unified Science. Vol. I, Nr. 2). Chicago 1938 (1960).

deutung schlechthin nur bei *Begriffen* zu sprechen. Der Begriff „Quadrat" z. B. hat die Bedeutung „gleichseitig rechtwinkliges Viereck", das Wort „Quadrat" ist der *Name* dieses mathematischen Gegenstandes und ist als solcher ein reines (hinweisendes) Zeichen, das keine Bedeutung hat. Einem auf der Ecke stehenden, rot geränderten Quadrat wurde die „Bedeutung für" den Verkehrsteilnehmer verliehen: Vorfahrtstraße. Die Bedeutung (schlechthin) des Begriffes „Quadrat" ist immer dieselbe, sie ist keine „Bedeutung für" und ist auch unabhängig vom Namen, also z. B. ob es Quadrat, square, carré oder quadrato usw. heißt, solange man mit diesen verschiedenen Namen denselben Gegenstand meint. Sie ist auch unabhängig davon, ob derjenige, der das Zeichen „Name" empfängt, das Wort oder den Gegenstand kennt oder nicht.

Spricht man beim Zeichen von „Bedeutung", so ist die Bedeutung-für gemeint. Ein Zeichen hat nur Bedeutung für denjenigen, der es kennt und weiß, worauf es verweist. Der andere sieht nur den Zeichenträger als einen Gegenstand unter anderen. Mit dieser „Bedeutung für" eines Zeichens wird die von PEIRCE betonte Dreigliedrigkeit oder „triadische Struktur" des Zeichens sichtbar: ein Zeichen ist „Zeichen von etwas für jemand". Anders ausgedrückt: Wer ein Zeichen als Zeichen erkennt, muß das „Signal", das er damit erhält, so decodieren können, daß er die Nachricht, die dieses Signal trägt, empfängt, d. h. daß die Nachricht unmittelbar sein Verhalten beeinflußt oder daß er sie versteht und verarbeitet. MEGLA[1] spricht hier von *Empfangsbereitschaft*, und zwar von *subjektiver* Empfangsbereitschaft des Empfängers (Mensch, Organismus, Maschine); dagegen meint die *objektive* Empfangsbereitschaft, daß der Empfänger kanalgerechte Empfangsorgane besitzt, um das Signal bzw. das Zeichen überhaupt aufnehmen zu können (z. B. Sinnesorgane).

2. Das Bisherige ist eine erste Bedeutungsanalyse des Begriffes „Zeichen". Schwierigkeiten entstehen, wenn wir weiter vordringen. Wir müssen jetzt unterscheiden: Zeichen, die für einen Empfänger Zeichen von etwas sind — und Zeichen, die von einem Sender als Zeichen für einen Empfänger bestimmt sind. Wir wollen diese beiden Gruppen für unsere Betrachtung auch sprachlich als *Anzeichen* und *Zeichen* unterscheiden. Das entspricht in etwa der schon in der Scholastik auftretenden Unterscheidung *natürlicher* Zeichen (signa naturalia) und *künstlicher* Zeichen (signa non naturalia). Bei der ärztlichen Diagnose sind bestimmte Symptome Zeichen von einer bestimmten Krankheit — sie sind *Anzeichen* dieser Krankheit, und sie sind es auch dann, wenn der Arzt sie aus irgendwelchen Gründen nicht erkennt. Ebenso ist für den Chemiker, der eine unbekannte Lösung mit gelöstem Silbernitrat versetzt, das Auftreten eines schwerlöslichen, flockig weißen Niederschlages ein *Anzeichen* für das Vorhandensein von Chlor-Ionen in der Lösung. Umgekehrt sind alle Verkehrszeichen, Abzeichen, Fahnen und viele sonstige Symbole, sind aber auch die Schriftzeichen, Noten usw. reine *Zeichen*. Die „Bedeutung" des Anzeichens hat also sozusagen ein fundamentum in re — deshalb sprach man hier von „natürlichen Zeichen", die „Bedeutung für" des Zeichens ist durch Konvention festgesetzt.

Doch sind nicht alle Anzeichen „natürliche Zeichen", der Umfang des Begriffes „Anzeichen" ist weiter als der des natürlichen Zeichens. Findet etwa ein Forscher

---

[1] G. MEGLA: Vom Wesen der Nachricht. Stuttgart 1961. S. 18f.

im Urwald primitive Werkzeuge, behauene Steine und dgl., so sind dies Anzeichen für menschliche Tätigkeit, aber keine signa naturalia — sie sind aber gewiß keine Zeichen, die jemand hinterlassen hat, um Forscher davon zu unterrichten, daß hier Menschen gelebt haben. Die Unterscheidungen decken sich also nicht — doch wollen wir derartige Feinheiten der Analyse hier nicht weiter verfolgen.

2.1.1.2. *Die drei Dimensionen der Semiosis*

Die dreigliedrige Struktur eines Zeichens: „jedes Zeichen ist . . . Zeichen von . . . Zeichen für . . ." läßt sich für eine genauere Untersuchung auftrennen und jeder der Teile in der Zeichentheorie gesondert behandeln. Wir erhalten dann: a) jedes Zeichen ist etwas, b) jedes Zeichen ist Zeichen von etwas und c) jedes Zeichen ist Zeichen für jemand. Diese Aufteilung ist für das Verständnis der Zeichen und ihrer Funktionen so entscheidend, daß sie zu einer entsprechenden Aufgliederung der Zeichentheorie geführt hat. Morris spricht von einer Aufteilung in die drei „Dimensionen" der Zeichenfunktion:

„Den Vorgang, bei dem ein Etwas als Zeichen fungiert" bezeichnet man in der Zeichentheorie als *Semiosis*; die wissenschaftliche Untersuchung der Semiosis heißt *Semiotik*. Aus der dreigliedrigen Struktur des Zeichens ergeben sich nun die drei Fragestellungen:

a) Die Frage nach den Zeichen selbst und ihren Kombinationen sowie nach den Relationen innerhalb dieser Kombinationen und den Regeln, die diese Kombinationen beherrschen. Dieses so umrissene Problemgebiet ist Bereich einer Spezialdisziplin der Semiotik, die wegen der Verwandtschaft mit der sprachlichen Syntax *Syntaktik* genannt wird.

b) Die Frage nach den Beziehungen zwischen den Zeichen und dem Bezeichneten — ein Zeichen ist „Zeichen von". Mit dieser Frage befaßt sich die *Semantik*.

c) Die dritte Spezialdisziplin der Semiotik untersucht die Relationen zwischen Zeichen und Zeichenempfänger (bzw. -Sender) — ein Zeichen ist „Zeichen für". Hierher gehören die Untersuchungen über die Beeinflussung des Verhaltens eines Empfängers durch das aufgenommene Signal usw. Diese Disziplin heißt *Pragmatik*.

Jede dieser drei Disziplinen — Morris spricht von „component disciplines" oder „subdisciplines" — repräsentiert einen der „drei nicht aufeinander zurückführbaren und gleichberechtigten Gesichtspunkte", unter denen man die Semiosis betrachten kann, und die Gliederung der Semiotik entspricht „den drei objektiven Dimensionen der Semiosis". Doch erschöpfen sie die Semiosis nicht so völlig, daß „Semiotik" nur noch ein verbindender Name für die drei Disziplinen wäre. Die Semiotik selbst, gleichsam als Grundlage und zugleich als abschließende Disziplin, untersucht — „soweit sie mehr ist als die drei Disziplinen" — die inneren Beziehungen zwischen ihnen „und somit den einheitlichen Charakter der Semiosis, von dem die drei Disziplinen absehen"[1].

Wir werden uns im folgenden vorwiegend mit syntaktischen Problemen beschäftigen, nicht weil wir die semantischen und pragmatischen Probleme beiseiteschieben

[1] Vgl. zum Ganzen: Ch. W. Morris: Foundation S. 3f., 6ff., 52f.

wollten — sie werden sich uns immer wieder aufdrängen und so den „einheitlichen Charakter der Semiosis" deutlich machen — sondern weil wir uns in dieser Einführung beschränken müssen und weil die Syntaktik die grundlegende der drei Disziplinen ist[1].

2.1.1.3. *Alphabet und Code*

a) Das Alphabet:

Jedes Zeichen ist Träger einer Bedeutung-für; ist es Teil eines Signales, so ist seine Bedeutung Teil der Nachricht, die das Signal überträgt. In vielen Fällen wie bei Verkehrszeichen, Warnschildern usw. trägt das einzelne Zeichen die ganze Nachricht. Wollten wir die gesamte menschliche Kommunikation auf diese Weise bewältigen, benötigten wir für jede einzelne Nachricht ein eigenes Zeichen. Da die Menge überhaupt möglicher Nachrichten unendlich ist, müßten wir zu ihrer Übermittlung unendlich viele Zeichen besitzen und kennen.

Eine Analyse vieler Nachrichten zeigt aber, daß in ihnen bzw. in den sie übermittelnden Signalen gewisse Bestandteile immer wiederkehren. In der Sprache sind dies gewisse *Wörter*, aus denen man Signale (Sätze) nach bestimmten Regeln zusammensetzen kann. Erhält jedes Wort sein eigenes Zeichen, so wird die Zahl der Zeichen schon faßbar. Dabei zeigt sich aber, daß jede Verringerung der Zeichenanzahl dazu zwingt, gewisse *Regeln* für die Zusammensetzung der Zeichen aufzustellen.

Weitere Analyse zerlegt auch die Wörter noch in einfachere, immer wiederkehrende Elemente, sprachlich etwa die Laute und „Phoneme", in der Schrift die *Buchstaben*. Gibt man jedem Buchstaben sein eigenes Zeichen, so wird die Anzahl der Zeichen abermals erheblich verringert — die Kombinationsmöglichkeiten erhöhen sich damit nahezu unendlich. Denn jetzt kann jede mögliche Nachricht durch geeignete Kombination einiger weniger Elementarzeichen gebildet werden — so wie sich, unter Berücksichtigung des Stellenwert-Prinzipes, jede noch so große Zahl aus den zehn Zahlzeichen 0, 1, 2, 3, 4, 5, 6, 7, 8, 9 bilden läßt, und wie, in anderer Weise, jede mögliche stoffliche Substanz in der Welt als Verbindung aus den ca. 100 verschiedenen „chemischen Elementen" oder Atomarten aufgebaut ist. Das Prinzip der Kombination der Elementar-Teile ist dabei das mathematische der „Kombination von Elementen mit unbeschränkter Wiederholung und mit Berücksichtigung der Anordnung[2]"; d. h. jedes Elementarzeichen kann in einer Kombination beliebig oft auftreten, die Reihenfolge der Zeichen kann wechseln, und es werden Gruppen gebildet — in der Schrift „Wörter", in der Zahlenschrift „Zahlen" — die n i c h t a l l e Zeichen enthalten. Im Unterschied zur Bildung der Zahlen, bei der jede mögliche Kombination der Zahlzeichen („Ziffern") eine Zahl ergibt — mit einer Ausnahme: es gibt keine ganze Zahl, die mit Null anfängt — ergeben in der Schrift nicht alle Kombinationen der Buchstaben Wörter, ebensowenig wie in der Chemie alle Kombinationen der Atomarten „Stoffe" ergeben.

[1] „In a systematic presentation of semiotic, pragmatic presupposes both syntactics and semantics, as the latter in turn presupposes the former." Morris: a. a. O. S. 33.

[2] Auch „Variation mit Wiederholung" genannt.

Die Anzahl elementarer Schriftzeichen ist bei allen Sprachen, die Buchstaben-Schriften haben, von gleicher Größenordnung. Im Deutschen sind es 26, ebensoviele im Englischen und Französischen, im Italienischen 22, im Neugriechischen 24, im Russischen 29 usw. Den Gesamtvorrat an elementaren Schriftzeichen einer Sprache bezeichnet man als das *Alphabet* der Sprache, wobei die Reihenfolge der Zeichen — von Alpha bis Omega, von A bis Z — durch Konvention festgelegt ist.

b) Der Code:

In der Kommunikations-Theorie unterscheidet man oft zwischen *Sprachen*, die sich während langer Zeiten organisch entwickelt haben, und *Codes*, die für spezielle Zwecke erfunden worden sind. Rein formal sind aber auch die Sprachen und die zu ihrer Übermittlung und Fixierung entwickelten Schriften Codes; man könnte etwa die Sprache als „Ur-Code" und die Schrift als „Primär-Code" terminologisch hervorheben und sie so von den erfundenen Codes unterscheiden.

Allgemein ist ein *Alphabet* der Zeichenvorrat eines Code.

Die meisten künstlichen Codes gehen vom Primär-Code, der Sprach-Schrift aus; sie codieren diese Schrift, häufig Zeichen oder Zeichengruppe für Buchstaben, mit einem Zeichensystem, dessen Art durch den Zweck bestimmt ist. So sind z. B. die Zeichen der verschiedenen Stenografie-Systeme so gewählt, daß sie sehr schnelles und flüssiges Schreiben ermöglichen; die Zeichen des Morse-Alphabetes so, daß sie in Form kurzer oder längerer Stromstöße leicht gesendet werden können usw.

Auch die Anzahl der Zeichen, also der Umfang des Alphabets, wird dem Zweck angepaßt. Eine feste obere Grenze gibt es nicht, wie etwa die chinesische Schrift zeigt, deren „Alphabet", da es für jeden Begriff ein eigenes Zeichen gibt, prinzipiell unbegrenzt groß ist. Dagegen gibt es eine untere Grenze, nämlich zwei Elemente: mit weniger als 2 Elementen kann man keinen Code konstruieren; das kleinste Alphabet enthält somit 2 Zeichen, etwa + und — oder 1 und 0 oder · und —.

Man wird vielleicht einwenden, daß die BRAILLEsche Blindenschrift doch mit einem Elementarzeichen, einem erhabenen Punkt auskomme, aber dieser Punkt ist nur Element der eigentlichen Zeichen, die aus Punktmustern bestehen, z. B. :· für f, :. für u und dgl. Entsprechend sind Punkt und Strich die Elemente der Morse-Zeichen und sind längere und kürzere Striche und Bögen die Elemente unserer Schriftzeichen.

Wir müssen somit unterscheiden zwischen den *Zeichen*, den *Elementarzeichen* und den *Zeichenelementen* eines Code. Die Buchstaben, aus denen die Wörter bestehen, sind die Elementarzeichen der Schreibschrift, deren Bestandteile sind die Zeichenelemente. Entsprechend sind beim Morse-Code die Muster von Punkten und Strichen die Zeichen dieses Codes, die Zeichenelemente des Morse-Codes sind Punkt und Strich. Der Morse-Code ist also ein *Binär-Code*, nicht weil er nur zwei Zeichen hätte, sondern weil er seine Zeichen aus nur zwei Zeichenelementen aufbaut. Die Anzahl der Zeichen des Morse-Codes ist, da er den Primär-Code buchstabengetreu codiert, ebenso groß wie die des Primär-Codes. Man kann auch mit H. FRANK „Superzeichen" und

„Zeichen" unterscheiden[1], wobei die Wörter als Superzeichen anzusehen sind: bei der Ganzheits-Methode des Lesen-Lernens soll das Kind zunächst die Wortbilder, also die Superzeichen der Schrift erfassen, bevor es den Aufbau aus Zeichen, den Buchstaben lernt. Entsprechend gibt es Superzeichen auch im Morse-Code, z. B. das allen Telegrafisten bekannte · · ·/— — —/· · · = SOS, das Seenotzeichen.

c) Der Zeichenvorrat:

Zum Herstellen eines Signals benötigen wir also ein Alphabet und einen Code. Das Alphabet liefert uns den *Zeichenvorrat*, in den wir — etwa wie in einen Setzkasten — „hineingreifen" können, um die Zeichen zu gewinnen und zusammenzustellen. Ein Setzkasten enthält von jedem Buchstaben mehrere Exemplare (Lettern), das Alphabet aber enthält von jedem Zeichen beliebig viele Exemplare, d. h. die im festgelegten Alphabet geordneten Zeichen sind Vertreter von *Klassen* jeweils gleicher Zeichen. Für die Kombination von Zeichen zu Signalen bedeutet dies — was uns in der Praxis des Alltags selbstverständlich ist — daß wir jeden Buchstaben, jedes Zeichen beliebig oft verwenden können (die beiden letzten Wörter dieses Satzes enthalten z. B. 4 e und 5 n).

Nimmt man nun die zahlreichen verschiedenen Druck-Schriften hinzu — etwa die verschiedenen Arten von Antiqua, Gotisch, Fraktur, „Schreib-Schrift", von denen jede noch wieder Varianten besitzt — und bedenkt die zahllosen individuellen Formen der Handschriften, so wird man doch sagen müssen, daß z. B. das Antiqua-e, das Fraktur-e und das e irgendeiner Handschrift nicht verschiedene Zeichen, sondern alle Vertreter der Klasse „e-Zeichen" sind. Man kommt dann etwa zu der Definition eines Zeichens, wie sie H. Frank gibt[2]: „Ein Zeichen ist die Klasse der als äquivalent explizit vereinbarten bzw. von vornherein so angesehenen Zeichenträger."

Das Alphabet eines Codes oder einer Sprache ist dann eine Liste je eines Vertreters der verschiedenen Zeichenklassen; und jede Klasse enthält beliebig viele Zeichenträger, die einander gleich oder äquivalent sind.

2.1.1.4. *Code und Signal*

1. Um Zeichen zu einem Signal zusammensetzen zu können, benötigen wir nicht nur ein Alphabet, sondern auch gewisse *Regeln*. Diese Regeln liefert uns der *Code*, der bestimmt, welche Zeichenzusammenstellungen „erlaubt sind", d. h. welche in diesem Code *Signale* ergeben. Bei den Spezialcodes spielen meist praktische, nämlich technische, wirtschaftliche usw. Bedingungen eine Rolle, die je nach dem Zweck von Fall zu Fall verschieden sein werden. Von diesen können wir hier absehen. Wir sprechen jetzt von den allgemeinen Regeln, denen prinzipiell jede Signalbildung nach einem Code unterworfen ist, und wollen an einem Beispiel die Bedeutung solcher Regeln sichtbar machen. Wir wählen als Beispiel den Primär-Code, die uns vertraute Sprach-Schrift.

---

[1] Vgl. z. B. H. Frank: Kybernetische Grundlagen der Pädagogik, 1962, S. 54ff. Frank unterscheidet genauer noch „Superzeichen 1. Stufe" (z. B. Buchstaben) und „Superzeichen 2. Stufe" (z. B. Wörter), vgl. „Kybernetik — Brücke zwischen den Wissenschaften". 5. Aufl., Frankfurt/Main 1965, S. 21.

[2] H. Frank: Kybernetische Grundlagen der Pädagogik. 1962. S. 53.

2. Wie würde der Primär-Code aussehen, wenn derartige *Regeln* in ihm nicht wirksam wären? Anders gesagt: welche Regelmäßigkeiten können wir in unserer Schrift entdecken, die sich als allgemeine Code-Regeln erweisen?

Beginnen wir mit einem Gedankenexperiment. Wir setzen ein kleines Kind, das noch keine Buchstaben kennt, an eine Schreibmaschine und lassen es „tippen" Werden dabei Wörter oder gar Sätze entstehen? Das erscheint uns als unwahrscheinlich, wenn auch nicht als ausgeschlossen. Das Gleiche gilt für den Fall, daß in einer Lostrommel Zettel nicht mit Nummern, sondern mit Buchstaben enthalten sind, und man eine Anzahl Zettel nacheinander herausnimmt, nebeneinanderlegt und zu lesen versucht. Auch hier kann man fragen: welche Wahrscheinlichkeit besteht dafür, daß hierbei Wörter und Sätze entstehen?

Die Fragestellung ist nicht so absonderlich, wie sie zunächst erscheinen mag; sie ist sogar schon sehr alt, entspricht also offenbar einem echten Betroffensein des Menschen durch die Möglichkeiten, die die Schrift als eine Zusammenstellung von Zeichen bietet. Kann man, so fragten bereits Denker im Altertum, durch mechanische oder zufällige Kombination von Buchstaben sinnvolle Sätze oder Texte herstellen? Schon CICERO setzt sich mit solchen Gedanken auseinander; er erwähnt einmal ironisch einen Mann, der glauben möchte, daß man durch Zusammenwerfen unzähliger der 21 Lettern (des damaligen lateinischen Alphabets) „die ‚Annalen' des ENNIUS so herstellen könne, daß sie im Zusammenhang (deinceps, eigentlich = der Reihe nach) gelesen werden könnten. Ich wüßte nicht, wie auch nur ein Vers des ENNIUS durch Zufall sollte bewirkt werden können"[1].

Sehr viel später hat dann JONATHAN SWIFT, ebenfalls in kritischer, ja satirischer Darstellung, das Problem in etwas anderer Form — man kann hier schon von einer Vorahnung kybernetischer Probleme sprechen — in „Gullivers Reisen" behandelt. Er schildert, daß im Lande Laputa ein Professor eine Maschine konstruiert habe, die durch rein mechanische Kombination aller Wörter der dortigen Landessprache sinnvolle Sätze und Texte — ja, „a complete body of all arts and sciences" — herzustellen imstande sei, so daß die geistige Arbeit nur noch auf das Heraussuchen der sinnvollen Sätze beschränkt sei[2].

In der zweiten Hälfte des 19. Jahrhunderts hat KURD LASSWITZ[3] in ähnlicher Weise seine „Universalbibliothek" entworfen und durchgerechnet — wir werden auf diese interessante Spekulation noch näher eingehen. Diese „Universalbibliothek" ist dann in unseren Tagen noch einmal aufgelebt und Gegenstand an der Kybernetik orientierter Betrachtungen geworden — z. B. durch OTTO KRAEMER, Professor für Maschinenbau an der TH Karlsruhe[4].

---

[1] CICERO: de natura deorum **2**, 37, 93.

[2] JONATHAN SWIFT: Gulliver's Travels (1726), Chapter V „A Voyage to Laputa . . .". (Vgl. auch das ausführliche Zitat bei K. STEINBUCH: Automat und Mensch, Berlin, Göttingen, Heidelberg, 2. Aufl., 1963, S. 306 ff.).

[3] KURD LASSWITZ (1848–1910) ist wissenschaftlich bekannt geworden durch seine großangelegte „Geschichte der Atomistik", 2 Bände, 1889–1890, 2. Aufl. 1926; in weiteren Kreisen wurde er bekannt durch seinen Roman „Auf zwei Planeten", 2. Bände, 1897, eine der frühesten Weltraumflug-Utopien.

[4] OTTO KRAEMER: in seinem Aufsatz „Automat und Mensch", Universitas **13**, 511 ff. (1958).

In wieder anderer Form hat sich der französische Mathematiker Emile Borel mit dem Problem befaßt — und damit finden wir wieder den Anschluß an unser Gedankenexperiment: Borel hat die Wahrscheinlichkeit dafür berechnet, daß bei einem „Tippen" auf der Schreibmaschine Wörter, Sätze usw. entstehen könnten, wobei er annahm, ein Affe tippe auf der Maschine. Diese Wahrscheinlichkeit ist, wie zu erwarten, außerordentlich gering, aber sie ist nicht gleich null.

Doch was heißt das?

Es besagt zunächst, daß bei einem solchen „Tippen" Buchstabenkombinationen entstehen werden, die wir als „Wörter" erkennen, ohne daß das tippende Etwas — das kleine Kind, der Affe oder auch eine Maschine — wissen, daß sie „Wörter" hergestellt haben. Wir werden also sicherlich Kombinationen wie „da", „du", „als", vielleicht auch einmal „haus" oder dgl. finden.

Doch wir kennen ja nicht alle Wörter unserer Sprache, und es könnte sein, daß sich unter den Kombinationen solche finden, die Wörter „sind", die uns aber unbekannt sind — etwa wissenschaftliche Begriffe wie „adiabate" oder Kunstgebilde wie Namen für Firmen, Handelsartikel, Arzneimittel usw. Oder aber es treten Kombinationen auf, die vielleicht einmal in Zukunft „Wörter" sein werden. Wonach wollen wir also entscheiden, welche der durch Zufall entstandenen Kombinationen „Wörter" sind und welche nicht; auf welcher Grundlage können wir derartige Wahrscheinlichkeiten berechnen?

Ein Kriterium der Entscheidung ist zweifellos die „Aussprechbarkeit". Was man nicht aussprechen kann, wie etwa „krmtwkp", von dem können wir mit Recht annehmen, daß es kein Wort ist und auch nie eins werden wird. Nach diesem Kriterium müßten wir also Kombinationen wie „ine", „unden", „disponin" und selbst etwa „übbeicht" als mögliche „Wörter" zulassen.

Ein zweites Kriterium ist unsere allgemeine Sprachkenntnis und Spracherfahrung. Cherry hebt einmal hervor, „daß wir die wahrscheinlichen Buchstabenfolgen innerhalb aller möglichen Zusammenstellungen der 26 Buchstaben nahezu vollständig kennen" und bringt als Beispiel: wir „erkennen leicht, daß ‚Schaulung' ein typisch deutsches Wort zu sein scheint, obgleich wir es vielleicht nicht kennen, wogegen ‚glijkwaardig' sicherlich nicht deutsch ist"[1].

Die „wahrscheinlichen Buchstabenfolgen" — gibt es so etwas? Um diese Frage beantworten zu können, werden wir uns etwas mit der Struktur der (geschriebenen) Sprache beschäftigen müssen, und zwar rein syntaktisch, also ohne nach der „Bedeutung" der Wörter und dem „Sinn" der Sätze zu fragen.

3. Bevor wir darauf eingehen (s. S. 89ff.), wollen wir den begonnenen Gedankengang noch etwas fortsetzen: Bei dem gedankenlosen und verständnislosen Tippen auf der Schreibmaschine, sei es durch ein Kind, einen Affen oder eine Maschine, entstehen Buchstabenkombinationen, von denen wir einige als „Wörter" erkennen. Es liegt nun nahe zu sagen: unter den entstehenden Kombinationen finden wir einige „Signale" neben „für uns" bedeutungslosen Gebilden. Das wäre aber nicht richtig, vielmehr müssen wir feststellen:

[1] Colin Cherry: Kommunikationsforschung, S. 324.

Jede überhaupt mögliche Buchstabenkombination oder Zeichenkombination kann ein Signal sein — aber nur sehr wenige solcher Kombinationen sind Wörter.

Die Signale der Sprache nehmen damit eine gewisse Mittelstellung zwischen Anzeichen und Zeichen ein: sie sind zwar keine Anzeichen, aber sie sind doch Zeichen-für-alle; ihre Bedeutung-für ist durch generelle Konvention festgelegt. Die Signale eines (anderen) Codes dagegen sind Zeichen-für eine bestimmte Menschengruppe oder einen bestimmten Zweck, sie unterliegen einer speziellen Konvention. In der Mathematik z. B., einer allgemeinen Sprache, gibt es die Kombinationen 00 und 000 nicht — für Schachspieler dagegen bedeuten sie bei der Niederschrift von Schachpartien die „kurze" und die „lange Rochade". Hierher gehören auch die zahllosen praktischen Abkürzungen, also Buchstabenkombinationen, die Signale sind, entweder für den allgemeinen Gebrauch wie USA, UdSSR und dgl., oder für spezielle Bereiche wie etwa in der Chemie ATP, DPN, DOPA usw.

Ob also eine Zeichenkombination ein Signal ist oder nicht, läßt sich generell überhaupt nicht entscheiden, sondern nur dann, wenn es gelingt, bei Vorliegen einer größeren Anzahl solcher Kombinationen festzustellen, ob ihnen ein bestimmter Code zugrunde liegt. Praktische Bedeutung hat dieses Problem bei der Entschlüsselung „verschlüsselter" Nachrichten oder bei der Entzifferung von „Geheimschriften".

Derartige Entzifferungen sind ein beliebtes Thema der Kriminal-Literatur; die Darstellungen gehen meist zurück auf die beiden sozusagen klassischen Vorbilder bei E. A. Poe („Der goldene Skarabäus") und Sir Arthur Conan Doyle („Die tanzenden Männchen"). In beiden Erzählungen geht die Entzifferung einer Geheimschrift von der verschiedenen Häufigkeit der Buchstaben einer Sprache aus. Der Buchstabe „e" ist in vielen Sprachen der weitaus häufigste — 12% im Englischen, 14% im Deutschen, 16% im Französischen usw. Wenn man bei einer Geheimschrift annehmen darf, daß jeder Buchstabe der ursprünglichen Nachricht durch ein Zeichen oder einen anderen Buchstaben ersetzt worden ist, hat man einen ersten Anhalt für die Entzifferung.

Damit haben wir einen weiteren Faktor gefunden, der die sprachlich zulässigen Kombinationen bestimmt: die Häufigkeit des Auftretens der Zeichen oder Buchstaben in Wörtern, Sätzen oder einem Text bzw. allgemein in Signalen eines Codes.

4. Wir können jetzt sagen: sind in der anfangs erwähnten Lostrommel nicht alle Buchstaben gleich häufig vertreten, sondern entsprechend ihrer Auftretenshäufigkeit innerhalb der Sprache, so ist die Aussicht schon größer, durch wahlloses Herausziehen von Zetteln „Wörter" zu erhalten.

Derartige Kriterien, wie die Aussprechbarkeit, die wahrscheinlichen Buchstabenfolgen, die Auftretenshäufigkeit, begründen nun *Regeln*, die die Bildung von Wörtern, Sätzen und Texten, allgemein von Signalen nach einem Code bestimmen. Sie schränken die Anzahl möglicher Buchstaben- bzw. Zeichenkombinationen ein, anders ausgedrückt: der Einfluß des Zufalls wird durch solche Regeln „zurückgeschoben". Lassen wir nur den Zufall bei der Kombination der Zeichen walten, so wird die Zahl der Möglichkeiten uferlos; das erkannte man schon früh als den eigentlichen Grund für die Unmöglichkeit, auch nur „einen Vers des Ennius durch Zufall" erhalten zu können. Wie groß die Zahl der durch Zufall bestimmten Möglichkeiten ist, wußte man im Altertum allerdings nicht. Xenokrates (339–314 v. Chr., Schulhaupt der Platonischen Akademie) hat diese Zahl einmal abgeschätzt; er kam auf 100200000 Möglichkeiten. Schon diese, allerdings viel zu kleine, Zahl zeigt, daß die Wahrscheinlichkeit, durch zufällige Kombination sinnvolle Signale zu erhalten, sicherlich äußerst klein ist. Man könnte nun meinen, das sei schließlich eine Zeitfrage: bei der gewaltigen Geschwindigkeit der heutigen Rechenautomaten sei auch diese „Unmöglichkeit" möglich geworden. Wir werden darüber noch zu sprechen haben, denn die „Mechanisierung des Denkens" ist ja eines der großen Themen der Kybernetik, so daß derartige Fragen heute in einem anderen Licht erscheinen, nicht mehr bloße Gedankenspielereien und Spekulationen sind.

2.1.2. Signal und Nachricht

1. *Signal* und *Nachricht* sind nicht dasselbe, auch wenn sie leider gelegentlich in der Literatur nicht streng getrennt werden. Ein sensationelles Ereignis, etwa der Brand eines großen Opernhauses, wird zur Nachricht: „Die Oper in X brennt" — und diese Nachricht wird nun in zahllose verschiedene Signale codiert: sprachlich etwa auf deutsch, englisch, französisch usw. usw., im persönlichen Gespräch in Luftschwingungen, über Telefone und Telegrafen in elektrische Stromstöße, über den Funk in elektrische Wellen, wird über Fernsehen und Film in wieder anderer Form übertragen. Alle diese verschiedenen Signale „enthalten" oder „übertragen" die gleiche Nachricht, etwa den obigen Satz (evtl. mit kleinen belanglosen Varianten), und alle diese Nachrichten berichten dasselbe Ereignis.

Gleiche Nachrichten können also durch verschiedene Signale übertragen werden — ja, dies geschieht, wie wir schon sahen, stets, wenn für die Übertragung einer Nachricht nacheinander verschiedene Kanäle benutzt werden (s. S. 21). Umgekehrt können aber auch gleiche Signale — z. B. Gesten — verschiedene Nachrichten übertragen, und bei geeigneter Codierung ist es sogar möglich, daß dasselbe Signal gleichzeitig verschiedene Nachrichten überträgt, z. B. wenn in einem Telegramm harmlosen Inhalts, das an eine Familie gerichtet ist, nach einem bestimmten Schlüssel auszuwählende Buchstaben eine nur für ein Familienmitglied bestimmte Nachricht ergeben.

2. Ein *Signal* ist ein physischer Tatbestand oder ein physisches Ereignis — man spricht auch, nicht gerade sehr glücklich, von einem „Zeichenereignis". Es besteht aus einer Kombination von Zeichen (Grenzfall: Einergruppe), besser: es ist ein *Zeichenmuster* (pattern), womit die Einheit des Signals betont wird, denn ein Signal ist keine Zeichenmenge, sondern ein Ganzes, eine Ganzheit von Zeichen.

Aber nicht jedes physische Ereignis ist ein Signal und nicht jeder Bestandteil eines solchen Ereignisses ein Zeichen. So ist der Brand der Oper normalerweise kein Signal, wohl aber sind es die Flammen, die aus dem Dach lodern. Signale und Zeichen sind nur solche Ereignisse, die eine Bedeutung-für haben oder haben können. Welche Bedeutung sie haben, ist irrelevant, solange wir in der syntaktischen Dimension bleiben, nur daß sie eine Bedeutung haben ist notwendig, damit wir von einem Signal sprechen können. Diese Tatsache, daß zum Begriff des Signals auch in rein syntaktischer Auffassung schon eine „Bedeutung", gleichsam als Leerstelle gehört, bezeichnet H. FRANK als den „semantischen Aspekt" der syntaktischen Dimension[1].

Aber auch nicht für jeden ist ein Zeichen-Ereignis ein Signal, sondern nur für den, der die Zeichen „als Zeichen" und das Signal „als Signal" empfängt. Wer dies ist, ist wiederum irrelevant; wichtig ist nur, daß irgend jemand da ist, „für den" das Ereignis Bedeutung hat. Somit ist auch ein „Empfänger" bzw. eine „Quelle" als Leerstelle ein Begriffsmerkmal des Signals — man könnte hier entsprechend von einem pragmatischen Aspekt der syntaktischen Dimension sprechen.

Die dreigliedrige Struktur, die dem Signal wie dem Zeichen eigen ist, führt zur Unterscheidung einiger Spezialfälle, die praktisch wichtig sind: eine Zeichenkombination wird von einer Quelle als Signal ausgesendet, aber von niemand empfangen bzw. nicht „als Signal" empfangen — dennoch ist die Zeichenkombination ein Signal. Irgendein Ereignis wird von einem Empfänger als Signal empfangen — dann bestehen wieder die beiden schon oben erwähnten Möglichkeiten (s. S. 24): die Deutung „als Signal" kann berechtigt oder unberechtigt sein. Daß ein Empfänger einem Ereignis unberechtigt Signalcharakter zuschreibt, ist aus der Geschichte wie aus dem Alltagsleben bekannt; aus der Geschichte kennen wir dies beim Erscheinen von Kometen, dem Auftreten von Erdbeben, Seuchen usw., aus dem Alltagsleben in allen Fällen des Aberglaubens.

Ist die Deutung „als Signal" berechtigt, so erhebt sich die Frage: woran erkennen wir — immer in der syntaktischen Dimension verbleibend — eine Zeichenkombination als Signal? Offenbar auf dieselbe Weise wie bei der soeben erwähnten Entschlüsselung und Entzifferung von Geheimnachrichten: wenn wir annehmen können, daß der Zeichenkombination ein *Code* zugrunde liegt, und d. h. wenn gewisse Regelmäßigkeiten auffindbar sind, oder wenn das oder die Zeichen sich in auffälliger Weise aus der Umgebung abheben — wir würden im Alltag vielleicht sagen: in „bedeutungsvoller Weise", ohne daß wir dieses spezifische Erlebnis hier psychologisch analysieren wollen. Oder schließlich, und das wird für das Folgende von besonderer Wichtigkeit sein: wenn die Zeichenkombination, sei es durch Regelmäßigkeit, sei es durch andere Merkmale als „nicht zufällig entstanden", anders ausgedrückt: als unwahrscheinlich erscheint, und zwar „unwahrscheinlich" eben gegenüber dem durch Zufall oder auf „natürlichem" Wege Entstandenen.

3. Eine *Nachricht* ist im Gegensatz zum Signal jedenfalls kein physisches Ereignis. Was sie ist bzw. als was man sie auffassen kann, dafür haben wir oben (s. S. 17) einige Hinweise gegeben. Uns interessiert sie hier vorwiegend in semantischer Hinsicht. „Bedeutung" und „Sinn" spielen bei der Nachricht die entscheidende Rolle, aber jetzt nicht als Leerstellen, sondern als besondere, als gerade diese Bedeutung, dieser Sinn einer Nachricht. Doch hat auch die semantische Dimension der Nachricht einen pragmatischen und einen syntaktischen Aspekt, etwa daß es zum Wesen einer Nachricht gehört, von jemand ausgesandt oder an jemand gerichtet zu sein (Grenzfall: an alle, oder: to whom it may concern usw.), oder daß eine Nachricht als Mittel der Kommunikation in Form eines Signals auftreten muß und dgl. mehr.

[1] H. FRANK: a. a. O. S. 57.

Zum besseren Verständnis empfiehlt es sich, etwas auf die Bedeutung von „Bedeutung" und von „Sinn" einzugehen.

Ein *Name* ist ein Zeichen, das auf einen Gegenstand hinweist, ihn bezeichnet. Der Eigenname weist auf einen individuellen Gegenstand hin (Sokrates, Matterhorn, Liebfrauenkirche), ein allgemeiner Name auf eine Klasse von Gegenständen (Mensch, Berg, Kirche). Ein *Wort* hat eine Namenfunktion, ist ein Name, und hat außerdem, als „Wort" i. e. S. eine *Bedeutung*. Ist diese Bedeutung allgemeingültig festgelegt, so ist das Ganze: Name + Wort = *Begriff*. Ein *Satz* sagt etwas aus, einen Sachverhalt, einen Vorgang, einen Zustand usw. Das, was er aussagt, können wir den *Sinn* des Satzes nennen. Syntaktisch besteht ein Satz aus Wörtern, aber der Sinn des Satzes besteht nicht in gleicher Weise aus den Wortbedeutungen, sondern ist mehr als die Summe dieser Bedeutungen. Die Beziehungen zwischen Satz-Sinn und Wort-Bedeutungen festzustellen ist ein semantisches Problem.

Wir können nun, um den Begriff „Nachricht" zu fixieren, sagen:

Eine Aussage besteht aus dem grammatischen Satz und dem Satzsinn — entsprechend besteht eine *Mitteilung* aus dem syntaktischen *Signal* und der *Nachricht.*

4. Die Beziehungen zwischen Nachricht und Signal werden etwas anschaulicher, wenn man den Vorgang der *Nachrichtenübertragung* in seinen verschiedenen Phasen betrachtet. Megla unterscheidet insgesamt 8 Phasen, die sich zu einem Kreise, dem *Nachrichtenkreis* zusammenschließen können, wenn nämlich der Empfang der Nachricht beim Empfänger wieder zur Bildung und Absendung einer Nachricht führt[1]. Für uns sind hier wichtig 6 dieser Phasen, die wir, etwas verändert, nach Megla wiedergeben:

a) Das Entstehen eines *Nachrichtenbedürfnisses:* ich habe etwas erfahren, weiß etwas, fühle etwas usw., das ich mitteilen möchte.

b) Die *Formung* der Nachricht, also die Codierung des Erfahrenen, Gewußten, Gefühlten usw., etwa in „inneres Sprechen".

c) Die Transformation in ein übertragungsfähiges *Signal,* z. B. Umwandlung in Sprachlaute, in Schrift. Diese dritte Phase kann evtl. mehrere Teilphasen umfassen, wenn nacheinander verschiedene Kanäle für die Übertragung benötigt werden.

d) Die Beförderung des Signals durch den *Kanal.*

e) *Empfang* des Signals und dessen Decodierung, z. B. in den Primär-Code.

f) Das *Verstehen der Nachricht,* also Decodieren des „letzten" Signals (aus dem Übermittlungsweg Sinnesorgan–Großhirn) in Erfahrenes, Gewußtes, Gefühltes usw.

Die Phasen c) und f) enthalten Tranformationen zwischen verschiedenen Seins-Ebenen; wenn wir es vereinfacht ausdrücken: den Übergang vom Bereich des „Sinns" in den des „physischen Ereignisses", den Übergang von der *Nachricht* zum *Signal* — und zurück.

Es ist eine Sache der Einstellung, genauer: es hängt wesentlich von der wissenschaftlichen Fragestellung ab, ob man nun sagt, die Nachricht wird vom Signal „übertragen", oder: die Nachricht wird in ein Signal „umgewandelt" und „entsteht"

[1] G. Megla: Vom Wesen der Nachricht. 1961. S. 38ff.

dann im Empfänger, auf Grund des Signals, neu. Die Frage etwa, die mit dem eben angeschnittenen Problem zusammenhängt: „Wo ist die Nachricht während einer technischen Übertragung, z. B. beim Telegrafieren?“ erfordert philosophische Untersuchungen, die außerhalb unserer Fragestellung liegen, für die daher hier nicht der Ort ist. Innerhalb der Kybernetik liegt die zweite Möglichkeit nahe. CHERRY sagt einmal — allerdings mit Bezug auf die Information — daß der Informationsgehalt „eine potentielle Eigenschaft der Signale sei“[1]. Dasselbe gilt auch für die *Nachricht:* ein Signal hat die potentielle Fähigkeit, in einem Empfänger eine bestimmte Nachricht hervorzurufen[2].

Bei Erörterung der ersten Phase betont MEGLA, daß man von einem „Nachrichtenbedürfnis“ nur sprechen könne, wenn etwas „Nachrichtenwürdiges“ geschehen[3], oder als Zustand, als Wissen, als Frage usw. vorhanden sei. Das ist wohl nur bedingt richtig; die Post z. B. wäre erheblich entlastet, wenn nur „Nachrichtenwürdiges“ geschrieben, telegrafiert oder gar telefoniert würde. Tatsächlich besteht häufig ein bloßes Mitteilungsbedürfnis, ohne daß man eigentlich etwas Besonderes mitzuteilen hat.

Außerdem muß hervorgehoben werden, daß die beiden ersten Phasen nur für die *bewußte Nachrichtenübertragung* (MEGLA) gelten. In vielen Fällen, in denen wir berechtigt ein Ereignis als Signal deuten und als Nachricht verstehen, ist die aussendende Quelle zwar Signal-Quelle, und wenn man will auch Nachrichten-Quelle, aber sie sendet das Signal nicht sozusagen von sich aus, sie sendet es nicht „als Signal“ — ja, oft verhält sie sich dabei völlig passiv, so wenn ein Ding Lichtstrahlen reflektiert, die uns Nachricht von seiner Anwesenheit, seiner Oberflächenbeschaffenheit usw. geben.

2.1.3. Nachricht und Information

1. Ein Signal kann eine Nachricht enthalten oder „übertragen“[4]; dies muß aber nicht so sein. Mit dem „kann“ ist vielmehr ausgedrückt, daß wieder verschiedene Möglichkeiten bestehen, daß wir m. a. W. die Phase f), das Verstehen der Nachricht, noch unterteilen müssen:

f_1: Der Empfänger nimmt das Signal „als Signal“ auf, nicht aber die damit verbundene Nachricht. Das Signal ist für ihn „reines“ Signal, die Nachricht bleibt ihm verborgen.

f_2: Der Empfänger nimmt zwar die Nachricht auf, aber er „versteht“ sie auch nach längerem Nachdenken nicht, z. B. die Mitteilung einer fachwissenschaftlichen Aussage, für deren Verständnis ihm die Vorkenntnisse fehlen.

---

[1] CHERRY: Kommunikationsforschung, S. 21 und 25.

[2] So z. B. schon F. A. LANGE: Man „muß wenigstens so viel physikalische Kenntnisse haben, um zu wissen, daß ‚Inhalt‘ und ‚Bedeutung‘ keine Kräfte sind, die von der Depesche in mich übergehen, sondern daß sie erst in mir entstehen. Es kommt nichts in mich hinein als ... Lichtwellen“ (also das Signal): Geschichte des Materialismus, II. Buch, 3. Abschn., Anm. 39 (S. 441 der 5. Aufl., 1896).

[3] MEGLA: a. a. O., S. 38.

[4] Wir verwenden in der Folge weiterhin das übliche und vertraute „Übertragen“ von Nachrichten für umständlichere Ausdrücke wie etwa „potentiell enthalten sein“. Wir wissen ja jetzt, wie wir hier das Wort „übertragen“ verstehen wollen.

f_3: Der Empfänger versteht zwar die Nachricht, aber sie interessiert ihn nicht, sie ist ihm gleichgütig, ja, sie erscheint ihm vielleicht als nicht „nachrichtenwürdig". Er muß sie zwar wie alles, was er an Nachrichten aufnimmt, speichern, aber er „vergißt" sie schnellstmöglich. Wir könnten sagen: die Nachricht beeinflußt sein Verhalten nicht — aber das wäre voreilig, denn wir wissen nicht, wie auch solche schnell vergessenen, belanglosen Nachrichten eines Tages unser Verhalten beeinflussen können.

f_4: Die Nachricht „bedeutet" dem Empfänger etwas, sie teilt ihm etwas Nachrichtenwürdiges mit; sie informiert ihn z. B über etwas: die Nachricht enthält dann *Information* für ihn.

2. Eine Nachricht kann also Information enthalten; dies muß aber nicht so sein. Wann enthält sie Information für den Empfänger, und was besagt das?

Der Begriff „Information" ist nicht nur der Zentralbegriff der Informationstheorie, sondern er ist auch einer der Grundbegriffe der Kybernetik überhaupt. Und er ist für den, der in die Kybernetik eindringen will, sicherlich der schwierigste Begriff. Schon ein flüchtiger Überblick über die Literatur zeigt, daß „Information" nicht nur recht verschieden definiert wird, sondern daß dieser Begriff in der strengen Definition der Informationstheorie eine völlig andere Bedeutung zu haben scheint, als wir mit dem Worte zu verbinden gewohnt sind. Man könnte daher — und die meisten Darstellungen gehen auch diesen Weg — mit dieser strengen Definition der Information beginnen, ohne sich um die gewohnte Bedeutung zu kümmern. Dies geschieht ja in vielen Wissenschaften, die alltäglich verwendete Wörter exakt definieren müssen, z. B. mit „Arbeit" in der Physik, mit „Stoff" in der Chemie, mit „Empfindung" in der Psychologie usw.

Doch ein solcher Beginn ruft beim Lernenden erfahrungsgemäß einiges Unbehagen hervor, und oft entsteht die Frage, weshalb man denn überhaupt das Wort „Information" verwendet, wenn von Information „im eigentlichen Sinne" keine Rede mehr ist. Vielleicht, so argumentiert man wohl auch, liegt hier nur ein sprachliches Mißverständnis vor, weil man ohne weiteres die amerikanische Terminologie übernommen hat, und „information" in den USA eben nicht dasselbe bedeutet wie „Information" bei uns. Doch dies ist nicht richtig; wir finden im MERRIAM-WEBSTER (Pocket-Dictionary) als Erklärung von „information": „1. Communication of knowledge; also, the knowledge communicated. 2. News". — also auch dort: „Mitteilung von Wissen, sowie das mitgeteilte Wissen, und überhaupt Neuigkeiten", was durchaus unserer Allgemeinbedeutung von „Information" entspricht.

Tatsächlich ist, wie sich zeigen wird, „Information" ein recht komplexer Begriff, und der strenge Begriff der Informations-Theorie hebt eine Seite dieses Komplexes hervor. Es scheint für das Verständnis daher zweckmäßig, daß wir versuchen, diesen Begriff schrittweise zu entwickeln, und uns die benötigte Definition sozusagen selbst erarbeiten. Wir beginnen mit dem „Alltagsbegriff", um zunächst einmal zu fixieren, was wir eigentlich im Alltag unter „Information" verstehen.

2.2. Der Begriff der Information

2.2.1. Der Alltagsbegriff

1. *Information* ist ein Kommunikations-Begriff; wir müssen deshalb wenigstens zu Beginn zwischen dem Sender und dem Empfänger der Information unterscheiden, da noch nicht sicher ist, ob „Information" von den beiden Standpunkten aus gesehen als dasselbe erscheint.

Wir sprechen — wenn wir zunächst den Standpunkt des *Empfängers* einnehmen — von Information i. a. bei Nachrichten, die uns etwas Neues mitteilen, etwas, das wir nicht wissen. Speziell gilt dies für den Fall, daß ein solches Nichtwissen als ein Mangel empfunden wird, daß also ein Bedürfnis besteht, etwas Bestimmtes zu wissen, darüber „informiert" zu werden.

Das Bedürfnis nach einem speziellen Wissen entspringt einem Nichtwissen, und zwar einem „bestimmten Nichtwissen", genauer: „daß ich etwas Bestimmtes nicht weiß". Ich weiß z. B. nicht, welchen Zahlenwert die Solarkonstante hat, oder ich weiß nicht, wie die Verteilung der Elektronen im Natrium-Atom ist, oder alltäglicher: ich weiß nicht, wann ein Zug von Frankfurt nach Stuttgart fährt. Das „bestimmte Nichtwissen" unterscheidet sich vom allgemeinen Nichtwissen dadurch, daß es ein Fundament in einem Wissen vom Gegenstand hat; also etwa, daß die Solarkonstante diejenige Menge Strahlungsenergie der Sonne ist, die während einer Minute auf einen Quadratzentimeter der „oberen Grenze" der Erd-Atmosphäre fällt — oder daß die spezifische Eigenschaft der Natrium-Atome vor allem durch die Zahl und Anordnung der den Atomkern umgebenden Elektronen bestimmt ist — oder schließlich, daß überhaupt Züge von Frankfurt nach Stuttgart fahren. Nichtwissen wird zum Wissen nun entweder durch eigene Erkenntnis (Erfahrung, Denken usw.) oder durch empfangene Mitteilung des „Nichtgewußten" (Lehre, Lektüre, Unterhaltung usw.), mithin durch Empfang einer *Nachricht*, die *Information* übermittelt.

Nicht jede Nachricht übermittelt in diesem Sinne Information. Erzählt mir etwa jemand auf meine Frage nach der Elektronenverteilung im Natrium-Atom, daß Atome aus Kern und Schalen, die Schalen aus Elektronen-Bahnen bestehen, so erzählt er mir nur, was ich schon weiß, er sagt mir „nichts Neues", denn all das mußte ich ja wissen, um meine spezielle Frage stellen zu können. Ich gewinne aus seiner Antwort keine Information, nämlich keine Antwort auf meine Frage. Kommt er dann schließlich doch „zum Thema", so sagen wir, daß seine Antwort „weitschweifig" ist.

2. Versetzen wir uns nun in die Lage desjenigen, der auf diese drei Fragen antworten soll, des *Senders*, der *Informations-Quelle*. Bei der ersten Frage ist die Antwort vollständig bestimmt: der Wert der Solarkonstante beträgt ca. $2\,\mathrm{cal}\cdot\mathrm{cm}^{-2}\cdot\mathrm{min}^{-1}$. Bei der zweiten Frage könnte der Antwortende darauf hinweisen, daß das Bild von den auf Schalen um den Kern umlaufenden Elektronen recht ungenau, ja falsch ist — er kann aber auch auf diesen Hinweis verzichten und antworten: 11 Elektronen, die sich zu $2 + 8 + 1$ auf drei Schalen verteilen. Bei der dritten Frage muß er sich entscheiden, denn er hat die Wahl zwischen etwa 10 Zügen. Will er einen

nennen, muß er zwischen 10 Möglichkeiten wählen. Oder aber er entscheidet sich nicht, sondern nennt alle Züge, die während eines Tages zwischen den beiden Städten verkehren — das bedeutet dann, er entscheidet sich zwischen 2 neuen Möglichkeiten, nämlich entweder zurückzufragen und um eine nähere Bestimmung, etwa der Tageszeit, zu bitten, oder aber, alle zu nennen.

In vielen Fällen hat der Antwortende mehrere Antwortmöglichkeiten zur Wahl. Und es wird im allgemeinen so sein: je unbestimmter die Frage gestellt ist, desto größer ist die Zahl der Antwortmöglichkeiten, zwischen denen der Antwortende wählen muß. Der Fragende wird aber um so ungenauer fragen – wir wollen einmal voraussetzen, daß er so genau fragt, wie es ihm möglich ist — je weniger er von der erfragten Sache weiß. Und das schließt ein: je weniger der F r a g e n d e die Antwortmöglichkeiten übersehen kann. Die Ungenauigkeit seiner Fragestellung ist dann bestimmt durch den Umfang seines Nichtwissens vom Erfragten — und dieses Nichtwissen bestimmt wieder die Zahl der Antwortmöglichkeiten, die dem Antwortenden zur Verfügung stehen.

3. Man kann versuchen, diese Beziehungen unter Verwendung von Formeln etwas genauer darzustellen. Es handelt sich um allgemeine quantitative Beziehungen, die sich von denen der Mathematik — z. B. der allgemeinen quadratischen Funktion $y = ax^2 + bx + c$ — nur dadurch unterscheiden, daß man sie nicht durch Einsetzen bestimmter Zahlenwerte gleichsam individualisieren kann.

Der Fragende fragt nach etwas, das er nicht weiß; nennen wir dies x. Im Grenzfall ist sein Wissen von x, $\mathrm{Wi}(x) = 0$, sein Nichtwissen von x, $\overline{\mathrm{Wi}}(x) = 1$. In diesem Falle kann er nur eine allgemeine „Was"-Frage stellen: was ist x? z. B. ein Proton?

Im anderen Grenzfall ist $\mathrm{Wi}(x) = 1$ und somit sein $\overline{\mathrm{Wi}}(x) = 0$. Er fragt dann nur, weil er sich vielleicht im Augenblick nicht erinnern kann, oder weil er nicht sicher ist, also eine Bestätigung braucht, z. B.: ist nicht ein Proton der Kern des Wasserstoff-Atoms?

In allen anderen Fällen hat der Fragende ein bestimmtes Wissen von x: $\mathrm{Wi}(x) = n$, und ein bestimmtes Nichtwissen: $\overline{\mathrm{Wi}}(x) = 1-n$, wobei n und damit auch 1–n echte Brüche sind: $0 < n < 1$.

Ist die Antwort, die er auf seine Frage erhält, eine echte Antwort, die ihm die erbetene Information gibt, so wird dadurch Wi(x) zunehmen, günstigenfalls bis zum vollständigen Wissen von x: die Antwort bewirkt somit, daß $\mathrm{Wi}(x) \rightarrow 1$. Es liegt nun nahe zu sagen: je nachdem, wieweit sich Wi(x) dem Wert 1 nähert, bewerte ich die erhaltene Information. Anders ausgedrückt: ist I(x) das durch die Antwort übermittelte Wissen = die Information über x, Wi(x) mein Vorwissen und Wa(x) mein Wissen n a c h Erhalt der Information, so ist offensichtlich:

$$\mathrm{Wa}(x) = \mathrm{Wi}(x) + \mathrm{I}(x) = n + \mathrm{I}(x) \tag{1}$$

Im Grenzfall enthält die Information alles das, was ich von x nicht weiß, d. h. es ist: $\mathrm{I}(x)_{max} = \overline{\mathrm{Wi}}(x)$, und daraus folgt, wie schon gesagt:

$$\mathrm{Wa}(x)_{max} = \mathrm{Wi}(x) + \mathrm{I}(x)_{max} = n + \overline{\mathrm{Wi}}(x) = n + 1-n = 1 \tag{2}$$

Liegt nicht der Grenzfall $I(x)_{max}$ vor, so wird I(x) einen Teil von $\overline{Wi}(x)$ beheben. Wir können dann das von I(x) behobene Nichtwissen $\overline{Wi}(x)$ als ein Maß der erhaltenen Information ansehen.

Noch eine andere Beziehung haben wir oben erörtert. Wir hatten gesehen: je größer $\overline{Wi}(x)$ des Fragenden, desto größer die Auswahlmöglichkeit für den Antwortenden, und umgekehrt. Bezeichnen wir die Antwortmöglichkeiten mit MA(x), so besagt die Beziehung: MA(x) des Antwortenden ist eine Funktion von $\overline{Wi}(x)$ des Fragenden, oder:

$$MA(x) = f[\overline{Wi}(x)] \tag{3}$$

Je mehr Antwortmöglichkeiten der Antwortende hat, desto mehr Antworten kann er geben, desto mehr Nachrichten kann er also absenden, und — wenn jede Nachricht Information überträgt — desto mehr Information kann der Fragende erhalten. Bezeichnen wir entsprechend mit MI(x) die Menge möglicher Information, die der Fragende erhalten kann, so folgt, daß auch MI(x) eine Funktion von $\overline{Wi}(x)$ ist:

$$MI(x) = \psi[\overline{Wi}(x)] \tag{4}$$

Andererseits folgt aber daraus, daß MI(x) auch eine Funktion von MA(x) ist: die Menge möglicher Information, die der Fragende erhalten kann, ist eine Funktion der Auswahlmöglichkeiten, die der Antwortende hat, zwischen denen er wählen kann:

$$MI(x) = F[MA(x)] \tag{5}$$

Damit nähern wir uns ein wenig dem Verständnis der so oft als „schwerverständlich" empfundenen Bestimmung der Information in der Informationstheorie, die z. B. in der Formulierung sichtbar wird: „The word information in communication theory relates not so much to what you do say, as to what you could say" (Warren Weaver[1]).

4. Aber noch etwas anderes ist wichtig. Wir haben bisher immer nur von „Wissen" und davon gesprochen, daß Information Nichtwissen behebt. Der Mensch will aber nicht nur wissen, sondern er will und muß auch handeln. Es ist nun gewiß nur ein anderer, aber ein wesentlicher Aspekt desselben Vorgangs, wenn wir jetzt hervorheben: Nachrichten, die Information übertragen, beeinflussen unser *Verhalten*, und zwar entweder sofort — wenn wir vor irgendeiner Entscheidung stehen und die erhaltene Information diese Entscheidung hervorruft oder wenigstens ermöglicht — oder für die Dauer. Im ersten Falle werden wir sagen, daß die Information nicht so sehr ein Nichtwissen als vielmehr eine *Ungewißheit* behebt, eine Ungewißheit, die die Wahl oder die Entscheidung ja erst notwendig macht. Im zweiten Falle haben wir eine Verhaltens-Beeinflussung, die wir nun auch im engeren Sinne des Wortes als *Lernen* bezeichnen müssen.

Alles *Lernen* durch Lektüre, Unterricht, Vorträge usw. geschieht durch Informations-Übermittlung. Das gilt so allgemein, daß man verstehen kann, daß nun umge-

[1] Warren Weaver: Recent Contributions to the mathematical Theory of communication, in: Shannon-Weaver: The Mathematical Theory of Communication. Urbana (USA) 1949. S. 100.

kehrt in der Kybernetik jede für gewisse Zeiten latente Verhaltensbeeinflussung durch Informations-Übertragung als *Lernen* bezeichnet wird — auch bei Maschinen.

Man kann dasselbe abermals unter einem anderen Aspekt betrachten. NORBERT WIENER hat einmal gesagt: „Lebende Wesen lernen durch Erfahrung. Das bedeutet, daß die Vergangenheit, daß die Erfahrungen der Vergangenheit, sie in neue Apparate umformen.“[1] Sehen wir von dem Wort „Apparate“ ab, das hier eine ähnlich weite Bedeutung hat wie ASHBY's „machines“, so besagt das doch: jede Information verändert den Empfänger mehr oder weniger, und zwar immer dann, wenn die dadurch hervorgerufene Verhaltens-Beeinflussung von Dauer ist. Unsere ganze persönliche Entwicklung durch Lernen und Erfahrung wird somit gesteuert durch Nachrichten, die Information übertragen. Und dies gilt auch für unsere körperliche Entwicklung. Zitieren wir noch einmal WIENER: „Auch das System der Gene, meine ich, ist eine Nachricht; die Struktur, das Wesen des Einzelnen ist eine übertragbare Nachricht.“[2] Das ist letztlich der Sinn des etwas schockierenden Schlagwortes: „Der Mensch — eine Nachricht“, das WIENER selbst so erläutert: „Heutzutage müssen wir zugestehen, daß Individualität mit der Kontinuität des Schemas in Zusammenhang steht und infolgedessen mit ihr das Wesen der Kommunikation teilt.“[3] WIENER verfolgt diesen Gedanken bis zu Konsequenzen, deren Phantastik an JULES VERNE und DOMINICK erinnert[4] — wichtiger für uns ist die realere Konsequenz dieser Auffassung: das Eindringen der Informationstheorie in die biologischen Wissenschaften, speziell auch in die biologische und biochemische Theorie der Vererbung. Wir werden Beispiele dafür noch kennen lernen.

2.2.2. Die drei Dimensionen der Information

Die Beziehungen, die wir zwischen Wissen, Nichtwissen, Auswahlmöglichkeiten und Information untersucht haben, sind noch recht allgemein. Sie erlauben an quantitativen Aussagen eigentlich nur Feststellungen wie „größer“, „kleiner“, „gleich“. Das ist ein Mangel, denn wenn man Kommunikations-Vorgänge quantitativ behandeln will, dann möchte man sie auch „messen“, also genaue quantitative Zahlenangaben machen können. Das ist aber bei der bisherigen Betrachtungsweise nicht möglich. Wir müssen die Begriffe, speziell den Begriff „Information“ daher strenger fassen.

Information wird durch Nachrichten übermittelt, und Nachrichten werden durch Signale, also durch Zeichenkombination übertragen — der „letzte Träger“ der Information ist somit das *Zeichen*. Nicht nur ein einzelnes Signal-Zeichen übermittelt Information, sondern jedes Zeichen in einer Kombination leistet einen Beitrag zur Information, die das ganze Signal überträgt. Ob und in wieweit eine Nachricht Information überträgt, hängt somit einmal vom Signal ab (syntaktische Dimension),

[1] NORBERT WIENER: Über Informationstheorie. Vortrag auf der Versammlung der Gesellschaft deutscher Naturforscher und Ärzte in Hannover 1960 (erschienen in „Naturwissenschaften“ **48**, H. 7, 174ff. (1961); S. 174).

[2] a. a. O.

[3] NORBERT WIENER: Mensch und Menschmaschine, S. 94ff.

[4] a. a. O. S. 100f.

dann selbstverständlich von der Nachricht (semantische Dimension) und schließlich vom Empfänger, seinem Wissen bzw. Nichtwissen über den Gegenstand der Nachricht, also wie wir auch sagen können: von der besonderen Wirkung der Nachricht auf den Empfänger (pragmatische Dimension). Wir müssen daher auch bei der Untersuchung der Information wieder die drei Dimensionen unterscheiden, so daß „Information" und „Informations-Übertragung" sich als ein Spezialfall der allgemeinen Semiosis erweisen.

Die Informations-Theorie, wie sie von SHANNON und WIENER entwickelt worden ist, befaßt sich zunächst und vor allem mit der syntaktischen Dimension der Information. SHANNON betont in seiner grundlegenden Arbeit gleich einleitend, daß Botschaften zwar meistens eine Bedeutung haben, daß aber „these semantic aspects of communication are irrelevant to the engineering problem"[1] — und um dieses „engineering problem", also um die technische Übertragung von Information ging es und geht es der Informations-Theorie vor allem. WEAVER erklärt sogar: „two messages, one of which is heavily loaded with meaning and the other of which is pure nonsense, can be exactly equivalent . . . as regards information"[2].

Derartige Aussagen betreffen nun allerdings lediglich die technische Dimension der Informations-Übertragung, und es ist verständlich, daß der Nachrichtentechniker sich für die „Bedeutung" oder den „Sinn" der zu übermittelnden Nachrichten ebensowenig interessiert wie etwa ein Postschaffner im Postwagen eines Eisenbahnzuges, der nur dafür zu sorgen hat, daß die Nachrichten schnell und richtig an ihren Bestimmungsort gelangen. Die syntaktische Dimension der Information ist aber nicht mit der technischen Dimension der Informations-Übertragung identisch, doch sind diese beiden so eng miteinander gekoppelt, daß ihre Unterscheidung schwierig ist und sie tatsächlich auch häufig nicht getrennt werden. So unterscheidet z. B. WEAVER bei der Untersuchung der Information „problems at three levels", und zwar:

A. Wie genau (accurately) können Zeichen übertragen werden? (das *technische* Problem).

B. Wie genau (precisely) übermitteln die gesendeten Zeichen die gewünschte Bedeutung (meaning)? (das *semantische* Problem).

C. Wie wirksam (effectively) beeinflußt die empfangene Bedeutung das Verhalten in der gewünschten Weise? (Das Problem der Wirksamkeit = effectiveness, oder auch das *pragmatische* Problem)[3].

Hier ist offensichtlich die syntaktische Dimension der Information völlig in der technischen Dimension aufgegangen. Die so entstehende Verwirrung der Begriffe wird womöglich noch verstärkt, wenn wir dann etwa bei H. ZEMANEK lesen: „Für die Deutlichkeit ist es vorteilhaft, die naturwissenschaftlich definierte Nachricht als ‚Information' zu bezeichnen. Die Lehre von der meßbaren Nachricht heißt dann — in Übereinstimmung mit der amerikanischen Bezeichnung — Informationstheo-

[1] CLAUDE E. SHANNON and WARREN WEAVER: The Mathematical Theory of Communication. Urbana (USA) 1949, S. 3.

[2] a. a. O. S. 99.

[3] W. WEAVER: a. a. O. S. 96.

rie"[1]. Mit Recht kritisiert daher DUCROCQ: „Da die Entwicklung der Informationstheorie im Laufe der letzten Jahre besonders durch Untersuchungen auf dem Gebiet der Fernmeldetechnik vorangetrieben wurde, hatten die Spezialisten die Neigung, die gesamte Untersuchung der Information auf die Übertragung zurückzuführen, oder anders gesagt, das Signal mit der Information, die es überträgt, gleichzusetzen"[2].

Für die Informationstheorie gilt aber wie für die allgemeine Semiotik: „Syntaktik, Semantik und Pragmatik sind Komponenten der einen Wissenschaft der Semiotik" (C. W. MORRIS), und es ist daher richtiger zu sagen: der syntaktische Begriff der Information ist eine Dimension des allgemeinen Informations-Begriffes, und die syntaktische Informationstheorie eine Komponente der allgemeinen Informationstheorie[3]. Unter dieser Voraussetzung ist aber die Verwendung des Wortes „Information" auch in der syntaktischen Theorie berechtigt: sie ist ein Hinweis darauf, daß wir dabei zwar von den anderen Dimensionen absehen, sie aber nicht wegstreichen. Zu einer vollständigen Theorie der Information gehören auch die anderen Dimensionen — und die übergreifende Theorie, die entsprechend „mehr ist als ihre Disziplinen".

2.2.3. Information und Nachricht

1. Der Alltagsbegriff der Information ist zunächst und vorwiegend ein *pragmatischer* Begriff: ob eine Nachricht für einen Empfänger Information enthält oder nicht, hängt davon ab, ob die Nachricht beim Empfänger ein bestimmtes Nichtwissen beseitigt — der Informationsgehalt der Nachricht ist somit eine Funktion des Zustandes des Empfängers. Der Informationsgehalt einer Nachricht ist daher, wie wir schon andeuteten, nicht eine Eigenschaft der Nachricht selbst, denn dieselbe Nachricht kann für einen $\mathfrak{E}_1$ eine Information, für einen $\mathfrak{E}_2$ ein längst bekannter Sachverhalt und für $\mathfrak{E}_3$ völlig unverständlich, ja geradezu „sinnlos" sein Als ein etwas drastisches Beispiel wählen wir folgende Formulierung des „Pauli-Prinzips" der Atomphysik: „Die Eigenfunktionen eines jeden aus Elektronen bestehenden Systems sind antisymmetrisch, wenn die Koordinaten von je zwei Elektronen vertauscht werden"[4], wobei dann $\mathfrak{E}_1$ ein Student der Physik, $\mathfrak{E}_2$ einPhysiker und $\mathfrak{E}_3$ ein Laie sein mögen. Man kann daher auch sagen: die Information, die eine Nachricht übermittelt, entsteht aus einer *Beziehung* zwischen Nachricht und Empfänger, nämlich dann, wenn die Nachricht für den Empfänger eine „Bedeutung", einen „Sinn" in *pragmatischer* Hinsicht hat.

[1] H. ZEMANEK: Elementare Informationstheorie. Wien, München 1959, S. 11f.

[2] A. DUCROCQ: Die Entdeckung der Kybernetik. Deutsch von GERTRUD WALTHER. Frankfurt/Main, 1959, S. 177f.

[3] Von Y. BAR-HILLEL und R. CARNAP sind seit etwa zehn Jahren auch die Grundlagen einer *semantischen Informationstheorie* gelegt worden, man vergleiche dazu etwa CHERRY: Kommunikationsforschung, S. 272f. und 275ff.

[4] Sie findet sich bei Hw. PREUSS: Grundriß der Quantenchemie. Mannheim 1962. S. 38. Man kann das „Pauli-Prinzip" auch etwas verständlicher (aber natürlich nicht so exakt) formulieren: Der Zustand jedes Elektrons eines Atoms ist durch 4 Zahlen (Koordinaten) bestimmt. In einem Atom können 2 Elektronen nicht in allen 4 Koordinaten übereinstimmen.

Diese pragmatische Bedeutung-für kann aber nur zustande kommen, wenn die Mitteilung einen *semantischen* „Sinn" hat. Die übermittelte Information beruht auf dem semantischen Sinn der Nachricht, und zwar in einer Weise, die den Kommunikations-Charakter der Information deutlich macht: der semantische Sinn des Satzes muß nämlich derselbe sein, den der Empfänger nicht weiß[1]. Nur dann ist ja z. B. die Nachricht eine echte „Antwort" auf eine spezielle Frage, nur dann enthält die Antwort „Information-für" den Empfänger.

Wir kommen damit zu einem *semantischen* Informationsbegriff, genauer gesagt, zur semantischen Dimension des Alltagsbegriffs der Information: Information ist eine Funktion der Gleichheit zweier Sinn-Gehalte, oder, da es sich ja um denselben Sachverhalt, Tatbestand usw. handelt, der das eine Mal erfragt (nicht gefragt[2]), das andere Mal ausgesagt wird: Information ist eine Funktion der Identität von Nichtgewußtem [$\overline{\text{Wi}}$(x) beim Fragenden] und Gewußtem [Wi(x) beim Antwortenden und Wa(x) dann beim Fragenden].

Damit erhebt sich allerdings die Frage nach den Beziehungen zwischen „Information" und „Wahrheit", ein Problem, dessen Behandlung uns aber wieder zu weit in die Philosophie führen würde. Doch ein kurzer Hinweis erscheint hier angebracht.

Man kann vom „Sinn" eines Satzes, einer Aussage, Mitteilung usw. auf drei verschiedenen Ebenen sprechen, Ebenen, die in gewissen, hier nicht zu klärenden Beziehungen zu den drei „Dimensionen" stehen:

a) Der Satz ist grammatisch korrekt, aber (semantisch) sinnlos, z. B. „Die grüne Freiheit verfolgt das denkende Haus". Die Beziehung zur syntaktischen Dimension ist offensichtlich, sie ist ja auch schon terminologisch gegeben.

b) Ein Satz ist logisch richtig, aber nicht wahr – z. B. „Hamburg liegt an der Weser". Logische Richtigkeit ist sicherlich eine semantische Kategorie, aber hier wird die enge Beziehung zwischen der semantischen und der syntaktischen Dimension besonders deutlich.

c) Ein Satz ist wahr – z. B. „Hamburg liegt an der Elbe". Die Beziehung zur pragmatischen Dimension erscheint zunächst etwa schematisch gesetzt, sie wird

---

[1] Die Formulierung mag verwirren, da sie scheinbar einen Widerspruch enthält. Diese „Aporetik" des speziellen Nichtwissens hat schon PLATON behandelt, vor einigen Jahrzehnten wurde sie wieder aufgegriffen von NICOLAI HARTMANN, z. B. „Grundzüge einer Metaphysik der Erkenntnis", 2. Aufl., 1925, S. 68f. und 97f. Das spezielle Nichtwissen, das sich in einer bestimmten „Frage nach etwas" äußert, ist ein „Wissen des Nichtwissens": „Wer nach etwas fragt, darf nicht schon wissen, wonach er fragt, sonst brauchte er nicht erst zu fragen; und er muß gleichwohl wissen, wonach er fragt, sonst könnte er gar nicht danach fragen" (S. 68). Die Aporie ist nicht unlösbar, aber sie weist auf das Wesentliche des speziellen Nichtwissens hin: daß ich weiß, was ich nicht weiß.

[2] Vgl. dazu die Analyse des „Fragens" bei M. HEIDEGGER: Sein und Zeit. Halle 1927, S. 5: „Das Fragen hat als Fragen nach ... sein Gefragtes. Alles Fragen nach ... ist in irgendeiner Weise Anfragen bei .... Zum Fragen gehört außer dem Gefragten ein Befragtes. In der untersuchenden, d. h. spezifisch theoretischen Frage soll das Gefragte bestimmt und zu Begriff gebracht werden. Im Gefragten liegt dann als das eigentlich Intendierte das Erfragte, das, wobei das Fragen ins Ziel kommt". Damit ist nicht nur die Grundlage für eine Lösung der obigen „Aporie" gegeben, sondern zugleich von philosophischer Seite aus Wesentliches zur Analyse des Begriffs der „Information" beigetragen.

aber eindeutig beim philosophischen *Pragmatismus* (CHARLES S. PEIRCE, WILLIAM JAMES), speziell bei der pragmatistischen Wahrheitstheorie: „Wahrheit“ ist für den Pragmatismus ein pragmatischer Begriff (im Sinne der pragmatischen Dimension). Ein Satz, eine Aussage, ein Urteil sind wahr, wenn sie dem Leben dienen, „lebensfördernd“ sind — vergleiche GOETHES Ausspruch: „Was fruchtbar ist, allein ist wahr“ — und das heißt doch, wenn sie unser Verhalten (positiv) beeinflussen. Doch muß man sagen, daß der pragmatistische Wahrheitsbegriff nur eine Seite am Wahrheitsproblem erfaßt und richtig herausstellt: die Wahrheit hat, und darauf kommt es beim Verhältnis von Information und Wahrheit an, eine pragmatische Dimension.

2.2.4. Der syntaktische Informations-Begriff

1. Mit allem Bisherigen haben wir den Anschluß an den „Alltagsbegriff“ der Information noch erhalten. Das droht jetzt anders zu werden, wenn wir den syntaktischen Informations-Begriff, genauer: die syntaktische Dimension der Information zu erfassen suchen. Wir sollen bei der Behandlung der syntaktischen Dimension ganz davon absehen, daß eine Mitteilung eine Bedeutung hat, ja wir sollen nach WEAVER zwei Sätze, von denen der eine mit Bedeutung geladen, der andere purer Unsinn ist, in syntaktischer Hinsicht in bezug auf ihre Information als gleichwertig ansehen. Hat es dann wirklich noch einen Sinn, von „Information“ zu sprechen? Erliegt die Theorie hier nicht ganz der Gefahr, „das Signal mit der Information, die es überträgt, gleichzusetzen?“

Zunächst ist festzuhalten, daß die Information eine syntaktische Dimension hat: das Erhalten bzw. die Übertragung von Information ist an das Erhalten und die Übertragung von Nachrichten gebunden und diese an die Übermittlung von Signalen. Das gilt selbst dann — das dürfen wir wohl heute sagen — wenn Telepathie, Hellsehen und Prophetie echte Phänomene sind: die sogen. „außersinnliche Wahrnehmung“, die man mit A. J. MAYNE besser „außersinnliche Kommunikation“ nennen sollte, vollzieht sich sicherlich auch in Form von Nachrichten, die durch irgendwelche „Signale“ übertragen werden[1].

Die einfachste, und zugleich für alle Dimensionen grundlegende Information, die ein Signal übertragen kann, ist nun offensichtlich: „dies ist ein Signal“ – also die Phase f_1 unserer früheren Unterscheidung der Phasen der Nachrichtenübertragung (S. 63). Damit wissen wir auch, daß das Übermittelte eine Bedeutung hat (semantischer Aspekt) und daß es eine Bedeutung für uns haben kann (pragmatischer Aspekt). Und das bedeutet, wir erwarten als möglich, daß es für uns Information enthält.

Damit erhebt sich aber erneut die oben (S. 62) schon gestreifte Frage: welche syntaktischen Bedingungen müssen erfüllt sein, damit etwas Übermitteltes, ein „Ereignis“ als Signal empfangen (erkannt oder aufgefaßt) wird?

[1] Vgl. dazu etwa die Beiträge über „Parawissenschaft“ in dem reizvollen Buche „The scientist speculates“, ed. by I. J. GOOD, London 1962, speziell die Beiträge Nr. 41 (von ALAN J. MAYNE) und 43 (von A. S. PARKER) (deutsch jetzt als „Phantasie in der Wissenschaft“, Düsseldorf, Wien 1965).

Die Antwort folgt ebenfalls aus dem Bisherigen: Ein Signal ist eine räumliche oder zeitliche Folge von Zeichen, wobei diese Folge ein Ganzes, ein *Zeichenmuster* ist. Was aber ist ein Muster (pattern)? W. Grey Walter definiert das Muster ,,als irgendeine Folge von Ereignissen in der Zeit oder irgendeine Reihe von Gegenständen im Raum, die sich von einer anderen Folge oder einer anderen Reihe unterscheidet oder mit ihr verglichen werden kann. Das erste bedeutungsvolle Merkmal eines Musters besteht darin, daß man sich seiner erinnern und es mit einem anderen Muster vergleichen kann. Dadurch unterscheidet es sich von regellosen Ereignissen oder vom Chaos"[1]. Das ist sehr allgemein, aber das Signal als ein Zeichenmuster fügt sich dieser Definition: die Folge der Ereignisse oder die Reihe der Gegenstände unterliegt einer gewissen Regelmäßigkeit oder unterliegt gar bestimmten Regeln, die sie als ,,Muster" kenntlich machen. Die besondere Art von Regelmäßigkeiten oder Regeln, die irgendein Muster zu einem Zeichenmuster und damit zu einem Signal machen, ist durch ein Ordnungsprinzip bestimmt, das wir einen *Code* nennen. Wir können somit sagen:

Wir fassen eine Folge von Ereignissen oder eine Reihe von Gegenständen als ein Signal auf, wenn die Folge bzw. die Reihe durch einen Code geordnet erscheinen.

2. Damit ist eine Beziehung zwischen der *Information* und einer *Ordnung* auf der syntaktischen Ebene gewonnen. Ein räumliches oder zeitliches *Schema* – dieser Begriff möge ,,Folge" und ,,Reihe" umfassen — kann nur Information übermitteln, wenn es in einer bestimmten Weise geordnet ist.

Von dieser Feststellung können wir nun in verschiedenen Richtungen weitergehen. Wir können etwa sagen:

Ist ein Zeichenschema geordnet, so ist sein Auftreten weniger wahrscheinlich als das eines zufälligen Zeichenschemas. Norbert Wiener sagt einmal: ,,Je wahrscheinlicher ein Schematyp ist, um so weniger Ordnung enthält er, denn Ordnung ist ihrem Wesen nach ein Mangel an Zufälligkeit"[2], und an anderer Stelle: ,,Daher muß Information, welche Definition und welches Maß wir auch für sie einführen, immer etwas sein, das zunimmt, wenn die apriori angenommene Wahrscheinlichkeit eines Schemas oder einer Zeitreihe abnimmt"[3]. Damit ist die viel diskutierte Beziehung der ,,Information" zum sogen. II. Hauptsatz der Thermodynamik und zum Begriff der *Entropie* gewonnen:

Während der I. Hauptsatz dem Gesetz von der Erhaltung der Energie in einem geschlossenen System entspricht — Energie kann nicht entstehen oder vergehen, sie kann nur von einer Energieform, z. B. Bewegungsenergie (kinetische Energie), in eine andere Form, z. B. Wärmeenergie, umgewandelt werden — spricht der II. Hauptsatz von diesen Umwandlungen selbst und stellt fest: man kann alle Energieformen völlig in Wärmeenergie umwandeln, nicht aber umgekehrt; hierbei bleibt stets etwas Wärmeenergie übrig. Wärme aber ist nach der kinetischen Wärmetheorie ein ungeordneter, nur statistisch erfaßbarer Bewegungszustand der Partikel (Atome, Molekeln usw.) eines Körpers. Wenn bei allen Umwandlungen von Wärme in andere

---

[1] W. Grey Walter: Das lebende Gehirn, S. 80f.
[2] N. Wiener: Mensch und Menschmaschine. S. 32.
[3] a. a. O. S. 18.

Energieformen stets Wärmeenergie übrig bleibt, muß sich in einem geschlossenen System allmählich die Gesamtmenge an Wärmeenergie ständig erhöhen — man spricht wohl von einem „Wärmetod des Systems", wenn schließlich nur noch Wärmeenergie vorhanden ist. Und das bedeutet: das System strebt von selbst einem ungeordneteren Zustande zu, also einem Zustande, der wahrscheinlicher ist als der augenblickliche. Das Maß dieser sogen. „thermodynamischen Wahrscheinlichkeit" ist die *Entropie*. Da das System von selbst stets dem wahrscheinlicheren Zustande zustrebt, nimmt die Entropie eines Systems immer zu[1].

Es ist also ein allgemeines, übrigens auch aus der alltäglichen Erfahrung bekanntes, Prinzip der Natur: Unordnung ist wahrscheinlicher als Ordnung, die Unordnung nimmt von allein zu. Das gilt nun, worauf SHANNON und WIENER besonderen Wert legen, auch für die Übertragung von Signalen, und es äußert sich darin, „daß eine Nachricht ihre Ordnung während des Aktes der Übertragung wohl von selbst verlieren, aber nicht gewinnen kann" (N. WIENER[2]). Da Information nun auf Ordnung beruht, so kann ein Maß der Ordnung — etwa einer Zeichenfolge — geradezu zu einem Maß der Information werden. Andererseits ist die Entropie ein Maß der Unordnung bzw. einer stets zunehmenden Unordnung. Das Negative der Entropie, die sog. *Negentropie*, kann dann als ein Maß der Ordnung, und zwar einer ständig abnehmenden Ordnung angesehen werden.

3. Es ist nur eine andere Seite desselben Gedankenganges, wenn man folgert: das Unwahrscheinliche ist auch das *Seltene*, es ist zugleich das, dessen Erscheinen man nicht erwartet, also das *Unerwartete*. Tritt es doch ein, so ist sein Erscheinen überraschend, es ist das *Überraschende*. In diesem Zusammenhang formuliert CHERRY: „Die Signale müssen wenigstens einen gewissen Überraschungswert besitzen, sie müssen zu einem gewissen Teil unerwartet sein"[3], denn das Erwartete enthält keine Information, weder im alltäglichen noch im strengen Sinne des Begriffes[4].

Dies gibt uns nun die Möglichkeit, den Begriff Information auch auf die einzelnen Zeichen eines Signales zu übertragen. Beim Aufnehmen einer Buchstabenfolge, z. B. beim Lesen eines gedruckten oder geschriebenen Signals – denn auch die Buchstabenreihen eines gedruckten Textes werden ja beim Lesen als Folge aufgenommen — lesen wir nicht jeden Buchstaben, sondern „erraten" auf Grund des Wortanfangs meist schon das Folgende. Das Übersehen von Druckfehlern wird dadurch verständlich, daß wir – etwas übertrieben gesagt – gar nicht das lesen, was dort steht, sondern das, was wir erwarten. Diese Erwartung wird durch gewisse Anhaltspunkte im Text hervorgerufen, und wir springen gleichsam über die Zeilen vom einen zum nächsten Anhaltspunkt. Gelegentlich aber müssen wir umkehren und noch einmal

[1] Eine sehr verständliche Darstellung des II. Hauptsatzes und der Bedeutung der Entropie für die Naturwissenschaften findet der Leser in C. F. v. WEIZSÄCKER: Die Geschichte der Natur, 1. Aufl. 1948 (seitdem mehrere neue Auflagen), im Kapitel: „Die zeitliche Struktur des Kosmos".

[2] N. WIENER: a. a. O. S. 19.

[3] COLIN CHERRY: Kommunikationsforschung, S. 27.

[4] KÜPFMÜLLER definierte in seinem Vortrag auf der Naturforscher- und Ärzte-Versammlung sogar: „Eine Nachricht ist eine unvorhersehbare Folge von Ereignissen".

lesen, weil unsere Erwartung uns in die Irre geführt hat. Wir haben jetzt tatsächlich „gelesen", was gar nicht dort stand. Der Text enthielt also etwas Unerwartetes, uns Überraschendes, wie wir jetzt finden, und dieses Unerwartete, das wir nicht erraten konnten, bedeutet für uns dann eine Information, nämlich die Mitteilung von etwas Neuem.

Auf die einzelnen Zeichen bezogen, besagt dies: „Erwarten" werde ich, und „erraten" kann ich somit die Zeichen mit der größten Auftretens- und Folgewahrscheinlichkeit – wir stoßen hier wieder auf den Begriff der „wahrscheinlichen Buchstabenfolgen" – „überrascht" werde ich sein, wenn in einer Folge ein an dieser Stelle nichtwahrscheinliches oder ein seltenes Zeichen auftritt. Dieses konnte ich nicht erwarten, konnte es daher auch kaum erraten – sein Auftreten verändert das Signal so, daß anstelle des Erwarteten etwas Neues, mich Informierendes erscheint. So kommt man zu der Feststellung, daß Zeichen oder Nachrichten „mit einer hohen Auftretenswahrscheinlichkeit wenig Information" enthalten (CHERRY)[1], und daß man den Informationsgehalt einer Nachricht durch die „statistische Seltenheit der Zeichen" ausdrücken kann.[2]

4. Die soeben gefundenen Kennzeichen der Information haben uns nun etwas wesentlich Neues gebracht. Wir sind unversehens aus der bisher noch immer wesentlich subjektiv bestimmten Information in den Bereich objektiver Bestimmungen gelangt. Information, die Nichtwissen beseitigt, Entscheidungen ermöglicht usw., hängt immer vom jeweiligen Zustand des jeweiligen Empfängers ab. So ist es möglich, daß dieselbe Nachricht für verschiedene Empfänger viel, wenig oder gar keine Information enthalten kann. Die Ordnung einer Zeichenfolge aber ist ein objektives, vom jeweiligen Empfänger unabhängiges Bestimmungsmerkmal, und dasselbe gilt für die Auftretens- und Folgewahrscheinlichkeit der Zeichen eines Signals, die ein „Erwarten" oder „Erraten" des folgenden Zeichens auf Grund der schon empfangenen Zeichen ermöglichen. Das Erraten ist hier ein begründetes Voraussagen-können, dessen Trefferwahrscheinlichkeit berechnet werden kann.

Betrachten wir abschließend noch einmal die Informationsquelle, den Sender eines Signals. Jedes Zeichen des Signals, das er zusammenstellt, ist eine *Auswahl* aus den Zeichen des Alphabets des betreffenden Codes; und das Signal selbst ist eine Auswahl aus den vom Code „erlaubten" Zeichenkombinationen. Anders gesagt: das Alphabet enthält sozusagen alle möglichen Signale, unter diesen muß ich das eine, das ich senden will, auswählen. Stellen wir uns vor, diese „Auswahl" wäre eine reale Auswahl unter „allen möglichen Signalen", die bereits fertig vorliegen – so kommen wir zur „Universalbibliothek" (s. S. 58 und weiter unten S. 83). Die Lage ist nun für den Sender entsprechend wie oben beim Erwarten und Erraten durch den Empfänger. Bleiben wir in der syntaktischen Dimension, so ist die Wahl der Zeichen und ihrer Kombination durch die Auftretens- und Folgewahrscheinlichkeit der Zeichen in den erlaubten Kombinationen bestimmt; erst in der semantischen Dimension bestimmen dann Bedeutung der Zeichen und Sinn der Sätze die Auswahl.

---

[1] a. a. O. S. 56.

[2] CHERRY: a. a. O. S. 225.

Gewiß ist diese entscheidend, aber es ist eben das Wesen der Sprache, daß die „semantische" Auswahl durch die „syntaktische" bedingt ist, daß wir also nicht Sätze mit bestimmtem Sinn „auswählen", d. h. bilden können, wenn wir nicht gelernt haben, überhaupt Sätze zu bilden. Da wir die Sprache „beherrschen", wenden wir die syntaktischen Auswahlregeln automatisch an und können uns ganz auf die semantischen konzentrieren. Anders ist dies bei einem künstlichen Code, bei dem wir auch die syntaktischen Auswahlregeln bewußt anwenden müssen, um damit zugleich der Kombination durch semantische Auswahl den gewünschten Sinn geben zu können. Noch anders ist es dann bei der technischen Nachrichtenübertragung mittels eines Codes, bei der „the semantic aspects" tatsächlich „irrelevant" sind.

5. Mit alledem haben wir den Begriff „Information" natürlich nicht definiert; wir haben den Komplex gleichsam nur von verschiedenen Seiten angeleuchtet, um charakteristische Merkmale an ihm sichtbar zu machen. Man ist heute geneigt, die „Information" als eine neue dritte Grundgröße neben Materie und Energie anzusehen (vgl. S. 17). Derartige Grundgrößen lassen sich aber nur unter bestimmten wissenschaftlichen Fragestellungen definieren. Eine solche Fragestellung ist: ob man Information „messen", ob man also verschiedene Informationen zahlenmäßig miteinander vergleichen kann. Ein solches „Maß" der Information liefert uns die syntaktische Informationstheorie.

Bevor wir darauf eingehen können, müssen wir uns noch genauer mit dem Begriff des *Codes* und weiterhin mit dem Codieren von Signalen beschäftigen, denn die Information, die ein Signal überträgt, ist auch vom Code abhängig, in dem das Signal formuliert ist. Das mag überraschen, denn man sollte annehmen, daß der Informationsgehalt einer Nachricht immer der gleiche sein müßte, ob die Nachricht nun gesprochen oder geschrieben, telegrafiert oder telefoniert, oder auf andere Weise übertragen wird. Aber diese Annahme basiert noch allzusehr auf dem „Alltagsbegriff" der Information und berücksichtigt nicht, daß wir uns hier in der syntaktischen Dimension bewegen.

2.3. Code und Codierung

2.3.1. Die Kombination der Zeichen

2.3.1.1. *Das Dualsystem*

1. Der Code mit dem kleinstmöglichen Alphabet ist der *Binär-Code*, der nur zwei verschiedene Elementarzeichen besitzt, etwa 0 und 1. Die Frage ist berechtigt, ob ein solcher Code praktische Bedeutung hat, ob man also die unendliche Fülle möglicher Signale durch Kombination von nur zwei Zeichen erhalten kann. Wir benötigen doch schon zum Schreiben der unendlich vielen Zahlen 10 Zeichen – und auch das ist nur mit Hilfe des Stellensystems möglich.

Gerade der Hinweis auf die Zahlen zeigt aber, wie ergiebig ein Binär-Code ist, denn tatsächlich läßt sich jede noch so große Zahl mit Hilfe nur dieser beiden Zeichen 0 und 1 schreiben. Schon LEIBNIZ hat das *Dualsystem* der Zahlen und seine Rechenregeln aufgestellt. Wir müssen uns mit diesem System etwas näher beschäftigen, nicht nur, weil es ein gutes Beispiel für einen Binär-Code ist, sondern weil wir die Rechenregeln später für das Codieren brauchen.

Die Zahl 6412 sprechen wir: sechstausend vierhundert zwölf. Die Sprache gibt den Aufbau der Zahl genau wieder: $6 \cdot 1000 + 4 \cdot 100 + 12$, was wir, da $1000 = 10 \cdot 10 \cdot 10 = 10^3$, allgemein $10 \cdot 10 \cdot 10 \cdot 10 \cdot \ldots$ n-mal $= 10^n$ ist, auch so schreiben können: $6412 = 6 \cdot 10^3 + 4 \cdot 10^2 + 1 \cdot 10^1 + 2 \cdot 10^0$ (a^0 ist für jeden Wert von $a = 1$). Das ist nur die exakte Wiedergabe des Stellenwertsystems: die vierte Stelle von rechts bedeutet die Tausender, die dritte die Hunderter usf. Fehlen etwa die Zehner, so kommt an diese Stelle eine 0.

Ausführlich:

$$6402 = 6 \cdot 10^3 + 4 \cdot 10^2 + 0 \cdot 10^1 + 2 \cdot 10^0.$$

Die „Stellen" bedeuten also, von rechts nach links gelesen, die aufeinanderfolgenden Potenzen der Grundzahl des Zahlensystems; beim *Dezimalsystem* unserer alltäglichen Zahlenschreibweise die Potenzen von 10. Die Wahl der Zahl 10 als Grundzahl mag oder mag nicht natürlich bedingt sein – z. B. durch die zehn Finger, an denen man abzählte –, als Wahl ist sie durch Konvention bedingt. Es gibt keinen Grund, nicht eine andere Grundzahl, z. B. 12 zu wählen, und ein *Duodezimalsystem* zu schaffen mit den „Ziffern":

1, 2, 3, 4, 5, 6, 7, 8, 9, x, y und der 0,

wobei x den Wert „10" und y den Wert „11" hat. wollen wir unsere Zahl 6412 im Duodezimalsystem schreiben, so müssen wir ansetzen:

$$(6412)_{10} = a_n \cdot 12^n + a_{n-1} \cdot 12^{n-1} + a_{n-2} \cdot 12^{n-2} + \ldots\ldots + a_0 \cdot 12^0,$$

und müssen dann die Faktoren a_n geeignet bestimmen.

Wie geschieht das?

Das größte n, für das 12^n kleiner ist als 6412, ist $n = 3$, da $12^3 = 1728$ ($12^4 = 20736$ ist schon zu groß). Und der größte Faktor, der mit 12^3 multipliziert ein Produkt ergibt, das kleiner ist als 6412, ist $a_n = 3$.

Wir erhalten somit zunächst:

$$(6412)_{10} = 3 \cdot 12^3 + a_2 \cdot 12^2 + a_1 \cdot 12^1 + a_0 \cdot 12^0.$$

Die Rechnung verläuft jetzt einfach so, daß wir $3 \cdot 12^3$ von 6412 abziehen, die Differenz durch 12^2 dividieren – das ergibt a_2 usw.:

$$\begin{array}{rrl}
 & 6412 & : (12^3 = 1728) \text{ ergibt } 3; \text{ also } a_3 = 3 \\
-3 \cdot 12^3 = & \underline{5184} & \\
 & 1228 & : (12^2 = 144) \text{ ergibt } 8; \text{ also } a_2 = 8 \\
-8 \cdot 12^2 = & \underline{1152} & \\
 & 76 & : (12^1 = 12) \text{ ergibt } 6; \text{ also } a_1 = 6 \\
-6 \cdot 12^1 = & \underline{72} & \\
 & 4 & : (12^0 = 1) \text{ ergibt } 4; \text{ also } a_0 = 4
\end{array}$$

und wir erhalten:

$$(6412)_{10} = 3 \cdot 12^3 + 8 \cdot 12^2 + 6 \cdot 12^1 + 4 \cdot 12^0 = (3864)_{12}$$

im Duodezimalsystem geschrieben. Die Zahl 6707 würde, was der Leser nachprüfen möge, im Duodezimalsystem so geschrieben werden:

$$(6707)_{10} = 3 \cdot 12^3 + (10) \cdot 12^2 + 6 \cdot 12^1 + (11) \cdot 12^0 = (3x\,6y)_{12}.$$

In jedem Zahlensystem werden die Grundzahl und ihre Potenzen als 10, $10^2 = 100$, $10^3 = 1000$ usw. geschrieben. Im Dezimalsystem mit neun Ziffern und einer 0 ist die Grundzahl die Zahl „10", im Duodezimalsystem mit elf Ziffern und einer 0 die Zahl $(12)_{10}$.

Es entsprechen daher:

$$(12)_{10} \div (10)_{12};\ (144 = 12^2)_{10} \div (100)_{12};\ (1728 = 12^3) \div (1000)_{12},\ \text{usw.}$$

Statt 12 können wir auch jede andere Zahl als Grundzahl wählen, wobei sich als selbstverständlich ergibt: Je größer die Grundzahl, desto „kleiner" die Zahl. Ist, wie bei den alten Babyloniern bzw. Sumerern, etwa 60 die Grundzahl des Systems, so fänden wir:

$$(6412)_{10} = 1 \cdot 60^2 + (46) \cdot 60^1 + (52) \cdot 60^0,$$

also nur eine dreistellige Zahl, z. B. $(1\alpha\beta)_{60}$, wenn $46 = \alpha$ und $52 = \beta$ gesetzt wird.

Und nun der Schritt zum *Dualsystem* mit der Grundzahl 2. Der Ansatz folgt aus dem obigen:

$$(6412)_{10} = a_n \cdot 2^n + a_{n-1} \cdot 2^{n-1} + a_{n-2} \cdot 2^{n-2} + \ldots + a_0 \cdot 2^0.$$

Auch die Rechenschritte sind die gleichen: wir dividieren zunächst 6412 durch die hier höchstmögliche Potenz von 2, das ist $2^{12} = 4096$, gibt 1. 6412 – 4096 ergibt 2316, das läßt sich durch $2^{11} = 2048$ dividieren – gibt wieder 1. Die dann folgende Differenz 268 läßt sich durch 2^8 dividieren usf. Gibt man allen nicht vorkommenden Potenzen von 2 den Faktor 0, so entsteht als duale Schreibweise von 6412:

$$(6412)_{10} = (1100100001100)_2.$$

Wieder halten wir als Entsprechungen fest:

$$(2)_{10} \div (10)_2;\ (4 = 2^2)_{10} \div (100)_2;\ (8 = 2^3)_{10} \div (1000)_2\ \text{usf.}$$

Speziell ist z. B.:

$$(3)_{10} \div (11)_2;\ (5)_{10} \div (101)_2;\ (6)_{10} \div (110)_2\ \text{usw.}$$

Man sieht leicht, daß sich auf diese Weise jede noch so große Zahl aus dem Dezimalsystem in das Dualsystem übertragen läßt, nur werden die Zahlen bald unangenehm lang. Doch hat das Dualsystem trotz dieses Mangels große technische Bedeutung, da wir für eine elektrische Übertragung der Zahlen eben nur zwei Zeichen: „Stromstoß" und „Pause" (kein Stromstoß) benötigen und die Länge der Zahlen durch die Schnelligkeit der Übertragung bewältigt werden kann.

2.3.1.2. *Anzahl der Kombinationen*

Wir haben bisher immer recht vage und allgemein von „unendlich" vielen Zahlen und Nachrichten gesprochen. Da wir es aber im allgemeinen nicht mit unendlich vielen, sondern mit sehr vielen, vielleicht mit außerordentlich vielen Zahlen und Nachrichten zu tun haben, wollen wir hier bescheidener sein und unser „unendlich" für den praktischen Gebrauch etwas genauer fassen. Wenn wir also fragen, ob es möglich ist, durch Kombination von nur zwei Zeichen im Binär-Code unendlich viele Signale zu gewinnen, so soll „unendlich" hier heißen: beliebig viele; genauer: stellen wir uns eine Anzahl vor, so groß, wie wir immer nur wollen, so ist die Anzahl möglicher Signale immer noch größer. Können wir also mit nur zwei Zeichen „beliebig viele" Signale bilden? Um diese Frage beantworten zu können, müssen wir wissen, wieviele Kombinationen mit zwei Zeichen möglich sind.

1. Permutationen

Gegeben seien allgemein n Zeichen, etwa Buchstaben, Zahlen, Striche und dgl. Auf wieviele Arten kann man diese n Zeichen anordnen, wenn in jeder Anordnung alle Zeichen vorkommen sollen? Ein schon in der Schule gerechnetes beliebtes Beispiel ist: zu einem Essen an einem runden Tisch sind sechs Personen geladen; wieviele Sitzordnungen gibt es für diese sechs Personen?

Man nennt Anordnungen von n Elementen, bei denen in jeder Anordnung alle n Elemente vorkommen, *Permutationen*. Die Frage lautet also allgemein: Wieviele Permutationen (P_n) gibt es von n Elementen?

Für $n = 1$ gibt es nur eine Möglichkeit:

$$P_1 = 1 = 1.$$

Für $n = 2$ gibt es zwei Möglichkeiten, nämlich:

$$1,2 \text{ und } 2,1 \; - \text{ also: } P_2 = 2 = 1 \cdot 2.$$

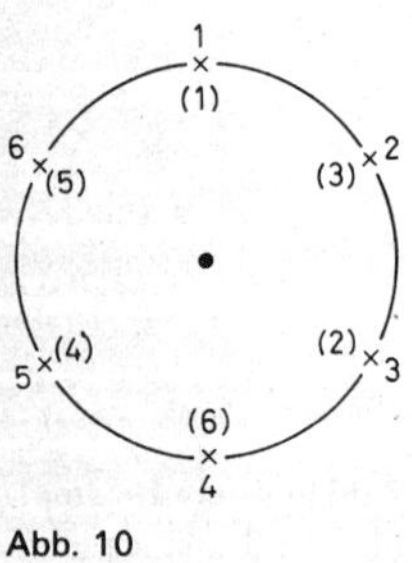

Abb. 10

Für $n = 3$ gibt es sechs Möglichkeiten, nämlich:

1,2,3 2,1,3 3,1,2

1,3,2 2,3,1 3,2,1 also: $P_3 = 6 = 1 \cdot 2 \cdot 3$.

Haben wir jetzt $n = 4$ Elemente, so können wir schließen: Bei jeder der sechs Permutationen von drei Elementen kann die hinzutretende 4 an (jetzt) vierter, an dritter, an zweiter und an erster Stelle stehen – das ergibt viermal soviel Permutationen von vier Elementen wie von drei Elementen, und fünfmal soviel P_5

wie P_4, allgemein n mal soviel P_n wie P_{n-1}. Daraus folgt die allgemeine Formel für die Anzahl der Permutationen von n Elementen:

$$P_n = 1 \cdot 2 \cdot 3 \cdot 4 \cdot 5 \cdot 6 \cdot \ldots\ldots (n-1) \cdot n = n! \text{ (gelesen: } n \text{ Fakultät).}$$

Für unsere sechs Personen gibt es somit $6! = 1 \cdot 2 \cdot 3 \cdot 4 \cdot 5 \cdot 6 = 720$ Sitzanordnungen.

2. Kombinationen

Wichtiger als die Permutationen sind für uns die *Kombinationen*, d. h. Anordnungen von n Elementen zu Gruppen von m Elementen, bei denen nicht alle Elemente in einer Gruppe vorkommen. Bei einem sprachlichen Alphabet von z. B. 26 Zeichen finden wir ja kein einziges Wort, in dem alle 26 Zeichen auftreten, so daß uns die Angabe, es gäbe 26! Permutationen dieser 26 Zeichen, für unsere Fragestellung nicht viel nützt. Wir werden auch kaum jemals ein Signal finden, das aus einer Permutation der 26 Zeichen besteht.

Wie groß ist also die Anzahl der Kombinationen von 26 Zeichen zu Gruppen von – ja, wie groß sollen die Gruppen nun sein? Jeder Blick in ein Wörterbuch belehrt uns, daß die Wörter der Sprachen sehr verschieden lang sind. Wir finden Einergruppen, im Deutschen etwa o (vgl. „o Mensch"), im Englischen a (= ein); Zweiergruppen wie ab, an, da, na, usw., Dreier-, Vierergruppen bis zu Wörtern, die 20 und mehr Buchstaben enthalten (z. B. Luftverkehrsgesellschaft). Wir könnten versuchen, aus einem Wörterbuch alle vorkommenden Wörter nach solchen Gruppen zu ordnen und abzuzählen[1], doch fänden wir dann gewiß nicht alle Wörter, zumal ja neue Begriffe oft neue Wörter benötigen, und auch der Sprachgebrauch ständig neue Wörter hervorbringt. Wir können auch mathematisch vorgehen, erhalten dann aber zuviel Kombinationen, da ja, wie schon mehrfach betont, bei weitem nicht alle Buchstabenkombinationen Wörter sind. Dennoch empfiehlt sich hier der mathematische Weg, da wir dann jedenfalls sicher sein können, auch alle künftig auftretenden Wörter mit zu erfassen. Wir erhalten durch die Angabe der mathematisch, d. h. überhaupt möglichen Kombinationen (K_m) eine obere Grenze für die Anzahl der sprachlich möglichen Kombinationen (K_{sp}) – und das gilt für jeden Code, nicht nur für den Primär-Code.

Eins ist gewiß: Die Anzahl der K_m ist außerordentlich groß, sie ist sicherlich auch sehr viel größer als die der K_{sp}. Wählen wir z. B. beliebig vier Elemente aus, etwa die Buchstaben a, h, l und m, so können durch Permutation daraus 24 Vierergruppen gebildet werden, von denen aber nur drei Wörter sind, nämlich „mahl", „lahm" und „halm". Lassen wir zu, daß ein oder mehrere Elemente mehrmals in einer Gruppe auftreten, so erhöht sich die Anzahl der Vierergruppen erheblich, die der „Wörter" nur wenig, z. B. alma, lamm, hall, hamm, lama ... usf.

Wir stellen das Problem zunächst allgemein und lösen es dann schrittweise:

[1] Bei GUILBAUD: What is Cybernetics? S. 71, finden wir einige Beispiele für die französische Sprache: ca. 3000 Wörter mit vier Buchstaben, etwa 7000 mit fünf Buchstaben und rund 10000 mit sechs Buchstaben.

Gegeben seien n Elemente, die zu Gruppen von $m = 1, 2, 3, 4, \ldots$ Elementen kombiniert werden sollen. Wie groß ist die Anzahl möglicher Kombinationen, wenn innerhalb einer Gruppe Elemente mehrmals auftreten können und alle Permutationen innerhalb der Gruppe zählen? Man nennt dies „Kombinationen mit Wiederholung unter Berücksichtigung der Anordnung".

Ist $m = 1$ (Einergruppe), so ist die Anzahl der Kombinationen $K_n^1 = n$, d. h. jedes Element zählt als eigene Kombination.

Ist $m = 2$ (Zweiergruppen), so ist die Anzahl der Kombinationen $K_n^2 = n^2$. Man schreibt jedes der n Elemente hin und fügt an jedes die n Einergruppen an. Die Gesamtzahl ist dann $n \cdot n = n^2$.

Ist $m = 3$ (Dreiergruppen), dann ist $K_n^3 = n^3$. Wieder schreibt man jedes der n Elemente hin und fügt daran die n^2 Zweiergruppen. Das ergibt als Gesamtzahl $n \cdot n^2 = n^3$.

Nur einige Beispiele zur Erläuterung:

a) $n = 2$, $m = 2$: Zweiergruppen aus zwei Elementen, z. B. aus a und b.
*a*a, *a*b und *b*a, *b*b. Anzahl: $K_2^2 = 4 = 2^2$.

b) $n = 2$, $m = 3$: Dreiergruppen aus zwei Elementen, z. B. aus a und b:
*a*aa, *a*ab, *a*ba, *a*bb und *b*aa, *b*ab, *b*ba, *b*bb. Anzahl: $K_2^3 = 8 = 2^3$.

c) $n = 3$, $m = 2$: Zweiergruppen aus drei Elementen, z. B. aus a, b und c:
*a*a, *a*b, *a*c – *b*a, *b*b, *b*c – *c*a, *c*b, *c*c. Anzahl: $K_3^2 = 9 = 3^2$.

Allgemein: Ist n die Anzahl vorhandener Elemente und m die Anzahl der Elemente in einer Kombination, so ist die Anzahl möglicher Kombinationen der n Elemente zu m – Gruppen mit Wiederholung und unter Berücksichtigung der Anordnung:

$$K_n^m = n^m.$$

Im Alphabet der deutschen Sprache gibt es 26 Zeichen, also ist $n = 26$; und es gibt Wörter mit 1, 2, 3, 4 ... bis 20 und mehr – sagen wir: $20 + r$ Buchstaben. Dann ist die Gesamtheit aller möglichen Kombinationen der 26 Zeichen zu (möglichen und unmöglichen) Wörtern gleich der Summe ($\sum$ ist das Summenzeichen) der Anzahl der Einergruppen, der Zweiergruppen, der Dreiergruppen usw. bis zu den Zwanzigergruppen und allgemein bis zu den $20 + r$-Gruppen. Das kann man kurz so schreiben, daß man unter das Summenzeichen den Wert setzt, mit dem m beginnt, und darüber den Wert, bei dem die Reihe der m endet:

$$\sum_{m=1}^{20+r} K_{26}^m = K_{26}^1 + K_{26}^2 + K_{26}^3 + \cdots + K_{26}^{20} + \cdots + K_{26}^{20+r} = \sum_{m=1}^{20+r} 26^m$$

Wir können auf diese Weise aber nicht nur die Möglichkeiten der Kombinationen von Buchstaben zu Wörtern, sondern auch von Wörtern zu Sätzen, ja zu ganzen Texten und Büchern erfassen, indem wir den Zwischenraum zwischen zwei Wörtern als ein neues, 27. Zeichen einführen (die „Leertaste" auf der Schreibmaschine). Dann ist z. B. der Satz: „rufe mich morgen an" eine Kombination der Gruppe $m = 19$ (16 Buchstaben und 3 Zwischenräume). Eine obere Grenze für m gibt es jetzt nicht mehr, m kann vielmehr beliebig groß sein, z. B. mehrere Millionen, wenn es sich um ein umfangreiches Buch handelt. Als Gesamtzahl möglicher Kombinationen der 27 Zeichen zur Gruppe m ergibt sich dann einfach — da wir ja jetzt keine „Wörter" mehr unterscheiden müssen, sondern fortlaufend alle Zeichen zur Gruppe m = beliebig groß kombinieren:

$$K_{27}^{m} = 27^{m} = (3^3)^m = 3^{3m}$$

Unser Beispielsatz ist dann eine der $3^{3 \cdot 19} = 3^{57} = 1{,}57 \cdot 10^{27}$ möglichen Kombinationen K_{27}^{19}.

2.3.1.3. *Die Universalbibliothek*

Noch einmal drängt sich jetzt die Frage auf: kann man durch zufällige Kombination von Zeichen oder Buchstaben sinnvolle Texte, also etwa „einen Vers des ENNIUS" herstellen? Überdenken wir das soeben Gesagte, so werden wir geneigt sein, diese Frage jetzt zu bejahen — vorausgesetzt, daß der Zufall lange genug am Werke sein kann, um sozusagen die Möglichkeiten zu erschöpfen. Um das deutlicher zu machen, wollen wir dem Zufall etwas helfen, d. h. wir wollen eine Maschine einsetzen, die blind und rein mechanisch und systematisch alle möglichen Kombinationen der Buchstaben zur Klasse m herstellt. Alle — sie soll keine einzige auslassen!

Wie groß aber soll m sein? Prinzipiell: beliebig groß. Aber wir wollen doch etwas anschaulicher bleiben und machen im Anschluß an LASSWITZ folgende zusätzliche Annahme[1]: wir wollen ja wissen, ob bei diesem Verfahren Texte und eventuell ganze Bücher entstehen können, z. B. auch Bücher über bestimmte Themen, Wissensgebiete usw. Nun kann man, so etwa formulierte LASSWITZ, über einen Gegenstand, ein wissenschaftliches Problem, ein menschliches Leben usw. sicherlich Wesentliches aussagen in einem Buch von 500 Seiten. Auch die meisten Werke der Weltliteratur fügen sich diesem Umfange – wir können sonst auch mehrbändige Werke des gleichen Umfangs zulassen. Rechnen wir nun eine Seite eines solchen Buches zu 40 Zeilen und jede Zeile zu 60 Zeichen (= „Anschlägen" bei der Schreibmaschine), so enthält ein solcher Band:

$$60 \cdot 40 \cdot 500 = 1\,200\,000 \text{ Zeichen.}$$

Das sei unser Wert für m: wir wollen also, daß die Maschine die Zeichen des Primär-Codes zur Gruppe oder Klasse $m = 1{,}2$ Millionen kombiniert.

Auch die Anzahl der verwendeten Zeichen wollen wir etwas verändern: wir wollen annehmen, das Alphabet umfasse 32 Zeichen, nämlich die 26 Buchstaben, den Zwischenraum und die Satzzeichen: Punkt, Komma, Ausrufungs- und Fragezeichen und den Gedankenstrich (Kolon und Semikolon lassen wir der Einfachheit halber fort).

Dann lautet jetzt die Aufgabe: Die Maschine soll systematisch alle überhaupt möglichen Kombinationen der $n = 32$ Elemente zur Klasse $m = 1{,}2$ Millionen bilden. Jede der so gewonnenen Kombinationen wird dann für sich in einen Band

---

[1] Die Originalarbeit von LASSWITZ ist mir leider nicht auffindbar, ich muß daher den Gedankengang aus dem Gedächtnis etwas frei rekonstruieren.

gebunden. Und unsere erste Frage ist: Wieviele Bände enthält die so rein „mechanisch“ entstandene Bibliothek?

Gesucht ist also: $K_{32}^{1200000}$, und dies ist $= 32^{1200000} = (2^5)^{1200000} = 2^{6000000}$.

Also die 2 sechsmillionenmal als Faktor gesetzt, ergibt die Anzahl der B ä n d e. Diese Zahl können wir noch umformen, wenn wir die Gleichung lösen:

$$2^{6000000} = 10^x,$$

da wir ja in unserem Dezimalsystem große Zahlen am liebsten in Potenzen von 10 wiedergeben. Die Lösung der Gleichung gelingt auf logarithmischem Wege[1], denn es ist

$$6000000 \cdot lg\,2 = x \cdot lg\,10 = x \cdot 1 = x.$$

Da $lg\,2 = 0{,}30103$ (auf 5 Stellen abgekürzt), ist $x \approx 1{,}8$ Millionen. Somit ist die Anzahl der Bände der Universalbibliothek ungefähr:

$$K_{32}^{1200000} = 10^{1800000};$$

das ist eine 1 mit 1,8 Millionen Nullen (1 Billion ist eine 1 mit 12, eine Trillion eine 1 mit 18 Nullen[2]).

Die zweite Frage ist: Was ist in dieser Bibliothek, in diesen $10^{1800000}$ Bänden enthalten?

Die Antwort lautet äußerst kurz: Alles!

Unsere Bibliothek enthält alle überhaupt möglichen Kombinationen der 32 Elemente zur Klasse 1,2 Millionen. Wir finden daher in ihr sämtliche Werke der philosophischen, naturwissenschaftlichen, historischen, wirtschaftlichen, politischen, religiösen, aber auch der dichterischen und der Unterhaltungsliteratur — eben alles, was sich sprachlich durch die 32 Zeichen ausdrücken läßt. Überschreitet ein Werk dabei den Umfang von 500 Seiten, so ist ein zweiter oder dritter Band desselben Werkes ja auch eine der $10^{1800000}$ möglichen Kombinationen, ist also auch in der Bibliothek enthalten[3].

Die Bibliothek enthält aber auch alle wissenschaftlichen, literarischen usw. Werke, die in Z u k u n f t g e s c h r i e b e n werden. Sie enthält beispielsweise auch alle Zeitungen, die in den kommenden Jahren und Jahrzehnten mit aktuellen Zeitereignissen, politischen Krisen, Kriegen und dgl. erscheinen werden. Und das heißt: jede in den kommenden Generationen geschaffene Dichtung, jedes in einigen hundert Jahren gefundene Naturgesetz, jedes politische und wirtschaftliche Ereignis der Zukunft ist in dieser Bibliothek schon gedruckt niedergelegt - sie heißt daher mit Recht „Universalbibliothek“.

---

[1] Vgl. Anhang 1.

[2] Dies gilt nur für den d e u t s c h e n Sprachgebrauch! Im Englischen und im Französischen gibt es keine „Milliarde“, „Billiarde“ usw., sondern unsere Milliarde $= 10^9$ ist $= 1$ billion, unsere Billion $= 10^{12}$ ist 1 trillion usf.

[3] Das ist wegen der zwar sehr großen, aber begrenzten m = Anzahl der Zeichen in einem Bande nicht ganz korrekt. Die Zahlenangaben sollen aber nur einen Anhalt geben, prinzipiell enthält eine „Universalbibliothek“ alle überhaupt möglichen K_{32}^m (m beliebig groß).

Und dies alles durch rein mechanische Kombination, oder wie O. KRAEMER es formuliert:

„Alles überhaupt, was je im Bereich der Menschen gesagt und geschrieben werden kann, von der Steinzeit bis zum Ende des Lebens auf der Erde, alles dies, was unter Aufwand von Menschengeist zu entstehen pflegt, kann von einem geistlosen Automaten in lückenloser Vollständigkeit erzeugt werden. Die Menschheit kann sich von einer seelenlosen Maschine eine allumfassende Universalbibliothek drucken lassen. Höchste Weisheit und vollkommene Schönheit entsteht so aus einem groben menschengeschaffenen Mechanismus, der keinen Begriff vom Sinngehalt der Worte, von der künstlerischen Möglichkeit der Sprache und von den Wirkungen des Ausgesagten auf Auge, Ohr, Seele und Geist des Lesers oder Hörers hat.“[1]

CICEROS Spott und SWIFTS Ironie scheinen also gar nicht so angebracht zu sein, wie uns dies zunächst erschien. Tatsächlich hat der Professor aus Laputa einen Weg zur Universalbibliothek gefunden, und er durfte mit Recht sagen, daß er — prinzipiell — imstande sei, „a complete body of all arts and sciences“ (S. 58) mit seinem mechanischen Verfahren herzustellen. Ja, statt des Spottes und der Ironie scheint uns eher ein Grauen am Platze bei dem Gedanken, daß die Bibliothek alle zukünftigen Ereignisse enthält — bedeutet das nicht einen unausweichlichen Determinismus? Einen Determinismus, der auf eine ganz seltsame Weise begründet ist? Und folgt nicht weiterhin daraus, daß wir bloß in der Bibliothek zu suchen brauchen, um „die Zukunft zu wissen“, jedwede Zukunft, so daß wir uns alle künftige geistige Arbeit ersparen könnten, um Naturgesetze zu finden, gute Verfassungen zu schaffen, Dichtungen hervorzubringen usw.?

Dieses „Suchen“ dürfte, um das zunächst zu sagen, auch bei den Geschwindigkeiten, die unsere Maschinen heute haben oder in Zukunft erreichen werden, einigermaßen schwierig sein.

Wer Freude daran hat, sich so etwas auszurechnen, wird finden, daß der Bibliothekar dieser Bibliothek, wenn er an ihr mit Lichtgeschwindigkeit entlangfahren könnte, nach 3 Jahren erst an etwa 10^{18} Bänden vorübergekommen sein würde — die Bibliothek enthält aber $10^{1\,800\,000}$ Bände! (Lichtgeschwindigkeit: $3 \cdot 10^5$ km pro Sekunde; in einem Jahr durcheilt das Licht — ein Jahr hat etwa $3 \cdot 10^7$ Sekunden — etwa 10^{13} km. Hat ein Band eine Dicke von rund 3,3 cm, so nehmen $3 \cdot 10^4$ Bände ca. 1 km ein.)

Von einem „Suchen“ eines bestimmten Bandes in dieser Bibliothek ist also keine Rede — die Zukunft bleibt uns auch durch die Universalbibliothek „verschlossen“, falls wir nicht durch Zufall auf einen entsprechenden Band stoßen.

Aber wie sieht denn diese Bibliothek genauer betrachtet aus?

Jeder Band enthält eine der $K_{32}^{1\,200\,000}$, und das bedeutet z. B., daß zwei Bände sich nur durch einen „Druckfehler“, etwa eine Umstellung zweier Zeichen unterscheiden können — und das gilt für Millionen Bände. Der erste Band enthält von

[1] OTTO KRAEMER: „Automat und Mensch“, Universitas **13**, 512 (1958).

Anfang bis Ende nichts, nur 1,2 Millionen „Zwischenräume", also Anschläge der Leertaste. Auch dies ist ja eine der Kombinationen. Dann folgen vielleicht 1,2 Millionen Bände, in denen neben 1199999 Zwischenräumen ein a durch alle 1,2 Millionen Stellen wandert, und so für alle anderen Zeichen. Dann folgen wieder Millionen Bände, in denen zwei Buchstaben, also die n^2 Zweiergruppen, mit Zwischenräumen kombiniert sind usw., usw.

Schließlich entstehen auch Textbände, deren 500 Seiten sozusagen normal bedruckt sind. Aber wie sehen diese aus? Da beginnt etwa ein Band mit der „Kritik der reinen Vernunft", es folgt ein Stück aus einem Kochbuch, etwas aus dem „Faust", einige Absätze eines Kriminalromans, und zwischendurch ständig Seiten voller Unsinn. Der Phantasie sind hier keine Grenzen gesetzt, denn jede mögliche Kombination von Sätzen, Absätzen, Seiten, Kapiteln aus den verschiedensten Werken der Weltliteratur ist ja auch in der Bibliothek enthalten.

Ebenso wie die Universalbibliothek eine etwaige Hoffnung, die Zukunft aus ihr erfahren zu können, enttäuscht, wird sie auch den enttäuschen, der glaubt, in ihr einen Beweis für einen strengen Determinismus zu sehen. Nehmen wir an, wir fänden zufällig in einem Bande die Nachricht, daß die Erde im Jahre 1984 vollständig bolschewistisch geworden sei, so fänden wir in ihr auch die entgegengesetzte Nachricht, daß der Bolschewismus 1984 völlig verschwunden sei. Und wir fänden ebenso, daß die Welt bis dahin untergegangen, wie daß auf Erden ein allgemeiner paradiesischer Friedenszustand ausgebrochen sei. Die Bibliothek enthält unter den sinnvollen Nachrichten über den Zustand der Erde im Jahre 1984 alle überhaupt möglichen[1] Zustände, aber nichts, was uns darüber belehrte, welcher dieser möglichen Zustände 1984 verwirklicht sein wird, bzw. welche der Aussagen über Verwirklichung und Nichtverwirklichung — die ja auch vorhanden sind — nun wahr sind. Und dasselbe gilt für alle Nachrichten über Tatsächliches, sei es aus der Vergangenheit, der Gegenwart oder der Zukunft.

Etwas anders steht es mit den schöpferischen Werken der wissenschaftlichen und künstlerischen Literatur. Ein Drama, das 1984, ein Roman, der 2053 geschrieben werden wird, ist in der Bibliothek schon enthalten, ebenso ist ein Naturgesetz, das erst in 200 Jahren entdeckt werden wird, schon in einem der Bände niedergelegt. Aber neben dem künstlerisch wertvollen Drama und Roman stehen auch alle möglichen Fassungen jeweils desselben Stoffes in der Bibliothek, nicht nur etwaige Skizzen des späteren Dichters, Entwürfe usw., sondern auch nicht ausgeführte, ja nicht konzipierte kitschige oder kolportagehafte Fassungen, kurz, wiederum alle mögli-

[1] In der griechischen Philosophie wurden schon früh zwei Begriffe von „möglich" unterschieden. Der eine geht auf die Lehre von „Potenz und Akt" des ARISTOTELES zurück, er ist der uns im Alltag vertraute: Vieles ist möglich, aber nur eine dieser Möglichkeiten kann wirklich werden. In moderner Einstellung könnten wir hier von „Denkmöglichkeit" sprechen — sie etwa ist oben gemeint. Der andere, von der Megarischen Schule aufgestellte Begriff, ist der einer „Realmöglichkeit": Im eigentlichen Sinne „möglich" ist nur das, was auch wirklich wird; was nicht wirklich wird, war eben eigentlich nicht „möglich". Vgl. dazu etwa N. HARTMANN: Möglichkeit und Wirklichkeit. Berlin 1938, S. 8ff.

chen Fassungen desselben Stoffes. Und ebenso sind neben dem wahren Naturgesetz über dieselbe Erscheinung alle möglichen falschen oder halbwahren Theorien und scheinbaren Gesetze enthalten, aber wir haben wieder keinen Anhaltspunkt festzustellen, welche der Fassungen eines Tages gefunden und als Kunstwerk oder als Theorie verwirklicht wird.

Mit einem Wort: Die Universalbibliothek enthält überhaupt nichts „Geistiges", sondern nur Schablonen, die erst mit Geist gefüllt werden müssen.

Nun wird man allerdings fragen: Trifft das letztlich nicht für jede Bibliothek zu? Damit stoßen wir wieder auf das schon erörterte Problem: Ist ein literarisches oder wissenschaftliches Werk in dem Buch „enthalten", in dem es niedergelegt ist, oder entsteht es erst im Leser beim Lesen neu? (s. S. 64). Entscheiden wir uns wieder für die zweite Möglichkeit — was keine „Lösung" des Problems, sondern eben eine „Entscheidung" für eine Lösungsmöglichkeit bedeutet! — so besagt das: Ein Buch, eine Bibliothek und damit auch die Universalbibliothek enthält nur *Signale*, die im Empfänger, dem „Leser", bestimmte Nachrichten entstehen lassen können.

Das Bilden eines Signals aber ist das *Codieren* eines geistigen Gehalts — ob dieser geistige Gehalt bedeutend oder unbedeutend, wertvoll, brauchbar oder sinnlos ist, darüber enthält das Signal nichts. Ein solches Urteil kann erst auf Grund einer Nachrichtenverarbeitung im Empfänger entstehen. Ob dieses Codieren nun vom schöpferischen Genie selbst, von einem telepathisch begabten Schreiber oder gar von einer Maschine vorgenommen wird — wir können uns ja die phantastische Vorstellung einer Maschine machen, die „Gedankenschwingungen" aufnimmt und in Schrift codiert — macht zwar einigen, aber keinen prinzipiellen Unterschied. Der eigentliche schöpferische Akt und das Codieren sind zweierlei — das gilt auch dann, wenn, wie jeder Schreibende weiß, der geistige Gehalt erst beim Codieren, ja durch das Codieren seine eigentliche, auch geistige „Form" erhält. Wir können uns also durchaus vorstellen, daß ein Genie — angenommen, es gäbe die Universalbibliothek und man könnte in ihr bestimmte Bände finden — aus dieser Bibliothek denjenigen Band, also denjenigen Signalkomplex heraussucht, der das von ihm geschaffene geistige Werk am besten, am genauesten codiert hat, und diese Form dann veröffentlicht. Seine geistige Leistung hat damit nicht an Wert eingebüßt — und das Codieren nicht zuviel Wert erhalten.

Gegen diese Darstellung läßt sich gewiß vieles einwenden. Worauf es uns hier ankommt und weshalb wir die ganze Frage so ausführlich erörtert haben, ist die Beziehung der hier entstehenden Probleme zum kybernetischen Problem einer „Mechanisierung des Denkens" und des „Lernens". Und weiterhin die Beziehung zu dem schon mehrfach erörterten Problem, daß eine Signale aussendende Quelle nur für den Empfänger eine „Nachrichtenquelle" sein kann, da sie die Signale weder als Signale aussendet noch auch nur weiß, daß sie Signale aussendet. Gerade diese Seite des Problemes hat von kybernetischer Seite oft zu Einseitigkeiten und Übertreibungen geführt, die nicht nur die Beurteilung kybernetischer Bemühungen beeinflußt haben, sondern auch das Verständnis des Eigentlichen zu erschweren geeignet sind.

Wenn Maschinen mit Maschinen oder Menschen „in Kommunikation" treten, wenn sie Nachrichten über ihren Zustand absenden, dann „wissen" sie eben nichts davon, daß sie „Nachrichten" senden. Gewiß, wird man einwenden, sie sind ja von Menschen so programmiert, daß sie zu bestimmten Zeiten oder in vorausbestimmten Situationen bestimmte Signale senden. Doch betrifft dies eben nur programmierte Maschinen, nicht echte „lernende Maschinen": diese machen sozusagen selbst „Erfahrungen", auf Grund derer sie ihr Verhalten ändern, den Verhältnissen anpassen. Sie sind, wie man vielleicht sagen darf, programmiert, daß sie lernen, aber nicht, was sie lernen. Aber diese Maschinen, das muß man trotz mancher kühner Gegenthesen festhalten, „wissen nicht, was sie tun", sie haben kein „Bewußtsein" und erst recht kein „Selbstbewußtsein". Mögen die lernenden Maschinen für Biologie und Psychologie auch wertvolle Modelle sein, mögen ihre Schaltungen und Regelungen uns selbst echte Einsichten in Lebens- und Denkvorgänge geben, mögen wir sogar mit mehr oder weniger Recht bei ihnen von „Wahrnehmen", ja von „Denken" sprechen — ihnen fehlt und muß fehlen das Wesentliche am „Bewußtsein", die schon von AUGUSTINUS herausgestellte Doppelstruktur des „scio me scire": Ich weiß, daß ich weiß!

Doch dies ist vorerst eine Ansicht, die wir hier vertreten. Verschiedene Kybernetiker sind anderer Ansicht. K. STEINBUCH behauptet einmal: „Es wäre für unsere Überlegungen von unschätzbarem Wert, wenn ein physikalisches System von der Komplexität und Struktur des menschlichen Nervensystems aufgebaut werden könnte. Bis zum Beweis des Gegenteils ist zu vermuten, daß ein solches System von sich behaupten würde, es habe ein Bewußtsein."[1] Uns erscheint eine solche Behauptung als eine unberechtigte Extrapolation — aber auch dies „bis zum Beweis des Gegenteils". Interessant ist in dieser Beziehung die Auffassung WIESERS. Er sagt: „Wir haben a priori gar keine Möglichkeit abzuschätzen, was für eine Wirkung die Erhöhung des Grades der Komplexität um 10^6 Schaltelemente (wie sie etwa für STEINBUCHS System gegenüber den heutigen „Denkmaschinen" nötig wäre, d. Vf.) auf den Charakter eines Systems haben könnte. Auf der einen Seite steht die Einfügung neuer Elemente, das Anlegen neuer Schaltungen, auf der anderen das Entstehen neuer Verhaltensweisen. ... Eine Erhöhung der Komplexität kann eine qualitative Veränderung des Systems von ungeahnten Ausmaßen mit sich führen."[2] Ob dieses Argument, das sehr überzeugend wirkt, nun STEINBUCHS Behauptung stützt oder nicht, es besagt jedenfalls, daß es heute für alle derartigen Extrapolationen noch zu früh ist, und daß man besser tut, sich vorerst möglichst eng an das Gesicherte zu halten, um die Geister nicht noch mehr zu verwirren, als es schon geschehen ist. —

Wir haben bisher immer nur vom Primär-Code mit 26 bzw. 32 Zeichen gesprochen, unsere ursprüngliche Frage war aber gewesen, ob man mit den zwei Zeichen eines

[1] K. STEINBUCH: „Bewußtsein und Kybernetik" in: Kybernetik — Brücke zwischen den Wissenschaften. 1. Aufl., Frankfurt/Main 1962, S. 144, vgl. auch STEINBUCHS Antwort auf eine Diskussionsbemerkung zu seinem Vortrag: „Über Kybernetik". Arbeitsgemeinschaft für Forschung des Landes Nordrhein-Westfalen (Köln, Opladen 1963, S. 77).

[2] WOLFGANG WIESER: Organismen, Strukturen, Maschinen (Fischer-Bücherei), Frankfurt/Main 1959, S. 32.

Binär-Codes alle überhaupt möglichen Nachrichten codieren könne. Nach der allgemeinen Kombinationsformel müssen wir dazu:

$$K_2^m = 2^m$$

Kombinationen bilden und dann sehen, ob diese Menge z. B. ausreicht, um die Universalbibliothek im Binärcode darzustellen. Da der Binärcode, wie wir noch sehen werden, keine Zwischenräume kennt — dafür benötigte man ja ein eigenes, drittes Zeichen, denn bei der elektrischen Übertragung z. B. bedeutet 0 = „keinen Stromstoß", also eigentlich „Zwischenraum" — so gibt uns die obige Formel unmittelbar die Anzahl der Buchstaben, Wörter, Sätze, Texte, Bücher, Bibliotheken und des gesamten kombinatorischen „Unsinns", je nachdem, wie groß wir m wählen. Codieren wir jeden Buchstaben des Primärcodes z. B. mit fünf Binärzeichen (s. S. 96), so können wir die Universalbibliothek und damit prinzipiell jede überhaupt mögliche Nachricht im Binärcode darstellen, nur mit der fünffachen Anzahl von Elementarzeichen.

2.3.2. „Synthetische" und lebende Sprachen

Das vorige Kapitel hat uns einen Einblick gegeben in die unübersehbare Fülle von Möglichkeiten, die z. B. für eine Signalbildung bestehen, wenn man die Kombinationsmöglichkeiten der Zeichen eines Alphabetes systematisch und vollständig ausnutzt. Wir wollen jetzt noch einmal zum „Problem des CICERO" zurückkehren, nämlich fragen, ob es nicht doch möglich ist, durch bloße zufällige Kombination von Zeichen sinnvolle Sätze zu erhalten. Wir werden dabei schrittweise vorgehen, wobei wir uns der oben aufgefundenen Gesetzmäßigkeiten und Regelmäßigkeiten im Aufbau der Sprache bedienen (s. S. 59f). Es mag genügen, an einer Anzahl von Beispielen zu zeigen, wie sich von einer reinen Zufallskombination her eine „synthetische" Sprache allmählich einer lebenden Sprache annähert.

Die erste Folge von Buchstaben sei von einer Maschine hergestellt, die in blinder Wahl aus einem Kasten, in dem alle Buchstaben gleich häufig sind, Buchstaben herausgreift und aneinanderreiht. Man spricht hier von einer *Annäherung nullter Ordnung:*

Englisch nach SHANNON (mit Zwischenraum)

XFOML RXKHRJFFJUJ ZLPWCFWKCYJ FFJEYVKCQSGHYD QPAAMKBZAACIBZLHJQD

Deutsch nach KÜPFMÜLLER (ohne Zwischenraum)

ITVWDGAKNAJTSQOSRMOIAQVFWTKHXD

Auf der nächsten Stufe — der *Annäherung erster Ordnung* — entspricht die Häufigkeit der Buchstaben in der Folge derjenigen in der natürlichen Sprache. Man sagt auch: man berücksichtigt hier die Häufigkeit von *Einergruppen.*

Englisch

OCRO HLI RGWR NMIELWIS EU LL NBNESEBYA TH EEI ALHENHTTPA OOBTTVA NAH BRI

Deutsch

EME GKNEET ERS TITBL BTZENFNDGBGD EAI E LASZ
BETEATR IASMIRCH EGEOM

Bei der jetzt folgenden Stufe — der *Annäherung zweiter Ordnung* — wird die Häufigkeit des Auftretens bestimmter Zweiergruppen von Buchstaben berücksichtigt.

Englisch

ON IE ANTSOUTINYS ARE T INCTORE ST BE S DEAMY
ACHIN D ILONASIVE TUCOOWE AT TEASONARE
FUSO TIZIN ANDY TOBE SEACE CTISBE

Deutsch

AUSZ KEINU WONDINGLIN DUFRN ISAR
STEISBERER ITEHM ANORER

Berücksichtigt man nun die Häufigkeit von Dreiergruppen, so kommt man zu einer *Annäherung dritter Ordnung*, bei der nun schon deutlich Wörter erscheinen:

Englisch

IN NO IST LAT WHEY CRATICT FROURE
BIRS GROCID PONDENOME OF DEMONSTURES
OF THE REPTAGIN IS REGOACTIONA OF CRE

Deutsch

PLANZEUNDGES PHIN INE UNDEN ÜBBEICHT
GES AUF ES SO UNG GAN DICH WANDERSO

Lateinisch (nach GUILBAUD)

IBUS CENT IPITIA VETIS IPSE
CUM VIVIVS SE ACETITI DEDENTUR

Bei der Berücksichtigung von Buchstabenvierergruppen — *Annäherung vierter Ordnung* — beginnen sich schon Urformen eines Satzes abzuzeichnen.

Hierfür nur ein deutsches Beispiel:

ICH FOLGEMÄSZIG BIS STEHEN DISPONIN SEELE NAMEN

SHANNON hat ein Verfahren angegeben, wie man solche Folgen herstellen kann, z. B. eine Annäherung zweiter Ordnung, also unter Berücksichtigung der Verteilung von Zweiergruppen:

Man wählt irgendeinen Text — z. B. THOMAS MANN: „Die Bekenntnisse des Hochstaplers Felix Krull" — und schreibt die erste Zweiergruppe, mit der das Buch beginnt, hin: das erste Wort ist „Indem", die erste Zweiergruppe also „in". Jetzt sucht man im Text, bis diese Gruppe wieder auftaucht. Schon in der ersten Zeile finden wir „in völliger ...". Auf das „in" folgt hier ein „Zwischenraum", diesen fügen wir an die erste Gruppe an: „in ". Dann sucht man das nächste Auftreten der neuen Zweiergruppe „n " (n + Zwischenraum): 2. Zeile „wenn auch"; auf das „n " folgt also ein a, so entsteht die Gruppe „in a". Zwischenraum + folgendem a finden wir in der 3. Zeile „Ausruhen", also kommt jetzt ein „u" an unsere Folge: „in au". Das nächste „au" erscheint in der 5. Zeile: „sauberen", somit tritt jetzt ein „b" an die Folge: „in aub" — und so fährt man beliebig weit fort.[1]

Welches ist nun der Sinn dieses seltsamen Spiels? Zweifellos nicht — oder wenigstens nicht ursprünglich — Sprachen zu imitieren oder auf solche Weise etwa sinnvolle Texte hervorzubringen, sondern vielmehr, die Struktur, genauer die Wahrscheinlichkeitsstruktur einer Sprache zu erforschen. Es handelt sich um Bemühungen zu einer statistischen Untersuchung der Sprache. Eine der ersten Untersuchungen dieser Art wurde von dem russischen Mathematiker MARKOFF angestellt; er versuchte, ein Wahrscheinlichkeitsschema für die Verteilung der Vokale und Konsonanten in PUSCHKINS Roman „Eugen Onegin" zu finden.

Entsteht eine Folge von Symbolen — Buchstaben, Noten, Zeichen usw. — derart, daß das Auftreten der einzelnen Symbole durch gewisse Wahrscheinlichkeiten bedingt ist, so spricht man von einem *stochastischen Prozeß*, und einen stochastischen Prozeß, in dem die Wahrscheinlichkeiten für das Auftreten der einzelnen Zeichen vom Auftreten des jeweils vorhergehenden Zeichens abhängen — anders ausgedrückt: „Eine stochastische Folge, in der jedes Zeichen mit einem seiner Nachbarzeichen in einer Wahrscheinlichkeitsbeziehung steht" (CHERRY) — einen solchen Prozeß nennen wir einen *Markoff-Prozeß* und die entstehende Folge eine *Markoff-Kette*. Dieser Begriff spielt in der Informationstheorie eine große Rolle.

2.3.3. Auswahl und Entscheidung

1. Welche Bedeutung haben derartige Untersuchungen nun für das *Codieren* und für das Aufstellen eines *Codes?* Beobachten wir einmal, was wir tun, wenn wir eine Nachricht in den Primär-Code codieren, schlicht gesagt: wenn wir einen Satz niederschreiben. Wir wollen den Satz aus Wörtern aufbauen. Wir haben ein großes Wörtermaterial zur Verfügung, nicht viel anders, als hätten wir einen Setzkasten, in dem statt der Lettern „Wörter" enthalten sind. In diesen Kasten greifen wir nun hinein und holen die benötigten Wörter heraus. Wir merken dabei bald, daß dieses Herausgreifen nicht willkürlich geschehen kann, sondern in bestimmter Weise bedingt, gesteuert ist. Zwei verschiedene Faktoren sind dabei wirksam: Einmal die *Nachricht*, die ich niederschreiben will, also der Sinn des Satzes, den ich ausdrücken will — und dann die *grammatischen Regeln* (i.w.S.), die ich einhalten muß, soll der Satz korrekt sein.

Der „Sinn" ist nicht eigentlich unser Thema; wir können ihn sozusagen einklammern, wenn auch nicht ausklammern, da er auch in die syntaktische Dimension hineinwirkt. Doch wir sehen, soweit dies möglich ist, von ihm ab.

[1] SHANNONS Verfahren ist allerdings etwas anders, nicht so systematisch: Man öffnet ein Buch irgendwo und wählt irgendeinen Buchstaben auf der Seite aus, schreibt ihn hin. Dann schlägt man irgendeine andere Seite auf, sucht jenen Buchstaben und schreibt den ihm folgenden Buchstaben hin. Auf irgend einer dritten Seite sucht man diesen zweiten Buchstaben und schreibt dessen Nachfolger hin usw. Vgl. SHANNON: The Mathematical Theory of Communication, Urbana (Ill.) 1949, S. 14 f.

Ich will also beispielsweise aussagen, daß ein Satz eine Markoff-Kette ist. Wie kann ich dies tun?

Ich schreibe das erste Wort hin: „Ein". Warum ich so beginne, weiß ich nicht. Was ich getan habe, auch ohne daß es mir bewußt wurde, ist dies: Ich habe aus einem riesigen Wortschatz ein Wort *ausgewählt*, unter vielen möglichen ersten Wörtern meines Satzes mich für eines *entschieden*. Wahl und Entscheidung waren nun — psychologisch — bedingt durch die schon vorausgewußte oder vorausgefühlte Fortsetzung des geplanten Satzes. Aber nehmen wir einmal an, um streng in der syntaktischen Dimension zu bleiben, ich hätte noch keine Vorstellung gehabt, wie ich meinen Satz formulieren kann, und hätte mir einfach das erste Wort „einfallen" lassen, wobei die Auftretenshäufigkeit der Wörter in der deutschen Sprache den Einfall dirigierte: Das Wort „ein" ist im Deutschen sehr häufig und tritt auch oft als erstes Wort eines Satzes auf, so daß ein solcher Anfang „nahelag".

Bei der Wahl des nächsten Wortes kann ich mich nicht mehr der Auftretenshäufigkeit überlassen, sonst würde ich vielleicht „die" schreiben. Das führt aber zu keinem Satz, sondern zu Gebilden, wie wir sie im vorigen Abschnitt besprochen haben. Die Wahl ist vielmehr gebunden, und zwar schon auf der syntaktischen Ebene: „ein" ist ein unbestimmter Artikel; die grammatischen Regeln verlangen, daß ihm entweder ein Substantiv oder ein Adjektiv oder dgl. folgt. Ich werde daher schreiben: „ein Satz". Das Wort „Satz" ist im Deutschen nun gar nicht übermäßig häufig. In einer nach Häufigkeiten geordneten Liste deutscher Substantiva tritt es erst an 62. Stelle auf.[1] Daß seine Wahl jetzt „nahelag", war — abgesehen vom Sinn des Auszusagenden — durch die grammatische Regel bedingt: ich mußte das zweite Wort nicht aus dem großen Bereich aller vorhandenen Wörter, sondern aus dem kleineren etwa der Substantiva auswählen. Dadurch wurde seine Auftretenshäufigkeit erhöht, denn in dem engeren Bereich ist der *Rang* dieses Wortes — d. h. die Stellung eines Elementes in einer nach der Häufigkeit des Auftretens geordneten Liste — höher als im Gesamtbereich aller Wörter. Hat die Grammatik also sozusagen den Auswahlbereich eingeschränkt, so bestimmt dann der Sinn des Auszusagenden die engere Wahl.

Man kann dies jedoch auch anders sehen: wüßten wir nichts von einer Grammatik und den grammatischen Regeln, sondern ständen wir etwa einem Code gegenüber, dessen „Grammatik" wir nicht kennen, vielleicht erst finden wollen, dann bleiben nur die beiden früher (S. 59f) erwähnten Kriterien: die syntaktische Wahl wird bestimmt durch die Auftretenshäufigkeit und die Folgehäufigkeit der Wörter. Wir stellen dann etwa an vielen Beispielen codierter Zeichenfolgen fest, daß auf „ein" mit großer Wahrscheinlichkeit ein Substantiv folgt. Wir können auch, wie wir später noch genauer sehen werden, sagen: die *Auftretenswahrscheinlichkeit* eines Substantivs an dieser Stelle des Satzes ist durch das schon Vorhandensein des ersten Wortes *bedingt*.

Fahren wir jetzt mit der Niederschrift fort, so verstärken sich die Einflüsse der schon vorhandenen Wörter auf die Wahl des jeweils folgenden. Auf „ein Satz" kann

[1] Eine Liste der Worthäufigkeiten der deutschen Sprache (im Auszug) findet der Leser z. B. bei H. ZEMANEK: Elementare Informationstheorie, S. 56.

etwa ein Komma mit einem Relativsatz oder eine Verbform folgen — naheliegt (vom Auszusagenden bedingt): „ist“.

Fortsetzung und Schluß des Satzes sind nun schon nahezu bestimmt: „Ein Satz ist ... das und das“, also (was wir aussagen wollten): ein Satz ist eine Markoff-Kette, oder: das Schreiben eines Satzes ist ein Markoff-Prozeß.

Nur angemerkt sei, da eine ausführliche Behandlung nichts Neues bringen würde, daß das gleiche gilt, wenn wir den Satz nicht aus Wörtern, sondern aus Buchstaben aufbauen, ihn also wie in früheren Zeiten in einer Setzerei im Handsatz setzen und bei jedem Schritt den folgenden Buchstaben auswählen müssen. Auch hierbei dirigieren die beiden Wahrscheinlichkeiten die Wahl.

2. Der soeben niedergeschriebene Satz: das Schreiben eines Satzes ist ein Markoff-Prozeß — ist nun aber eine Behauptung, die doch einer Rechtfertigung bedarf. Wir müssen sie also, schon wegen des besseren Verständnisses späterer Ausführungen, prüfen.

Zum strengen Begriff einer „Markoff-Kette“ gehört die sogenannte *Digramm*-Beziehung, d. h. jeweils zwei benachbarte Glieder oder Elemente der Folge sind durch Wahrscheinlichkeitsbeziehung verbunden. Im weiteren Sinne wird der Begriff auch auf Trigramm-, Tetragramm- usw. Beziehungen ausgedehnt, d. h. also, wenn etwa die beiden oder die drei einem Zeichen vorhergehenden Zeichen die Auftretenswahrscheinlichkeit dieses Zeichens bedingen.[1] Die Kette der Elemente, über die hinweg der Einfluß reicht, muß nur endlich sein.

Betrachtet man einen Satz als ein *System*, so kann man die verschiedenen Stadien seiner Niederschrift als verschiedene Zustände dieses Systems ansehen: Vor der Niederschrift, beim Schreiben des ersten Wortes, des zweiten Wortes usw. bis zur fertigen Niederschrift. Oder man kann auch sagen, das System durchläuft verschiedene Zustände, unterliegt schrittweise bestimmten *Zustandsänderungen*. Und diese Zustandsänderungen sind „bedingt zufällig“, eben durch die Wahrscheinlichkeit eines Zustandes überhaupt und durch die jeweilige Folgewahrscheinlichkeit eines Zustandes auf einen schon daseienden bedingt.

Dies sieht recht umständlich aus, läßt sich aber durch die folgende Darstellung von A. Renyi anschaulicher machen:

„Die Voraussetzung, daß die zufälligen Zustandsänderungen eines Systems eine Markoffsche Kette bilden, kann folgendermaßen formuliert werden: Die früheren Zustände des Systems können auf die zukünftigen Zustände nur durch den gegenwärtigen Zustand einen Einfluß ausüben.“[2]

Da der weitere Begriff der Markoff-Kette die Wirkung von Dreier-, Vierer- usw. Gruppen zuläßt, scheint unsere Behauptung, daß ein Satz eine Markoff-Kette ist, richtig zu sein. Die strengere Bestimmung Renyis besagt aber: Nicht die größeren Gruppen wirken als Ganze, sondern die Wirkung in einer Kette erfolgt nur von Glied

[1] Man spricht dann auch von Markoff-Ketten zweiter, dritter ... Ordnung.

[2] A. Renyi: Wahrscheinlichkeitsrechnung. VEB Deutscher Verlag der Wissenschaften, Berlin 1962, S. 392.

zu Glied, aber *transitiv*, so wie z. B. die mathematische Gleichheit eine transitive Relation ist: wenn $a = b$ und $b = c$, so auch $a = c$ (über b). Entsprechend: nicht die Gruppe (a_1, a_2) bestimmt die Wahrscheinlichkeit für das Auftreten von a_3, sondern a_1 bedingt a_2 und a_2 bedingt a_3 — und somit: a_1 bedingt indirekt auch (über a_2) a_3. Ob auch für diese strengere Bestimmung unsere Behauptung noch stimmt, ließe sich erst durch genauere statistische Untersuchungen der Sprache entscheiden.

2.3.4. Der Binärcode

1. Das Alphabet des Primär-Codes möge wieder 32 Zeichen enthalten, also $Z_1 = a$, $Z_2 = b$, $Z_3 = c$ ..., allgemein: Z_i ($i = 1, 2, 3, \ldots 32$). Will ich mit Hilfe dieser Z_i eine Nachricht formulieren, und d. h. ein Signal aufstellen, so muß ich bei jedem Schritt zwischen 32 Möglichkeiten entscheiden, muß eine dieser Möglichkeiten wählen. Läßt sich dies nicht vereinfachen? Eine solche Vereinfachung ist eine der Aufgaben des Codierens. Allerdings müssen wir uns dabei klar sein, daß die sogenannte „Goldene Regel" der Mechanik auch hier gilt: Die Arbeit, die z. B. zum Besteigen eines Berges benötigt (oder dabei geleistet) wird, bleibt immer die gleiche, ob ich den Berg an der senkrechten Wand oder über leicht geschwungene Serpentinen ersteige, denn Arbeit = Kraft · Weg. Den kürzeren Weg im ersten Falle muß ich durch größere Kraftanstrengung erkaufen, umgekehrt den bequemen Aufstieg (geringe Kraft) durch einen langen Weg. Ebenso ist es hier: was ich an „Kraft", nämlich an Schwierigkeit der Wahl zwischen vielen Möglichkeiten, ersparen will, muß ich durch einen langen „Weg", nämlich durch viele einfache Wahlakte, erkaufen.

Um den bequemen, aber längeren Weg zu finden, teile ich das Alphabet zunächst in zwei Teile zu je 16 Buchstaben. Jetzt brauche ich beim ersten Schritt nur zwischen zwei Möglichkeiten zu entscheiden: liegt der gesuchte Buchstabe in der 1. oder in der 2. Hälfte? Wir suchen z. B. den Buchstaben „s"; er liegt in der 2. Hälfte. Jetzt unterteilen wir weiter jede der beiden Hälften in Viertel zu je 8 Buchstaben. Unser „s" liegt im 1. Viertel der 2. Hälfte. Unterteilen wir weiter, so kommen wir nach 5 Unterteilungen zu dem gesuchten „s".

Dieser Vorgang läßt sich graphisch darstellen (s. Abb. 11). Suchen wir in diesem Schema unser „s", so entspricht dies etwa einer Wanderung in einer unbekannten Gegend, bei der die Zeichen Ortschaften bedeuten mögen. Wir wandern, ausgehend vom Startpunkt St, bis zum ersten „Scheideweg": rechts oder links, wie müssen wir gehen? Um diese Frage entscheiden zu können, müssen wir, sei es durch einen vorüberkommenden Einheimischen, sei es durch eine Karte, Information erhalten. Sie lautet: rechts. Bald kommen wir an die zweite Wegegabelung — diesmal lautet die Information links. Bei der dritten Wegegabelung weist uns die Information wieder nach links, das nächstemal nach rechts und darauf abermals nach links. Dann sind wir am Ziel.

Das so entstehende Wege- oder Entscheidungsschema, mit dem jedes Zeichen nach 5 Entscheidungen sicher erreicht werden kann, nennt man einen *graphischen Baum*.

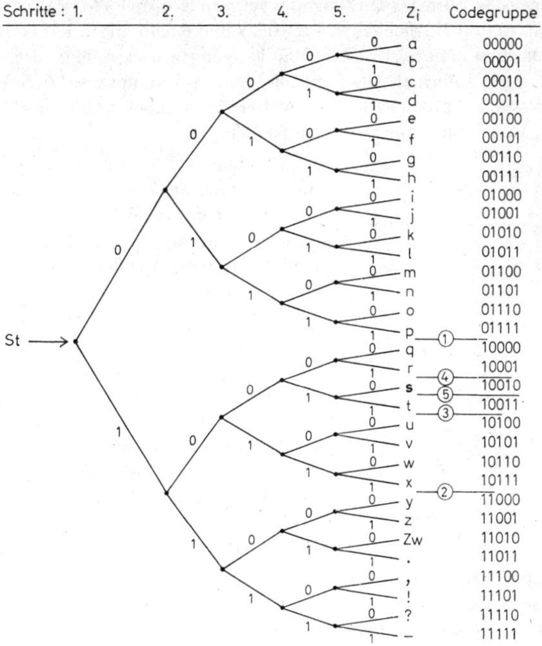

Abb. 11

Wir haben somit die einmalige Entscheidung zwischen 32 Möglichkeiten (pro Buchstaben des Primär-Codes!) aufgespalten in fünf Nacheinanderentscheidungen zwischen jeweils nur zwei Möglichkeiten. Um das Zeichen „s" zu finden, ist die Folge der Entscheidungen: rechts, links, links, rechts, links; oder kürzer: r, l, l, r, l; oder, wenn wir rechts durch 1 und links durch 0 bezeichnen: 10010. Damit haben wir den Buchstaben „s" im *Binärcode* verschlüsselt. Auf die gleiche Weise kann man dies mit allen Zeichen des Primär-Codes vornehmen (die letzte Spalte des Schemas gibt das jeweilige Codezeichen).

2. Unsere Wanderung zum Orte „s" können wir auf zwei verschiedene Weisen ausführen. Entweder wir entscheiden bei jeder Gabelung, welchen der beiden möglichen Wege wir gehen wollen — dann benötigen wir für den Weg zum Ziel 5 aufeinanderfolgende *Entscheidungen*. Oder wir fragen bei jeder Wegegabelung nach dem „richtigen" Weg — dann brauchen wir 5 aufeinanderfolgende *Informationen*. Nur hingewiesen sei an dieser Stelle auf den mathematischen Zusammenhang, daß $32 = 2 \cdot 2 \cdot 2 \cdot 2 \cdot 2 = 2^5$ ist, daß man also durch 5 aufeinanderfolgende „binary choices" tatsächlich jedes der 32 Zeichen erreichen kann, wie der graphische Baum ja auch zeigt.

Gingen an jeder Wegegabelung nicht zwei, sondern drei Wege ab, so müßten wir jeweils zwischen drei Möglichkeiten entscheiden, die man mit 0, 1, 2 oder mit — 1, 0, + 1 symbolisieren könnte. In diesem Falle genügen drei aufeinanderfolgende Entscheidungen bzw. Informationen, um alle Buchstaben unseres Alphabets erfassen zu können — denn $27 = 3 \cdot 3 \cdot 3 = 3^3$. Der Leser möge sich den entsprechenden graphischen Baum zur Übung selbst aufstellen.

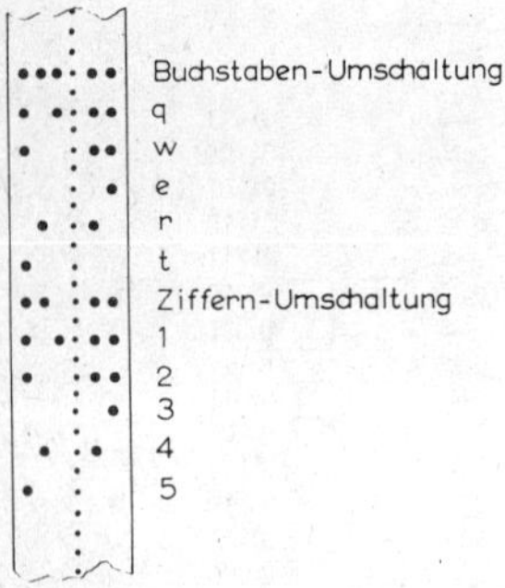

Abb. 12

Im Binärcode, so wie er hier dargestellt ist, wird jedes Zeichen des Primärcodes mit 5 Ziffern wiedergegeben, wobei jede Ziffer die Entscheidung in einem der 5 aufeinanderfolgenden Schritte angibt. Praktisch wendet man diesen Code (mit geringen Abwandlungen) beim Fernschreiber-Fünferalphabet (s. Abb. 12) an, wobei im Lochstreifen jedes gestanzte Loch einer „1" und jede ungestanzte Stelle einer „0" entspricht. Einige Zeichengruppen sind für spezielle Nachrichten reserviert; so bedeutet z. B. 11011 dort, daß das Folgende als „Zahl" und nicht als „Buchstabe" decodiert werden soll („Ziffernumschaltung"), bis das Zeichen 11111 = „Buchstabenumstellung" angibt, daß von jetzt an wieder Buchstaben gemeint sind.

3. Das einfache Beispiel der Buchstabensuche enthält mehr als auf den ersten Blick erscheinen mag. Bei jeder Suche nach einem Gegenstand aus einer größeren Menge hilft es uns, wenn wir die Menge in Untermengen gliedern können. Angenommen, wir wollten in einer uns unbekannten Bibliothek von 2000 Bänden ein bestimmtes Buch suchen. Das Ordnungsprinzip der Aufstellung sei uns nicht bekannt, sei aber erkennbar. Beginnen wir „systematisch" zu suchen, mit dem ersten Buche anfangend, so können wir bei einigem Pech nahezu die ganze, wahrscheinlich aber die halbe Bibliothek durchsuchen. Wir suchen daher das Ordnungsprinzip und finden, daß die Regale nach Sachgebieten geordnet sind. Daher die erste Frage: in welchem Regal wird das gesuchte Buch stehen? Dann: in welcher Reihe? und schließlich: das wievielte Buch dieser Reihe ist es? Drei Fragen bzw. drei Informationen genügen jetzt also zum Auffinden.

Wollen wir allgemein aus einer großen Menge von Elementen ein bestimmtes finden und uns dabei durch Informationen leiten lassen, so müssen wir prinzipiell zwei Fragen stellen:

1. Zu welcher Teilmenge T_i gehört das Element? (Dabei müssen wir evtl. weitere Unterteilungen, also Teilmengen erster, zweiter, ... Ordnung berücksichtigen);
2. Welches Element E_j der n-ten Untermenge ist das Gesuchte?

Die fortschreitenden Unterteilungen der Menge in Untermengen 1., 2., 3., ... n-ter Ordnung lassen sich stets durch fortgesetzte *Dichotomie* vornehmen, d. h. durch ständige Zweiteilungen. Jede Zweiteilung reduziert die Menge der Möglichkeiten, zwischen denen wir uns entscheiden müssen, oder die Menge der Informationen, deren wir bedürfen, auf die Hälfte. Wo immer also die Möglichkeit zu begründeten Dichotomien besteht, ist diese Methode der Unterteilung ein wirksames Hilfsmittel.

Es bleibt allerdings die Frage, ob es allgemein möglich ist, die sozusagen unendliche Fülle der Möglichkeiten des Daseins in ein Netz von Entweder-Oder-Fragen bzw. von „binary choice"-Antworten einzufangen. Eine praktische Antwort darauf gibt uns ein bekanntes Gesellschaftsspiel: Jemand wird hinausgeschickt, und die übrigen Teilnehmer einigen sich auf irgend einen Gegenstand, den jener durch eine begrenzte Zahl von Fragen, auf die nur mit „ja" oder „nein" geantwortet werden darf, ermitteln soll. Sind etwa 10 Personen zu befragen, und darf der Fragende den Kreis zweimal durchlaufen, so daß er also 20 Ja- oder Nein-Antworten, somit 20 Informationen erhält, so kann er bei optimal geschickter Wahl seiner Fragen aus mehr als 1 Million möglicher Gegenstände den gedachten ermitteln. Anders ausgedrückt: Um aus 1 Million Möglichkeiten e i n e „richtige" auszuwählen, muß er mindestens 20 Informationen erhalten.[1]

Der Ausbau dieses Spieles bei Quiz-Programmen in Funk und Fernsehen zeigt, daß man auf diese Weise tatsächlich praktisch alle Möglichkeiten erfassen kann. Die Leistungsfähigkeit dieses Verfahrens zeigt HOFSTÄTTER (a.a.O.) einmal an dem Beispiel, daß jemand herausfand: „Die Würfel, die nach Caesars Aussage nach dem Überschreiten des Rubikons gefallen waren."

4. Geht man dem Problem der Dichotomie weiter nach, so stößt man auf die Untersuchungen der klassischen Logik. Sie hat es nach zwei Richtungen behandelt: in der Theorie des „unendlichen Urteils" und in der des „disjunktiven Urteils". Bei „vollständiger Disjunktion" erfaßt das Urteil „S ist entweder P oder Q" alle Möglichkeiten; es teilt deren Bereich in 2 Klassen, die eine mit der Eigenschaft P, die andere mit der Eigenschaft Q, wobei beide sich ausschließen. Darum sagt man deutlicher: in die beiden Klassen P und non-P. In dem erwähnten Gesellschaftsspiel liegt jeder richtig gestellten Frage ein solches disjunktives Urteil zugrunde: Ich frage „ist X gleich P?", um alle non-P auszuschließen (wenn die Antwort „ja" lautet), oder um — bei verneinender Antwort — nur noch die non-P als Möglichkeiten übrigzubehalten. Die erhaltene Antwort „nein" ist dann ein unendliches Urteil: X = non-P.

Was hier am Gesellschaftsspiel gezeigt wurde, ist in der neueren Logik zur Grundlage geworden: die Klasseneinteilung alles Gegebenen ist die Basis der für die Informationstheorie und Kybernetik so wichtigen BOOLEschen algebraischen Logik. Dort heißt es z. B.:

„Die Klasse X und die Klasse non-X bilden zusammen das Universum. Setzen wir das Universum = 1, und sei die Klasse X bezeichnet durch das Symbol x, so wird demnach die Klasse non-X durch das Symbol $1 - x$ bezeichnet werden."[2]

[1] Vgl. hierzu P. R. HOFSTÄTTER: Fischer Lexikon „Psychologie", S. 168f.

[2] G. BOOLE: The mathematical analysis of logic. Oxford 1951 (Nachdruck der Ausgabe von 1847).

Diese wenigen Beispiele — wir könnten vor allem auch noch solche aus der Mathematik anführen — sollen nur zeigen, daß die Einteilung in zwei Klassen und die „binary choices" in ihrer Bedeutung nicht auf Informationstheorie, Codierung und Kybernetik beschränkt sind, sondern schon sehr lange als Ordnungsprinzip zur Bewältigung komplexer Gegebenheiten benutzt werden. Das Verfahren einer Einteilung durch Dichotomie geht letztlich zurück auf PLATON, ja es ist eine „allgemein griechische Denkweise" (PRANTL), die nicht nur in der alten Naturphilosophie, sondern auch in der griechischen Wissenschaft – z. B. Mathematik und Medizin – sich äußert. Es beruht letztlich auf dem „Grundsatz des Widerspruches", der ja auch das Prinzip der *Dialektik* von HERAKLIT bis HEGEL ist, des Denkens in Gegensätzen und durch Gegensätze hindurch.

Das Grundprinzip unserer heute so viel diskutierten „zweiwertigen" Logik, die auch als „klassische" bezeichnet wird, und die von ARISTOTELES bis zum 20. Jahrhundert nahezu allein herrschte, ist eben der „Satz des Widerspruchs", und sie ist ausdrücklich „als zweiwertig" bestimmt durch den „Grundsatz des ausgeschlossenen Dritten": ein S ist entweder P oder non-P, etwas Drittes gibt es nicht. Oder in anderer Fragestellung: ein Urteil ist entweder wahr oder falsch, ein Drittes gibt es nicht.

Seit einigen Jahrzehnten hat man „dreiwertige" und „mehrwertige" Logiken entwickelt, die in gewissem Sinne den „nichteuklidischen Geometrien" entsprechen, denn der Satz vom ausgeschlossenen Dritten hat in der Logik eine ähnlich diskutierte und umstrittene Stellung gehabt wie das berühmte Parallelenaxiom EUKLIDS, dessen „Aufhebung" oder Variation zu den nichteuklidischen Geometrien führte. Der Mathematiker L. E. J. BROUWER hat den Grundsatz vom ausgeschlossenen Dritten sogar einmal als einen in langer Tradition festgehaltenen Denkfehler bezeichnet.

Worauf es hier ankommt, ist, daß die Reduktion aller Entscheidungen und Auswahlen auf binary choices offenbar einem allgemeinen Prinzip unseres logischen Denkens und unseres Erfassens der Welt entspricht und nicht nur etwa eine moderne technische Vereinfachung, „Schematisierung" oder gar „Versimpelung" der unendlich reichhaltigen Fülle des Daseins ist. Daß die Gefahr einer solchen Schematisierung besteht, ist allerdings nicht zu leugnen, wie sich bei gewissen modernen praktischen Anwendungen zeigt, z. B. den amerikanischen „yes-or-no"- und „true-or-false"-Testen. MARGRET BOVERI gibt in ihrer „Amerikafibel" einige interessante und aufschlußreiche Beispiele dafür.[1]

2.3.5. Anzahl der Entscheidungen

1. Bei der Wahl eines Zeichens für die Bildung eines Signals konnten wir, ebenso wie bei unserer „Wanderung", die uns an einige „Scheidewege" führte, die Anzahl der notwendigen *Entscheidungen* leicht angeben. In beiden Fällen hatten wir angenommen, daß wir fünfmal nacheinander an eine „Wegegabelung" kommen, an der wir uns zwischen zwei Möglichkeiten entscheiden mußten. Die Anzahl der Entscheidungen bis zum Erreichen des Zieles betrug also 5 — die Anzahl der überhaupt auf diese Weise vom Startpunkt aus erreichbaren Ziele bzw. auffindbaren Buchstaben

---

[1] MARGRET BOVERI: Amerikafibel. Freiburg/Br. 1946, S. 50ff.

war $32 = 2^5$. Stehen an jedem Scheideweg aber 3 Möglichkeiten zur Wahl, so genügen 3 aufeinanderfolgende Entscheidungen — die Gesamtheit möglicher Ziele betrug hierbei $27 = 3^3$.

Die sich in diesen Beispielen andeutende Gesetzmäßigkeit besteht allgemein:

Wollen wir aus einem Alphabet von k Zeichen ein bestimmtes auswählen, so haben wir die Wahl zwischen k Möglichkeiten. Diese Wahl können wir umwandeln in eine Folge von binary choices, von Entscheidungen zwischen nur zwei Möglichkeiten, wobei wir der Einfachheit halber zunächst annehmen, k sei eine ganzzahlige Potenz von 2, also $k = 2^n$ (z. B. 64). Wir müssen dann n-mal hintereinander eine binary choice, z. B. eine ja-nein-Entscheidung treffen, um ein bestimmtes Zeichen zu finden — in unserem sehr großen „Alphabet" von $64 = 2^6$ Zeichen also 6mal. Anders gesagt: wir können die Klasse der k Zeichen n-mal nacheinander durch Dichotomie in Unterklassen (1. bis n-ter Ordnung) einteilen, so daß die letzte Unterklasse nur noch das gesuchte Zeichen enthält. n ist dann die benötigte Anzahl von Entscheidungen pro Zeichen.

Im allgemeinen wird es nicht so sein, daß an jedem der aufeinanderfolgenden Verzweigungspunkte des graphischen Baumes die gleiche Anzahl von Verzweigungen abgeht. Enthält ein Alphabet etwa die 24 Zeichen S_1 bis S_{24}, so können wir jedes dieser Zeichen durch einen Baum erfassen, der an der 1. Stelle 4, an jeder 2. Stelle 3 und erst an der 3. Verzweigungsstelle je 2 Möglichkeiten aufweist. Bezeichnen wir die Gesamtzahl der Zeichen, den *Elementarvorrat* des Alphabets[1], mit EV, und die Anzahl der Verzweigungen oder Entscheidungsmöglichkeiten resp. mit $s_1 = 4$, $s_2 = 3$ und $s_3 = 2$, so ist offensichtlich:

$$EV = s_1 \cdot s_2 \cdot s_3,$$

denn jede der 4 s_1 führt zu 3 s_2, die wieder jeweils zu 2 s_3 führen. Sind nun alle s_i einander gleich, so ist:

$$EV = s \cdot s \cdot s = s^3$$

oder allgemein bei n aufeinanderfolgenden Verzweigungen mit je s Möglichkeiten:

$$EV = s^n.$$

Sind schließlich alle $s_i = 2$, handelt es sich also nur um binary choices, so folgt als Spezialfall wieder:

$$EV = 2^n.$$

Für die Anzahl der Entscheidungen ergibt sich dann im allgemeinen Fall:

$$n = \log_s EV$$ [2]

und speziell für $s = 2$:

$$n = \text{ld}\, EV.$$

Man bezeichnet n, die Anzahl notwendiger Entscheidungen für die Auswahl eines Zeichens als den *Entscheidungsgehalt* (EG) *eines Zeichens*.

Besteht das Alphabet nur aus den beiden Zeichen 0 und 1, so ist $EV = 2^1$, und es gibt nur eine binary choice, nur eine ja-nein-Entscheidung zwischen diesen beiden Möglichkeiten; n ist somit $= 1$.

[1] Vgl. zum Folgenden H. ZEMANEK: Elementare Informationstheorie. München 1959, spez. S. 27ff.

[2] Vgl. Anhang 1.

Eine einfachere Wahl, eine einfachere Entscheidung als die zwischen nur 2 Möglichkeiten gibt es nicht; man hat daher die einzelne binary choice als *Einheit des Entscheidungsgehalts* gewählt, d. h. wir messen Entscheidungsgehalte in „binary choice“, wie wir Längen in Meter und elektrische Spannung in Volt messen:

$$EG_1 = \text{ld } EV \text{ [binary choice]}.$$

Man hat dieser Einheit auch einen Namen gegeben: Wie man die Einheit der elektrischen Stromstärke nach A. M. AMPÈRE „1 Ampere“ nennt, so benennt man die Einheit des Entscheidungsgehalts zu Ehren des Mannes, der vor bald 4 Jahrzehnten zum ersten Male den Versuch gemacht hat, „Information“ zu messen, des Amerikaners R. V. L. HARTLEY, als „1 Hartley“. Es ist somit:

$$EG_1 = \text{ld } EV \text{ [Hartley]}.$$

Anmerkung: Bei jedem Maßsystem müssen wir unterscheiden zwischen der *Dimension* = Art der gemessenen Größe, der *Maßeinheit* und dem *Namen* dieser Maßeinheit z. B.

Dimension	*Einheit*	*Name der Einheit*
Länge	Die willkürlich gewählte Länge 1, festgelegt durch ein hergestelltes „Urmaß“, später durch genaue Messung einer konstanten Naturgröße.	1 Meter = 1 m
Kraft*	Diejenige Kraft, die der Masse 1 g die Beschleunigung 1 verleiht.	1 dyn
Stromstärke	Diejenige Elektrizitätsmenge, die in 1 sec durch den Querschnitt eines Leiters tritt.	1 Ampere = 1 A
Entscheidung	binary choice	1 Hartley

* Die Kraft ist im „physikalischen Maßsystem“ eine abgeleitete Größe, daher ist ihre Dimension nicht „Kraft“, sondern Masse mal Beschleunigung oder Masse mal Länge mal Zeit^{-2}, da Beschleunigung = Geschwindigkeitsänderung pro Zeit, und Geschwindigkeit = Wegänderung pro Zeit.

Ist EV nun, wie das meist der Fall sein wird, nicht eine ganzzahlige Potenz von 2, im einfachsten Falle also $EV = 3$, so kann man trotzdem das gleiche Verfahren zur Berechnung des EG_1 anwenden — das war ein entscheidender Gedanke HARTLEYS. Man drückt auch jetzt EV als Potenz von 2 aus, z. B. $3 = 2^{1,58496\cdots}$ (s. Anhang 1). In diesem Falle würde $EG_1 = n = 1{,}58496\ldots$, also keine ganze Zahl sein, was sinnlos ist. Man setzt daher in einem solchen Falle:

$$EG_1 = [\text{ld } EV]$$

und drückt mit der eckigen Klammer, wie in der Mathematik üblich, aus, daß die nächsthöhere ganze Zahl zu wählen ist. In unserem Beispiel:

$$EG_1 = [\text{ld } EV] = [1{,}58496\ldots.] = 2 \text{ Hartley}.$$

2. Man kann die Einheit des Entscheidungsgehaltes nun aber auch rein formal bestimmen. Der graphische Baum zeigt, wie man die aufeinanderfolgenden Entscheidungen durch die *Codegruppe* des Zeichens S_i wiedergeben kann, wobei jedes Zeichen der Codegruppe einer Entscheidung entspricht. Ist die Gesamtzahl EV der so bestimmbaren Zeichen $= 2^n$ — wobei nach dem vorigen Abschnitt n also auch eine irrationale Zahl sein kann (was dann im einfachen graphischen Baum allerdings nicht darstellbar ist) — so ist n = Anzahl der Zeichen in der Codegruppe. Betrachten wir nun die Codegruppe formal als eine im dualen oder dyadischen System geschriebene

Zahl, so besteht sie aus n Dualziffern oder binären Ziffern — englisch = *bi*nary dig*it*, was man nach dem Vorschlag von JOHN W. TUKEY als „bit“ abkürzt. Die Codegruppe eines Zeichens besteht dann aus n bit, und das ist gleichbedeutend mit n Hartley, nämlich n aufeinanderfolgenden binary choices.

Man kann daher — und das geschieht heute meist — den Entscheidungsgehalt eines Zeichens auch in „bit“ messen und sagen:

$$\text{Einheit des Entscheidungsgehaltes} = 1 \text{ bit.}$$

Dies läßt vermuten, daß 1 Hartley = 1 bit sei; das gilt aber nur, wenn man mit dualen Logarithmen (ld) arbeitet. Mit natürlichen Logarithmen (ln) ergibt sich wegen des Umrechnungsfaktors für die Einheit des Entscheidungsgehalts, die man gelegentlich analog, wenn auch wenig schön, als „nit“ bezeichnet:

$$1 \text{ nit} = 1{,}44269 \text{ bit,}$$

und entsprechend bei Anwendung dekadischer Logarithmen (lg):

$$1 \text{ dit} = 3{,}32193 \text{ bit.}$$

Für diese Einheit hat man dann den Namen „Hartley“ spezialisiert, so daß jetzt:

$$1 \text{ Hartley} = 3{,}32193 \text{ bit.}$$

3. Es gibt nun in Einzelfällen Nachrichten, die aus nur einem Zeichen bestehen — so genügt es oft durchaus, auf eine Frage mit „ja“ oder „nein“ zu antworten (vgl. das oben besprochene Gesellschaftsspiel). Der Entscheidungsgehalt einer solchen Nachricht ist dann 1 bit, wenn es sich z. B. um eine vollständige Disjunktion handelt. Im allgemeinen enthalten unsere Nachrichten aber mehrere — sagen wir: m Zeichen, wobei dann jedes Zeichen einen EG_1 von n bit haben möge. Das bedeutet: wir müssen, um unsere Nachricht als Signal zu codieren, m mal je n Entscheidungen treffen; der Entscheidungsgehalt der Nachricht ist dann:

$$EG_m = m \cdot \text{ld}\, EV = m \cdot n \text{ bit.}$$

Für den Beispielsatz von S. 82f., der 19 Zeichen enthält, brauchen wir somit im Binärcode (bei 32 Zeichen des Alphabets des Primär-Codes) $19 \cdot 5 = 95$ bit; für eine Buchseite, die denen der Universalbibliothek entspricht, ergibt sich ein EG von $2400 \cdot 5 = 12000$ bit.

2.3.6. Code und Wahrscheinlichkeit

1. Den bisherigen Betrachtungen über Codes und spez. über den Binärcode haftet noch der Mangel an, daß wir alle Buchstaben mit gleichviel Zeichen codieren, die sehr häufigen wie „e“ ebenso wie die seltenen, z. B. „q“ und „x“. Schon MORSE hat diese „Schwäche“, die bei der Telegrafie sich ursprünglich als sehr unwirtschaftlich erwies, vermieden (heute ist man aus technischen Gründen, s. z. B. Fernschreiber, vielfach wieder auf Gleichzahligkeit zurückgegangen): er stellte in einer Druckerei fest, wieviele Lettern dort für jeden Buchstaben vorhanden waren, und wählte seinen Code dann so, daß die häufigsten Buchstaben die kürzesten Zeichen, die seltenen Buchstaben die längsten Zeichen erhielten. Im modernen, internationalen Morse-Code, der diesem Prinzip auch folgt, sieht das so aus:

e = ·, t = —, a = ·—, i = ··, dagegen: q = ··—·, x = ·—·· usw.

Entsprechend kann man nun auch beim 0,1-Code vorgehen. Wir wollen dies an einem einfachen Alphabet von nur 4 Buchstaben untersuchen. Wir haben etwa ein Signal:

(I) ABBCADAABDCBCCDD.

Es besteht aus 16 Buchstaben, und jeder der vier Buchstaben des Alphabets tritt in dem Signal viermal auf. Wir sagen: jedes Zeichen hat eine *relative Häufigkeit* von $^4/_{16} = ^1/_4$.

Allgemein: tritt ein Zeichen Z_i in einer Folge von N Zeichen N_i-mal auf, so ist seine relative Häufigkeit h_i:

$$h_i = \frac{N_i}{N}$$

(i = A, B, C, D in unserem Beispiel, oder allgemein: $i = 1, 2, 3, 4 \ldots.$).

Nun ist ersichtlich: $N_A + N_B + N_C + N_D = N$, oder $\Sigma N_i = N$, also:

$$h_A + h_B + h_C + h_D = \Sigma h_i = \frac{\Sigma N_i}{N} = \frac{N}{N} = 1.$$

Die Summe der relativen Häufigkeiten der einzelnen Zeichen ist = 1.

Uns interessieren hier nun aber nicht so sehr die tatsächlichen Auftretenshäufigkeiten der Zeichen, sondern, da es sich ja immer um Auswahlen und Entscheidungen handelt, die Wahrscheinlichkeiten für das Erscheinen der Zeichen. Wir müssen also den Weg von der Häufigkeit zur Wahrscheinlichkeit finden:

In der Schule haben wir einen vereinfachten Wahrscheinlichkeitsbegriff gelernt, der den modernen Anschauungen zwar nicht entspricht, aber als Ausgangspunkt dienen kann. Würfeln wir mit einem Würfel, dann wird — so lernten wir — in ungefähr $^1/_6$ aller Würfe z. B. eine 3 erscheinen. Die „Wahrscheinlichkeit" für das Auftreten einer 3 ist somit $^1/_6$, allgemein:

$$\text{Wahrscheinlichkeit} = \frac{\text{Anzahl der günstigen Fälle}}{\text{Anzahl der möglichen Fälle.}}$$

Möglich sind bei jedem Wurf 6 Fälle, günstig, wenn wir eine 3 werfen wollen, nur 1 Fall, also $W = ^1/_6$.

Führen wir nun einen praktischen Versuch aus, so werden wir leicht enttäuscht werden: entweder kommt in vielen Würfen überhaupt keine oder nur eine 3 vor, oder die 3 fällt mehrmals hintereinander. Führt man den Versuch aber einige hundert Male durch, so wird die 3 sicherlich in $^1/_6$ der Würfe auftreten — genauer gesagt: mit zunehmender Anzahl der Würfe nähert sich die Auftretenshäufigkeit der 3 dem Wert $^1/_6$.

Man kann daher sagen: wird N, die Zahl der Würfe, sehr groß, beliebig groß, oder, in einem Grenzübergang, wird N „unendlich groß" $= N \to \infty$, so wird bei diesem Grenzübergang ($\lim h_N$, von limes = die Grenze) die relative Häufigkeit zur *Wahrscheinlichkeit* für das Auftreten der 3:

$$\lim_{N\to\infty} h_N = \lim_{N\to\infty} \frac{N_i}{N} = \frac{1}{6} = 0{,}166666 \ldots\ldots$$

Bei einer Folge von N Zeichen aus einem Alphabet $Z_1, Z_2, Z_3 \ldots$ werden wir dann entsprechend definieren:

Die Wahrscheinlichkeit p_i für das Auftreten eines bestimmten Zeichens Z_i des Alphabets in einer Folge von N Zeichen ist der Grenzwert der relativen Häufigkeit für $N \to \infty$:

$$p_i = \lim_{N \to \infty} N_i.$$

Nehmen wir als Beispiel eine beliebige Folge von $N = 8$ Zeichen aus unserem Alphabet (A, B, C, D), z. B.:

(II) ABCDCDCC

und bestimmen die relativen Häufigkeiten der einzelnen Buchstaben, so finden wir:

$$\frac{N_A}{N} = \frac{1}{8}; \frac{N_B}{N} = \frac{1}{8}; \frac{N_C}{N} = \frac{4}{8} = \frac{1}{2}; \frac{N_D}{N} = \frac{2}{8} = \frac{1}{4}.$$

Wir wollen nun annehmen, das kurze Beispiel sei für die Verteilung der Häufigkeiten repräsentativ (s. unten S. 133), d. h. so weit wir die Folge auch fortsetzen mögen, werden wir immer dieselben relativen Häufigkeiten finden, dann können wir setzen:

$$p_A = \frac{1}{8}; p_B = \frac{1}{8}; p_C = \frac{1}{2}; p_D = \frac{1}{4}.$$

Das sind die *Auftretenswahrscheinlichkeiten* der Buchstaben des Alphabetes in unserer Folge. Das Alphabet ist dasselbe wie im ersten Beispiel, die „Sprache" = der *Code* wird aber ein anderer sein müssen, denn dort hatten alle Buchstaben der Folge die gleiche, hier haben sie aber verschiedene Auftretens-Wahrscheinlichkeit.

2. Wie können wir nun einen Code aufstellen, der die verschiedene Auftretens-Wahrscheinlichkeit der Buchstaben oder Zeichen berücksichtigt? Wir wählen als Beispiel jetzt ein Alphabet mit den 8 Buchstaben A, B, C, D, E, F, G, H; die Auftretenswahrscheinlichkeiten seien:

$$p_A = p_B = \frac{1}{4}; p_C = p_D = \frac{1}{8}; p_E = p_F = p_G = p_H = \frac{1}{16}.$$

Wollen wir wieder einen *graphischen Baum* zeichnen, so müssen wir jetzt anders vorgehen. Damals unterteilten wir das Alphabet in Gruppen mit jeweils gleichviel Buchstaben, jetzt müssen wir unterteilen in Gruppen gleicher Wahrscheinlichkeit (Abb. 13). Also von oben nach unten: je eine Gruppe von 4 Punkten, dann zwei Gruppen von je 2 Punkten und schließlich vier Gruppen von je 1 Punkt. Konstruieren wir dann den Baum, so sehen wir sofort: um A zu erreichen, bedarf es nur 2 Entscheidungen, dasselbe gilt für B. Für C und D benötigen wir je 3 und für die restlichen Buchstaben je 4 Entscheidungen. Der daraus sich ergebende Code hat dann

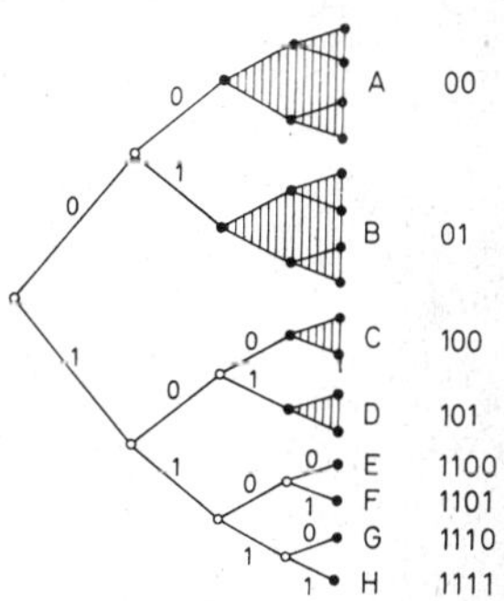

Abb. 13

die gewünschte Eigenschaft, daß die häufigsten Buchstaben die wenigsten Zeichen zur Codierung benötigen:

$$A = 00, B = 01, C = 100, D = 101, E = 1100, \text{usw.}$$

3. Die Auftretens-Wahrscheinlichkeiten sind nun aber meist nicht so einfach wie in unserem Beispiel, sie sind nicht wie hier stets Brüche der Form:

$$p_i = \frac{1}{2^t} = 2^{-t},$$

sondern haben etwa die Form: $p_1 = 0{,}312$; $p_2 = 0{,}252$ usw. Dann wird es schwieriger, den graphischen Baum zu konstruieren, und man wird zur Aufstellung eines Codes andere Wege beschreiten, will man diese Auftretenswahrscheinlichkeiten berücksichtigen. SHANNON hat dafür ein Verfahren angegeben, das wir hier vereinfacht darstellen wollen, nur um zu zeigen, wie man dabei vorgehen kann. Wir betrachten die folgende Tabelle:

i	S_i	p_i	T_i	t_i	Codegruppe
1	S_1	0,312	0,000	2	00
2	S_2	0,252	0,312	2	01
3	S_3	0,125	0,564	3	100
4	S_4	0,062	0,689	5	10100
5	S_5	0,062	0,751	5	11000
6	S_6	0,062	0,813	5	11010
7	S_7	0,062	0,875	5	11100
8	S_8	0,035	0,937	5	11101
9	S_9	0,028	0,972	6	111110

Darin bedeuten:

i = laufende Nummer

S_i = die Zeichen ($A, B, C, \ldots$)

p_i = Auftretenswahrscheinlichkeit des Zeichens S_i

T_i = Teilsummen der p_i, also: $T_1 = 0$, $T_2 = p_1$, $T_3 = p_1 + p_2$, allgemein: $T_i = \sum_{r=1}^{i-1} p_r$

t_i = Anzahl der Zeichen in der Codegruppe

Codegruppe = Binärcode der T_i.

Die letzte Spalte der Tabelle gibt die fertigen Codegruppen der einzelnen Zeichen. Wie kommen diese Codegruppen zustande? Sie sind Codierungen der Zahlenwerte der einzelnen T_i in Dualschreibweise. Eine Aufgabe wird also sein, alle T_i im Dualsystem zu schreiben. Versuchen wir dies — wir werden gleich sehen, wie man das macht — so merken wir schnell, daß das nicht „aufgeht"; wir müssen an irgend einer Stelle abbrechen. An welcher Stelle aber? Das sagt uns die 5. Spalte der Tabelle, die t_i-Werte. Sie geben an, an welcher Stelle wir die Umrechnung abbrechen können, m. a. W. wieviel Zeichen die Codegruppe enthalten muß. Die zweite Aufgabe ist somit, die t_i-Werte zu berechnen — mit ihr müssen wir beginnen.

SHANNON hat für diese Berechnung eine Formel angegeben:

$$\frac{1}{2^{t_i}} \leqq p_i < \frac{1}{2^{t_i-1}}.$$

$$1 = \frac{1}{2^0} = 1{,}00000$$

$$\frac{1}{2} = \frac{1}{2^1} = 0{,}50000$$

$$\frac{1}{4} = \frac{1}{2^2} = 0{,}25000$$

$$\frac{1}{8} = \frac{1}{2^3} = 0{,}12500$$

$$\frac{1}{16} = \frac{1}{2^4} = 0{,}06250$$

$$\frac{1}{32} = \frac{1}{2^5} = 0{,}03125$$

$$\frac{1}{64} = \frac{1}{2^6} = 0{,}01562_5$$

Das besagt: ist p_i nicht von der Form 2^{-n}, so kann man doch eine Zahl t so finden, daß $2^{-t} \leqq p_i < 2^{-t+1}$ ist. Wir schließen also p_i in zwei Brüche der Form $\frac{1}{2^n}$ ein, von denen der eine kleiner, der andere größer ist als p_i. Zur Berechnung stellen wir uns zunächst die nebenstehende Tabelle der verschiedenen Brüche $\frac{1}{2^n}$ auf, und finden dann leicht für jedes p_i aus der Tabelle einen Bruch $\frac{1}{2^t}$, der kleiner oder $= p_i$, und einen Bruch $\frac{1}{2^{t-1}}$, der größer als p_i ist. Das „t" dieser beiden Brüche ist dann das gesuchte t_i der Tabelle, z. B.:

$$\begin{array}{llr} 0{,}25 < 0{,}312 < 0{,}5 & \text{somit } & t_1 = 2 \\ 0{,}125 = 0{,}125 < 0{,}250 & & t_3 = 3 \\ 0{,}0313 < 0{,}062 < 0{,}0625 & & t_4 = 5 \\ 0{,}0156 < 0{,}028 < 0{,}0313 & & t_9 = 6 \end{array}$$

Der nächste Schritt ist, die T_i-Werte in Dualform zu schreiben. Wir geben hier ein vereinfachtes, sozusagen mechanisches Verfahren an, das genau dem oben (S. 79) geschilderten Umschreiben einer ganzen Zahl in die Dualform entspricht. An Stelle der Dezimalbrüche müssen wir jetzt *Dualbrüche* oder *dyadische Brüche* schreiben.

$$\text{Es ist z. B. } T_3 = 0{,}564 = 0 + \frac{5}{10} + \frac{6}{100} + \frac{4}{1000} = 0 + \frac{5}{10^1} + \frac{6}{10^2} + \frac{4}{10^3}.$$

Als Dualbruch geschrieben, wäre seine allgemeine Form:

$$(0{,}564)_{10} = 0 + \frac{a_1}{2^1} + \frac{a_2}{2^2} + \frac{a_3}{2^3} + \ldots .$$

Das Prinzip des Verfahrens ist nun das folgende:

$$0{,}564 = \frac{564}{1000} = \frac{500}{1000} + \frac{64}{1000} = \frac{1}{2} + \frac{64}{1000} = \frac{1}{2} + \frac{0}{4} + \frac{0}{8} + \frac{62{,}5}{1000} + \frac{1{,}5}{1000}$$

$$= \frac{1}{2} + \frac{0}{4} + \frac{0}{8} + \frac{1}{16} + \frac{1{,}5}{1000}.$$

Nun ist, wie wir soeben gefunden haben, $t_3 = 3$, d. h. wir können die Berechnung nach der dritten Stelle abbrechen und erhalten:

$$(0{,}564)_{10} = \frac{1}{2} + \frac{0}{4} + \frac{0}{8} = (0{,}100)_2.$$

Die Zähler der Dualbrüche bzw. die Stellen „hinter dem Komma" geben uns schließlich die Codegruppe: $T_3 = 100$.

Noch ein Beispiel: $T_6 = 0{,}813$ (s. d. Schema links):

$$\begin{array}{rl} 813 & \\ -1\cdot 500 & = \frac{1}{2} \\ \hline 313 & \\ -1\cdot 250 & = \frac{1}{4} \\ \hline 63 & \\ -0\cdot 125 & = \frac{0}{8} \\ \hline 63 & \\ -1\cdot\ 62{,}5 & = \frac{1}{16} \\ \hline 0{,}5 & \\ -0\cdot\ 31{,}3 & = \frac{0}{32} \\ \hline 0{,}5 & \end{array}$$

Da $t_6 = 5$ ist, müssen wir nur 5 Stellen berücksichtigen und erhalten als Codegruppe von T_6 (Zähler der Dualbrüche): $T_6 = 11010$.

Zur Übung möge der interessierte Leser die Tabelle für das oben (S. 103f.) graphisch dargestellte Beispiel nach der SHANNON-Formel berechnen — es ergibt sich die gleiche Code-Darstellung wie dort.

(Lösung: Anhang 2).

4. Wie groß ist jetzt der Entscheidungsgehalt? Wir haben es mit Nachrichten zu tun, die aus einer Anzahl von Zeichen, also aus Zeichenreihen oder, wie man sagt, aus *Zeichenserien* bestehen, innerhalb deren jedes Zeichen eine bestimmte Auftretenshäufigkeit und Auftretenswahrscheinlichkeit hat. Diese Auftretens-Wahrscheinlichkeit beeinflußt natürlich den Entscheidungsgehalt — und die Codegruppen der Tab. S. 104 zeigen ja auch, daß nicht alle Zeichen den gleichen Entscheidungsgehalt besitzen. Man kann aber einen Gesamt-Entscheidungsgehalt einer Nachricht von N Zeichen sowie einen durchschnittlichen Entscheidungsgehalt pro Zeichen bestimmen.

Um längere mathematische Abhandlungen zu vermeiden[1], gehen wir am besten von der Tabelle auf S. 104 aus. In ihr geben die t_i-Werte der 5. Spalte die Anzahl der Ziffern der Codegruppen an, und d. h. nach den Ausführungen auf S. 100f, die Anzahl bit pro Zeichen, die für die Auswahl des betr. Zeichens notwendig sind. Mit anderen Worten: die t_i geben den jeweiligen EG_i in bit pro Zeichen an.

Was aber bedeuten die t_i-Werte?

Die SHANNON-Formel zur Berechnung der t_i gibt uns die Antwort:

$$\frac{1}{2^{t_i}} \leqq p_i < \frac{1}{2^{t_i - 1}}$$

Da $p_i < 1$ ist, können wir $p_i = \frac{1}{2^n}$ setzen, wobei n, wie wir sahen, auch irrational sein kann. Das ergibt:

$$\frac{1}{2^{t_i}} \leqq \frac{1}{2^n} < \frac{1}{2^{t_i - 1}}$$

das ist der Formelausdruck für unsere Tabelle zur Berechnung der t_i auf S. 104. Aus dieser Ungleichung folgt für die Kehrwerte:

$$2^{t_i} \geqq 2^n > 2^{t_i - 1}$$

[1] Eine mathematisch nicht allzu anspruchsvolle Ableitung findet der interessierte Leser bei H. ZEMANEK: Elementare Informationstheorie. München 1959, S. 33ff.

oder, wenn wir überall die dualen Logarithmen bilden:

$$t_i \geqq n > t_i - 1$$

oder allgemein:

$$t_i = [n] \text{ (s. S. 100).}$$

Ist aber $p_i = \frac{1}{2^n}$, so ist $2^n = \frac{1}{p_i}$ oder logarithmiert:

$$n = \text{ld} \frac{1}{p_i}$$

Je nachdem, ob n ganzzahlig ist oder nicht, ist somit n oder $[n]$ der Entscheidungsgehalt EG_i des Zeichens S_i mit der Auftretenswahrscheinlichkeit p_i.

Um nun den *mittleren Entscheidungsgehalt* eines Signals von N Zeichen zu bestimmen, müssen wir über die verschiedenen EG_i des Signals summieren und den Mittelwert, das *arithmetische Mittel* bilden.

Der Mittelwert (MW) der 4 Zahlen 5, 6, 9 und 12 ist:

$$\text{MW} = \frac{5 + 6 + 9 + 12}{4} = 8.$$

Der MW der 10 Zahlen 3, 6, 4, 3, 4, 7, 6, 4, 3, 3 ist

$$\text{MW} = \frac{(3 + 3 + 3 + 3) + (4 + 4 + 4) + (6 + 6) + 7}{10}$$

$$= \frac{4 \cdot 3 + 3 \cdot 4 + 2 \cdot 6 + 7}{10} = 4{,}3.$$

Bei unserer Zeichenserie tritt nun das Zeichen S_i i-mal auf, seine Auftretenswahrscheinlichkeit ist somit bei N Zeichen im Signal:

$$p_i = \frac{i}{N}$$

und daher:

$$i = p_i N.$$

Summieren wir nun zur Mittelwert-Bildung über alle EG_i des Signals und dividieren dann durch N, so ergibt sich:

$$\frac{a \cdot EG_a + b \cdot EG_b + c \cdot EG_c + \ldots\ldots + n \cdot EG_n}{N}$$

oder, wenn wir die gefundenen Werte einsetzen:

$$\frac{(p_a N) \text{ ld} \frac{1}{p_a} + (p_b N) \text{ ld} \frac{1}{p_b} + \ldots\ldots}{N} = \frac{N \sum_{i=a}^{n} p_i \text{ ld} \frac{1}{p_i}}{N}$$

oder:

$$\text{mittlerer Entscheidungsgehalt } EG_m = \Sigma\, p_i \,\text{ld}\, \frac{1}{p_i} \text{ bit.}$$

Ein Beispiel: Wir wählen als Beispiel die oben besprochene Reihe II (S. 103). Das Alphabet besteht aus den 4 Zeichen A, B, C und D, das Signal ist:

(II): ABCDCDCC;

es besteht also aus $N = 8$ Zeichen. Die Auftretenswahrscheinlichkeiten sind:

$$p_A = \frac{1}{8},\ p_B = \frac{1}{8},\ p_C = \frac{1}{2},\ p_D = \frac{1}{4}.$$

Man findet:

$$EG_A = EG_B = \text{ld}\,\frac{1}{p_A} \text{ bzw. ld}\,\frac{1}{p_B} = 3$$

$$EG_C = \text{ld}\,\frac{1}{p_C} = 1;\ EG_D = \text{ld}\,\frac{1}{p_D} = 2;$$

und für den mittleren Entscheidungsgehalt:

$$EG_m = p_A \cdot \text{ld}\,\frac{1}{p_A} + p_B \cdot \text{ld}\,\frac{1}{p_B} + p_C \cdot \text{ld}\,\frac{1}{p_C} + p_D \cdot \text{ld}\,\frac{1}{p_D}$$

oder:

$$\frac{1}{8}\cdot 3 + \frac{1}{8}\cdot 3 + \frac{1}{2}\cdot 1 + \frac{1}{4}\cdot 2 = \frac{6}{8} + 1 = 1{,}75 \text{ oder } 1^3/_4 \text{ bit.}$$

Schließlich wollen wir unsere Zeichenserie (II) noch in den Binärcode übertragen. Dazu müssen wir die Codegruppe jedes Zeichens nach dem oben angegebenen Verfahren bestimmen, indem wir die entsprechende Tabelle aufstellen:

i	S_i	p_i	T_i	t_i	Codegruppe
1	C	0,500	0,000	1	0
2	D	0,250	0,500	2	10
3	A	0,125	0,750	3	110
4	B	0,125	0,875	3	111

Im Binärcode sieht die Nachricht (II) somit so aus: 11011101001000.

Da der Binärcode, wie schon einmal bemerkt, keine Zwischenräume kennt, könnte es scheinen, als wäre die obige Darstellung nicht eindeutig. Prüfen wir also zum Schluß noch die Eindeutigkeit der Code-Darstellung:

Da es unter den Codegruppen der Tabelle keine 1 gibt, auch keine 11, kann die erste Gruppe nur heißen: 110/. Aus demselben Grunde muß die nächste Gruppe:

111/ heißen. 01 ist auch nicht vorhanden, somit ist die dritte Gruppe 0/; die nächste kann, da 100 nicht vorkommt, nur 10/ sein und die folgende dann wieder 0, der dann 10/, 0/ und 0/ folgen, so daß die Abtrennung:

$$(II) = 110/111/0/10/0/10/0/0/ = ABCDCDCC$$

eindeutig ist.

5. Auf den zweiten wichtigen Punkt, die *Übergangswahrscheinlichkeiten* der Zeichen in einer Serie, die eine Markoff-Kette ist, wollen wir wenigstens kurz eingehen, wenn wir auch auf eine genauere Darstellung wegen der mathematischen Schwierigkeiten verzichten müssen. Die Auftretenswahrscheinlichkeit eines Zeichens hängt in einer Markoff-Kette, wie wir gesehen haben (S. 93f.), vom Vorhandensein des vorhergehenden Zeichens ab. Es handelt sich also um die Wahrscheinlichkeit dafür, daß in einer Zeichenserie auf ein Zeichen S_n das Zeichen S_{n+r} folgt, oder allgemein:

Ein System kann die verschiedenen Zustände S_1, S_2, S_3 .... S_n einnehmen. Es besteht nun eine gewisse Wahrscheinlichkeit dafür, daß S, das sich „jetzt" im Zustande S_i befindet, „im nächsten Augenblick" den Zustand S_j einnimmt. Dabei besteht für S_i selbst eine (abhängige oder unabhängige) *Auftretenswahrscheinlichkeit* p_i. Das Symbol für die *bedingte* oder *Folgewahrscheinlichkeit* muß beide Zustände enthalten, man schreibt:

$$p_i\,(j).$$

Man kann nun die Struktur einer Markoff-Kette mit ihren $p_i\,(j)$ auf verschiedene Weisen darstellen, nämlich a) in der Matrizen-Darstellung, und b) graphisch im sog. „Markoff-Diagramm". Wir wollen beide Darstellungen an einem Beispiel von SHANNON[1] kurz besprechen.

a. Matrizen-Darstellung:

Gegeben sei ein Signal mit folgenden Eigenschaften:

Alphabet: die drei Buchstaben A, B, C.

Auftretenswahrscheinlichkeiten p_i: $p_A = \frac{9}{27}$, $p_B = \frac{16}{27}$, $p_C = \frac{2}{27}$

Übergangswahrscheinlichkeiten $p_i\,(j)$: $p_A\,(A) = 0{,}0$; $p_A\,(B) = 0{,}8$; $p_A\,(C) = 0{,}2$
$p_B\,(A) = 0{,}5$; $p_B\,(B) = 0{,}5$; $p_B\,(C) = 0{,}0$
$p_C\,(A) = 0{,}5$; $p_C\,(B) = 0{,}4$; $p_C\,(C) = 0{,}1$

Aus dieser Liste sieht man zunächst, daß im Signal A niemals auf A, und C niemals auf B folgt.

Da die Übergangswahrscheinlichkeiten stets nur zwischen zwei aufeinanderfolgenden Zeichen bestimmt sind, kann man auch die Wahrscheinlichkeiten für das Auftreten bestimmter Zeichenpaare, z. B. AB oder BC oder CA usw., bestimmen; ihr Symbol ist das der *Auftretenswahrscheinlichkeit* der Paare (i, j), also:

$$p\,(i, j).$$

[1] SHANNON: a. a. O. S. 11f.

Diese $p\,(i, j)$ lassen sich aus den p_i und $p_i\,(j)$ nach einer sehr einfachen Formel berechnen, es ist:

$$p\,(i, j) = p_i \cdot p_i\,(j),$$

d. h. die Auftretenswahrscheinlichkeit eines Paares ist gleich der Auftretenswahrscheinlichkeit des ersten Paargliedes, multipliziert mit der Übergangswahrscheinlichkeit für das Folgen des zweiten Gliedes.

Auf Grund dieser Berechnung kann man nun drei Matrizen aufstellen, die die p_i, $p_i\,(j)$ und $p\,(i, j)$ enthalten und die einen Überblick über die Beziehungen in der Markoff-Kette geben. Dabei stehen in der ersten Spalte jeweils die ersten Glieder der Paare und in den folgenden Spalten die jeweils auf jene folgenden Zeichen.

p_i	p_i
A	$\frac{9}{27}$
B	$\frac{16}{27}$
C	$\frac{2}{27}$

$p_i\,(j)$		j: A	B	C
i	A	0,0	0,8	0,2
	B	0,5	0,5	0,0
	C	0,5	0,4	0,1

$p\,(i, j)$		j: A	B	C
i	A	0	$\frac{4}{15}$	$\frac{1}{15}$
	B	$\frac{8}{27}$	$\frac{8}{27}$	0
	C	$\frac{1}{27}$	$\frac{4}{135}$	$\frac{1}{135}$

b. Das Markoff-Diagramm:

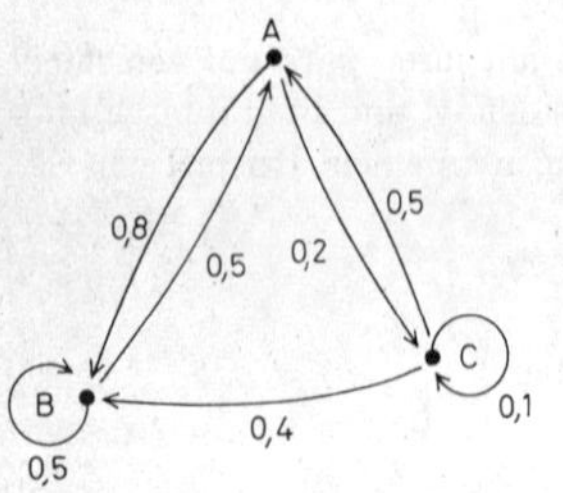

Abb. 14

Um das Markoff-Diagramm aufzustellen, zeichnen wir zunächst die drei Zeichen als Punkte in Dreiecksform auf (s. Abb. 14) und schreiben die entsprechenden Buchstaben daran. Da C auf C und B auf B folgen können, zeichnen wir von B bzw. von C aus eine kleine Schleife, die zum Ausgangspunkt zurückführt — daran schreiben wir den Wert für $p_B\,(B) = 0{,}5$, bzw. $p_C\,(C) = 0{,}1$. C kann aber auch auf A folgen, daher verbinden wir die beiden Punkte durch einen gekurvten Pfeil AC — Wert für $p_A\,(C) = 0{,}2$—; und da umgekehrt auch A auf C folgen kann, verbinden wir beide durch einen zweiten Pfeil CA mit dem Wert 0,5 für $p_C\,(A)$. In dieser Weise tragen wir auch alle übrigen Übergangswahrscheinlichkeiten ein und erhalten so das vollständige Diagramm.

Als Folge, die den beiden Darstellungen entspricht, gibt Shannon folgende Zeichenserie als Beispiel:

ABBABABABABABABBBABBBBBABABABABABBBA
CACABBABBBBABBABACBBBABA

Sie besteht aus $N = 60$ Zeichen mit den jeweiligen Auftretenshäufigkeiten:

$$A = \frac{22}{60} \approx \frac{10}{27}; \quad B = \frac{35}{60} \approx \frac{16}{27}; \quad C = \frac{3}{60} \approx \frac{1{,}4}{27}.$$

Man sieht, daß die tatsächlichen Auftretenshäufigkeiten der Zeichen den Auftretenswahrscheinlichkeiten nicht genau, sondern nur angenähert entsprechen.

2.3.7. Redundanz

2.3.7.1. *Der Begriff der Redundanz*

1. Übersetzen wir, wie bisher meist, Redundanz mit „Weitschweifigkeit", so trifft diese Übersetzung wieder nur den Alltagsbegriff, den wir verwenden, wenn jemand für eine Nachricht, die er uns übermittelt, unverhältnismäßig viele Wörter gebraucht, jedenfalls mehr, als er für die Mitteilung eigentlich benötigte. Was im persönlichen Gespräch eine Zeitverschwendung ist, wird bei der technischen Übermittlung von Nachrichten — sei es telegrafisch, sei es in Form gedruckter Nachrichten, z. B. Zeitschriftenaufsätze, Bücher usw. — zusätzlich zu einem wirtschaftlichen Problem, denn Weitschweifigkeit kostet Geld, kostet Raum und Zeit, blockiert Übermittlungskanäle usw. Die Presse führt den Kampf gegen diese Weitschweifigkeit schon seit langer Zeit; von dem großen amerikanischen Zeitungsmann GORDON BENNET wird ein Rezept für junge Journalisten berichtet, das sich als wirksam erwiesen haben soll: „Schreiben Sie jeden Bericht so, als müßten Sie ihn auf eigene Kosten nach Australien telegrafieren." Es ist erstaunlich, wieviele überflüssige Wörter man in einem Text entdeckt, der nach diesem Rezept überprüft wird.

Auch im wissenschaftlichen Schrifttum bemüht man sich seit einigen Jahren intensiv um Konzentration der Ausdrucksweise, speziell bei Zeitschriftenbeiträgen. Doch gibt es da auch eine Grenze, die man im Übereifer überschreiten kann. KANT zitiert einmal ein Wort des Abtes TERRASSON[1]: „Wenn man die Größe eines Buches nicht nach der Zahl der Blätter, sondern nach der Zeit mißt, die man nöthig hat, es zu verstehen, so könne man von manchem Buche sagen: daß es viel kürzer sein würde, wenn es nicht so kurz wäre."[2] Erklärung benötigt nun einmal Raum, und je weniger Vorwissen man bei seinen Lesern voraussetzen kann, desto ausführlicher muß die Darstellung werden.

2. Man muß daher zwischen einer positiven und einer negativen oder zwischen nützlicher und schädlicher Weitschweifigkeit unterscheiden — die schädliche ist vermeidbar und sollte vermieden werden. Man hat in diesem Sinne auch einmal von „non-communicating discourse" gesprochen — z. B. in Gesprächen, bei Vorträgen, aber auch in Aufsätzen, Abhandlungen, Büchern — und diese Art des Sprechens und Schreibens derjenigen gegenübergestellt, die wirklich kommunikativen Zwecken dient (R. H. THOULESS)[3]. Eine Fülle von Redefloskeln, einleitenden Phrasen und Allgemeinplätzen in Begrüßungsansprachen, Vorträgen usw. gehört sicherlich zur negativen Weitschweifigkeit.

---

[1] Abt TERRASSON (1670–1750) war ein französischer Philosoph und Schriftsteller, der neben seinen philosophischen Schriften auch einen utopischen Staatsroman geschrieben hat.

[2] KANT: Kritik der reinen Vernunft, Vorrede zur 1. Auflage 1781.

[3] R. H. THOULESS: „Non-communicating discourse", eine recht boshafte, aber beherzigenswerte Abhandlung in ‚The scientist speculates", London 1961, p. 32ff. (Deutsche Ausgabe unter dem Titel: Phantasie in der Wissenschaft, Düsseldorf 1965, S. 37ff.).

Was wirklich ,,überflüssig" und ,,weitschweifig" ist, läßt sich nur von Fall zu Fall aus dem jeweiligen Zusammenhang oder aus der Situation feststellen. Ist man beim Abfassen eines Telegramms ,,weitschweifig", so kann dies eine positive Weitschweifigkeit sein, weil man durch Wahl zusätzlicher Wörter die richtige Übertragung des Inhalts gewährleisten will. Ebenso ist es positive Weitschweifigkeit, wenn in einführenden Schriften mehr erklärt wird, als vielleicht unbedingt nötig wäre, um etwaige Fragen des Lesers vorwegzunehmen, oder wenn Beispiele als Illustrationen oder auch als Ruhepunkte in der Entwicklung eingeflochten werden: dies dient eben echten kommunikativen Zwecken.

Doch kann die Gründlichkeit wissenschaftlicher Untersuchungen und Darstellungen auch zu einer negativen Weitschweifigkeit führen, wenn der Autor nicht den Mut zum Anfangen, zum Hineinspringen in sein Thema hat, sondern in seiner Grundlegung immer weiter zurückgeht. Ein fast rührendes Beispiel dafür ist es, wenn MORITZ CANTOR seine unvergleichlichen (leider heute in vielen Punkten sachlich veralteten) ,,Vorlesungen über Geschichte der Mathematik" (3 Bände 1880 ff.) mit dem Satz beginnt: ,,Längst war der Erdball so weit erkaltet, daß auf der festgewordenen Oberfläche Organismen sich entwickeln konnten." Dies ist sicherlich eine Übertreibung des von KANT so gerühmten ,,Geistes der Gründlichkeit".

3. Der wissenschaftliche Begriff der *Redundanz* ist eng mit dem der Information gekoppelt. Was in einer Nachricht ,,überflüssig" ist, übermittelt keinerlei Information, d. h. es beseitigt keine Ungewißheit. Das Überflüssige vermindert somit den Informations-Gehalt einer Nachricht, anders gesagt: der durch eine redundante Nachricht übertragene Informationsgehalt (IG) ist geringer, als er bei gleichem Zeichenaufwand sein könnte. So kommt man zu der allgemeinen Formel:

$$\text{IG} = \text{IG}_{max} - \text{Red.}$$

Unter anderem Aspekt kann man auch sagen: Ist in einer Nachricht etwas enthalten, was der Empfänger ,,erraten" kann, so trägt dies nichts zur Information des Empfängers bei; es ist, roh betrachtet, überflüssig — ist redundant. Damit wird der Begriff der Redundanz aber erheblich erweitert; er bezeichnet nicht mehr nur das Überflüssige, sondern alles, was der Empfänger ,,erwarten", ,,erraten" oder sonstwie gleichsam von sich aus in die Nachricht einsetzen kann. Vom Sender aus gesehen heißt das: Redundanz ist alles das, wodurch die Auswahl der Zeichen beim Zusammenstellen einer Nachricht gebunden ist. Dazu gehören nun aber alle statistischen Gesetzmäßigkeiten und Regelmäßigkeiten der Sprache — z. B. die Auftretens- und Folgewahrscheinlichkeiten von Buchstaben und Wörtern —, alle grammatischen Regeln, aber auch — auf der semantischen Stufe — alle logischen und sachlichen Gesetzmäßigkeiten. Sie ermöglichen es dem Empfänger, wenn er sie kennt, den Fortgang einer begonnenen Nachricht weitgehend selbst zu konstruieren, oder eine etwa verstümmelte Nachricht sinngemäß zu ergänzen. Auch sie übermitteln daher keine Information, sondern vermindern den Informationsgehalt der Nachricht. Man hat auch definiert: ,,Die Redundanz mißt die Menge ungenützter Informationsmöglichkeiten" (QUASTLER).

Infolge der statistischen und grammatischen Gesetzmäßigkeiten ist die menschliche Sprache somit redundant, und zwar umsomehr redundant, je gesetzmäßiger, logischer sie ist. Für das Englische hat man die Redundanz zu mehr als 40% angegeben, für das Deutsche zu ca. 20%. Wie kann man das messen? Hier sei nur kurz ein Verfahren erwähnt, das erlaubt, die *mittlere Redundanz* bestimmter gedruckter Texte zu ermitteln — es stammt von SHANNON: Eine Versuchsperson soll einen ihr unbekannten Text Buchstabe für Buchstabe erraten, wobei entweder die Zahl der Treffer oder die Anzahl der Versuche bis zu einem richtigen Ergebnis registriert und gewertet wird.[1] Daß ein solches Erraten, wenn auch in Grenzen, überhaupt möglich ist, beruht eben auf unserem Vorwissen, unserer Kenntnis von Buchstabenhäufigkeiten, Buchstabenfolgen, von bestimmten Wörtern, die in entsprechenden Texten auftreten können, beruht auf grammatischen Regeln usw.

Vom Sender her gesehen besagt die Aussage, die Redundanz der englischen Sprache z. B. betrage beinahe 50%: bei der Auswahl der Buchstaben zum Aufstellen eines Signals können wir nur etwa die Hälfte frei wählen, die anderen rund 50% sind durch Gesetzmäßigkeiten und Regeln bedingt.

4. Verstehen wir die *Redundanz* in diesem Sinne, so zeigt sich ein neuer, wichtiger Anwendungsbereich für diesen Begriff: nämlich in der Psychologie bzw. in der Verhaltensforschung, speziell in der Theorie des *Lernens*.

Angenommen, die Welt als Ganzes wäre „regellos“, und zwar so weit, daß in der Folge der Situationen, in die ein Organismus gerät, oder der Erscheinungen, die ihm begegnen, keinerlei Regel zu finden sei, keine Gesetzmäßigkeit, auch keine Auftretens- oder Folgewahrscheinlichkeit. Dann wäre das Verhalten eines Organismus jeweils vollständig bestimmt durch die Information, die er durch Sinnesdaten erhält. Nichts wäre vorauszusehen, nichts zu erraten, der Zufall würde frei herrschen — und das bedeutet: die Redundanz der Signale wäre = 0.

Den anderen Extremfall bietet der berühmte LAPLACEsche „Geist“: LAPLACE, der große französische Mathematiker und Physiker (1749–1827), lehrte: „Ein Geist, der für einen Augenblick alle Kräfte kennte, welche die Natur beleben, und die gegenseitige Lage aller Wesenheiten, aus denen sie besteht, müßte, wenn er umfassend genug wäre, um alle diese Daten der mathematischen Analyse unterwerfen zu können, in derselben Formel die Bewegung der größten Himmelskörper und des leichtesten Atoms begreifen, nichts wäre ungewiß für ihn, und Zukunft wie Vergangenheit läge seinem Auge offen da.“[2] Dieser allumfassende Geist benötigte somit keinerlei Information mehr, für ihn wäre die Redundanz aller Nachrichten über den Zustand der Welt = 1.

Beide Extremfälle sind nicht real, und daher benötigen alle Organismen, benötigt auch der Mensch ständig Information zur Steuerung seines Verhaltens, und alle

[1] Vgl. etwa CHERRY: Kommunikationsforschung, S. 158f. — Genaueres findet der interessierte Leser in der Arbeit von DANIEL H. CARSON: „Letter constraints within words in printed English“, Kybernetik **1**, 46ff. (1961).

[2] Zitiert nach E. ZIMMER: Umsturz im Weltbild der Physik. 9. Aufl., München 1949, S. 25.

Organismen nutzen zugleich schon gewonnene Kenntnisse und Erkenntnisse aus Informationen für ihr Verhalten aus. Das bedeutet aber: sie haben auf Grund früherer Informationen gewisse Regelmäßigkeiten und Gesetzmäßigkeiten erkannt, sie haben Erfahrungen gemacht, haben *gelernt*. Und je mehr sie gelernt haben, desto größer ist die Redundanz der sie neu informierenden Nachrichten, wobei aber stets $0 < R < 1$, in bestimmten Fällen bzw. Situationen vielleicht auch $0 \leqq R \leqq 1$ ist. Das führt uns zu der Formel: „Lernen ist ein Entdecken und Ausnützen von Redundanzen" (H. FRANK)[1].

Überträgt man dies auf die syntaktische Dimension, so wird die Formulierung verständlich: „Man kann Lernen somit ansehen als die Entwicklung von Einschränkungen — und zwar statistischer oder anderer Art — der Freiheit der Kombination von Elementen des Alphabets" (MCKAY)[2].

2.3.7.2. *Code und Redundanz*

1. Nicht nur beim Abfassen einer Mitteilung können wir Redundanz in die Nachricht einführen, sondern auch das *Codieren*, etwa aus dem Primär-Code in den Binär-Code, kann zu einer Quelle der Redundanz werden. Codieren wir z. B. das Wort „Bach" nach einem Binärcode, den wir mit Hilfe des graphischen Baumes (S. 95) gewinnen, so erhalten wir (mit Abtrennung der Buchstaben zur Verdeutlichung):

I. /00001/00000/00010/00111/
b a c h

Codieren wir nun dasselbe Wort mit einem Code, der die Auftretenshäufigkeiten der Buchstaben berücksichtigt (S. 103) — wir wählen der Einfachheit halber einen schon besprochenen Code — so erhalten wir:

II. /01/00/100/1111/
b a c h

Anstelle der 20 Zeichen beim Code I benötigen wir hier nur 11 Zeichen, Code II ist also sparsamer, 9 Zeichen des Codes I könnten wir bei geeignetem Codieren einsparen. Code I ist gegenüber II redundant. (Der Vergleich bezieht sich natürlich nur auf alle diejenigen Wörter, die sowohl mit dem einen als auch mit dem anderen Alphabet sich formulieren lassen!)

Der Nachrichtentechniker, für den technische und wirtschaftliche Momente eine entscheidende Rolle spielen, hat nun ein Interesse daran, eine Nachricht mit dem jeweils geringstmöglichen Zeichenaufwand zu senden, der eine sichere Übertragung noch gewährleistet. Ihn interessiert daher auch die Frage, welcher Code der überhaupt sparsamste ist, welcher also für eine gegebene Nachricht die wenigsten Zeichen benötigt.

---

[1] H. FRANK: „Was ist Kybernetik" in: Kybernetik — Brücke zwischen den Wissenschaften. 5. Aufl., 1965, S. 20.

[2] D. M. MCKAY: „Information and Learning" in: Lernende Automaten (Ber. über die Fachtagung d. Nachr.techn. Ges. 1961) München 1961, S. 40f.

2. Ein solcher *Minimal-Code* ist eine theoretische Konstruktion; seine praktische Bedeutung besteht darin, daß man diesen Minimal-Code der Maßbestimmung der Information wie auch der Redundanz zugrunde legt. In der Praxis muß man immer mit einer gewissen Redundanz arbeiten, eben um die übertragene Nachricht soweit wie möglich gegen Entstellungen zu sichern. Das heißt, der praktisch verwendete Code wird zwischen zwei Grenzfällen liegen: dem idealen, „absolut sicheren" Code mit sehr viel Redundanz — und dem idealen Minimal-Code, der keinerlei Code-Redundanz enthält. Die Kunst des Codierens besteht u. a. darin, die Lage des verwendeten Codes zwischen diesen beiden Idealfällen möglichst weit zum Minimal-Code zu verschieben.

3. „Sicherheit" der Übertragung kann, wie schon mehrfach betont, durch geeignetes Codieren erreicht oder wenigstens angenähert werden. Dabei müssen wir aber verschiedene Fälle unterscheiden, denn von einer solchen „Sicherheit" werden wir sprechen können, wenn:

a) das Signal unverändert, also ungestört zum Empfänger gelangt;

b) das Signal zwar gestört ist, der Empfänger aber diese Störung erkennen kann. Er vermag dann evtl. zurückzufragen oder um erneutes Senden zu bitten;

c) wenn der Empfänger nicht nur die Störung erkennt, sondern sie von sich aus beheben kann, also in der Lage ist, das abgesendete Signal aus dem gestörten zu rekonstruieren.

Uns interessiert an dieser Stelle nur, welchen Einfluß das Codieren auf diese drei Fälle hat.

Daß das Signal ungestört übermittelt werden kann, ist eher ein technisches als ein Codierungs-Problem. Doch hat auch hier das Codieren einen Einfluß: man wird den Code für eine Übertragung so wählen, daß seine Zeichen durch die zu erwartenden Störungen möglichst wenig verändert werden können, wird also z. B. nicht Elementarzeichen benutzen, die einander formal sehr ähnlich sind.

4. Wichtiger ist der Fall b), bei dem der Empfänger den Fehler, also die Störung im empfangenen Signal, erkennen kann. Einen Code, der das ermöglicht, nennt man einen *prüfbaren Code*.

Nehmen wir als Beispiel wieder unser Alphabet von 8 Buchstaben, die wir mit Hilfe des graphischen Baumes codieren:

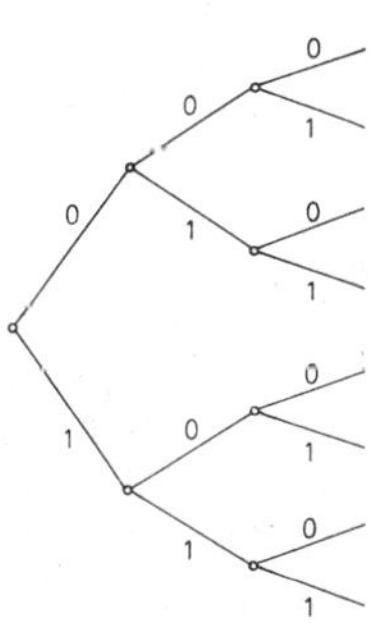

graphischer Baum	Code	prüfbarer Code	Anzahl der Einsen
A	000	0000	0
B	001	0011	2
C	010	0101	2
D	011	0110	2
E	100	1001	2
F	101	1010	2
G	110	1100	2
H	111	1111	4

Abb. 15

Aus diesem Code (2. Spalte) stellen wir jetzt einen *prüfbaren Code* her, indem wir an jede Gruppe eine 1 oder 0 so anhängen, daß die Gesamtzahl der Einsen (Spalte 4) in jeder Gruppe eine gerade Zahl ist. Jede Gruppe unterscheidet sich jetzt von den beiden benachbarten durch je zwei Zeichen — man nennt dies auch die HAMMING-Distanz der Codegruppen: Die HAMMING-Distanz ist hier also jeweils = 2.

Angenommen, der Empfänger erhalte nun ein Signal, in dem die Gruppe 1011 auftritt; sie ist in der obigen Liste nicht enthalten, kann auch nicht darin enthalten sein, da die Einser-Summe dieser Gruppe = 3, also ungerade ist. Die Codegruppe 1011 muß daher falsch sein. Dies kann der Empfänger feststellen, aber er kann nicht feststellen, welches der vier Zeichen der Gruppe falsch ist, da ja jede Änderung einer der vier Stellen von 1 in 0 bzw. von 0 in 1 die Einser-Summe gerade macht, so daß der richtige Buchstabe sowohl B, E, F als auch H sein kann. So muß der Empfänger evtl. zurückfragen und um Wiederholung bitten.

5. Man kann nun aber, ebenfalls durch Hinzufügen redundanter Zeichen (positive Redundanz!) Codes konstruieren, die dem Empfänger nicht nur einen Fehler zu erkennen erlauben, sondern ihn auch in die Lage versetzen, aus dem gestörten Signal das richtige zu rekonstruieren, sog. *korrigierbarer Code*. Ein Beispiel dafür ist der „Hamming-Code", den R. W. HAMMING (1950) aufgestellt hat.

Wir nehmen dasselbe Beispiel wie oben, also den Buchstaben B, und zwar gleich in der prüfbaren Form: 0011, die durch die Übermittlung wieder in 1011 verändert worden sei. Beim Hamming-Code wird eine solche Vierer-Gruppe nun zu einer 7stelligen Code-Gruppe ergänzt, und zwar so, daß die Zeichen des Vierercodes die 3., 5., 6. und 7. Stelle einnehmen. Die übrigen 3 Stellen werden wieder so mit 0 oder 1 besetzt, daß bestimmte Quersummen gerade sind. Die Tabelle zeigt den allmählichen Aufbau der Codegruppe, in die einzelnen Phasen zerlegt:

Stelle:	①	②	③	④	⑤	⑥	⑦	
Vierer-Code:	·	·	0	·	0	1	1	
④ + ⑤ + ⑥ + ⑦ = T_2:	·	·	·	**0**	0	1	1	= 2
② + ③ + ⑥ + ⑦ = T_1:	·	**0**	0	·	·	1	1	= 2
① + ③ + ⑤ + ⑦ = T_0:	**1**	·	0	·	0	·	1	= 2
Hamming-Code:	1	0	0	0	0	1	1	

Zunächst wird die 4. Stelle so besetzt, daß die Summe T_2 = ④ + ⑤ + ⑥ + ⑦ eine gerade Zahl ergibt. Da ⑤ + ⑥ + ⑦ im Originalcode = 0 + 1 + 1 schon eine gerade Summe ergibt, kommt an die 4. Stelle eine 0. Dann wird die 2. Stelle so ausgefüllt, daß T_1 = ② + ③ + ⑥ + ⑦ eine gerade Summe gibt, somit auch an die 2. Stelle eine 0, da ③ + ⑥ + ⑦ schon gerade. Zum Schluß besetzt man die 1. Stelle so, daß T_0 = ① + ③ + ⑤ + ⑦ gerade wird, hier also mit einer 1. Die so entstehende Codegruppe für den Buchstaben B ist dann: 1000011.

Jetzt sei der Buchstabe B bei der Übertragung in derselben Weise wie oben verändert, also statt 1000011 erhält der Empfänger 1010011.

a) *Prüfung:* Zur Prüfung bilden wir die 3 Summen:

$$T_0 = ① + ③ + ⑤ + ⑦ = 3$$
$$T_1 = ② + ③ + ⑥ + ⑦ = 3$$
$$T_2 = ④ + ⑤ + ⑥ + ⑦ = 2$$

Da T_0 und T_1 ungerade sind, muß in der Code-Gruppe ein Fehler stecken.

b) *Korrektur:*

Ein Vergleich der 3 Summen zeigt schon, daß der Fehler nicht in ⑦ stecken kann, denn eine Änderung von ⑦ würde $T_2 = 1$, also ungerade machen. Auch in ④ kann er nicht stecken, da deren Änderung die beiden anderen Summen nicht berühren würde, und zugleich T_2 ungerade machte. Es kommen also lediglich Stellen in Frage, die nur in T_0 und T_1 enthalten sind — und das ist in diesem Falle ausschließlich ③ — also muß die 1 an der dritten Stelle falsch sein und die Codegruppe muß heißen: 1000011.

Prüfung und Korrektur werden viel einfacher, wenn man eine Formel benutzt, die hier nur mitgeteilt sei:

$$ⓧ = \sum_{i=0}^{2} k_i \cdot 2^i.$$

ⓧ gibt unmittelbar die falsche Stelle an, wenn man folgende Regel benutzt[1]: man bildet die drei Summen T_i und setzt, falls ein T_i gerade ist, in der Formel $k_i = 0$, im anderen Falle $k_i = 1$.

In unserem Beispiel sind T_0 und T_1 ungerade, somit $k_0 = 1$ und $k_1 = 1$; T_2 ist gerade, k_2 daher $= 0$. Das ergibt:

$$ⓧ = \sum_{i=0}^{2} k_i \cdot 2^i = k_0 \cdot 2^0 + k_1 \cdot 2^1 + k_2 \cdot 2^2 = 1 \cdot 2^0 + 1 \cdot 2^1 + 0 \cdot 2^2 = 1 + 2 = 3.$$

2.4. Das Maß der Information

Wir wollen hier auch das Maß der Information nicht einfach definieren, sondern uns den Begriff, und soweit dies möglich ist, auch die mathematische Formulierung schrittweise erringen, indem wir einige der früher (S. 66ff) besprochenen Aspekte der Information gesondert betrachten.

1. Wir beginnen wieder mit dem Alltagsbegriff. Wir sagten (S. 67f.), daß die Information, die wir erhalten, einen Teil des Nichtwissens über x, also einen Teil von $\overline{\text{Wi}}(x)$ behebe, und daß wir dieses behobene $\overline{\text{Wi}}(x)$ als ein Maß der erhaltenen Information ansehen könnten.

Nun ist es schwierig, ein Maß für einen „Bruchteil meines Nichtwissens" über x anzugeben; aber vielleicht können wir so vorgehen: Was ich nicht weiß, danach kann ich fragen, und zwar entweder, indem ich eine einfache Frage stelle: „Was ist x?", oder indem ich auf Grund des immer vorhandenen Vorwissens über x mein Nicht-

[1] Vgl. H. Zemanek: a. a. O. S. 95f., auch Shannon: a. a. O. S. 48.

wissen als eine disjunktive, als eine „entweder-oder-Frage" formuliere: „Ist x = A oder = non-A?". Weiß ich gar nichts von x, dann kann ich immer noch fragen: „Ist x Etwas oder Nichts?", was ja nur eine andere Formulierung ist für „gibt es x?". Lautet die Antwort dann „ja", so kann ich weiterfragen, denn ich weiß zwar nichts „über x", wohl aber kenne ich die Möglichkeiten, die für x überhaupt bestehen, da es ja „x gibt". Ich frage also etwa: "Ist x ein Ding oder nicht ein Ding?".

Wir sehen, wir kommen auf die Dichotomie (S. 96ff) zurück, mit der wir, fragen wir richtig und lange genug, unser Nichtwissen von x voll ausschöpfen können. Zugleich zerlegen wir dabei $\overline{\mathrm{Wi}}(x)$ in elementare Einheiten, in „Einheiten meines Nichtwissens über x" — und jede solche Einheit drückt sich in einer entweder-oder-Frage aus und wird behoben durch eine „binary choice". Die *Einheit des Informations-Maßes*, die wir so gewinnen, ist diejenige Informations-Menge, die die Einheit des Nichtwissens behebt — sie wird gemessen durch die Einheit der Entscheidung zwischen nur zwei Möglichkeiten und beträgt somit 1 bit.

2. Als ein anderer Aspekt der Information ergab sich, daß Information das „Unerwartete" ist (S. 75f), also, wie wir dann später fanden, dasjenige an einer Nachricht, das nicht Redundanz ist. Das „Erwartete" können wir „erraten", das, was an ihr Information ist, können wir nicht erraten. Erraten können wir nun, so fanden wir weiter, Zeichen mit sehr hoher Auftretenswahrscheinlichkeit — diese übertragen daher wenig Information. Nur die „seltenen" Zeichen mit kleinem p-Wert übermitteln Information.

Wird die Nachricht nun im Binärcode übertragen, so sind bei Codes, die die Auftretenswahrscheinlichkeit der Zeichen berücksichtigen, die häufig auftretenden Zeichen „kurz", die seltenen aber „lang" (s. S. 103ff). Die langen Codegruppen übertragen somit mehr Information als die kurzen. Wir können daher auch die Länge der Codegruppen als ein Maß der Information ansehen — vorausgesetzt (s. S. 115), daß der Code der *Minimal-Code* ist, also jeweils die kürzest mögliche Codegruppe für ein Zeichen liefert.

Unter diesem Gesichtspunkt ist die *Einheit des Informations-Maßes* eine Codegruppe mit nur 1 Codezeichen — sie ist somit = 1 bit.

3. Für den Sender einer Nachricht bedeutet das Aufstellen des Signals, wie wir oft betont haben (z. B. S. 91f), ein *Auswählen* der Zeichen aus den im Alphabet gegebenen Zeichen, oder des Signals aus der Gesamtheit möglicher Signale.

Für den allgemeinen Fall, bei dem der Elementarvorrat EV also nicht eine ganzzahlige Potenz von 2 ist, und bei dem wir die verschiedenen Auftretenswahrscheinlichkeiten p_i der Zeichen berücksichtigten (von den Folgewahrscheinlichkeiten sehen wir hier der Einfachheit halber ab), ergab sich (S. 107f) ein mittlerer *Entscheidungsgehalt*:

$$\mathrm{EG}_m = \Sigma p_i \operatorname{ld} \frac{1}{p_i} \text{ bit} \qquad (1)$$

Wir haben oben (S. 68) von der *Ungewißheit* gesprochen, und haben dann später (S. 95f) gesehen, daß die Ungewißheit — etwa über die Fortsetzung eines Weges oder auch einer Nachricht — behoben werden kann entweder durch eine *Entscheidung* oder durch eine *Information*. Beide, Entscheidung und Information, beheben also Ungewißheit, und es ist verständlich, daß man annimmt, dies gelte auch quantitativ, d. h. die gleiche Menge Entscheidung (EG) und die gleiche Menge Information (IG) beheben die gleiche Menge Ungewißheit bzw. $\overline{\text{Wi}}$(x).

Da die Einheit des Entscheidungsgehalts = 1 bit ist, setzt man daher auch die Einheit der Informationsmenge, des Informationsgehalts = 1 bit, und der *mittlere Informationsgehalt* wird durch die gleiche Formel gegeben wie der mittlere Entscheidungsgehalt:

$$\mathrm{IG}_m = \Sigma\, p_i \cdot \mathrm{ld}\frac{1}{p_i}\ \mathrm{bit} \tag{2}$$

Das ist die berühmte SHANNONsche Formel (die auch als SHANNON-WIENER-Formel, gelegentlich auch — s. u. — als SHANNON-BOLTZMANN-Formel bezeichnet wird).

4. SHANNON selbst führt sein *Maß der Information* definitorisch ein[1]: „Gegeben sei eine Folge möglicher Ereignisse, deren Auftretenswahrscheinlichkeiten $p_1, p_2, p_3 \ldots p_n$ seien. Diese Wahrscheinlichkeiten sind bekannt — das ist aber auch alles, was wir darüber wissen, welches Ereignis nun eintreten wird. Können wir ein Maß finden, das angibt, wieviel Wahl (choice) in der Auswahl des Ereignisses enthalten ist, oder wie ungewiß wir über das Ergebnis sind?

„Wenn es ein solches Maß, sagen wir: $H\,(p_1, p_2, \ldots p_n)$, gibt, ist es sinnvoll, von ihm folgende Eigenschaften zu fordern ..."

Unter den aufgeführten Eigenschaften, die wir hier nicht im einzelnen aufzählen wollen, ist eine für uns von Interesse, und zwar wegen der früher (S. 94ff) besprochenen Aufspaltung einer Entscheidung zwischen $k = 2^n$ Möglichkeiten in n aufeinanderfolgende „binary choices":

„Wenn eine Entscheidung in zwei aufeinanderfolgende Entscheidungen aufgebrochen wird, so soll die ursprüngliche Größe H gleich der gewogenen Summe der Einzelwerte von H sein. Die Bedeutung dieser Aussage wird durch die folgende Abbildung veranschaulicht. Links haben wir drei Wahrscheinlichkeiten $p_1 = {}^1\!/_2$, $p_2 = {}^1\!/_3$ und $p_3 = {}^1\!/_6$. Rechts wahlen wir zunächst zwischen 2 Möglichkeiten, jede mit der Wahrscheinlichkeit ${}^1\!/_2$, und wenn die zweite erscheint, treffen wir eine zweite Entscheidung mit den Wahrscheinlichkeiten ${}^2\!/_3$ und ${}^1\!/_3$. Das Endergebnis hat dieselben Wahrscheinlichkeiten wie links. Wir fordern in diesem speziellen Falle, daß:

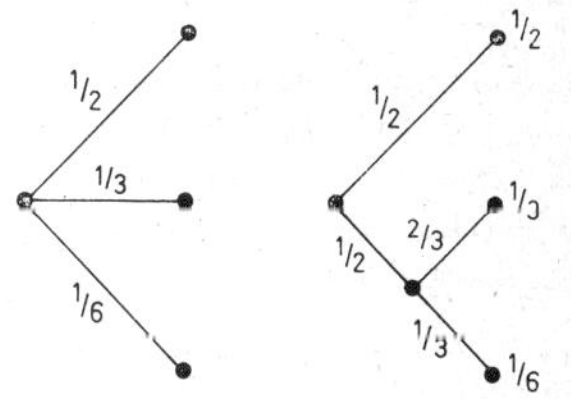

Abb. 16

$$H\,({}^1\!/_2, {}^1\!/_3, {}^1\!/_6) = H\,({}^1\!/_2, {}^1\!/_2) + {}^1\!/_2\, H\,({}^2\!/_3, {}^1\!/_3) \tag{3}$$

ist." Der Faktor ${}^1\!/_2$ wird eingeführt, weil die zweite Wahl nur in der Hälfte der Fälle auftritt — er macht die Summe zur „gewogenen" Summe.

[1] a. a. O. S. 18ff.

Nach diesen Vorbereitungen setzt SHANNON dann an:

$$H = -K \sum_{i=1}^{n} p_i \log p_i \quad (K \text{ ist eine Konstante}) \tag{4}$$

und weist nach, daß **nur** dieser Ausdruck für H den anfangs geforderten Bedingungen genügt, die ein Maß der Entscheidungen oder der Ungewißheit (uncertainty) erfüllen muß.

Anschließend erörtert SHANNON einige weitere Eigenschaften seines Maßes H, von denen wieder nur eine hier besprochen sei:

Schreiben wir die Formel für H ausführlich:

$$H = -K\,(p_1 \log p_1 + p_2 \log p_2 + \ldots\ldots + p_n \log p_n) \tag{5}$$

und nehmen wir an, alle p_i seien einander gleich, also:

$$p_1 = p_2 = \ldots\ldots\ldots = p_n = \frac{1}{n},$$

dann wird der Ausdruck (4) — wenn wir von der Konstante K absehen — zu:

$$H = -(p \cdot \log p + p \cdot \log p + \ldots\ldots + p \cdot \log p) = -n \cdot p \cdot \log p =$$

$$= -n \cdot \frac{1}{n} \cdot \log \frac{1}{n} = -\log \frac{1}{n} = \log n. \tag{6}$$

Dies ist, wie sich zeigen läßt, der **größte Wert**, den H annehmen kann:

$$H_{\max} = \log n \quad (\text{für } p_1 = p_2 = \ldots\ldots = p_n = \frac{1}{n}) \tag{7}$$

Das ist auch plausibel: wenn in einer Zeichenserie alle Zeichen gleich wahrscheinlich sind, gleich häufig auftreten, ist die Ungewißheit über das als nächstes auftretende Zeichen beim Empfänger am größten, da er für sein Erwarten oder Erraten „des nächsten Zeichens" keinerlei Hilfe an den verschiedenen Auftretenswahrscheinlichkeiten hat.

5. Wie ist SHANNON zu seiner Formel gekommen?[1] Die Antwort läßt sich kurz geben: er hat sie der Statistischen Mechanik entnommen; sie spielt auch in der Statistischen Thermodynamik eine wichtige Rolle, wo sie in engster Verbindung zum Begriff der *Entropie* steht (s. S. 75). Deswegen gehen wir hier kurz darauf ein, denn diese Beziehung ist vielfach angegriffen worden und ihre Betonung in der Informations-Theorie wird z. T. stark kritisiert.

SHANNON bezeichnet sein Maß der Information ausdrücklich als *Entropie* und sagt:

---

[1] Eine Ableitung seiner Formel gibt SHANNON im Anhang zu seiner Arbeit (a. a. O. S. 52f.).

„Wir werden $H = -\Sigma p_i \log p_i$ die Entropie der Reihe der Wahrscheinlichkeiten $p_1 \ldots p_n$ nennen. Ist x eine Zufallsvariable, werden wir H (x) für seine Entropie schreiben.“[1]

Demgegenüber hat man betont, daß die Gleichsetzung der thermodynamischen und der Informations-Entropie unzulässig sei, da die thermodynamische Entropie in der von BOLTZMANN aufgestellten Formel:

$$H = k \cdot \ln W \tag{8}$$

eine physikalische Dimension hat, nämlich: Energie · Temperatur^{-1}, also Energie pro Temperatur. Dies trifft für die Informations-Entropie nicht zu; man kann aber nicht zwei dimensionsverschiedene Größen miteinander vergleichen oder gar einander gleichsetzen.

Dazu ist allerdings zu sagen, daß in der BOLTZMANNschen Formel die „Dimension“ nur an der Konstante k hängt, der BOLTZMANNschen Konstante $k = 1{,}380 \cdot 10^{-16}$ erg. grad^{-1}, während K bei SHANNON offensichtlich die Dimension bit hat. Die Parallelität dagegen bezieht sich auf den Ausdruck ln W, wobei W die „thermodynamische Wahrscheinlichkeit“ ist. Diese Größe bedeutet in der Statistischen Thermodynamik die energetischen Quantenzustände, die ein System mit gleicher Wahrscheinlichkeit einnehmen kann, genauer:

„Wenn ein abgeschlossenes System mit einer bestimmten Energie W Quantenzustände hat, dann kann man das System mit der gleichen Wahrscheinlichkeit in jedem dieser Zustände vorfinden“ (K. DENBIGH)[2]. DENBIGH spricht hier auch von einer „Entropie der Anordnung“:

$$S_{\text{config}} = k \cdot \ln W. \tag{9}$$

Eine zweite Form der Entropie, die „thermodynamische“, läßt sich in der Formel darstellen:

$$S_{th} = -k \Sigma p_i \ln p_i, \tag{10}$$

wobei p_i die Wahrscheinlichkeit dafür ist, daß das System sich in dem Quantenzustand i befindet. (10) entspricht formal genau der SHANNON-Formel, nur daß k wieder die BOLTZMANN-Konstante ist.

Geht man nicht von der Thermodynamik, sondern von der Statistischen Mechanik aus, so kann man sagen: um die Lage einer materiellen Partikel (z. B. einer Gasmolekel oder irgendeines Makro-Körpers) im Raum zu bestimmen, benötigt man 3 Zahlenangaben, z. B. in einem Zimmer die 3 „Koordinaten“: Abstand vom Fußboden, Abstand von der einen Längswand und Abstand von einer Seitenwand. Mit diesen 3 Koordinatenwerten ist die Lage des Punktes im Raum eindeutig bestimmt. Bewegte Partikeln, wie die Molekeln eines Gases, sind außerdem noch durch ihren Impuls = Masse · Geschwindigkeit bestimmt; zu den 3 Ortskoordinaten kommen

[1] SHANNON: a. a. O. S. 20.

[2] K. DENBIGH: Prinzipien des chemischen Gleichgewichts. Übersetzt von H. J. OEL. Darmstadt 1959, S. 324.

daher noch 3 Impuls-Koordinaten. Wir haben somit 6 Zahlenangaben, die wir als Koordinaten in einem 6-dimensionalen Raum, einem sog. „Phasen-Raum“ ansehen können. In der Statistischen Mechanik bedeutet dann p_i in Gleichung (10) die Wahrscheinlichkeit, daß ein System in der Zelle i seines Phasenraumes ist.

Man kann nun nachweisen, daß für ein System mit konstanter Energie S_{config} (9) und S_{th} (10) identisch sind[1], und die Kennzeichnungen der beiden Größen zeigen auch dem Außenstehenden, daß die Beziehungen zwischen thermodynamischer und Informations-Entropie nicht nur eine formale Analogie[2], sondern tiefer fundiert sind, da es sich ja in beiden Fällen darum handelt, daß ein System im Zustande i „im nächsten Augenblick“ mit einer bestimmten Wahrscheinlichkeit p im Zustande j sein wird, und daß die *Entropie* ein Maß für diese Wahrscheinlichkeit ist.

---

[1] DENBIGH: a. a. O. S. 340ff.

[2] Rein formale Analogien, die zunächst keinerlei Rückschlüsse auf irgendwelche Gemeinsamkeiten erlauben, begegnen uns auch gelegentlich in der Wissenschaft. Die Frage mag allerdings noch offen bleiben, ob auch in solchen Fällen evtl. tiefere, noch verborgene Gründe für die formale Gemeinsamkeit bestehen. Eine verblüffendes Beispiel ist die Gleichung:

$$e + f = k + 2.$$

In der Geometrie ist sie bekannt als „Eulersche Polyedergleichung“ für die Beziehung zwischen der Anzahl der Ecken (e), der Kanten (k) und der Flächen (f) eines Polyeders.

In der Physikalischen Chemie ist sie als „GIBBS’sche Phasenregel“ bekannt, die eine Beziehung herstellt zwischen der Anzahl der Phasen e (z. B. fest, flüssig, gasförmig), der stofflich verschiedenen Bestandteile (k) und der Zahl der Freiheitsgrade (f) der Zustandsänderungen eines stofflichen Systems.

3. NACHRICHTEN-ÜBERTRAGUNG

3.1. Theorie der Informations-Übertragung

3.1.1. Das Informations-System

3.1.1.1. *Der Begriff*

Ein Information übermittelndes System ist ein Spezialfall des früher (S. 16ff) behandelten *Kommunikations-Systems*, und zwar ein Spezialfall insofern, als jetzt nicht mehr „irgendwelche“ Mitteilungen oder „irgendwie“ Signale übertragen werden, sondern *Information* im strengeren Sinne als eine quantitativ bestimmbare Größe. Wir können auch sagen, um die methodische Unterscheidung des Informations-Systems im hier gemeinten Sinne vom allgemeinen Kommunikations-System hervorzuheben: das Informations-System ist die *syntaktische Dimension* eines Kommunikations-Systems.

Bei der Untersuchung von Informations-Systemen sehen wir also von „Bedeutung“ und „Sinn“ der Signale ab — das ist uns schon vertraut. Doch wird hier noch eine andere Unterscheidung wichtig, die sowohl den Sender als auch den Empfänger betrifft, und die mit den 3 Dimensionen der Information nicht zusammenfällt. Sie ist von DENNIS GABOR — allerdings in einem Buch, das im wesentlichen „halb-gare“ (partly-baked) Ideen enthält[1] — etwa so formuliert worden:

Es gibt zwei Arten von Kommunikations-Beziehungen. Die eine vollzieht sich durch Nachrichten, die vollständig in der objektiven, allen zugänglichen Sprache abgefaßt sind, ohne irgend einen Bezug auf subjektive Qualitäten; sie könnten ebenso gut an einen Roboter wie an ein menschliches Wesen gerichtet sein. Die Nachrichten der anderen Art enthalten nur Hinweise statt Beschreibungen, und sie setzen ausdrücklich die Existenz eines Bewußtseins voraus, das meinem Bewußtsein ähnlich ist.

Man kann daher auch bei Informations-Systemen unterscheiden zwischen solchen, bei denen der Mensch oder allgemein bewußte Wesen Glieder des Systems sind, und solchen, die einer derartigen speziellen Einschränkung nicht unterliegen; also etwa zwischen Allgemeinen und Speziellen Informations-Systemen, wobei dann die Systeme mit bewußten Gliedern eine Art der Speziellen Systeme sind.

Die Differenzierung läßt sich noch etwas verfeinern, und man erhält dann etwa folgendes Schema (nach KÜPFMÜLLER):

[1] D. GABOR: „The Dimensions of consciousness“ in: „The Scientist speculates“, 1962, S. 66f. (dtsch. Ausg. S. 69).

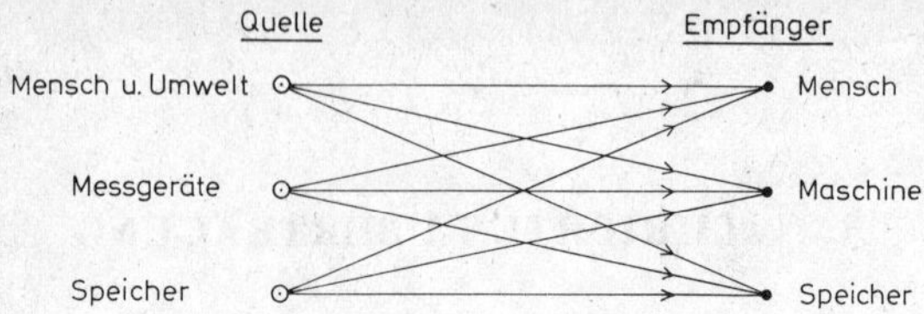

Abb. 17

Zwischen den jeweils drei Arten von Sendern und Empfängern bestehen insgesamt 9 verschiedene „Übertragungswege", die entsprechend verschiedene technische Einrichtungen, häufig auch verschiedene Codierungen bedingen. Das Schema enthält somit 9 Arten von Informations-Systemen, die alle als „Spezielle Informations-Systeme" anzusehen sind.

3.1.1.2. *Struktur des Systems*

1. Das Block-Schema des Informations-Systems ist das gleiche wie das des allgemeinen Kommunikations-Systems (S. 20): wir unterscheiden die Informations-Quelle, den Kanal, den Empfänger und die Wandler (transmitter, transducer). Störung wirkt auf das System ein; wir begnügen uns bei dem Schema mit der Zusammenfassung aller möglichen Störungen, die das Signal verändern können, in einen Block. Wir erhalten so das Schema, das SHANNON an den Anfang seiner berühmten Arbeit stellt:

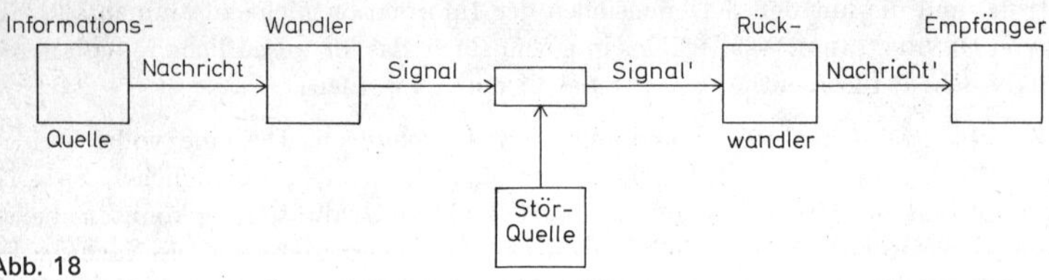

Abb. 18

Die *Informations-Quelle* bringt eine Nachricht oder eine Folge von Nachrichten hervor. Der *Wandler* codiert die Nachricht in das gesendete Signal. Der *Kanal* ist das Übertragungsmedium, der *Rückwandler* (receiver) decodiert das empfangene Signal in die (oder in eine) Nachricht, und der *Empfänger* (destination) „ist die Person (oder das Ding), an die die Nachricht gerichtet ist"[1].

Diese fünf Bestandteile bilden das Informations-System, ihr Zustand und ihr Verhalten bestimmen im Zusammenwirken das Verhalten des Systems, also z. B. die Genauigkeit und Sicherheit der Übertragung einer Nachricht. Für die Untersuchung der Nachrichten-Übertragung sind alle fünf Bestandteile sowohl ihrer Art nach variabel — es gibt z. B. mehrere Arten von Informations-Quellen, Wandlern usw., unabhängig

[1] SHANNON: a. a. O. S. 6.

von ihrer jeweils verschiedenen technischen (oder biologischen) Gestaltung — als auch in ihren Zuständen veränderlich. Da man nicht alle Einflüsse dieser Variablen aufeinander und auf den Zustand des ganzen Systems zugleich berücksichtigen kann, muß die Theorie Spezialfälle untersuchen, um von ihnen zu den allgemeinen Gesetzmäßigkeiten vorzudringen.

2. Das Schema bedarf aber noch einer Ergänzung; dabei müssen wir auf einen wichtigen Punkt der Theorie kurz eingehen, obwohl wir später auf ihn nur noch gelegentlich zurückkommen werden, denn wir müssen ja hier sozusagen im „Vorhof" stehenbleiben. Die Theorie betrachtet das Informations-System als ein Ganzes, im speziellen Fall also auch die beiden menschlichen Endglieder, den *Sender* und den *Empfänger*. Sie beobachtet das Arbeiten des Systems und beschreibt es, beschreibt es in einer Sprache, die — im Falle sprachlicher Übermittlung der Nachricht — nicht dieselbe ist wie die übermittelte Sprache: in der Sprache der Theorie.

Ein Beispiel aus der Psychologie mag das Gemeinte etwas verdeutlichen: ich stehe etwa in Köln auf dem Bahnhofsvorplatz, angesichts des Doms. Das ist, im weiteren Sinne des Wortes (also ohne die dabei oft mitschwingenden Gefühlstönungen und Bewertungen) ein *Erlebnis*, das ich so ausdrücken werde: „ich sehe den Kölner Dom." Ein mich beobachtender Psychologe wird vielleicht sagen: „X nimmt den Kölner Dom wahr", und ein Kybernetiker könnte etwa sagen: „Lichtreize vom Dom werden im Wandler ‚Auge' in Nervenerregungen umgesetzt (codiert), werden durch den Kanal ‚Nerv' zu einem Wandler im Zwischenhirn geleitet und gelangen von dort zum Empfänger ‚Sehzentrum' im Hinterhauptshirn; dort entsteht die Wahrnehmung ‚Kölner Dom' " (dies ist eine stark vereinfachte Darstellung!). Doch ist auch meine eigene Aussage schon keine echte Wiedergabe des Erlebnisses — näher käme dem etwa „Kölner Dom jetzt hier (mir) Da" — sondern ist eine (theoretische) Feststellung durch einen „Beobachter" des Vorgangs, in diesem Falle also des „Selbstbeobachters" in der *Reflexion*. So sind fast alle unsere Aussagen von Erlebnissen nicht Aussagen der Erlebnisse, sondern Aussagen über Erlebnisse.

In der Kommunikations-Forschung finden wir nun etwas Entsprechendes. Das Signal, das einer sendet und ein anderer empfängt, ist in einer bestimmten „Sprache" abgefaßt — beim unmittelbaren oder technisch vermittelten Gespräch in der Alltagssprache. Der außenstehende Beobachter wird den Vorgang aber anders beschreiben als die beteiligten „Kommunikanten", etwa in Form theoretischer Urteile, mathematischer Formeln, in Aussagen über die statistische Struktur der verwendeten Sprache und dgl. mehr. Für ihn ist der Vorgang, in dem die Kommunikanten stehen, Objekt der Untersuchung, somit auch die Sprache, der jene sich bedienen.

Wir müssen also zunächst, um die theoretische Struktur eines Informations-Systems zu vervollständigen, den *Beobachter* einführen, der entweder nur Beobachter ist (a), oder als Außenstehender in den Vorgang eingreift, z. B. regulierend (b)[1]:

[1] Nach SHANNON: a. a. O. S. 37.

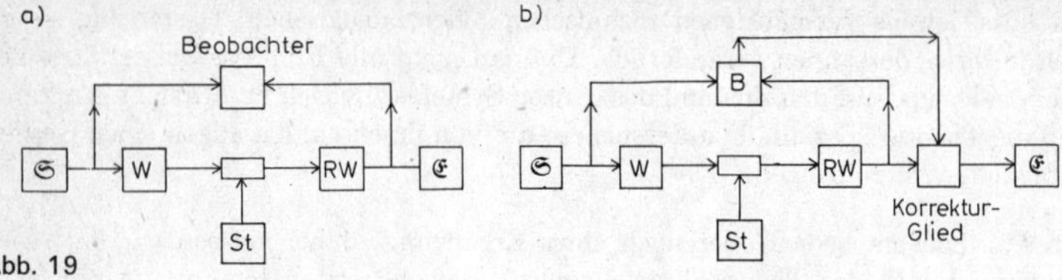

Abb. 19

In der Mathematik bezeichnet man Untersuchungen über die Mathematik, bei denen diese also Objekt der Untersuchungen ist — z. B. bei den sog. „Grundlagenproblemen“ — als *Metamathematik*. Entsprechend ist eine *Metalogik* eine „Logik der Logik“. Und so unterscheidet man auch in der Kommunikationsforschung, speziell in der Linguistik, eine Sprache, in der über „Sprache als Objekt“ gesprochen wird, als *Metasprache*, von der als Objekt gegebenen *Objektsprache*[1].

Die Terminologie ist gegenwärtig noch etwas verwirrend. Sehen wir von dem historisch ganz anders entstandenen Wort „Metaphysik“ ab, so liegt der Ursprung des Begriffes „Metasprache“ in sprachlichen Untersuchungen der modernen Logik; er wurde dort von dem polnischen, jetzt in den USA lebenden Logiker TARSKI eingeführt, um gewissen Paradoxien, Antinomien, Fallen usw., die die sprachliche Formulierung von Urteilen und Schlüssen herbeiführen kann, zu begegnen. Derartige Paradoxien fielen schon den alten griechischen Logikern auf, so z. B. der berühmte „Lügner“ (wenn ein Kreter sagt: alle Kreter lügen). Deutlicher wird die Paradoxie, wenn wir (nach einem Beispiel von J. von KEMPSKI) etwa sagen: „Der fünfte Satz dieses Absatzes ist falsch.“ Da der soeben niedergeschriebene Satz „der fünfte Satz dieses Absatzes“ war, ist er selbst also falsch; trifft seine Aussage aber nicht zu, so ist er demnach nicht falsch, also doch falsch . . .[2].

Auch die Metamathematik stieß auf derartige echte oder scheinbare Paradoxien und verdankt ihnen z. T. ihren Ursprung. Ein witziger Kopf hat eines jener Paradoxa, das sog. RUSSELsche Paradoxon, wurde von RUSSEL selbst in eine auch dem Laien verständliche Form gebracht: In einer Kompanie erhält ein dort dienender Friseur den Auftrag, alle diejenigen zu rasieren, die sich nicht selbst rasieren. Was ist mit ihm selbst? Rasiert er sich selbst, so darf er sich nicht rasieren — rasiert er sich nicht selbst, so muß er sich selbst rasieren . . .[3].

Derartige Beispiele mögen dem Außenstehenden harmlos oder witzig erscheinen, im systematischen Aufbau einer Logik oder Mengenlehre können sie aber weitreichende Folgen haben.

Worauf es uns hier ankommt ist: wir müssen stets unterscheiden zwischen dem Phänomen, das wir beobachten, und seiner Beschreibung, seiner theoretischen Deutung usw. Wir denken z. B. nach logischen Gesetzen, aber nicht so, daß wir diese immer bewußt anwenden (dies nur in Ausnahmefällen), sondern die logische Gesetz-

[1] Vgl. dazu CH. W. MORRIS: Foundations of the Theory of Signs. S. 20 vf.; auch COLIN CHERRY: Kommunikationsforschung, S. 124f.

[2] J. v. KEMPSKY: Brechungen, Hamburg 1964, S. 282 f. — Wir haben das Beispiel oben analog dem „Lügner“ formuliert, bei KEMPSKI heißt die Paradoxie exakter: „Dieser Satz sagt also von sich selbst, daß er falsch sei. Nun besagt das auf ARISTOTELES zurückgehende Kriterium für die Wahrheit von Sätzen, daß ein Satz genau dann wahr ist, wenn der in ihm ausgesagte Sachverhalt zutrifft. Dieser Sachverhalt wäre in unserem Falle aber, daß der (5.) Satz dieses Absatzes falsch ist. Der Satz ist mithin genau dann wahr, wenn er falsch ist.“

[3] Vgl. F. v. KRBEK: Erlebte Physik. Berlin 1942, S. 147f. (Ähnlich schon RUSSEL selbst.)

mäßigkeit unseres Denkens stellt der Beobachter fest. Wir wissen nicht, daß wir es tun, ebenso wenig wie wir wissen, daß wir nach physiologischen Gesetzen uns ernähren, atmen, uns bewegen usw. Viele, z. T. schon sehr alte, aber immer wieder erneuerte Angriffe gegen Bedeutung und Wert der Logik z. B. wären unterblieben, hätte man diese Unterscheidung immer genau beachtet.

3. Die fünf Bestandteile des Informations-Systems gliedern sich deutlich in zwei Gruppen auf: auf der einen Seite stehen die vier Glieder, die zu dem eigentlichen Vorgang der Nachrichten- oder Informations-Übertragung gehören — auf der anderen Seite finden wir die *Störungen* (noise).

SHANNON unterscheidet zwei Arten von Störungen[1]. Die empfangene Nachricht ist zunächst eine Funktion des gesendeten Signals S. Ist S in S′ so verändert, daß „ein bestimmtes übermitteltes Signal S immer dasselbe empfangene Signal S′ hervorruft", so daß also S′ eine determinierte Funktion von S ist, bezeichnet SHANNON diese Störung als *Verzerrung* (distortion). Unterliegt aber S nicht immer derselben Veränderung in S′, sondern wechselweise in S′, S″, S‴ usw., dann müssen wir sagen: die empfangene Nachricht ist eine Funktion sowohl von S als auch von St:

$$N_E = f\,(S, St),$$

und St, die Störung, ist jetzt eine Zufallsvariable, die genau wie die Nachricht oder das Signal durch einen stochastischen Prozeß — etwa nach Auftretens- und Folgewahrscheinlichkeit — entsteht, wahrscheinlichkeitstheoretisch erfaßt und in ihrer Wirkung gewertet werden kann.

Die Theorie hat somit, wenn Störung einwirkt, stets zwei statistische Prozesse zu berücksichtigen: in der Informations-Quelle und in der Störungs-Quelle. Beide enthalten und übertragen „Information", die eine „erwünschte", die andere „unerwünschte" (WEAVER). Man muß daher vom streng syntaktischen Standpunkt aus sagen: das „gestörte" Signal enthält mehr Information als das ungestörte — „dies illustriert", wie WEAVER feststellt, „sehr schön die semantische Falle, in die man geraten kann, wenn man nicht bedenkt, daß ‚Information' hier in einem besonderen Sinne gebraucht wird, der die Freiheit mißt und daher die Ungewißheit, welche Wahl getroffen worden ist"[2]. Und bei der Störung ist eben „das empfangene Signal aus einem mannigfaltigeren Vorrat ausgewählt als das abgesendete".

In strengem Sinne ist es daher schon bedenklich, wenn man der Stör-Quelle „negative Information" und eine „Informations-Tilgung" zuschreibt (CHERRY), obwohl dies, wie wir sehen werden, für die Praxis zweckmäßig und auch erlaubt ist.

3.1.1.3. *Funktion und Eigenschaften des Systems*

1. Übermittlung von Nachrichten, Übermittlung von Information man hat, und zwar sicherlich mit einigem Recht, in der Kybernetik das Besondere und Neuartige an diesem Vorgang emphatisch hervorgehoben, und man hat begonnen, das grundsätzlich Verschiedene einer Übertragung von Materie oder von Energie einerseits, und von Nachricht und Information andererseits zu sehen, zu verstehen und einzu-

[1] SHANNON: a. a. O., S. 34.
[2] W. WEAVER in SHANNON/WEAVER: a. a. O. S. 109.

schätzen. So weit einzuschätzen, daß man geneigt ist, Nachricht oder Information (oder einen entspr. Begriff) als dritte Grundgröße neben jenen beiden im physikalischen Weltbilde anzusehen (s. S. 17).

Doch zeigt ein Blick in die Geschichte immer wieder, daß auch die Begriffe der modernen Nachrichten-Theorie uns schon bei früheren Denkern begegnen, sei es in deutlich ausgeprägter Form, wenn auch in anderer Terminologie, sei es als Vorformungen. Waren die Wahrnehmungstheorien der Vorsokratiker, z. B. Empedokles und Demokrit, noch stark materialistisch beeinflußt mit ihren „Poren" der Sinnesorgane und den in sie eindringenden „Ausflüssen" der Gegenstände, so finden wir bei Aristoteles eine Theorie der Sinneswahrnehmung, die man schon als „nachrichtentheoretisch" bezeichnen könnte, z. B.:

„Was den Eindruck erfährt, ist das Ungleiche; hat es den Eindruck empfangen, so ist es nunmehr dem Wirkenden gleichgeworden"; und: „Das Empfindende ist ... potentiell so beschaffen, wie es das Objekt der Empfindung bereits aktuell ist"; und: „Ein Sinn ist dasjenige Organ, das die sinnlichen Formen in sich aufzunehmen vermag ohne die Materie."[1]

Übertragen wir dies in die heutige Sprache, so können wir etwa sagen: Zu Beginn der Nachrichten-Übertragung sind Sender und Empfänger verschieden (ungleich) — nach der Übertragung sind sie in bezug auf die Nachricht gleich geworden, sie besitzen z. B. das gleiche Muster. Analysiert man diesen Vorgang des „Gleichwerdens" und zerlegt ihn in seine einzelnen Phasen, so ergibt sich: der Sender wählt aus einem Alphabet bestimmte Zeichen aus und bildet die Nachricht bzw. das Signal und übermittelt es so, daß der Empfänger auf Grund des empfangenen Signals aus dem gleichen Alphabet die gleiche Auswahl treffen kann — darin liegt die „potentielle Gleichheit". Man kann dies auch noch anders formulieren:

Der Vorgang der Signal-Übertragung ist eine *Steuerung*; reduziert man ihn auf die technische Dimension, so bedeutet er, daß das Auswählen der Zeichen beim Sender das Auswählen beim Empfänger steuert.

Ein sehr frühes Beispiel aus der elektrischen Nachrichtenübertragung, der Siemens-sche *Zeigertelegraph* (1847), stellt eine nahezu reine Verkörperung dieses Prinzips dar (s. Abb. 20):

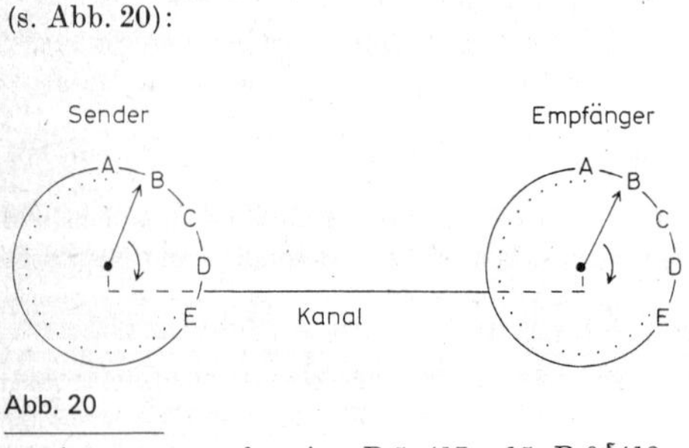

Abb. 20

Über einer kreisförmigen Scheibe, an deren Peripherie die Buchstaben und Zahlen des Alphabets aufgetragen sind, dreht sich ein Zeiger. Weist der Zeiger auf den ausgewählten Buchstaben, so hält ihn ein Druck auf die Taste an. Beim Empfänger läuft in einem gleichen Apparat ein

[1] Aristoteles: de anima B 5, 417a, 15; B 6, 418a, 3; B 12, 424a, 17.

Zeiger mit dem des Senders genau synchron (die Lösung dieser Aufgabe fand erst WERNER von SIEMENS) und wird durch den Tastendruck beim Sender über dem gleichen Buchstaben angehalten. Die Stellung des Zeigers beim Empfänger ist damit der Stellung des Zeigers beim Sender „gleich" geworden, anders gesagt: der Zeiger des Empfängers wird durch den des Senders gesteuert.

Man kann den Gedanken noch etwas weiter ausführen. Der eigentliche nachrichtentechnische Vorgang verläuft zwischen den beiden Transformatoren, also nach englischer Terminologie zwischen transmitter und receiver; er überträgt nur das Signal. Erst wenn der receiver mit einem Empfänger (destination) verbunden ist — dieser kann auch eine Maschine sein —, und zwar so verbunden ist, daß dieser die vom Signal übertragene *Nachricht* „verstehend" aufnimmt, erst dann kann man von *Nachrichtenübertragung* sprechen. Dieses „Aufnehmen" ist aber, entsprechend etwa dem Wahrnehmen bei ARISTOTELES, ein in gewisser Hinsicht der Nachricht „gleichwerden" — und das bedeutet für den Empfänger selbst ein gegenüber seinem soeben vergangenen Zustande „anderswerden": $\overline{\mathrm{Wi}}(x)$ oder eine Ungewißheit ist behoben, 𝕰 „weiß" etwas Neues u. dgl. mehr. Dieses Anderswerden führt dann zu den verschiedenen Formen der *Nachrichtenverarbeitung* — und dies wieder auch bei Maschinen — und damit zu einer Verhaltensbeeinflussung.

2. Noch etwas anderes zeigt uns der Zeigertelegraph: wenn nicht etwas Bestimmtes gesendet wird, laufen beide Zeiger, sobald eingeschaltet ist, gleichmäßig um — dieses gleichförmige Geschehen ist noch keine Nachricht, enthält keine Information. Erst die Veränderung des Vorgangs, das Anhalten des Zeigers, ist ein Signal. Wir können somit zwei Arten der Nachrichtenübertragung unterscheiden: a) das eigentliche „Senden" eines Signals, also die Veränderung aus einem Nicht-Geschehen in ein Geschehen, und b) die (qualitative oder quantitative) Veränderung eines schon bestehenden Vorgangs. Das beide Arten Verbindende ist die *Zustandsänderung* des Systems, sei es von Z_0 in Z_i, oder von Z_n in Z_r.

Wie beim Zeigertelegraphen kann die Zustandsänderung auch in einem Aufhören einer gleichmäßigen Übertragung bestehen. Das in der Psychologie schon fast klassische Beispiel dafür ist das Erwachen des Müllers, wenn nachts das Geräusch des Mühlrades aufhört (LEIBNIZ). Dieses Aufhören wirkt als Signal: die Mühle steht. Doch ist, richtig verstanden, auch das gleichbleibende Geräusch des Rades selbst eine Art „Signal", nämlich ein ständiges, gleichsam unterschwellig registriertes Beruhigungs-Signal, wie etwa für den Autofahrer oder Flugzeugführer das Arbeitsgeräusch des Motors.

Wir können somit bei den Signalen und entspr. bei den Informations-Systemen unterscheiden:

a) Signale, die *Aufmerksamkeitsmotive* sind, sei es dadurch, daß sie einen stetigen Vorgang qualitativ oder quantitativ verändern, sei es, daß sie, wie Warnschilder, Verkehrszeichen usw. in ihrer Umgebung „auffallen", also, wenn man so will, den gleichförmigen Fluß der Umwelt verändern.

b) Signale, deren Bedeutung gerade darin besteht, daß sie gleichsam kontinuierliche Zustandsmeldungen und damit ein Beruhigungsmotiv sind; solange sie eintreffen, ist „alles in Ordnung".

3. Noch manche anderen Unterscheidungen der Arten von Signalen sind für die Kommunikationsforschung von Interesse. So unterscheidet man z. B. *gerichtete* und *ungerichtete* Nachrichtenverbindungen — Telefon, Telegraf einerseits, Rundfunk, Fernsehen usw. andererseits — also Nachrichtenübertragungen an bestimmte oder an unbestimmte Empfänger. Hier entstehen für den Nachrichtentechniker spezielle Probleme, z. B. im ersten Falle den Empfang der Nachricht auf den gewünschten Empfänger zu beschränken (Mithören beim Telefon z. B.), im zweiten Falle die Nachrichten so zu senden, daß wirklich der ganze oder wenigstens ein möglichst großer Empfänger-Kreis erreicht wird.

4. Man kann von Nachrichten- und Informations-Übertragung nicht sprechen, ohne den *Zeitfaktor* zu berücksichtigen. Nachrichten-Übertragung ist ein zeitlicher Vorgang — das erscheint uns ebenso selbstverständlich wie, daß eine Verkürzung der Übertragungszeit technisch und wirtschaftlich ein Gewinn ist. Den Weg von den Botenstafetten asiatischer Herrscher oder von unseren Postkutschen über Autos, Schnellzüge, Flugzeuge bis zu den elektromagnetischen Wellen, die in der Sekunde 300000 km durcheilen, betrachten wir mit Recht als einen technischen und wirtschaftlichen Fortschritt. Das Blockschema des Informations-Systems ist ein reines Relations-Schema, das die Struktur des Ganzen und die Beziehungen der Glieder wiedergibt. Wir müssen es, wollen wir es in die Realität übertragen, in seine zeitlichen Phasen aufgliedern, etwa in die MEGLAschen Phasen (S. 63), um seine Arbeitsweise und seine Funktionen zu verstehen. Dabei werden sich einige neue Begriffe ergeben, die durch die Berücksichtigung des Zeitfaktors auch in der Theorie nötig sind.

Doch nicht von dieser Zeit soll an dieser Stelle die Rede sein. NORBERT WIENER beginnt die Darstellung seiner „Cybernetics" mit einer Untersuchung über den „Newtonschen und den Bergsonschen Zeitbegriff". Das meint etwa, grob gesprochen: *umkehrbare und nicht-umkehrbare Zeit.* Er erläutert diesen Unterschied an einem Vergleich zwischen Astronomie und Meteorologie. Würden wir, so führt WIENER aus, die Planeten in ihrem Umlauf filmen und dann den Film bei der Vorführung so beschleunigen, daß wir ein zusammenhängendes Bild der Planetenbewegung erhielten, und ließen dann den Film rückwärts laufen, so ergäbe sich immer noch ein mögliches Bild der Planetenbewegung, das mit der NEWTONschen Mechanik übereinstimmt. Stellen wir andererseits einen Film von der Turbulenz der Wolken in einem Gewitterturm her und lassen dann diesen Film rückwärts laufen, so erhalten wir ein ganz falsches Bild[1]. WIENER präzisiert das Gemeinte durch eine kurze Darstellung der Entwicklung von der Thermodynamik zur Statistischen Mechanik (WILLARD GIBBS) und sagt: „Dieser Übergang von der Newtonschen, umkehrbaren Zeit, zu einer Gibbsschen, nicht-umkehrbaren, hat sein philosophisches Echo gehabt. Bergson betonte nachdrücklich den Unterschied zwischen der umkehrbaren Zeit der Physik, in der nichts Neues geschieht, und der unumkehrbaren Zeit der Evolution und der Biologie, in der immer etwas Neues auftritt."[2]

Daß wir, wie alle Lebewesen, „in" der unumkehrbaren, also in der „geschichtlichen" Zeit leben, deren Unumkehrbarkeit durch die Folge Vergangenheit-Gegen-

[1] WIENER: Cybernetics, S. 49.
[2] a. a. O. S. 56 v.

wart-Zukunft eindeutig festgelegt ist, ist uns so selbstverständlich, daß wir es kaum auszusprechen brauchen. Interessanter ist, daß auch alle technischen Informations-Systeme und damit alle auf Nachrichtenübermittlung beruhenden Regel-Systeme, Maschinen, kybernetischen Modelle usw. unumkehrbar zeitlich ausgerichtet sind, da die Beziehung zwischen Input und Output, sobald es sich um Nachrichten- oder Informations-Übertragung handelt, eine Vergangenheit-Zukunft-Ordnung ist, und d. h.: „Die modernen Automaten existieren in derselben Art Bergsonscher Zeit wie die lebenden Organismen." Und das besagt u. a., daß ihre Theorie eher zur GIBBSschen Statistischen Mechanik als zur klassischen NEWTONschen Mechanik gehört.

3.1.2. Die Informations-Quelle

3.1.2.1. *Begriff der Informations-Quelle*

1. Die *Signal-Quelle* eines technischen Informations-Systems ist zunächst irgendeine Einrichtung (Organismus, Maschine, Ding), die entweder aktiv (z. B. ein Leuchtturm) oder passiv (z. B. ein Blinkspiegel) Signale aussenden kann. Ist sie zugleich *Nachrichten-Quelle*, die also selbst die Nachrichten auswählt und in das Signal codiert, so muß sie einen Speicher für das Alphabet, einen auswählenden Fühler, einen Wandler und die zwischen diesen Gliedern nötigen Kanäle enthalten. Die Nachrichten-Quelle ist somit selbst schon ein Informations-System, das eine „Quelle" enthält, die wir im engeren Sinne als *Informations-Quelle* bezeichnen können. Sie ist definiert allein durch ihre Funktion im System, nämlich die Auswahl oder Entscheidung beim Aufstellen der Nachricht. So definiert auch WEAVER: „The information source detects a desired message out of a set of possible messages."

Für unsere Betrachtung der Nachrichten-Übertragung können wir als Sender des Systems die *Nachrichten-Quelle* ansehen, die wir ohne Rücksicht auf ihre innere Struktur als die *Informations-Quelle* i. w. S. betrachten, sie im Schema also durch einen Block darstellen, der eben dies aussagt: wir interessieren uns im Augenblick nicht für die Vorgänge innerhalb des Blocks, sondern nur für dessen Funktion im ganzen System. So gehören z. B. die MEGLAschen Phasen a) und b) (S. 63) in den Block: Für die Vorgänge, die in einem Menschen ablaufen, der einen Brief schreiben will, und die vor dem Niederschreiben liegen, interessieren wir uns hier nicht.

Da die Quelle der Sender des Systems ist, wird sie durch einen Block dargestellt, der nur einen Output[1] hat, wobei wir wiederum abstrahieren. Denn untersuchten wir das System „Nachrichten-Quelle" genauer, so würden wir finden, daß dessen Verhalten — auch das Sende-Verhalten — von verschiedenen Inputs[1] abhängt.

---

[1] Wir übernehmen hier die englischen Ausdrücke „input" und „output" als Fachwörter, die geeigneter erscheinen als die entsprechenden deutschen Ausdrücke wie „Eingang" und „Ausgang" oder „Eingabe" und „Ausgabe" und dgl., da diese mehrere Bedeutungen haben, die die strenge fachliche Bedeutung leicht färben. Die Übernahme entspringt ebensowenig einer „Anglomanie", wie die von Wörtern wie „Atom", „Energie" usw. einer „Graecomanie" entspringt, sondern nur dem Bedürfnis, für spezielle Begriffe auch möglichst spezielle und weitgehend unbelastete Namen zu wählen. Vgl. etwa auch „on"- und „off"-Entladungen in der Neurophysiologie.

2. Ein arbeitendes Informations-System besitzt noch eine zweite „Quelle“, die ihrem Wesen nach — formal gesehen — ebenfalls eine Nachrichten-Quelle ist, aber eine Quelle für unerwünschte Nachrichten (S. 127). Wir bezeichnen sie als *Stör-Quelle* und stellen sie ebenfalls durch einen Block nur mit einem Output dar.

Im weiteren Sinne sind aber auch die übrigen Übertragungsglieder Nachrichten-Quellen, also die Wandler und der Kanal. Bei ihnen ist neben dem Output auch der Input von Bedeutung, ihre Funktion ist — beim Kanal z. B. am receiver-Ende — die eines Zwischensenders, der Nachrichten bzw. Signale aufnimmt und sie — gleich oder verändert — weitergibt. Ein Input eines solchen Zwischensenders kommt von der eigentlichen Nachrichten-Quelle (bzw. von einem vorgeschalteten Zwischensender), ein zweiter Input von der Störquelle.

3.1.2.2. *Arten von Informations-Quellen*

1. Ist die Funktion einer Informations-Quelle das Formen einer Nachricht durch Auswählen und Aneinanderreihen von Zeichen, so wird man je nach der Art dieses Auswählens und damit auch je nach der Art der so entstandenen und weitergeleiteten Nachrichten verschiedene Arten von Informations-Quellen unterscheiden können. Die Unterschiede zwischen ihnen werden hier nicht technischer Art sein — ob es sich also z. B. um Quellen für optische, akustische oder elektrische Signale handelt — sondern die Theorie stellt die Frage: „Wie kann eine Informations-Quelle mathematisch beschrieben werden?“ (SHANNON). Man wird Informations-Quellen daher nach der Art unterscheiden, wie sie mathematisch erfaßt und dargestellt, und wie ihre Funktion und Leistung berechnet und gemessen werden kann: „Wieviel Information in bits pro Sekunde produziert eine gegebene Quelle?“ (SHANNON).

Wählt eine Quelle beim Formen einer Nachricht Zeichen für Zeichen aus und berücksichtigt sie dabei die *Auftretenswahrscheinlichkeiten* der Zeichen, so entsteht als Signal eine stochastische Zeichenfolge. Kennzeichnen wir die Quelle allein durch ihre Funktion, so können wir sagen: Die Informations-Quelle ist theoretisch anzusehen als ein *stochastischer Prozeß* und dementsprechend mathematisch zu behandeln.

Das führt gleich zu einer ersten Spezifizierung. Berücksichtigt die Quelle bei der Auswahl darüber hinaus auch die *Folgewahrscheinlichkeiten* jeweils zweier aufeinanderfolgender Zeichen, so wird die entstehende Folge eine MARKOFF-Kette sein. Die Informations-Quelle ist dann ein MARKOFF-*Prozeß*.

Eine weitere Spezifizierung finden wir, wenn wir uns einmal in die Rolle eines Beobachters der Nachrichtenbildung bzw. der gebildeten Nachricht versetzen: er wird nach einer geraumen Zeit in der entstandenen Zeichenfolge die Auftretenshäufigkeit der Zeichen mit einer gewissen, wenn auch nicht absoluten Sicherheit feststellen können. Je länger er beobachtet, desto sicherer darf er der Ergebnisse sein — aber er kann nie wissen, ob bei weiterer Fortsetzung des Vorganges nicht doch einmal andere Auftretenshäufigkeiten für dieses oder jenes Zeichen sich ergeben.

Die Theorie rechnet aber mit den *Auftretenswahrscheinlichkeiten*, und diese sind — wie jetzt verständlicher sein mag — definiert als der Grenzwert der Auftretenshäufigkeiten für $N \to \infty$.

Wir haben oben (S. 103) darauf hingewiesen, daß es stochastische Folgen gibt, bei denen schon endliche Folgen, also Ausschnitte — und zwar beliebige Ausschnitte aus der als unendlich anzusehenden Zeichenfolge — für diese selbst repräsentativ sind. Bei ihnen wird sich also die beobachtete Auftretenshäufigkeit der Zeichen nicht ändern, so lange wir auch beobachten mögen. Anders ausgedrückt: wo immer wir in der „unendlich langen" Zeichenfolge den Einschnitt für den Beobachtungsbeginn machen, wir finden immer die gleichen Auftretenshäufigkeiten, in ihnen erfassen wir also unmittelbar die *Auftretenswahrscheinlichkeiten.* Die Theorie formuliert dies exakter: die Folge bzw. der Prozeß ist invariant gegen eine beliebige Verschiebung auf der Zeitachse.

Solche Folgen heißen *statistisch homogen*, die Prozesse auch *stationäre Prozesse* oder *ergodische Prozesse.* Die Theorie unterscheidet somit noch zwischen *ergodischen* oder *stationären Quellen* und *nicht-ergodischen* oder *statistisch inhomogenen Quellen.*

2. Nun sind aber auch bei weitem nicht alle Informations-Quellen von der bisher ausschließlich betrachteten Art, daß sie eine Nachricht Zeichen für Zeichen zusammenstellen. Das wichtigste Kommunikations-Mittel zwischen Menschen ist die gesprochene Sprache. Physikalisch besteht diese aber aus Luftschwingungen, die wie alle Schwingungen gekennzeichnet sind durch die *Wellenlänge* λ bzw. die *Frequenz* ν = Zahl der Schwingungen pro Sekunde, und die Amplitude α = Maß der Verrückung des schwingenden Teilchens aus der Ruhelage (und außerdem noch durch die *Phase* φ, s. später).

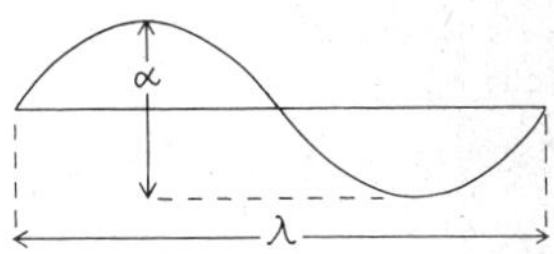

Abb. 21

Worauf es hier zunächst ankommt ist: Signale wie gesprochene Sprache, die durch derartige Schwingungen übertragen werden, zeigen eine kontinuierliche Variabilität, die wir nicht wie Folgen diskreter Zeichen durch bestimmte Auftretenshäufigkeiten oder -wahrscheinlichkeiten kennzeichnen können. Ein solches Signal ist in seiner Veränderlichkeit eine stetige Funktion der Zeit; sie kann für jeden noch so kleinen Zeitabschnitt einen anderen „Wert" haben. Oder, wie Guilbaud es einmal drastisch formuliert hat: „Eine Nachricht auswählen heißt demnach, eine unendliche Menge unendlich zahlreicher Auswahlen zu vollziehen: es gibt unendlich viele Augenblicke in jedem Zeitintervall, so kurz es auch sein mag, und für jeden dieser Augenblicke gibt es unendlich viele mögliche Werte, die die Veränderliche annehmen kann."[1]

Damit scheint aber die Informations-Theorie an ihre Grenze gekommen zu sein, um gerade bei dem wichtigsten Kommunikations-Mittel des Menschen, der gespro-

[1] G. T. Guilbaud: What is Cybernetics? 1959, S. 97.

chenen Sprache, zu versagen. Denn wie soll man hier ein Maß der übermittelten Information finden, wo die Grundbegriffe wie Auswahl, Entscheidung, Auftretens- und Folgewahrscheinlichkeit kaum Anwendung finden können? Wie dies doch möglich ist, darüber werden wir gleich zu sprechen haben.

Für jetzt ist festzuhalten: die für die Theorie wichtigste Unterscheidung zweier Arten von Informations-Quellen, nämlich *diskrete Quellen* und *kontinuierliche Quellen*.

3.1.2.3. *Die Information der diskreten Quelle*

„Wieviel Information in bit/sec produziert eine gegebene Informationsquelle?", das war die Frage, die SHANNON gestellt hatte. Die Größe, um deren Bestimmung es sich dabei handelt, hängt offensichtlich eng mit dem Informations-Gehalt der Nachrichten bzw. Signale zusammen, die die Quelle zu liefern vermag, unterscheidet sich von ihm aber durch den Zeitfaktor: bit pro Sekunde.

1. Nehmen wir an, die diskrete Informations-Quelle wählt eine Folge von Zeichen nur unter Berücksichtigung der Auftretenswahrscheinlichkeiten p_i aus. In der so entstehenden Folge sind die Zeichen somit voneinander unabhängig. Der *mittlere Informationsgehalt* der Quelle wird dann einfach durch die SHANNON-Formel gemessen:

$$H = \Sigma\, p_i \,\mathrm{ld} \frac{1}{p_i} \text{ bit.}$$

Je größer die Anzahl der Zeichen n in einer Nachricht ist, je länger also die Nachricht ist, desto mehr Zeit wird die Quelle ceteris paribus für die Auswahl und Sendung des Signals benötigen. Es liegt daher nahe, die Leistung der Informations-Quelle durch einen besonderen Begriff, den man etwa als *Informations-Fluß* bezeichnen kann, zu kennzeichnen. Liefert die Quelle in t Sekunden n Zeichen, so in 1 Sekunde $\frac{n}{t}$ Zeichen. Man definiert dann den Informations-Fluß IF durch:

$$IF = \frac{n}{t} H = \frac{n}{t} IG = \frac{n}{t} \Sigma\, p_i \,\mathrm{ld} \frac{1}{p_i} \text{ bit pro sec.}$$

2. Berücksichtigt die Quelle beim Aufstellen der Zeichenfolge auch die *Folgewahrscheinlichkeiten* der Zeichen, so tritt in die Formel an Stelle von p_i jetzt $p_i(j)$ (s. S. 109). Hat die Quelle nämlich das Zeichen S_i ausgewählt, dann wird die Wahl des nächsten Zeichens, etwa S_j, nicht nur von dessen p_j, sondern von der Folgewahrscheinlichkeit des S_j auf S_i als von $p_i(j)$ abhängen. Anders ausgedrückt[1]: ist i einer der möglichen Zustände der Quelle und j einer der möglichen Zustände, die auf i folgen können, so gibt es einen Satz von Wahrscheinlichkeiten $p_i(j)$ für den Übergang der Quelle aus dem Zustande i in einen der Zustände j. Für jeden der Zustände i gibt es nun die entsprechende Entropie H_i bit/Zeichen. Der Informationsgehalt oder die Entropie der Informationsquelle ist dann definiert als der gewogene Mittelwert aller H_i, also

[1] Nach SHANNON: a. a. O. S. 23f.

als die Summe aller H_i, jeweils multipliziert mit der Auftretenswahrscheinlichkeit der Digramme (i, j), d. h. mit $p(i, j)$ (s. S. 109f):

$$H_i(j) = \sum_i \sum_j p(i, j) \cdot \mathrm{ld} \frac{1}{p_i(j)} \text{ bit/Zeichen;}$$

oder mit Benutzung der Formel auf S. 110:

$$H_i(j) = H = \sum p_i \cdot p_i(j) \cdot \mathrm{ld} \frac{1}{p_i(j)} \text{ bit/Zeichen.}$$

Sei wieder n die Anzahl der Zeichen, die die Quelle in t sec liefert, so ist $\frac{n}{t} = m$ die durchschnittliche Anzahl von Zeichen pro sec, oder anders ausgedrückt: die durchschnittliche Frequenz, mit der der Zustand i eintritt. Es ist dann einfach:

$$IF = H' = m\,H \text{ bit/sec.}$$

„H oder H' mißt", so stellt Shannon fest, „die Informationsmenge, die von der Quelle pro Zeichen bzw. pro Sekunde geliefert wird."

3.1.2.4. *Die kontinuierliche Quelle*

Eine kontinuierliche Quelle liefert nach dem oben Gesagten nicht eine Folge diskreter Zeichen, sondern „kontinuierliche Signale", die physikalisch etwa als Schwingungen bestimmter Wellenlänge λ bzw. Frequenz ν und Amplitude α erscheinen. Will man die Informationstheorie auf derartige Signale bzw. Quellen anwenden, so entsteht die Frage, wie man die Grundbegriffe der Theorie, z. B. Auswahl eines Zeichens oder eines Signals aus einem gegebenen oder möglichen Vorrat, anwenden kann. Es gibt ja in einem solchen Schwingungsvorgang keine einzelnen „Zeichen", deren Auftretens- und Folgewahrscheinlichkeiten man feststellen könnte, und auch der Kurvenverlauf ist meist so unregelmäßig, daß er für sich — es handele sich denn um „reine Töne" mit genau definierten Frequenzen u. dgl. — keine Gesetzmäßigkeiten zeigt. Wie kann man also trotzdem die Informations-Theorie auf kontinuierliche Signale und Quellen anwenden?

Wir müssen uns hier auf das Grundsätzliche beschränken, um verstehen zu können, daß die auf kontinuierliche Signale ausgedehnte Informations-Theorie zwar „etwas schwieriger und mathematisch komplizierter, aber nicht wesentlich verschieden ist. Viele Feststellungen für den diskreten Fall bedürfen keiner Modifikation, andere nur einer geringen Änderung" (Weaver).

1. Zunächst müssen wir einige Schulerinnerungen auffrischen, denn ganz ohne Mathematik geht es nicht. Wir haben gelernt, daß man z. B. einen Kreis mit einem Zirkel, eine Ellipse mit einer Fadenkonstruktion zeichnen kann, daß es also möglich ist, gewisse kontinuierliche Kurven „in einem Zuge" zu zeichnen.

Später, in der Analytischen Geometrie, galt es dann, aus einer algebraischen Gleichung, genauer: einer Funktions-Gleichung, die zu ihr gehörende Kurve punktweise zu konstruieren. Ist etwa die Gleichung:

$$x^2 + y^2 = a^2$$

gegeben, so formt man sie um in:

$$y = \pm \sqrt{a^2 - x^2}$$

setzt für x dann verschiedene Werte ein, z. B. 0, 1, 2, 3 ... a und rechnet den jeweils sich ergebenden Wert für y aus. In einem Koordinatensystem zeichnet man dann für jeden x-Wert auf der x-Achse den entsprechenden y-Wert in die Fläche ein und erhält ein angenähertes Bild vom Verlauf der Kurve, die in diesem Falle ein Kreis mit dem Radius a ist (s. Abb. 22). Jeder so gewonnene Punkt ist durch die beiden *Koordinaten* x_i und y_i bestimmt. Hat man genügend viele Punkte konstruiert, kann man sie mit freier Hand oder mit Hilfe eines Kurvenlineals zur Kurve verbinden. Man sieht: wählt man die x-Punkte sehr dicht, berechnet also sehr viele y-Werte, dann kann man den Verlauf der Kurve mit beliebiger Genauigkeit durch die entspr. Punktreihe wiedergeben. Im Grenzfalle, wo die Abstände der x-Punkte, also $x_{i+1} - x_i = \Delta x \to 0$ gehen, würden dann auch die y-Punkte „dicht" liegen. Wir können uns also vorstellen, daß die kontinuierliche Kurve entstanden ist durch den Grenzübergang $\Delta x \to 0$ aus der diskreten Punktfolge der y-Werte mit endlichem Δx.

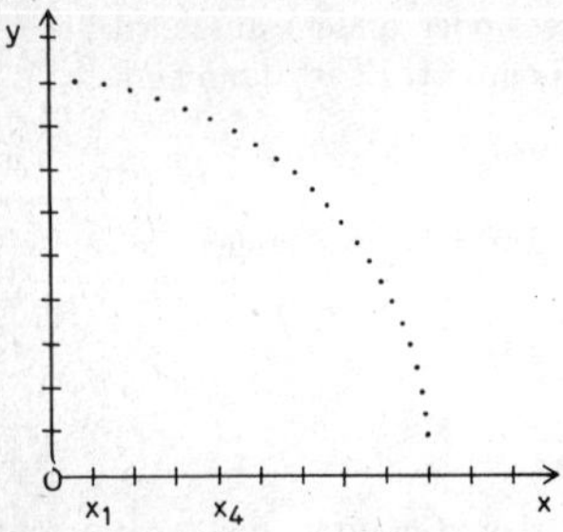

Abb. 22

Dieses Verfahren läßt sich nun auch umkehren: man kann eine kontinuierliche (stetige) Kurve durch geeignete Wahl diskreter Punkte charakterisieren, wenn man die x-Werte genügend eng, also Δx genügend klein wählt. Man wendet dies z. B. an, um den Flächeninhalt unter einer Kurve zu ermitteln (s. Abb. 23). Jedes der gezeichneten Rechtecke hat einen Flächeninhalt = Grundfläche · Höhe, also $= \Delta x \cdot y_i$. Die Summe aller Rechtecke, $\Sigma y_i \cdot \Delta x$, mißt ungefähr den Flächeninhalt unter der Kurve. Beim Grenzübergang $\Delta x \to 0$ ergibt sich dann der genaue Flächeninhalt.

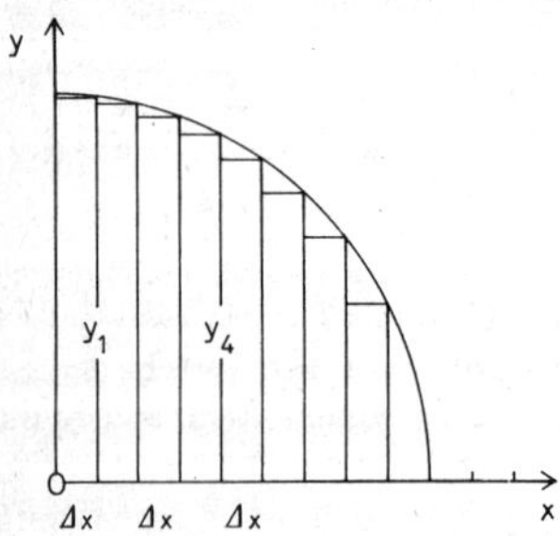

Abb. 23

Auch bei der Flächenberechnung kommt es darauf an, das endliche Δx nicht zu groß zu wählen, aber auch nicht zu klein, sondern sozusagen einen „vernünftigen" Wert für die einzelnen „Schritte" zu finden, mit denen wir auf der x-Achse von links nach rechts fortschreiten.

Das Ergebnis dieser „Erinnerung" ist: man kann eine kontinuierliche Kurve in eine diskrete Punktfolge so abbilden, daß man aus der Punktfolge die Kurve rekonstruieren kann.

Das ist aber im Prinzip genau das, was wir hier suchen:

Wir bilden ein kontinuierliches Signal in eine diskrete Folge von „Zeichen" x_1, x_2, x_3 ... ab — was diese x_i sind, müssen wir noch finden. Wir können dann die diskreten Signale übertragen, und der Empfänger bildet daraus das kontinuierliche Signal wieder zurück. Damit können wir die Informations-Theorie unter geeigneten Modifikationen auch auf kontinuierliche Signale anwenden.

2. Das Bisherige läßt sich auch noch etwas anders darstellen. Der allgemeine mathematische Ausdruck für eine Kurve ist:

$$y = f(x);$$

y ist eine Funktion von x. Zu jedem x-Wert gehört ein y-Wert (oder gehören auch mehrere y-Werte). In einem Koordinaten-System tragen wir die x-Werte auf der x-Achse oder *Abszisse* und die y-Werte auf der y-Achse oder *Ordinate* auf. Jeder Punkt x_i, y_i der Kurve ist dann bestimmt durch seinen senkrechten Abstand von der y-Achse $= x_i$ und seinen senkrechten Abstand von der x-Achse $= y_i$. In der Abb. 24 haben wir zu ausgewählten x-Werten die entsprechenden y-Werte als Strekken, die *Ordinaten* der Punkte eingezeichnet. Die Darstellung ist jetzt also eine andere: statt durch diskrete Punkte der Kurve stellen wir die Kurve durch eine diskrete Folge von *Ordinaten* dar (s. Abb. 25). Auch aus dieser Darstellung können wir die Kurve rekonstruieren, wenn die Δx nicht zu groß gewählt sind.

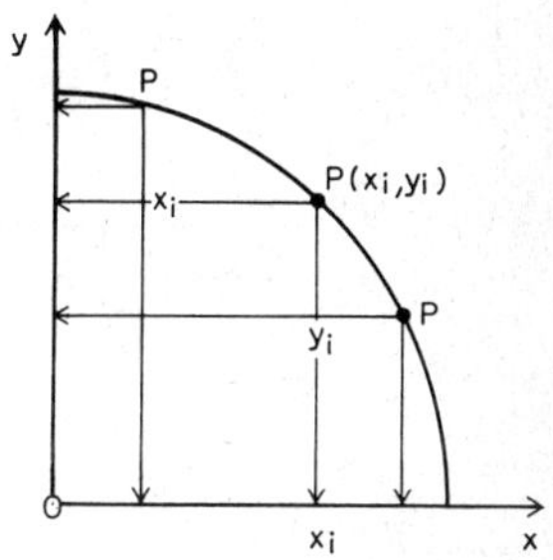

Abb. 24

In Abb. 25a ist ein Viertelkreis auf diese Weise dargestellt, in Abb. 25b entsprechend eine einfache Signalkurve.

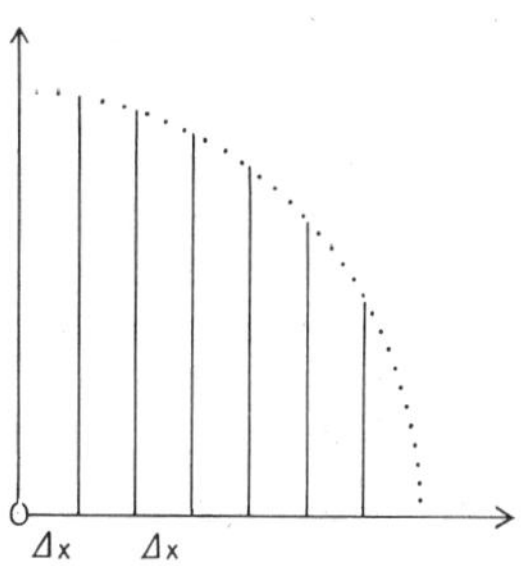

Abb. 25 a

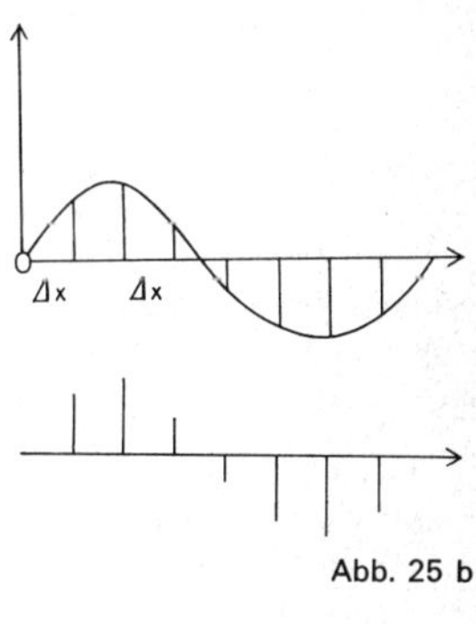

Abb. 25 b

Der für die Theorie kontinuierlicher Signale wichtige Unterschied zur rein mathematischen Darstellung in a) besteht nun darin, daß wir, wollen wir die kontinuierliche Nachricht aus der diskreten Zeichen-Folge, d. h. hier Ordinaten-Folge wiedergewinnen, die x-Werte nicht beliebig auswählen dürfen, sondern daß es für Δx eine bestimmte, durch die Theorie geforderte obere Grenze gibt:

$$\Delta x < M.$$

Auch bei der mathematischen Kurvendarstellung müssen wir genügend viele x-Punkte wählen, soll die Ordinatenfolge die Kurve angenähert genug wiedergeben. Nur liegt hier der Wert von Δx, also die Anzahl der äquidistanten x-Punkte, nicht fest, während sie bei der Signalkurve einen zahlenmäßig durch eine Formel angegebenen Wert besitzt — diesen müssen wir suchen.

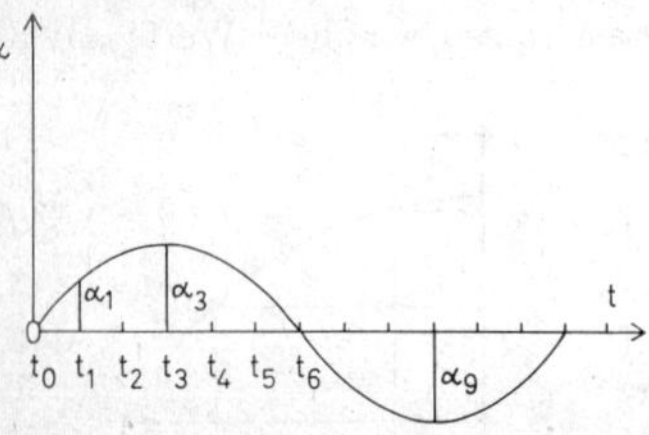

Abb. 26

3. Dazu müssen wir unsere Kurvendarstellung etwas ändern. Wir müssen berücksichtigen, daß das Senden eines Signals ein zeitlicher Vorgang ist. Wir wählen daher für unsere Darstellung als Abszisse die Zeitachse mit verschiedenen t-Werten, und als Ordinaten die Amplituden α der Schwingung. Das ergibt die nebenstehende Darstellung einer einfachen Signalkurve (s. Abb. 26). Sie ist nun nicht mehr ein Abbild der Schwingung selbst, sondern sagt aus: zur Zeit t_0 ist — wenn wir zunächst zur Veranschaulichung die Oberflächenwelle einer Wasserfläche nehmen — das hier betrachtete Wasserteilchen in der Ruhelage (Amplitude = 0). Das Teilchen a beginnt, im einfachsten Falle, auf und ab zu schwingen, und befindet sich somit zur Zeit t_1 oberhalb der Ruhelage in einer Entfernung, die durch die Amplitude α_1 dargestellt ist. Die Kurve gibt also an, wieweit das einzelne Teilchen während des Schwingungsvorganges sich zu irgendeinem Zeitpunkte t_i aus der Ruhelage nach oben oder unten entfernt hat. Das benachbarte Teilchen b beginnt seine Schwingung um einen Bruchteil Δt später, vollführt aber die gleichen Schwingungen wie a, nur *phasenverschoben*, d. h. um Δt später.

Handelt es sich um die Kurvendarstellung eines akustischen Signals, so treten an die Stelle der Wasserschwingungen Luftschwingungen. Die Luftteilchen schwingen dabei aber nicht auf und ab, sondern hin und her; es kommt somit zu Verdichtungen und Verdünnungen der Luft. Auch dafür gilt die Darstellung von Abb. 26, nur geben die Ordinaten α_i jetzt an, wieweit ein Teilchen sich zur Zeit t aus der Ruhelage „nach vorn“ oder „nach hinten“ entfernt hat.

Wollen wir nun eine kontinuierliche Signalkurve, wobei es sich um akustische, elektrische usw. Schwingungen handeln mag, in eine diskrete Folge von Ordinatenwerten umwandeln, so müssen wir auf der t-Achse einzelne, diskrete Punkte wählen und die zugeordneten Ordinaten einzeichnen. Praktisch heißt das: zu bestimmten diskreten Zeitpunkten $t_1, t_2, t_3 \ldots$ (Abstand $= \Delta t$) sendet man statt einer kontinuierlichen Schwingung einzelne Strom- oder Spannungs-Stöße, sog. *Impulse*, deren Amplitude gleich der Ordinate der Kurve (Amplitude der Schwingung) zu dem betreffenden Zeitpunkte t_i ist. Solche Impulse können verschiedene Form haben; Abb. 27 zeigt zwei Formen von Impulsen.

Man bezeichnet eine derartige Umwandlung der kontinuierlichen Signalkurve in die diskrete Folge der Amplituden auch als *Abtasten* der Amplituden und nennt die so entstehende Impuls-Folge einen *Puls*. Abb. 25b kann auch als einfaches Beispiel eines solchen Abtast-Vorganges angesehen werden.

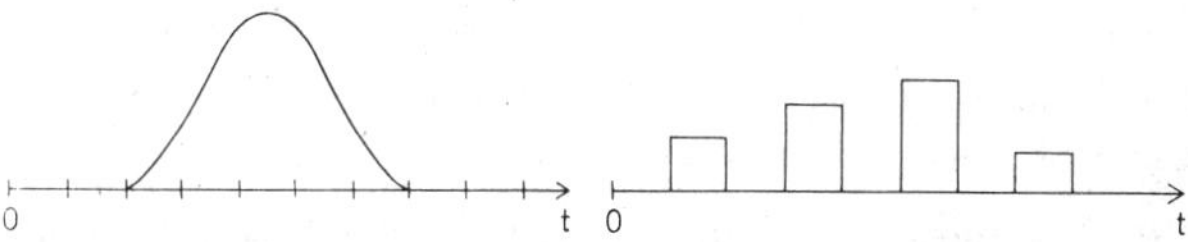

Abb. 27

4. Wird eine sprachliche Nachricht z. B. telefonisch übermittelt, so handelt es sich dabei nicht um einen „Ton", der übertragen wird, sondern um eine Folge vieler Töne (Vokale) und Geräusche (Konsonanten) mit sehr verschiedenen Frequenzen und Amplituden. Das Informations-System soll diese Mannigfaltigkeit von Schwingungen so übertragen, daß der Empfänger das Signal aufnehmen und „verstehen" kann.

Das menschliche Ohr vermag nun — bei jungen Menschen — alle Luftschwingungen mit Frequenzen von 16 Hz bis 20000 Hz (20 kHz = 20 Kilohertz) als Töne, Laute usw. wahrzunehmen (mit zunehmendem Alter schwindet die Aufnahmefähigkeit für die höchsten Frequenzen). Unseren normalen nachrichtentechnischen Geräten steht aber ein solcher Frequenz-Umfang bei weitem nicht zur Verfügung. Das Telefon z. B. versagt für eine genaue Übertragung bei Frequenzen $\nu_1 < 200$ Hz und bei $\nu_2 > 4000$ Hz. Die Untersuchung der Sprachübertragung hat jedoch gezeigt, daß man eine nahezu vollständige Übertragung erreichen kann, wenn man die Frequenzen von 200 Hz bis 6000 Hz benutzt, und daß man auch bei stärkerer Einschränkung noch eine praktisch ausreichende Verständigung erzielen kann. Für das Fernsprechsystem ist der Frequenzbereich auf die Frequenzen $\nu_1 = 300$ Hz bis $\nu_2 = 3400$ Hz begrenzt worden; man kommt damit, wie wir ja täglich erfahren, gut aus. Diesen Frequenzbereich bezeichnet man als das *Frequenzband* des Telefonsystems und definiert die Differenz zwischen der höchsten noch zugelassenen (ν_{max}) und der niedrigsten (ν_{min}) Frequenz als *Bandbreite* (B):

$$B = \nu_{max} - \nu_{min}.$$

Die Bandbreite des Telefonsystems beträgt somit 3400 — 300 = 3100 Hz, die des menschlichen Ohres maximal ca. 20000 Hz.

Jetzt müssen wir wieder den Zeitfaktor berücksichtigen: Jeder Besitzer eines Plattenspielers hat sicherlich schon einmal den Versuch gemacht, eine für $33^1/_3$ U/Min (Umdrehungen pro Minute) hergestellte Platte mit 45 U/Min oder gar mit 78 U/Min umlaufen zu lassen, und hat dabei festgestellt, daß alles „viel höher" klingt, und d. h., da die Tonhöhe ja durch die Frequenz bestimmt ist, daß alle Frequenzen vergrößert worden sind.

Nehmen wir zur Vereinfachung an, eine Platte laufe $T = 20$ Min lang mit einer Geschwindigkeit $G_1 = 30$ U/Min, eine andere mögliche Geschwindigkeit des Gerätes sei $G_2 = 60$ U/Min. Die Bandbreite der Platte sei für $G_1 = 10100 - 100 = 10000$ Hz. Durch Verdoppelung der Geschwindigkeit werden nun auch alle Frequenzen verdoppelt, d. h. die Bandbreite beträgt jetzt $20200 - 200 = 20000$ Hz. Andererseits läuft die Platte jetzt doppelt so schnell, die gesamte Umlaufzeit beträgt jetzt nur noch 10 Min.

Offenbar besteht eine Beziehung zwischen Bandbreite und Umlaufzeit, d. h. Übertragungszeit des Signals (des Musikstücks):

$$B_1 T_1 \; (= 10000 \cdot 20) = B_2 T_2 \; (= 20000 \cdot 10) = 200000 = \text{const.}$$

Diese Beziehung gilt nun allgemein:

$$B \cdot T = \text{const} = k. \tag{1}$$

Das ist das sog. *Zeitgesetz*, das 1924 unabhängig von Küpfmüller und Nyquist gefunden und aufgestellt wurde.

Für ein bestimmtes Signal, in unserem Beispiel also das Musikstück, ist die Konstante k gegeben. Ich habe für die Wahl der Übertragungsart nach Gleichung (1) nur einen Freiheitsgrad: ich kann entweder mit hoher Geschwindigkeit (kleines T) übertragen, etwa um Zeit zu sparen, benötige dann aber eine große Bandbreite B. Oder ich möchte aus technischen Gründen die Bandbreite beschränken, brauche dann aber mehr Zeit für die Übertragung.

In der Informations-Theorie setzt man nun, wie hier nicht näher begründet werden kann, die Konstante des Zeitgesetzes $= K = 2\,k$, also:

$$K = 2\,B \cdot T, \tag{2}$$

wobei man für B die sog. „effektive Bandbreite" und für die T die „effektive Signaldauer" wählt. K ist dann eine „dimensionslose" Größe; man gibt ihr aber eine Dimension, nämlich *Informationsquanten*, oder nach Dennis Gabor die Dimension *Logon*.

Gabor hat ein der berühmten „Unschärferelation" der Quantenmechanik (Heisenberg) entsprechendes *Unschärfeprinzip* der Nachrichtentheorie aufgestellt, das besagt:

Übermittelt ein Kanal mit der Bandbreite ΔB Signale, so hat das kürzeste noch meßbare Signal die Dauer $\Delta\, T$, wobei

$$\Delta B \cdot \Delta T \approx 1 \text{ Logon.}$$

5. Mit der Gleichung (2) haben wir nun endlich die Grundlage für die Beantwortung unserer Frage nach der Größe von Δx gefunden (s. S. 137). Liegt ein kontinuierliches Signal der Dauer T vor, dann unterteilt man die Strecke OT, die ja die Dauer auf der Zeitachse darstellt, in gleiche Teile der Länge (Dauer) ΔT; dabei muß sein:

$$\Delta T < \frac{1}{2B}. \tag{3}$$

Dieses ΔT bezeichnet man als Nyquist-Intervall. Daß Gleichung (3) uns den gesuchten Wert gibt, besagt das berühmte *Abtast-Theorem*:

Sind die Frequenzen eines kontinuierlichen Signals auf die Bandbreite B beschränkt, so ist die Signalfunktion $f(t)$ vollständig bestimmt durch die Ordinaten einer Reihe diskreter Werte von t ($t_1 = t_0 + \Delta t$, $t_2 = t_1 + \Delta t$, $t_3 = t_2 + \Delta t \ldots$),

$$\text{wenn } \Delta t < \frac{1}{2B} \text{ ist.}$$

Und das besagt: jeder der zu den Zeitpunkten t_1, t_2 ... gesendeten Impulse ist ein unabhängiges, diskretes Signal. Beträgt die Gesamtübertragungsdauer 1 sec und sende ich alle $\Delta t < \frac{1}{2B}$ sec einen Impuls, dann kann ich in 1 sec über eine Bandbreite B mindestens $2B$ Einzelsignale = Logone übertragen.

Oder anders gesehen: ist $\Delta t < \frac{1}{2B}$, dann und nur dann kann der Empfänger, der die diskrete Impulsfolge empfängt, aus den Abtastwerten die ursprüngliche kontinuierliche Signalkurve „rekonstruieren“.

6. Zum Schluß sei wenigstens noch angedeutet, wie man den Informationsgehalt einer kontinuierlichen Quelle bestimmt.

Statt der diskreten Verteilung eines Satzes von Wahrscheinlichkeiten p_i für die einzelnen diskreten Zeichen haben wir jetzt eine kontinuierliche Verteilungsfunktion $p(x)$ von Wahrscheinlichkeiten (sog. Dichte-Verteilungs-Funktion $p(x)$). Mit ihrer Einführung in die Formel für die Entropie einer diskreten Quelle ergibt sich die Möglichkeit, die Information einer kontinuierlichen Quelle analog zu definieren, wobei man jetzt — wie man oft recht ungenau, aber für unsere Zwecke ausreichend sagt — „über unendlich viele unendlich kleine Zeitintervalle“ summieren muß. Dies drückt man — wieder recht ungenau gesagt — dadurch aus, daß an die Stelle des Summenzeichens Σ das *Integral*-Zeichen $\int$ tritt:

$$H = \int p(x) \operatorname{ld} \frac{1}{p(x)} dx.$$

3.1.3. Das Kanal-System

3.1.3.1. *Begriff des Kanal-Systems*

1. Als „Kanalsystem“ bezeichnen wir hier zusammenfassend diejenigen Glieder des Informations-Systems, die an der Übertragung des Signals beteiligt sind, also den *Wandler* (transmitter), den eigentlichen *Kanal* und den *Rückwandler* (receiver). Formal könnte man sagen: es sind diejenigen Glieder des Systems, die sowohl einen Input als auch einen Output besitzen, und deren Funktion daher in verschiedenem

Maße der *Störung* unterliegen kann, sei es bei der Umwandlung (Codieren, Decodieren) der Signale, sei es bei dem raum-zeitlichen Vorgang der Übertragung selbst. Wir werden die einzelnen Teile gesondert besprechen, doch muß zuvor noch einiges über das Kanalsystem als Ganzes gesagt werden. Es ist nämlich mit den angegebenen Gliedern noch nicht vollständig. Um eine Nachrichtenübertragung möglichst sicher und zugleich auch auf weite Strecken zu gewährleisten, muß das System noch zusätzliche Einrichtungen besitzen, z. B. die *Verstärker.*

Das Prinzip dieser „Verstärker" ist nahezu so alt, wie die Nachrichten-Übermittlung in großräumigen Bereichen überhaupt. Die Herrscher Chinas, des großen Mongolenreiches und des persischen Großreiches übersandten ihre Befehle und erhielten ihre Nachrichten durch Boten, durch Schnelläufer-Kuriere. Kein Bote war natürlich in der Lage, ein solches Riesenreich in einer angemessenen Zeit zu durcheilen — so entstand das *Stafettensystem*, bei dem die Nachrichtenstrecke in viele Teilstrecken aufgeteilt wurde, an deren Ende jeweils ein neuer Bote die Nachricht übernahm und mit frischer Kraft in größtmöglicher Geschwindigkeit weiter beförderte. Sehr früh schon, auch das war eigentlich selbstverständlich, wurde eine weitere Beschleunigung eingeführt: reitende Boten. Mit ihnen entwickelte sich ein anderes System der Nachrichten-Beförderung, nämlich das *Relais-System*: der Bote wechselte an den Endpunkten der Teilstrecken nur das Pferd. Bei sehr großen Entfernungen wurden diese beiden Formen sicherlich miteinander kombiniert.

Stafetten- und Relais-System sind also Mittel, die Reichweite und die Geschwindigkeit der Nachrichtenbeförderung zu vergrößern, aber sie erreichen dies auf verschiedene Weisen. Beim *Stafettensystem* haben wir einen Wechsel des Nachrichtenträgers: ein neuer Bote übernimmt den Brief oder, um ein deutlicheres Beispiel zu wählen, übernimmt die ihm zugesprochene mündliche Nachricht, bringt sie zum nächsten Boten und gibt sie dort mündlich weiter. Ein solches Verfahren bietet notwendig einen weiten Spielraum für das Einwirken von Störungen. Interessant ist, daß auch in der Frühzeit der Telegrafie auf große Entfernungen Stafettensysteme notwendig wurden, daß man sich aber bald um ihre Abschaffung bemühte, eben wegen der damit verbundenen Störmöglichkeiten. England, das ein brennendes politisches und wirtschaftliches Interesse an einer Telegrafenverbindung mit Indien besaß, hatte diese um die Mitte des vorigen Jahrhunderts auf drei Wegen zu erreichen versucht: mittels Seekabel und auf dem damals technisch sichereren Landwege über Rußland-Persien sowie über Türkei-Persien. Abgesehen davon, daß die Linien meist in recht schlechtem Zustande waren, konnte man damals nur über kurze Strecken „durchtelegrafieren", so daß die lange Strecke in Teilstrecken unterteilt werden mußte, an deren Ende Beamte die Telegramme aufnahmen und weitertelegrafierten. Da diese Beamten meist nur ihre Landessprache kannten, läßt sich vorstellen, in welcher Form ein Telegramm von London schließlich in Kalkutta ankam. Eine unmittelbare Landverbindung wurde dann nach den Plänen von WERNER v. SIEMENS und mit Hilfe von ihm entwickelter technischer Einrichtungen gebaut — sie blieb nach ihrer endgültigen Betriebnahme 1871 rund sechs Jahrzehnte im Dienst[1].

---

[1] Vgl. GEORG SIEMENS: Geschichte des Hauses Siemens. Freiburg, München. Bd. I, 1953, S. 73ff.

Beim *Relais*-System handelt es sich nur um eine neue Zufuhr von Energie, im Prinzip also nicht anders als beim modernen Lastwagenverkehr, der an den Tankstellen neue Energie „tankt". Beim Telegrafieren über weite Strecken wurde der Strom einmal durch den Widerstand des Drahtes und zum anderen durch sogenannte „Leckverluste" infolge ungenügender Isolierung stark geschwächt, so daß er entweder überhaupt nicht oder so schwach in der Empfangsstation ankam, daß das Signal nicht mehr zu entziffern war. Das Signal mußte daher, am Empfangsort oder auf der Strecke, im „Kanal", verstärkt werden — den Namen „Relais" für diese Art Verstärkung hat WHEATSTONE eingeführt, er übernahm ihn von den Pferdewechsel-Stationen des alten Postkutschen-Verkehrs. Derartige Verstärker im Kanal arbeiten im Prinzip wie Radio-Röhren — auf technische Einzelheiten wollen wir hier nicht eingehen: der im Draht ankommende schwache bzw. geschwächte Strom *steuert* den stärkeren Strom der Verstärker-Röhre. Da hier die Energie zugleich auch „Träger" des Signals ist, handelt es sich genau genommen um eine Kombination der beiden Systeme, so als wenn an der Relais-Station ein neuer Bote mit einem frischen Pferd die Nachricht weiterbefördert. Was von der Informations-Quelle bis zum Empfänger durchläuft, ist — und darauf kommt es hier an — nur die Nachricht oder auch die Information, deren Eigennatur hierdurch besonders deutlich wird.

Schon hier sei erwähnt, daß beide Verfahren nicht nur in der Technik verwendet werden, sondern sich auch in der Natur finden, speziell bei der Nachrichtenübermittlung in Organismen (s. u.).

2. Wir können nunmehr verschiedene Kanal-Systeme unterscheiden[1], wobei wir des Überblickes wegen auch Systeme berücksichtigen, die nicht Nachrichten übertragen oder sie wenigstens nicht übertragen sollen:

a) *Materialtransport*

a_1) Reiner Materialtransport: Das System transportiert Materie von einem Ort zu einem anderen. Beispiele aus der Technik sind Transportbänder, Schüttelrinnen, aber auch Wagen, Karren, Kräne, Bagger usw. Aus der Wirtschaft: der gesamte Güterverkehr. Aus der Biologie: Transport von Nahrungsstoffen, Endprodukten des Stoffwechsels usw. durch den Blutstrom.

a_2) Materie als Nachrichtenträger: Beispiele sind Rohrpostanlagen in Betrieben und Städten, die gesamte Briefbeförderung der Post, letztlich auch alle Beförderung von Nachrichten durch Boten, Brieftauben u. dgl. Ein biologisches Beispiel werden wir unten genauer besprechen.

b) *Energietransport*

b_1) Reiner Energietransport: Hier müssen wir zwei Formen unterscheiden, Einmal den Transport der Energie selbst wie in den städtischen Stromnetzen, in Überlandleitungen, in Wärmestrahlern usw. Und dann den Transport von

[1] Vgl. zum Folgenden B. HASSENSTEIN: „Die bisherige Rolle der Kybernetik in der biologischen Forschung." Naturw. Rdsch. **13**, 353ff. (1960), dessen Systematik der Kanal-Systeme wir uns hier weitgehend anschließen können.

in stofflicher Form gebundener Energie wie bei Kohle-Transporten, Erdöl-Pipelines usw. In Organismen transportiert der Blutstrom in Form der Bestandteile verdauter Nahrung auch Energiestoffe wie Zucker, Fette usw.

b_2) Energie als Nachrichtenträger: Telefon, Telegrafie, Radio, Fernsehen sind hier die bekanntesten Beispiele — im Organismus ist es die elektrochemische Leitung in den Nervennetzen.

c) *Nachrichtentransport*

Der reine Nachrichtentransport, bei dem also nur die Nachricht bzw. das Signal von einem Ort zum anderen gelangt, während die Träger wechseln, verdient eine Sonderstellung, da erst mit ihm die moderne Nachrichtentechnik mit ihrer Überwindung beliebig großer Entfernungen möglich wurde. Wenn er sich auch „technisch" der oben erwähnten Verfahren bedient, so muß er doch begrifflich herausgehoben werden, wie vielleicht bei einem Wechsel der Übertragungsformen, etwa Übermittlung mit Energie als Träger, mit Materie als Träger usw. deutlich wird.

3.1.3.2. *Der Wandler*

1. Der *Wandler* ist diejenige Einrichtung eines Informations-Systems, in dem die von der Informations-Quelle kommenden Signale „kanalgerecht" umgeformt werden. Diese Einrichtung kann ein Mensch sein oder ein Apparat, der von einem Menschen bedient wird, oder auch ein Automat. Das Umformen der als Input ankommenden Signale kann nun auf sehr verschiedene Weisen vor sich gehen: ein Bote mag das akustische Signal hören und speichern, um es dann beim Empfänger wieder in ein akustisches Signal umzuformen — er ist dann Wandler, Kanal und Rückwandler in einem. Beim Telefon wandelt das Mikrophon die Luftschwingungen (Input) in entsprechende Schwankungen des elektrischen Stromes (Output), bei der Telegrafie codiert ein Mensch die geschriebenen Telegramme (Input) in den Morse-Code (Output), und so fort bis zu den komplizierten Umformungen eines Signals in den korrigierbaren Hamming-Code. Alle derartigen Umformungen, auch die Umformungen etwa der Lichtstrahlen im Auge (Wandler) in einen elektrischen Nervenreiz oder die entsprechende Umwandlung der Luftschwingungen im Ohr bezeichnet man als *Codieren.* So allgemein verstanden ist die Funktion des Wandlers das Codieren der Nachricht.

Der zu codierende Input kommt von der Informations-Quelle oder von einem Zwischen-Wandler — möglicherweise kann auch schon eine Störquelle eingeschaltet sein, deren „Information" dann ebenfalls codiert wird. Der Output des Wandlers geht an den *Kanal* oder über einen Zwischenkanal an einen weiteren Wandler usw.

Das *Codieren* im Wandler stellt nun einige Probleme, die als Anwendungsprobleme oben bei der Besprechung der allgemeinen Codierungs-Fragen noch nicht erörtert worden sind. Da es ja grundsätzlich viele Möglichkeiten gibt, eine Nachricht zu codieren, müssen wir für die Übertragung einen Code auswählen, der für die Übertragungsform geeignet ist. Und unter den geeigneten müssen wir dann weiter den besten Code wählen, genauer: den unter den gegebenen Bedingungen besten Code.

Dabei müssen wir aber bedenken, daß der Wandler nicht nur das eigentliche Codieren vollbringen muß, also z. B. eine gesprochene oder geschriebene Nachricht in den Morse-Code übersetzen, sondern daß er das so codierte Signal auch in elektrische Stromstöße umsetzen muß. Er erfüllt somit eigentlich zwei verschiedene Aufgaben: eine syntaktische — das Codieren, und eine technische — die Übertragung in die technische Form der Signal-Übermittlung. Der Mensch am Telegrafen-Apparat vollzieht beides; ein automatischer Telegrafen-Wandler müßte zunächst das geschriebene Telegramm in Morse-Schrift umsetzen, diese dann auf ein Lochband geben und mit dessen Hilfe das Signal senden.

Welches sind nun die Bedingungen für einen geeigneten bzw. den unter den gegebenen Bedingungen geeignetsten Code?

2. Die erste Bedingung, die ein Code erfüllen muß, ist die schon mehrfach genannte: der Code muß kanalgerecht sein. „Kanalgerecht" sein ist ja nur ein Spezialfall dessen, was wir früher als Anpassung an die objektive Empfangsbereitschaft (MEGLA) bezeichnet haben, denn jetzt fungiert der Wandler als Sender, und der Kanal ist ein Empfänger, der eben für den Output des Wandlers objektiv empfangsbereit sein muß.

Nur ist diese objektive Empfangsbereitschaft in vielen technischen Einrichtungen kein eindeutiges Merkmal — und dies führt zu einer neuen Unterscheidung von Signalen bzw. ihren Codierungsmöglichkeiten, einer Unterscheidung, die nicht nur für die Nachrichten-Übertragung und -Verarbeitung, sondern auch für alle anderen Arten kybernetischer Systeme wie biologische Modelle, Automaten und speziell elektronische Rechengeräte sowie für alle Arten von Regelsystemen von Wichtigkeit ist: zur Unterscheidung der *analogen* und *digitalen* Darstellung von Nachrichten bzw. dann auch von Rechenoperationen, Denkvorgängen usw.

Wir wollen etwa eine Nachricht auf elektrischem Wege übertragen. Dafür bieten sich die beiden Möglichkeiten der Telefonie und der Telegrafie „per Draht" an. Der Kanal ist in beiden Fällen der gleiche: ein Draht, in dem ein elektrischer Strom fließt, oder allgemeiner: in dem sich bestimmte elektrische Vorgänge abspielen. „Kanalgerecht" ist somit jede Codierung, die die — wir wollen annehmen gesprochene — Nachricht in elektrische Größen umwandelt. Dies geschieht aber bei der Telefonie und der Telegrafie auf verschiedene Weisen:

Diktieren wir z. B. unser Telegramm dem Wandler (Telegrafist), so wird die kontinuierliche Nachricht von ihm in diskrete Stromstöße verschiedener Dauer übersetzt, die durch stromlose Pausen getrennt sind. Will man feststellen, wieviel Nachricht in einer Minute durch den Wandler in den Kanal und dann durch den Kanal geht, braucht man nur die übermittelten Zeichen pro Minute zu zählen. Wir erhalten also die Nachrichten-Menge als Anzahl der Zeichen pro Minute. Daher bezeichnet man diese Darstellung einer Nachricht als *digital*.

Beim Telefonieren wird der im Draht laufende Strom durch den Wandler (Mikrophon) kontinuierlich moduliert, das kontinuierliche Signal (gesprochene Sprache) wird in ein anderes kontinuierliches Signal (modulierter Strom, s. u. S. 162ff) umgeformt, und zwar so umgeformt, daß die Stromschwankungen den Luftschwankungen entsprechen, ihnen „analog" sind — *analoge* Darstellung eines kontinuierlichen Signals.

Die Möglichkeit einer Wahl digitaler oder analoger Darstellung bzw. Signalübermittlung bei gleichem technischem Medium ist nicht auf die elektrische Nachrichtenübertragung beschränkt. Wenn Gefangene sich durch Klopfzeichen im Morse-Code unterhalten, so ist die Übermittlung eine akustisch digitale. Die Busch-Trommelsignale afrikanischer Neger sollen dagegen Sprach-Simulationen sein und nicht nach einem Code „gemorste" Signale; sie sind somit eine akustisch-analoge Signalübermittlung[1].

Wir müssen danach verschiedene Arten von Wandlern unterscheiden, nämlich solche, die die Art der Darstellung erhalten, und solche, die sie verändern. Mikrophon und Diktaphon sind Beispiele von Wandlern, die kontinuierliche Signale in kontinuierliche transformieren, beim Telegrafen werden diskrete (geschriebene) Signale wieder in diskrete umgeformt. Eine Stenotypistin beim Diktat an der Schreibmaschine ist ein Wandler, der kontinuierliche Signale in diskrete umformt.

3. So wie der gewählte Code in technischem Sinne kanalgerecht sein muß, so muß er auch informationstheoretisch sowohl dem Kanal als auch der Informationsquelle angepaßt sein, und das bedeutet: durch das Codieren soll möglichst keine Information verloren gehen, und das Übertragungsvermögen des Kanals soll vollständig ausgenutzt werden. Das ist die Funktion des Wandlers als eines Mittlers zwischen Informationsquelle und Kanal, eine Aufgabe, die SHANNON so formuliert: „Der Wandler, der das Signal codiert, soll die Quelle dem Kanal in statistischem Sinne anpassen."[2] Um dies etwas näher zu erklären, müssen wir allerdings schon vorgreifend über die Eigenschaften des Kanals selbst sprechen:

Nehmen wir einen diskreten Wandler, der von der Quelle als Input eine diskrete Zeichenfolge erhält und eine codierte (bzw. anders codierte) Zeichenfolge als Output abgibt. Sowohl die Quelle als auch der Wandler mögen nur eine begrenzte Zahl von Zuständen annehmen können — wir wollen sie dann vereinfacht als eine *endliche statistische Quelle* und einen *endlichen Wandler* bezeichnen (SHANNON: „a finite state statistical source" und „a finite state transducer"). Dann gilt für die Beziehung zwischen Quelle und Wandler SHANNONS Theorem 7:

„Der Output eines endlichen Wandlers, der von einer endlichen statistischen Quelle beliefert wird, ist selbst eine endliche statistische Quelle, deren Entropie H (pro Zeiteinheit) kleiner als oder gleich der Entropie des Input ist."[3]

---

[1] Vgl. etwa COLIN CHERRY: Kommunikationsforschung, S. 53: „Die Trommeln sind wirklich sprechende Trommeln, sie ahmen die menschliche Sprache nach."

[2] SHANNON: a. a. O., S. 31.

[3] SHANNON: a. a. O., S. 27.

Der Wandler kann die Informationsmenge also nur vermindern oder sie bestenfalls unvermindert weitergeben. Da er sie an den Kanal weitergibt, muß er der Übermittlungsfähigkeit des Kanals angepaßt sein.

Es liegt nahe, diese Übermittlungsfähigkeit des Kanals dadurch zu bestimmen, daß man feststellt, wieviel Zeichen pro Zeiteinheit durch bzw. über den Kanal gehen können. Uns interessiert aber mehr, wieviel *Information* der Kanal zu befördern vermag. Da jedes Zeichen der Quelle, ausgewählt aus einem Alphabet von etwa 2^n Zeichen, einen Informationsgehalt $IG = n$ bit enthält, und wenn der Kanal in jeder Sekunde k Zeichen zu befördern vermag, ist die Übermittlungsfähigkeit des Kanals bestimmt durch seine *Kapazität*:

$$C = k \cdot n \text{ bit/sec.}$$

Für eine strenge Definition der Kapazität muß man die verschiedene Länge bzw. zeitliche Übertragungsdauer der Zeichen berücksichtigen. Wählen wir alle Zeichen aus, die t sec zur Übertragung benötigen — ihre Gesamtheit sei, als Funktion von t = n(t), wobei n(t) natürlich keine ganze Potenz von 2 sein muß — so ist der Informationsgehalt pro Zeichen ld n(t) und der Informationsgehalt des Zeichens pro Sekunde: ld n(t)/t. Dann definiert man die *Kapazität eines diskreten Kanals* als:

$$C = \lim_{t \to \infty} \frac{\text{ld } n(t)}{t} \text{ bit/sec}$$

Shannons berühmtes *Fundamentaltheorem* für einen störungsfreien Kanal gibt die Beziehung zwischen der *Informations-Quelle*, dem *Wandler* bzw. der von ihm vorgenommenen Codierung und der *Kanalkapazität*:

Hat die Quelle eine Entropie H bit/Zeichen und der Kanal die Kapazität C bit/sec, so kann der Wandler das Signal (den Output der Quelle) so codieren, daß man über den Kanal $\frac{C}{H} - \varepsilon$ Zeichen pro Sekunde senden kann, wobei ε beliebig klein sein mag. Dagegen kann die Senderate niemals größer als $\frac{C}{H}$ Zeichen/sec sein, so geschickt und vollkommen wir unseren Code auch wählen[1].

Das Verhältnis der in der Praxis erreichten Übertragungsrate R zur Kapazität C des Kanals bezeichnet man als *Wirkungsgrad des Codes* oder auch als *Code-Wirksamkeit* („efficiency of the coding system"). Der beste Wandler ist derjenige, der die Nachricht so codiert, daß das Signal die statistischen Eigenschaften besitzt, die dem Kanal am besten angepaßt sind: diese Art macht $\frac{C}{H}$ maximal (W. Weaver)[2].

Doch ist leider ein Haken dabei: je besser der Code ist, je näher er dem Ideal kommt, desto größer ist die zeitliche Verzögerung, die durch das Codieren in den Wandlern entsteht — und damit wird die durch die Güte des Codes erreichte gesteigerte Wirksamkeit des Systems wieder eingeschränkt.

[1] Shannon: a. a. O., S. 28f.
[2] Weaver: a. a. O., S. 108.

3.1.3.3. *Der eigentliche „Kanal"*

1. Der *Kanal* ist das Medium der Übertragung: ein Draht, ein Kabel, ein Nerv, ein Lichtstrahl, ein Wellenband einer bestimmten Bandbreite, im persönlichen Gespräch die Luft bzw. das Frequenzband der Luftschwingungen usw. Man kann den Begriff aber auch allgemeiner verstehen, indem man ihn nur durch seine Funktion definiert: „Man beschreibt diese, indem man alle erlaubten Inputs und Outputs eines Systems und dazu die bedingte Wahrscheinlichkeit feststellt, die jeden Output mit jedem Input verbindet" (H. Quastler)[1]. Quastler gibt dafür folgendes Beispiel (s. Abb. 28): *A* ist mit *B* und *C* je durch einen physischen Kanal verbunden, so daß die Zustände von *B* und *C* vom jeweiligen Zustand von *A* abhängen. „Doch wegen der Abhängigkeit des *B* und *C* von *A* kann man einiges über *C* erfahren, wenn man *B* betrachtet und umgekehrt. Im Sinne der Informationstheorie ist es korrekt zu sagen, daß zwischen *B* und *C* ein Kanal besteht." Daraus ergibt sich dann z. B. Ashbys Definition: „Ein ‚Kanal' ist in der Kybernetik definiert nur in Begriffen gewisser Verhaltensbeziehungen zwischen zwei Punkten; sind zwei Punkte derart in Beziehung, so existiert zwischen ihnen ein ‚Kanal', unabhängig davon, ob irgendeine materielle Verbindung zwischen ihnen zu finden ist."[2]

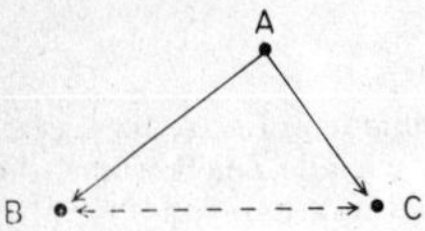

Abb. 28

2. Die Funktion des Nachrichten-Kanals ist die eigentliche Übertragung der Outputs des Wandlers zum Rückwandler. Doch der Kanal überträgt nicht nur erwünschte, sondern auch unerwünschte Information, die *Störung* (noise), mit dem nachrichtentechnischen Ausdruck auch „Rauschen" genannt. Genau wie der des Kanals muß auch dieser Begriff sehr weit gefaßt werden. Um einen Überblick über die möglichen Störungen zu erhalten, unterscheiden wir zunächst zwei Arten:

a) Die Störquelle liefert zum transportierten Signal zusätzliche Signale. Beispiele sind das „Nebensprechen" im Telefon oder mehrere gleichzeitig verlaufende Gespräche in einer größeren Gesellschaft: eins, an dem ich beteiligt bin, eins nebenan, das mich vielleicht mehr interessiert, das ich „mit halbem Ohre" mithöre, und schließlich noch mehrere andere, die nur als akustischer Hintergrund wirken. Oder das beliebte Nebeneinander von Radiomusik und persönlicher Unterhaltung. Hier liegt es letztlich beim *Empfänger*, welche Signal-Folge für ihn Nachricht und welche Störung ist.

b) Die Stör-Quelle liefert Signale, die die Nachrichten-Signale verändern, überschatten oder auslöschen. *Veränderung* ist z. B. möglich, wenn von der Störquelle (s. Abb. 29) Stromimpulse kommen zu Zeitpunkten, in denen in der Nachrichtensendung keine auftreten. *Überschatten* und *Überlagern* können auftreten, wenn Signale sich gegen einen ständigen Hintergrund von Störgeräuschen nur schlecht

[1] Henry Quastler: „Information Theory Terms and Their Psychological Correlates" in: Information Theory in Psychology. Ed. H. Quastler, Glencoe (Illinois) 1955, S. 152.

[2] W. Ross Ashby: An Introduction to Cybernetics. 2. Aufl., London 1957, S. 180.

oder gar nicht abheben. Wir kennen so etwas beim Rundfunk, aber auch bei Messungen sehr kleiner Größen in der Naturwissenschaft. Die Genauigkeit der Messungen wird hier dadurch begrenzt, daß mit der Verkleinerung der anzeigenden Teile und der immer feineren Aufhängung auch die Beeinflussung durch die unregelmäßigen Stöße der ständig bewegten Luftmolekeln zunimmt. Diese Beeinflussung durch die sog. „Brownsche Bewegung" bildet einen Störhintergrund, von dem sich dann die Meß-Nachrichten nicht mehr deutlich abheben. Etwas entsprechendes finden wir beim EEG (Elektroencephalogramm), den von der Kopfoberfläche abgeleiteten elektrischen Pulsationen, die eine Folge elektrischer Spannungsschwankungen im Gehirn sind. Auch hier müssen die Nachrichten — das EEG — von einem Hintergrund von Störgeräuschen abgehoben werden: mitregistrierten Potentialschwankungen anderer Art, sei es von solchen aus der Umgebung (z. B. Mängel am Gerät), sei es aus dem Körper des Untersuchten (z. B. Muskelpotentiale bei unwillkürlichen Bewegungen oder Spannungen). Daß die Überlagerung bis zum Verschwinden des Signals führen kann, ist uns ebenfalls vom Radio her bekannt, wenn z. B. in der Nähe ein nicht entstörtes elektrisches Gerät arbeitet oder wenn systematisch mit „Störsendern" gestört wird.

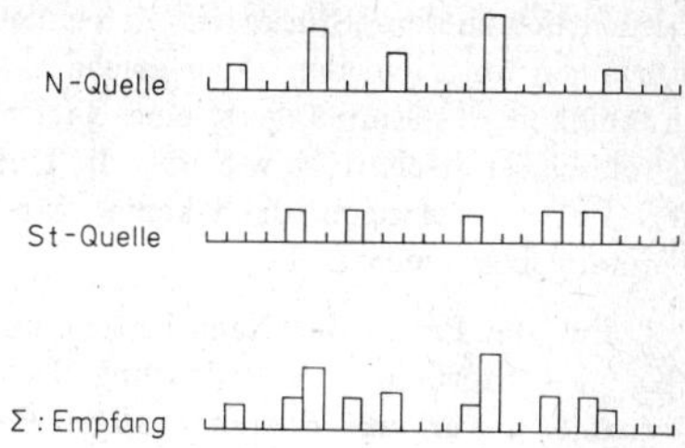

Abb. 29

Ein Schwingungs-Signal kann auch durch Interferenz „verschwinden", d. h. in eigentlichem Sinne ausgelöscht werden, wenn nämlich (s. Abb. 30) der Signalschwingung sich eine Schwingung gleicher Wellenlänge und Amplitude überlagert, die um ½ Schwingung *phasenverschoben* ist.

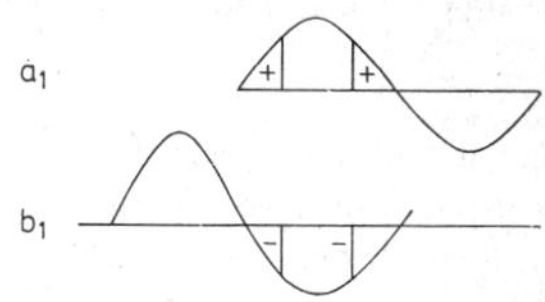

Abb. 30

Für die theoretische Behandlung unterscheidet man neben der oben (S. 127) schon genannten „systematischen" noch *statistische* und rein *zufällige* Störungen. Statistische Störungen, wie die Brownsche Bewegung oder unvermeidbare Schwankungen des elektrischen Stromes in Leitungen oder auch bei Verstärker-Röhren, nämlich Schwankungen des aus der Glühkathode austretenden Stromes von Glüh-Elektronen, sind Störungen, die von einer statistischen Störquelle stammen und die man rechnerisch berücksichtigen kann. Die eigentlichen Zufallsstörungen, wie z. B. das Einschalten eines nicht entstörten Elektrogerätes durch einen Nachbarn, sind weder berechenbar, noch generell zu beheben.

Rechnet man zu den Störungen alles, was den regelrechten Empfang einer Nachricht behindern oder verhindern kann, so bieten sich auch hier wieder Erweiterungen des Begriffs an. So hat man z. B. das Nichtwissen des Empfängers (unser $\overline{\mathrm{Wi}}(x)$)

gelegentlich zu den „Störungen" gerechnet und dann „persönliche" und „objektive" Störungen unterschieden. Aber solche Erweiterungen sind nicht unbedenklich. Die Unfähigkeit des Empfängers, eine Nachricht zu verstehen, gehört zur subjektiven Empfangsbereitschaft, so wie etwa die Unfähigkeit eines Farbenblinden, Farbsignale korrekt zu empfangen, doch keine „Störung", sondern ein Mangel an objektiver Empfangsbereitschaft ist.

3. Für die Praxis der Nachrichten- und Informations-Übermittlung ist nur der „Kanal + Störung" von Bedeutung. Der störungsfreie Kanal ist ein theoretischer Grenzfall, der erlaubt, die notwendigen Begriffe wie Kanal-Kapazität, Informations-Rate usw. und die Grundgesetze, wie das Fundamentaltheorem zu formulieren. Wir müssen daher jetzt noch kurz — wegen der mathematischen Schwierigkeiten auch recht kursorisch — auf die entsprechenden Gesetze beim gestörten Kanal eingehen, wobei wir uns auf den *diskreten Kanal* beschränken.

Voraussetzung ist also, daß der Empfänger nicht das gleiche Signal empfängt, das der Sender abgeschickt hat, und weiterhin, daß auch der Informationsgehalt des empfangenen von dem des abgesandten Signals verschieden ist. Für die praktische Betrachtung können wir den strengen Begriff der Störung als einer zusätzlichen Informationsquelle (s. S. 127) lockern und mehr im Sinne des Alltags sagen: die Störung vermindert die empfangene Information. Dies gilt es nun wieder mathematisch zu fassen und zu formulieren:

Ist $H(x)$ die Entropie der Informations-Quelle oder der Informationsgehalt des in den Kanal gegebenen Inputs, so sei der Informationsgehalt des Kanal-Outputs, des empfangenen Signals $= H(y)$. Bei einem störungsfreien Kanal ist $H(y) = H(x)$, in allen praktischen Fällen aber ist:

$$H(y) \neq H(x),$$

und das besagt eben: $\mathfrak{E}$ empfängt statt des Signals x das Signal y. Angenommen, es läge ein prüfbarer Code vor, dann weiß $\mathfrak{E}$, daß y nicht das richtige Signal ist, aber er kennt das richtige x nicht. Wohl kann er — z. B. auf Grund von Redundanzen des Signals — verschiedene Möglichkeiten für x erwägen, sie seien $x_1, x_2, x_3, \ldots$, allgemein x_i. Und für diese x_i wird er auch gewisse Auftretenswahrscheinlichkeiten finden können, also p_{x_i}. Diese Wahrscheinlichkeiten wird er aber nicht „frei" — und d. h. etwa nur auf Grund der vorhandenen Redundanzen — schätzen und erraten, sondern er wird für diese Schätzungen stets das empfangene Signal y zugrunde legen. Und das bedeutet: die gefundenen Auftretenswahrscheinlichkeiten p_{x_i} hängen von y ab, sie sind *bedingte Wahrscheinlichkeiten*: $p_y(x_i)$.

So etwa kommt Shannon zu der Definition:

„Nach unserer früheren Erörterung der Entropie als einem Maß der Ungewißheit erscheint es sinnvoll, die bedingte Entropie der Nachricht — also $H_y(x)$ — bei Kenntnis des empfangenen Signals (y) als Maß für die verlorengegangene Information zu verwenden."[1]

[1] Shannon: a. a. O., S. 36.

Die Differenz $H(x) - H_y(x)$ nennt SHANNON die „Rate der tatsächlichen Übertragung" (R):

$$R = H(x) - H_y(x) \text{ bit/Zeichen};$$

wir sprechen heute von *Transinformationsgehalt* oder kurz von der *Transinformation* und definieren etwa:

„Die richtig übertragene Information wird als Transinformation bezeichnet" (MEYER-EPPLER)[1].

Entsprechend kann man einen *Transinformationsfluß* TF definieren:

$$TF = \frac{R}{T} \text{ bit/sec.}$$

Die Kanalkapazität im Falle eines Kanals mit Störung ist dann der Maximalwert von R:

$$C = Max\,(H(x) - H_y(x)).$$

Um wenigstens einen Blick auf die Theorie des Kanals mit kontinuierlichen Signalen zu werfen, wollen wir kurz die Bestimmung der Kanalkapazität eines solchen Kanals angeben:

Um sie bestimmen zu können, müssen wir die *Bandbreite* B (S. 139) berücksichtigen. Ist P die mittlere Signalleistung, also die Grenze, bis zu der Signale im Durchschnitt übermittelt werden können, und ist N (noise) die mittlere Rauschleistung[2], also die zusätzliche Belastung mit Störung — wobei hier im Spezialfall nur statistische Störung, das sog. „weiße Rauschen" oder „weiße Gauss'sche Rauschen" der Nachrichtentechnik berücksichtigt wird[3] —, so ist die Kapazität eines Kanals mit der Bandbreite B:

$$C = B \cdot \text{ld}\,\frac{P+N}{N} \text{ bit/sec.}$$ [4].

Bei genügend gutem Codieren kann man also in der Zeit T Sekunden

$$B \cdot T \cdot \text{ld}\,(1 + \frac{P}{N}) \text{ bit}$$

binäre Zeichen übermitteln.

[1] MEYER-EPPLER: Grundlagen und Anwendungen der Informations-Theorie. Berlin, Göttingen, Heidelberg 1959, S. 140.

[2] Wir verwenden hier, abweichend von unserer Zeichengebung, die Zeichen von SHANNON, da die berühmte Formel für C auch in vielen deutschen Büchern in dieser Form abgedruckt ist.

[3] Man unterscheidet „weißes" und „farbiges" Rauschen. Das „weiße" enthält alle hörbaren Schwingungen, ob sie regelmäßig (Töne) oder unregelmäßig (Geräusche) sind. Mit Hilfe geeigneter Filter kann man aus ihm die einzelnen „farbigen" Bestandteile heraussieben. Die Analogie zum „weißen Tageslicht" und seiner Zerlegung in die farbigen Anteile macht die Namengebung verständlich. Von „Gauss'schem weißem Rauschen" spricht man auch, weil die Verteilung der Frequenzen in einer solchen statistischen Störung eine sogenannte „Gauss'sche Verteilung" ist.

[4] SHANNON: a. a. O., S. 66f.

Wir kehren nach dieser Abschweifung wieder zum diskreten Kanal zurück. Dem Fundamentaltheorem SHANNONs für einen störungsfreien Kanal entspricht das *Fundamentaltheorem* für einen Kanal mit Störung:

Ein Kanal habe die Kapazität C und eine diskrete Quelle die Entropie pro sec. H. Ist $H \leqq C$, so gibt es ein Codierungs-System derart, daß der Output der Quelle mit beliebig kleiner Irrtums-Frequenz übertragen werden kann. Ist $H > C$, so kann man derart codieren, daß die Irrtums-Frequenz kleiner als $H - C + \varepsilon$ ist, wobei ε wieder beliebig klein sein mag. Aber es gibt kein Codierungs-Verfahren, das eine Irrtums-Frequenz kleiner als $H - C$ ermöglicht[1].

Die Größe der verlorengegangenen Information $H_y(x)$ bezeichnet SHANNON als *Äquivokation*, Mehrdeutigkeit, da der Empfänger nicht feststellen kann, ob diese Information gesendet wurde oder nicht.

4. Zum Schluß sei noch eine wichtige Unterscheidung zweier Arten von Signalübermittlung genannt, die sich sowohl in der Technik als auch in der Natur findet. Sie ist uns allen bekannt: ob wir nämlich ein Bild sehen oder eine Melodie hören. Im ersten Falle wird das ganze Signal gleichzeitig gegeben und empfangen, im zweiten Falle aber nacheinander. Allerdings ist die Unterscheidung auch auf seiten des Empfängers nicht streng. Betrachten wir etwa ein großes „Bild", z. B. eine Landschaft in der Natur, so haben wir sie zwar als Ganzes in einem Blick, zum Betrachten wandern wir aber mit dem Blick umher, nehmen sie also im Nacheinander auf. Umgekehrt ist es beim Anhören eines Orchesterkonzerts: hier nehmen wir auch gleichzeitig auf (die Harmonien, die verschiedenen gleichzeitig erklingenden Stimmen, Instrumente usw.). Das vertrauteste Beispiel einer Mischung beider Formen ist das *Lesen*: eine Buchseite z. B. steht während des Lesens ständig als Ganzes im Blick, aber das eigentliche Lesen ist ein zeilenweises Abtasten des Textes.

Die beiden Übertragungsformen begegnen uns nun auch bei der Nachrichtenübertragung, sei es in reinen, sei es in Kombinationsformen. Überträgt das System Zeichen oder ganze Signale „gleichzeitig", so spricht man von einem *Parallel-System*, sendet es eine eindimensionale Folge von Zeichen oder Signalen, haben wir ein *Serien-System*.

Die Unterscheidung hängt eng mit dem oben besprochenen *Zeitgesetz* (s. S. 140) zusammen:

$$B \cdot T = \text{const.}$$

Im *Parallelsystem* wird die Übertragungszeit T auf ein Minimum reduziert, da — im Grenzfalle — die ganze Nachricht gleichzeitig übermittelt wird. Dafür benötige ich bei kontinuierlichen Signalen eine große Bandbreite B, bei diskreten Systemen viele Kanäle. Im *Seriensystem* komme ich mit einem Kanal aus, benötige dafür aber viel Zeit. In der Praxis arbeitet man häufig mit einem gemischten *Serien-Parallel-System*, wobei man bemüht ist, für B und T die den gegebenen Aufgaben entsprechenden jeweils günstigsten Werte zu finden.

[1] a. a. O., S. 39f.

3.1.3.4. *Der Rückwandler*

1. Auf den ersten Blick scheint die Funktion des Rückwandlers mit dem „Decodieren" erschöpfend beschrieben zu sein. Rückwandler und Wandler entsprechen einander im Informations-System genau. Die Veränderungen, die der Wandler an der Nachricht durch Codieren und Übersetzen in das technisch transportierte Signal vornimmt, werden vom Rückwandler rückgängig gemacht. So sagt auch SHANNON: „Der Rückwandler (receiver) übt im allgemeinen die umgekehrte Operation des Wandlers (transmitters) aus, indem er aus dem Signal die Nachricht wiederherstellt."[1] Betrachtet man diese Bestimmung aber genauer, sieht man, daß in ihr eigentlich zwei Funktionen enthalten sind:

Als Zwischenglied des Informations-Systems hat der Rückwandler einen Input, der ihm vom Kanal geliefert wird — seine erste Funktion ist, dieses codierte Signal zu decodieren. In diesem Sinne ist etwa der Telegrafenapparat ein Rückwandler, dessen Aufgabe mit der Decodierung der elektrischen Signale in die Morsezeichen oder in die normale Schrift — beim Schreibtelegrafen — erfüllt ist.

Doch SHANNON weist dem Rückwandler noch eine zweite Aufgabe zu: die Wiederherstellung der Nachricht. Da der aus dem Kanal ankommende Input des Rückwandlers auch die Störung enthält, ist ein solches „Wiederherstellen" nur möglich, wenn der Rückwandler das decodierte Signal auch prüft und je nach den gegebenen Möglichkeiten korrigiert und rekonstruiert, sei es durch Rückfrage, sei es auf Grund eines korrigierbaren Codes oder mit Ausnutzung der Redundanz des Signals. Dabei muß man allerdings beachten, daß die Rekonstruktion der Nachricht nicht in allen Fällen gelingen kann, daß z. B. auch fehlerkorrigierende Codes nicht gegen alle Arten von Störung wirksam sind.

Man kann darüber diskutieren, ob die Rekonstruktion der Nachricht nicht eher eine Aufgabe des Empfängers (destination) ist — doch scheint es uns, dem Aufbau des Systems nach, richtiger, die syntaktische Rekonstruktion als eine Operation des Rückwandlers anzusehen: der Rückwandler korrigiert seinen Input so, daß sein Output weitestmöglich dem Input des Wandlers entspricht. Jede dann noch mögliche oder notwendige *semantische* Rekonstruktion ist Sache des Empfängers.

Wir müssen somit beim Empfang einer Nachricht eigentlich drei Funktionen unterscheiden: I. Signalempfang und Decodieren, II. syntaktische Prüfung und Rekonstruktion, III. Semantische Prüfung und Rekonstruktion. I und II gehören zur Phase e) der MEGLAschen Phasen (S. 63), III dagegen zur Phase f). In der Technik wie auch in der Natur, z. B. bei den Organismen, finden wir die verschiedensten Kombinationen: für alle drei Funktionen bestehen eigene Organe bzw. Apparate oder zwei bzw. alle drei werden von einer Stelle ausgeübt usw. Bei einem Gespräch von Mensch zu Mensch ist des Sprechenden Bewußtsein bzw. sein Gehirn die Informationsquelle, sein Sprechapparat ist der Wandler, die Luft der Kanal, das Ohr des Empfängers der erste Rückwandler, der von ihm ausgehende Höranteil des Nervus stato-acusticus der Kanal zum nächsten Rückwandler (im Mittelhirn, Funktion noch

[1] SHANNON: a. a. O., S. 6.

unbekannt); und von dort führt wieder ein Kanal zum „Empfänger", dem sensorischen Sprachzentrum im Schläfenlappen des Gehirns.

2. Das soeben besprochene Beispiel führt nun aber zu weiteren biologischen Konsequenzen und Fragestellungen. W. GREY WALTER schreibt an einer Stelle: „In einem Telefonsystem hängt die Bedeutung einer empfangenen Nachricht vom Absender ab, in einem sensoriellen System vom Empfänger. Wenn Nervenreize von einem Sinnesorgan ausgehen, so bestimmt ihr Ankunftsort auf der Hirnrinde in erster Linie den Charakter der Empfindung und nicht das Sinnesorgan, von dem sie kommen."[1] Und entsprechend lesen wir bei RANKE: Der Eingang der Sinnesorgane „läßt ausgewählte physikalische Energieformen eintreten, ihr Ausgang sendet Signale, deren Natur unspezifisch für alle Sinnesorgane, ja für alle Eingänge und Ausgänge des gesamten Nervensystems einheitlich ist".[2]

Daß diese „ausgewählten physikalischen Energieformen" nicht nur die adaequaten, also beim Auge Lichtwellen, beim Ohr Schallwellen usw. sein müssen, hat JOHANNES v. MÜLLER schon 1826 mit seinem „Gesetz der spezifischen Sinnesenergien" oder, wie man heute etwa sagt, dem Gesetz der „spezifischen Reiz- und Erregungserscheinungen" (HEIDERMANNS) festgestellt — in v. MÜLLERS Ausdrucksweise: „Druck, Friktion, Galvanismus und innere organische Reizung, alle diese Dinge bewirken in dem Lichtnerven, was sein ist — Lichtempfindung; in dem Hörnerven, was dessen ist — Tonempfindungen[3]." Wir wissen heute, daß es gerade nicht der „Lichtnerv" und der „Hörnerv" sind, die die spezifische Erregungserscheinung schaffen; im allgemeinen nimmt man an, daß es bestimmte Areale der Hirnrinde sind, wobei aber offen bleiben muß, ob nicht im Thalamus bereits der „Rückwandler" sitzt, der sozusagen die syntaktische Rekonstruktion vornimmt.

Eine neuere Theorie verlegt die Spezifität und ebenso auch die „psychischen Komponenten", also die Empfindungen usw. in die Sinnesorgane, so daß nach ihr alle drei Funktionen (die dritte wenigstens zum Teil) im Sinnesorgan vereinigt sind: „Sowohl Empfindungen als auch Vorstellungen", so lesen wir bei B. RENSCH, „laufen nicht Vorgängen in der Hirnrinde, sondern in (bzw. an) den Sinneszellen der Sinnesorgane parallel."[4] Das Gehirn hätte dann vielleicht nur noch die Aufgabe, „Vorgänge zu verknüpfen, die in den Sinnesorganen ablaufen."

Die Frage nach den Funktionen der Rückwandler und nach ihrer Lokalisierung ist für Biologie wie Psychologie gleich wichtig. Das Verständnis der Wahrnehmungs- und weiterhin der Erkenntnisvorgänge hängt wesentlich vom Verständnis der Tätigkeiten der Rückwandler ab. Auch hier finden wir im Spezialfall wieder die Parallelen zwischen Technik und Biologie, die eine Art vergleichender Theorie der Nachrichten-Übertragung für beide Wissenschaften fruchtbar machen.

---

[1] W. GREY WALTER: Das lebende Gehirn. S. 85.

[2] O. RANKE: „Bereichseinstellung der Sinnesorgane" in: Regelungsvorgänge in der Biologie. 1956. S. 124.

[3] JOHANNES VON MÜLLER: zitiert nach G. KOLLER: Johannes Müller. Stuttgart 1958, S. 57.

[4] B. RENSCH: Psychische Komponenten der Sinnesorgane. Stuttgart 1952, S. 10.

3.1.4. Der Empfänger

1. Vom Rückwandler gelangt das Signal — wir wollen annehmen in korrigierter Form — zum *Empfänger*. Der englische Name „destination" betont deutlicher, daß in ihm sozusagen der Schwerpunkt des ganzen Systems liegt. Sobald der Empfänger das Signal aufgenommen hat, beginnen zwei Vorgänge:

a) das „Verstehen" der Nachricht (Phase f, S. 63f);

b) das „Verarbeiten" der Nachricht in einer der früher besprochenen Formen (S. 25f).

Auf die Nachrichtenverarbeitung werden wir in einem späteren Abschnitt ausführlich eingehen, hier sei nur einiges über das „Verstehen" gesagt.

2. Wir hatten früher (S. 64f) bei der Phase f, dem „Verstehen", verschiedene Möglichkeiten unterschieden, wie ein Empfänger vom Signal zur Information = Aufhebung des Nichtwissens $\overline{\mathrm{Wi}}(x)$ oder zur Behebung der Ungewißheit gelangt.

Die einfachste, wenn auch sozusagen nicht programmgemäße Möglichkeit ist, daß der Empfänger das Signal als bloßes Signal aufnimmt, ohne es in die entsprechende Nachricht decodieren zu können, ohne es also zu verstehen. Die mit dem Signal verbundene Nachricht bleibt ihm verschlossen.

Wir kennen solche Situationen aus dem Alltag, z. B. Angesprochenwerden in einer unbekannten Sprache, Empfang nicht für uns bestimmter Botschaften (Irrläufer), die beim richtigen Empfänger Kenntnisse zum Verständnis voraussetzen, die wir nicht haben; Mimik und Gesten kleiner Kinder, die vielen Erwachsenen „unverständlich" sind. Bühnenautoren benutzen solche Situationen für schwankhafte Wirkungen: so wenn A versucht, dem B in einer kritischen Situation mit Mimik oder Gesten ein bestimmtes Verhalten nahezulegen und B entweder gar nicht oder (das gehört zum folgenden Fall) falsch reagiert. In allen solchen Fällen merkt der Empfänger, daß es sich um ein Signal handelt oder handeln soll, aber er erkennt die Nachricht nicht.

Man kann versuchen, auch in einer solchen Situation die Nachricht irgendwie zu erschließen: etwa zu erraten oder methodisch zu erfassen. Dann haben wir Situationen, wie sie in der Wissenschaft z. B. beim Entziffern unbekannter Sprachdenkmäler aufgetreten sind und auftreten, etwa bei den Hieroglyphen, der Keilschrift usw.

In anderen Fällen deutet der Empfänger etwas, das er aufnimmt (wahrnimmt, beobachtet, experimentell hervorruft usw.) als Signal — und diese Deutung kann, wie wir schon mehrfach erwähnt haben, berechtigt oder unberechtigt sein. Das führt zu einem schwierigen und wichtigen wissenschaftstheoretischen Problem, das wir hier natürlich nicht genauer behandeln können, über das aber doch, gerade im Zusammenhang unserer Darstellung, einiges gesagt werden muß:

Wann und unter welchen Bedingungen dürfen wir beobachtete Erscheinungen, Vorgänge oder Ereignisse als Signale auffassen, die uns Information übermitteln über

Zustände, Wesen, Eigenschaften, Veränderungen eines *X*, das wir mit Hilfe dieser Information erkennen wollen?

In der experimentellen Forschung zwingen wir *X*, auf bestimmte „Fragen" spezifische Antworten zu geben, die wir dann als Signale deuten und deren „Nachricht" wir verstehen müssen. KANT hat das einmal in einem hübschen Vergleich so ausgedrückt: „Die Vernunft muß mit ihren Prinzipien, nach denen allein übereinstimmende Erscheinungen für Gesetze gelten können, in einer Hand und mit dem Experiment, das sie nach jenen ausdachte, in der anderen an die Natur gehen, zwar um von ihr belehrt zu werden, aber nicht in der Qualität eines Schülers, der sich alles vorsagen läßt, was der Lehrer will, sondern eines bestallten Richters, der die Zeugen nötigt, auf die Fragen zu antworten, die er ihnen vorlegt."[1] Damit ist der Nachrichtencharakter der „Zeugenaussagen", die *X* als Antwort auf unsere Fragen gibt, sehr deutlich betont. Sind wir dagegen auf reine Beobachtung angewiesen, so ist die Gefahr einer Fehldeutung „als Signal" größer, und wir können leicht als Signal deuten, was bloße Wirkung ist. Das bedarf etwas genauerer Ausführung:

Bei der Ursache-Wirkung-Beziehung steht in der Naturwissenschaft zunächst die Beziehung als solche im Vordergrund des Interesses: daß sie zwischen A und B besteht, welcher Art sie ist (z. B. Stoß, Fernwirkung oder Nahwirkung usw.), welche quantitativen Beziehungen nachweisbar sind und welchen allgemeinen Gesetzen sie gehorcht. Eine zweite, neue Fragestellung entsteht dann, wenn die Wirkungen als Signale angesehen werden, die uns über das verursachende *X* oder über das bewirkte *Y* Information vermitteln: z. B. welche Struktur muß ein Atom (*Y*) haben, damit es bei bestimmter energetischer Anregung gerade die beobachteten Spektrallinien mit ihren festgestellten Gesetzmäßigkeiten aussendet?

Daß es sich dabei um eine neue Fragestellung handelt, läßt sich daran zeigen, daß in Einzelfällen neuartige Wissenszweige durch sie entstehen können — dafür ist ein recht eindrucksvolles Beispiel die *Psychoanalyse*:

Die wissenschaftliche Untersuchung von Erscheinungen wie Versprechen, Verlegen, Vergessen usw., die wir heute zusammenfassend als „Fehlhandlungen" bezeichnen, ebenso aber auch die von Träumen, Visionen und dgl. bemühte sich zunächst um eine kausale „Erklärung", d. h. um die Feststellung von Ursache-Wirkung-Beziehungen. Das war spez. bei den Träumen verständlich und wichtig als Ablehnung des Wustes von Deutungen der Träume „als Signale", die seit Jahrtausenden wucherten und völlig ungeregelt zu phantastischen Ergebnissen geführt hatten. Ein drastisches Beispiel für diese Art nüchterner, kausaler „Erklärung" (natürlich unwissenschaftlich, aber doch bezeichnend) finden wir bei DICKENS im „Christmas Carol": dem geldgierigen Materialisten Scrooge erscheint der Geist seines kürzlich verstorbenen Teilhabers Marley. Scrooge ist nicht bereit, an die „Realität" (wenn wir so sagen dürfen) des Gespenstes zu glauben, sondern erklärt: „Du kannst ein unverdauter Bissen Rindfleisch sein, ein wenig Senf, ein Krümchen Käse, ein Stück von einer ungaren Kartoffel." Also: die Erscheinung wird als Folge einer Magenverstimmung „erklärt", nämlich auf eine mögliche Ursache zurückgeführt.

---

[1] Kritik der reinen Vernunft. Vorrede zur 2. Aufl., S. XIII.

Aber ist sie damit wirklich „erklärt"? Offenbar doch nicht. Wenn sie tatsächlich durch „ein Stück einer ungaren Kartoffel" hervorgerufen wurde, warum erscheint dem Scrooge dann gerade Marley und nicht irgendeine andere mögliche Erscheinung? Allgemeiner: wenn wir aus irgendeiner feststellbaren Ursache träumen, etwas vergessen, uns versprechen usw. — warum träumen wir gerade dies, vergessen gerade diese Verabredung, versprechen uns gerade so? Das waren die Fragen, die FREUD stellte — und Träume, Erscheinungen, Fehlhandlungen werden damit zu Signalen, die uns informieren. Worüber aber informieren sie uns? FREUD vollzog noch einen weiteren Schritt, wenn auch nicht ausdrücklich: er faßte nämlich alle diese Phänomene nicht als Ursache-Wirkung-Beziehungen, sondern als *Auslösungen* auf. Und das bedeutet (s. S. 26f.): Art, Richtung, Verlauf und Stärke des Vorgangs sind nicht durch den auslösenden Faktor, sondern durch das ausgelöste System bedingt und bestimmt. Alle jene Vorgänge informieren uns also über das Subjekt, bei dem sie auftreten, denn sie sind gerade diese bestimmten, so gearteten Phänomene, weil ein unspezifischer Auslöser in dem betreffenden System eine für dieses spezifische und charakteristische „Antwort" auslöst.

3. Daß ein Empfänger die mit einem Signal verbundene Nachricht aufnimmt, die Nachricht aber nicht versteht, ist eine zweite Möglichkeit — damit befinden wir uns aber in der semantischen (und weiterhin in der pragmatischen) Dimension. In diesem Falle, der ja wiederum in der Praxis sehr häufig ist, entstehen z. B. pädagogische Probleme, jetzt für den Sender, allgemein: Probleme der Darstellung von Lehren, Theorien, Sachverhalten, Tatsachen usw. Der Empfänger spielt jetzt, als Empfänger, bereits bei der Abfassung der Nachrichten durch den Sender eine die Auswahl bestimmende Rolle. Das gilt schon für ein alltägliches Gespräch, für jeden Brief: der Sender muß sich auf den Empfänger „einstellen", er muß dessen Aufnahme- und Verstehensmöglichkeiten berücksichtigen, sobald es sich um schwerer zu verstehende Nachrichten handelt. Der Lehrer, Dozent, Vortragende, Schriftsteller wird damit zu einer Art „semantischem Wandler" — hier sind die englischen Ausdrücke der Funktion wieder näher: transmitter, transducer — der die Nachricht semantisch so „codiert", daß der Empfänger sie verstehen kann. Dabei kann es leicht zu „Störungen" kommen, wenn etwa der Umkreis mutmaßlicher Empfänger zu weit gezogen wird, d. h. hier zu Ungenauigkeiten, Übertreibungen, Verzerrungen usw., die dann die Abneigung vieler Wissenschaftler gegen jede Art von „Popularisierung" verständlich machen. Es kommt eben auch hier wesentlich darauf an, das semantische Code-System sowohl der Quelle als auch der Kapazität des Empfängers weitmöglichst anzupassen.

Will man dies etwas exakter fassen, so kann man etwa sagen: Dem Diagramm des Informations-Systems (S. 124 u. 126) läßt sich noch ein weiterer Block hinzufügen, der die Kennzeichnung trägt: „Semantic receiver" — semantischer Wandler. Er ist dem Empfänger vorgeschaltet und unterwirft das Signal einer weiteren Decodierung, deren Aufgabe ist „that it must match the statistical *semantic* characteristics of the message to the statistical semantic capacities of the totality of receivers, or of that subset of receivers which constitute the audience one wishes to affect" (WARREN

WEAVER[1]). Also: Anpassung der statistisch semantischen Eigenschaften der Nachricht an die statistisch semantische Kapazität des (bekannten, erwarteten oder erwünschten) Empfängers. Entsprechend fügt WEAVER dann auch noch „semantic noise" ein — doch können wir diese Hinweise hier nicht weiter verfolgen.

Die beiden noch fehlenden Möglichkeiten: Verstehen der Nachricht, ohne daß sie dem Empfänger im engeren Sinne Information übermittelt, und: Verstehen einer den Empfänger informierenden Nachricht, führen zum Thema Nachrichtenverarbeitung und Verhaltensbeeinflussung.

4. Wir haben (S. 144f) schon einmal kurz davon gesprochen, daß gelegentlich auch Unwissenheit des Empfängers als eine Art „Störung" betrachtet wird. Wenn wir dem auch nicht zustimmen konnten, so bleibt doch zu erwähnen, daß der Empfänger auf andere Weise als Stör-Quelle in der Nachrichtenübermittlung wirken kann. Dies macht sich z. B. bei psychologischen Experimenten bemerkbar, bei denen der Empfänger eine Entscheidung treffen, also etwa unter verschiedenen Möglichkeiten auswählen muß. Es hat sich gezeigt, daß ein allgemeiner Trend besteht, z. B. bei den Antworten auf wahr-falsch-Fragen, die positiven Antworten zu bevorzugen. Man spricht hier von einem „constant error", der wohl zu unterscheiden ist vom „random error or noise", wie er in der Informationstheorie berücksichtigt wird. Dieser constant error ist „a most important aspect of choice process" (CRONBACH[2]).

3.2. Technische Nachrichten-Übertragung

3.2.1. Arten technischer Informations-Systeme

1. Soweit wir heute wissen, gibt es keine Nachrichten- oder Informationsübertragung ohne „Träger". Selbst diejenigen Forscher, die ernsthaft telepathische Phänomene oder *ESP* (*e*xtra*s*ensorial *p*erception = außersinnliche Wahrnehmung) untersuchen, setzen im allgemeinen voraus, daß es sich dabei um „natürliche", aber noch unbekannte, letztlich um „physikalische" Phänomene handelt, ob man zur Erklärung nun „Strahlen", „Wellen", „Felder" oder dgl. heranzieht. Einzig C. G. JUNGS „Synchronizität" oder „Synchronisation", also speziell das gleichzeitige Auftauchen gleicher oder ähnlicher Gedanken, Vorstellungen usw. an getrennten Orten, könnte eine Grundlage zur Annahme spontaner, ungewollter Telepathie auf nicht übermittelte Weise geben[3].

Für technische Informations-Systeme jedenfalls sind Träger unentbehrlich, wobei wir unter „Träger" hier, entsprechend dem früher definierten „Zeichenträger" (S. 52)

[1] WARREN WEAVER: a. a. O., S. 115f.

[2] LEE J. CRONBACH: „On the non-rational application of information measures in psychology" in: Information Theory in Psychology, ed. H. QUASTLER. The Free Press, Glencoe, Ill., 1955, S. 20.

[3] „Ich gebrauche ... den allgemeinen Begriff Synchronisation in dem speziellen Sinne von zeitlicher Koinzidenz zweier oder mehrerer nicht kausal aufeinander bezogener Ereignisse, welche von gleichem oder ähnlichem Sinngehalt sind. Dies im Gegensatz zum Synchronismus, welcher die bloße Gleichzeitigkeit zweier Ereignisse darstellt." C. G. JUNG in: C. G. JUNG–WOLFGANG PAULI: Naturerklärung und Psyche. 1952. S. 26f.

jede Folge räumlich und zeitlich bestimmter Objekte, Ereignisse usw. E_1, E_2, E_3 ...., E_n (im Grenzfall $n = 1$) verstehen wollen, die eine räumliche oder zeitliche Distanz zwischen einem Sender und einem Empfänger zu überbrücken vermag. In vielen Fällen ist für eine Beurteilung der Übertragung wichtig, daß mehrere verschiedene Träger benutzt werden oder benutzt werden müssen, sei es zeitlich nacheinander, sei es gleichzeitig nebeneinander oder auch — was etwa für die Kostenberechnung von Bedeutung sein kann — Träger verschiedener Ordnung, so etwa, um ein sehr einfaches Beispiel zu nennen, wenn ein Bote einen Brief mit der Straßenbahn befördert.

In jedem Falle ist der *primäre* Träger derjenige, der „geformt", dem ein *Muster* (pattern) aufgeprägt wird — der so geformte Träger ist das *Signal*. Wird dieses Signal einem zweiten, dem *sekundären* Träger aufgebürdet, so kann dieser entweder ungeformt bleiben — die Schrift (primärer Träger) auf dem Briefbogen (sekundärer Träger); der elektrische Strom (pr. Tr.) im Draht (sek. Tr.) — oder auch er wird in bestimmter Weise geformt — z. B. Modulation elektrischer Wellen (s. u.).

Es liegt in unserer das Allgemeine hervorhebenden Darstellung nahe, die technischen Übertragungssysteme nach den *Trägern* zu unterscheiden und nicht nach den speziellen technischen Systemen, da wir hier ja nicht Nachrichtentechnik treiben.

Die Grundunterscheidung, nämlich a) stoffliche Träger, und b) Energie als Träger, haben wir schon besprochen (S. 143f). Sie wird uns später noch häufiger beschäftigen. An dieser Stelle beschränken wir uns auf die *Energie* als Träger der Nachricht und Information.

2. Technisch werden für die Nachrichtenübertragung vor allem *mechanische*, *elektrische* und *elektromagnetische* Energie verwendet. Bei der mechanischen Energie müssen wir alle die Fälle ausscheiden, in denen diese nur die treibende Kraft liefert, wie z. B. den Druck in pneumatischen Anlagen zur Beförderung materieller Träger. Mechanische Energie als Nachrichtenträger finden wir bei den (akustischen) Luftschwingungen. *Schallsignale*, bei denen der Luft bestimmte Schwingungszustände aufgeprägt werden, sind technisch vielfältig angewendet: bei allen Arten akustischer Warnsignale bei der Eisenbahn und überhaupt im Verkehr, beim Luftschutz, bei Fabriksirenen zur Gliederung der Arbeitszeit usw. usw. Daß der Nachrichteninhalt auch einfacher Schallsignale, wie z. B. Sirenensignale, noch differenziert werden kann, sehen wir an den Luftschutzsirenen: ein einfacher Code unterscheidet verschiedene Alarmstufen.

Auch *optische Signale* — sie gehören zwar zu den elektromagnetischen, werden aber meist gesondert behandelt — werden weitgehend verwendet, vor allem als Verkehrszeichen für alle Arten des Verkehrs: von den Verkehrsampeln über die nächtlichen Eisenbahnsignale zu Leuchttürmen, Blinkfeuern, Positionslichtern und dergleichen.

Bei den optischen und akustischen Signalen handelt es sich vorwiegend um allgemeine Steuer-Signale; für die Übertragung spezieller und differenzierter Nachrichten dienen heute nahezu ausschließlich elektrische und elektromagnetische Systeme.

Draht-Telegrafie und -Telefonie gehören zur ersten Gruppe, während alle Arten drahtloser Signalübertragung durch Radio-Telegrafie und -Telefonie, Rundfunk, Fernsehen, Radar usw. zur zweiten, der elektromagnetischen Gruppe gehören. Die technischen Glieder dieser Systeme, also vor allem die Einrichtungen zur Erzeugung der Träger, die Verstärker wie auch die spezielle technische Einrichtung der Kanäle (z. B. Kabel) gehören nicht zu unserem Thema, ebensowenig etwa die verschiedenen Arten, wie elektromagnetische Wellen verschiedener Wellenlänge — Langwellen, Kurzwellen, Ultrakurzwellen — ihren Weg vom Sender zum Empfänger nehmen[1].

Für uns wichtig ist dagegen, wie die Träger das Signal übertragen, bzw. wie man die Nachricht oder das Signal den Trägern aufprägt oder aufbürdet. Und weiterhin die Frage, mit Hilfe welcher technischer Maßnahmen und Einrichtungen es gelingt, die Übertragungskanäle möglichst voll auszunutzen, wie also die Technik das Problem der ja auch biologisch so wichtigen Arten der Parallel- und Serienübertragung von Nachrichten bzw. ihrer Kombination löst.

3. Die meisten technischen Nachrichten-Systeme benötigen nun aber noch eine Einrichtung, die im allgemeinen Schema des Systems nicht enthalten ist und über die meist auch kaum gesprochen wird: eine Einrichtung zum Hervorrufen der *subjektiven Empfangsbereitschaft* beim Empfänger. Das bekannteste Beispiel ist die Glocke des Telefons, wenn wir „angerufen“ werden; wir wollen deshalb auch von einem *Anruf-Signal* sprechen. Wir müssen kurz darauf eingehen, weil in den letzten Jahrzehnten eine psychologische Technik der Anruf-Signale entwickelt worden ist, die höchst bedenkliche Ausmaße annimmt und die zugleich die Möglichkeiten planmäßiger Nachrichten- und Informationsübermittlung in überraschender und keineswegs erfreulicher Weise erweitert hat.

In der sozusagen „klassischen“ Technik der Nachrichtenübertragung hat sich das *akustische* Anruf-Signal als besonders geeignet erwiesen. Dies beruht auf der physiologischen Tatsache, daß wir uns zwar gegen eine Signal-Überflutung mit optischen Signalen relativ einfach abschirmen können, indem wir „nicht hinsehen“ oder „die Augen schließen“, daß wir aber nicht „die Ohren schließen“ können, um akustischen Anruf-Signalen zu entgehen, und daß auch das „Weghören“ nur sehr begrenzt möglich ist[2]. Daher sind akustische Signale z. B. als Warnsignale besonders geeignet, weil sie sich dem Empfänger aufzwingen, seine subjektive Empfangsbereitschaft hervorrufen. Worauf es dabei ankommt ist, daß das Anruf-Signal ein starkes Aufmerksamkeits-Motiv ist, also auch den anderweitig Beschäftigten aufmerken läßt. Das gelingt auch mit kräftigen optischen Signalen, doch nicht mit der gleichen Wirkung.

Soweit sind Anruf-Signale notwendige Bestandteile der Nachrichten-Übermittlung. Doch der Mensch hat schnell gelernt, sie in weiterem Sinne auszunutzen und

[1] Einzelheiten nachrichtentechnischer Art findet der Leser in dem für Laien geschriebenen Buche von MEGLA: Vom Wesen der Nachricht. Stuttgart 1961.

[2] Der Zwang, sich von der Lärmkulisse des Alltags abschließen zu müssen, soll nach Meinung einiger amerikanischer Psychologen die Konzentrationsfähigkeit erhöhen. Sie glauben festgestellt zu haben, daß Studenten, die bei ständig laufendem Radio arbeiten, sich besser und intensiver konzentrieren können. Vgl. etwa BORING, LANGFELD, WELD: Foundations of Psychology 1956. S. 60 und 182.

sie geradezu zu einem System des „Aufzwingens" von Nachrichten auszubauen: Reklame, politische Propaganda und dgl. Ein neues Verfahren eines solchen Aufzwingens von Nachrichten ist die Benutzung *unterschwelliger Signale*, die wir nebenher und unbemerkt zugleich mit bewußt aufgenommenen Nachrichten, etwa Rundfunk-, Fernseh- oder Filmdarbietungen aufnehmen, speichern und „verarbeiten". Durch geschickte Sendetechnik dringen derartige Nachrichten in uns ein und summieren sich allmählich so, daß sie — ohne daß wir dies je bewußt erfahren — unser Verhalten beeinflussen[1]. Die Aufnahmebereitschaft für sie, von der wir nichts wissen, ist immer vorhanden: ständig dringen aus der Außenwelt unterschwellige Signale in uns ein, und wir brauchen sie, denn sie formen an unserer „Umwelt" wesentlich mit, und ihr Fehlen wirkt bedrückend, beängstigend. MEGLA betont mit Recht: „Jeder, der auch nur kurze Zeit von jeglichem Empfang optischer und akustischer Wellen ausgeschlossen war, kennt die deprimierende Wirkung derartigen ‚Alleinseins'. Im schwerelosen Raum, in dem keine Gravitationskräfte auf uns einwirken, treten ähnliche Depressionen auf[2]". Diese Signale gehören also zu den oben erwähnten (S. 129 f.), die durch ihre ständige Anwesenheit beruhigend wirken: sie bezeugen sozusagen, daß wir mit unserer Umwelt im Gleichgewicht sind.

Mit diesen unterschwelligen Signalen dringen nun aber auch die anderen ein, die uns einfiltriert werden. Ein wesentlicher Teil der Reklamewirkung beruht auf solcher unterschwelligen Beeinflussung — bedenklicher aber wird es, wenn durch planmäßige Nutzung der Wirkung solcher unterschwelliger Signale unser Verhalten, ja unsere Anschauungen und unser Denken systematisch gesteuert werden sollen, sei es reklametechnisch, sei es zu Propagandazwecken — denn solchen Einflüssen sind wir ausgeliefert, solange es dem Steuernden gelingt, die Akkumulation wirksam, aber eben unterschwellig wirksam zu machen. Bei dieser Art von „Nachrichtenübermittlung" bedarf es keiner besonderen Anruf-Signale, da die Aufnahmebereitschaft ständig vorhanden ist.

Auch hier weisen übrigens die Wurzeln der theoretischen Erkenntnisse auf LEIBNIZ zurück, der sich eingehend mit unterschwelligen Reizen beschäftigt hat, die er „petites perceptions" nannte, die sich bei ihm aber zu bewußten Empfindungen und Wahrnehmungen summieren.

3.2.2. Träger und Signal

1. Die einfachste Form, einem Träger ein Signal aufzubürden, ist die triviale: ihn damit zu „beladen", also die Nachricht auf ihn zu schreiben, zu zeichnen u. dgl., sie ihm einzuprägen oder ihn entspr. zu verformen. Dieses Verfahren hat Bedeutung nicht nur für die Nachrichtenübermittlung, sondern vor allem auch für das Speichern von Nachrichten, weil es das Signal und damit die Nachricht konserviert.

Das „Verformen" des Trägers führt zu einer zweiten Möglichkeit: man verformt nicht den einzelnen Träger, sondern einen stetigen Trägerstrom, indem man ihn etwa rhythmisch unterbricht. So verfahren z. B. schon einige Naturvölker, die sich mit

[1] Vgl. zu dem ganzen Thema V. PACKARD: Hidden persuadors, deutsche Ausgabe „Geheime Verführer", 1958. Düsseldorf.

[2] MEGLA: a. a. O. S. 89.

Rauchzeichen Mitteilungen zusenden: sie halten den aufsteigenden Rauch mit einer Decke in bestimmtem Rhythmus zurück, so daß der Empfänger einzelne Rauch-„impulse" sieht, die bestimmte Signale darstellen. Man kann dasselbe auch erreichen, wenn man gleich eine rhythmisch gegliederte Folge von Träger-Impulsen sendet. So kann man z. B. mit einem Scheinwerfer durch Ein- und Ausschalten nach dem Morse-Code signalisieren, oder kann dasselbe — in diesem Falle erheblich einfacher — dadurch erreichen, daß man ihn, entsprechend wie jene Indianer, mit einem Deckel im Morse-Code abdeckt und wieder freigibt. Beim Senden elektrischer Morse-Signale durch einen Draht sendet man, falls man nicht „moduliert", direkt die Impuls-Folge.

2. Nachrichtentechnisch spricht man von „Trägern" einer Signalübertragung im allgemeinen nur dann, wenn das Signal einem kontinuierlichen Träger in bestimmter Weise aufgeprägt wird, technisch ausgedrückt: wenn der Trägerstrom *moduliert* wird. Modulieren kann man einen Trägerstrom, eine Trägerwelle oder auch eine Impulsfolge.

Das bekannteste Beispiel des Modulierens eines Trägerstroms ist die Verstärkerröhre im Radioapparat. Das Prinzip zeigt Abb. 31. Ein luftleer gepumptes Glasgefäß enthält unten den negativen Pol, die *Kathode*, und oben den positiven Pol, die *Anode*. Wird die Kathode (durch einen elektrischen Strom) zum Glühen erhitzt, so treten aus dem Draht *Elektronen* (Elementarteilchen der negativen Elektrizität) aus, die infolge der zwischen Kathode und Anode bestehenden Spannung durch die Röhre zur Anode fliegen: *Anodenstrom*. Zwischen Kathode und Anode ist nun eine dritte Elektrode gelegt, die durchbrochen ist, das *Gitter*. Ist dieses Gitter negativ geladen, so wirkt es durch Abstoßung auf die anfliegenden, ebenfalls negativen Elektronen hemmend — ist es (gegen die Kathode) positiv geladen, so zieht es schon seinerseits die Elektronen an, die — auf Grund der stärkeren Spannung Kathode-Anode — dann durch das Gitter hindurch zur Anode fliegen. Man kann also durch entsprechende Gitterspannung den Anodenstrom sperren oder ihm den Weg mehr oder weniger frei geben. Wechseln positive und negative Gitterspannung in bestimmtem Rhythmus, so verändert sich der Anodenstrom entsprechend. Man kann somit die Spannungsschwankungen, die ans Gitter gelangen — z. B. die von einem Radiosender eintreffenden Wellenzüge — auf den Anodenstrom abbilden, kann diesen so „steuern", daß er ein zugleich verstärktes Abbild der empfangenen Signale wird: die 3-Pol-Röhre oder *Triode* wirkt so als *Verstärker*, der die empfangenen Signale dann dem Wandler (und erneuten Verstärker), dem Lautsprecher zuführt. Tatsächlich verläuft der Vorgang natürlich erheblich komplizierter, aber die schematisch vereinfachte Darstellung zeigt das Prinzip, auf das es hier ankommt.

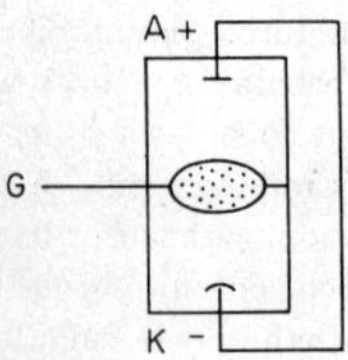

Abb. 31

3. Die vom Sender eintreffenden elektromagnetischen Wellenzüge sind nun selbst schon *moduliert*, um die Nachricht übertragen zu können — wir kommen damit zum zweiten Fall, dem Modulieren eines Wellenzuges. Dies kann auf verschiedene Weisen geschehen.

Gegeben ist in jedem Falle eine hochfrequente Schwingung, die *Trägerschwingung* (s. Abb. 32). Sie ist wie alle Schwingungen bestimmt durch ihre *Amplitude* (U_0), ihre *Frequenz* (ν_0) und ihre *Phase* (φ_0) — diese wird in der Abb. dadurch anschaulich, daß die Trägerschwingung mit ihrer Schwingung nicht im zeitlichen Nullpunkt aus der Ruhelage („Null") beginnt. Das Modulieren der Trägerschwingung geschieht nun dadurch, daß man zwei jener drei Bestimmungsgrößen konstant hält und die dritte so verändert, daß sie die kontinuierliche Signalschwingung abbildet.

a) *Amplitudenmodulation* (*AM*): Frequenz und Phase der Trägerschwingung bleiben unverändert, dagegen wird die Amplitude verändert — sie wird zu einer Funktion der Zeit: $U(t)$, und diese Funktion $U(t)$ bildet die Signalschwingung ab. Positive Amplitude der Signalschwingung führt zu einer entsprechenden Vergrößerung der Amplitude der Trägerschwingung, negative Amplitude der Signalschwingung zu einer Verkleinerung der Trägerschwingungs-Amplitude. Der Verlauf der Umhüllungskurve der Amplituden der modulierten Trägerschwingung bildet die Signalschwingung ab, oberhalb der Null-Linie direkt, unterhalb spiegelbildlich (s. Abb. 32). Sehr vereinfacht dargestellt vollzieht sich der Vorgang so: der Sender spricht in das Mikrophon (Wandler), dessen elektrischer Widerstand sich dabei im Rhythmus der Sprachschwingungen verändert. Dies beeinflußt entsprechend die Stromstärke im Antennenstrom des technischen Senders, und dies wiederum die Amplitude des ausgestrahlten Wellenzuges. Der Empfänger benötigt einen Rückwandler I, der die Signalschwingungen gleichsam wieder heraussiebt (*demoduliert*) und einen Rückwandler II, der diese Signalschwingungen dann in akustische umwandelt (Telefon).

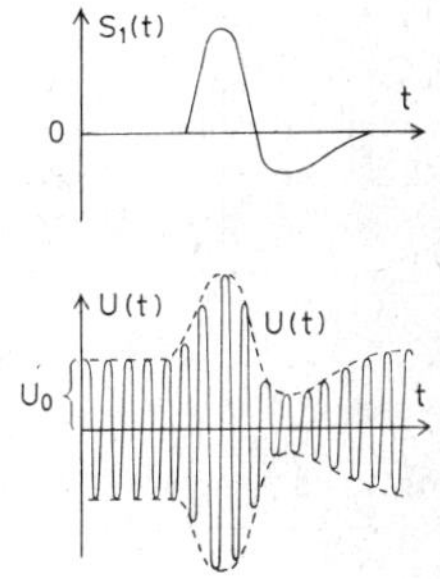

Abb. 32

b) *Frequenzmodulation* (*FM*): Analog zur *AM* wird jetzt die Frequenz der Trägerschwingung so verändert, daß die Funktion $\nu(t)$ den Verlauf der Signalkurve abbildet, d. h. die Amplituden der Signalschwingung werden in Frequenzänderungen der Trägerschwingung übersetzt (s. Abb. 33).

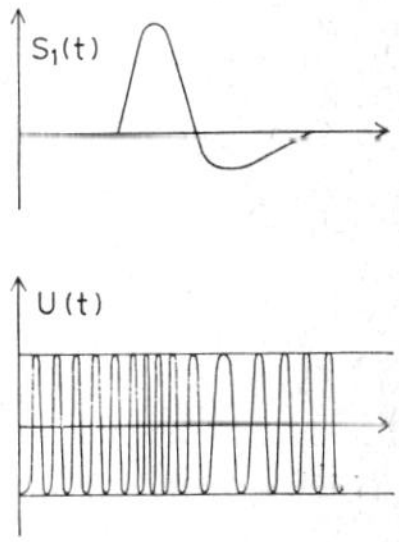

Abb. 33

c) Auch die dritte Bestimmungsgröße der Trägerschwingung, die *Phase*, läßt sich so verändern, daß die derart modulierte Trägerschwingung das Signal zu übertragen vermag. Man spricht dann von *Phasenmodulation*. Es gibt daneben auch noch Kombinationen dieser Modulationsarten, auf die wir hier aber nicht mehr eingehen wollen. Das Prinzip der Modulation einer Trägerschwingung durch eine Signalschwingung wird an den beiden Beispielen der *AM* und *FM* deutlich geworden sein.

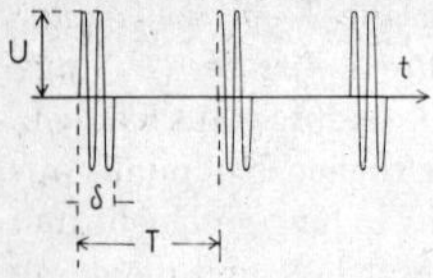

Abb. 34

4. Amplituden- und Frequenzmodulation, wie wir sie bisher betrachtet haben, sind Modulationen eines kontinuierlichen Trägers. Aber auch ein diskreter, diskontinuierlicher Trägerstrom, also eine Folge einzelner *Impulse*, läßt sich durch Variation seiner Bestimmungsgrößen so modulieren, daß das Signal übertragen wird. Man spricht dann allgemein von *Pulsmodulation*. Die Bestimmungsgrößen einer Impulsfolge sind (s. Abb. 34):

U = Impulsamplitude,
T = Impulsabstand,
δ = Impulsdauer.

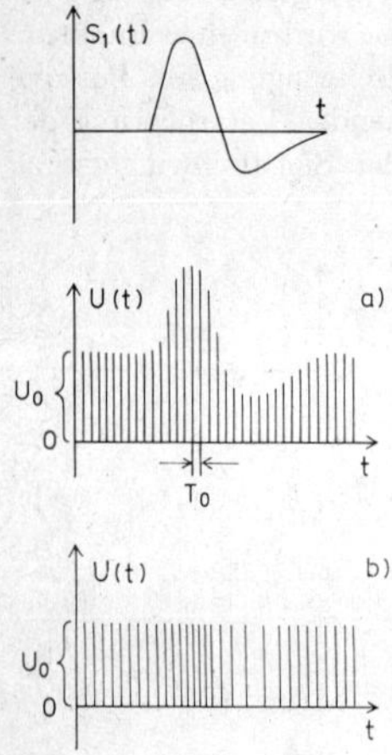

Abb. 35

Auch hier lassen sich verschiedene Verfahren der Modulation und mögliche Kombinationen dieser Verfahren unterscheiden:

a) *Pulsamplitudenmodulation*. Abb. 35a zeigt das Prinzip: während bei der Impulsfolge im „Ruhezustand" die drei Bestimmungsgrößen konstant sind, werden bei der *PAM* die Amplituden U der Impulse so variiert, daß sie die Amplituden der Signalschwingung wiedergeben. Die beiden anderen Größen bleiben konstant.

b) *Pulslagenmodulation*. Hier wird der Impulsabstand T variiert, und zwar geschieht dies mit Hilfe einer sog. „erzeugenden Schwingung". Angenommen, wir haben eine Sinus-Schwingung I (s. Abb. 36). Wir koppeln diese nun mit einer Impulsfolge II so, daß jedesmal dann und nur dann ein Impuls ausgesendet wird, wenn die „erzeugende" sin-Schwingung durch die Nullgrade (Abszisse) geht, die Amplitude der sin-Schwingung also = Null ist. Dadurch wird die Impulsfolge von der sin-Schwingung gesteuert und T ist = der Dauer einer halben sin-Schwingung. Modulieren wir jetzt die Frequenz der sin-Schwingung, so wird dadurch auch der Impulsabstand T der Folge verändert — wir haben eine *Pulsfrequenzmodulation* (*PFM*). Wird dagegen die erzeugende Schwingung phasenmoduliert, so erhalten wir die entspr. *Pulsphasenmodulation* (*PPM*) (Abb. 35b). Schließlich können wir auch die Impulsdauer verändern — das ist die *Pulslängenmodulation* (*PLM*).

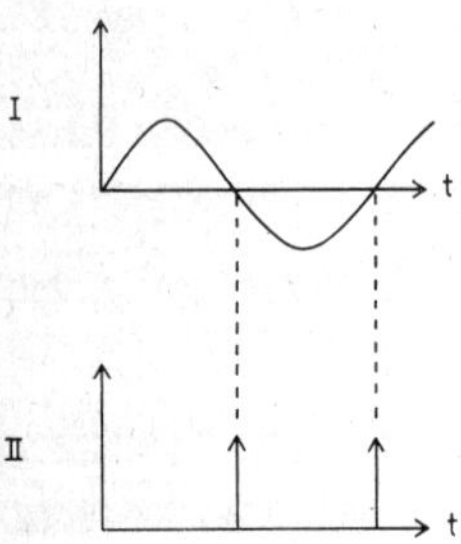

Abb. 36

5. Wichtig für uns ist schließlich noch die *Puls-Code-Modulation*, sie entspricht etwa der Fernschreibeübertragung nach dem Fünfer-Alphabet (S. 96). Hierbei werden stets Gruppen von fünf Impulsen gesendet, deren drei Bestimmungsgrößen

konstant bleiben, der Code wird als 0,1-Code durch Vorhandensein (1) oder Fehlen (0) eines Impulses wiedergegeben. Ein Beispiel für das Senden von Buchstaben gibt Abb. 37a, für Zahlen Abb. 37b. Bei der Übertragung von Zahlen haben die „Stellen" der Impulse die Werte der Potenzen der Grundzahl 2 des Dualsystems, also: ① $= 2^4$, ② $= 2^3$, ③ $= 2^2$, ④ $= 2^1$ und ⑤ $= 2^0$.

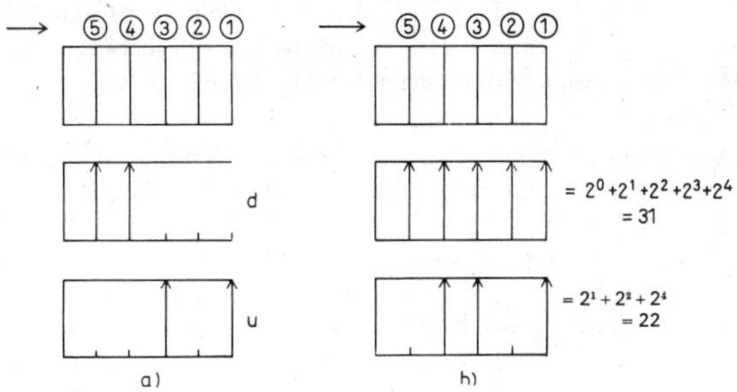

Abb. 37

3.2.3. Parallel- und Serien-Übertragung

1. Die Unterscheidung von Parallel- und Serienübertragung von Signalen haben wir oben schon (S. 152f) kurz besprochen. Hier interessieren uns die technischen Formen dieser beiden Verfahren — sie interessieren uns besonders auch deshalb, weil die Natur bei den Signal-Übertragungen im Organismus auch diese beiden Übertragungsformen verwendet.

Wir nehmen die Begriffe „Parallelübertragung" und „Serienübertragung" hier allerdings in einem etwas weiteren Sinne als üblich. Im strengen Sinne ist die parallele oder serienmäßige Übertragung der Zeichen eines Signales gemeint — wir wollen hier auch die gleichzeitige Nebeneinander- bzw. die Nacheinander-Übertragung ganzer Signale unter diese Begriffe einordnen.

Für die Besprechung der parallelen und serienmäßigen Zeichen-Übertragung können wir an das letzte Beispiel im vorigen Abschnitt anknüpfen. Bei der *Puls-Code-Modulation* (*PCM*) werden stets Gruppen von 5 Impulsen gesendet — allgemein von n Impulsen, je nach Code. Dabei kann man für jede „Stelle" der Gruppe, also die konventionell als 1., 2., 3., 4. und 5. festgelegte Stelle einen eigenen Kanal wählen. Steht der betr. Kanal unter Strom, so bedeutet das „1", ist er stromlos, so bedeutet das „0". Bei dieser *Parallel-Übertragung* wird also die ganze Gruppe — im Falle eines Fünfer-Codes somit die 5 Zeichen eines Buchstabens — gleichzeitig gesendet und empfangen.

Wollte man dies auch auf die Wörter eines Signals ausdehnen, so benötigte man schon für das Wort „du" 10 Kanäle (s. Abb. 38); für ein Wort von n Buchstaben $5 \cdot n$ Kanäle. Die Übertragungszeit für ein Wort beträgt unter diesen Umständen t Sekunden ($0 < t < 1$). Sind die Kanäle gruppenweise den Stellenwerten des Binärcodes zugeordnet, ist die Übertragung eindeutig. Schnelligkeit der Übertragung und

Abb. 38

Kompliziertheit des Gerätes stehen also im Wechselverhältnis zueinander: entscheide ich mich für Schnelligkeit, muß ich viele Kanäle in Kauf nehmen — so arbeiten z. B. sehr schnelle elektronische Rechenautomaten mit vielen Kanälen, bis zu 80 und 100. Auch im menschlichen Nervensystem dürfte bei der unübersehbaren Vielzahl vorhandener Kanäle die Parallelübertragung eine wesentliche Rolle spielen.

Eine frühe technische Ausführung einer reinen Parallelübertragung war der elektrochemische Telegraf von Samuel Thomas v. Soemmering (1809), Professor der Anatomie und Physiologie in München. Für jeden der 27 Buchstaben des Alphabets enthielt er eine eigene Leitung, die beim Empfänger in einem kleinen Gefäß mündete, das mit angesäuertem Wasser gefüllt war. Lief ein Impuls über den Kanal, so führte dies im zugehörigen Empfangsgefäß zu einer Zersetzung des Wassers — an den aufperlenden Gasblasen konnte der Empfänger erkennen, welcher Buchstabe gerade gesendet wurde.

Bei der *Serienübertragung* von Zeichen werden die Codezeichen eines Signals in Fünfergruppen zeitlich gebündelt und in einem bestimmten Rhythmus gesendet. Die zeitliche Gliederung muß derart sein, daß man das „Fehlen" eines Impulses (Zeichen „0") genau erkennen kann. Und man muß auch den Stellenwert der einzelnen Zeichen erkennen können. Dazu werden entweder die einzelnen Buchstaben oder Wörter durch besondere Start- und Stop-Zeichen voneinander getrennt (man spricht dann von einem *Asynchronsystem*), oder es sorgt, bei einer pausenlosen Übertragung, wie sie dem Binärcode (S. 108f) entspricht, ein besonderer Taktgeber dafür, daß man weiß, welche „Stelle" der Fünfergruppe gerade „dran ist". Das entspricht etwa einem langsamen Orchestersatz, den der Dirigent exakt ausdirigiert: aus der Bewegung des Taktstocks kann man auch bei erklingenden halben oder ganzen Noten bzw. bei Pausen stets sehen, um welchen Taktteil es sich gerade handelt. Solche Systeme nennt man *Synchronsysteme*. Jeder einzelne Impuls benötigt für die Übertragung wieder t Sekunden, das Wort „du" somit $10\,t$ Sekunden:

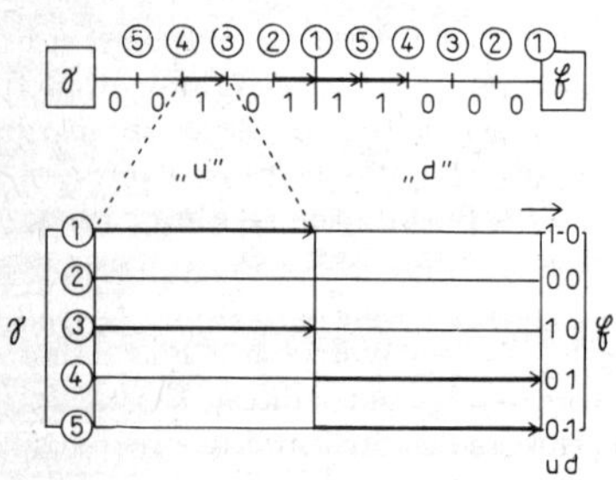

Abb. 39

Dieser große Zeitbedarf ist der Nachteil der Serienübertragung, ihr Vorteil ist, daß man nur einen Kanal benötigt (s. Abb. 39).

Man kann beide Verfahren in einem sog. *Serien-Parallel-System* kombinieren und z. B. nur 5 Kanäle für die 5 Codezeichen eines Buchstabens verwenden, so daß die Zeichen eines Buchstabens gleichzeitig, die Buchstaben eines Wortes aber nacheinander gesendet werden.

2. Für den Fernsprech- und Telegrafenverkehr wären reine Parallel- und Seriensysteme viel zu umständlich; die einen wegen der vielen Kanäle, die anderen wegen des großen Zeitaufwandes. Man bündelt zwar in den großen transozeanischen Kabeln viele Kanäle zu einem Kabel zusammen, aber nicht, um nun etwa in jedem Kanal gleichzeitig immer nur ein Codezeichen zu senden. Die Nachrichtentechniker haben sehr interessante Lösungen gefunden, um die Kanäle besser ausnutzen zu können, Lösungen, auf die wir hier kurz eingehen müssen, um auch dem Außenstehenden einen Begriff davon zu geben, welche Formen heute Parallel- und Serienübertragung gefunden haben, wobei vor allem der erweiterte Begriff dieser Formen — Übertragung ganzer Nachrichten parallel oder in Serie — wichtig ist.

Die Bemühungen, die vorhandenen Leitungen für Telegrafie und Telefonie besser auszunutzen, indem man z. B. gleichzeitig mehrere Telegramme oder Gespräche über denselben Draht leitet, gehen bis ins vorige Jahrhundert zurück. Entscheidend für die Entwicklung wurde die Idee des französischen Telegrafenbeamten Baudot: Wird ein Telegramm in Morsezeichen übertragen, so müssen ja zwischen den einzelnen Zeichengruppen Pausen eingefügt werden, damit die Buchstaben zu erkennen sind. Und ebenso wurden Pausen jeweils am Wortende nötig. Diese Pausen sind aber ein Zeitverlust; könnte man sie nicht nützen, um „gleichzeitig" ein zweites Telegramm über denselben Draht zu senden, das also gleichsam in das erste hineingeschoben wird? Baudot fand auch eine technische Lösung für dieses Problem — und damit das Prinzip, das man *Zeitselektion* nennt.

Heute verbindet man den Baudotschen Gedanken sozusagen mit dem „Film-Prinzip". Beim Film wird ja eine kontinuierliche Bewegung in eine große Zahl „stehender" Bilder zerhackt. Läuft die Bilderfolge genügend schnell ab, so „sehen" wir die kontinuierliche Bewegung — vielleicht, weil die jeweiligen Nachbilder des Gesehenen die Pausen überbrücken; die Theorie ist hier noch nicht endgültig. Ähnlich zerhackt man nun etwa beim Telefonieren den kontinuierlichen Fluß der Rede in einzelne Stücke geeigneter zeitlicher Dauer.

Man hat untersucht, wieviel Zeit ein Mensch durchschnittlich zum Aussprechen eines Satzes (Wörter + Pausen) sowie auch der einzelnen Konsonanten und Vokale braucht. Man fand etwa für „m" und „n" = 0,04 - 0,07 sec, für „s" und andere Zischlaute = 0,05 - 0,1 sec, für Explosivlaute wie „t", „p" und „k" = 0,002 - 0,015 sec (nach Megla). 0,002 sec ist die kürzeste Aussprechdauer eines Buchstabens. Legt man sie zugrunde und zerhackt diese Zeit in etwa 10 Zeitteilchen von 0,0002 sec Dauer, so wird eine genügend rasche Aufeinanderfolge dieser 10 Einzelimpulse im Hörer den betreffenden kontinuierlichen akustischen Reiz erzeugen: er wird z. B. „t" hören.

Die technische Anwendung dieser Feststellungen sieht nun in vereinfachter Form etwa so aus: Eine Anzahl Sendestellen, z. B. Fernsprechteilnehmer, werden zu Kontakten geführt, die kreisförmig angeordnet sind (s. die schematische Darstellung Abb. 40). Über diese Kontakte gleitet in sehr schneller Umdrehung ein Kontaktarm, der die einzelnen Kontakte nacheinander in die Leitung schaltet. Alle 10 Teilnehmer unseres Beispiels mögen zu gleicher Zeit sprechen. Der Kontaktarm rotiert mit einer Geschwindigkeit von ca. 5000 Umdrehungen pro Sekunde. Alle 0,0002 Sekunden

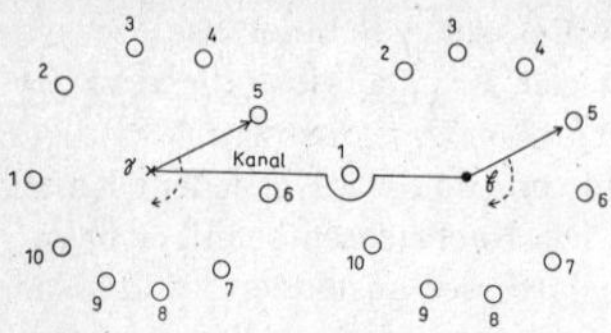

Abb. 40

gleitet er also z. B. an der Kontaktstelle 5 vorüber und schaltet diese ein. In 0,002 Sekunden wird somit der etwa vom Teilnehmer 5 gesprochene t-Laut zehnmal abgetastet und gesendet, und dasselbe gilt für alle anderen Teilnehmer. Die 10 Gespräche werden auf diese Weise alle ineinandergeschachtelt. Auf der Empfängerseite vollzieht sich nun der umgekehrte Vorgang: der synchron rotierende Arm verbindet jeden Empfänger in 0,002 Sekunden 10mal mit s e i n e m Sprecher, übermittelt in dieser Zeit 10 Einzelimpulse, die der Hörer (entsprechend wie beim Film) zum gesprochenen Laut zusammensetzt, er also diesen Laut „hört“. Alle 10 Teilnehmer sprechen gleichzeitig, alle 10 Empfänger hören gleichzeitig — und doch hört jeder nur, was ihn angeht. Und dies alles über e i n e n Draht.

Die *Zeitselektion* arbeitet nach dem Serien-Prinzip; der sonst störende Zeitverlust dieser Übertragungsart wird durch die erreichte „Gleichzeitigkeit“ ausgeglichen. Nur ist die Anzahl der gleichzeitig laufenden Gespräche dadurch begrenzt, daß die Impulse in der Leitung nicht so dicht aufeinander folgen dürfen, daß sie sich überschneiden oder sonstwie gegenseitig stören.

3. Die *Frequenzselektion*, eine andere Lösung des Problems, Kanäle besser auszunützen, arbeitet nach dem Prinzip der Parallel-Übertragung. Hierbei erhält jede Mitteilung ihren eigenen „Kanal“, bei Wechselgesprächen sogar meist die beiden Richtungen je einen besonderen Kanal. Aber alle diese Kanäle — es sind heute schon mehr als 100 — werden in e i n e r Leitung vereinigt. Ein Kabel, in dem z. B. 24 Leitungspaare gebündelt sind, vermag so mehr als 2000 Gespräche gleichzeitig zu übertragen. Wir wollen die technische Lösung an dem einfachen Beispiel einer gleichzeitigen Übertragung von nur zwei Gesprächen darstellen:

Das erste Problem, das gelöst werden mußte, hieß: Vergrößerung der Bandbreite eines Kanals. Dies ist mit technischen Mitteln, auf die wir nicht näher eingehen können, in erstaunlichem Maße gelungen. Es gibt heute Spitzenleistungen bei sog. *Trägerfrequenzkabeln*, die Signale bis zu einer Bandbreite von 1 Million Hz = 1000 kHz übertragen können. Nehmen wir an, unser Kabel könne Signale mit einer Gesamtbandbreite von 80 kHz = 80000 Hz übertragen. Für Telefongespräche benötigen wir, wie wir oben (S. 139 f) sahen, eine Bandbreite von rund 3000 Hz — sagen wir, um sicher zu gehen: von 4000 Hz. In unserem Kabel können wir daher „formal“ — wenn wir nämlich alle Gespräche sozusagen nebeneinanderlegen könnten — 20 Gespräche unterbringen. Aber wir benötigen ja beim Telefonieren nicht die summarische Bandbreite von 3–4 kHz, sondern genauer die Bandbreite von ca 300–4300 Hz. Und ein zweiter Sprecher brauchte dieselben Frequenzen. Um zwei solche Gespräche „nebeneinander legen“ zu können, müßten wir mindestens eins von ihnen transformieren, d. h. in einen anderen Frequenzbereich verschieben können — und dies ist nun tatsächlich möglich.

Was geschieht eigentlich, wenn wir eine Trägerwelle mit der Frequenz ν mit einer Sprachschwingung der Frequenz ν' *modulieren*? Die modulierte Trägerschwingung,

z. B. bei der AM, — genauer gesagt: das Spektrum der modulierten Trägerschwingung — besteht dann aus drei Komponenten K_i, wobei K_1 die Frequenz ν, K_2 die Frequenz $\nu' + \nu$ und K_3 die Frequenz $\nu' - \nu$ hat. Es entstehen somit neben dem Trägerfrequenzband zwei *Nebenbänder*, deren Frequenzen spiegelbildlich zueinander liegen, so wie ja auch in Abb. 32 die „Hüllkurven" der Amplituden der modulierten Schwingung spiegelbildlich zur Zeitachse liegen.

Modulieren wir somit eine Trägerschwingung der Frequenz 6000 Hz mit gesprochenen Nachrichten der Bandbreite 300 - 3300 Hz, so entstehen zwei Nebenbänder:

I mit den Frequenzen 6300 → 9300 Hz,

II mit den Frequenzen 5700 → 2700 Hz.

Die Bandbreite ist die gleiche geblieben, nur wird unser Sprechen jetzt mit Frequenzen zwischen 6300 und 9300 Hz übertragen — d. h. das Frequenzband des Gesprächs ist um 6000 Hz „nach oben" verschoben. Schneidet man nun eins der Nebenbänder fort — d. h. siebt es durch geeignete Filter heraus (sog. „Einbandverfahren") — so kann man zwei Gespräche gleichzeitig über den Kanal senden, da sie in ganz verschiedenen Frequenzenbereichen liegen.

Man teilt nun, schematisch gesehen, den Bereich der 80 kHz, den wir unserem Beispiel zugrunde gelegt haben, in Unterbereiche von je 4 kHz auf und kann durch geeignete Modulation und Frequenzverschiebung in jedem dieser neuen Kanäle der Bandbreite 4 kHz ein Gespräch gleichzeitig mit den übrigen führen.

4. Man kann auch zwischen den beiden Übertragungsarten wechseln — gelegentlich muß man dies sogar tun. Ein Beispiel dafür ist das *Fernsehen*. Wir sehen eine Landschaft, ein Bild oder dgl. — und daß und wie wir es sehen, ist eine Parallel-Übertragung: viele Lichtstrahlen dringen gleichzeitig in unser Auge auf verschiedene Stellen der Netzhaut, werden gleichzeitig aufgenommen, verarbeitet und weitergeleitet. Wollen wir ein solches Bild im Fernsehen übertragen, so wird das Bild jetzt von einem geeigneten Gerät, hier der Fernsehkamera, zeilenweise abgetastet, d. h. von links nach rechts mit großer Geschwindigkeit überstrichen. Am Ende der „Zeile", genau wie beim „Lesen", springt der Abtaster auf die nächste Zeile, durchläuft diese ebenso schnell, springt dann zur nächsten Zeile usf., bis das ganze Bild erfaßt ist. Auf diese Weise wird das parallel dargebotene Bild in eine zeitliche Folge von Impulsen transformiert (Serien-Übertragung) und über einen Kanal zum Empfänger geschickt. Dort muß der umgekehrte Vorgang verlaufen: die nacheinander ankommenden Impulse werden durch die Fernsehbildröhre auf den (nachleuchtenden) Bildschirm geworfen, in genau derselben Folge und Anordnung, wie sie aufgenommen wurden.

Beim Fernsehen überträgt man übrigens nicht streng zeilenweise, sondern springt, im sog. „Zeilensprung", um das Bildflimmern möglichst zu vermeiden: man tastet erst über das ganze Bild die 1., 3., 5. usw. Zeile ab und dann die 2., 4., 6. usw. Zeile. Bei der großen Geschwindigkeit des Abtastens — die ca 300000 Bildpunkte, in die das Bild aufgeteilt wird, werden in 1 Sekunde 25mal abgetastet und gesendet — „sehen" wir dann das ganze Bild.

3.3. Nachrichtenübertragung in biologischen Systemen

3.3.1. Die biologische Nachrichtenübertragung und ihre Arten

1. Daß *Nachrichtenübertragung* und *Nachrichtenverarbeitung* für das Verhalten der Organismen eine zentrale Rolle spielen, ist gewiß keine Entdeckung der Kybernetik. Sinnesphysiologie und Psychologie des Empfindens und Wahrnehmens haben sich, man darf wohl sagen seit Jahrhunderten bemüht, Licht in die komplizierten Vorgänge zu bringen, die einem Organismus helfen, sich in seiner Umwelt zurechtzufinden, indem er die Umweltsignale als Information zur Steuerung seines Verhaltens benutzt — wenn wir dies in zeitgemäßer Terminologie ausdrücken dürfen. Auch die Biochemie hat bald erkannt, wieweit jeder Organismus mit seiner Umwelt in Kontakt steht, indem er etwa die für sein Wachstum und seine Erhaltung benötigten Stoffe und Energien aus ihr aufnimmt, und die nicht verwertbaren an sie zurückgibt — die dann oft wieder von anderen Organismen verwendet werden können.

Ausdrücklich zum Thema einer biologischen *Umweltlehre*, die, wie man vielleicht sagen darf, an die Stelle der bisherigen Außenweltlehre trat, wurde die Beziehung Organismus-Umwelt aber wohl erst durch JAKOB v. UEXKÜLL. Er zeigte, daß — wieder in heutiger Terminologie — diese Beziehungen weder rein kausaler Natur sind, noch mit dem Reiz-Reaktion-Schema sich erschöpfend bewältigen lassen, sondern daß die *Umwelt* jedes Organismus eine artspezifische, ja beim Menschen vielleicht sogar eine individual-spezifische ist[1]. Entscheidend für diesen Aufbau der *Umwelt* sind die *objektiven* und die *subjektiven Empfangsbereitschaften*, und die „Umwelten" sind das Ergebnis einer *Nachrichtenverarbeitung* bzw. einer bestimmten Auswahl aus der Überfülle der eintreffenden Außenwelt-Signale.

Diese *Umwelt* eines Organismus ist aber zweifacher Natur: sie ist einmal als Ergebnis der Nachrichtenverarbeitung eine *Merkwelt*, und sie ist zum anderen als Objekt der Wirkung des Organismus auf diese Umwelt, eine spezifische *Wirkwelt*, die wiederum durch die objektiven (und auch durch die subjektiven) Wirkungsmöglichkeiten des Organismus bestimmt wird. Merkwelt und Wirkwelt stehen in einem funktionalen Zusammenhang; UEXKÜLL spricht hier von einem *Funktionskreis* (s. Abb. 41) und erläutert ihn durch ein Bild: es ist, als ob ein animaler Organismus ein Objekt der Außenwelt mit zwei Gliedern einer Zange anpackt (und es damit zu einem Objekt der Umwelt macht). Mit dem einen Zangengliede gibt er dem Objekt ein *Merkmal*, mit dem anderen ein *Wirkmal*, so daß einige Eigenschaften des Objekts zu Merkmalsträgern, andere zu Wirkmalsträgern werden. Receptoren und Effektoren wirken so zusammen am Aufbau der Umwelt, und zwar beider „Seiten", sowohl der

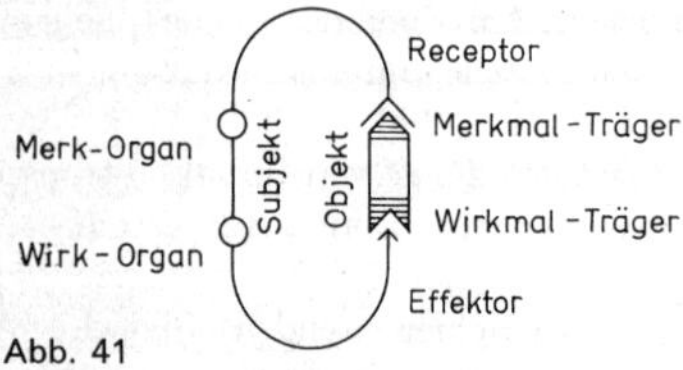

Abb. 41

[1] Vgl. aber schon WILLIAM JAMES: The Principles of Psychology, Vol. I., 1891, S. 424: „... that each of us chooses, by his ways of attending to things, what sort of a universe he shall appear to himself to inhabit."

Merkwelt als auch der Wirkwelt[1], und der *Funktionskreis* mit seinen Rückwirkungen und Rückkoppelungen vom „Handeln" zum „Wahrnehmen" und umgekehrt, ist ein Beispiel eines komplizierten Anpassungs-Regelungskreises.

Dieser Kreis ist nun wieder gekoppelt mit den zahlreichen Steuer- und Regelungsvorgängen, die im Innern des Organismus wirksam sind, um das Zusammenarbeiten der Zellen, Gewebe, Organe usw. zum Ganzen zu gewährleisten und aufrechtzuerhalten. Denn nicht nur mit seiner Umwelt muß der Organismus in einem gewissen Gleichgewicht sein, sondern auch in sich selbst, ja, das zweite ist die Voraussetzung des ersten, und auch das innere Gleichgewicht läßt sich nur durch ständige Steuerung und Regelung aufrechterhalten. Das aber bedingt ein kompliziertes und äußerst abgewogenes Nachrichtennetz im Innern des Organismus.

Auch das oben erwähnte biochemische Beispiel führt zu einer speziellen Art von Nachrichtenübermittlung im Organismus: zur Erhaltung seiner Substanz und seiner Lebensfunktionen muß der Organismus Stoffe und Energien aus der Umwelt aufnehmen — und er muß sie verarbeiten, sei es, daß er sie zur Energieerzeugung nutzt, sei es, daß er körpereigene Substanzen aus den Nahrungsstoffen aufbaut. Dies bedingt komplizierte Ketten chemischer Reaktionen — es bedingt vor allem, daß der Körper das „Muster" kennt und besitzt, nach dem er die körpereigenen Stoffe aufzubauen hat, und daß er dieses Muster für den Aufbau in einer Form verwenden kann, die man wieder als eine Art Nachrichtenübermittlung ansehen muß.

Und schließlich noch ein Beispiel: die Erhaltung der Art, die Fortpflanzung. Wieder geht es darum, das „Muster" der eigenen Form, sei es die Form der Gattung und der Art, seien es Züge der individuellen Form, auf dem Wege der *Vererbung* dem entstehenden neuen Organismus zu übermitteln — und wieder ist es ein Vorgang der Nachrichtenübermittlung, der hierfür entscheidend ist.

Alles dies hat dazu geführt, daß heute in der Biologie und speziell in der sog. Molekularbiologie und Molekulargenetik die Begriffe Information und Informationsübertragung eine wichtige Rolle spielen und so dem Eindringen kybernetischer Begriffe, Methoden und Denkformen den Boden bereitet haben.

Zusammenfassend kann man also sagen: Ohne einen ausgedehnten Nachrichtenapparat, der bis zu den letzten funktionellen Einheiten reicht, kann ein biologisches System — ein Organismus oder eine biologische Gemeinschaft — ebensowenig existieren wie ein Staat oder ein ökonomisches System.

2. Wie vollzieht sich nun die Nachrichtenübertragung in biologischen Systemen, speziell in Organismen?

Beschränken wir uns hier auf Tiere und Menschen, so finden wir bei ihnen verschiedene Formen, die etwa denen in der Technik entsprechen. Wir finden sowohl Nachrichtenübertragung mit stofflichen Trägern als auch — und diese ist besonders

[1] Ähnliche Gedanken spielen auch in der Philosophie des Wirkens, Handelns und der Arbeit eine Rolle, vgl. etwa: „Der Mensch ‚erfährt' stets erst im Verlauf (der Arbeit) die Sache, an der er arbeitet. Die Sache aber erschließt sich ihm im Widerstande, den sie leistet — in eben dem also, wodurch sie sich zu verschließen scheint. Am Widerstand der Sache bekommt er das Gewicht ihrer Bestimmtheit zu fühlen. Er ringt mit ihrer Eigengesetzlichkeit. Und indem er sie so erfährt, ringt er sie ihr ab und lernt sie beherrschen." Nicolai Hartmann: Zur Grundlegung der Ontologie. 1935. S. 200f.

wichtig — energetische Nachrichtenübertragung, und schließlich eine eigentümliche Verbindung beider Arten. Wir finden weiterhin Parallel- und Serien-Systeme der Übertragung wie auch digitale und analoge Darstellung von Nachrichten. Wieder müssen wir auf eine Fülle interessanter Einzelheiten verzichten und uns auf einige Fälle beschränken, die das Wesentliche verdeutlichen.

Für eine Unterscheidung der Arten gehen wir auch jetzt von den beiden Grundarten aus: Stoffe als Nachrichtenträger und Energie als Nachrichtenträger. Im Organismus bezeichnet man die erste Art als das *humorale*, die zweite als das *neurale* oder *nervöse System*. Beide Systeme werden bei der Regulierung biologischer Prozesse in den Zellen sowie des Zusammenwirkens der Gewebe und Organe zum Ganzen benutzt. Eine Sonderstellung nehmen die beiden Systeme ein, die beim Aufbau körpereigener Substanzen, vor allem der Eiweiß-Stoffe, und bei der Vererbung mitwirken — im Grunde handelt es sich eigentlich nur um ein System, das auch stoffliche Nachrichtenträger benutzt, aber nicht zum humoralen System gerechnet wird: man spricht hier meist zusammenfassend von der Übertragung des *genetischen Codes*, wobei es sich letztlich immer um eine Synthese bestimmter Eiweiß-Stoffe oder um eine Vervielfältigung der ursprünglichen Code-Träger, der Nucleinsäuren (s. u.) handelt.

3.3.2. Energie als Nachrichtenträger

Das Thema: Nachrichtenübertragung im Organismus mit Hilfe der Energie als Träger umfaßt letztlich alles, was mit den Funktionen des Nervensystems zusammenhängt; an erster Stelle die Kommunikation des Organismus mit seiner Umwelt, speziell also die Empfindungen und Wahrnehmungen.

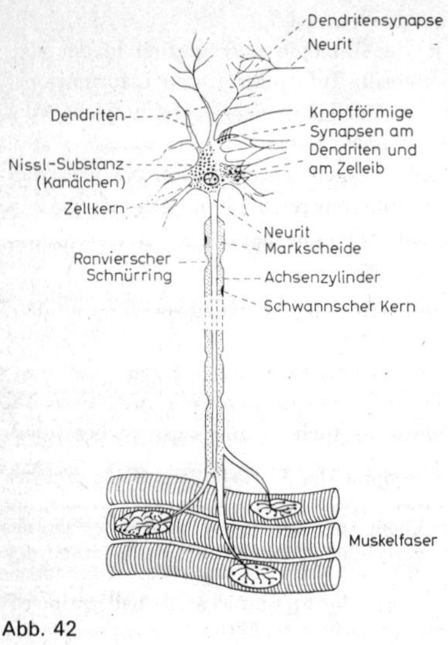

Abb. 42

1. Aus der Außenwelt gelangen, auf dem sog. „äußeren Wege", Signale zu den Empfangsorganen (Receptoren) des Organismus: Lichtsignale zum Auge, Schallsignale zum Ohr, taktile und thermische Signale zu den Receptoren in der Haut usw. Diese eintreffenden Signale bezeichnet man traditionell als *Reize*. Die Receptoren sind die ersten Empfänger (receiver) dieser Signale, ihrer Funktion im Nachrichtensystem nach sind sie auch hier *Wandler*: sie codieren das Signal in eine Form, die für die Übertragung über die Nerven (*Kanäle*) geeignet ist.

Das Nervensystem besteht aus funktionellen Einheiten, den *Neuronen*, jedes Neuron aus einer *Nervenzelle*, dem leitenden, oft langen *Axon*, und einer Anzahl kürzerer Fortsätze, den *Dendriten* (s. Abb. 42). Die Nervenleitung mit

Hilfe von Energie verläuft nur innerhalb eines Neurons. Die einzelnen Neurone sind nicht unmittelbar miteinander verbunden, sondern durch einen sehr schmalen Spalt, die *Synapse*, voneinander getrennt. Kommt das übermittelte Signal am Ende des Axons von Neuron I an, so muß es erneut codiert werden: die Übertragung zum nächsten Neuron II über die Synapse hinweg geschieht mit Hilfe stofflicher Träger. Am Axonende wird ein *Überträgerstoff* freigesetzt, der den Synapsenspalt durchwandert und die Membran des nächsten Neurons erregt. Dies führt zu erneuter Codierung in diesem Neuron — und wieder setzt die energetische Nervenleitung ein, bis zur nächsten Synapse, an der sich das Spiel von Transformation in den stofflichen Code und erneutes Umcodieren für die Nervenleitung wiederholt. Schließlich gelangt das Signal zu den im *Zentralnervensystem* (ZNS) liegenden *Rückwandlern* und wird endlich in der Hirnrinde zur Nachricht decodiert. An welcher Stelle auf diesem komplizierten Wege die Transformation in bewußte *Empfindungen* und *Wahrnehmungen* stattfindet und wie eine solche „Transformation" (falls es sich überhaupt um so etwas handelt) vor sich geht — über all das wissen wir nichts. E. du Bois-Reymonds berühmtes „ignoramus" gilt auch heute noch, und wahrscheinlich auch sein „ignorabimus"[1], denn möglicherweise gibt es hier nichts zu „erklären", da sich Bewußtsein wohl nicht auf andere Vorgänge zurückführen läßt. Man kann Bewußtsein beschreiben, kann es analysieren, seinen Verlauf, seine Eigenschaften und Zustände erforschen, man kann es mit anderen, z. B. physiologischen, anatomischen, histologischen Vorgängen und Eigenschaften koppeln, Beziehungen und Gesetzmäßigkeiten feststellen — aber als solches bleibt es ein Ur-Phänomen, das als vorhanden hingenommen werden muß.

2. Wir beginnen unsere genauere Betrachtung der Signalübertragung im Nervensystem mit den *Kanälen*, und zwar zunächst mit der Übertragung an den *Synapsen*, dem Synapsen-Kanal. Der Synapsen-Spalt ist ca 0,000002 cm ($= 2 \cdot 10^{-6}$ cm) breit. Für die molekularen Dimensionen, in denen sich die Vorgänge hier abspielen, ist das ein vergleichsweise großer Spalt, der nun überbrückt werden muß: der am *präsynaptischen* Ende des Axons freigesetzte Überträgerstoff diffundiert zum nächsten Neuron und wirkt auf dessen Membran (= *subsynaptische* Membran) erregend oder hemmend ein. Die beiden Wirkungen werden dabei von verschiedenen Überträgerstoffen ausgeübt. Als erregender Stoff dient wohl weitgehend das *Acetylcholin*; daneben gibt es wahrscheinlich noch andere erregende Überträgerstoffe, vor allem im ZNS, doch sind sie chemisch noch nicht identifiziert.

Wie der Stoff das Signal überträgt, wissen wir noch nicht; man kann vermuten, daß die Konzentration des Überträgerstoffes dabei eine Rolle spielt, denn man hat feststellen können, daß bei der Signalübertragung zum Muskel pro ankommendem Impuls ca 0,5 Millionen Acetylcholin-Molekeln freigesetzt werden. Für den nächsten, am präsynaptischen Ende des Axons eintreffenden Impuls muß der Synapsen-Kanal

[1] Dieses Schlußwort aus E. du Bois-Reymonds berühmtem Vortrag „Über die Grenzen des Naturkennens" auf der 2. Naturforscher- und Ärzte-Versammlung 1872 in Leipzig, wird zwar sehr oft, aber nicht immer korrekt zitiert. Das „ignorabimus" bezieht sich ausschließlich auf zwei Problemkreise: 1. „was Materie und Kraft seien", und 2. „wie sie zu denken vermögen". (Der Vortrag ist 1961 in einer Sonderausgabe bei der Wissenschaftlichen Buchgesellschaft in Darmstadt erneut erschienen.)

aber wieder frei sein, um auch diesen neuen Impuls übertragen zu können — das bedingt, daß das vorhin gebildete Acetylcholin entfernt, z. B. chemisch abgebaut wird. Dies geschieht durch ein Enzym, die *Cholinesterase*[1]. Sie ist ein sehr wirksames Enzym, denn 1 Molekel Cholinesterase vermag in 1 Minute $18 \cdot 10^6 = 18$ Millionen Molekeln Acetylcholin zu spalten und damit unwirksam zu machen.

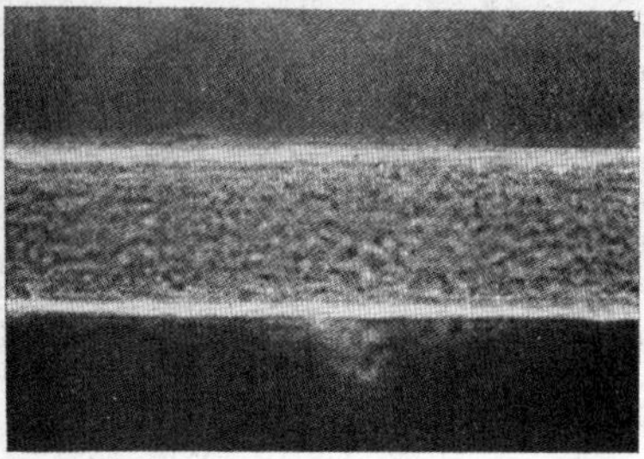

Abb. 43

Der Kanal für die energetische Signalübertragung ist das *Axon* (eigentlich „der" Axon vom griech. ho axon = die Achse), dessen Länge 1 m und mehr betragen kann und das einen Durchmesser von 10–15 μm (1 μm = 0,0001 cm) hat. Zwei Arten von Axonen lassen sich unterscheiden: die einen sind mit einer sog. *Markscheide* umgeben (s. Abb. 43), die anderen sind scheidenlos. Weiterhin kann man dicke, mittlere und dünne Fasern als A-, B- und C-Fasern unterscheiden. Die A-Fasern leiten am schnellsten, die C-Fasern am langsamsten; und die mit einer Markscheide versehenen leiten besser als die „marklosen" (eigentlich: scheidenlosen) Fasern. Die Leitgeschwindigkeit ist, wie zuerst Hermann v. Helmholtz feststellte, viel geringer, als man im allgemeinen annimmt. Sie beträgt bei den am langsamsten leitenden Fasern ca 1–2 m pro sec, bei den schnellsten A-Fasern bis zu 160 m pro sec.

Der Nachrichtenfunktion nach unterscheidet man *afferente Fasern*, die Signale zur Zentrale leiten, unter anderem alle Signale aus der Umwelt, und *efferente Fasern*, die Signale, wie Antriebs-, Hemmungs-, Steuer-Befehle von der Zentrale zu den Erfolgsorganen (z. B. den Muskeln) leiten.

Die einzelnen Fasern sind zu *Nerven* gebündelt, ähnlich wie die großen technischen Kabel. Sie enthalten aber viel mehr Einzelkanäle, oft 2000–3000, und zwar Fasern verschiedenen Querschnitts, also verschiedener Leitungsgeschwindigkeit, und ebenso Fasern verschiedener Funktion, nämlich sowohl afferente als auch efferente Fasern. Diese Nerven sind dann vielfältig miteinander verflochten und vermascht zu einem sehr verzweigten Netzwerk, das die verschiedensten Kombinationen, Gruppierungen und Muster von Signalen zu bilden erlaubt und so die ungeheure Mannigfaltigkeit von Nachrichten durch einen verhältnismäßig wenig variablen Prozeß zu übertragen vermag. U. a. treffen z. B. an einer Synapse zahlreiche Fasern verschiedener Neurone zusammen, und ein Axon sendet Fasern zu vielen Synapsen.

3. Die Kanäle übermitteln die Signale auf elektro-chemischem Wege. Das Neuron mit seinem Axon ist von einer Membran umgeben — auch die Axone der „marklo-

[1] Die Enzyme werden nach dem Substrat benannt, das sie spalten (oder aufbauen). Acetylcholin ist ein sogenannter *Ester*, eine Verbindung von Cholin und Essigsäure. Das diesen Ester spaltende Enzym ist — unter Verwendung der für alle Enzyme verwendeten Endung „-ase" — eine Ester-ase, und da es speziell einen Cholinester spaltet, eine Cholinesterase.

sen" Fasern — und zwischen dem Inneren und der Umgebung eines Neurons besteht im Ruhezustand eine Potentialdifferenz von — 60 bis — 80 mV (1 mV= 0,001 Volt, 1 Millivolt) — das *Ruhepotential*. Erreicht nun ein vom Receptor kommender Reiz das Axon, so wird es depolarisiert: das Potential schlägt um, es ändert sich sprunghaft um + 90 bis + 100 mV, so daß jetzt das Innere gegenüber der Umgebung positiv ist (*Aktionspotential*). Chemische Vorgänge sind damit wesentlich verbunden; wir wollen hier aber auf sie nicht näher eingehen. Der Anstoß für die Fortleitung der Erregung ist jedenfalls das Aktionspotential, das nun als Erreger für die benachbarte Axon-Stelle wirkt, die darauf ebenfalls depolarisiert wird, dadurch die weiter benachbarte Stelle erregt usf. So pflanzt sich die durch den Reiz gesetzte Erregung das Axon entlang fort — man hat dies einmal mit dem Abbrennen einer Zündschnur verglichen.

Das Gesagte gilt aber nur für die Leitung in den marklosen Fasern, bei den markhaltigen verläuft der Vorgang anders. Die Markscheide (s. Abb. 44) ist in Abständen von 2–3 mm unterbrochen, an diesen Stellen verengt sich das Innere des Axons; man spricht daher von Einschnürungen oder *Schnürringen* im Axon (RANVIERsche Schnürringe), oder auch von *Knoten* (Nodien). Diese Knoten sind eine Einrichtung zur Erhöhung der Leitungsgeschwindigkeit und zugleich zur Ersparnis von Energie. Bei den markhaltigen Fasern springt die Erregung von Knoten zu Knoten, über die Internodal-Strecken hinweg (*saltatorische Nervenleitung*). Die Knoten wirken dabei zugleich als Relais. Da das Axon durch die Markscheide gut gegen seine Umgebung isoliert ist, wirken die Internodalstrecken als passive Kernleiter, sie sind nicht erregbar.

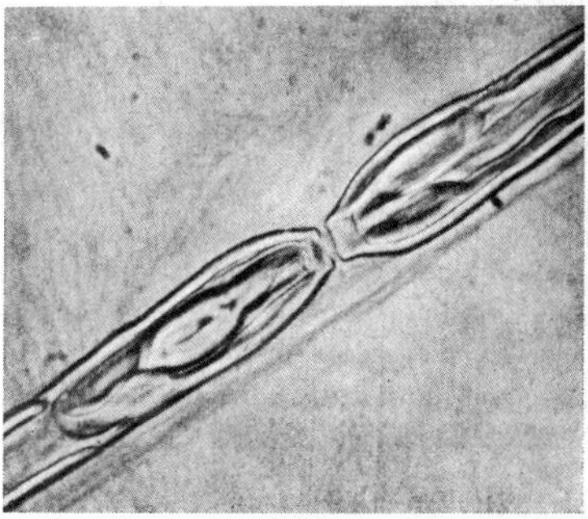

Abb. 44 a

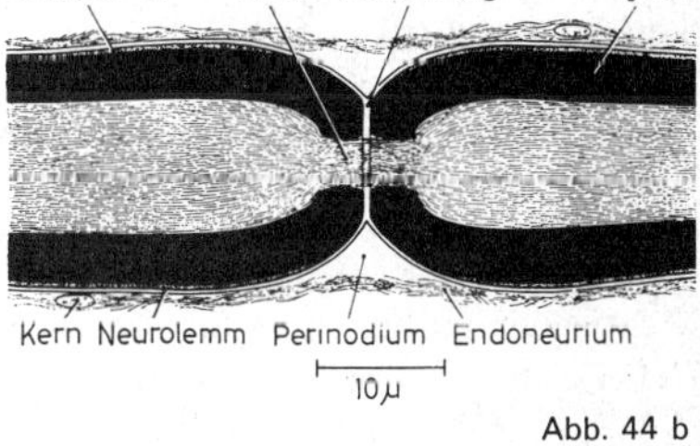

Abb. 44 b

Ist die Erregung fortgeleitet, muß das Neuron wieder in seinen ursprünglichen Zustand (Ruhezustand) zurückgebracht werden, um zur Aufnahme einer neuen Erregung bereit zu sein. Wegen der mit der Erregung verbundenen chemischen Umsetzungen, die unter Energiezufuhr rückgängig gemacht werden müssen, vergeht dafür einige Zeit, etwa 0,5 bis 1 msec. Während dieser Zeit (*Refraktärzeit*) ist das Neuron gar nicht (absolute Refraktärzeit) oder nur schwer (relative Refraktärzeit) erregbar; d. h. in der relativen Refraktärzeit spricht es nur auf stärkere Reize an.

Für jedes Neuron besteht ein *Schwellenwert* der Reizstärke: bleibt der Reiz unter diesem Wert, so wird es nicht erregt, es „feuert“ dann nicht. Erreicht der Reiz aber den Schwellenwert, so feuert das Neuron ganz, d. h. unabhängig davon, wieweit der Reiz den Schwellenwert überschreitet (*Alles-oder-nichts-Gesetz*). In der relativen Refraktärzeit ist diese Schwelle erhöht, so daß normal erregende Reize sie nicht erreichen — in der absoluten Refraktärzeit ist die Schwelle, wie man sagt, „unendlich groß“, d. h. kein noch so starker Reiz vermag zu erregen.

4. Die Analogie zwischen dem Nervensystem und den elektrischen Nachrichten-Systemen der Technik ist schon früh aufgefallen; seit es Telegrafendrähte gibt, hat man derartige Vergleiche gezogen. Erst heute sieht man, daß diese Analogie tiefer begründet ist. In der Informationstheorie wird immer wieder versichert, daß die semantische Dimension für die Erfassung des Übertragungsvorgangs „irrelevant“ ist, grob gesagt: daß der Informationstheoretiker und der Nachrichteningenieur sich für den Inhalt der Nachricht ebenso wenig interessiert wie der Telegrafendraht, der das Signal befördert. Von wem die Nachricht ausgeht, an wen sie gerichtet ist, ob es gute oder schlechte, sensationelle oder belanglose Nachrichten sind, das alles hat auf die Art der Beförderung keinen Einfluß: ein und derselbe (der Art nach derselbe) Vorgang übermittelt sie; es kommt nur auf den Code an, in dem die semantische Dimension gleichsam latent enthalten ist.

Dies wundert uns nicht, sondern erscheint uns eher selbstverständlich. Daß es bei der Nachrichtenübermittlung im Nervensystem genau so ist, erscheint uns aber nicht so selbstverständlich, sondern stößt vielmehr häufig auf tiefe Verwunderung. Ob die Signale vom Auge oder vom Ohr, von der Haut oder von inneren Organen kommen, ob die Zentrale Antriebs-, oder Hemmungsbefehle sendet — der Leitungsvorgang ist immer der gleiche, und das bedeutet: die „Nachricht“ hängt auch hier lediglich vom Code ab. Ob wir also Dinge sehen, Vorgänge hören, eine Außentemperatur fühlen oder über unseren inneren Zustand unterrichtet werden, gründet in der Decodierungstätigkeit der *Rückwandler* im ZNS.

Diesen Code kennen wir noch nicht, seine Ermittlung steckt noch in den Anfängen, und sie ist eine unerhört schwierige Aufgabe. Einmal müssen die Signale ja die charakteristischen Eigenschaften der Reize der verschiedenen Sinnesgebiete enthalten, ob es sich also um visuelle, akustische, thermische usw. Reize handelt. Dann müssen weiterhin innerhalb dieser Gruppen die Specifica der „Objekte“, deren Umgebung usw. übermittelt werden. Und schließlich auch noch generelle Eigenschaften sämtlicher Reize wie die *Intensität* oder Stärke der Reize. Dies alles muß codiert sein, so codiert, daß es sowohl durch die energetische als auch durch die stoffliche Signalübertragung „richtig“ zum Empfangsort gelangt.

Die Codierung der *Reizintensität* ist ein Problem, das heute weitgehend gelöst ist. Zunächst schien das „Alles-oder-nichts-Gesetz“ dem Verständnis ein kaum überwindliches Hindernis zu bereiten: wenn jeder den Schwellenwert erreichende oder überschreitende Reiz das Neuron zu vollem „Feuern“ veranlaßt, müssen Intensitätsunterschiede der Reize in den Signalen offensichtlich verschwinden. Doch kennt man heute drei bzw. vier Verfahren, mit deren Hilfe der Organismus Intensitätsunterschiede der Reize codieren kann.

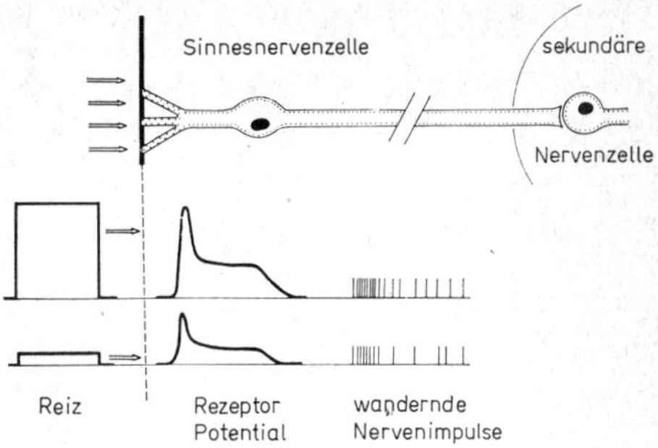

Abb. 45

Das erste Verfahren ist das der *Puls-Frequenz-Modulation* (PFM) (s. S. 164f): Die Frequenz der Pulsfolgen, die ein Axon weiterzuleiten vermag, ist durch die Refraktärzeit bedingt. Bevor nicht die Schwelle wieder auf den normalen Wert abgesunken ist, kann kein Impuls durch einen gerade ausreichend starken Reiz entstehen. Liegt die Reizintensität aber erheblich über dem normalen Schwellenwert, so kann der Reiz das Neuron schon während der relativen Refraktärzeit erregen, und das bedeutet: die Pulsfolge im Axon wird dichter, die Puls-Frequenz wird erhöht. Auf diese Weise können Intensitätsunterschiede der Reize durch Modulation der Puls-Frequenz codiert werden (s. Abb. 45): größere Frequenz entspricht größerer Reizstärke.

Das zweite Verfahren kann man als das der *Quantifizierung der Intensität* bezeichnen. In einem Nerv, so sahen wir oben, sind sehr viele verschiedene Fasern enthalten, die auch verschiedene Schwellenwerte besitzen. Ein Reiz wird nun diejenigen Fasern erregen, deren Schwellenwert er erreicht, dagegen nicht diejenigen, unter deren Schwellenwert er liegt. Ein stärkerer Reiz wird auch Fasern mit höherer Schwelle, also mehr Fasern erregen, d. h. die höhere Intensität des Reizes wird sich in der Anzahl der Impulse leitenden Fasern spiegeln. Es entsteht also gleichsam ein räumliches Impuls-Muster im idealen Querschnitt der denselben Reiz signalisierenden Fasern. Dieses Muster in den gleichzeitig startenden Fasern wird sich aber wegen der verschiedenen Leitungsgeschwindigkeiten der Fasern wie eine Rennstrecke „auseinanderziehen", wird also letztlich wieder frequenzmoduliert, nur nicht in einer, sondern in mehreren Fasern.

Das dritte Verfahren beruht auf einer *Spezialisierung der Fasern*, findet sich daher nur bei höheren Tieren, nämlich bei Säugetieren und vielleicht bei Vögeln (Einzelfälle kennt man auch bei Insekten). Es tritt in zwei Formen auf, zunächst als sog. *Ortsprinzip*: eine bestimmte Faser oder Fasergruppe ist für die Weiterleitung einer und nur einer bestimmten Reizeigenschaft vorgesehen, z. B. einer bestimmten Tonfrequenz, wobei jetzt evtl. auch die Intensität codiert wird (möglicherweise wieder durch PFM).

Die andere Form (das vierte Verfahren) ist eine interessante Kombination der Spezialisierung mit der Quantifizierung; sie wurde von ihrem Entdecker E. G. Wever (1949) als „volley-principle", als *Salvenprinzip* bezeichnet. Entdeckt wurde sie am Gehörorgan, da ja hier Schwingungen übertragen werden müssen, die erheblich größere Frequenz als 1000 Hz besitzen, während die einzelne Faser infolge der Refraktärzeit höchstens diese Frequenz übertragen kann. Der Organismus hilft sich nun dadurch, daß zunächst wieder quantifiziert, d. h. der Reiz auf eine Anzahl Fasern

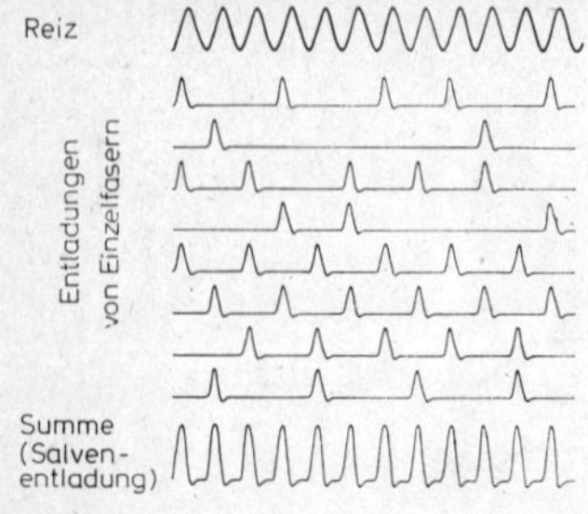

Abb. 46

verteilt wird, und zwar derart, daß jede Faser etwa nur jede zweite, dritte usw. Schwingung abtastet und weiterleitet, jede aber andere Ausschnitte „wählt". Dabei müssen die einzelnen Fasern auf bestimmte Phasen der Schwingung spezialisiert sein, so daß sich als Summe oder idealer Querschnitt aller leitenden Fasern die Gesamtschwingung des Reizes mit ihrer Frequenz ergibt (s. Abb. 46). Diese zeitliche Codierung des Reizes, das Salvenprinzip, kann „beliebige akustische Eingangs-Signale ohne weiteres unter Bewahrung von Amplitude, Frequenz und Phase weitergeben" (J. SCHWARTZKOPFF[1]), ist also ein hochentwickeltes Übertragungsverfahren. Salvenentladungen sind inzwischen nicht nur am Gehörorgan, sondern auch an anderen Organen bzw. Receptoren aufgefunden worden, so z. B. bei den Vibrationsreceptoren der Haut.

5. Als nächster Punkt wäre jetzt die Funktion der Wandler (Receptoren) und Rückwandler (im ZNS) zu besprechen. Hier geraten wir aber in eine solche Fülle von Einzeluntersuchungen, theoretischen Vorstellungen und Vermutungen, daß für ihre Darstellung ein eigenes Buch nötig wäre, ohne daß wir dabei ein zusammenhängendes Bild erhielten. Um dem Leser aber an einem Beispiel wenigstens eine Ahnung zu vermitteln, was man heute über diese Funktionen weiß, wollen wir die Vorgänge im Receptor „Auge" skizzieren:

Ein Lichtreiz, der das Auge trifft, führt in der Netzhaut zu einem „Zerfall" von Sehfarbstoff, wie man meist kurz sagt. Dieser „Zerfall" führt dann wieder, nach einer kurzen Latenzzeit von 8–15 msec, zum Auftreten „langsamer Gleichstrompotentiale", auch „Receptorpotentiale" oder kurz „S-Potentiale" genannt[2], die dann den adäquaten Reiz für die Erregung des Neurons abgeben können.

Worin besteht nun dieser „Zerfall"?

Der Sehfarbstoff oder Sehpurpur (= *Rhodopsin*) ist ein Komplex aus einem Eiweiß-Körper oder Protein (*Opsin*) und einem Stoff *Retinin* (genauer Neoretinin b), der ein Oxydationsprodukt des Vitamin A ist. Neoretinin b ist eine wenig stabile Verbindung; durch den Lichtreiz wird es in eine stabilere Form (alltrans-Retinin genannt) umgelagert (isomerisiert), wobei 1 Lichtquant jeweils 1 Molekel isomerisiert: so wird die Intensität des Reizes sozusagen „quantifiziert". Durch diese Strukturänderung ändert sich nun auch die Festigkeit der Bindung des Retinins an das Protein — das Retinin löst sich vom Protein ab. Auch jetzt ist für die Regeneration eine Refraktärzeit zu überwinden: für die Aufnahme eines neuen Reizes muß das

[1] Vgl. J. SCHWARTZKOPFF: „Die Übertragung akustischer Information durch Nerventätigkeit nach dem Salvenprinzip" in: Aufnahme und Verarbeitung von Nachrichten durch Organismen. Stuttgart 1961, S. 87ff.

[2] Für Einzelheiten vgl. man O. J. GRÜSSER et al.: „Informationsübertragung im afferenten visuellen System". Kybernetik **1**, 175ff. (1962).

Retinin wieder in die labile, d. h. energiereichere Form zurückgeführt und diese dann erneut mit dem Opsin verbunden werden — dieser Vorgang benötigt Zeit und Energie.

Über die Funktion der *Rückwandler* wissen wir noch weniger, und über den Empfang der Nachricht durch Decodieren im ZNS, für optische Signale also in der sog. „primären Sehrinde", und über das Entstehen von Empfindungen und Wahrnehmungen wissen wir, wie gesagt, gar nichts.

3.3.3. Nachrichtenübertragung mit materiellen Trägern

1. Daß es in Organismen stoffliche Nachrichtenübertragung gibt, kann nicht zweifelhaft sein. Das zeigen einmal die Vorgänge an den Synapsen (S. 172f), darauf weist auch der Name *Hormone* oder „Botenstoffe" hin, der ja die Funktion dieser Stoffe anzeigen soll. Schon bei der Besprechung der Wirkung der Überträgerstoffe an den Synapsen mußten wir uns mit Vermutungen begnügen, als es galt, Einzelheiten der Übertragung, wie z. B. die Codierung darzustellen. Stellen wir jetzt die Frage nach der stofflichen Nachrichtenübertragung im Organismus allgemeiner, so zeigt schon eine kurze Prüfung, daß hier zunächst ein begriffliches Problem vorliegt, über das wir uns klar werden müssen, bevor wir überhaupt nach Beispielen für stoffliche Nachrichtenübertragung suchen können.

Im Alltag besteht hier offenbar kein Problem: jeder Brief ist ein Beispiel, und wir verstehen, was es heißt, der Brief übertrage an uns eine Nachricht, und diese Nachricht beeinflußt dann unser Verhalten (wenn wir auch dieses Beeinflussen sicherlich nur in den seltensten Fällen erklären können). Auch bei dem Verhalten von Tieren ist uns verständlich, daß für sie Formen und Bewegungsformen von Objekten Signale sind, die Nachrichten übertragen, wie sich z. B. in vielen Attrappenversuchen gezeigt hat. Auch hier sehen wir keine Schwierigkeit, uns die „Wirkung" der Nachricht auf das Tier — auslösend, steuernd usw. — verstehend vorzustellen (mit derselben Einschränkung wie oben). Jetzt aber sollen wir verstehen und wollen Beispiele dafür finden, daß von einem stofflichen Organ zu einem anderen stofflichen Organ bestimmte Stoffe gesendet werden, die dort „als Nachricht" wirken. Was heißt das? Was kann es überhaupt heißen?

Das nächstliegende Beispiel wäre: Übertragung eines *Musters* von einem Körper A auf einen Körper B, etwa so wie ein Prägestock das Muster auf die Münze überträgt. Aber ist dies ein Übertragen einer Nachricht? Gewiß, man kann dies wohl so nennen, aber es ist eine Nachrichtenübertragung auf einen anderen Träger, und nicht auf den Empfänger, denn der Körper B wird geprägt, wie etwa eine elektrische Welle moduliert wird. Solange es sich also um derartige Ursache-Wirkung-Beziehungen handelt wie beim Prägen einer Münze, mag eine Nachricht von Körper zu Körper (gemeint sind jetzt Molekeln, Molekelaggregate oder auch Zellen) durch den Organismus wandern, wobei sie ständig den Träger wechselt, aber nie zu einem „Empfänger" gelangt, der sie „als Nachricht" aufnimmt. Dennoch wirkt sie auf diesem Wege ständig, denn sie verändert ja jeden Träger, aber nicht anders als etwa ein Magnet, der einen Eisenstab durch Bestreichen magnetisiert, d. h. die Eisenpartikeln im Stab ordnet und ausrichtet. Auch das ist ja das „Übertragen eines Musters", wenn man es auch kaum als „Prägen" bezeichnen kann, sondern allgemeiner als ein Ordnen, Umordnen, Anordnen usw.

Damit stoßen wir aber auf einen Begriff, der sich uns für das Verständnis von *Nachricht* und *Information* als zentral erwiesen hatte. Dürfen wir also vielleicht jedes Übertragen von Ordnung als eine Nachrichten-Übertragung, und jedes Gewinnen von Ordnung (aus einem ungeordneten oder anders geordneten Zustande) als eine Nachrichten-Wirkung ansehen? Das wäre in dieser Allgemeinheit wohl unberechtigt, denn, um nur ein einfaches Beispiel zu nennen: wenn ein Lehrer die kleinen ABC-Schützen in der ersten Turn- oder Spielstunde in einer Reihe oder in einem Kreise aufstellt, so ist das sicherlich keine Übertragung von Nachricht und keine Wirkung einer Nachricht. Wohl aber, wenn eine militärische Einheit auf einen Befehl hin sich in „Reih und Glied" aufstellt. Wir setzen bei der Nachrichten-Wirkung also voraus, daß der Empfänger selbst den Befehl befolgt oder anderweitig „sich verhält", daß ihm sein Verhalten somit nicht aufgeprägt wird.

Sobald wir dies aber näher durchdenken, steigen erneut Bedenken auf. Ist z. B. ein in der Hypnose gegebener posthypnotischer Befehl keine Nachrichtenübertragung und seine Befolgung später keine Nachrichten-Wirkung? Zweifellos doch, denn übertragen wird hier nur der gesprochene Befehl, und was wirkt, ist eben die Nachricht. Der posthypnotische Befehl ist aber — von einigen seltenen Ausnahmen abgesehen — sozusagen eine Muß-Vorschrift und nicht wie ein normaler Befehl eine Soll-Vorschrift, d. h. der Mensch befolgt ihn automatisch, auch wenn er für sein Befolgen sich oft Scheingründe sucht, um es als „eigenes Verhalten" erscheinen zu lassen.

Man könnte nun etwa an „Auslöse-Prozesse" denken, die ja im Lebensgeschehen eine große Rolle spielen. So wie die Nachrichten-Wirkung eines Befehls in den meisten Fällen das Auslösen eines bestimmten Verhaltens ist, so könnte auch ein bestimmter Stoff für das Einsetzen eines physikalischen oder chemischen Vorgangs im Organismus als Auslöser wirken. Robert Mayer schreibt in der früher erwähnten Arbeit (1876): „Sehr viele Naturprozesse gehen nur dann vor sich, wenn sie durch einen Anstoß eingeleitet werden, und dieser Vorgang ist es, welchen die neuere Wissenschaft *Auslösung* nennt. Eines der nächstliegenden Beispiele ist wohl das Knallgas. Eine Mischung von Sauerstoffgas und Wasserstoffgas in dem Verhältnisse, in welchem solche das Wasser liefert, tritt bekanntlich an und für sich in keine chemische Verbindung, bis dieselbe durch Wärme oder einen elektrischen Funken, oder durch Platinschwarz eingeleitet wird. ... Alle Gärungsprozesse beruhen auf Auslösung. ... Treten wir in die lebende Welt ein, so sehen wir, daß unser ganzes Leben an einen ununterbrochenen Auslösungsprozeß geknüpft ist"[1]. Gerade das chemische Beispiel erweckt wiederum Bedenken. Nachrichten können zwar als Auslöser wirken, aber derartige Auslösungsvorgänge wie der geschilderte sind sicherlich keine „Nachrichten"-Wirkung. Wohl aber kann man die Wirkung der Botenstoffe, der *Hormone* im Organismus vielleicht in diesem Sinne auffassen, die am Orte ihres Wirkens etwa

[1] Zitiert nach Alwin Mittasch: „J. R. Mayers Begriff der Auslösung in seiner Bedeutung für die Chemie" in: Robert Mayer und das Energieprinzip. Berlin 1942, S. 292.

die speziellen Bedingungen so ändern, daß bestimmte Reaktionen in Gang kommen: sie ändern z. B. die Durchlässigkeit von Zellmembranen (Permeabilitätsänderung) oder das saure oder basische „Milieu“ einer Zelle — aber mit Nachrichten-Übermittlung hat dies wohl wenig zu tun.

Kehren wir noch einmal zum Begriff des „Musters“ zurück und verbinden ihn mit der oben erwähnten Selbsttätigkeit des Empfängers. Dann wird das Muster nicht eingeprägt, sondern dient als Vorbild, z. B. für eine Reproduktion als einer Eigentätigkeit dessen, dem das Muster übersandt worden ist. Das entspricht dem Unterschied, ob ein Bild durch Druck oder von einem Maler durch eine Kopie vervielfältigt wird. Im Falle der Kopie wird man durchaus von einer Nachrichtenübertragung sprechen können, ohne diesen Begriff allzusehr zu dehnen. Ja vielleicht sogar auch dann, wenn ein Zeichner eine Zeichnung durchpaust, wenn diese Deutung vielleicht auch diskutierbar ist. Nehmen wir dies aber an, dann haben wir ein Beispiel für eine Nachrichtenübertragung durch stoffliche Träger im Organismus, das wir jetzt eingehender besprechen wollen.

2. Es handelt sich um die Herstellung der für die Erhaltung des Organismus lebensnotwendigen und auch für die Erhaltung der Art (Vererbung) unentbehrlichen spezifischen Bau- und Wirkstoffe des Organismus, der Eiweiß-Stoffe oder Proteine.

Man hat die Eiweiß-Stoffe als „Träger des Lebens“ bezeichnet, und dies wohl mit einigem Recht (s. aber auch S. 183ff). Jedenfalls kennen wir kein Leben ohne Proteine, und die Funktionen, die die Proteine im Lebensgeschehen ausüben, sind zahllos und äußerst verschieden: sie dienen als Baustoffe, als Reservestoffe, als Energieträger (in Fällen äußersten Mangels), als Wirkstoffe, als Transportstoffe usw. Diese Mannigfaltigkeit und Vielfalt der Funktionen bedingt eine entsprechende Vielfalt der Formen und Strukturen der Proteine; sie sind daher äußerst spezialisiert: Muskel-Eiweiß unterscheidet sich z. B. von Nieren-Eiweiß oder vom Eiweiß der Körper, die im Blutplasma enthalten sind. Aber Proteine sind nicht nur organspezifisch, sie sind auch artspezifisch und gattungsspezifisch, so daß Eiweißstoffe der gleichen Organe bei verschiedenen Tierarten sich wiederum unterscheiden. Die Artspezifität ist so ausgesprochen, daß man fremdartiges Eiweiß einem Organismus nicht in die Blutbahn einführen darf, wie viele traurige Erfahrungen der Medizin gelehrt haben, bis man die eigentliche Ursache erkannte: so wenn man früher Bluttransfusionen einfach mit Hammelblut vornahm, so auch in den Anfängen der Behandlung infektiöser Krankheiten mit nicht genügend „enteiweißten“ Tierseren und dgl. mehr.

Die Vielzahl der Variationen im Aufbau der Proteine ist nahezu unübersehbar — und beruht doch auf einem verhältnismäßig einfachen Prinzip, das wir schon kennen gelernt haben: nämlich der Kombination einiger weniger, bei allen Tierarten und Gattungen und auch beim Menschen gleicher Bestandteile „mit Wiederholung und unter Berücksichtigung der Anordnung“ (s. o. S. 55 u. 81ff). Es ist also dasselbe Prinzip, nach dem wir unsere geschriebenen und gedruckten Nachrichten herstellen: die Kombination der Zeichen eines Alphabets.

Beim Schreiben oder Drucken einer Nachricht entsteht zunächst eine Zeichenkette, die aus räumlichen Gründen abgebrochen und in Zeilen angeordnet wird, denn im Grunde ist der Text einer Nachricht, eines Briefes, ja eines ganzen Buches eine fortlaufende Zeichenfolge. Man könnte diese Folge auch falten, d. h. am Ende einer Zeile umbiegen und rückläufig setzen, um dann nach erneutem Umbiegen in der dritten Zeile wieder von links nach rechts zu laufen. Man könnte sie auch zu einer Spirale biegen, was gewiß nicht praktisch wäre — aber alle solche Anordnungen ändern den Nachrichteninhalt jedenfalls nicht. Anders ist dies beim Kreuzworträtsel: hier kommt es ja darauf an, welche Wörter und welche Buchstaben in den Zellen untereinanderstehen, da dadurch auch senkrechte Wörter entstehen sollen. Die in Zeilen angeordnete Zeichenfolge ist somit durch Querverbindungen verklammert — das gleiche könnte geschehen, wenn wir die Zeichenkette umbiegen, also aus ihr eine gewundene Kette formen.

Damit haben wir in etwa ein Bild der Struktur der Eiweiß-Stoffe. Durch Kombination der „Zeichen" des „Alphabets" werden lange Ketten gebildet, die sich durch die Anordnung der Zeichen voneinander unterscheiden — man spricht hier von der „*Primärstruktur*" der Proteine. Diese Ketten werden dann verschiedenartig gefaltet, gewendelt, geknäuelt usw., wobei Querverbindungen die Windungen noch miteinander verbinden können. Schließlich können dann mehrere solcher Ketten noch wieder zu einer riesigen Protein-Molekel vereinigt sein, die eine bestimmte Gestalt hat, so daß man noch eine „Sekundär"- und eine „Tertiär"-Struktur der Proteine definiert. Uns wird aber hier nur die Primärstruktur interessieren, also die kombinatorische Anordnung der Elemente zu Ketten.

3. Die Bausteine der Proteine sind bei allen Organismen die gleichen: das „Alphabet", aus dem die einzelnen „Zeichen" ausgewählt werden, ist eine Stoffgruppe, die der Chemiker als *Aminosäuren* bezeichnet, und zwar sind es 20 Aminosäuren, die für den Proteinaufbau in Frage kommen. Wir wollen hier keine chemischen Formeln bringen, sondern nur sagen: eine Aminosäure ist, wie der Name sagt, eine Säure, die noch durch eine zweite Molekelgruppe gekennzeichnet ist, die Aminogruppe, die aus Stickstoff und Wasserstoff besteht. Die Säuregruppe besteht aus Kohlenstoff, Sauerstoff und Wasserstoff. Verbinden sich zwei Aminosäuren miteinander zu einer Zweiergruppe, einem *Peptid*, so vereinigt sich die Säuregruppe der einen mit der Aminogruppe der anderen (unter Wasseraustritt). Durch derartige Zusammenlagerungen können sehr lange Ketten entstehen, Ketten, die bis zu 1000 und mehr Aminosäuren (AS) enthalten. Man sieht leicht, daß schon die Primärstruktur der Proteine, also die Folge oder *Sequenz* der AS eine außerordentliche Mannigfaltigkeit von Proteinen ermöglicht. Um aus den 20 Zeichen des „Alphabets" z. B. Signale von nur 100 Zeichen Länge herzustellen, bestehen bereits:

$$K_{20}^{100} = 20^{100} \approx 10^{130}$$

verschiedene Möglichkeiten, d. i. eine 130stellige Zahl! (s. S. 82).

Die für den Aufbau seiner spezifischen Eiweiß-Körper benötigten Aminosäuren erhält der Organismus mit der Nahrung. Das in der Nahrung enthaltene tierische und pflanzliche Eiweiß kann er so nicht verwenden; er zerlegt es durch *Verdauung* in die einzelnen AS (einige stellt er auch selbst durch sog. „Transaminierung" her). Ohne einen „Plan" oder ein „Muster", nach dem sie sich richten kann, wäre die Zelle der Fülle der Möglichkeiten hoffnungslos ausgeliefert; sie muß „wissen", in welcher Reihenfolge sie welche AS zur Kette zu verknüpfen hat. Dieses Muster wird ihr von ihrem Zellkern geliefert, wo es gespeichert ist und je nach Maßgabe der Protein erzeugenden Stelle zugeleitet wird. Offensichtlich ist dies ein echter Fall von Nachrichten-Übertragung mit Hilfe stofflicher Träger: aus dem Speicher wird ein bestimmtes *Muster* abgerufen, wird der Produktions-Stätte zugeleitet und steuert dort den Aufbau der AS-Kette.

Zum Verständnis des Vorgangs müssen wir somit drei Faktoren unterscheiden und besprechen: den Speicher, in dem das Muster zum Abruf bereitliegt, das Absenden der Nachricht bzw. das Ausschicken des Boten, und das Steuern des Aufbaus der AS-Kette.

4. Die Speicher für die verschiedenen Muster sind im Zellkern (nucleus) enthalten; es sind die auch bei der Vererbung entscheidend wichtigen *Nucleinsäuren* (NS). Die Muster der Aminosäure-Sequenzen liegen nun in diesen Speichern nicht etwa in Form von Originalkopien, also gleichsam als Zeichnungen oder Blaupausen der AS-Sequenzen vor, sondern sind nach einem wirklich ingeniösen Verfahren codiert: nämlich mit Hilfe eines Alphabets, das nur vier Zeichen enthält.

Nun wissen wir aus unseren früheren Betrachtungen, daß man 20 Zeichen eines Codes A mit vier Zeichen eines Codes B nur codieren kann, wenn man bei B Zeichen-*gruppen* bildet. Um die 32 Zeichen der Schrift mit den zwei Zeichen eines Binärcodes codieren zu können, benötigt man Fünfer-Gruppen wie beim Fernschreiber, da $32 = 2^5$. Hier sollen 20 Zeichen mit vier Zeichen codiert werden, also muß $4^x \geqq 20$ sein, und d. h. wir müssen mindestens Dreiergruppen bilden, denn $4^2 = 16$, Zweiergruppen, reichen dafür nicht aus. 4^3 ist aber $= 64$, ist also viel zu groß. Verwendet der Organismus zum Codieren der 20 AS-Zeichen Dreiergruppen, so müssen entweder die meisten Dreiergruppen „bedeutungslos“ sein (wenigstens für die Codierung von Aminosäuren), d. h. ihnen entspricht keine AS — oder mehrere Dreiergruppen bedeuten die gleiche Aminosäure. In diesem Falle nennt man den Code *degeneriert*. Nach allem, was wir heute wissen, ist der AS-Code degeneriert, mehrere Tripletts (Dreiergruppen) bedeuten somit die gleiche Aminosäure[1].

Die Primärstruktur eines Proteins ist durch die Sequenz der Aminosäuren bestimmt. Soll jede AS durch ein Triplett des Codes wiedergegeben werden, so dürfen wir annehmen, daß die AS-Sequenz der zu bildenden Kette in der Triplett-Sequenz der das Muster enthaltenden Nucleinsäure codiert ist. Um dies zu verstehen, müssen wir etwas über den Aufbau der Nucleinsäuren sagen.

Nucleinsäuren sind sehr viel komplizierter aufgebaut als Aminosäuren, doch in einem ersten, etwas groben Vergleich kann man sagen: auch die NS enthalten wie die AS eine Säuregruppe und außerdem eine „basische“ Gruppe. Bei den AS ist dies die Aminogruppe, bei den NS eine Gruppe, die meist kurz als *Base* bezeichnet wird (s. u.). Beide enthalten neben diesen Gruppen noch einen variablen Bestandteil, den wir mit R (Radikal) abkürzen können. Bei den AS bestimmt dieses R die besondere AS — es gibt also bei ihnen 20 verschiedene R. Bei der Nucleinsäure dagegen gibt

[1] Diese Darstellung ist stark vereinfacht, doch können wir hier auf biochemische Einzelheiten der neueren Theorie nicht eingehen.

es für R nur zwei Möglichkeiten; bei ihnen ist R ein *Zucker*, und zwar entweder die *Ribose* oder die um ein Sauerstoffatom ärmere *Desoxyribose*. Ist die Ribose der Zuckeranteil, so heißt die Nucleinsäure *Ribonucleinsäure* (RNS), im anderen Falle *Desoxyribonucleinsäure* (DNS)[1].

Der basische Bestandteil, der ja bei allen AS gleich ist, variiert dagegen bei den Nucleinsäuren: es gibt 4 Basen — das sind die 4 Zeichen des Code-Alphabets! Diese 4 oder genauer 5 Basen (s. u.) heißen (wir brauchen im Folgenden nur die Abkürzungen): Adenin (A), Cytosin (C), Guanin (G) und Thymin (T) bzw. Uracil (U). (Genaugenommen gibt es noch einige mehr, aber diese interessieren uns hier nicht.) In einer Nucleinsäure kommen immer nur 4 vor. Wir können uns merken: die Ribonucleinsäure (RNS) enthält neben A, C und G noch U — die DNS enthält A, C, G und T.

Die „Säuregruppe" schließlich ist bei allen NS gleich: es handelt sich um Phosphorsäure (Ⓟ)[2].

Zunächst verbinden wir nun eine der 4 Basen mit einem der beiden Zucker und erhalten ein Gebilde, das *Nucleosid* genannt wird. Es gibt also 8 Nucleoside, 4 mit Ribose und 4 mit Desoxyribose. Wird ein solches Nucleosid mit Phosphorsäure verbunden, so entsteht ein *Nucleotid*, also z. B. mit Ribose (Rb) ein Ribonucleotid:

A — Rb — Ⓟ.

Mehrere Nucleotide können sich nun wiederum untereinander verbinden, und zwar bildet die Phosphorsäure das verbindende Glied, z. B.:

```
Base₁             Base₂                                Baseᵢ              Baseⱼ
  |                 |                                    |                  |
Zucker — Ⓟ — Zucker — Ⓟ — · · · · · · · · · · · · · Zucker — Ⓟ — Zucker · · · · · ·
```

Sind 3 Nucleotide auf diese Weise miteinander verbunden, so entsteht ein *Triplett*, z. B.

```
A            C            U
|            |            |
Rb — Ⓟ — Rb — Ⓟ — Rb
```

und dies ist dann der Code für eine spezielle Aminosäure. Soll eine Nucleinsäure nun den Code für alle 20 benötigten AS enthalten, so müssen wir 20 verschiedene solche Tripletts annehmen — mindestens, tatsächlich sind es ja viel mehr, da der Code degeneriert ist. Und die Triplett-Sequenz in einer solchen NS ist dann das Muster für die AS-Sequenz in dem zu bildenden Protein. Da in einer Nucleinsäure Tausende, ja Zehntausende von Nucleotiden enthalten sein können, ist die Anzahl der Sequenz-Kombinationen außerordentlich groß.

---

[1] Im Englischen „ribonucleic acid" und „decoxyribonucleic acid", deshalb dort als RNA und DNA abgekürzt!

[2] Man kann auch sagen: eine Nucleinsäure besteht aus einem konstanten „Rückgrat" einer Zucker — Phosphorsäure — Zucker — Phosphorsäure — .... = Kette und den „Basen" als variablen Seitenketten.

Eine weitere Eigenschaft dieses Codes ist: er ist kein „überlappender“ Code. Stellen wir uns vor, wir numerierten, unabhängig von ihrer Natur, die in der Kette aufeinanderfolgenden Basen:

1, 2, 3, 4, 5, 6, ...

Dann sind etwa folgende Triplett-Bildungen möglich:

a) 1, 2, 3 — 4, 5, 6 — 7, 8, 9 ....
b) 1, 2, 3 — 3, 4, 5 — 5, 6, 7 ...
c) 1, 2, 3 — 2, 3, 4 — 3, 4, 5 ...

b) und c) sind überlappende Codes; der Code der Nucleinsäuren ist ein nicht-überlappender Code der Form a).

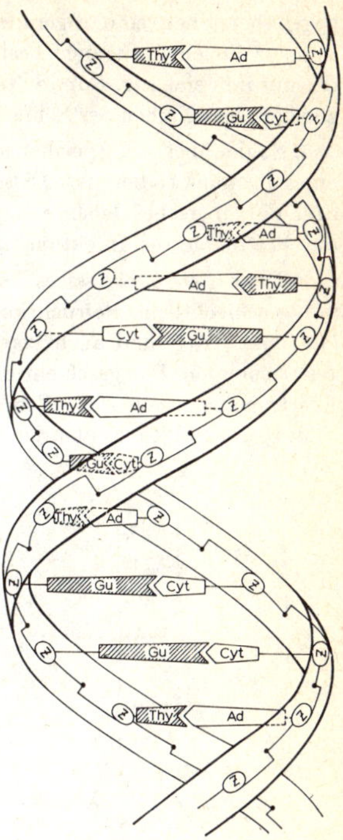

Abb. 47

Bisher haben wir nur den Aufbau der Nucleinsäure-Kette betrachtet, tatsächlich ist eine NS aber komplizierter aufgebaut: es bilden nämlich immer zwei derartige Ketten eine Einheit, sie sind wie zwei Haarstränge in einem Zopf locker umeinander geflochten (s. Abb. 47). Dabei sind — das legt nun das Bild einer Wendeltreppe nahe — die beiden Ketten durch „Querstreben“ miteinander verbunden, und zwar besteht die Bindung jeweils zwischen zwei Basen. So entsteht die folgende schematische Struktur einer (gestreckten) Nucleinsäure:

Zucker — Ⓟ —	Zucker — Ⓟ — ··········· — Ⓟ —	Zucker — ······
|	|	|
Base_i	Base_j	Base
‖	‖	‖
Base_m	Base_n	Base
|	|	|
Zucker — Ⓟ —	Zucker — Ⓟ — ··········· — Ⓟ —	Zucker — ······

Das für die Nachrichtenübertragung und Nachrichtenwirkung wichtigste ist nun: nur bestimmte Basen können sich miteinander verbinden; es sind nämlich nur folgende Basen-Bindungen möglich:

A — T bzw. A — U und C — G.

Das bedeutet, etwas grob schematisch gesprochen: wenn zwei NS-Ketten sich zu einem gewendelten Doppelstrang verbinden wollen, ist dies nur möglich, wenn der Base A im einen die Base T (bzw. U) im anderen, und der C im einen die G im anderen gegenüberstehen, so daß gerade diese Paarbindungen entstehen können. Die Basensequenz im einen Strange bestimmt somit die Basensequenz im anderen Strange, der mit ihm eine sog. *Doppel-Helix* bildet (vom lat. helix = Schlingpflanze, oder vom zoologischen Namen der Schnecke = helix abgeleitet).

5. Soviel über den Speicher und den Code, in dem das Muster der Primärstruktur eines Proteins codiert ist. Dieses Muster muß nun übertragen werden. Wir kennen drei Vorgänge, bei denen eine solche Übertragung eine entscheidende Rolle spielt: die *Vererbung*, die Infektion mit *Viren* und die *Protein-Synthese*.

Bei der *Vererbung*, sei es bei der Fortpflanzung durch Zellteilung, sei es durch zweigeschlechtliche Befruchtung usw., muß das neu entstehende Individuum die Gattungs-, Art- und auch verschiedene Individual-Merkmale des oder der Elternteile ausbilden. Das geschieht durch die Wirkung der *Erbfaktoren*, die vom Elternteil übertragen werden. Diese Erbfaktoren oder *Gene* sitzen im Zellkern an den *Chromosomen*; die Substanz, aus der sie bestehen, ist die Desoxyribonucleinsäure (DNS).

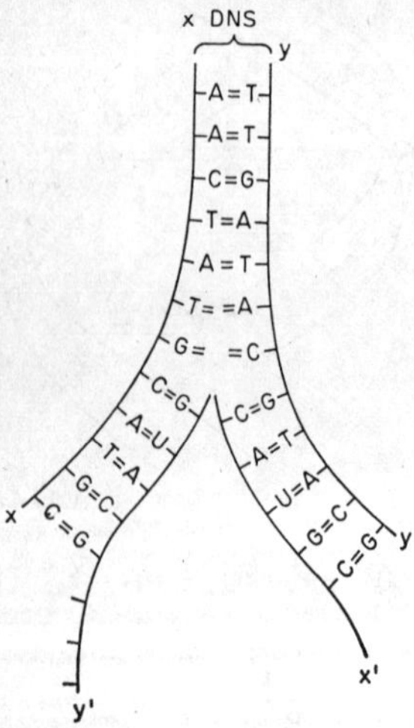

Abb. 48

Man kann annehmen, daß jeder einzelne Erbfaktor in einer besonderen DNS stofflich repräsentiert ist, und daß deren Besonderheit durch die Spezifität der Basen-Sequenz bestimmt ist. Um dieses Muster übertragen zu können, muß die DNS also noch einmal aufgebaut werden[1] — dies geschieht durch die *identische Reduplikation* der DNS:

Die Doppelhelix reißt an einem Ende wie ein Reißverschluß auf — so etwa können wir uns dies vorstellen (s. Abb. 48) — und an die entstehenden freien Enden lagern sich Nucleotide durch Basenpaarung an. Diese Nucleotide verbinden sich dann untereinander zu einem neuen Strang, der sich schließlich von der gleichsam als Matrize dienenden Original-DNS ablöst. Die Basen-Sequenz im neu entstehenden Strange ist durch die Basen-Sequenz im ursprünglichen Strange bestimmt, da ja nur bestimmte Paarungen möglich sind. Besteht also die Original-DNS aus den beiden Strängen X und Y, so bildet sich an X der komplementäre Strang Y′ (der Y entspricht): wo in X A steht, wird in Y′ T stehen und umgekehrt. An Y bildet sich der komplementäre Strang X′ (der X entspricht): wo in Y z. B. C steht, wird in X′ G stehen usw. Die beiden komplementären Stränge X′ (=Y) und Y′ (= X) können sich also zu einer Doppelhelix vereinigen — und die neue Doppelhelix entspricht genau der ursprünglichen DNS. Wird durch äußere Einwirkungen, z. B. intensive Röntgenstrahlung, Strahlung von Atomexplosionen u. dgl. die Basen-Sequenz einer DNS verändert, so wird

[1] Auch hier beschränken wir uns auf das Prinzipielle, unter Verzicht auf viele interessante Einzelheiten gerade bei der Vererbung.

bei der identischen Reduplikation einer solchen DNS auch die neue DNS dieselbe veränderte Sequenz aufweisen und wird sie auf die Tochterzelle übertragen — das ist dann die Ursache für das Auftreten erblicher Artveränderungen, sog. *Mutationen.*

Man hat die *Viren*, die ultramikroskopischen Krankheitserreger, als freibewegliche oder „vagabundierende" Gene bezeichnet. Die einfach gebauten Viren bestehen tatsächlich aus einer Molekel Nucleinsäure, meist DNS, die in eine Proteinhülle eingebettet ist. Bei der Infektion lagert sich das Virus außen an eine Zelle an, die Proteinhülle bleibt draußen, die Nucleinsäure dringt in die Wirtszelle ein. Dort vermehrt sie sich, vielleicht auch durch identische Reduplikation; außerdem steuert sie den Aufbau der Proteine in der Wirtszelle nach i h r e m Muster, ruft also die Bildung eines für die Zelle artfremden Proteins hervor. Man hat im Laboratorium künstliche Mutationsversuche gemacht, sog. *Transformationen*, die man auch als künstliche Virusinfektionen ansehen könnte: Einer Art von Pneumokokken-Bakterien, etwa dem sog. Typ II, wird der Extrakt aus Pneumokokken vom Typ III zugeführt. Dadurch wird der Typ II in den Typ III umgewandelt. Die dabei wirksame Substanz ist wieder eine Nucleinsäure, die z. B. die Bildung der Typ-spezifischen „Kapsel-Substanz" nach dem neuen Typ steuert.

Bei der Proteinsynthese in den Zellen verläuft der Vorgang prinzipiell genau so, nur kann man sich heute davon bereits genauere Vorstellungen machen. Wir sagten schon: durch einen Überträger- oder Boten-Stoff wird das Muster von der Kern-DNS zur Produktions-Stätte der Proteine gebracht. Dieser Überträgerstoff ist eine RNS, also eine Ribonucleinsäure, die daher auch als *messenger-RNS*, kurz als m-RNS bezeichnet wird. Ihre Bildung vollzieht sich entsprechend, wie es oben bei der identischen Reduplikation geschildert wurde, nur daß jetzt bei der Basenpaarung jeweils an die Stelle von T ein U tritt. Die so gebildete RNS-Kette löst sich dann von der DNS ab und wandert ins Zellplasma, überträgt dorthin das Muster der DNS, also der Basensequenzen, aber in komplementärer Form. Sie stellt gewissermaßen das „Negativ" des Musters dar, da ja in ihrer Kette stets an Stelle von A (in der DNS) ein U, und an Stelle von C ein G steht usw., wie es durch die Gesetze der Basenpaarung erzwungen ist. Im Zellplasma lagert sich die m-RNS-Kette an einen *Ribosom* genannten Zellbestandteil an, und jetzt beginnt ihre zweite Funktion: die m-RNS dient als Matrize für den Aufbau der Aminosäuren-Sequenz. Deshalb bezeichnet man gelegentlich die m-RNS auch als Matrizen-RNS (PETER KARLSON). Wir sprechen hier von m-RNS und unterscheiden bei ihr die beiden Funktionen: Messenger-Funktion und Matrizen-Funktion.

Jetzt tritt eine neue Art von „Boten" in Funktion: die *transfer-RNS*, kurz t-RNS genannt. Man nimmt an, daß diese t-RNS aus dem Plasma jeweils bestimmte Aminosäuren herausbinden, zur m-RNS transportieren und dort wieder durch Basenpaarung verankern. So entsteht allmählich eine Aminosäuren-Sequenz, die nun genau der Basen-Triplett-Verteilung in der DNS entspricht, also das „Positiv" zum Negativ der m-RNS. Diese Aminosäuren verbinden sich dann zu einer Kette, die Primär-Struktur des Proteins ist aufgebaut — und das fertige Protein löst sich von der m-RNS ab.

3.4. Ein Sonderfall: Das Speichern

3.4.1. Über den Begriff des Speicherns

1. Die Übertragung eines Signals ist ein zeitlicher Vorgang, d. h. er findet zu einem bestimmten Zeitpunkt statt, währt eine gewisse Zeit und ist zu einem bestimmten Zeitpunkt beendet. Ist mit dem Aufhören der Übertragung auch das Signal bzw. die Nachricht „verschwunden"? Im allgemeinen nicht; die Nachricht bleibt vielmehr in Form eines meist neu-codierten Signals beim Empfänger „erhalten". Ist der Empfänger ein Mensch, so sagen wir: sie ist in seinem *Gedächtnis* aufbewahrt. Wir verwenden dann, in allmählicher Erweiterung dieses Begriffs das Wort „Gedächtnis" auch zur Erklärung oder wenigstens zur Beschreibung und Bezeichnung entsprechender Erscheinungen bei Tieren, bei Pflanzen und schließlich auch bei Maschinen. Ein frühes Beispiel einer sehr weitgehenden Erweiterung des Begriffes ist der Titel des berühmten Vortrages des Physiologen Ewald Hering: „Über das Gedächtnis als eine allgemeine Funktion der organischen Materie" (1870). So wie heute verschiedentlich und mit Recht gegen die Verwendung des Wortes „Gedächtnis" bei Maschinen Einspruch erhoben wird, wurde auch die Heringsche Formulierung bald als bedenklich angesehen, und 1904 bezeichnete der Jenaer Zoologe Richard Semon in seinem Buche „Die Mneme als erhaltendes Prinzip im Wechsel des organischen Geschehens" (5. Aufl. 1920) jene allgemeinen, auch im Tier- und Pflanzenreich anzutreffenden und dem „Gedächtnis" verwandten Phänomene als *Mneme*, und führte noch eine Reihe weiterer Begriffe und Termini ein, die sich z. T. bis heute in verschiedenen Wissenschaften erhalten haben:

Engramm = die durch einen Reiz „bewirkte Veränderung der organischen Substanz",

Ekphorie = entspricht im mnemischen Bereich etwa der „Erinnerung", genauer ihrer Auslösung, der „Reaktivierung" des im Gedächtnis Bewahrten.

Neuere Gedächtnispsychologie hat die „Mnemischen Erscheinungen" auch beim Menschen untersucht, und William Stern z. B. gibt dem Phänomen folgende Bestimmung: „Vergangenheitsabhängigkeit (‚Mneme') ist ein Grundprinzip alles organischen Lebens. Das Prinzip ist doppelt ausdrückbar, je nach dem man von der Gegenwart oder von der Vergangenheit den Ausgang nimmt: 1. was gegenwärtig an einem Lebewesen vorhanden ist und vor sich geht, steht unter den Nachwirkungen früheren Seins und Geschehens. 2. Was früher einmal an einem Lebewesen war oder geschah, braucht mit dem damaligen Gewesensein nicht abgetan und erledigt zu sein, es kann nach Abschluß seiner ursprünglichen Gegenwart sich geltend machen in ferneren Gegenwarten — dieser Tatbestand ist von weitester Allgemeinheit"[1]. Damit haben wir den Anschluß an Wieners Unterscheidung einer „Newtonschen" und einer „Bergsonschen" Zeit (s. S. 130f), eben die „Vergangenheitsbestimmtheit" bestimmter Systeme.

---

[1] William Stern: Allgemeine Psychologie auf personalistischer Grundlage. 2. Aufl., Den Haag 1950, S. 254.

Aber das reicht noch nicht aus. „Vergangenheitsbestimmtheit" führt auch in der anorganischen Welt zu nicht-umkehrbaren Einwirkungen auf rein kausalem Wege. Sollen wir aber z. B. die durch Abnutzung entstandenen Schäden an Alltagsdingen als „Engramme" ansehen? Das erscheint kaum berechtigt. Eine Übertragung der Mneme-Begriffe auf anorganische Systeme, also z. B. auf Maschinen, ist nur möglich in Analogie zu den Lebenserscheinungen, und d. h. genauer: nicht in Analogie zum „Leben", sondern zu den Organismen, soweit sie als auf Nachrichten-Übermittlung und Nachrichten-Verarbeitung basierende Systeme anzusehen sind. Damit aber sind die „Mnemischen Erscheinungen" ein zentrales Thema der Kybernetik. Das wird auch deutlich an der folgenden, physiologisch-psychologischen Aussage über „Engramme" und „Ekphorie", die ohne weiteres auf entsprechende technische Systeme übertragen werden kann:

„Die Muster und Mustersequenzen werden als *Engramme* übernommen und geprägt. Eine von den Sinnesorganen ausgehende, zu Wahrnehmung entwickelte Mustersequenz reaktiviert automatisch ähnliche Prägungen. Indem diese angeregt, d. h. ekphoriert werden, verknüpfen sie sich mit den unmittelbar aktivierten und integrierten Erregungsmustern" (W. R. Hess[1]).

2. Wir haben es zunächst mit dem bloßen *Speichern* zu tun, also mit dem Bilden bzw. Entstehen der *Engramme*: die empfangene Nachricht wird beim Empfänger „eingeschrieben" — *engraphiert* und auf diese Weise aufbewahrt und erhalten. Man kann das auch so ausdrücken: die Nachrichten werden durch die Zeit transportiert — und kommt zu der anschaulichen Kennzeichnung eines Speichers als eines *Zeitkanals* (H. Frank). Das Speichern wird damit zu einer Sonderform der Nachrichten-Übertragung, nämlich der rein zeitlichen; und alle wesentlichen Begriffe der Theorie wie Kanalkapazität, Informations-Fluß, Störungseinflüsse, Transinformation usw. lassen sich dann auch auf das Speichern anwenden.

Da es Nachrichten sind, die gespeichert werden, müssen die Engramme Muster, d. h. sie müssen codierte Signale sein. Für das technische Speichern — z. B. für die *Dokumentation* — bedeutet dies die Wahl eines geeigneten Codes; für die natürlichen Speicher bedeutet es umständliche und komplizierte Bemühungen, den bei ihnen angewendeten Code aufzufinden; eine Aufgabe, die heute von Biologie und Psychologie mit großer Energie in Angriff genommen worden ist.

Auch für das *Abrufen* der gespeicherten Signale bestehen die beiden verschiedenen Aufgaben. technische Systeme müssen so beschaffen sein, daß man ein bestimmtes Signal leicht und schnell abrufen kann (die *Zugriffszeit* muß klein sein). Und das bedeutet genauer: man muß sie im Speicher leicht herausfinden können, und man muß sie schnell an den Ort der Verarbeitung befördern können. In bezug auf die Abrufmöglichkeit muß man dann noch zwei Arten technischer Speicher unterscheiden: bei den einen wird das Signal und damit die gespeicherte Nachricht durch den Abruf gelöscht, bei den anderen bleibt sie auch nach dem Abruf erhalten, steht also für weitere Abrufe zur Verfügung. Die natürlichen Speicher sind offenbar so eingerichtet, daß sowohl das Auffinden als auch der Transport unter normalen Bedingungen sich schnell und reibungslos vollziehen und daß die Nachricht auch

[1] W. R. Hess: Psychologie in biologischer Sicht. Stuttgart 1962, S. 99.

nach dem Abruf erhalten bleibt, ja durch den Abruf reaktiviert und damit später leichter abrufbar wird. Ein Beispiel dafür ist das menschliche Gedächtnis: erinnerte Gedächtnisbestandteile sind „aufgefrischt", man kann sie später leichter wiedererinnern, sie sind gleichsam wieder „in den Griff" gekommen.

3. Auch unter anderen Gesichtspunkten kann man verschiedene Arten von Speichern unterscheiden. So etwa mit OTTO F. RANKE[1] Speicher „mit starrem Inhalt" und Speicher mit variablem Inhalt. Der „starre Inhalt" kann originär sein — bei Organismen z. B. vererbte Reaktionsformen; oder erworben — z. B. feste Automatismen. Bei variablem Inhalt werden gespeicherte Nachrichten durch neue ersetzt oder verändert — RANKE bringt als Beispiel eine Kundenkartei mit Adressenänderungen, Abgang und Zugang von Kunden usw.

Weiterhin werden wir nach dem oben Gesagten zwischen natürlichen und technischen Speichern unterscheiden müssen, wenigstens solange, als die Aufgaben: Erkenntnis der Speichervorgänge in den Organismen — und Herstellung von Speichern für bestimmte Zwecke so verschieden sind.

3.4.2. Technisches Speichern

1. Das Problem einer technischen Speicherung von Nachrichten ist heute für die Industrie-Gesellschaft von solcher Bedeutung geworden, daß in den meisten Ländern Hunderttausende, ja Millionen ausgegeben werden, um es zu einer befriedigenden Lösung zu bringen. Dieses wichtige Problem wird heute allgemein als das der *Dokumentation* bezeichnet. Alle industrielle Entwicklung — und sie wiederum ist ja die Grundlage der wirtschaftlichen Entwicklung, des Bestehens im Wirtschaftskampf — setzt eine ständig vorantreibende Forschung voraus: theoretische „reine" Forschung ebenso wie die mehr ausgerichtete Industrieforschung. Jede Forschung aber setzt voraus, daß der jeweilige Stand der betr. Wissenschaft bekannt oder wenigstens feststellbar ist, sei es, um Doppelarbeit zu vermeiden, sei es, um selbst vom bisher Erreichten weiter vorstoßen zu können usw. Bei der nicht nur für Einzelne, sondern auch für Forschergruppen heute unübersehbaren Flut wissenschaftlicher Veröffentlichungen auf allen Gebieten ist es unmöglich, etwa alle Originalarbeiten zu lesen und zu verarbeiten, die sich auch nur auf spezielle Arbeitsgebiete beziehen. Es bedarf dazu besonderer Organe, wie z. B. in der Chemie des „Chemischen Zentralblatts" oder der „Chemical Abstracts", also Referatenorgane, die in Kurzfassung das Wesentliche dieser Arbeiten festhalten und so eine Auswahl derjenigen Arbeiten ermöglichen, die im Original gelesen werden müssen.

Doch der Umfang der Referatenorgane wächst so erschreckend an, daß auch hier der arbeitende Wissenschaftler mit der Entwicklung nicht oder kaum mehr Schritt halten kann. Um nur ein Beispiel zu nennen: 1920 wurden in den „Chemical Abstracts" rund 200000 chemische oder mit der Chemie verwandte Arbeiten referiert — 1950 waren es bereits 1,2 Millionen, und die Kurve steigt seitdem noch steil an. Ordnete man die in den Jahren 1930–1939 im Autoren- und Sachverzeichnis der „Abstracts" angeführten Autorennamen und Stichwörter in eine Reihe, so ergäbe

[1] OTTO F. RANKE: Physiologie des Zentralnervensystems vom Standpunkt der Regelungslehre (herausgegeben von W. D. KEIDEL). München, Berlin 1960, S. 45ff.

sich eine Länge von ca. 8 km[1] — aus diesen Speichern müssen, sei es die Stichwörter, sei es die Autorennamen herausgesucht werden, wenn man Arbeiten über bestimmte Spezialthemen dann lesen will — und dies auch nur im Referat! Man sieht, das Heraussuchen des notwendigen Materials für eigene Arbeiten nähert sich allmählich dem Heraussuchen eines Buches aus der Universalbibliothek.

Es bedarf also dringend technischer Verfahren, und zwar technischer Verfahren des Speicherns und vor allem technischer Verfahren zum Heraussuchen bestimmter Arbeiten.

Soweit das Problem der Dokumentation. Das gleiche Problem entsteht beim Bau der heute unentbehrlichen großen Rechenautomaten. Auch diese müssen mit Speichern versehen sein, die nicht nur erlauben, bestimmte Zahlen, Rechenergebnisse usw. zu speichern, sondern die es auch ermöglichen, bestimmte fixierte Speicherelemente jederzeit abzurufen und wieder in den Gang der Rechnung einzuführen.

So nimmt die Bedeutung der Konstruktion „mechanischer Gedächtnisse" von Jahr zu Jahr zu — die Folge ist eine Fülle von Lösungen und Lösungsmöglichkeiten, die auch nur im Überblick darzustellen, weit über den Rahmen unseres Buches hinausgehen würde.

2. Das erste Teilproblem, um das es sich hier handelt, ist das des bloßen „Aufbewahrens", also des *Speicherns*, anders ausgedrückt: der Übertragung einer Nachricht durch die Zeit. Dafür geeignet ist jedes Verfahren, das erlaubt, ein *Muster*, also das geeignet codierte Signal, zu konservieren: Niederschreiben, Zeichnen, Formen bestimmter Körper usw. sind geeignet, aber auch bestimmte Bewegungsabläufe und ähnliches, wofür als ein primitives Beispiel gelten mag, daß ein Bote die Nachricht, die er mündlich überbringen soll, sich während des ganzen Weges ständig aufsagt, um sie nicht zu vergessen.

Technische *statische Speicher* mit Hilfe der genannten Verfahren sind somit Notizbücher, Briefablagen in Büros, Bücher und Bibliotheken, Filme und Mikrofilme, Schallplatten, Magnet-Tonbänder, Inschriften an Gebäuden usw. usw. In allen diesen Fällen ist der Zweck deutlich: eine Nachricht soll für einige Zeit oder für die „Nachwelt" aufbewahrt werden, und die Dauer der Aufbewahrung, also die „Entfernung" der zeitlichen Nachrichten Übertragung hängt ab von der Dauer des Signalträgers. Sie reicht etwa von der schnell verblassenden Bleistiftschrift in einem Notizbuch bis zu den ägyptischen Hieroglyphen und den assyrischen Keilschrift-Texten. Auch bei der zeitlichen Nachrichten-Übertragung spielen Stafetten- und Relais-System eine wichtige Rolle für die Verlängerung des Nachrichtenweges, also für die zeitliche Dauer der Speicherung. Im Stafettensystem wurden früher durch mündliche Überlieferung Nachrichten oft über Jahrhunderte „transportiert" (z. B. Heldensagen). Das Relaissystem spielt heute eine wichtige Rolle bei allen Arten energetischer Speicherung — im einfachsten Falle aber auch im Alltag, wenn man z. B. in einer alten, noch benötigten Notizbucheintragung einzelne verwischte Buchstaben nachzeichnet oder an einem Hause eine Inschrift „auffrischt".

[1] Die Zahlen nach E. PIETSCH: Dokumentation und mechanisches Gedächtnis („Arbeitsgemeinsch. f. Forschung des Landes Nordrhein-Westfalen", Heft 38). Köln, Opladen 1954, S. 36ff.

Alle technischen Arten statischen Speicherns benutzen Materie als Signalträger, und zwar als primären wie auch als sekundären Träger (s. S. 158f). Dem Träger wird das Muster des Signals auf- oder eingeprägt oder er wird entsprechend verformt oder umstrukturiert. Dieses Übertragen des Signals auf den Träger geschieht mit Hilfe von Energie — und nach den dabei verwendeten Energie-Arten kann man die Speicher-Arten auch einteilen, etwa nach E. Pietsch in mechanische, elektro-mechanische und photoelektrische Verfahren des Speicherns[1]. Gemeinsam ist ihnen, daß die Nachricht, geeignet codiert, auf eine Fläche — einen Karton, eine Folie, einen Film, ein Magnetband oder eine Magnettrommel — übertragen und dort fixiert wird, so daß sie, entweder unter Löschen oder unter Erhalten der Speicherung, abgerufen werden kann.

Bei den mechanischen Verfahren wird z. B. eine Speicher-Fläche oder ein Speicher-Band „gelocht" — Lochkarten, Lochbänder; bei photographischer Speicherung wird die lichtempfindliche Schicht, mit der jene Fläche belegt ist, chemisch verändert; beim magnetischen Verfahren ebenfalls eine belegende Schicht umstrukturiert: die Ordnung der Partikeln (Molekeln, Atome usw.) wird durch Magnetisieren verändert, die Partikeln werden unter dem Einfluß des Magnetfeldes ausgerichtet und bleiben geordnet. Man bezeichnet daher photographische und magnetische Speicher auch als *Strukturspeicher*.

Als Beispiel für *kinetische Speicher* sei ein akustischer *Laufzeitspeicher* kurz besprochen (s. Abb. 49). Er beruht auf dem „piezoelektrischen Effekt": wird auf bestimmt geschnittene Quarzflächen oder einen polygonalen Quarzkristall ein Druck auf bestimmte seiner Flächen ausgeübt, so entstehen auf entgegengesetzt liegenden Flächen elektrische Spannungen. Dieser Effekt läßt sich auch umkehren: führt man diesen Flächen elektrische Spannungsänderungen zu, so beginnt der Kristall zu schwingen — er zieht sich zusammen, dehnt sich aus, in rhythmischer, durch die Spannungsfrequenz bestimmter Folge. Mit einem solchen „Schwingquarz" kann man sehr regelmäßige und konstante Schwingungen, und zwar Schallfrequenzen erzeugen, deren Frequenzen weit über 20 kHz liegen — sog. *Ultraschall*. Ein Schwingquarz ist somit ein Wandler elektrischer in mechanische Schwingungen.

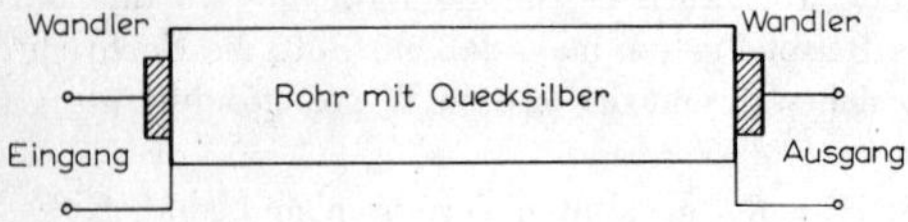

Abb. 49

Man nimmt nun als Speicher ein Rohr, das an beiden Enden durch Schwingquarze verschlossen ist. Das elektrische Signal trifft am einen Ende ein und wird in Ultraschall transformiert. Diese Schwingungen gehen durch das Rohr — das meist mit Quecksilber gefüllt ist — und treffen auf den gegenüberliegenden Schwingquarz, der die Ultraschall-Schwingungen wieder in elektrische Schwingungen transformiert. Diese werden dem ersten Schwingquarz erneut zugeleitet, und das Spiel beginnt von neuem. Es läuft beliebig lange, wenn man — Relais-System! — die unvermeidlichen Energieverluste immer wieder ergänzt. Wird ein solches Laufzeitglied mit den

[1] E. Pietsch: a. a. O., S. 49f.

nötigen Nebengeräten zusammengeschaltet, so entsteht ein *Umlaufspeicher* — in diesem Fall gelegentlich auch „Quecksilber-Quarz-Gedächtnis“ genannt: in ihm läuft das Signal ständig um und wird auf diese Weise „durch die Zeit transportiert“, also gespeichert.

3. Ist Speichern das Verfahren, nach dem man Signale fixiert, so ist ein *Speicher* allgemein eine Einrichtung, derartig fixierte Signale in größerer Menge zu sammeln und zu bewahren. Er muß also einmal die Möglichkeit bieten, sehr viele Signale aufzubewahren — muß eine große Kapazität, genauer: *Speicherkapazität* besitzen, und er muß weiterhin erlauben, bestimmte Signale auswählen und abrufen zu können.

Die erste Bedingung für das *Abrufen* ist, daß die Signale im Speicher irgendwie geordnet sind, daß sie also in irgendeiner Weise ein *System* bilden. Allerdings müssen wir den Begriff „System“ hier sehr weit fassen, so weit, daß er eigentlich auch die bloße *Menge* umfaßt, also das bloße Nebeneinander. Für ein Abrufen eines bestimmten Signals genügt nämlich grundsätzlich, daß man die Signale räumlich oder zeitlich in eine Reihe ordnen kann, daß die Menge mathematisch gesprochen *abzählbar* ist. Denn dann kann man jedes einzelne Signal erfassen und prüfen, ob es das gesuchte ist, und das richtige dann herausnehmen. Für den Menschen ist ein solches Heraussuchen außerordentlich zeitraubend und umständlich — bei den gewaltigen Geschwindigkeiten elektronischer Automaten dagegen fällt dieser Faktor nicht so ins Gewicht. Durchmusterungsspeicher, bei denen also ein automatisches Suchgerät alle gespeicherten Elemente bis zum Auffinden des gesuchten durchmustert, haben durchaus technische Bedeutung.

Doch kann man dieses Verfahren erheblich verfeinern, indem man die Durchmusterung sozusagen ein-für-alle-Mal vornimmt. Man macht z. B. mit der Abzählbarkeit ernst und numeriert alle Elemente in der Reihenfolge ihres Auftretens durch. Dann hat jedes Speicherelement seine Nummer, technisch gesprochen seine *Adresse*, ist somit eindeutig gekennzeichnet. Allerdings benötigt man dazu ein „Adressenverzeichnis“ das natürlich anders geordnet sein muß, damit man bestimmte Elemente finden kann. Der Vorteil dieser Trennung von Speichern und Ordnen der Elemente — nicht die Elemente selbst sind ja jetzt geordnet, sondern ihre Adressen — liegt darin, daß derselbe Speicherinhalt gleichzeitig nach verschiedenen Prinzipien geordnet werden kann: alphabetisch, nach Sachgebieten, historisch und nach vielen notwendigen praktischen Ordnungsprinzipien. Eine ähnliche doppelte Ordnung z. B. eines Buchinhalts bilden ja Inhaltsverzeichnis und Sachregister.

Im allgemeinen wird man aber für technische Zwecke die Elemente selbst im Speicher ordnen. Das kann bei Lochkarten z. B. dadurch geschehen, daß die Kartenfläche systematisch nach Art der zu speichernden Merkmale aufgeteilt wird — bei der Hollerith-Karte, die der Deutsch-Amerikaner Hermann Hollerith 1880 geschaffen hat, enthält die Karte z. B. 80 Spalten und 10 Zeilen. Dann sind alle Karten, die das gleiche Merkmal speichern, an genau derselben Stelle gelocht. Sie können mit Bürsten abgetastet werden, zwischen denen eine elektrische Spannung besteht. Ist ein gestanztes Loch zwischen den Bürsten, so tritt Stromschluß ein, der das Aussortieren in Gang setzt. Ein besonders hübsches und einfaches Aussortieren erlaubt die *Randlochkarte* (Marginal Punched Card). Entlang den Kartenrändern

Abb. 50

sind mehrere Reihen von Löchern angebracht, die wieder systematisch bestimmte Merkmale, sachlich geordnet, repräsentieren. Durch „Auflochen" wird die das betr. zu speichernde Merkmal repräsentierende Stelle ausgestanzt. Legt man nun alle Karten aufeinander, steckt durch die betr. Löcher eine lange Nadel (z. B. eine Stricknadel) und hebt den Stapel hoch, so fallen alle Karten, die an dieser Stelle ausgestanzt sind, heraus (s. Abb. 50). Mit einem einfachen Sortiergerät kann man dies noch verbessern, wobei die Anwendung mehrerer Nadeln auch das gleichzeitige Heraussuchen mehrerer Merkmale erlaubt.

Neben derartigen Ordnungen der Speicherelemente nach sachlichen Gesichtspunkten, die sich natürlich noch auf viele andere Weisen erreichen lassen, kann man die Elemente z. B. auch nach der Häufigkeit ihres vermutlichen Abgerufenwerdens ordnen, so wie man in Fabriklagern Objekte ordnen mag, oder — ein ganz anderes Beispiel — wie bei Voraussetzung der Anwendung des Zehn-Finger-Systems die Tasten der Schreibmaschinen-Tastatur weitgehend nach Häufigkeit und entsprechender Griffigkeit geordnet sind. Man kann auch sozusagen „Assoziationen" bei der Ordnung berücksichtigen, wenn man z. B. weiß, daß nahezu immer dann, wenn das Element A abgerufen wird, gleich darauf auch das Element P verlangt wird.

Mit anderen Worten: betrachtet man die Elemente im Speicher als ein Alphabet und das Abrufen als das Auswählen einer Nachricht aus diesem Alphabet, so ist die gegebene systematische Anordnung der Elemente im Speicher ihre Codierung: jedes Element erhält seine *Adresse* in Gestalt einer, z. B. binären, Codegruppe. Erweist es sich, wie im letzten Beispiel, als zweckmäßig, auch Auftretens- und Folge-Wahrscheinlichkeiten des Abrufens zu berücksichtigen, kann dies durch einen geeigneten Code erleichtert werden. Man kann dann auch automatisch abrufen, indem man die Adressen der benötigten Elemente und die Reihenfolge, in der sie abgerufen werden sollen, als Abruf-Programm in die Maschine eingibt — dies ist eine der Aufgaben des *Programmierens* etwa bei Rechenautomaten. Treten bestimmte Programme immer wieder auf, so kann man sie in einem eigenen Speicher ablegen, und braucht dann nur noch die Adresse des Programms einzugeben, das, automatisch herausgesucht, das Abrufen der Elemente selbsttätig steuert.

4. Zum Schluß noch einige Zahlen, die die Leistungsfähigkeit heutiger technischer Speicher kennzeichnen. Diese Leistung hängt ab einmal von der *Speicherkapazität*, also der Menge Information, die die Anlage zu speichern vermag, und von der *Zugriffzeit*, also der Zeit, die zum „Heraussuchen" eines bestimmten Elements nötig ist[1]. Die Kapazität reicht heute von 1 Million (10^6) bit bis zu maximal 10 Milliarden (10^{10}) bit — durchschnittlicher Wert etwa 100 Millionen (10^8) bit. Die Zugriffzeit beträgt ungefähr 0,05 bis 30 sec (dies bei dem Milliarden-Speicher).

3.4.3. Biologisches Speichern

1. Daß das „Gedächtnis eine allgemeine Funktion" wenn auch nicht der „organischen Materie", so doch aller Organismen ist, haben wir oben schon erwähnt. Verhaltensweisen, die wir nur auf Grund einer Art von Gedächtnis, einer *Mneme* verstehen können, hat man bereits bei Einzellern experimentell gefunden. So etwa in den Versuchen von F. ALVERDES, der Einzeller in kleinen Gefäßen mit bestimmtem geometrischem Querschnitt — etwa Dreieckform — schwimmen ließ, sie dann in größere Gefäße brachte und sah, daß sie noch längere Zeit die alte Figur abschwammen. So in den berühmten Lernversuchen mit *Stentor* (Trompetentierchen) von JENNINGS (1906), die seitdem in zahlreichen Experimenten und Varianten weitergeführt wurden. Überall, wo wir die Fähigkeit zum *Lernen*, ja schon zu seiner einfachsten Form, zur Bildung *bedingter Reflexe* (s. S. 47f) finden, muß eine Mneme oder ein Gedächtnis vorhanden sein, das Eindrücke, also Signale, aufnimmt, speichert und nach Maßgabe wieder abgibt bzw. abrufen läßt.

2. Wie Organismen Signale speichern, wie sie Nachrichten codieren, darüber wissen wir noch nichts Endgültiges. Es gibt eine ganze Anzahl von Theorien, die aber noch nicht voll bestätigt werden konnten, z. T. auch schon widerlegt sind oder zumindest fraglich erscheinen.

Die folgenden Beispiele von Gedächtnistheorien sollen daher nur zeigen, wie man sich dem Problem des Speicherns in Organismen wissenschaftlich zu nähern versucht. Es ist nicht anzunehmen, daß eine von ihnen schon die endgültige Lösung liefert, denn je tiefer man in diese Probleme eindringt, desto mannigfaltiger und schwieriger werden die hirnanatomischen und hirnphysiologischen, die neurologischen, psychiatrischen, psychologischen usw. Tatsachen, mit denen eine vollständige Gedächtnis-

[1] Eine Übersicht über die Werte verschiedener technischer Speicher findet der Leser auf Tafel 2, S. 133, bei KARL STEINBUCH: Automat und Mensch. 2. Aufl., Berlin, Göttingen, Heidelberg 1963.

theorie in Übereinstimmung gebracht werden, die sie „erklären" muß, so daß die Frage heute noch offen ist.

Interessant ist an diesen Theorien, daß sie — auch wenn sie nicht auf kybernetischer Grundlage errichtet wurden — die Analogien zwischen Organismen und technischen Nachrichtensystemen deutlich machen.

Man kann diese Theorien unterscheiden in statische und dynamische oder kinetische, je nachdem, ob sie das Speichern als eine bestimmte Struktur- oder Formänderung von Körpern (z. B. Proteinen), oder als einen periodischen Vorgang nach der Art technischer Umlaufspeicher verstehen.

Die „Umlauftheorie", wie wir kurz sagen wollen, ist vor allem von dem großen Physiologen Sir John Eccles vertreten worden: Die Signale, die über die Nervenbahnen dem Zentralnervensystem (ZNS) zugeleitet werden, zirkulieren dort in geschlossenen neuronalen Schwingungskreisen, und solange dieser Zustand anhält, solange ist das betr. Signal in der Mneme oder im Gedächtnis und steht für einen Zugriff zur Verfügung. Gegen diese Auffassung sind verschiedene Bedenken erhoben worden. Paul Glees, der Göttinger Neuroanatom und Neurophysiologe, hat versucht, sie experimentell zu widerlegen. Diese Schwingungskreise müssen sich ja im ZNS mit neurophysiologischen Mitteln feststellen lassen. Glees entwarf dazu folgendes Experiment: Affen wurden zu Geschicklichkeitsprüfungen abgerichtet, bis sie sie voll beherrschten. Diese Leistungen waren damit im Gedächtnis verankert, waren, wie Glees schreibt[1], „Gedächtnisgut" geworden. Dann wurden die Affen narkotisiert und auf 18–19° C „unterkühlt", etwa für die Dauer von 45 Minuten. Die Tiere zeigten in diesem Zustande keinerlei Erscheinungen mehr, die das Vorhandensein derartiger Schwingungen anzunehmen erlaubten, „die neuronalen Schwingungskreise waren zusammengebrochen" — doch das Gedächtnis war erhalten geblieben: nach dem Erwachen aus der Narkose vermochten die Tiere die gelernten Aufgaben, auch „die jüngst erst erlernten", ohne Schwierigkeit zu lösen.

Dieses Ergebnis scheint eindeutig gegen die Umlauftheorie zu sprechen, die deshalb aber doch nicht ganz auszuschließen ist. Eine Art Zwischenlösung bietet sich an. Wir müssen ja beim Menschen zwei Arten von „Gedächtnis" unterscheiden: einmal das langlebige, eigentliche Gedächtnis, und dann ein Kurzzeitgedächtnis, das genauer eine Art „noch-Bewußtsein" ist, das man auch als „unmittelbares Gedächtnis" oder „unmittelbares Behalten" (Meumann), als „psychische Präsenzzeit" (W. Stern), als „Perseverationstendenz" (G. E. Müller u. A. Pilzecker) — heute gelegentlich als „Immediatgedächtnis" bezeichnet. Für dieses sozusagen „psychische Nachbild" eines Sinneseindrucks, einer Vorstellung oder eines sonstigen psychischen Vorganges könnte man die Umlauftheorie vielleicht aufrechterhalten: die Erscheinung dauert nur kurz an — die Angaben schwanken hier zwischen 10 Sekunden und einigen Minuten — und sie ist auch in ihrer Stärke und Genauigkeit individuell sehr verschieden. Nach dem Abklingen könnten die Signale, neu codiert, aus dem neuronalen Schwingungskreis in das Langzeitgedächtnis übergeführt werden.

---

[1] Vgl. Paul Glees: „Ist das Gedächtnis strukturell disponiert?" Umschau **62,** 435ff. (1962). Vgl. auch Paul Glees: Wie arbeitet unser Gehirn? Universitas **21,** 23 (1966).

Für dieses bedarf es dann wohl einer statischen Theorie, die es etwa als Strukturspeicher deutet.

Für das Speichern von Signalen durch Umstruktuieren, etwa analog den technischen Verfahren des Magnetisierens oder der Photographie, bieten sich im Organismus zunächst die *Proteine* an, die speziell durch ihre Sekundär- und Tertiär-Struktur, also durch ihre Faltungen, Verknäuelungen usw. die unübersehbare Fülle spezifizierter Eiweiß-Körper hervorbringen, und die als solche durchaus Signal-Träger sein könnten. Phantastische Zahlen sind für diese Variationsmöglichkeiten spekulativ errechnet worden, so sollte z. B. alles Wissen selbst eines versierten Fachwissenschaftlers in 0,02 mg Serumalbumin (einem Protein im Blutserum) Platz haben. Aber schließlich haben sich auch gegen diese These Bedenken erhoben, und neuere Theorien greifen wieder zu der Primärstruktur der Proteine, also zur Variabilität der Aminosäuren-Sequenz zurück.

Der Grund dafür liegt vor allem in der Tatsache, daß man glaubte feststellen zu können, daß auch beim Speichern die Nucleinsäuren (s. S. 183ff) eine wichtige, ja vielleicht eine zentrale Rolle spielen. Dies schienen die berühmten Experimente an *Tubellarien* (Strudelwürmern), zumindest für die niederen Tiere, zu bestätigen. Neuere, sehr genaue Untersuchungen von Bennett und Calvin[1] haben dann allerdings zu anderen, negativen Ergebnissen geführt: eine Fähigkeit zum Lernen war bei diesen Tieren weder durch Entwicklung einer bedingten Reaktion noch mit anderen Methoden aufzufinden, und die Verfasser schließen ihren Bericht mit der Feststellung: „Bis geeignetere und nützlichere Methoden und Methodenbeschreibungen zur Verfügung stehen, um Planarien zu trainieren, scheinen diese Tiere für die vorgeschlagene Untersuchung einer möglichen biochemischen Grundlage des Lernens nicht von großem Nutzen zu sein."

Wenn also auch die fast zu sensationellen Ergebnisse jener früheren Experimente sich nicht bestätigten, daß man nämlich durch Verfüttern trainierter Tiere an untrainierte Tiere das „Gelernte" auf diese übertragen könne, so hatte die Weiterentwicklung dieser Untersuchungen doch zu der Frage geführt, welcher „Stoff" denn nun für das Speichern und für jenes Übertragen des „Gelernten" in Frage komme — und darauf hatten dann, wieder unbestätigte Versuche, die Antwort gegeben: die Nucleinsäuren, wie bei der künstlichen Mutation.

Damit war die Frage nach einer Beziehung zwischen Nachrichten-Speicherung und Nucleinsäuren bei primitiven Tieren wieder in den Vordergrund getreten, und das führte zum Aufstellen neuer Gedächtnistheorien, die das Phänomen mit Hilfe der Nucleinsäuren erklären wollen. Eine davon stammt von Holger Hydén, wir wollen sie hier nach der Darstellung von Paul Glees wenigstens andeuten, weil sie konsequent das Speichern mit der Proteinsynthese durch Nucleinsäuren in Verbindung bringt[2].

Der Ort in den Zellen, in denen sich nach dieser Theorie der entscheidende Vorgang abspielt, sind wieder die Ribosome (S. 187). Nach dem Modell haben wir uns vorzu-

[1] Edward L. Bennett and Melvin Calvin: „Failure to train planarians reliability". Neurosciences Research Programm Bulletin **11** (1964), No. 4, S. 3ff.

[2] Paul Glees: Umschau a.a.O.

stellen, daß die ankommende Erregung, das Signal, im Innern der Nervenzelle eine Milieuänderung hervorruft, die ihrerseits das dort herrschende chemische Gleichgewicht stört; also ähnlich, wie die Vorgänge im Sinnesorgan (Auge), die wir oben (S. 178f) geschildert haben. Wieder führt diese Milieuänderung dazu, daß sich chemische Verbindungen in komplizierten Molekeln lösen: in diesem Falle sind die betroffenen Molekeln die im Ribosom vorhandenen Ribonucleinsäuren (RNS), die einen Teil ihrer „Basen" verlieren, indem diese sich von der Kette lösen. Die dadurch entstandenen Lücken in der RNS werden nun wieder aufgefüllt, aber durch andere Basen, so daß eine neue RNS entsteht, die dann in der geschilderten Weise zur Bildung spezifischer Proteine führt — und diese spezifischen Proteine sind die Signal-Träger; in ihrer Aminosäuren-Sequenz ist das Signal gespeichert.

Von ganz anderer Seite her nähert sich die „quantenphysikalische Theorie des Gedächtnisses" von Heinz von Foerster dem Problem[1]. Foerster schreibt (wir zitieren zunächst, um den Leser nicht mit zuviel mathematischen und physikalischen Einzelheiten zu belasten, die zusammenfassende Übersicht): Die Theorie „geht von dem Gedanken aus, einen Bewußtseinsinhalt als einen Komplex aufzufassen, der aus lauter Elementarbewußtseinsinhalten — kurz EI genannt — besteht. Als Sitz dieser EI werden zunächst hypothetische Träger angenommen, die entweder mit einem EI imprägniert oder frei sein können. Im statistischen Mittel verliert ein solcher Träger nach einer gewissen Wartezeit von selbst seine Imprägnation. Ein imprägniertes Trägerkollektiv verwandelt sich demnach allmählich in ein freies. Die EI wären dann verschwunden, und damit auch der gesamte Bewußtseinsinhalt. Um sich jedoch einen Bewußtseinsinhalt zu erhalten, müssen die imprägnierten Träger immer wieder auf freie abgebildet werden. Dieser ständig vor sich gehende Transformationsvorgang wird — wenn er nicht unbewußt durchgeführt wird — als Bewußtsein empfunden." Soweit der Umriß der Theorie, die also elementare Bewußtseinseinheiten annimmt, die in bestimmten Trägern, *Meme* genannt, gespeichert, und zwar kurzzeitig gespeichert werden. Diese kurzzeitigen Träger werden durch T_1 symbolisiert. „Die Kurzlebigkeit dieser Trägertype ist deshalb notwendig, um den raschen Wechsel der Sinneseindrücke auch aufnehmen zu können, denn ein imprägnierter Träger ist ja nicht mehr imprägnabel. Mit der Annahme einer mittleren Lebensdauer von etwa 10^{-3} sec, die dieser Trägertyp T_1 besitzen möge, käme man ohne weiteres aus. Ein solcher, durch ein Sinnesorgan imprägnierter Träger T_1 überträgt nun sofort über das Bewußte oder Unbewußte seine Imprägnation auf die Träger T_2 der EI von wesentlich längerer Lebensdauer $= 3{,}56 \cdot 10^4$ sec"[2], was also etwa einem halben Tag entspricht. Entscheidend ist die Frage, wie die Träger das Signal speichern: die Art der Speicherung ist energetisch und entspricht etwa der „Anregung" von Atomen und Molekeln, wie sie aus der Physik und Chemie vertraut ist. Im Anschluß an Schrödinger wird ein „Mem" als ein „aperiodischer Kristall" angesehen, der verschiedener Energiezustände fähig ist. „Imprägnation eines Mem

[1] Heinz von Foerster: Das Gedächtnis. Eine quantenphysikalische Untersuchung. Wien 1948. — Vgl. auch seinen Beitrag „Quantum Mechanical Theory of Memory" in „Conference in Cybernetics", Transactions of the 6. Conference. New York 1950, S. 112 ff, und die Diskussion dazu.

[2] a. a. O., S. 15f.

bedeutet dann, daß das Mem in einen höheren Energiezustand gehoben wird. Es verharrt dann in diesem höheren Niveau gemäß seiner mittleren Wartezeit, um dann wieder spontan in den niederen Ausgangszustand zurückzufallen. Es ist dann wieder für eine neue Imprägnation frei. Imprägnation bedeutet also Energieaufnahme, Zerfall: Energieabgabe."[1]

Auch für die Theorie des *Abrufens* der Gedächtnis- bzw. Speicherinhalte gilt das oben Gesagte; auch hier gibt es eine Anzahl noch unbestätigter Theorien, doch können wir auf Einzelheiten nicht eingehen[2], zumal bei höheren Tieren und beim Menschen ja *semantische* Faktoren dabei eine wesentliche Rolle spielen.

3. Zum Schluß sei noch einiges über die *Kapazität*, speziell des menschlichen Gedächtnisses gesagt. John von Neumann führt folgenden Gedankengang durch[3]: Auf Grund der Schätzung, daß das Zentralnervensystem etwa 10^{10} Neurone enthält und unter der Voraussetzung, daß jedes Neuron „unter geeigneten Bedingungen ein (innerer oder äußerer) Rezeptor ist" und daß die Aufnahmekapazität eines Rezeptors ca. 14 bit/sec beträgt, ergibt sich für das gesamte Nervensystem ein Gesamtinput von $14 \cdot 10^{10}$ bit/sec, also 140 Milliarden bit pro Sekunde. Weiterhin nimmt von Neumann an, „daß es innerhalb des Nervensystems kein wirkliches Vergessen gibt, wofür einige Beweise vorhanden sind"; daraus folgt für ein Alter von 60 Jahren $\approx 2 \cdot 10^9$ sec ein Gesamtinput von $14 \cdot 10^{10} \cdot 2 \cdot 10^9 = 2{,}8 \cdot 10^{20}$ bit — das wäre unter den getroffenen Voraussetzungen die gesamte Speicherkapazität.

H. Frank[4] kommt auf anderen Wegen für die „Aufnahmekapazität ins Bewußtsein" auf 16 bit/sec, wobei 1/16 sec = 16 Hz, das durchschnittliche Zeitauflösungsvermögen für Auge und Ohr, als „subjektives Zeitquant" bezeichnet wird. Daraus errechnet sich für das Immediatgedächtnis (von ihm „Fluoreszenzgedächtnis" genannt) bei einer Dauer von 10 sec = 160 bit, und für das Dauergedächtnis ungefähr 10^6 — 10^7 bit.

Auf wieder anderem Wege kommt H. Zemanek[5] zu dem Werte $5 \cdot 10^{10}$ (für ein Lebensalter von 50 Jahren) als aufgenommenem Gesamt-Informationsgehalt.

Man sieht, die Werte differieren so stark, daß auch über die Speicherkapazität des menschlichen Gedächtnisses noch nichts Endgültiges gesagt werden kann.

---

[1] a. a. O., S. 20.

[2] Für die „Abruftheorie" von Glees sei auf die oben genannte Quelle verwiesen, für die interessante „Abtasttheorie" von McCulloch und W. Grey Walter auf Walters Buch „Das lebende Gehirn", 1961, spez. S. 121f. und an mehreren anderen Stellen.

[3] John von Neumann: Die Rechenmaschine und das Gehirn. München 1960, S. 63.

[4] H. Frank: Kybernetische Grundlagen der Pädagogik. Baden-Baden 1962, S. 85, 91, 96 und 102f.

[5] H. Zemanek: Elementare Informationstheorie. München 1959, S. 64f.

4. NACHRICHTENVERARBEITUNG

1. Unter *Nachrichten-Verarbeitung* verstehen wir hier formal jeden Vorgang, durch den eine empfangene Nachricht verändert oder mit anderen Nachrichten kombiniert wird. Erst in dieser neuen Form beeinflußt sie dann das Verhalten des Empfängers. Aus dieser Bestimmung ergibt sich, daß für eine Untersuchung und Darstellung der Nachrichtenverarbeitung zwei Themenkreise zu berücksichtigen sind:

a) Das eigentliche *Verarbeiten* der Nachricht, und

b) die *Beeinflussung des Verhaltens* durch die verarbeitete Nachricht.

Beide Themenkreise sind bevorzugte Untersuchungsgebiete der Kybernetik, und zwar sowohl der Reinen als auch der Angewandten Kybernetik. Die verschiedenen Formen der Nachrichtenverarbeitung finden wir in Systemen der verschiedensten Art, und das gleiche gilt für die Formen der Verhaltensbeeinflussung, wie z. B. Steuern und Regeln. Diese Gemeinsamkeit formaler Prinzipien, die unabhängig ist von der Natur des Systems, speziell etwa von der „Materie", aus der es gebildet ist — z. B. Metalle und Kunststoffe, oder Eiweiß-Stoffe, Fette, Kohlenhydrate usw., oder Organismen, Menschen, Gruppen — ermöglicht die Ausbildung einer allgemeinen *Systemtheorie* in dem Sinne, wie wir die Allgemeine Kybernetik verstehen: das Auffinden der allgemeinen und formalen Gesetzmäßigkeiten, nach denen das Verhalten von Systemen schlechthin gesteuert und geregelt wird.

Diese Allgemeine Systemtheorie können wir, vor allem aus methodischen und didaktischen Gründen, nicht geben. Wir müssen wie bisher versuchen, Einzelbeispiele zu zeigen und von ihnen aus zu den allgemeinen Regeln vorzudringen, die dann einen Begriff des Ganzen — oder genauer gesagt: ein „Gefühl" für das Wesentliche — vermitteln können.

2. In Biologie und Psychologie (um nur diese beiden Beispiele zu nennen) spricht man heute in Übernahme kybernetischer Begriffe viel von „Information", „Informationsübertragung", „Informationsverarbeitung" usw. Man kann aber leicht sehen, daß hier gleichsam zwei Richtungen nebeneinander laufen: eine strenge Richtung, die biologische Probleme wie etwa Wahrnehmungsprobleme oder spezielle Verhaltensweisen, z. B. das „Fangen einer Beute" oder die „Orientierung im Raume" u. dgl., regeltheoretisch und informationstheoretisch behandelt — und eine weniger strenge Richtung, wie etwa in den meisten Untersuchungen verhaltenstheoretischer (*ethologischer*) Probleme, die ohne eine Berücksichtigung der semantischen Dimension nicht auskommt, für die also durchaus ein Unterschied besteht, ob eine Nachricht „mit Bedeutung schwer beladen oder purer Unsinn ist" (s. S. 70). Das gilt natürlich besonders für die Verhaltensbeeinflussung durch Nachrichten — und dies nun in

einem wohlverstandenen Sinne auch bei Maschinen! — spielt aber auch bei der reinen Nachrichtenverarbeitung eine gewisse Rolle.

Auch wir werden hier nicht immer an dem strengen Informationsbegriff festhalten und sprechen deshalb, um dies schon terminologisch anzudeuten, lieber von *Nachrichten-Verarbeitung* (wie wir auch oben meist schon von *Nachrichten-Übertragung* gesprochen haben) statt von *Informationsverarbeitung*. Eine streng theoretische Behandlung müßte die semantische Informationstheorie mit heranziehen.

4.1. Begriff und Arten des Verknüpfens

1. „Bei der Nachrichten-Verarbeitung werden mehrere Nachrichten nach bestimmten Vorschriften miteinander verknüpft, so daß als Resultat wieder eine neue Nachricht entsteht" — diese Definition der Nachrichten-Verarbeitung von KÜPFMÜLLER haben wir oben (S. 26) schon einmal zitiert und haben dort auch schon einschränkend bemerkt, daß sie die Formen und Möglichkeiten der Nachrichtenverarbeitung wohl kaum vollständig erfaßt. Doch als Ausgangspunkt für unsere Betrachtung ist sie durchaus geeignet: Die Nachrichten-Verarbeitung ist damit zunächst auf eine *Verknüpfung* von Nachrichten zurückgeführt.

Was heißt nun: Nachrichten miteinander verknüpfen?

Bevor wir die Möglichkeiten erörtern, die hier bestehen, muß gleich auf einen Punkt aufmerksam gemacht werden, der für diese Definition entscheidend ist: daß nämlich aus der Verknüpfung „eine neue Nachricht" entstehen muß. Nehmen wir als ein vertrautes Beispiel die Reihe der natürlichen Zahlen 1, 2, 3, ... In ihr führt die Verknüpfung zweier Zahlen z. B. durch Addition stets wieder zu einer Zahl der Reihe, so daß wir allgemein sagen können:

$$a + b = c.$$

Daß dies aber nicht immer so ist, zeigt z. B. die Reihe der ungeraden Zahlen 1, 3, 5, 7, 9 .... In ihr führt die Addition zweier Zahlen niemals zu einer Zahl dieser Reihe, eine „Verknüpfung durch Addition" ist innerhalb dieser Reihe nicht möglich[1], da die Addition zweier ungerader Zahlen stets eine gerade Zahl ergibt, also aus der Reihe herausführt.

Die genannte Bestimmung schränkt somit den Bereich möglicher Verknüpfungen erheblich ein; dies gilt auch für ganz andere Bereiche. So ist z. B. die bloße *Assoziation* zweier Nachrichten (etwa Wahrnehmungen, Vorstellungen, Ideen) keine Verknüpfung im definierten Sinne: sie schafft nicht eine neue Nachricht, sondern zwei miteinander verbundene Nachrichten, von denen jede in ihrer Eigenart erhalten bleibt. Dieses Beispiel zeigte schon, daß eine Erweiterung des Begriffs *Verknüpfung* notwendig werden wird — vorerst bleiben wir aber bei dem engeren Begriff.

2. Noch eine zweite Erinnerung wird notwendig: die Informationstheorie behandelt Signale und Nachrichten nur in der syntaktischen Dimension, während wir schon sahen, daß für die Behandlung der Nachrichten-Verarbeitung in vielen Fällen die Berücksichtigung der semantischen und auch der pragmatischen Dimension notwendig sein wird. Somit wird man unterscheiden müssen:

[1] außer bei ungerader Summandenzahl.

a) Nachrichtenverarbeitung in der syntaktischen Dimension. Dabei wird speziell die Frage von Interesse sein, wie sich bei einer Verknüpfung zweier Nachrichten die Informations-Menge verhält. Eine solche Verknüpfung tritt ja immer ein, wenn eine Nachricht über einen Kanal mit Störung gesendet wird: die Nachrichten-Quelle liefert das eine Signal, die Stör-Quelle das zweite; beide treffen nicht nur gemeinsam ein (z. B. beim Rausch-Hintergrund), sondern werden oft zu einer neuen Nachricht verknüpft, wie die Beispiele der prüfbaren und korrigierbaren Codes deutlich machen (s. S. 115 ff).

b) Verknüpfung in der semantischen Dimension. Hier spielen die Bedeutung der Zeichen, der Sinn einer Nachricht u. dgl. eine entscheidende Rolle. Bei dem speziellen Interesse an der als „Denken" bezeichneten Form der Nachrichtenverknüpfung entstehen hier Fragen wie: führt die Verknüpfung zu einer „sinnvollen" oder zu einer „sinnlosen" Nachricht, oder auch spezieller: zu einer „richtigen" oder „unrichtigen" bzw. zu einer „wahren" oder „falschen" Nachricht?

c) Verknüpfung in der pragmatischen Dimension. Die hier entstehenden Fragen betreffen die Verhaltens-Beeinflussung — sie werden an späterer Stelle besprochen werden.

Wir werden unserer Darstellung diese Unterscheidung nicht zugrunde legen, denn unser Bemühen ist, im Sinne unserer Definition der Kybernetik, vorsichtig auf die *Allgemeine Systemtheorie* zuzusteuern, d. h. die Verknüpfungen und ihre Arten rein formal zu untersuchen, unter Berücksichtigung aller drei Dimensionen. Was heißt das nun genauer?

3. Das *Rechnen*, wie wir es auf der Schule gelernt haben und täglich ausüben, ist sicherlich eine Form der Verknüpfung zweier oder mehrerer Größen zu einer dritten. Gelangen diese Größen in Form von Signalen zu uns, z. B. als von einem Lehrer gestellte „Aufgabe" mit dem Operationsbefehl: so und so verknüpfen, und geben wir die gefundene „neue Größe" dann als „Antwort" wieder in Form eines Signals, so haben wir formal das Schema einer Nachrichten-Verknüpfung.

Das einfachste Beispiel ist die *Addition*: wir erhalten als Nachricht die beiden Größen a und b sowie den Verknüpfungsbefehl „+" (addiere!), bilden a + b und finden als Summe c, die neue Nachricht. Diese Größen a, b und c müssen nun nicht Zahlen sein wie 5, 7 und 12, sondern man kann auch Strecken addieren oder Vektoren, d. h. Strecken, die eine bestimmte Länge und eine bestimmte Richtung haben (Abb. 51 a u. b):

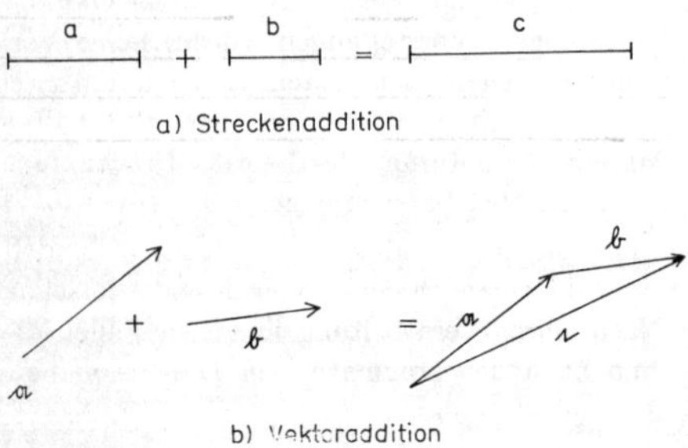

Abb. 51

Die Streckenaddition läßt sich auf eine Addition von Zahlen zurückführen, wenn man statt der Strecken selbst ihre Längen-Maßzahlen addiert. Die Vektoraddition dagegen läßt sich nicht auf die Addition einfacher Zahlen zurückführen; wie man sie ausführt, ist aus der Abb. wohl zu ersehen — man spricht hier auch von „geometrischer Addition". Dieser Begriff ist bereits eine Erweiterung des einfachen Additions-Begriffs; er besitzt auch einige besondere Merkmale: so ist z. B. die Länge c des Summenvektors $\mathfrak{c}$ (man bezeichnet Vektoren mit gotischen Buchstaben) durchaus nicht immer = der Summe der Längen a und b der Vektoren $\mathfrak{a}$ und $\mathfrak{b}$ (dies nur, wenn beide Vektoren gleichgerichtet sind).

Bleiben wir noch beim Beispiel der elementaren Mathematik, so sind andere durch bestimmte Vorschriften definierte Arten des Verknüpfens etwa die Subtraktion, die Multiplikation und Division. Auch diese Begriffe werden in der Mathematik entsprechend erweitert: so kann man z. B. auch Vektoren miteinander „geometrisch" multiplizieren, man kann weiterhin Zahlenpaare (a, b) und (c, d) zueinander addieren, voneinander subtrahieren — wer sich aus der Schulzeit noch des Rechnens mit komplexen Zahlen erinnert, hat daran ein Beispiel für das Rechnen mit Zahlenpaaren. Selbst Permutationen, Drehungen von Figuren usw. lassen sich verknüpfen — man spricht hier meist von Produktbildung, also von Multiplikation im weiteren Sinne, wofür wir nur ein Beispiel geben wollen:

$$\begin{pmatrix} 1,2,3,4,5 \\ 3,4,1,2,5 \end{pmatrix}$$

soll eine Permutations-Operation bedeuten, wobei oben die natürlich geordnete Reihe und unten die durch Permutation daraus entstandene steht. Offensichtlich ist nun:

$$\begin{pmatrix} 1,2,3,4,5 \\ 3,4,1,2,5 \end{pmatrix} \cdot \begin{pmatrix} 1,2,3,4,5 \\ 2,4,5,3,1 \end{pmatrix} = \begin{pmatrix} 1,2,3,4,5 \\ 5,3,2,4,1 \end{pmatrix}$$

denn zuerst wurde die 1 durch 3 und dann diese 3 durch 5 ersetzt, also letztlich 1 durch 5 usw.

Wie dieses Beispiel zeigt, kann man Transformationen, Veränderungen und auch Verknüpfungen selbst miteinander verknüpfen und kommt so zu immer abstrakteren Begriffen von „Verknüpfung", Verallgemeinerungen, die erlauben, die Verknüpfungsgesetze auch auf ganz andere, nicht mehr mathematische Gebiete anzuwenden.

Eine andere wichtige Art des Verknüpfens, die noch erwähnt sei, ist das *Vergleichen*, also z. B. die Feststellung, daß zwei Elemente gleich oder verschieden sind. Um dies zu können, muß ich die Elemente oder ihre Abbilder oder die sie repräsentierenden Signale irgendwie „zusammen haben". Das wird anschaulich deutlich etwa an dem bekannten 7. Axiom EUKLIDS: „Und was sich deckt ist gleich." Schwieriger ist die Frage, ob dabei aus zwei Elementen ein drittes desselben Bereiches entsteht, oder ob hier eine abermalige Erweiterung des Begriffs sich anbietet, nämlich: „daß ein Element desselben oder eines anderen Bereichs" durch die Verknüpfung entsteht.

4. Die Untersuchung der Verknüpfung von Nachrichten in solchen elementaren Formen ist nur die Grundlage für die Untersuchung der eigentlichen Nachrichten-

Verarbeitung, also der komplexen Verknüpfungen, Veränderungen usw. Hier ist an erster Stelle das *Lernen* zu nennen, von der einfachsten Form, dem *bedingten Reflex* — besser sagt man heute: der *bedingten Reaktion* — bis hin zu den hochkomplexen Formen, die wir allgemein als *Erfahrung* bezeichnen. Auch hier kommt es letztlich auf die formalen Gemeinsamkeiten an, wollen wir das Lernen von Einzellern, von höheren Säugetieren, von Menschen — und von Maschinen einheitlich verstehen.

Eine zweite komplexe Verknüpfungsform ist das *Denken*. Hier wird, wie schon beim Lernen, abermals die Frage wichtig: wie weit dürfen wir die Begriffe verallgemeinern? Dürfen wir sagen, daß „Maschinen denken"? Und wenn man dies will, wie muß dann der Begriff „Denken" definiert werden? Und erfaßt man damit noch das Wesentliche am menschlichen Denken, oder kommt man zu einem so allgemeinen Begriff, daß er zwar möglicherweise Einzeller und Maschinen umfaßt, aber nicht mehr den Menschen? Anders gesagt: sind die zweifellos vorhandenen formalen Gemeinsamkeiten des „Denkens" bei Menschen und Maschinen notwendige Bedingungen für „Denken", und wenn dies der Fall ist: sind sie auch hinreichende Bedingungen für menschliches Denken?

Die Erörterung dieser Frage ist heute sehr im Fluß, ja sie wird meist äußerst lebhaft und heftig geführt, in einer Form, die nicht nur für das Temperament — und oft auch für die Überzeugungsstärke und Überzeugungsenge — der Kämpfenden zeugt, sondern die auch für die Wichtigkeit der Frage spricht. A. Rapoport, in seinen schönen „Essay on Mind", sieht in diesem Ringen mit einiger Übertreibung sogar den wichtigsten Beitrag der Kybernetik zur Entwicklung der Kultur: „I would even go so far as to assert that in this philosophical re-evaluation of the nature of thought lies the greatest potential contribution of automation technology to our culture."[1]

Als ein drittes Beispiel mag hier noch die *Phantasie* angeführt werden, eine eigenartige und wichtige Form der Verknüpfung und Verarbeitung von Nachrichten, die zu erwähnen schon aus dem äußerlichen Grunde naheliegt, weil ein führender Kybernetiker einmal gesagt haben soll, wir hätten in einigen Jahrzehnten „Maschinen mit Phantasie", also auch die Phantasie in den Bereich der technisierbaren, und so letztlich rein formal zu erfassenden und reproduzierbaren Verknüpfungs- und Verarbeitungsformen einbezieht.

Und das bringt uns schließlich zu der immer wieder geführten, wenn auch sicherlich verfrühten Diskussion der Frage, ob Maschinen *Bewußtsein* haben können. Hier entstehen natürlich dieselben Probleme einer erlaubten oder unerlaubten Erweiterung des Begriffes wie beim Denken. Bei der früher schon (S. 5) erwähnten Situation der „chaotic aspects about consciousness", die auch heute noch besteht, ist es leicht, Bewußtsein so zu definieren, daß der Begriff auch auf „lernende" und „denkende" (intelligent) Maschinen anwendbar ist — nur fragt es sich erneut, ob dieser Begriff dann noch sinnvoll auf den Menschen angewendet werden kann oder ob er die dafür wesentlichen Merkmale verloren hat.

5. Dieser knappe Überblick über die Probleme, oder besser: Problembereiche, in die eine Untersuchung der Nachrichtenverarbeitung führt, läßt die Frage entstehen,

---

[1] Anatol Rapoport: „An Essay on Mind" in: Theories of the Mind (ed. Jordan M. Scher). New York, London 1962. S. 292.

wie derartige Untersuchungen vorzunehmen sind. Es ergibt sich, genau wie oben bei der Behandlung des *Speicherns*, als sachbedingt die Unterscheidung zweier Fragestellungen:

a) Wie verlaufen Verknüpfungen und Verarbeitungen von Nachrichten in Organismen? Welche Arten des Verarbeitens gibt es, auf welche Weise verlaufen sie, und durch welche Vorgänge — z. B. physiko-chemische — kommen sie zustande?

b) Wie kann man künstlich, also mit Hilfe geeigneter *Maschinen*, Signal-Verknüpfungen hervorbringen? Was können solche Maschinen leisten, und wieweit kann man derartige Leistungen den „natürlichen" annähern?

Damit stehen wir vor dem Problem einer Bewertung der *Modelle*, speziell der „biologischen", „logischen" usw. Modelle der Kybernetiker. Untersuchungen zur Fragestellung b) würden ja tatsächlich „eher in die Spielzeugindustrie gehören als in die Wissenschaft" (H. SCHAEFER), wenn sie sich in der Konstruktion stets leistungsfähigerer Apparate erschöpften — wenn wir einmal von den möglichen technischen und wirtschaftlichen Verwendungsmöglichkeiten der Modelle in Form von Maschinen absehen. Die wissenschaftlich entscheidende Frage ist: ob die Annäherung maschineller an natürliche Leistungen einen Schluß auf die Gleichartigkeit oder wenigstens Ähnlichkeit der Verknüpfungsvorgänge, also auf die „Mechanismen", Schaltungsvorgänge u. dgl. erlaubt und so unsere Kenntnisse der natürlichen Vorgänge [Fragestellung a)] erweitern und vertiefen hilft. Das ist ein durchaus positiv zu bewertendes Problem, das aber nicht damit gelöst wird, daß man ähnliche oder gar gleiche Leistungen erzeugt—zu dessen Lösung die Modelle jedoch eine Grundlage liefern können, und zwar dadurch, daß sie die formale Gemeinsamkeit der Verknüpfungen nicht nur hypothetisch setzen, sondern auch zeigen, daß die auf Grund dieser Hypothese konstruierten Systeme „arbeitsfähig" sind in einem dem biologischen Geschehen vergleichbaren Grade.

6. So bleibt schließlich die Frage nach den *Methoden*, mit denen man die beiden Fragenkreise a) und b) bearbeiten und zu verbindlichen Antworten und Lösungen kommen kann.

a) Für die Untersuchung der *natürlichen Verknüpfungen* bietet sich bei der Kompliziertheit des Gegenstandes und der Schwierigkeit, ihn direkt erfassen, beobachten und messen zu können, die sog. „*black-box-Theorie*" als gegebene Methode an. Name und Begriff stammen ursprünglich aus der Elektrotechnik; in starker Erweiterung des Begriffs spielt diese Methode heute nicht nur in der Kybernetik, sondern auch in manchen anderen Wissenschaften eine wichtige Rolle. Gemeint ist damit das Bemühen, die Vorgänge in einem abgeschlossenen System — daher „Schwarzer Kasten" oder „Dunkler Kasten" —, in dessen Inneres man unmittelbar nicht hineinsehen oder gar eindringen kann, von außen zu ermitteln, indem man dem System gewisse Inputs (z. B. Reize, Kräfte oder Signale) zuführt und die dadurch hervorgerufenen oder beeinflußten Outputs beobachtet. Man versucht dann zu ermitteln: was muß in dem System vorgegangen sein, damit gerade diese Inputs gerade diese Outputs entstehen ließen? Und wie muß das System selbst geartet und strukturiert sein, damit gerade diese Vorgänge ausgelöst oder sonstwie beeinflußt werden können?

Man ersieht aus dem Gesagten: das Prinzip der „black-box-Theorie" ist nicht von der Kybernetik und auch nicht von der Elektrotechnik erfunden und erstmalig angewendet worden, es ist im Grunde so alt wie die Naturwissenschaft selbst, ja, es begegnet uns überall auch im Alltag. RICHARD KUHN vergleicht einmal die Methoden der Physiologie des Zellstoffwechsels mit der Tätigkeit eines Industrie-Spions, der, außerhalb des Werkes stehend, „die ein- und ausfahrenden Güterwagen kontrolliert, ohne daß es ihm gelingt, in die eigentlichen Werksanlagen einzudringen"[1], und der nun versuchen muß, aus diesen Beobachtungen zu erschließen, was im Werk geschieht, wie dort gearbeitet wird. Das Bild gibt genau das Prinzip der black-box-Methode wieder. Ein anderes Beispiel aus der Atomphysik: Führt man Atomen Energie zu, so senden sie Licht bestimmter Wellenlängen aus, es entsteht das Linienspektrum des betr. chemischen Elements. Aus der Menge der zugeführten Energie, den beobachteten bzw. gemessenen Wellenlängen der Spektrallinien und aus den bekannten Gesetzmäßigkeiten, die zwischen den Wellenlängen bzw. Frequenzen der Linien eines Elements bestehen, galt es zu ermitteln, was dabei in den Atomen vorgeht, und wie wir uns ihre Struktur vorzustellen haben, damit die beobachteten Beziehungen zwischen Inputs und Outputs bestehen können — das Ergebnis war das BOHRsche Atommodell.

Alle Psychologie wird — und war — black-box-Theorie, sobald sie auf die „Innenschau", die reine Selbstbeobachtung verzichtet und experimentell vorgeht: der Versuchsleiter setzt bestimmte Reize (Inputs) und beobachtet — in den sog. „objektiven" Methoden — nur die Reaktionen bzw. das Verhalten der Versuchsperson. Auch die Anwendung der „subjektiven" Methoden des Experiments, wie z. B. bei den denkpsychologischen Untersuchungen der „Würzburger Schule" (O. KÜLPE u. a.), bei denen neben den Reaktionen auch die Aussagen der Versuchsperson über ihre „Erlebnisse" registriert wurden, beruht letztlich auf diesem Prinzip, wenn man die Aussagen sozusagen als „verbale Reaktionen" ansieht und bewertet. Zum Prinzip wurde die black-box-Methode in der Psychologie erhoben durch den *Behaviorismus* (WATSON, 1912), der das „Bewußtsein" aus der Psychologie strich, also an die Stelle der „Psychologie ohne Seele" (F. A. LANGE, 1875) jetzt sogar eine „Psychologie ohne Bewußtsein" setzte. Er beschränkte die Untersuchung auf das, „was wir beobachten können. ... Was können wir aber beobachten? Wir können das ‚Verhalten' beobachten — das, was der Organismus tut und sagt[2]." Und auch die moderne *Verhaltensforschung* (Ethologie) treibt eine black-box-Theorie, wenn sie „eine möglichst vollständige Bestandsaufnahme der Verhaltensweisen (Ethogramme) einer Tierart aufnimmt" und die „Schlüssel- oder Auslöserreize" studiert, also untersucht, welche spezifischen Inputs zu dem „schwarzen Kasten" die beobachteten Outputs auslösen[3].

---

[1] RICHARD KUHN: „Über einige Probleme der biochemischen Genetik". Angew. Chem. **61**, 1 (1949).

[2] JOHN B. WATSON: Der Behaviorismus. Dtsch. v. FRITZ GIESE. Berlin und Stuttgart 1930. S. 25.

[3] vgl. dazu etwa DETLEV PLOOG: „Verhaltensforschung und Psychiatrie" in: Psychiatrie der Gegenwart, Bd. I/IB. Berlin, Göttingen, Heidelberg 1964, S. 291ff. — Dabei sind in der sozusagen „höheren" Ethologie die „Reize" nicht mehr physikalische Vorgänge, sondern etwa „Situationen", wie z. B. auch in der „Topologischen Psychologie" von KURT LEWIN.

Die black-box-Methode versucht also, sich von den nicht beobachtbaren Vorgängen im „Kasten“ ein „Bild“ zu machen, d. h. letztlich ein *theoretisches Modell* — wie z. B. das Bohrsche Atommodell — zu entwerfen. Das Wesen eines solchen Modells, das von den kybernetischen System-Modellen und Real-Modellen wohl zu unterscheiden ist, hat der große Physiker HEINRICH HERTZ einmal sehr genau gekennzeichnet: „Die denknotwendigen Folgen der Bilder (die wir uns theoretisch von den Vorgängen machen, also der „Modelle“ d. Verf.) müssen stets wieder Bilder der naturnotwendigen Folgen der abgebildeten Gegenstände sein.“[1]

Neuere Wissenschaftstheorie hat die Theorie der „black-box“ (ohne allerdings den Namen zu verwenden) methodisch streng gefaßt, d. h. sie hat u. a. untersucht, wieweit wir mit diesem Entwerfen theoretischer Modelle gehen dürfen. Sie hat mit anderen Worten die Frage geprüft, die wir schon mehrfach gestellt haben: wieweit ist es erlaubt, die Outputs als bestimmte „Signale“ von Vorgängen im Innern des Kastens anzusehen, zu deuten und theoretisch zu verwenden? In der Psychologie ging der Anstoß dazu vom Behaviorismus aus, der letztlich nur die Anwendung eines Minimums von Zwischengliedern (im Kasten) und von erklärenden Annahmen zuließ — ganz entsprechend dem alten scholastischen Prinzip: „principia non sunt multiplicanda praeter necessitatem“, ein Grundsatz, der in der angelsächsischen Philosophie als „Occam's razor“, in der Tierpsychologie als „Lloyd Morgan's Kanon“ bezeichnet wird, also auch in anderen Wissenschaften als methodisches Prinzip Geltung gehabt hat. Im Behaviorismus kam es z. B. zur Einführung der „intervenierenden Variablen“ (TOLMAN 1936, HULL 1943), die nicht direkt beobachtbar sind, aber das Verhalten doch beeinflussen — und später der „hypothetischen Konstruktionen“ (MCCORQUEDALE u. MEHL, 1948), die dann auch über den Behaviorismus hinaus in der modernen Psychologie Geltung gewonnen haben[2].

b) Ein zweiter Weg, Zugang zu den Verknüpfungen in natürlichen Systemen zu finden, ist deduktiv: in der *Allgemeinen Systemtheorie* werden die überhaupt zwischen Elementen möglichen Verknüpfungen formal entwickelt, die Eigenarten der einzelnen Formen und Arten untersucht und die zwischen ihnen bestehenden Gesetzmäßigkeiten aufgesucht. Grundlagen solcher Untersuchungen bieten einige mathematische Disziplinen wie die *Mengenalgebra* (BOOLEsche Algebra), die *Relationstheorie*, die *Theorie der Verbände* usw., in spezieller Form, soweit Verknüpfungen als Schaltungen angesehen werden können, auch die *Schaltalgebra*.

c) Der dritte Weg, die Untersuchung künstlicher Verknüpfungen, führt zu den kybernetischen Modellen, seien es System-Modelle („paper-and-pencil models“), seien es Real-Modelle („hardware models“). System-Modelle werden auf Grund der Erkenntnisse der Systemtheorie entworfen. Bei ihnen kommt es nur darauf an, daß sie sozusagen „logisch“ funktionieren, nicht auf ihre praktische Ausführungsmöglichkeit. Die analytisch aufgefundenen Gesetzmäßigkeiten von Verknüpfungen und ihrem Zusammenwirken werden jetzt synthetisch zu funktionsfähigen Systemen kombiniert und deren Verhaltungsweisen werden dann untersucht. Ein solches

[1] HEINRICH HERTZ: Die Prinzipien der Mechanik. (Ges. Werke herausg. v. PH. LENARD. Bd. III, S. 1).

[2] vgl. dazu etwa „Theories of contemporary Psychology“, ed. MELVIN H. MARX. New York 1963, S. 24, und an vielen anderen Stellen dort.

Modell ist z. B. JOHN VON NEUMANNS „blue-print"-Modell einer Maschine, die in der Lage ist, sich selbst zu reproduzieren, also automatisch mit Material, das sie aus geeigneten Material-Speichern entnimmt, eine Maschine herzustellen, die ihr gleich ist — ja, sie könnte sogar kompliziertere und gleichsam vollkommenere Maschinen herstellen, als sie selbst es ist[1].

Real-Modelle werden wie System-Modelle aus theoretischen Gründen konstruiert, sei es, um System-Modelle zu realisieren und so die Erkenntnis über die formalen Prinzipien der Verknüpfungs-Analyse durch reale Arbeitsfähigkeit des Systems zu bestätigen, sei es, um unmittelbar, wie oben schon erwähnt, durch ihre analogen Leistungen die Untersuchung biologischer, psychologischer, sozialer, wirtschaftlicher usw. Verknüpfungen zu fördern. Solche Real-Modelle sind dann oft die Grundlage für die Konstruktion kybernetischer *Maschinen* zur Überwachung und Steuerung der Produktion, zur Planung, Berechnung, Verteilung usw. in allen Zweigen der Industrie und Wirtschaft.

Bei der Darstellung der hier im Überblick gezeigten Möglichkeiten und Arten von Verknüpfungen und ihrer Untersuchungsmethoden werden wir stets nur die ersten Schritte in die jeweiligen Gebiete machen können, d. h. nur so weit gehen können, daß der Leser einen Eindruck erhält, ohne mit zuviel fachlichen Einzelheiten belastet zu werden. Auch hier müssen wir im Vorhof der Theorie bleiben, hoffen aber das eine erreichen zu können: das Interesse des Lesers zu wecken, so daß er Lust verspürt, selbst weiter vorzudringen — was ja letztlich der Sinn und Zweck einer „Einführung" ist.

4.2. Elementare Verknüpfungen

4.2.1. Beispiele

1. KARL STEINBUCH formuliert als „These der Kybernetik" den Satz: „Es wird angenommen, daß das Lebensgeschehen und die psychischen Vorgänge aus der Anordnung und physikalischen Wechselwirkung der Teile des Organismus vollständig erklärt werden können"[2]. Es ist hier nicht der Ort, die Richtigkeit dieser These zu diskutieren; der Hinweis möge genügen, daß es Kybernetiker gibt, die diese Auffassung nicht so radikal teilen, so z. B. ASHBY, der der Überzeugung ist, daß „Kybernetik, während sie auf die objektive Welt ein so strahlendes Licht geworfen hat, die subjektive Welt absolut nicht erhellt habe" — ja, sie habe uns eher „deutlicher gemacht, wie unterschieden die objektive und die subjektive Welt sind und wie verschieden ihre Beziehungen zu den klassischen wissenschaftlichen Methoden."[3]

Mag also auch die buchstäbliche Anerkennung jener These noch umstritten sein, so darf man doch sagen, daß sie die Richtung oder Tendenz der Kybernetik zutreffend kennzeichnet: mit den Mitteln naturwissenschaftlicher Methodik in alle Pro-

[1] vgl. z. B. JOHN G. KEMENY: „Man viewed as a machine" in: automatic control (a Scientific American book). New York. 3. Abdr. 1955. S. 142ff.

[2] KARL STEINBUCH: Automat und Mensch. 2. Aufl. Berlin, Göttingen, Heidelberg 1963. S. 9.

[3] W. ROSS ASHBY: „What is Mind?" in: ‚Theories of the Mind' 1962. S. 310.

blembereiche so weit einzudringen, wie dies möglich ist, ohne a-priori-Grenzen anzuerkennen, sondern eine evtl. Grenze für dieses Vorgehen, ein „limit" nur dann zu setzen, wenn es sich aus der empirischen Untersuchung als notwendig ergibt. Wieweit naturwissenschaftliche Methodik auch die Lebenserscheinungen und vor allem das psychische Geschehen — in diesem Falle also das „Subjektive" — zu erfassen vermag, ist somit für die Kybernetik keine Frage vorgängiger, prinzipieller Argumentation, sondern eine Sache der Erfahrung, der praktischen Arbeit an diesen Problemen. Im Grunde ist es also wieder „Occam's razor", das Prinzip, neue Prinzipien zur Erklärung von Naturvorgängen nicht ohne Notwendigkeit anzunehmen, das auch der kybernetischen „These" zugrunde liegt. Man arbeitet mit den physikalischen (i.w.S.) Prinzipien so lange, dringt so weit vor, bis man an eine Grenze kommt, auf Phänomene stößt, die sich mit ihnen nicht mehr ohne Zwang oder auch gar nicht mehr erklären lassen. Der Unterschied zwischen den verschiedenen Stellungnahmen zu jener These liegt letztlich darin, ob man, wie es STEINBUCH in seiner Formulierung andeutet, ein solches Auftreten einer Grenze a priori für unwahrscheinlich, ja für unmöglich hält — oder ob man mit einer solchen Möglichkeit rechnet und sich vor ihr nicht verschließt; und das ist, so darf man sagen, eine Frage der Weltanschauung.

Nehmen wir jene These also als Richtungsweiser, so dürfen wir mit STEINBUCH auch den nächsten Schritt vollziehen: „Von der Methode her gesehen kann man die Kybernetik kennzeichnen als das Eindringen mathematischer Werkzeuge in Wissenschaftsgebiete, in denen sie bisher als nicht praktikabel erschienen, z. B. in Physiologie, Psychologie und Soziologie"[1]. STEINBUCH zitiert dann den bekannten Satz KANTS aus der Vorrede zu den „Metaphysischen Anfangsgründen der Naturwissenschaften": „Ich behaupte aber, daß in jeder besonderen Naturlehre nur so viel eigentliche Wissenschaft angetroffen werden könne, als darin Mathematik anzutreffen ist" — womit der Kybernetik sozusagen die Aufgabe gestellt ist, daran mitzuwirken, daß Gebiete wie Biologie, Physiologie, Psychologie usw. zu „eigentlichen Wissenschaften" werden.

Auch hierüber könnte man diskutieren, wofür hier wieder nicht der Ort ist. Abermals nehmen wir dieses Eindringen der Mathematik in bisher für sie verschlossene Wissenschaften — auch die Geisteswissenschaften sind hier zu nennen — als einen Richtungsweiser, dem die genannten Wissenschaften heute zweifellos folgen, sei es unter dem Einfluß der Kybernetik, sei es von sich aus.

Das gilt nun ganz besonders für alle diejenigen Erscheinungen und Vorgänge an und in Organismen, die man unmittelbar als Nachrichtenübertragung und Nachrichtenverarbeitung oder doch als Analoga dazu ansehen und entsprechend behandeln kann, speziell dann, wenn zu ihrer theoretischen Erklärung und Beherrschung sich informationstheoretische Methoden anwenden lassen.

Zu diesen Erscheinungen und Vorgängen gehören nun auch die verschiedenen Arten und Formen der Verknüpfung von Nachrichten, ob es sich nun um elementare oder um komplexe Verknüpfungen handelt. Die Verarbeitung von Nachrichten und die dadurch bewirkte Beeinflussung ihres Verhaltens läßt sich vielfach als eine Art

[1] KARL STEINBUCH: a. a. O. S. 317f.

Rechnen mit Nachrichten auffassen: Nachrichten werden addiert, subtrahiert oder multipliziert, ja auch differenziert usw. Allerdings ist bei solchen Formulierungen Vorsicht geboten. Man liest z. B. in der Literatur gelegentlich Feststellungen wie: daß der Fahrer eines Autos nicht nur die „Abweichungsfunktion" des Wagens — also schlicht gesagt: das Abweichen vom geraden Kurs —, sondern auch den „ersten Differentialquotienten" dieser Funktion beim Fahren berücksichtigen müsse — einfacher gesagt: deren Änderungsgeschwindigkeit. Oder daß es geradezu ein Maß für die Intelligenz eines Menschen ist, wenn er zu seinen Beurteilungen einer Situation Differentialquotienten oder „Ableitungen" bis zur fünften oder sechsten Ordnung heranziehe. Hier liegt wieder die Verwechslung des tatsächlichen Vorgangs (z. B. Reaktionen, Verhaltensweisen) mit seiner theoretischen Erfassung nahe. Solche Sätze sind ebensowenig wörtlich zu nehmen wie etwa die uns sofort als absurd erscheinende Aussage: ziehen zwei Körper einander an, so müssen sie dabei zur Abstimmung der hierfür angewendeten Kräfte sowohl das Produkt ihrer Massen als auch das „umgekehrte" Quadrat ihres Abstandes berücksichtigen.

So einleuchtend dies klingen mag — wir stehen abermals vor der immer wieder auftauchenden Frage: ist das, was bei derartigen Verknüpfungen, speziell in Organismen, geschieht, nicht doch ein „echtes Rechnen"? Müssen wir „Rechnen" nicht so definieren, daß es auch diese Fälle umfaßt, und können, dürfen oder müssen wir alles mythische Beiwerk (womit man dann die innen-erlebten Bewußtseinsvorgänge meint) bei einer streng wissenschaftlichen Definition des „Renens" fortlassen?

Wir bleiben — „bis zum Beweis des Gegenteils" — bei der Auffassung, daß es sich hier um eine Erklärung und gesetzmäßige Erfassung natürlicher Vorgänge handelt, ohne daß wir damit das Prinzip von „Occam's razor" nun etwa umkehren und erklären: Prinzipien dürfen nicht ohne Notwendigkeit vereinfacht bzw. vermindert werden. Doch dies ist — wenigstens hier — wie Briest sagt, „ein zu weites Feld".

Jedenfalls wollen wir die Beispiele, die wir hier für elementare Verknüpfungen besprechen, vorläufig in diesem Sinne verstehen.

2. *Addition* oder *Summation* ist ein aktiver Verknüpfungsvorgang, der wohl zu unterscheiden ist vom bloßen gleichzeitigen Nebeneinander oder Beieinander. Unter der Herrschaft der „Ganzheits"- und „Gestalt"-Begriffe hat man oft übersehen, daß „Summen" keine bloßen „Und"-Verbindungen sind. Wenn z. B. H. Rickert definiert: „Unter einer Summe verstehen wir das Ganze, dessen Teile so nebeneinander geordnet sind, daß jeder von ihnen derselbe bleibt, gleichviel, ob er innerhalb der Summe als deren Teil oder für sich gedacht wird"[1], so umfaßt dieser Begriff der „Summe" genaugenommen schon die arithmetische Summe nicht. Das „Ganze", von dem Rickert spricht, ist eben etwas Neues, mit neuen, anderen Eigenschaften, in dem die Teile aufgehen wie die Elemente in einer chemischen Verbindung: d. h. sie tragen ihrerseits wohl zu den neuen Eigenschaften bei, diese lassen sich aber nicht als einfache Und-Verbindungen aus jenen erklären. Wenn ich z. B. 5 und 7 zu 12 addiere, so besitzt die „Summe" Eigenschaften, die keiner der Teile hat, z. B. Teilbarkeit durch 2, 3, 4 und 6 — ähnlich wie die „Verknüpfung" des chemischen Elementes Chlor, eines grünlichen, giftigen Gases, mit dem silberglänzenden Metall

[1] Heinrich Rickert: Grundprobleme der Philosophie. 1934. S. 60.

Natrium, das mit Wasser äußerst heftig reagiert, zum weiß-kristallinen Kochsalz (Natriumchlorid) führt. Die „Addition" ist also eine echte Verknüpfung!

Nehmen wir nun z. B. zwei verschiedene Gerüche gleichzeitig wahr, so gelten im allgemeinen die beiden Regeln, daß a) der intensivere Geruch sich durchsetzt, unabhängig vom Gefühlston, und daß b) bei gleicher Intensität der stärker gefühlsbetonte Geruch siegt. Hier liegt also keine additive Verknüpfung vor, sondern ein Beieinander zweier Gerüche, von denen der eine aus objektiven oder subjektiven Gründen sich „vordrängt". Hören wir aber gleichzeitig zwei Töne x und y mit den Frequenzen ν_x und ν_y, die nicht mehr als 30 Hz auseinanderliegen, so können wir noch einen dritten Ton z hören, wobei $\nu_z = \nu_x + \nu_y$. Hier dürfen wir wohl von echter Addition sprechen; wobei der Gehörapparat übrigens noch kompliziertere Verknüpfungen vorzunehmen vermag, da außer z auch noch andere *Summationstöne* hörbar werden, deren Frequenzen sich etwa aus $\nu_y - \nu_x$; $2\ \nu_y - \nu_x$; $3\ \nu_y - 2\ \nu_x$ usw. zusammensetzen. Es handelt sich also um Additionen und Subtraktionen von Frequenzen, die wir an der Frequenz des „Outputs" objektiv feststellen können und von denen wir annehmen dürfen, daß diese Verknüpfungen in der uns noch weitgehend unzugänglichen black-box des akustischen Empfangs-, Weiterleitungs- und Decodierungsapparats irgendwie stattfinden.

Entsprechende Additionen und Subtraktionen begegnen uns überall, wo bestimmte *Schwellenwerte* erreicht werden müssen, damit der Empfänger „anspricht", und wo unterschwellige Reize, sei es durch zeitliche Wiederholung, sei es durch räumliche Anhäufung die Reaktion auslösen können, so daß wir annehmen müssen (und dürfen), sie erreichen durch Summation die Reizschwelle. So „feuert" ein postsynaptisches Neuron erst, wenn mehrere oder viele Inputs es erregen, und entsprechend kann man die Wirkung einer „hemmenden" Synapse als eine Art Subtraktion auffassen.

3. Weit kompliziertere mathematische Verknüpfungen finden wir bei Versuchen z. B. am Auge. Im Nervus opticus befinden sich sog. „on"-Fasern und „off"-Fasern. Die ersteren schweigen nicht nur bei Dunkelheit, sondern auch bei Dauerbeleuchtung, feuern aber sofort bei einer zeitlichen Zunahme der Beleuchtung — „Reizsprung der Leuchtdichte vor dem Auge" — mit einer „kurzen Salve von Aktionsströmen" (O. RANKE). Umgekehrt feuern die off-Fasern nur bei plötzlicher Beleuchtungsverminderung (s. Abb. 52). Mathematisch gesprochen liegt hier also der Fall vor, daß Nervenelemente auf den I. Differentialquotienten der Leuchtdichte nach der Zeit reagieren, anders gesagt: daß der Vorgang der Signal-Verarbeitung so verläuft, daß wir ihn mathematisch auf diese Weise erfassen können.

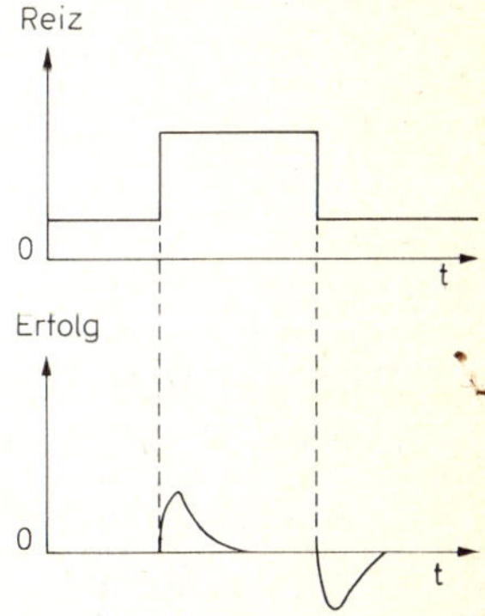

Abb. 52

4. Ein Beispiel für die Verarbeitung von Signalen durch *Multiplikation* sei etwas ausführlicher besprochen, da es das methodische Vorgehen

bei der black-box-Methode zu verdeutlichen erlaubt. Es handelt sich um die Untersuchungen der sog. „optomotorischen Reaktion" bei Insekten, die von B. HASSENSTEIN, W. REICHARDT u. Mitarb. am MPI für Biologie Tübingen (Forschungsgruppe: Kybernetik) vorgenommen wurden[1]. Zur Untersuchung wurde „die verhaltensphysiologische Methode angewendet, d. h. die Analyse einer Funktion durch wechselnde kontrollierte Reizgebung und messende Beobachtung des ausgelösten Verhaltens am unversehrten Versuchstier" — was nur eine andere Formulierung des black-box-Prinzips ist.

Versuchsobjekt war in dem hier besprochenen Falle der Rüsselkäfer (*Chlorophanus viridis*), der wie viele andere Tiere auf Bewegungswahrnehmungen mit Körperbewegungen (Drehung der Augen, des Kopfes oder meist des ganzen Körpers) so reagiert, daß er „die Relativbewegung zwischen sich selbst und der bewegten Umwelt zu vermindern sucht" = *optomotorische* oder *optokinetische Reaktion*. Das Tier befindet sich im Innern eines mit senkrechten Schlitzen versehenen Zylinders, um den ein äußerer Zylinder mit abwechselnd weißen und schwarzen Streifen konzentrisch so aufgestellt ist, daß das Tier im Zentrum in zwei benachbarten Schlitzen immer einen weißen und einen schwarzen Streifen sieht. Zwischen diesen beiden Standzylindern rotiert langsam ein dritter mit getrennten grauen Bereichen, so daß seine Rotation für das Käferauge ständig einen Helligkeitswechsel erzeugt, je nachdem die graue Fläche einen schwarzen (Aufhellung) oder einen weißen (Verdunkelung) Streifen überdeckt (s. Abb. 53).

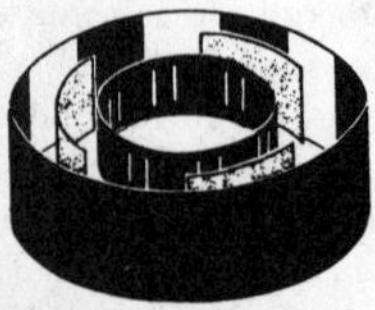

Abb. 53

Um die Bewegungsreaktionen des Käfers meßbar zu machen, wurde seine Stellung im Zentrum des innersten Zylinders in sehr geschickter Weise fixiert, dafür aber sozusagen der Untergrund beweglich gemacht: das Tier hält mit den Füßen einen Stangenglobus aus Strohspänen (s. Abb. 54). Bewegen sich seine Beine, läuft es also, so dreht sich der Globus unter ihm. Nach wenigen „Schritten" kommt es an einen Scheideweg, an dem es sich für „rechts" oder „links" entscheiden muß. Normalerweise wählt es r und l gleich häufig. Verlockt es aber ein wahrgenommener Bewegungsreiz zu einer entsprechenden Reaktion — und die aufeinanderfolgenden Wechsel von hell und dunkel in der Rotationsrichtung nimmt das Tier genau wie z. B. der Mensch als „Bewegung" wahr (sog. ‚Scheinbewegung', auch stroboskopisches Sehen

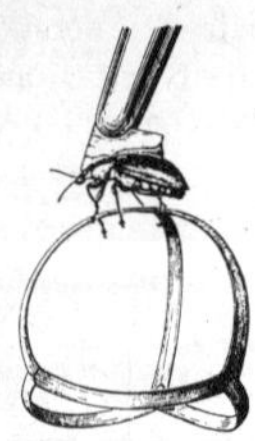

Abb. 54

[1] Zusammenfassende Darstellungen der Versuche (mit Literaturangaben) bei B. HASSENSTEIN: „Messung von Bewegungen durch das Auge eines Insekts" in: Regelungsvorgänge in lebenden Wesen. München 1961, S. 161 ff; W. REICHARDT: „Die Verarbeitung optischer Nachrichten im Zentralnervensystem von Insekten" in: Aufnahme und Verarbeitung von Nachrichten durch Organismen, Stuttgart 1961, S. 109 ff; B. HASSENSTEIN: „Wie sehen Insekten Bewegungen?" in: Kybernetik – Brücke zwischen den Wissenschaften, herausg. v. H. FRANK. 5. Aufl. Frankfurt/M. 1965, S. 97 ff, und B. HASSENSTEIN in seinem gleichnamigen Vortrag auf der 101. Naturforscher- und Ärzte-Versammlung in Hannover (erschienen: Naturwissenschaften **48**, 207 ff (1961)).

genannt) — so äußert sich die Tendenz etwa zur optomotorischen Reaktion nach rechts in einem Überwiegen von Rechts-Wahlen, z. B. 70 : 30.

a) Das Käferauge ist ein Fazettenauge, die Fazetten werden *Ommatidien* genannt. Diese Struktur legt die Frage nahe, ob beim Bewegungssehen mehrere Fazetten zusammenwirken, und wenn ja, wieviele bzw. welche? Experimentell

$\widehat{\mathrm{A}}$ $\widehat{\mathrm{B}}$ $\widehat{\mathrm{C}}$ $\widehat{\mathrm{D}}$

ergab sich: es wirken stets zwei Fazetten zusammen, und zwar entweder zwei benachbarte (A und B) oder zwei um eine Fazette getrennte (A und C). Werden also A und D entsprechend gereizt, so entsteht kein Bewegungseindruck mehr, da der räumliche Abstand der aufeinanderfolgenden Helligkeitsänderungen zu groß ist. (Auch diese Erscheinung ist, ebenso wie die folgende, vom Menschen bekannt.)

b) Damit zwei nacheinander aufleuchtende Punkte oder zwei aufeinanderfolgende Helligkeitssprünge als „Bewegung" erscheinen, muß auch der zeitliche Abstand begrenzt sein. Beim Käfer ergab sich ein zeitlicher Abstand von $\Delta t = 1/4$ sec als optimal; $\Delta t > 1/4$ sec führte zu schwächeren Reaktionen, der größtmögliche zeitliche Abstand war $\Delta t = 10$ sec.

c) Wurden A, B und C kurz nacheinander gereizt, so *summierten* sich die Reizwirkungen, und zwar kombinatorisch: es reagierten A und B, A und C sowie B und C.

d) Variierte man die Reizintensität durch Streifenzylinder mit verschieden starken Kontrasten, so zeigte sich: eine Verdoppelung der Helligkeitssprünge bewirkte eine Verstärkung der Reaktion auf das ca. Vierfache, eine Verdreifachung führte zu einer ca. neunmal so starken Reaktion — die Reaktionsstärke wächst also annähernd mit dem Quadrat der Reizintensität.

e) Helligkeitszunahmen (Δ Hz) — wenn also z. B. die rotierende Graufläche einen weißen Streifen freigibt oder einen schwarzen überdeckt — und Helligkeitsabnahmen (Δ Ha) — z. B. Freigabe eines schwarzen oder Überdecken eines weißen Streifens — löschen einander in der Wirkung aus, wenn sie gleichzeitig aufeinandertreffen. Man bezeichnet daher Δ Hz als + und Δ Ha als —.

Fällt nun eine Folge von Δ Hz(+) nacheinander in benachbarte Ommatidien, so reagiert auch das Tier „positiv", d. h. es versucht, der Richtung der Reizserie zu folgen. Läuft die Reizfolge also von links nach rechts, so überwiegen die Rechts-Wahlen. Folgen mehrere Δ Ha(—) einander in derselben Weise, so folgt auch jetzt das Tier der Bewegungsrichtung. Folgt aber auf ein Δ Hz in einer Fazette in der benachbarten ein Δ Ha, so kehrt sich die Reaktionsrichtung um: der Käfer „wählt" so, als wolle er sich gegen die Bewegungsrichtung der Reizfolge drehen — und dasselbe tritt ein bei der Folge Δ Ha $\rightarrow$ Δ Hz.

Reizfolge	*Reaktion*
+ +	+
+ —	—
— +	—
— —	+

Die kleine Tabelle stellt die Beziehungen noch einmal zusammen. Sie wird in manchem Leser eine Schulerinnerung wachrufen, nämlich an eine in den Anfängen der Arithmetik gelernte Regel: „plus mal plus = plus; plus mal minus = minus; minus mal plus = minus; minus mal minus = plus."

Die Beziehungen der Vorzeichen der Reizfolgen einerseits und der Reaktionen darauf andererseits entsprechen daher denen, die von der arithmetischen *Multiplikation* her bekannt sind. Die Verknüpfung zweier auf benachbarte Ommatidien treffender Reize könnte also nach Art einer Multiplikation vorgenommen werden.

Die auf Grund dieser Annahme unternommenen weiteren Versuche bestätigten diese Hypothese. Wir können hier nicht näher darauf eingehen, wollen nur noch eine Abb. zeigen (Abb. 55): auf der x-Achse sind die Helligkeitsdifferenzen eingetragen, wobei die Helligkeit der bewegten Flächen von Weiß (links) über sieben verschiedene Grauwerte bis zu Schwarz (rechts) variierte, und der Kontrast Weiß-Schwarz willkürlich = 1 gesetzt wurde. Bei der Drehung des rotierenden Zylinders erhält A immer den Reiz x und B den Reiz 1–x; die Summe der beiden Reizgrößen ist somit immer konstant. Die experimentell gefundenen Punkte zeigen einmal, daß die Reaktion negativ ist, und zum anderen, daß sie, trotz Gleichheit der Reizsumme, bei den verschiedenen Paarungen sehr verschieden liegen. Die eingezeichnete Kurve wurde unter der Voraussetzung errechnet, daß die Verknüpfung eine Multiplikation ist — die Übereinstimmung zwischen Experiment und Theorie ist offensichtlich sehr gut.

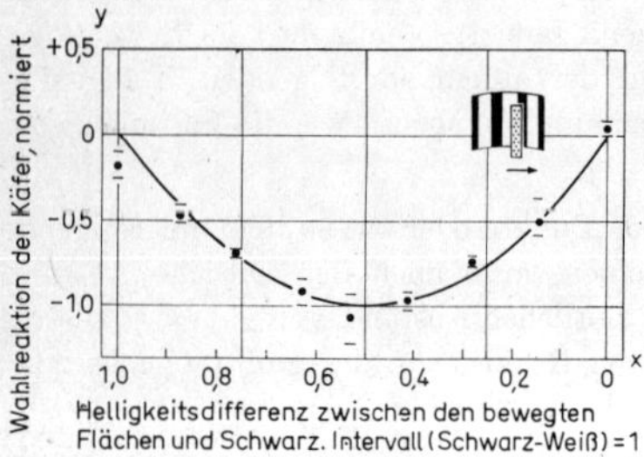

Abb. 55

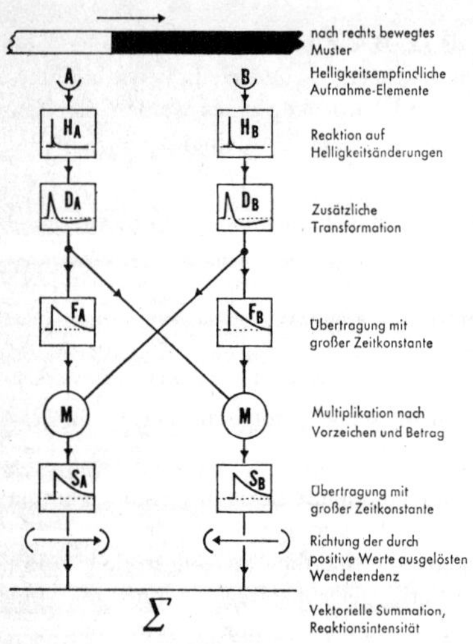

Abb. 56

Zum Schluß sei noch ein Blockschaltbild gezeigt, das alle Ergebnisse zu einem theoretischen Bild der Nachrichtenverarbeitung bei der optomotorischen Reaktion zusammenfaßt (Abb. 56). Das Helligkeitsmuster wandert nach rechts über die beiden Ommatidien A und B hinweg, so daß Hz zur Zeit t_0 in A, zur Zeit $t_0 + \Delta t$ in B ist. In beiden entstehen Erregungen, die nun über neuronale Transformatoren (H, D und F) zur Verarbeitungsstelle M geleitet werden. Ist $\Delta t > 10$ sec, so treffen in den M — z. B. bei der angenommenen Bewegungsrichtung in M_A — nicht 2 Signale ein, sondern nur 1. Ist Δt kleiner, so erhält M_A — und bei umgekehrter Bewegungsrichtung M_B — 2 Signale gleichzeitig, das eine über $A \to H_A \to D_A \to F_A$, das andere über $B \to H_B \to D_B$. M „verrechnet“ beide und gibt das Ergebnis als Signal an S_A. Die Zwischenverarbeitung in den Transformatoren H, D und F führt dazu, daß mit abnehmendem Δt das Multiplikationsergebnis zunimmt: man sieht aus den in die Blöcke F eingezeichneten Kurven, daß der „Impulswert" in F mit der Zeit schnell abklingt, bei großem Δt also schon nahezu = 0 ist, wenn das zweite Signal eintrifft, so daß M durch das von F kommende Signal nicht mehr miterregt wird. Das Ergebnis besagt: je größer die Geschwindigkeit des Musters, desto größer ist das von M weitergeleitete Multiplikationsergebnis, desto größer ist dann auch die Intensität der optomotorischen Reaktion.

Blockschaltbild und experimentelle Ergebnisse sind von W. REICHARDT und VARJÚ informationstheoretisch ausgewertet worden[1]. Für den einfachsten Fall, nämlich „Helligkeitsmuster ohne Figurenanteile", da ja beim Vorhandensein von Figurenanteilen die Helligkeitsverteilungen statistisch voneinander abhängig sind, legten sie die SHANNON-Formel für die Information einer kontinuierlichen Quelle (s. S. 141) zugrunde. Die „Dichteverteilungsfunktion" p(x) ist jetzt p(L) = „Wahrscheinlichkeitsdichte für das Auftreten der Helligkeitswerte L". Die Entropie H wird dann zu:

$$H = \int p(L) \cdot \mathrm{ld}\, \frac{1}{p(L)}\, d(L) \text{ bit pro Zeichen.}$$

Dies ist der Maximalwert der Information. Sind Figurenanteile vorhanden, so wird die Informations-Menge verringert, denn diese Anteile bedeuten jetzt *Redundanz*. Diese Redundanz T wird damit zu einem Maß für die Figurenanteile im Helligkeitsmuster:

$$T = 1 - \frac{H}{H_{max}}.$$

Dieser kurze Hinweis — er betrifft ja nur den Ausgangspunkt der theoretischen Analyse — soll lediglich eine Vorstellung davon geben, wie man bei derartigen Untersuchungen vorgehen kann.

4.2.2. black-box-Theorie

Obwohl die Anwendung des Prinzips der „black box" in der Naturwissenschaft sehr alt ist, ist eine eigene Theorie der black box doch erst in den letzten Jahrzehnten entstanden und seitdem in Entwicklung. Auch sie ist rein formal, sieht also von allen Spezialisierungen der behandelten und untersuchten Objekte ab, ebenso auch von den speziellen Mechanismen, die „im Innern" ablaufen können. Sie betrachtet lediglich Relationen, Reaktionen und Verhaltensweisen von Systemen überhaupt, ist also ein Bestandteil der Allgemeinen Systemtheorie.

1. Nehmen wir an, wir wüßten über den „Schwarzen Kasten" buchstäblich gar nichts — ASHBY pflegt für diesen Fall als Beispiel zu wählen „something that has just fallen from a Flying Saucer". Der Untersucher W beginnt nun, den Kasten zu untersuchen[2].

[1] W. REICHARDT u. D. VARJÚ: „Autokorrelation als Funktionsprinzip des Zentralnervensystems" in: Regelungsvorgänge in lebenden Wesen. München 1961, S. 169ff.

[2] Vgl. zum Folgenden W. ROSS ASHBY: „General System Theory and the Problem of the Black Box" in: Regelungsvorgänge in lebenden Wesen. München 1961, S. 53ff.

Als erstes müssen wir feststellen, daß es sich hier um ein System, genauer um eine Art *Regelsystem* handelt: Untersucher W und Kasten K sind ja miteinander gekoppelt. W führt dem K Inputs zu, K liefert Outputs, die W aufnimmt, verarbeitet, und auf Grund seiner Verarbeitung als neue Inputs an K gibt. Das System „black box" läßt sich somit durch das nebenstehende Blockschaltbild darstellen: von links führen n mögliche Inputs in den Kasten, nach rechts gehen m mögliche Outputs heraus, gelangen zu W und gehen von dort als neue Inputs in den Kasten. Genau genommen ist auch der Untersucher W eine black box, über die wir nichts weiter wissen, als daß sie Inputs aufnimmt, „irgendwie" verarbeitet und als Outputs abgibt, wobei die beiden Kästen so gekoppelt sind, daß der Output des einen als Input des anderen dient.

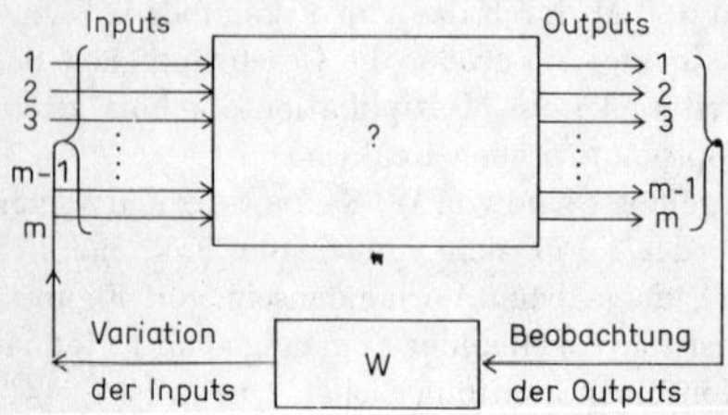

Abb. 57

Weiß, wie in unserem Beispiel, der Untersucher gar nichts über den Kasten, wird er zunächst prüfen, welche Art Inputs er überhaupt zuführen kann. Ragen beispielsweise einige Drähte zu beiden Seiten heraus, so wird er probieren, ob man elektrische Impulse hineinschicken und irgendwelche elektrischen Erscheinungen als Outputs feststellen kann. Oder er wird mit anderen physikalischen „Reizen" arbeiten, etwa mit Wärme oder Druck und dgl. Hat er so eine Tabelle möglicher Inputs aufgestellt, wird er diese Inputs dann systematisch variieren: der Art nach, der Intensität nach; er wird verschiedene Inputs in kürzeren oder längeren Zeiten einander folgen lassen, wird sie zu Gruppen kombinieren usw. Er wird also zunächst „zufällig" wählen, bis er soviel über die Inputmöglichkeiten weiß, daß er dann systematisch vorgehen kann.

Die dazugehörenden Outputs wird er zunächst konstatieren. Nehmen wir an, daß diese Outputs in ähnlicher Weise variieren wie die Inputs, also z. B. der Intensität nach von 0 bis zu verschiedenen positiven Werten — denn es können natürlich auf gewisse Inputs auch keine Outputs folgen. Im einfachsten Falle wird jeder Input e i n e n bestimmten Output ergeben.

Die so gefundenen Paarungen von Input und Output wird man dann protokollieren. Ein solches *Protokoll* ist zunächst alles, was uns der Schwarze Kasten liefert: Zahlenpaare, wenn es gelingt, beiderseits Intensitätswerte quantitativ zu erfassen, oder Paare im Binärcode, wenn wir nur feststellen können, daß auf einen Input, der lediglich die Werte 1 oder 0 annehmen kann, also gegeben oder nicht gegeben wird, ein Output folgt, der ebenfalls nur diese beiden Werte annehmen kann.

Informationstheoretisch kann man dann sagen:

Angenommen, es gäbe nur e i n e n Input, der aber n verschiedene Zustände annehmen kann (z. B. Variationen der Intensität), und ebenfalls nur e i n e n Output mit m möglichen verschiedenen Zuständen. Dann ist jeder Output ein *Zeichen* (oder Signal) mit dem Informationsgehalt von ld m bit; die m Outputs bilden also ein Signal mit dem IG $= m \cdot$ ld m bit. Da zu jedem der n Zustände des Input jeder der m Zustände des Output gehören kann, ist die maximal mögliche Informationsmenge, die wir aus dem Kasten gewinnen können:

$$\text{IG} = n \cdot m \cdot \text{ld}\, m \text{ bit.}$$

Der Untersucher möge nun in kurzer, gleichmäßiger Zeitfolge immer den gleichen Input a geben und dabei folgende Output-Zustände x_i beobachten:

Zeit: 1 2 3 4 5 6 7 8 9 10 Einheiten

Output: x_1 0 x_1 0 x_2 x_2 x_1 0 x_2 x_2,

so wird er schon in dieser kleinen Serie eine gewisse Regelmäßigkeit feststellen können; vielleicht wird er auch versuchen, die Reihe von sich aus mit x_1, 0 fortzusetzen, wobei seine Annahme dann durch weitere Versuche bestätigt — oder durch das Auftreten etwa eines x_3 widerlegt werden kann. Setzt er aber die Versuche lange genug fort, so wird er, wenn der Kasten überhaupt „systematisch arbeitet", irgendeine Regelmäßigkeit auffinden können.

Dieses Beispiel ist natürlich äußerst vereinfacht; worauf es ankommt ist: wir können immer nur Paarungen und Koppelungen feststellen, von irgendwelchen „Ursache-Wirkung"-Beziehungen ist hier nicht die Rede. Nur Regelmäßigkeiten in der Folge der Outputs erlaubt das Protokoll zu ermitteln (beim hier betrachteten Fall eines konstanten Input), und diese Regelmäßigkeiten können dann mathematisch analysiert werden. Man kann sie aber auch graphisch darstellen, und sich so ein anschaulicheres Bild von den Beziehungen innerhalb der Output-Folge verschaffen. Abb. 58 zeigt ein Beispiel, wobei wir die Output-Zustände, die auf den Input A folgen, der zeitlichen Folge nach mit a, b, c, ... bezeichnet haben.

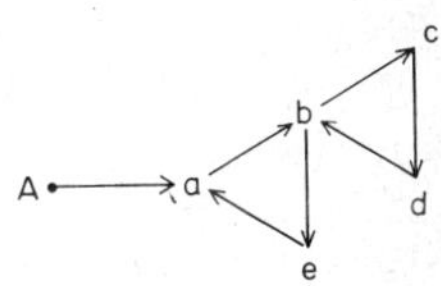

Abb. 58

Auf diese Weise kann man ein Relationsschema für jeden Inputwert aufzeichnen und erhält allmählich eine Art Netzwerk von Beziehungen, die aber immer noch nichts anderes wiedergeben, als was wir auch unmittelbar beobachtet haben: daß sich der Kasten auf verschiedene Inputs „irgendwie in bestimmter, regelmäßiger Weise verhält." Wir dürfen aber annehmen — und wir müssen dies tun, wollen wir weiterkommen —, daß die gefundenen Regelmäßigkeiten auftreten, weil im Kasten bestimmte Strukturen vorhanden sind und Verknüpfungen geschlossen werden. Die entscheidende Frage ist dann: „Kann das Muster dieser inneren Verbindungen aus dem von außen beobachteten Verhalten abgeleitet werden? Und wenn dies möglich ist, auf welche Weise kann es geschehen?" (Ashby[1]).

Die Antwort auf den ersten Teil dieser zentralen Frage lautet „ja" — wenigstens weitgehend „ja". Die Antwort auf den zweiten Teil führt in Gebiete der Mathematik,

[1] W. Ross Ashby: „General System Theory and the Problem of the Black Box" in: Regelungsvorgänge in lebenden Wesen. München 1961, S. 56.

die sich einer Darstellung hier entziehen. Prinzipiell muß aber gesagt werden: die Antworten sind nicht in dem Sinne eindeutig, daß wir erschließen könnten, daß diese und nur gerade diese innere Struktur von Relationen zwischen den Teilen des Kastens besteht. Was erschlossen werden kann, ist der Formtyp, anders gesagt: „die mathematische Methode definiert das Muster der inneren Verbindungen von isomorphen Systemen" (ASHBY), d. h. von einander formal ähnlichen Systemen.

2. Wir wollen den Weg dieser allgemeinen Betrachtungen über die Theorie des „Schwarzen Kastens" hier nicht weiter verfolgen, sondern wollen einige Typen einfacher „black boxes" betrachten, weil uns dies zu weiteren Problemen und Lösungsverfahren führen wird.

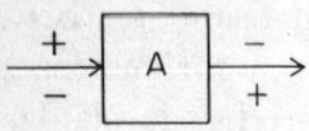

Abb. 59

Beginnen wir mit dem Kasten A, den das nebenstehende einfache Blockschema zeigt. Der Kasten hat eine Input- und eine Outputleitung. Führen wir ihm einen Input zu, so geschieht nichts. Schalten wir den Input ab, so „feuert" der Kasten, gibt also einen Output. Dieses paradoxe Verhalten finden wir gelegentlich auch bei Menschen, die geradezu aus Prinzip eine Anordnung oder einen Befehl nicht befolgen — läßt man sie in Ruhe, so handeln sie aus eigener Initiative.

Input	*Output*
0	1
1	0

Die formalen Beziehungen zwischen Input und Output sind hier sehr einfach, die kleine Tabelle stellt sie zusammen. Wir können diesen prinzipiellen „Nein"-Sager kurz als den *Nicht-Kasten* bezeichnen und durch „—" symbolisieren. Was im Kasten geschieht, interessiert vorerst nicht: er verändert oder verarbeitet den erhaltenen Input 0 oder 1 jeweils so, daß der Output stets das Gegenteil des Inputs ist.

Der nächste Kasten B möge zwei Eingänge und einen Ausgang haben. Führen wir dem Eingang I oder dem Eingang II einen Input zu, so geschieht wiederum nichts. Nur wenn beide Eingänge, I und II, je einen Input erhalten, stellen wir einen Output fest. Man kann, um wieder ein Beispiel zu geben, etwa annehmen, daß der Kasten im Innern eine Art „Erregungsschwelle" besitzt, die weder von I noch von II allein, sondern nur von beiden zusammen erreicht wird — das wäre dann der Fall einer einfachen Summation der Inputs, wie er uns ähnlich, wenn auch natürlich nicht in so einfacher Form, bei der Erregung eines postsynaptischen Neurons begegnet ist. Ein anderes Beispiel, das die formale Allgemeinheit der Betrachtungen hervorheben soll, ist: bei der Firma Krause & Schmidt hat ein Schriftstück nur Gültigkeit, wenn es die Unterschrift beider Inhaber trägt.

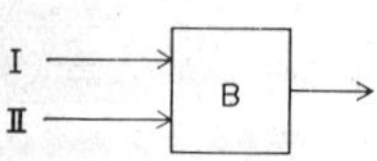

Abb. 60

Input	*Output*
00	0
01	0
10	~~1~~ 0
11	~~0~~ 1

Wieder zeigt die nebenstehende Tabelle die Beziehungen zwischen Inputs und Outputs. Wir bezeichnen diesen Kasten als *Und-Kasten* und symbolisieren ihn' indem wir an das zweite, leicht zu behaltende Beispiel anknüpfen, durch „&".

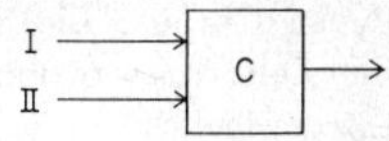

Abb. 61

Unser dritter Kasten C sieht von außen wie B aus, verhält sich aber anders. Sowohl wenn er über I, als auch wenn er über II erregt wird, feuert er, gibt also einen Output. Jeder der beiden Inputs erreicht somit, wenn wir wieder einen Schwellenwert annehmen wollen, diesen Wert — erst recht natürlich beide zusammen. Unser Firmenbeispiel würde jetzt lauten: bei der Firma Friedrich Schultze genügt die Unterschrift des Inhabers oder eines Prokuristen (oder natürlich beider), um einem Schriftstück Gültigkeit zu verleihen.

Input	*Output*
00	0
01	1
10	1
11	1

Für die Relationen zwischen Inputs und Outputs vergleiche wieder die nebenstehende Tabelle. Der Kasten möge der *Oder-Kasten* heißen, und wir symbolisieren ihn durch das Zeichen ,,$\vee$" das vom lateinischen vel = oder abgeleitet ist — und zwar vom sog. ,,einschließenden oder": a oder b oder beide.

Wir könnten noch manche anderen Kästen hier besprechen, doch mögen diese drei genügen, weil eine Fortsetzung prinzipiell nichts Neues ergeben würde. Wir begnügen uns also für das Folgende mit den drei Kästen:

a) nicht-Kasten —
b) Und-Kasten &
c) Oder-Kasten $\vee$

3. Versuchen wir nun, etwas darüber zu erfahren, welche ,,inneren Verbindungen" im Kasten vorhanden sein müssen, welche Struktur er haben muß, damit gerade die in den Tabellen auftretenden Relationen zwischen Inputs und Outputs auftreten können. Da wir über die Natur der Kästen wie auch über die Natur der Inputs und Outputs nichts wissen, bzw. darüber nichts voraussetzen, kann es sich nur um allgemeine, formale Relationen handeln, die für jede Art von Kästen, die sich derart verhalten, gültig sein müssen. Um aber doch nicht ins allzu Formale, d. h. hier Mathematische zu geraten, stellen wir uns vor, es handele sich bei diesen inneren Verbindungen um eine Art *Schaltungen,* wobei wir etwa an elektrische Schaltungen denken können. Nur müssen wir uns dabei bewußt bleiben, daß es sich nur um eine Art ,,Illustration" handelt, um eine Anschauungshilfe (s. aber unten S. 241).

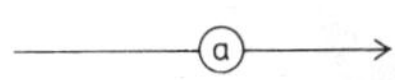

Das nebenstehende Zeichen möge einen einfachen Schalter darstellen: ist er geschlossen, hat er den ,,Wert" 1 und durch ihn fließt ein Strom. Ist er offen, so ist sein Wert 0, und der Strom ist gesperrt. Weiter wollen wir annehmen, daß wir durch das Zuführen eines Input den zu dem Eingang gehörenden Schalter im Innern des Kastens schließen, so daß im einfachsten Falle, in dem nur dieser eine Schalter im Kasten vorhanden ist, der Input i immer zu einem Output j führt.

Wir betrachten nun zunächst den Kasten C, den *Oder-Kasten.* Er hat zwei Eingänge für Inputs, wird also im Innern zwei Schalter a und b haben. Beim Input über I ist a geschlossen, b aber offen: der Strom fließt, der Kasten gibt einen Output. Beim Input über II ist dagegen b geschlossen und a offen — auch jetzt gibt der Kasten einen Output. Die Schaltskizze (Abb. 62) zeigt die einfachste Möglichkeit, wie ein Oder-Kasten funktioniert: nur wenn sowohl a als auch b offen ist, kann kein Strom fließen.

Beim *Und-Kasten* B müssen beide Eingänge mit Inputs beliefert werden, damit er einen Output gibt. Das Schaltbild (Abb. 63) zeigt die einfachste Und-Schal-

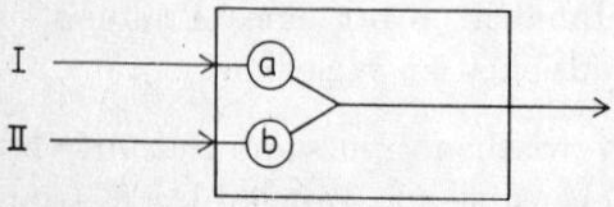

Abb. 62

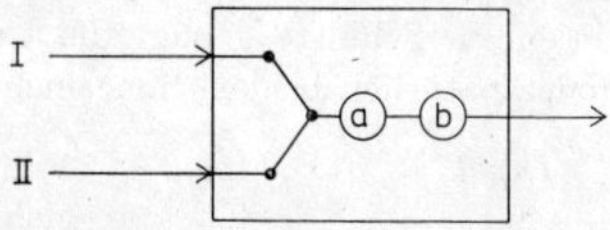

Abb. 63

tung: Input bei a schließt a — da b offen, fließt kein Strom. Umgekehrt gibt der Kasten auch keinen Output, wenn (über einen nicht gezeichneten Mechanismus) nur b geschlossen wird.

Der *Nicht-Kasten* A gibt einen Output, wenn kein Input zugeführt wird. Es liegt nahe anzunehmen, daß dieser Kasten im Innern eine eigene Stromquelle besitzt — das entspricht auch unserem früheren Vergleich mit dem „Nein"-Sager, der ohne Anstoß aus eigener Initiative handelt. Schalten wir nun im Kasten A zwei Schalter a und ā (= non-a) hintereinander, so ist automatisch ā offen, wenn a geschlossen und umgekehrt. ā sei nun mit der inneren Stromquelle verbunden, wir können ihn den Initiativschalter nennen. Dann sehen wir: ein Input führt zum Schließen von a und damit zum Öffnen von ā — der Kasten gibt keinen Output. Kein Input bedeutet, daß a offen, somit ā geschlossen ist — die innere Stromquelle führt über ā zum Output.

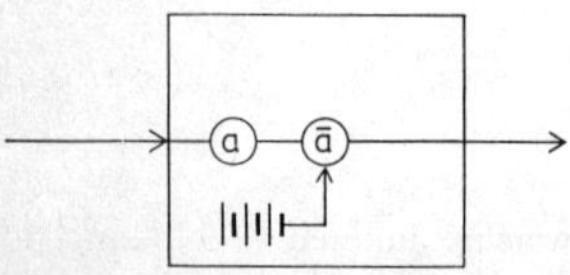

Abb. 64

Die Annahme einer „inneren Stromquelle" ist nun sicherlich nicht mehr eine „intervenierende Variable", sondern eine recht weitgehende „hypothetische Konstruktion" (s. S. 207). Aber wir erstreben ja hier nicht Exaktheit, sondern Veranschaulichung der Theorie des Schwarzen Kastens durch Schaltbilder, und dafür ist eine innere Stromquelle die nächstliegende Annahme, die das paradoxe Verhalten des Nicht-Kastens verständlich macht.

Lösen wir uns nun schließlich ganz vom „Schwarzen Kasten" und betrachten die gefundenen Schaltungen bzw. Verknüpfungen, auf die es uns ja hier vor allem ankommt, für sich, so können wir drei Formen der Verknüpfung festhalten und sie durch abstrakte Schaltsymbole wiedergeben:

Und-Verknüpfung:

Oder-Verknüpfung:

Nicht-Verknüpfung:

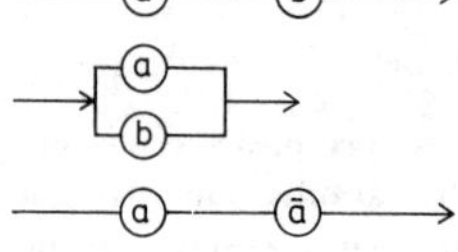

Abb. 65

4.2.3. Schaltalgebra

Wir können nun mit der Abstraktion noch einen Schritt weiter gehen und auch auf die anschaulichen Schaltskizzen verzichten: die Tabellen sagen uns ja alles Nötige, sei es über die Beziehungen zwischen Inputs und Outputs, sei es über die Relationen zwischen den Schaltern und dem Ergebnis der Schaltungen. Wir können hier allgemein von einer *Schaltfunktion* sprechen, die die beiden Werte 0 und 1 annehmen kann: 0, wenn durch die Schaltung kein Strom fließt, 1, wenn er fließt.

Schließlich können wir das, was in den Tabellen ausgedrückt ist, auch algebraisch, d. h. in Form von Gleichungen wiedergeben, wobei die Verknüpfungssymbole „$\overline{}$", „&" und „∨" als Rechensymbole dienen, mit denen man genau wie mit den arithmetischen Symbolen „—", „·" und „+" rechnen kann. Solche Rechenverfahren zu entwickeln, ist Aufgabe der Schaltungsalgebra oder *Schaltalgebra*.

1. Um mit den Symbolen rechnen zu können, müssen wir nun — genau wie in der Arithmetik — gewisse Rechenregeln festlegen; man spricht hier von den *Postulaten der Schaltalgebra*, die wir als Grundgleichungen des Rechnens darstellen:

A. *Negation:* $\bar{0} = 1$
$\bar{1} = 0$

B. *Konjunktion:* $0 \,\&\, 0 = 0$
$0 \,\&\, 1 = 0$
$1 \,\&\, 0 = 0$
$1 \,\&\, 1 = 1$

C. *Disjunktion:* $0 \vee 0 = 0$
$0 \vee 1 = 1$
$1 \vee 0 = 1$
$1 \vee 1 = 1$

Diese Grundgleichungen können wir aus den Tabellen unmittelbar ablesen. Umgekehrt: wenn uns in der Schaltalgebra komplizierte Gleichungen begegnen, deren Richtigkeit unmittelbar nicht oder nur schwer einzusehen ist, brauchen wir nur die entsprechenden Tabellen aufzustellen, um zu sehen, wie sich die Verknüpfungsnetze verhalten. Um zunächst nur ein ganz einfaches Beispiel zu geben: was ergibt sich, wenn wir a und $\bar{a}$ hintereinander, „in Serie" schalten? Anders gesagt: was ist $a \,\&\, \bar{a}$? Die Tabelle gibt uns sofort die Antwort: der Wert der Schaltfunktion ist immer = 0, d. h. die Leitung ist ständig gesperrt. Und wenn wir die beiden Schalter „parallel" schalten? $a \vee \bar{a}$ ist, wie die Tabelle zeigt, immer = 1, die Leitung ist somit immer offen. Das ergibt die beiden wichtigen Gleichungen:

a	ā	a & ā
0	1	0
1	0	0

a	ā	a ∨ ā
0	1	1
1	0	1

$a \,\&\, \bar{a} = 0$ (Serienschaltung)
$a \vee \bar{a} = 1$ (Parallel- oder Maschen-Schaltung)

2. Bevor wir weitergehen, wollen wir eine Frage beantworten, die sich sicherlich manchem Leser aufdrängen wird: weshalb behandeln wir diese an sich zweifellos

interessante Disziplin, die aber doch wohl nur für Elektroingenieure Bedeutung hat, hier in einem Buch über Kybernetik?

Das hat zwei Gründe. Der erste ist, daß die Schaltalgebra bei der Aufstellung kybernetischer Modelle als Hilfsmittel äußerst wichtig ist, ja, daß viele dort entstehende Probleme ohne ihre Hilfe gar nicht gelöst werden können.

Der zweite Grund aber liegt tiefer: wir sprechen hier über das Verknüpfen von Nachrichten, wobei uns elektrische Signale nur als anschauliches Beispiel dienen. Dies führte uns zur Theorie der black box, und diese wieder zu den Verknüpfungstabellen. Und von ihnen gelangten wir zur Darstellung der Verknüpfungen in Form von Gleichungen, speziell von Schaltungsgleichungen. Ein Beispiel mag diesen zweiten Grund noch verdeutlichen. Wir zitieren die folgenden Sätze:

1. $\bar{X}$ bezeichnet das kontradiktorische Gegenteil von X. $\bar{X}$ bedeutet die Aussage, die richtig ist, wenn X falsch ist, und die falsch ist, wenn X richtig ist.
2. X & Y bezeichnet die Aussage, die dann und nur dann richtig ist, wenn sowohl X als Y richtig ist.
3. $X \vee Y$ bezeichnet die Aussage, die dann und nur dann richtig ist, wenn wenigstens eine der beiden Aussagen X, Y richtig ist.

Das sind die drei sog. *logischen Grundverknüpfungen*[1], die formale Verknüpfungen des *Denkens* — genauer: Beziehungen der logischen Richtigkeit zwischen Aussagen — feststellen. Sie stimmen völlig mit den Postulaten der Schaltalgebra überein — deutlicher kann man die formale Allgemeinheit der reinen Verknüpfungstheorie kaum demonstrieren. Dies macht uns auch verständlich, weshalb SHANNONS erste Arbeit, die Anwendung der Booleschen Logischen Algebra auf elektrische Schaltungen von so grundlegender Bedeutung geworden ist.

Die Schaltalgebra dient uns hier also als einer der möglichen Wege in die formale Theorie der Verknüpfungen — deshalb wollen wir noch einige Schritte weiter in sie hineingehen.

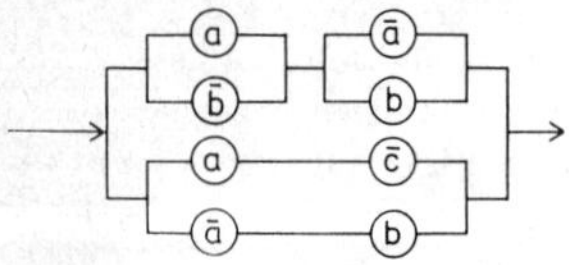

Abb. 66

3. Wir beginnen mit der Analyse einer etwas komplizierteren Schaltung. Sie ist an sich noch verhältnismäßig einfach, doch der Nichtfachmann wird an Hand der Skizze nicht so leicht herausfinden, welchen Wert die Schaltfunktion T hier haben wird.

$$T_1 = a \vee \bar{b}$$
$$T_2 = \bar{a} \vee b$$
$$T_3 = T_1 \,\&\, T_2$$
$$T_4 = a \,\&\, \bar{c}$$
$$T_5 = \bar{a} \,\&\, b$$
$$T_6 = T_4 \vee T_5$$
$$T = T_3 \vee T_6$$

Wir haben zunächst oben links eine Parallelschaltung von a und $\bar{b}$, also als Gleichung: $T_1 = a \vee \bar{b}$ (s. nebenstehende Tabelle). Das nächste Glied im oberen Zweig ist wieder eine Parallelschaltung: $T_2 = \bar{a} \vee b$. Die beiden Maschen sind in Serie geschaltet: $T_3 = T_1 \,\&\, T_2$. Im unteren Zweige finden wir das Umgekehrte: eine Parallelschaltung, und jeder Zweig enthält eine Serienschaltung. Was bei der ganzen Schaltung herauskommt, welchen Wert also $T = (T_1 \,\&\, T_2) \vee (T_4 \vee T_5)$ hat, muß uns nun die ausführliche Tabelle zeigen:

[1] Zitiert nach D. HILBERT u. W. ACKERMANN: Grundzüge der Theoretischen Logik. 2. Aufl. Berlin 1938. S. 3.

a b c	$\bar{a}$ $\bar{b}$ $\bar{c}$	T_1 a $\vee$ $\bar{b}$	T_2 $\bar{a}$ $\vee$ b	T_3 T_1 & T_2	T_4 a & $\bar{c}$	T_5 $\bar{a}$ & b	T_6 $T_4 \vee T_5$	T $T_3 \vee T_6$
0 0 0	1 1 1	1	1	1	0	0	0	1
0 0 1	1 1 0	1	1	1	0	0	0	1
0 1 0	1 0 1	0	1	0	0	1	1	1
0 1 1	1 0 0	0	1	0	0	1	1	1
1 0 0	0 1 1	1	0	0	1	0	1	1
1 0 1	0 1 0	1	0	0	0	0	0	0
1 1 0	0 0 1	1	1	1	1	0	1	1
1 1 1	0 0 0	1	1	1	0	0	0	1

Die allgemeine Gleichung für T ist, wie wir aus der Tabelle der T_i ablesen können:

$$T = (a \vee \bar{b}) \,\&\, (\bar{a} \vee b) \vee (a \,\&\, \bar{c}) \vee (\bar{a} \,\&\, b),$$

und dieses T hat, wie die oben stehende Tabelle ausweist, immer den Wert = 1, außer in dem einen Falle, wenn a = 1, b = 0 und c = 1 ist, also wenn die Schalter a und c geschlossen, b aber offen ist: nur dann fließt durch das Netz kein Strom.

4. Die disjunktive Normalform. Die Schaltalgebra ist, wie ihr Name besagt, ein Rechnen mit Schaltungen. Um dieses Rechnen zu erleichtern, wollen wir die ungewohnten Verknüpfungssymbole jetzt durch die vertrauten arithmetischen ersetzen; wir schreiben daher (wie es auch in der Schaltalgebra häufig geschieht) statt:

$$\& \equiv \cdot\text{, also: } a \,\&\, b \equiv a \cdot b \text{ oder einfach } ab;$$
$$\vee \equiv +\text{, also: } a \vee b \equiv a + b;$$

dann sieht T so aus:

$$T = (a + \bar{b})(\bar{a} + b) + (a\bar{c} + \bar{a}b).$$

Wir müssen nur bedenken, daß + und × jetzt anderen Rechenregeln folgen, z. B.:

$$a + \bar{a} = 1$$
$$a\bar{a} = 0 \text{ (s. S. 221).}$$

Dagegen gelten die Grundgesetze der Arithmetik, das *kommutative* (I), das *assoziative* (II) und das *distributive* (III) Gesetz auch in der Schaltalgebra:

I. $a + b = b + a$ und $a \cdot b = b \cdot a$ (kommutatives Gesetz);

II. $a + (b + c) = (a + b) + c = a + b + c$ und $a(bc) = (ab)c = abc$ (assoziatives Gesetz);

III. $ab + ac = a(b + c)$ (distributives Gesetz).

Das distributive Gesetz zeigt uns, daß wir T durch Ausmultiplizieren der Klammern umformen können:

$$T = a\bar{a} + ab + \bar{a}\bar{b} + b\bar{b} + a\bar{c} + \bar{a}b.$$

Wegen $a\bar{a} = 0$ und ebenso $b\bar{b} = 0$ folgt:

$$T = ab + \bar{a}\bar{b} + a\bar{c} + \bar{a}b.$$

Die Gleichung für T enthält drei Variable, nämlich a, b, c bzw. deren Komplemente $\bar{a}$, $\bar{b}$, $\bar{c}$; sie sind aber nicht gleichmäßig darin vertreten: so kommt c überhaupt nicht und $\bar{c}$ wie $\bar{b}$ nur einmal vor. Wir wollen daher T so umformen, daß jede Konjunktion (= jedes Produkt) dieser Disjunktion (= Summe) alle drei Variablen enthält. Da $a + \bar{a} = b + \bar{b} = c + \bar{c} = 1$, und Multiplikation mit 1 auch hier eine Größe nicht verändert, können wir schreiben:

$$T = ab(c + \bar{c}) + \bar{a}\bar{b}(c + \bar{c}) + a\bar{c}(b + \bar{b}) + \bar{a}b(c + \bar{c}).$$

Wir multiplizieren dies aus:

$$T = abc + ab\bar{c} + \bar{a}\bar{b}c + \bar{a}\bar{b}\bar{c} + ab\bar{c} + a\bar{b}\bar{c} + \bar{a}bc + \bar{a}b\bar{c}.$$

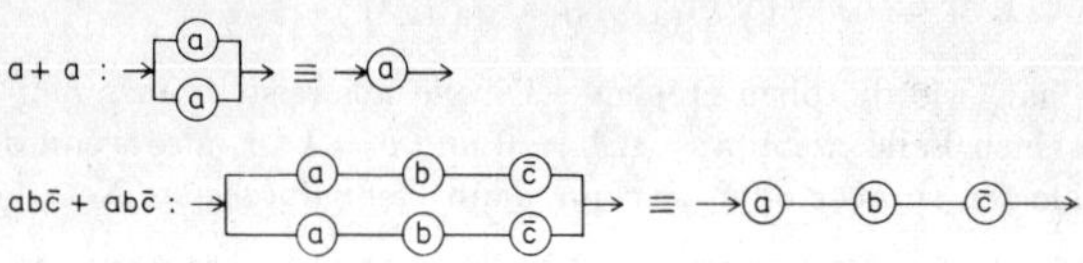

Abb. 67

Unter diesen 8 Konjunktionen sind 2 einander gleich: $ab\bar{c}$ tritt zweimal auf. Nun ist in der Schaltalgebra $a + a = a$, und ebenso $ab\bar{c} + ab\bar{c} = ab\bar{c}$, wie aus den Schaltskizzen unmittelbar zu sehen ist und wie man auch aus einer entsprechenden Tabelle leicht feststellen kann:

Somit wird T zu:

$$T = \bar{a}\bar{b}\bar{c} + \bar{a}\bar{b}c + \bar{a}b\bar{c} + \bar{a}bc + a\bar{b}\bar{c} + ab\bar{c} + abc.$$

T ist damit dargestellt durch eine Summe von Produkten oder durch eine Disjunktion von Konjunktionen, wobei jede der sieben Konjunktionen jede der drei Variablen bzw. deren Komplement enthält. Diese Form nennt man die *vollständige disjunktive Normalform* von T, genauer geschrieben:

$$T = (\bar{a}\&\bar{b}\&\bar{c}) \vee (\bar{a}\&\bar{b}\&c) \vee (\bar{a}\&b\&\bar{c}) \vee (\bar{a}\&b\&c) \vee (a\&\bar{b}\&\bar{c}) \vee (a\&b\&\bar{c}) \vee (a\&b\&c)$$

Entsprechend könnten wir T als eine Konjunktion von Disjunktionen darstellen — die sog. vollständige *konjunktive Normalform.* So ist z. B. oben $T_3 = (a \vee \bar{b}) \& (\bar{a} \vee b)$ in konjunktiver Normalform mit den beiden Variablen a und b dargestellt.

Weshalb stellt man nun die *Normalform* von T auf, was zeigt sie uns? Vergleichen wir Normalform und Tabelle (S. 223), so sehen wir, daß die sieben Konjunktionen genau die Kombination der a, b, c bzw. $\bar{a}$, $\bar{b}$, $\bar{c}$ enthalten, für die in der Tabelle T = 1 und zugleich jeder Faktor = 1 ist:

Tabelle	Zeile 1: $\bar{a}\bar{b}\bar{c} = 1\cdot1\cdot1$
	Zeile 2: $\bar{a}\bar{b}c = 1\cdot1\cdot1$ usw.

Da jede dieser Konjunktionen selbst = 1 ist — nach dem assoziativen Gesetz ist ja $\bar{a}(\bar{b}\bar{c}) = 1\cdot(1\cdot1) = 1\cdot(1) = 1$ — und da die Disjunktion dieser Konjunktionen nach $a + a + a + \ldots = a$, also $1 + 1 + 1 \ldots = 1$ ist, so gibt die Normalform jede

Kombination der Variablen an, für die einzeln T = 1 wird. Und wir sehen, daß die einzige Kombination, für die T = 0 ist, nämlich $a\bar{b}c$, in der Normalform nicht auftritt.

5. Für die Praxis ist nun aber die Normalform zu umständlich, man vereinfacht sie daher (unter Berücksichtigung der hier geltenden Rechenregeln). Wir wollen hier wieder von der einfacheren Gleichung für T (s. S. 223) ausgehen:

$$T = ab + \bar{a}\bar{b} + a\bar{c} + \bar{a}b.$$

Hier können wir aus dem 1. und 3. Glied a und aus den beiden anderen $\bar{a}$ ausklammern:

$$T = a(b + \bar{c}) + \bar{a}(\bar{b} + b)$$

und erhalten, da ja $\bar{b} + b = 1$:

$$T = \bar{a} + a(b + \bar{c}).$$

Diese einfache Form soll nun der vollständigen disjunktiven Normalform äquivalent sein, d. h.: stellen wir wieder für T in dieser Form die Tabelle auf, so muß das gleiche Ergebnis, die gleiche Verteilung der Werte für T herauskommen.

a	b	c	$\bar{a}$	$\bar{b}$	$\bar{c}$	$b \vee \bar{c}$	a & $(b \vee \bar{c})$	$\bar{a} \vee$ a & $(b \vee \bar{c})$
0	0	0	1	1	1	1	0	1
0	0	1	1	1	0	0	0	1
0	1	0	1	0	1	1	0	1
0	1	1	1	0	0	1	0	1
1	0	0	0	1	1	1	1	1
1	0	1	0	1	0	0	0	0
1	1	0	0	0	1	1	1	1
1	1	1	0	0	0	1	1	1

Es ergibt sich wieder: nur für a = 1, b = 0 und c = 1 wird, wie in der großen Tabelle, T = 0.

Die Schaltskizzen zeigen, welche Vereinfachung der Schaltung durch die Umrechnung erreicht worden ist: statt insgesamt 8 Schalter in der ursprünglichen Schaltung benötigen wir jetzt nur noch 4 Schalter. Aus dieser Skizze kann man nun auch den Stromverlauf für verschiedene Werte der 3 Variablen leicht ablesen: Ist a = 0, so $\bar{a}$ = 1 (Tab. Zeile 1–4) — der Strom läuft über den oberen Zweig. Ist a = 1 (Zeile 5–8), so muß entweder b = 1 (Zeile 7 und 8) oder c = 0 (Zeile 5 und 7) oder beides (Zeile 7) sein; dann läuft der Strom über den unteren Zweig.

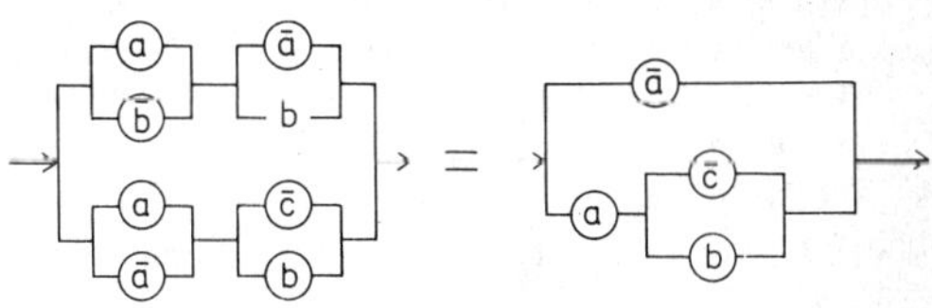

Abb. 68

6. Zum Abschluß wollen wir versuchen, selbst eine Schaltung aufzubauen. Als Beispiel nehmen wir eine Schaltung, die erlaubt, in einem Keller (oder in einem Hausflur) das Licht beliebig von der inneren Kellertür (oder der Haustür) bzw. von der Hofkellertür (oder im oberen Stock) ein- und auszuschalten. Dies ist eine Aufgabe, die von Elektrotechnikern gerne Laien gestellt wird, und die diesen meist erhebliches Kopfzerbrechen bereitet.

Für jede Synthese von Schaltungen sind zunächst drei Fragen zu beantworten:

a) Wieviel Inputs sind gegeben?
b) Wieviel Outputs sind gefordert bzw. durch die Natur des Systems gegeben?
c) Wie hängen die Outputs von den Inputs ab; welche Beziehungen bestehen also zwischen ihnen?

Um diese Fragen beantworten zu können, müssen wir die obigen kursorischen Angaben über das Funktionieren der Schaltung genauer formulieren. An der Hoftür des Kellers befinde sich der Schalter H, am anderen Ende, der Kellertür, der Schalter K. Da wir das Licht im Keller ein- und ausschalten wollen, habe jeder Schalter zwei mögliche Stellungen, die wir als 1 und 0 bezeichnen wollen.

Es sollen nun folgende Fälle eintreten können, bei denen das Funktionieren der Schaltung garantiert sei:

1. Wir kommen vom Hof, das Licht brennt nicht. Wir schalten bei H ein — verlassen dann den Keller bei K und schalten dort aus.
2. Wir kommen aus dem Haus, schalten das Licht bei K ein — und verlassen den Keller bei H, schalten dort aus.
3. Wir betreten den Keller bei H und verlassen ihn auch bei H.
4. Wir betreten den Keller bei K und verlassen ihn bei K.

Diese Darstellung reicht aber noch nicht aus; wir müssen ja berücksichtigen, ob etwa 2. auf 1. oder auf 3. folgt, d. h. ob H = 1 oder = 0 ist, wenn wir den Keller bei K betreten, und entsprechend, ob K = 1 oder = 0 ist, wenn wir bei H hereinkommen.

Die Analyse, auf diese Weise durchgeführt, wird recht umständlich. Wir sehen aber, daß es offensichtlich auf eine Kombination der beiden Schalter ankommt, und daß je nach der Kombination der Werte für H und K die Schaltfunktion L entweder = 0 (kein Licht) oder = 1 (Licht brennt) sein wird.

Die oben genannten Fragen können wir jetzt beantworten:

a) Wir haben 2 Inputs, H und K, jeder ist zweier Werte 0 und 1 fähig.
b) Wir haben einen Output, die Schaltfunktion L, die ebenfalls entweder den Wert 0 oder 1 haben kann.
c) Die Beziehungen zwischen Inputs und Output ermitteln wir am besten wieder aus einer Tabelle:

I.				II.				III.				IV.			
Fall	H	K	L	Fall	H	K	L	Fall	H	K	L	Fall	H	K	L
1.	0	0	1	1.	0	0	0	1.	0	0	0	1.	0	0	0
2.	0	1	0	2.	0	1	1	2.	0	1	0	2.	0	1	1
3.	1	0	0	3.	1	0	1	3.	1	0	1	3.	1	0	0
4.	1	1	1	4.	1	1	0	4.	1	1	1	4.	1	1	1

Die 4 Tabellen geben vier Möglichkeiten wieder, wie die Schaltfunktion von den Kombinationen der beiden Inputs H und K abhängen kann. Für jede Tabelle können wir 4 Fälle unterscheiden, je nachdem ob H in Null- oder Eins-Stellung mit K in Null- oder Eins-Stellung kombiniert ist.

Beginnen wir mit der Tabelle IV: hier folgt die Schaltfunktion L offenbar einfach der Stellung von K: ist K = 0, so auch L = 0; ist K = 1, so auch L = 1. H spielt hier anscheinend keine Rolle. Da ich aber auch von H aus das Licht beliebig ein- und ausschalten kann, ist dies sicherlich nicht die hier zutreffende Kombination. Das Gleiche gilt für Tabelle III, da hier L einfach der Stellung von H folgt. Auch diese Lösung kann nicht die richtige sein.

Tabelle II: Hier müssen wir genauer vorgehen. Wir beginnen mit dem Fall 1.: beide Schalter sind in Nullstellung, das Licht brennt nicht. Ich schalte jetzt I. entweder K (1. → 2. Fall) oder II. H (1. → 3. Fall) — das Licht brennt. Jetzt schalte ich bei I. entweder H (2. → 4. Fall) oder K (2. → 1. Fall) — das Licht geht aus. Oder, wenn ich zunächst H (II.) geschaltet hatte, schalte ich jetzt K (3. → 4. Fall) oder H (3. → 1. Fall) — in beiden Fällen geht das Licht aus. Betrete ich z. B., wenn der Fall 4 vorliegt, der Keller also dunkel ist, den Keller vom Hof aus, schalte H, so komme ich zu Fall 2: das Licht brennt. Verlasse ich den Keller jetzt bei K und schalte, so komme ich zu Fall 1: das Licht geht aus.

Diese Schaltung scheint also zu stimmen, und E. Berkeley gibt in seiner Analyse dieses Beispiels[1] auch diese Kombinationen und daraus folgende Werte für L als Lösung an. Doch ist dies nicht die einzige Lösung. Was wir aber aus der Tabelle und unserer Analyse schon sehen können, ist: sowohl bei H als auch bei K muß die Nullstellung nicht „Ausschalten" bedeuten, denn z. B. der Übergang von H = 1 zu H = 0 (4. → 2. Fall) ist ja ein Einschalten des Lichts.

Tabelle I: Wir brauchen hier die Analyse nicht wieder im einzelnen vorzunehmen (der interessierte Leser kann sie am Beispiel der Tab. II leicht selbst ausführen), wir stellen nur fest: die Schaltfunktion hat hier immer dann und nur dann den Wert = 1, wenn H und K die gleiche Stellung aufweisen, also beide = 0 oder beide = 1 sind. Nur dann brennt das Licht — während es bei Tab. II nur brennt, wenn H und K verschiedene Stellung haben.

Damit haben wir die Beziehungen zwischen Inputs und Output tabellarisch festgestellt — nur Tabelle II und I kommen in Frage. Die durch diese Tabellen gegebenen

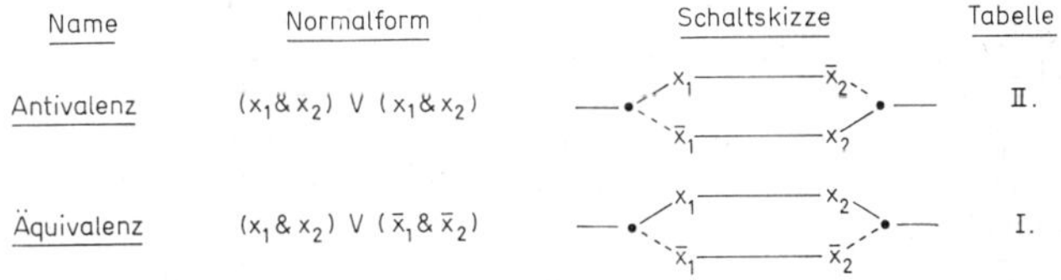

Abb. 69

[1] Edmund C. Berkeley: Symbolic Logic and Intelligent Machines. Reinhold Publishing Corp. New York. 2. Aufl. 1961. S. 77ff.

Verknüpfungen entsprechen offenbar weder der Konjunktion noch der Disjunktion noch der Negation, sie sind uns noch unbekannt. Wir geben hier nur ihre Namen, ihre Normalform (ohne sie abzuleiten) und das zugehörige Schaltschema (S. 227):

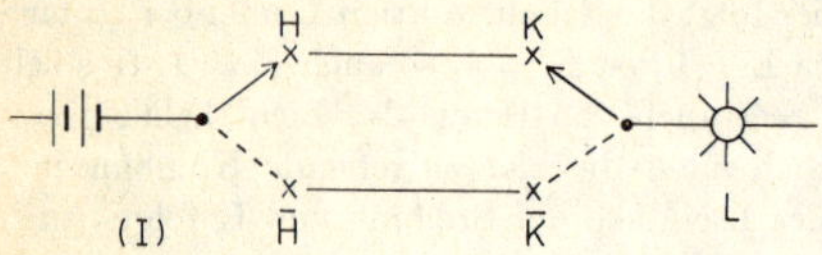

Abb. 70

Die Normalformen zeigen, für welche Wertepaare die Schaltfunktion = 1 wird; das Schaltbild gibt uns nun auch sofort die Grundlage für eine Skizze der von uns gesuchten sog. *Wechselschaltung* (I) (wobei wir die Lampe der Deutlichkeit halber außerhalb des Kellers gezeichnet haben).

4.3. Systemtheorie

4.3.1. Begriff und Arten der Systeme

Grundlegung, Aufbau und Entwicklung einer allgemeinen Systemtheorie, die wir als Kernstück der Allgemeinen Kybernetik ansehen, gehören wohl zu den schwierigsten Aufgaben, die der menschliche Geist sich gestellt hat. Wir können daher hier nicht einmal den Versuch machen, in sie „einzuführen", sondern müssen uns begnügen, sozusagen eine „populäre" Darstellung des Grundsätzlichen zu geben und in gleicher Weise — ohne also den überaus strengen Grundsätzen über Exaktheit usw. zu folgen — einige Schritte weit in das Gebiet hineinzugehen.

1. Beginnen wir mit dem Begriff des *Systems*. Das griechische Wort *το συστημα* bedeutet zunächst „Zusammenstellung", weiterhin auch „Vereinigung", „Ganzes" usw. Die Bedeutung, in der wir heute das Wort verstehen, ist darin enthalten, nur meinen wir, wenn wir von einem „System" sprechen, eine irgendwie geordnete Zusammenstellung. Was dabei zusammengestellt wird, die Teile, Glieder oder Elemente des Systems, ist für eine formale Betrachtung gleichgültig: Dinge, Lebewesen, Menschen, Gemeinschaften — kurz, „Gegenstände" im oben (S. 12) definierten allgemeinen Sinn, sind die Bestandteile eines Systems. Wie diese Gegenstände zusammengestellt sind, was wir hier also unter „Ordnung" zu verstehen haben, ist für Systeme wesensbestimmend und artbildend. Allgemein können wir sagen: die Bestandteile eines Systems stehen in gewissen Beziehungen oder Relationen zueinander, und eine der wesentlichen Aufgaben einer Systemtheorie ist es, die Art und die Eigenschaften derartiger Relationen zu untersuchen. Wieder handelt es sich dabei um formale Eigenschaften, also — um nur ganz einfache Beispiele zu nennen — ob eine Relation zwischen zwei Bestandteilen reflexiv ist (A ist Bruder von B und B auch Bruder von A, oder: wenn a = b so auch b = a), ob sie transitiv ist (wenn a = b und b = c, so auch a = c, aber: wenn A Vater von B und B Vater von C, so nicht auch A Vater von C) und dgl. mehr.

In der Philosophie, der Mathematik und fast allen Einzelwissenschaften wird im allgemeinen dieser engere Begriff des Systems verwendet: der eines in sich geordneten und weitgehend abgeschlossenen Ganzen. In der Kybernetik aber hat man diesen Begriff wiederum erweitert und ist letztlich auf die Grundbedeutung des griechischen

Wortes zurückgegangen. Man versteht dann unter einem System z. B. „irgend einen beliebig ausgewählten Satz (set) von Variablen“[1] und betrachtet es „nicht als einen Gegenstand, sondern als eine Liste von Variablen“[2] (ASHBY).

In dieselbe Richtung weist die etwas strengere Definition des polnischen Kybernetikers GRENIEWSKI, der die Verknüpfung der Zustände dynamischer Systeme einbezieht: „Gegeben ist ein gewisser, nicht-leerer Satz (set) von Elementen; ... Wir untersuchen gewisse Operationen, die mit allen oder bestimmten Elementen dieses Satzes vorgenommen werden, und zwar nach der Regel, daß jede solche Operation zu einem Ergebnis führt, das selbst wieder zu dem gegebenen Satz der Elemente gehört“[3]. Er bezeichnet diese Wissenschaft von den Systemen und den in ihnen möglichen Verknüpfungen als „Algebra der Systeme“.

2. Eine Darstellung der verschiedenen Arten von Systemen müßte streng genommen von einer exakten Definition ausgehen und durch Variation der Merkmale eine vollständige und „systematische“ Übersicht geben. Das ist hier weder möglich noch nötig, wir können uns mit einigen Beispielen begnügen, die wir aus der Erfahrung aufgreifen und nennen, weil einige von ihnen für uns später wichtig sein werden.

Der für eine allgemeine Systemtheorie uninteressanteste Unterschied ist der der „Materie“, aus der die Bestandteile des Systems oder das System selbst bestehen. Wir können hier reale und ideelle Systeme unterscheiden, wobei aber zu beachten ist, daß Realität und Idealität des Systems nicht mit Realität und Idealität der Bestandteile zusammengehen muß. Das Sonnensystem, ein Organismus, eine Maschine sind reale Systeme aus realen Bestandteilen — das System der Pflanzen und Tiere oder das Periodensystem der chemischen Elemente sind ideelle Systeme realer Bestandteile — PLATONS Begriffspyramide ist ein ideelles System aus ideellen Bestandteilen usw.

Weiterhin wird man zwischen natürlichen und künstlichen Systemen unterscheiden müssen, also z. B. dem Sonnensystem, den Organismen einerseits und Maschinen und gewissen Gemeinschafts-Organisationen andererseits. Es gibt auch — in einem etwas anderen, aber doch verwandten Sinn der Wörter — natürliche und künstliche ideelle Systeme. So ist das Periodensystem der chemischen Elemente ein „natürliches“, da es in seiner Struktur reale Beziehungen realer Bestandteile widerspiegelt. Dagegen sind ideelle Systeme, in die man die faktischen Gegebenheiten gleichsam hineinzwängt — einige philosophische und nahezu alle „ideologischen“ Systeme — „künstlich“. Doch gibt es auch hier Zwischenstufen. So ist z. B. die von v. NEUMANN oben (S. 208) erwähnte Maschine zwar ein künstliches ideelles System, aber sie ist, wie jede Konstruktionszeichnung einer Maschine, potentiell real, so daß man sie in der Kybernetik eher zu den realen rechnen wird. Wir erinnern uns dabei an GEORGES Begriff der „effectiveness“ (S. 11). Daß kybernetische Systeme „effective“ sein müssen, besagt eben, daß man ein „paper-and-pencil model“ prinzipiell in ein „hardware model“ übertragen können muß.

---

[1] W. ROSS ASHBY: Design for a Brain. 2. Aufl. Chapman and Hall, London 1954. S. 15.
[2] derselbe: An Introduction to Cybernetics. S. 40.
[3] HENRYK GRENIEWSKI: Cybernetics without Mathematics (engl. Übers. a. d. Polnischen). London u. Warschau 1960. S. 9f.

Eine wichtige Unterscheidung ist die zwischen offenen und geschlossenen Systemen. Offene Systeme stehen mit ihrer Umgebung in mannigfachen Austausch-Beziehungen. Ein Organismus tauscht mit seiner Umwelt Materie (Nahrung, Ausscheidung) und Energie (z. B. Wärme) aus, eine menschliche Gemeinschaft tauscht mit ihrer Umwelt Güter, Waren, Nachrichten aus usw. Dagegen gelten der Satz von der Erhaltung der Materie und Energie und der II. Hauptsatz der Thermodynamik nur für geschlossene Systeme, die „von außen" keine Zufuhr von Materie oder Energie erhalten. Kybernetische Systeme kann man als eine bestimmte Art geschlossener Systeme ansehen. So schreibt ASHBY: „Kybernetik könne definiert werden als Untersuchung von Systemen, die für Energie offen, gegen Information (und Regelung) aber geschlossen sind"[1]. GRENIEWSKI spricht, in anderer Wendung, von relativ isolierten Systemen und sieht diesen Begriff als den Grundbegriff der Kybernetik an. Er definiert:

„Unter einem *relativ isolierten System* verstehen wir ein System — und nur ein solches — das die folgenden beiden Eigenschaften hat:

1. „Es wird vom übrigen Universum beeinflußt, aber nur auf gewissen, bestimmten Wegen, die Inputs heißen; und
2. es beeinflußt das übrige Universum, aber nur auf gewissen, bestimmten Wegen, die Outputs heißen"[2].

Die Unterscheidung statischer und dynamischer bzw. kinetischer Systeme ist eigentlich nur soweit wichtig, als sie das Gebiet der Kybernetik abzugrenzen geeignet ist: Kybernetik befaßt sich vorwiegend, wenn nicht ausschließlich, mit kinetischen oder dynamischen Systemen. Allerdings muß dieser Begriff wieder sehr weit gefaßt werden, so daß er nicht nur die eigentliche Bewegung von Bestandteilen, Untersystemen und ganzen Systemen umfaßt, sondern letztlich jede Veränderung dieser Bestandteile, Untersysteme und Systeme, ihrer Relationen usw. „Der fundamentalste Begriff in der Kybernetik ist der der Verschiedenheit (difference)" — so beginnt ASHBY den I. Hauptteil seiner „Introduction" — „sei es, daß zwei Dinge erkennbar verschieden sind, sei es, daß ein Ding sich in der Zeit verändert hat."[3] Gerade die Veränderung in der Zeit, dieses Anderswerden ist Zentralthema der Kybernetik, ist z. B. auch Grundlage aller Verhaltensbeeinflussung von Systemen.

Schließlich sei noch die Unterscheidung determinierter und probabilistischer Systeme erwähnt und deren Koppelung mit der einfacher, komplexer und äußerst komplexer Systeme, über die wir schon oben (S. 30) gesprochen haben, so daß wir an dieser Stelle darauf verweisen können.

3. Aus der Vielzahl der Probleme, die eine allgemeine Systemtheorie stellt, seien hier zwei Bereiche herausgegriffen, weil sie für unsere Darstellung wichtig sind. Einmal die Untersuchung der Verknüpfung von Bestandteilen untereinander sowie ganzer Systeme miteinander — und zum anderen die Veränderung von Systemen, sei es infolge von Veränderungen der Bestandteile, der Relationen zwischen ihnen oder der Systeme selbst.

---

[1] W. ROSS ASHBY: An Introduction to Cybernetics. S. 4.
[2] GRENIEWSKI: a. a. O. S. 28.
[3] W. ROSS ASHBY: An Introduction to Cybernetics, S. 9.

Verknüpfungen lassen sich in doppelter Hinsicht auffassen: entweder als zwischen den Elementen usw. bestehende Verknüpfungen, also formal als Relationen bestimmter Art, oder als Verknüpfungs-Operationen, die wir mit den Elementen vornehmen. Die *Veränderung* der Systeme ist als eine Zustands-Transformation des Systems zu verstehen: das System geht von einem durch die Merkmale a, b, c ... bestimmten Zustand A in einen durch a′, b′, c′ ... gekennzeichneten Zustand A′ über. In diesem Sinne haben wir früher schon nach SHANNON informationstheoretische Probleme behandelt (s. etwa S. 134f). Ist die Theorie der Verknüpfungen oder Relationen als *Operationen* grundlegend für eine exakte Theorie der Nachrichten-Verarbeitung, so ist die der Zustands-*Transformationen* die Grundlage einer Theorie der Verhaltens-Beeinflussung.

4.3.2. Zur Theorie der Verknüpfungen

1. Um eine allgemeine Theorie der Verknüpfungen zu entwickeln, könnte man etwa analytisch vorgehen: man untersucht bestehende Verknüpfungs-Systeme wie z. B. die Mathematik, die Allgemeine Soziologie, die Wirtschaftstheorie usw. und prüft sie auf die in ihnen auffindbaren formalen Gemeinsamkeiten, zieht diese heraus und formuliert allgemeine Verknüpfungsgesetze formaler Art. Man gewinnt so allmählich eine Anzahl von Sätzen und Erkenntnissen über „Verknüpfungen überhaupt“ und weiterhin auch eine Art „System“ dieser Sätze, da ja die Systematik der Verknüpfungen auch weitgehend zu den Gemeinsamkeiten jener Systeme gehören wird.

Ein wesentlicher Nachteil eines solchen Verfahrens ist, daß man dabei Teilstücke der Erkenntnis zu einem Ganzen zusammenfügt und niemals sicher sein kann, daß das gewonnene Ganze lückenlos und umfassend ist. „Die Vollständigkeit einer Wissenschaft“ — so formuliert dies KANT im Anfang seiner Transzendentalen Logik[1] — „kann nicht auf den Überschlag eines bloß durch Versuche zustande gebrachten Aggregats mit Zuverlässigkeit angenommen werden; daher ist sie nur vermittels einer Idee des Ganzen ... und durch die daraus bestimmte Abteilung der Begriffe ..., mithin nur durch ihren Zusammenhang in einem System möglich.“ Das führt auf den entgegengesetzten Weg: vom Ganzen her in systematisch begründender Methode zu den Teilen und Einzelheiten vorzudringen. Das bedeutet nun hier nicht Versuche, wie sie uns in philosophischen Systemen begegnen, die aus einem Prinzip das Ganze der Welt gleichsam „herauszuspinnen“ versuchen, sondern meint die *axiomatische Methode*, ein methodisch von jener philosophischen Deduktion völlig verschiedenes Verfahren.

Wir haben ein solches axiomatisches System in der Schule kennengelernt, nämlich EUKLIDS systematischen Aufbau der Geometrie. An den Anfang setzt man einige *Definitionen*, z. B. über die Gegenstände des zu betrachtenden Systems. Weiterhin stellt man gewisse Grundrelationen auf, die zwischen den Gegenständen bestehen, als bestehend angenommen werden oder die sich zwischen ihnen herstellen lassen: die *Axiome*. Und schließlich fordert man noch, daß gewisse *Postulate* erfüllt sein sollen. Einige (Auswahl)-Beispiele aus EUKLID mögen dies verdeutlichen:

---

[1] KANT: Kritik der reinen Vernunft. 2. Aufl., S. 64f (Akad. Ausg. Bd. 3, S. 56).

I. *Definitionen:*
a) Ein Punkt ist, was keine Teile hat.
b) Eine Linie ist eine Länge ohne Breite.
usw.

II. *Axiome:*
a) Was ein und demselben gleich ist, ist unter sich gleich.
b) Und wird Gleiches zu Gleichem zugefügt, so sind die Ganzen gleich.
usw.

III. *Postulate:*
a) Es soll gefordert werden, daß sich von jedem Punkte nach jedem Punkte eine gerade Linie ziehen lasse.
b) Und daß sich um jeden Punkt mit jedem Halbmesser ein Kreis beschreiben lasse.
usw.

Das Wesen der axiomatischen Methode ist somit:

„1. Alle Grundbegriffe und Grundrelationen der zu axiomatisierenden Wissenschaft werden vollständig aufgezählt; jeder weitere Begriff muß durch Definition auf diese zurückgeführt werden.

„2. Auch die Axiome, d. h. die ohne Beweis als richtig betrachteten Sätze, werden vollständig aufgezählt; alle übrigen Sätze werden aus ihnen auf rein logischem Wege gefolgert." (A. HEYTING[1]).

Nun wird man vielleicht sagen: derartige durch Definitionen, Axiome und Postulate bestimmte Systeme kann man letztlich beliebig aufstellen, wenn man nur bestimmte formale Prinzipien einhält (s. u.). Das bedeutet noch nicht, daß man damit eine Wissenschaft begründet, sondern es kann auch zu formalistischen Spielereien oder auch zu Spielen wie etwa dem Schachspiel führen, das ja auch ein derartiges System ist. Der entscheidende Satz aus HEYTINGS Definition, den man als Antwort auf diesen Einwand anerkennen wird, ist: daß die Axiome Sätze sind, „die ohne Beweis als richtig betrachtet" werden. Man hat dies „ohne Beweis als richtig betrachtet" oft so verstanden, daß man sagt: die Axiome sind evident.

Doch was heißt hier „evident"? Die geometrischen Axiome sind anschauungsevident. Formulieren wir etwa das berühmte Parallelen-Axiom so: durch einen Punkt außerhalb einer Geraden kann man zu dieser Geraden eine und nur eine Parallele ziehen — so erscheint dies anschaulich durchaus selbstverständlich. Und ebenso ist der Satz der „Drittengleichheit" evident: sind zwei Größen derselben dritten gleich, so sind sie auch untereinander gleich.

Aber müssen Axiome evident sein, sei es für die Anschauung, sei es für unser logisches Denken, wie etwa der „Satz vom ausgeschlossenen Dritten": X ist entweder P oder non-P, etwas „Drittes" gibt es nicht? Die Entwicklung nichteuklidischer Geometrien, in denen etwa zu einer Geraden durch einen außerhalb ihrer liegenden Punkt keine oder auch mehrere Parallelen gezogen werden können, oder nicht-

[1] A. HEYTING: Mathematische Grundlagenforschung. Intuitionismus. Beweistheorie. Berlin 1934. S. 30.

aristotelischer Logiken mit Grundsätzen vom ausgeschlossenen n + 1ten (n > 2), zeigen, daß solche Systeme nicht nur „möglich" sind, sondern auch durchaus wissenschaftliche Bedeutung haben. So „falsch" uns ein Axiom erscheinen mag, daß man zu einer Geraden durch einen außerhalb liegenden Punkt keine — oder mehrere — Parallelen ziehen kann, derart begründete nichteuklidische Geometrien erweisen sich für eine theoretische Behandlung z. B. des physikalischen Raumes als „wahrer" oder „richtiger" als die euklidische Geometrie, die uns so „evident" erscheint. Und Ähnliches läßt sich von den nichtaristotelischen Logiken sagen.

Axiome müssen durchaus nicht „evident" sein, nicht im vertrauten alltäglichen Sinne und genau genommen auch nicht in irgendeinem wissenschaftlichen Sinne. HEYTING sagt oben ausdrücklich: die Axiome werden ohne Beweis als richtig betrachtet, d. h. sie werden im Rahmen des Systems „als richtig" angenommen. Man unterscheidet daher zwischen einer Axiomatik im engeren und im weiteren Sinne, strenger: zwischen einer „inhaltlichen" und einer „formalen" Axiomatik (HILBERT-BERNAYS). Bei der *formalen* Axiomatik sieht man „von dem sachlichen Vorstellungsmaterial, aus dem die Grundbegriffe einer Theorie gebildet sind", ab und behält „nur dasjenige bei, was als Extrakt in den Axiomen formuliert ist"[1]. Man hat es dann „mit einem festen System von Dingen (bzw. mehreren solchen Systemen) zu tun, welches einen von vornherein abgegrenzten Bereich von Subjekten für alle Prädikate bildet, aus denen sich die Aussagen der Theorie zusammensetzen"[2].

Die Gegenstände eines solchen Bereichs sind also nur durch das in den Axiomen Ausgesagte bestimmt, und man muß sich sehr hüten, bei der Aufstellung von Sätzen und bei Schlußfolgerungen nicht „Annahmen" einzuschmuggeln, die nicht in den Axiomen enthalten sind. Dafür gibt einmal HUGO DINGLER ein drastisches, ja karikierendes Beispiel: „Denken Sie sich im unendlichen leeren Raum einen einzigen Massenpunkt (etwa außer dem Beobachter und in hinreichender Entfernung von ihm). Plötzlich fängt dieser Massenpunkt an zu hupfen. Warum hupft er? — Die Frage hat meist intensives Nachdenken und die tiefsinnigsten Erörterungen zur Folge. Und man kann die wirklich klaren Denker ... daran herausfinden, daß sie einem die Antwort geben: ‚Weil Sie das so angenommen haben'." Daß dies nicht nur ein übertreibender Scherz ist, zeigt ein Zitat aus einer naturphilosophischen Arbeit eines strengen „Logikers", das DINGLER dann anführt[3].

Setzen wir nun an den Anfang der Verknüpfungstheorie ein solches formales Axiomensystem, so muß es[4], um für das darauf zu errichtende System tragfähig zu sein, folgenden Bedingungen genügen:

Es muß *vollständig* sein, d. h. es darf in der späteren Entwicklung keinen Satz geben, der nicht letztlich auf eins der Axiome zurückgeführt werden kann.

[1] DAVID HILBERT u. PAUL BERNAYS: Grundlagen der Mathematik. Berlin 1943. Bd. I, S. 1.

[2] a. a. O. S. 2.

[3] HUGO DINGLER: Der Zusammenbruch der Wissenschaft. 2. Aufl. 1931. S. 119f.

[4] Genauer sollte es heißen: „müßte es", denn diese sind Idealforderungen, die für viele Axiomensysteme nicht erfüllbar sind. Wer sich für diese Probleme interessiert, sei auf das kleine Buch von ERNEST NAGEL u. JAMES R. NEWMAN: Der Gödelsche Beweis (dtsch. Ausg. v. H. SCHLEICHERT), Wien, München 1964 verwiesen, das auch den Nichtmathematiker an die Probleme heranführt.

Es muß *widerspruchsfrei* sein, d. h. die Axiome dürfen sich nicht widersprechen, dürfen auch keine einander widersprechenden Sätze begründen.

Die Axiome müssen *voneinander unabhängig* sein, z. B. darf man nicht eins von ihnen aus den anderen ableiten können.

Untersuchungen der Axiomensysteme der Mathematik auf die Gültigkeit und Erfüllung dieser Bedingungen bildeten ursprünglich den Problem- und Aufgabenbereich der *Metamathematik* (s. S. 126), wie sie von HILBERT und seinen Mitarbeitern und Schülern begründet und entwickelt wurde. Auch der Begriff „Metamathematik" ist inzwischen erweitert und verallgemeinert worden; man kann ihn heute mit PAUL LORENZEN definieren als „mathematische Theorie, die als ihren Gegenstand axiomatische Theorien hat"[1].

2. Für den axiomatischen Aufbau einer allgemeinen Theorie der Verknüpfung gibt es nun mehrere Möglichkeiten, da wir bei der Wahl der Axiome eine gewisse Freiheit haben. So ist z. B. der „Satz der Drittengleichheit" bei EUKLID ein Axiom, in der neueren arithmetischen Axiomatik ist er dagegen ein aus den Gleichheitsaxiomen abgeleiteter Satz. Und so ist in der mathematischen Logik der „Satz der Identität", der wichtigste Grundsatz der klassischen Logik, ein Satz, der aus den Axiomen folgt — woraus der Unterschied der axiomatischen und der „philosophischen" Logik besonders deutlich wird. In einer „Denklogik" etwa, um nur dies Beispiel zu nennen, besagt der „Satz der Identität" ja nichts anderes als, daß das, was man denkt: ein Begriff, eine in einem Urteil ausgesprochene Beziehung und dgl., während des Denkens „dasselbe" ist und bleibt. Der Grundsatz ist somit „evident", und ohne ihn anzuerkennen, kann man überhaupt nichts „ableiten", kann keine logischen Schlüsse ausführen — kann somit auch diesen Grundsatz selbst nicht „ableiten". In der mathematischen Logik dagegen ist der „Satz der Identität" eine formale Folgerung aus dem Axiomen durch Anwendung der beiden „Operationsregeln", die als „materiale Grundsätze" oder auch als „Schlußregeln" bezeichnet werden[2]. Deren Anwendung setzt aber, vom klassischen Standpunkt aus, die Gültigkeit des Identitäts-Satzes bereits voraus. Hier handelt es sich gewiß nicht um „Widersprüche", sondern — und deswegen wurde dieses Problem hier nur erwähnt —, um die Notwendigkeit eines „Umdenkens", sobald man von der philosophischen in die axiomatische Logik übergeht.

Auch für die Anzahl der Axiome besteht eine gewisse Freiheit, solange man die oben genannten drei Kriterien berücksichtigt. So hat man z. B. die ganze Aussagenlogik aus einem Axiom entwickelt — normalerweise legt man aber mehrere Axiome zugrunde, die dann derart definiert sind, daß sie innerhalb des Systems die Kriterien erfüllen. So könnte man auch die allgemeine Verknüpfungstheorie mit einer Verknüpfung begründen und alle anderen Verknüpfungsformen aus dieser einen ableiten.

---

[1] PAUL LORENZEN: Metamathematik. Mannheim 1962. S. 12f. Die „Einleitung" dieses Buches gibt einen knappen Überblick über die Entwicklung der Metamathematik von HILBERT bis heute.

[2] Vgl. z. B. RUDOLF CARNAP: Abriß der Logistik. Wien 1929. S. 12. — Zum Problem vgl. auch die kritischen Ausführungen etwa bei BRUNO BARON v. FREYTAG gen. LÖRINGHOFF: Logik. Stuttgart u. Köln 1955 (Urban-Bücher 16). S. 172vf.

Doch bei derartigen radikalen Vereinfachungen werden die Ableitungen meist recht umständlich und sind schwer zu handhaben, deshalb wählt man lieber mehrere Axiome. Die ganze Fülle schwerer und schwierigster Probleme, die dabei entstehen, können wir hier nicht einmal andeuten —, daß hier überhaupt Probleme vorliegen und in welche ungefähre Richtung sie weisen, wird der Leser hoffentlich aus unseren Andeutungen bemerkt haben.

3. Gehen wir nun zur Grundlegung einer allgemeinen Verknüpfungstheorie über, so wählen wir als Beispiel die schon 1904 von E. V. HUNTINGTON gegebene Axiomatik einer BOOLEschen Algebra[1]:

Gegeben seien gewisse *Elemente* und zwei zwischen ihnen vorhandene oder mögliche (s. S. 231) *Verknüpfungen*. Über die Natur der Elemente wird nichts ausgesagt, sie können „Gegenstände" im anfangs bestimmten Sinne, sie können „Posten in einer Liste" sein — sie sind „Etwasse", um den allgemeinsten und leersten Begriff der PLATONschen Begriffspyramide auf sie anzuwenden. Wir symbolisieren diese Elemente durch kleine lateinische Buchstaben a, b, c, ... Auch über die Natur der Verknüpfungen wird nichts gesagt, außer daß die Verknüpfung zweier oder mehrerer Elemente nach diesen beiden Formen wieder zu einem Element führen soll. Wir symbolisieren die beiden Verknüpfungen durch $\oplus$, gesprochen etwa „pseudoplus", und $\odot$ (= „pseudomal"), und die Tatsache, daß das Ergebnis der Verknüpfung wieder ein Element ist, durch $\ominus$, das wir „pseudogleich" nennen wollen und am besten aussprechen als „ergibt".

Soweit die Definitionen, die die Elemente und ihre Verknüpfungen in allgemeinster Form definieren. Damit das so bestimmte Gesamt von Elementen und Verknüpfungen nun ein *System* ist, sollen folgende Axiome gelten:

A_1: Die Operationen $\oplus$ und $\odot$ sind kommutativ (s. S. 223), d. h.:

$$a \oplus b \ominus b \oplus a \text{ und } a \odot b \ominus b \odot a.$$

A_2: In der betrachteten Gesamtheit B existiert für jede der beiden Operationen ein sog. *Einselement*, das wir für $\oplus$ als „0" und für $\odot$ als „1" bezeichnen, und das die Eigenschaft hat, daß für jedes Element in B gilt:

$$a \oplus 0 \ominus a \text{ und } a \odot 1 \ominus a.$$

A_3: Jede Verknüpfungsoperation ist distributiv bezüglich der anderen (s. S. 223); das besagt, daß für alle Elemente die beiden folgenden Pseudogleichungen gültig sind:

$$a \odot (b \oplus c) \ominus a \odot b \oplus a \odot c \text{ und: } a \oplus (b \odot c) \ominus (a \oplus b) \odot (a \oplus c)$$

(Das erste dieser beiden distributiven Gesetze ist uns aus der Arithmetik bekannt, das zweite gilt dort nicht!)

---

[1] Vgl. zum Folgenden J. E. WHITESITT: Boolesche Algebra und ihre Anwendungen (dtsch. Übersetzung von UWE KLEMM). Braunschweig 1964. spez. S. 27ff. — sowie auch EDMUND C. BERKELEY: Symbolic Logic and Intelligent Machines. New York, London 1961. spez. S. 20ff, 42ff u. 52ff.

A_4: Zu jedem beliebigen Element a in B gibt es ein Element a' derart, daß stets:

$$a \oplus a' \ominus 1 \text{ und } a \odot a' \ominus 0.$$

(a' entspricht also dem $\bar{a}$ in der Schaltalgebra [S. 220]. — Eine Veranschaulichung dieses in der Arithmetik ebenfalls nicht gültigen Axioms wird später bei den „Interpretationen" gegeben.)

Aus diesen Axiomen lassen sich nun einige *Sätze* ableiten, die als Rechenregeln bei den Verknüpfungsoperationen im System dienen. Diese Sätze lassen sich alle beweisen, d. h. jeder Schritt eines solchen Beweises kann auf eins der Axiome zurückgeführt werden. Wir werden diese Beweise nur in einigen Fällen als Beispiele geben, um die Darstellung nicht zu komplizieren. Besonders wichtig ist der

Satz 1: Es gilt in B das sog. *Dualitätsprinzip*, das besagt: Jede Pseudogleichung in B bleibt richtig, wenn man die Operationen $\oplus$ und $\odot$ sowie die entsprechenden Einselemente 0 und 1 überall gleichzeitig miteinander vertauscht. Also:

$$\text{wenn etwa } (a \oplus b \oplus c) \odot (d \oplus e) \ominus 1 \text{ richtig,}$$
$$\text{so ist auch: } (a \odot b \odot c) \oplus (d \odot e) \ominus 0 \text{ richtig.}$$

Satz 2: Für jedes Element a in B gilt:

$$a \oplus a \ominus a \text{ sowie: } a \odot a \ominus a.$$

Beweis: Wegen des Dualitätsprinzips brauchen wir nur eine der beiden Behauptungen zu beweisen, wir wählen $a \odot a \ominus a$.

$$\begin{aligned} \text{Es ist nach } A_2\text{: } a &\ominus a \oplus 0 \\ \text{nach } A_4\text{: } &\ominus a \oplus a \odot a' \\ \text{nach } A_3\text{: } &\ominus (a \oplus a) \odot (a \oplus a') \\ \text{nach } A_4\text{: } &\ominus (a \oplus a) \odot (1) \\ \text{nach } A_2\text{: } &\ominus a \oplus a \\ \text{nach } A_1\text{: } a \oplus a &\ominus a \end{aligned}$$

Satz 3: Für jedes Element in B gilt:

$$a \oplus 1 \ominus 1 \text{ und: } a \odot 0 \ominus 0.$$

(Der zweite der beiden Teilsätze ist uns wieder vertraut, der erste erscheint uns „ungewöhnlich" — eine Veranschaulichung geben wieder die Interpretationen.)

Beweis:

$$\begin{aligned} 1 &\ominus a \oplus a' && (A_4) \\ &\ominus a \oplus (a' \odot 1) && (A_2) \\ &\ominus (a \oplus a') \odot (a \oplus 1) && (A_3) \\ &\ominus 1 \odot (a \oplus 1) && (A_4) \\ 1 &\ominus a \oplus 1 && (A_2) \end{aligned}$$

Satz 4: Es ist:

$$a \oplus a \odot b \circleddash a \text{ und entsprechend: } a \odot (a \oplus b) \circleddash a.$$

Beweis: (nur skizziert):

$$1.\ a \oplus a \odot b \circleddash a \odot (1 \oplus b) \circleddash a.$$
$$2.\ a \odot (a \oplus b) \circleddash (a \odot a) \oplus (a \odot b) \circleddash a \oplus a \odot b \circleddash a.$$

Satz 5: sagt aus, daß beide Verknüpfungen assoziativ sind (s. S. 223):

$$a \oplus (b \oplus c) \circleddash (a \oplus b) \oplus c \text{ und: } a \odot (b \odot c) = (a \odot b) \odot c.$$

Satz 6: Es ist stets $(a')' \circleddash a$.
Satz 7: Es ist $0' \circleddash 1$ und $1' \circleddash 0$.
Satz 8: Für alle a und b in B gelten DE MORGANS Gesetze:

$$(a \odot b)' \circleddash a' \oplus b' \text{ und: } (a \oplus b)' \circleddash a' \odot b'.$$

Schließlich soll noch eine Verknüpfungsform herausgehoben und durch ein besonderes Symbol gekennzeichnet werden:

Ist $a \odot b' \circleddash 0$, so schreiben wir dafür: $a \subset b$ und bezeichnen $\subset$ als die *Ordnungsrelation* in B. Für diese Relation gelten die 4 Beziehungen:

1. wenn $a \subset b$ und $b \subset c$, so auch $a \subset c$,
2. wenn $a \subset b$ und $a \subset c$, so auch $a \subset b \odot c$,
3. wenn $a \subset b$, so gilt für jedes c: $a \subset b \oplus c$,
4. $a \subset b$ gilt genau dann, wenn $b' \subset a'$.

Mit Hilfe der Axiome und der abgeleiteten Sätze kann man nun im System B „rechnen", d. h. man kann die verschiedensten, komplizierten Verknüpfungen von Elementen untersuchen, kann Pseudogleichungen umwandeln, vereinfachen u. dgl. Alles dies ist natürlich sehr abstrakt, und wir wollen derartige Umformungen daher lieber bei den Interpretationen betrachten, wo sie eine anschauliche und auch praktische Bedeutung gewinnen. Nur ein Punkt muß noch erwähnt werden:

Man bezeichnet das System B im allgemeinen als *Boolesche Algebra* nach dem englischen Mathematiker GEORGES BOOLE (1815–1864), der wohl nach LEIBNIZ als erster systematisch die Mathematik, speziell die Algebra, auf die Logik angewendet hat. Weiterhin versteht man unter einer *Booleschen Funktion* jeden Ausdruck, der eine Verknüpfung einer (endlichen) Zahl von Elementen durch die beiden gegebenen Verknüpfungsformen in B enthält, z. B.

$$f \circleddash (a \oplus b \oplus c) \odot (a \odot b \oplus a' \odot c)'.$$

Die Aufgabe ist, eine solche Funktion in der *disjunktiven Normalform* darzustellen, also als eine Pseudosumme von Pseudoprodukten (s. S. 235f), wobei jedes der Pseudoprodukte jede der 3 Variablen a, b, c oder deren Komplement enthält. Die Umwandlung der gegebenen Funktion geschieht mit Hilfe der Axiome und Sätze — wobei wir zur Vereinfachung wieder statt der ungewohnten und umständlichen „pseudoarithmetischen" Symbole die vertrauten Symbole + und · nehmen. Dann ist:

$$\begin{aligned}
f &= (a + b + c)\,(ab + a'c)' \\
&= (a + b + c)\,(ab)'\,(a'c)' && \text{(Satz 8)} \\
&= (a + b + c)\,(a' + b')\,(a + c') && \text{(Satz 8)} \\
&= (a + b + c)\,(aa' + a'c' + ab' + b'c') && (A_3) \\
&= (a + b + c)\,(a'c' + ab' + b'c') && (aa' = 0 \text{ nach } A_4) \\
&= (aa'c' + aab' + ab'c' + a'bc' + abb' + bb'c' + a'cc' + ab'c + b'cc') && (A_3) \\
&= ab' + ab'c' + a'bc' + ab'c && (aa = a \text{ nach Satz 2, } aa' \text{ usw.} = 0)
\end{aligned}$$

Im ersten Gliede fehlt noch das Element c; wir können es einführen, indem wir ab' mit (c + c') = 1 pseudo-multiplizieren:

$$\begin{aligned}
f &= ab'(c + c') + ab'c' + a'bc' + ab'c \\
&= ab'c + ab'c' + a'bc' && \text{(nach Satz 2 ist:} \\
& && ab'c + ab'c = ab'c \text{ und: } ab'c' + ab'c' = ab'c').
\end{aligned}$$

In strengerer Form geschrieben also:

$$f \ominus (a \odot b' \odot c) \oplus (a \odot b' \odot c') \oplus (a' \odot b \odot c').$$

Dies ist die vollständige disjunktive Normalform von f. — Damit wollen wir aufhören, sonst erhält der Leser doch noch das Gefühl, daß es sich dabei um eine vielleicht reizvolle, aber letztlich nutzlose formale Spielerei handele. Wir gehen deshalb zu den Interpretationen der Booleschen Algebra über.

4. Unter einer *Interpretation* der abstrakten Booleschen Algebra verstehen wir hier Systeme, deren Elemente nicht bloße „Etwasse" sind, sondern eine bestimmte „inhaltliche" Bedeutung haben, was zulässig ist, solange wir nicht beabsichtigt oder unbeabsichtigt Merkmale dieser inhaltlichen Bedeutung in die Rechenregeln und Schlußfolgerungen einführen. Die Relationen und Regeln bleiben streng formal, doch lassen sie sich nicht nur auf allgemeine, sondern auch auf spezielle Elemente anwenden.

Wir interpretieren die Elemente des Systems B jetzt als *Mengen*, die selbst wieder Gesamtheiten irgendwelcher „Etwasse" sind, die man als „Elemente" der Mengen bezeichnet. Wir müssen somit Elemente I. und II. Ordnung unterscheiden; falls terminologische Schwierigkeiten zu befürchten sind, schreiben wir genauer „Elemente-I" und „Elemente-II". Die letzteren, die Elemente II. Ordnung = Mengen, interessieren uns hier, denn die sog. *Mengenalgebra* ist eben ein Verknüpfen und Rechnen nicht mit Elementen-I, sondern mit Mengen[1].

[1] Vgl. hierzu, zusätzlich zu den oben S. 235 genannten Büchern, noch: R. Courant u. H. Robbins: Was ist Mathematik? Berlin, Göttingen, Heidelberg 1962. S. 86ff.

Man kann nun nachweisen, daß die *Mengenalgebra* eine Interpretation der allgemeinen Booleschen Algebra ist — exakter gesagt: das die beiden Systeme *isomorphe Systeme* sind. Der Begriff ,,isomorphe Systeme“ ist uns oben schon einmal kurz begegnet (S. 218) — wir wollen hier nur sagen: Systeme sind isomorph, wenn unabhängig von der Natur der Elemente und der Verknüpfungen und der für diese benutzten Symbole zwischen den Elementen der Systeme die gleichen formalen Verknüpfungsgesetze gelten.

Schreiben wir für ,,interpretiert als“ $\equiv_i$, so können wir zunächst folgende Definitionen der Mengenalgebra aus der Booleschen Algebra ableiten:

1. a, b, c ... $\equiv_i$ A, B, C, ... (*Mengen*)
2. $\oplus \equiv_i \cup$ (*Vereinigung* oder logische Summe)

Dabei versteht man unter der *Vereinigung* zweier Mengen A und B diejenige Menge $A \cup B$, die alle Elemente-I enthält, die in A oder in B (oder auch in beiden) enthalten sind.

3. $\odot \equiv_i \cap$ (*Durchschnitt* oder logisches Produkt)

Der *Durchschnitt* zweier Mengen A und B ist diejenige Menge, die alle und nur die Elemente-I enthält, die sowohl in A als auch in B enthalten sind.

Vereinigung und Durchschnitt erfüllen nun die gleichen Gesetze, die durch die Axiome der Booleschen Algebra bestimmt sind:

A_1: Die Operationen sind kommutativ: $A \cup B = B \cup A$ sowie $A \cap B = B \cap A$.

A_2: Für jede der beiden Operationen existiert ein ausgezeichnetes Element, das wir für $\cup$ als *Null-Menge* $= 0$, und für $\cap$ als *Grundmenge* oder *Universalmenge* $= 1$ bezeichnen.

Da auch hier, wie wir gleich betonen wollen, das *Dualitätsprinzip* gilt, bestehen also stets die beiden Paare von Beziehungen:

$$A \cup 0 = A \text{ und } A \cap 1 = A \text{ sowie } A \cup 1 = 1 \text{ und } A \cap 0 = 0.$$

A_3: Es gelten die beiden distributiven Gesetze:

$$A \cap (B \cup C) = (A \cap B) \cup (A \cap C), \text{ sowie: } A \cup (B \cap C) = \\ = (A \cup B) \cap (A \cup C).$$

A_4: Zu jeder Menge A gibt es eine Menge A′ derart, daß stets:

$$A \cup A' = 1 \text{ und } A \cap A' = 0.$$

Auch die abgeleiteten Sätze gelten in vollem Umfange, wie wir nicht im einzelnen zeigen wollen. Es genüge ein Beispiel, das die oben als ,,ungewöhnlich“ erscheinenden Relationen verdeutlichen hilft:

Satz 3: $A \cup 1 = 1$ besagt jetzt: jede Vereinigung einer Menge A mit der Grundmenge ergibt wieder die Grundmenge, was den Ausdruck *Universalmenge* für die Menge 1 verständlich macht. Und der Durchschnitt einer Menge A mit der Nullmenge ist stets gleich der Nullmenge: $A \cap 0 = 0$, denn A kann mit der „leeren" Nullmenge keine „gemeinsamen Elemente-I" haben.

Eine wirkliche „Veranschaulichung" der Grund-Sätze wird erst die folgende Interpretation geben.

Auch eine entsprechende *Ordnungsrelation* ist für die Mengenalgebra definiert:

Ist eine Menge A eine *Teilmenge* einer Menge B, so schreibt man:

$$A \subset B$$

und dies ist identisch damit, daß die Menge A mit der Menge B′, der *Komplement-Menge* von B, kein Element-I gemeinsam hat, daß also der Durchschnitt $A \cap B' = 0$ ist.

Wir haben in der Mengenalgebra bisher stets das mathematische Gleichheitszeichen „=" verwendet; die Gleichheit zweier Mengen ist nämlich nicht mehr eine Pseudogleichheit, sondern läßt sich streng und zugleich anschaulich evident definieren:

Zwei Mengen A und B heißen *gleich*, wenn sowohl $A \subset B$ als auch gleichzeitig $B \subset A$ gilt, d. h. also, wenn jede der beiden Mengen eine Teilmenge der anderen ist.

Um wenigstens ein Beispiel für das Rechnen mit Mengen zu geben, wollen wir die Frage stellen: was ergibt sich, wenn wir den Durchschnitt der Mengen A und B mit dem Durchschnitt von A′ und B und dem Durchschnitt von A′ und B′ vereinigen?

Schreiben wir die Aufgabe zunächst in Symbolen, wobei wir wieder zur Vereinfachung des Rechnens die Symbole + und · (für ∪ und ∩) verwenden:

$$AB + A'B + A'B' = ?$$

Es ist:

$$\begin{aligned} AB + A'B + A'B' &= (A + A')\,B + A'B' && (A_3)\\ &= 1 \cdot B + A'B' && (A_4)\\ &= B + A'B' && (A_2)\\ &= (B + A') \cdot (B + B') && (A_3)\\ &= (B + A') \cdot (1) && (A_4)\\ &= (B + A') && (A_2)\\ &= A' + B && (A_1) \end{aligned}$$

5. Man kann die Verknüpfungen der Mengenalgebra nun noch weiter veranschaulichen, sozusagen aus der „reinen Anschauung" in die empirische Anschauung übertragen — wir kommen damit zu einer weiteren Interpretation der Booleschen Algebra, nämlich mit Hilfe der sog. *Venn-Diagramme* (nach dem britischen Logiker John Venn [1834–1923]). Jetzt sind die Elemente *Flächen*, und zwar Kreisflächen in einer Rechteckfläche. Die Rechteckfläche repräsentiert die Universalmenge = 1. Ist die Fläche A gemeint, so wird sie schraffiert, ist $A' = 1 - A$ gemeint, wird die Rechteckfläche mit Ausnahme von A schraffiert. Die folgenden Zeichnungen machen das Prinzip an der Darstellung der Verknüpfung zweier Elemente deutlich.

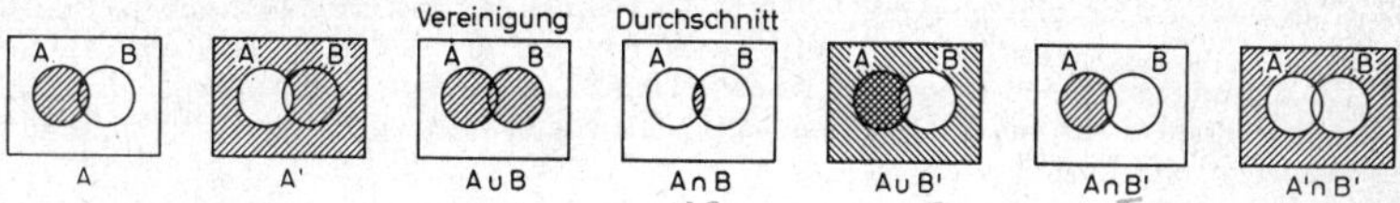

Abb. 71

Als Beispiel, wie man mit Venn-Diagrammen „rechnen“ kann, und zwar nach den gleichen Axiomen und Rechenregeln wie in der Mengenalgebra, behandeln wir die dort berechnete Aufgabe:

$$AB + A'B + A'B' = ?$$

Man zeichnet die einzelnen Produkte AB, A'B und A'B' und vereinigt sie schrittweise, indem man die schraffierten Flächen addiert.

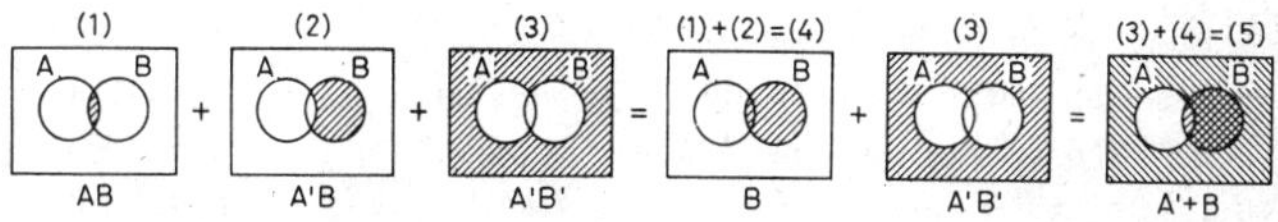

Abb. 72

Zum Schluß noch die Veranschaulichung des „ungewöhnlichen“ distributiven Gesetzes:

$$A + B \cdot C = (A + B) \cdot (A + C)$$

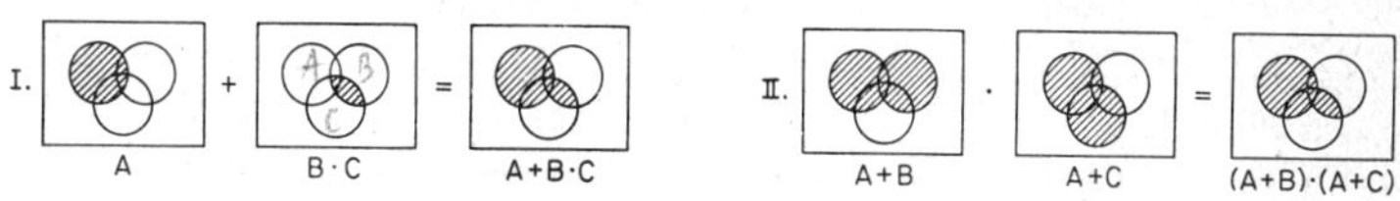

Abb. 73

6. Als weitere Interpretation der Booleschen Algebra ist die *Schaltalgebra* zu nennen, die wir oben schon ausführlicher behandelt haben (S. 221 ff), allerdings nicht in strenger Form und nicht vollständig so haben wir die „ungewöhnlichen“ Verknüpfungsregeln damals fortgelassen. Ein Vergleich der angegebenen „Postulate“ und Rechenregeln mit den Axiomen und Sätzen der Booleschen Algebra zeigt die formale Übereinstimmung beider Systeme, und man kann beweisen, daß auch die Schaltalgebra ein der Booleschen Algebra isomorphes System ist.

7. Als letztes Beispiel einer Interpretation soll noch die *Formale Logik* kurz besprochen werden, genauer: die sog. *Aussagenlogik* — noch genauer: die heute schon als „klassische“ bezeichnete Form der Aussagenlogik.

Elemente des Systems sind jetzt *Aussagen*, die wieder durch kleine lateinische Buchstaben — häufig p und q — symbolisiert werden. Dabei versteht man unter einer *Aussage* etwas, „das wahr oder falsch ist“.

Hier sei eine Anmerkung erlaubt: Man beruft sich heute für diese Definition einer Aussage gern auf die *Stoiker*, speziell auf CHRYSIPPOS (ca. 280 — 208 v. Chr.), doch findet sie sich genaugenommen schon bei ARISTOTELES, z. B. in Peri hermeneias[1]: „Es zeigt aber jede Rede etwas an. ... Dagegen sagt nicht jede etwas aus, sondern nur die, in der es Wahrheit und Irrtum gibt."

Die seit BOOLE sich ausbreitende Entwicklung der modernen Logik läßt sich kaum drastischer illustrieren als durch die veränderte Beurteilung der „stoischen Logik". In der heute rund 100 Jahre alten berühmten „Geschichte der Logik im Abendlande" von C. PRANTL (1855) lesen wir über die logischen Arbeiten des CHRYSIPPOS eigentlich nur Schimpfworte wie „Prototyp aller Borniertheit der Schulfuchserei" (II, 408), oder: „Eine entsetzlich verwahrloste Zeit mußte es sein, welche einen so hohlen Kopf, wie Chr. war, als den größten Dialektiker bezeichnen konnte" (II, 404). Und über die Logik der Stoiker wird allgemein gesagt: „So wertlos alles stoische Geschwätz über diese Dinge an sich ist, ebenso einflußreich wurde es" (II, 402). Heute dagegen betont man ausdrücklich: von den Stoikern ist die *Aussagenlogik* begründet worden. Sie sind die ersten, die die Logik des ARISTOTELES fruchtbar erweiterten, und von ihnen führt die Entwicklung über die Scholastik zu LEIBNIZ und dann zu BOOLE und zur modernen Logik.

In strenger Fassung lautet die Definition:

Eine Aussage ist etwas, das entweder wahr oder falsch ist — nicht beides.

Das „oder" ist hier also ein „ausschließendes oder". Damit ist unser Beispiel von S. 126 oder, kürzer, der Satz „*Dieser kursiv gedruckte Satz ist falsch*" keine Aussage: denn ist er wahr, so ist er falsch, und ist er falsch, so ist er wahr.

Als Verknüpfung zwischen den Elementen sind wieder die beiden Formen gegeben:

$\vee$ ist die *Adjunktion* (so sagt man heute, mit BEHMANN, 1939, lieber statt *Disjunktion*), sie bezeichnet das „einschließende oder". A $\vee$ B heißt: A oder B oder beide.

$\wedge$ ist die *Konjunktion*. A $\vee$ B heißt: A und B (beide).

Der *Adjunktion* entspricht in der Mengenalgebra die *Vereinigung*, der *Konjunktion* der *Durchschnitt*. Adjunktion und Konjunktion erfüllen die Axiome und Grundgesetze der Booleschen Algebra; man kann also auch in der Aussagenlogik entsprechend „rechnen", kann Ausdrücke vereinfachen, umformen usw.

Doch was besagt das in der Logik?

In der Mengenalgebra verknüpfen wir Mengen miteinander zu neuen Mengen, in der Schaltalgebra Schaltungen zu Schaltungssystemen — in der Aussagenlogik verknüpfen wir Aussagen zu neuen *Aussagen*. Eine Aussage ist entweder wahr oder falsch, sie hat mit anderen Worten entweder den *Wahrheitswert* $= 1$ oder $= 0$ (auch als w und f bezeichnet). Eine durch Verknüpfung von Aussagen entstandene neue Aussage hat dann ebenfalls die Wahrheitswerte 1 oder 0, und diese hängen davon ab, welche Wahrheitswerte die Elemente der Verknüpfung haben. Verknüpfungen, bei denen der Wahrheitswert W der neuen Aussage nur von den W der Einzelaussagen abhängt, sind Gegenstand der „klassischen Aussagenlogik", auch *Junktorenlogik* genannt, wobei die „Funktionszeichen" $\vee$, $\wedge$ und $'$ (als Zeichen des Komplements) nach LORENZEN als *Junktoren* bezeichnet werden.

[1] ARISTOTELES: Peri Hermeneias oder Lehre vom Satz. (Phil. Bibl., herausg. v. E. ROLFES). Leipzig. (Neudruck 1948), S. 4.

Die Zeichengebung ist auch innerhalb der Aussagenlogik leider noch nicht einheitlich — es fehlt ein neuer „Leibniz", der für die mathematische Logik das leistet, was LEIBNIZ für die Mathematik, speziell für die Infinitesimal-Rechnung, geleistet hat: Zeichen zu finden, die eindeutig, einprägsam und zugleich ästhetisch schön sind.

Wie der Wahrheitswert einer zusammengesetzten Funktion von den W der einzelnen Aussagen abhängt, zeigen uns die schon vertrauten Tabellen, die hier *Wahrheitstafeln* heißen. Man muß dabei immer berücksichtigen, daß eine durch Adjunktion gebildete Aussage wahr ist, sobald nur eine der beiden Einzelaussagen wahr ist, während eine durch Konjunktion entstandene Aussage nur dann wahr ist, wenn beide Einzelaussagen wahr sind.

Als Beispiel untersuchen wir zunächst wieder das schon mehrfach behandelte: seien p und q zwei Aussagen, welchen Wahrheitswert hat dann die Funktion:

$$f(p, q) = (p \wedge q) \vee (p' \wedge q) \vee (p' \wedge q')?$$

Die Wahrheitstafel gibt uns die Antwort:

p	p′	q	q′	$p \wedge q$	$p' \wedge q$	$p' \wedge q'$	$(p \wedge q) \vee (p' \wedge q) = P$	$P \vee (p' \wedge q')$
0	1	0	1	0	0	1	0	1
0	1	1	0	0	1	0	1	1
1	0	0	1	0	0	0	0	0
1	0	1	0	1	0	0	1	1

Also nur, wenn p wahr und q falsch ist, hat f(p, q) den Wahrheitswert = 0, in allen anderen Fällen ist der Wahrheitswert von f(p, q) = 1.

Um bei komplexeren Funktionen nicht immer die ganze Wahrheitstafel aufstellen zu müssen, empfiehlt es sich, die Funktion vorher rechnerisch zu vereinfachen, was mit Hilfe der Axiome und Rechenregeln genau wie bei den anderen Interpretationen der Booleschen Algebra möglich ist. (Wir verwenden zum Rechnen wieder die mathematischen Symbole):

$$\begin{aligned} f &= pq + p'q + p'q' \\ &= pq + p'q + p'q + p'q' && \text{(nach Satz 2 und } A_1 \text{ ist } a = a + a) \\ &= (p + p')q + p'(q + q') \\ &= q + p', \end{aligned}$$

$$\text{also: } f = p' \vee q.$$

Man kann auch anders vorgehen, was manchmal praktischer ist. Nach dem *Dualitätsprinzip* (S. 236) muß, wenn f wahr ist, auch die Dualfunktion zu f = d(f) wahr sein:

$$\begin{aligned} f &= pq + p'q + p'q' \\ d(f) &= (p + q)\,(p' + q)\,(p' + q') \end{aligned}$$

Rechnet man dies aus, so ergibt sich:

$$\begin{aligned} d(f) &= (pp' + pq + p'q + q)(p' + q') \\ &= pp'q + pqq' + p'q + p'qq' + p'q + qq' \\ &= p'q \end{aligned}$$

Das Duale zu d(f) ist wieder f selbst, somit:

$$\begin{aligned} f &= p' + q, \text{ oder} \\ f &= p' \vee q. \end{aligned}$$

p	q	p′	p′ ∨ q
0	0	1	1
0	1	1	1
1	0	0	0
1	1	0	1

Wir können den umständlichen Ausdruck f(p, q) also durch $p' \vee q$ ersetzen, denn dieses hat, wie die nebenstehende Tabelle zeigt, die gleichen Wahrheitswerte wie f(p, q): nur wenn p wahr und q falsch ist, ist W = 0. Man sagt, die beiden Funktionen sind einander *äquivalent* — genauer: *material äquivalent*.

Die Relation $p' \vee q$ zwischen zwei Aussagen p und q definiert man nun als eine eigene Relation und bezeichnet sie als *materiale Implikation*, in Zeichen:

$$p' \vee q \equiv p \to q$$

und spricht dies: p impliziert q, oder auch: wenn p dann q u. ä. Betrachten wir noch einmal die Wahrheitstafel für $p' \vee q$, so sehen wir: wenn p wahr ist (= 1), kann $p \to q$ wahr oder falsch (= 1 oder = 0) sein. Dagegen ist $p \to q$ immer wahr, wenn p falsch (= 0) ist. Man kann deshalb sagen: ein falscher Satz impliziert alles („ex falso quodlibet" nach der alten logischen Regel), und: „ein wahrer Satz wird von jedem impliziert" („ex quolibet verum").

Die materiale Implikation, besser *faktische Implikation* oder *Subjunktion* (nach LORENZEN) ist also nur falsch, wenn das Implikans p wahr und das Implikat q falsch ist. Das macht deutlich, daß die Implikation — z. B. wenn man sie als „wenn p′ dann q" formuliert — nicht als eine Grund-Folge-Beziehung aufgefaßt werden darf. Da p falsch sein darf, sind folgende Implikationen wahr: „Wenn 5 eine gerade Zahl ist, dann ist der Mond ein Himmelskörper" (de also quodlibet!), und: „Wenn 5 eine gerade Zahl ist, dann ist die Erde ein Würfel", und: „Wenn 5 eine ungerade Zahl ist, dann ist die Erde ein Sphäroid". Dagegen ist die folgende Implikation falsch, W also = 0: „Wenn 5 eine ungerade Zahl ist, dann ist die Erde ein Würfel".

Diese faktische Implikation, die meist einige Schwierigkeiten bereitet, kann man sich etwa so verdeutlichen: $p' \vee q$ behauptet, daß p′ oder q wahr ist. Ist p falsch, so ist p′ wahr, und die Aussage bietet keine Schwierigkeit. Ist p aber wahr, so ist p′ falsch — und die einzige Alternative dafür, daß $p \vee q$ wahr ist, besteht dann darin, daß q wahr ist. Bei RUSSEL-WHITEHEAD[1] ist dies so formuliert: „Wenn p und

[1] B. RUSSEL — A. W. WHITEHEAD: Einleitung zu den „Principia Mathematica". Cambridge University Press. Vol. I. Second Edition. 1925. (In deutscher Übersetzung von H. MOCKE gesondert erschienen als „Einführung in die Mathematische Logik". München 1932. dort S. 15).

$p' \vee q$ beide wahr sind, dann ist q wahr. In diesem Sinne wird die Proposition (= Aussage, d. Vf.) $p' \vee q$ als die Behauptung angeführt werden, daß p das q impliziert."

Entsprechend der materialen oder faktischen Implikation bezeichnet man die oben erwähnte Äquivalenz als materiale oder *faktische Äquivalenz* zweier Aussagen p und q, und schreibt etwa:

$$p \longleftrightarrow q.$$

Definiert wird diese Äquivalenz genau wie die Gleichheit in der Mengenalgebra (s. S. 240):

$$p \longleftrightarrow q \equiv (p \to q) \wedge (q \to p).$$

Den Aufbau der klassischen Junktorenlogik können wir hier nicht weiter verfolgen. Einzelheiten, die später für uns wichtig werden sollten, werden dann zur Sprache kommen[1].

8. Zum Abschluß nur noch einige Worte über das S. 126 kurz gestreifte Problem einer „Metasprache", „Metalogik" usw. Formulieren wir etwa in der „natürlichen" Sprache den Satz:

„Hamburg liegt an der Elbe",

so ist dies ein Satz der *Objektsprache*, der etwas über einen Gegenstand, ein Objekt, aussagt, ebenso wie etwa: ein Quadrat ist ein gleichseitiges Rechteck, etwas über einen ideellen Gegenstand aussagt. Sage ich aber:

„Hamburg" ist der Name einer Stadt,

so spreche ich nicht über den Gegenstand, die Stadt Hamburg, sondern in der *Metasprache* über das Wort „Hamburg" (daher setzt man dieses zur Unterscheidung in Anführungsstriche).

In der Logik gilt etwas Entsprechendes. Man hat dort z. B. zwischen *Objektlogik* und *Syntaxlogik* unterschieden[2]. Die Aussagen der Syntaxlogik sind Aussagen über logische Aussagen. Wir haben z. B. die materiale oder faktische Äquivalenz zweier Aussagen p und q definiert und durch das Symbol:

$$p \longleftrightarrow q$$

dargestellt. Warum nicht durch:

$$p = q\ (?)$$

wie in der Mengenalgebra? Weil $p \longleftrightarrow q$ selbst eine neue logische Aussage, dagegen $p = q$ eine Aussage über die beiden Aussagen p und q ist, also zur Syntaxlogik gehört. Ebenso sind die Aussagen: p ist wahr, q ist falsch syntaktische Aussagen über logische Aussagen.

---

[1] Der interessierte Leser sei außer auf die bereits genannten Bücher vor allem auf P. Lorenzen: „Formale Logik" (Sammlg. Göschen Nr. 1176/1176a) verwiesen. Berlin 1958. Dort viele Literaturangaben.

[2] Vgl. z. B. J. E. Whitesitt: Boolesche Algebra und ihre Anwendungen. Braunschweig 1964. S. 56f.

Auch in der Mathematik ist diese Unterscheidung notwendig. So ist z. B.:

$$3\,x = 9$$

eine Gleichung, aber der Satz:

„$3\,x = 9$ ist eine Gleichung“

ist weder eine Gleichung noch selbst eine mathematische Relation, sondern ist ein Satz über eine solche Relation.

Man muß daher speziell in der Logik genau unterscheiden, ob man eine *Aussage* (in der Objektlogik) macht oder eine Feststellung über eine Aussage trifft. Auch diese „Feststellung“ ist eine Aussage, aber sie gehört sozusagen in einen anderen Bereich und darf mit der „Aussage“ der Objektlogik nicht verwechselt werden, will man nicht Verwirrung stiften.

4.4. Kybernetische Modelle

4.4.1. System-Modelle

1. Der Name „System-Modelle“, den wir hier für das englische „paper-and-pencil models“ wählen, soll aussagen: a) daß es sich um spezielle Systeme handelt, die mit den Elementen der allgemeinen Verknüpfungstheorie und nach deren Regeln konstruiert sind, und b) daß diese Modelle prinzipiell funktionsfähig sind und daß sie — ebenfalls prinzipiell — in Real-Modelle („hardware models“) übertragen werden können. Um die Funktionsfähigkeit beurteilen bzw. sich veranschaulichen zu können, ist es zweckmäßig, ein System-Modell zu interpretieren, etwa als ein System der *Schaltalgebra*. Wir stellen uns ein solches Modell also vor als ein Gefüge von Leitungen, das durch Schalter und Funktionseinheiten zu einem Netzwerk verknüpft ist, durch das irgendein „Strom“ fließt, der durch die Funktionseinheiten gesteuert wird, bis er schließlich das gewünschte und vorhergeplante Ergebnis hervorruft. Auf irgendwelche technischen Einzelheiten wird dabei völlig verzichtet. Wir konstruieren *Schaltsysteme*, deren *Schalteinheiten* oder *Funktionseinheiten* denen der Schaltalgebra entsprechen.

2. *Die Schalteinheiten:* Aus praktischen Gründen wollen wir hier die Zahl der Schalteinheiten gegenüber den in der Verknüpfungstheorie behandelten etwas vergrößern, ohne sie erst umständlich in das theoretische System einzufügen.

Gegeben seien folgende Schalt- oder Funktionseinheiten:

a) *Oder-Einheit* oder $\vee$-Einheit *Zeichen:* 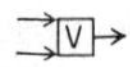

b) *Und-Einheit* oder $\wedge$-Einheit 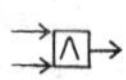

c) *Komplement-Einheit* oder k-Einheit, entspricht a', $\bar{a}$, ... 

d) *m-Einheit.* Durch sie wird ein Input mit mehreren Outputs verbunden — das einfachste Beispiel ist eine elektrische Stromverzweigung.

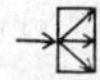

e) *Verzögerungs-Einheit* oder d-Einheit (vom engl. delay). GRENIEWSKI charakterisiert sie boshaft: „A delay system resembles a bureaucrat who does

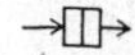

nothing except hold up all decisions." Wir können die d-Einheit als einen Kurzzeit-Speicher auffassen, oder als ein sog. Schiebe-Register: In der ersten Zeiteinheit gelangt ein Input in die linke Hälfte, in der nächsten Zeiteinheit dann erst in die rechte Hälfte und damit zum Output.

Diese Einheiten lassen sich nun auf vielfältige Weise miteinander koppeln, z. B. selbst wieder durch Serien-Kopplung (= Und-Verknüpfung) oder durch Parallel-Kopplung (= Oder-Verknüpfung) usw.

3. *Modelle für die „Bedingte Reaktion":* Die Ausbildung eines *Bedingten Reflexes* oder einer *Bedingten Reaktion* (s. o. S. 47 ff) beruht auf einer Verknüpfung zweier Signale: eines spezifischen (I_s), das originär die zugeordnete Reaktion (Output) hervorruft, und eines neutralen (I_n), das erst nach der Verknüpfung die betreffende Reaktion auslöst. Es gibt heute schon eine große Zahl von System- und auch Real-Modellen, die so konstruiert sind, daß sie eine bedingte Reaktion „entwickeln" — wir wollen hier versuchen, den Weg zu einem solchen Modell zu finden und werden dann einige Modell-Schaltungen zeigen.

a) Überlegen wir zunächst, worauf es ankommt. Wir haben eine black-box vor uns, in die 2 Input-Leitungen für I_s und I_n hinein- und aus der 1 Outputleitung für die Reaktion herausführen. Im Falle des Pawlowschen Hundes ist I_s der Anblick der Nahrung, I_n der Glockenton, und die Speichelabsonderung ist der Output R. Da nach Ausbildung der bedingten Reaktion sowohl I_s als auch I_n zur Reaktion führen, müssen wir annehmen, daß unmittelbar vor dem Output eine $\vee$ - Einheit liegt, zu der I_s unmittelbar, I_n mittelbar auf eine noch zu findende Weise hinführen. I_n muß nun innerhalb der Box irgendwie mit I_s verknüpft sein, wobei offensichtlich die Zeit eine gewisse Rolle spielt, denn I_n soll ja zeitlich „kurz vor I_s" auftreten, und dies muß sich, um zur bedingten Reaktion führen zu können, mehrmals (im Grenzfall einmal) wiederholen. Dann erst erregt auch I_n allein den Output, d. h. es erregt die $\vee$-Einheit.

I

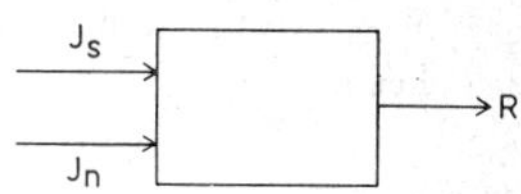

Abb. 75

II

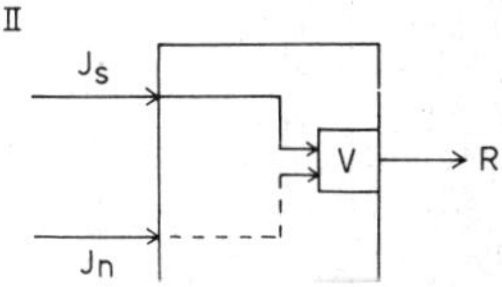

Abb. 76

Wir zerlegen daher den Vorgang in einzelne Zeitelemente t_1, t_2, t_3, ...

t_1: nur I_n wird gegeben — es geschieht nichts, $R = 0$.

t_2: nur I_s wird gegeben ($t_2 - t_1$ klein!). $R = 1$ (das folgt schon aus Schema II).

t_3: wieder wird nur I_n gegeben — jetzt (Grenzfall!) $R = 1$.

Wie ist dies möglich? Die Eingabe von I_s zur Zeit t_2 hat das System in der Box offensichtlich verändert, und zwar so, daß diese Veränderung bis zum Zeitpunkte t_3 „aufbewahrt" bleibt, um sich dann auszuwirken. Es muß somit eine Einheit existieren, die dies leistet: ein Speicher oder eine d-Einheit. Das ergibt, mit Verwendung einer m-Einheit ($m = 2$) das Schema III. Doch sieht man sofort, daß dies noch nicht

III

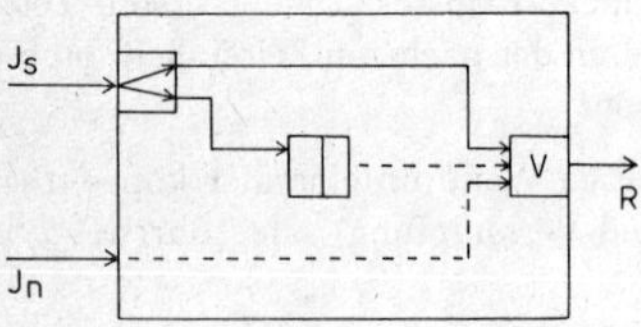

Abb. 77

IV

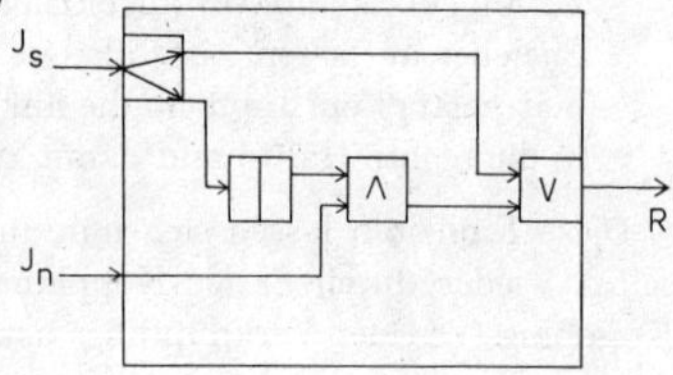

Abb. 78

ausreicht. Die Veränderung soll sich auf die Wirkung von I_n auswirken, I_n muß also entweder von der d-Einheit beeinflußt werden oder mit ihr zusammenwirken. Das ergibt Schema IV.

Wie wirkt nun dieses System?

t_1: I_n erregt allein — Und-Einheit feuert nicht, $R = 0$.

t_2: I_s erregt allein, erregt Oder-Einheit und d-Einheit. Und-Einheit feuert nicht, aber über Oder-Einheit $R = 1$.

t_3: I_n erregt allein Und-Einheit, nach der Verzögerung (t_3–t_2) erregt aber auch d-Einheit, so daß die Und-Einheit jetzt feuert: I_n allein führt zu $R = 1$.

Soweit scheint es zu gehen, doch hat das System immer noch einen wesentlichen Fehler: das d-Glied „weiß" noch immer nichts von I_n. Da aber die d-Einheit der Ort des „Lernens" ist, muß I_n mit dieser Einheit gekoppelt werden — wir kommen so zu Schema V:

V.

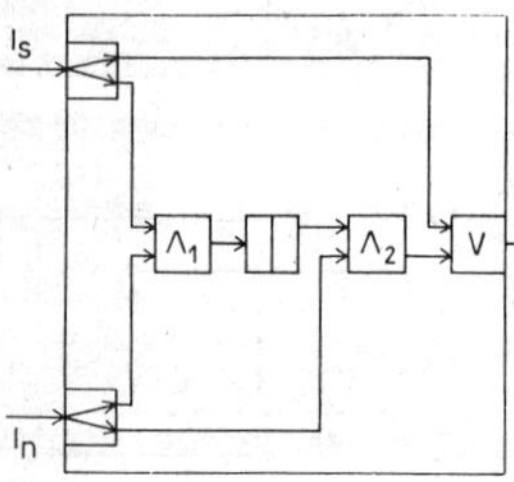

Abb. 79

nach GRENIEWSKI[1]

VI.

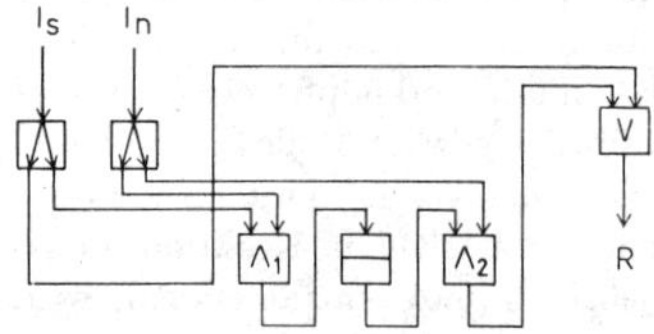

Abb. 80

t_1: I_n allein — keine Reaktion.

t_2: $I_s + I_n$ = Reaktion, außerdem wird d-Einheit von $I_s + I_n$ „geladen": Und-Einheit feuert noch nicht. (Wir haben zur Vereinfachung jetzt angenommen,

[1] H. GRENIEWSKI: a.a.O. S. 65.

daß I_n noch wirkt, wenn I_s einsetzt; andernfalls müßten wir zwischen I_n und $\wedge_1$ noch ein weiteres d-Glied einschalten.

t_3: I_n allein erregt zusammen mit d-Glied Und-Einheit — dies führt zur Reaktion.

Die Schaltung des Schemas V findet sich in der Literatur häufig; wir zeigen zwei verschiedene Formen, da es nützlich ist, wenn man lernt, die gleiche Struktur in verschiedenen Formen zu erkennen (wir verwenden zur Vereinfachung unsere Zeichen).

nach S. W. WAGNER[1]

VII.

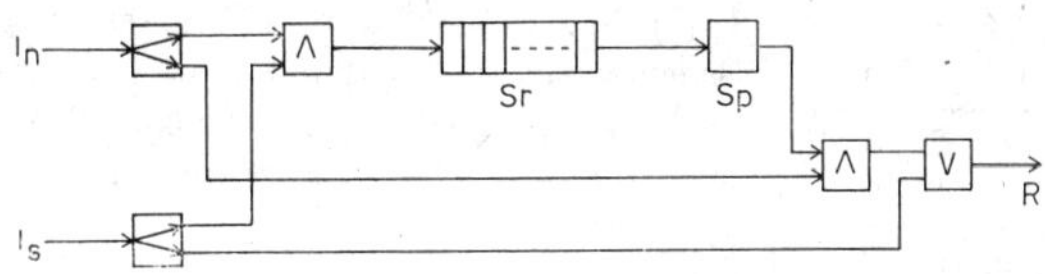

Abb. 81

In Schema VII ist Sr ein „Schieberegister", das aus n hintereinandergeschalteten Speicherzellen besteht. Bei jedem ankommenden Input rückt der Inhalt eine Zelle weiter nach rechts, bis Sr „voll" ist — der nächste Input drückt dann den Inhalt der n-ten Zelle in den Speicher Sp, durch den die Und-Einheit nun — aber nur einmal! — ständig erregt wird.

Um die Vorgänge in dem Schaltschema besser verfolgen zu können, stellen wir uns ein kleines *Zeitdiagramm* auf, in dem die dicken Linien angeben, zu welcher Zeit eine Einheit „feuert", und die gepunktete Linie, wann die Einheit „geladen" wird. (Wir geben nur die Inputs, die d-Einheit und den Output an.) Außerdem sind in dem Diagramm durch senkrechte Pfeile noch die jeweiligen Einwirkungen angedeutet, z. B.: zur Zeit t_2 laden $I_s + I_n$ die d-Einheit auf und I_s gibt gleichzeitig unmittelbar die Reaktion R.

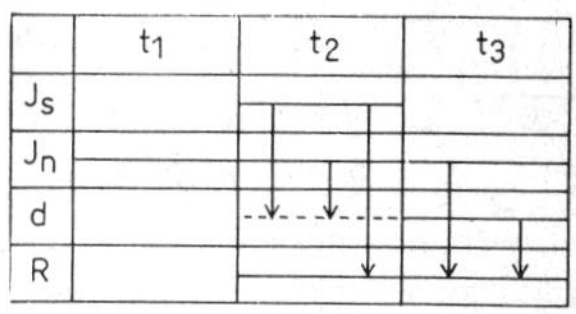

Abb. 82

Man kann auch diese Beziehungen bzw. Schaltungen noch in einer Art Boolescher Algebra darstellen, in der jetzt aber gewisse Elemente *Funktionen der Zeit* sind, so daß z. B. der Wert von p(t) und p(t + 1) verschieden sein kann. Man spricht hier auch von einer „Algebra der Ereignisse" oder von „*Sequentieller Logik*" — doch wollen wir hierauf nicht mehr eingehen.

4. *Modell eines Dualzahlenaddierers:* „Wollen wir eine Tätigkeit, die normalerweise von menschlichen Wesen ausgeübt wird, mechanisieren, so ist es ratsam, zunächst diese menschliche Tätigkeit in kleine Einheiten aufzugliedern, auch dann, wenn schließlich die Maschine ein gänzlich anderes Verfahren anwendet als der

[1] Aus: „Kybernetik - Brücke zwischen den Wissenschaften". 5. Aufl. 1965. S. 126.

Mensch“ (I. J. GOOD[1]). Man kann diesen Satz sozusagen als eine „Goldene Regel“ für das Entwerfen kybernetischer Modelle und Maschinen bezeichnen; wir wollen ihr deshalb hier auch folgen und zunächst einmal fragen: wie addieren wir zwei Zahlen? Verfolgen wir die einzelnen Schritte an Hand des nebenstehenden Beispiels: wir beginnen mit der letzten Stelle $0 + 5 = 5$, addieren dann die beiden Ziffern der nächsten Stelle: $4 + 8 = 12$. Nach einer der vielen Regeln wie „2 hin, 1 im Sinn“ schreiben wir die 2 hin und übertragen die 1 (die ja jetzt 100 bedeutet) zur nächsten Spalte: $1 + 2 + 7 = 10$; also 0 hin, 1 im Sinn. Somit ergibt sich für die letzte Spalte:

$$\begin{array}{r} 6240 \\ +\,2785 \\ \hline 9025 \end{array}$$

$1 + 6 + 2 = 9$. Stellen wir diesen Vorgang in einem Schema dar, so erhalten wir die nebenstehende Tabelle. Dabei wird der Übertrag von Spalte 2 unten auf Spalte 3 oben übertragen — das ist die formale Darstellung für „1 im Sinn“.

	④	③	②	①
Übertrag:	1	1	0	0
a =	6	2	4	0
+ b =	2	7	8	5
Summe:	9	0	2	5
Übertrag:	0	1	1	0

Genau so können wir nun auch zwei Zahlen in der Dualform zueinander addieren, z. B.:

$$1100 = 1 \cdot 2^3 + 1 \cdot 2^2 + 0 \cdot 2^1 + 0 \cdot 2^0 = (12)_{10}$$
$$\text{und } 1111 = 1 \cdot 2^3 + 1 \cdot 2^2 + 1 \cdot 2^1 + 1 \cdot 2^0 = (15)_{10}.$$

Als Summe finden wir:

$$11011 = 1 \cdot 2^4 + 1 \cdot 2^3 + 0 \cdot 2^2 + 1 \cdot 2^1 + 1 \cdot 2^0 = (27)_{10}.$$

	⑤	④	③	②	①
Übertrag:	1	1	0	0	0
x =		1	1	0	0
+ y =		1	1	1	1
Summe:	1	1	0	1	1
Übertrag:	0	1	1	0	0

Die Tabelle zeigt den entsprechenden Vorgang. Dieses Schema müssen wir, wollen wir das menschliche Addieren simulieren, in ein System-Modell übertragen, und zwar nur mit Hilfe der Verknüpfung und Kopplung unserer Funktions-Einheiten. Wir wollen zunächst ein vorliegendes System-Modell betrachten — es stammt von H. GRENIEWSKI[2]. Es sieht recht kompliziert und auf den ersten Blick verwirrend aus. Gerade deshalb haben wir es ausgewählt, um durch eine gründliche Besprechung — bei der wir auch Umwege nicht scheuen (positive Redundanz) — zu zeigen, daß bei einer schrittweisen Analyse auch komplizierte System-Modelle gar nicht so schwer zu „lesen“ sind.

Wir beginnen mit Spalte 1 unserer Addiertabelle, d. h. wir geben zur Zeit t_1 bei x (I_1) den „Input = 0“ und bei y (I_2) den „Input = 1“ ein. Was geschieht?

Beide Inputs gelangen je in einen Vervierfacher, ein m-Glied mit $m = 4$. Der „Null“-Impuls (wenn wir so sagen dürfen) läuft einmal zu $\vee_1$, kommt dort zugleich mit dem Null-Input von ü (= Übertrag!) an — $\vee_1$ hat also keinen Output. Ein zweiter $I_x = 0$ läuft zu $\vee_2$, trifft dort mit dem $I_y = 1$ zusammen — $\vee_2$ feuert also. Ein anderer Ast des $I_y = 1$ geht nach $\vee_3$, trifft dort mit $I_ü = 0$ zusammen: $\vee_3$ feuert. Die 3 Outputs: $\vee_1 = 0$, $\vee_2 = 1$ und $\vee_2 = 1$ treffen nun in der ersten Und-

[1] I. J. GOOD: „A Classification of Rules for Writing Informative English“ in: The Scientist Speculates. London 1962. S. 41 (deutsche Ausgabe S. 45).

[2] H. GRENIEWSKI: Cybernetics without Mathematics. London, Warschau. 1960. S. 166ff.

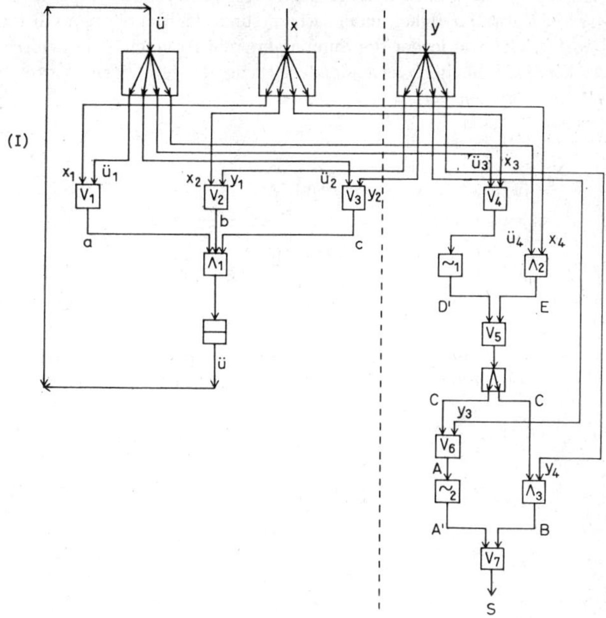

Abb. 83

Einheit $\wedge_1$ zusammen — diese feuert aber nicht, da sie eine 3-Input-Einheit ist, die nur reagiert, wenn alle Inputs = 1 sind. (Dies folgt aus dem assoziativen Gesetz: $a \wedge b \wedge c = (a \wedge b) \wedge c$; man kann es aber auch leicht mit Hilfe einer Tabelle verifizieren.) Da der Output der $\wedge_1$-Einheit den Übertrag ergibt, besagt sein Fehlen nur, daß bei der ersten Addition $0 + 1$ kein Übertrag entsteht.

Jetzt wenden wir uns zur rechten Hälfte des Modells. Der dritte Ast von $I_x = 0$ geht zu $\vee_4$, da auch der $I_ü$ dort $= 0$ ist, feuert $\vee_4$ nicht. Der vierte Ast von $I_x = 0$ geht zur zweiten Und-Einheit, $\wedge_2$, dorthin gelangt auch der vierte Ast von $I_ü$ — somit ist auch der Output dieser Einheit = 0. Der dritte Ast von $I_y = 1$ geht nach $\vee_6$, diese Einheit hat daher den Output = 1, der aber im nachgeschalteten Komplementärglied in 0 verändert wird; $\sim_2$ gibt daher keinen Output. Der vierte Ast von $I_y = 1$ gelangt zur dritten Und-Einheit, $\wedge_3$. Der andere Input, der nötig wäre, damit $\wedge_3$ feuert, müßte von $\vee_5$ kommen. Dieses aber wird erregt einmal von $\wedge_2$ und von $\vee_4$ über $\sim_1$. Der Output von $\vee_4$ war = 0, somit ist der von $\sim_1 = 1$, deshalb feuert $\vee_5$. Die dritte Und-Einheit, $\wedge_3$, erhält somit 2 Inputs und gibt einen Output = 1 an $\vee_7$. Dann feuert auch $\vee_7$ — deren Output = 1 ist die Summe der ersten Addition zur Zeit t_1.

Wir wollen den Gang der dieses Ergebnis erzeugenden Vorgänge noch einmal in etwas anderer Form darstellen, indem wir die linke Hälfte, die den Übertrag bildet, von der rechten Hälfte, in der die Summe entsteht, trennen. Gleichzeitig schreiben wir über die die Einheiten verbindenden Pfeile die jeweiligen Werte der Inputs und Outputs (s. Schema II a u. b).

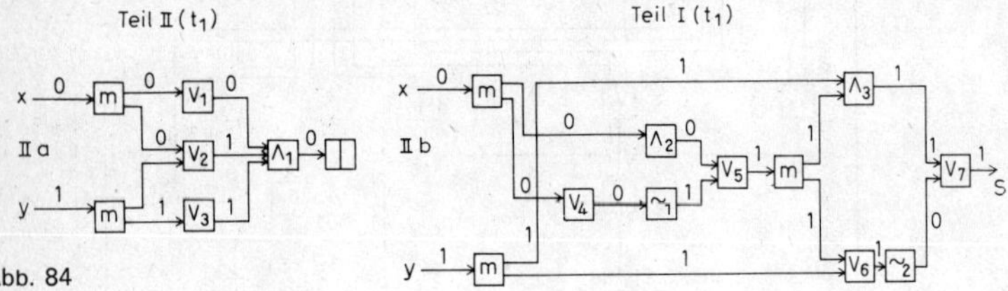

Abb. 84

Zur Zeit t_2 werden die beiden nächsten Stellen eingegeben. Wieder ist $I_x = 0$ und $I_y = 1$ — der Verlauf der Addition ist genau der gleiche, wir brauchen ihn also nicht zu besprechen.

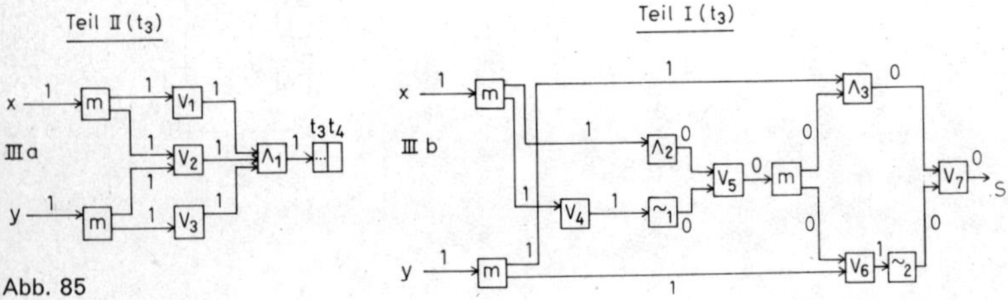

Abb. 85

Die dritte Addition zur Zeit t_3 bringt etwas Neues: beide Inputs sind jetzt $= 1$. Wir zeichnen gleich wieder die beiden Teilschemata auf (III a und III b). Aus III a sehen wir, daß jetzt alle wichtigen Inputs und Outputs $= 1$ sind, so daß der Kurzzeitspeicher, die d_1-Einheit, während dieser Zeit „geladen" wird (angedeutet durch die Punkte in der linken Hälfte der d_1-Einheit). III b ist wieder das gleiche Schaltbild wie II b, nur jetzt mit anderen Inputs und Outputs, die zeigen, daß zur Zeit t_3 (Addition der dritten Stellen von rechts) der Output von $\vee_7 = 0$ ist. Das ist richtig, denn $1 + 1 = 10$ („1 im Sinn" ist der Übertrag).

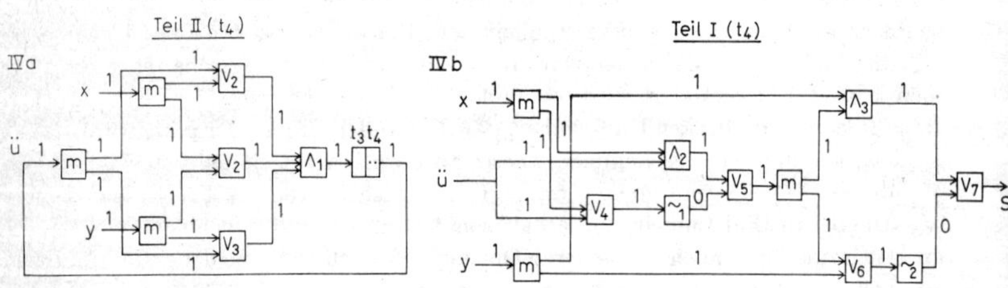

Abb. 86

Jetzt folgt, zur Zeit t_4, die Addition der 4. Spalte von rechts. In der linken Hälfte verläuft zunächst alles wie in IIIa — dann aber feuert die d_1-Einheit (Punkte in der rechten Hälfte) und wirkt damit auf die rechte Hälfte ein: $I_{\ddot{u}3}$ bei $\vee_4$ und $I_{\ddot{u}4}$ bei $\wedge_2$ sind jetzt $= 1$. Zwar ist jetzt (wegen $\sim_1$) der von $\vee_4$ kommende Input bei $\vee_5 = 0$, dafür aber der von $\wedge_2$ kommende $= 1$, somit feuert $\vee_5$, ebenso auch $\wedge_3$ und schließlich $\vee_7$: die Spaltensumme ist also $= 1$ („1 hin, 1 im Sinn", denn $1 + 1 + 1 = 11$).

Da zur Zeit t_4 die d-Einheit erneut geladen worden ist ($I_{\ddot{u}} = 1$!), läuft jetzt der ganze Vorgang noch einmal ab, nur sind jetzt I_x und $I_y = 0$. Den Verlauf können wir am Schema I ablesen: die erste Und-Einheit feuert nicht, also kein weiterer Übertrag. $\vee_4$ feuert, somit feuern $\vee_5$ und $\vee_6$ nicht, damit ist der Output von $\vee_7 = 1$ und auch die Spaltensumme $= 1$. Als Endergebnis finden wir:

$$\begin{matrix} & \textcircled{5} & \textcircled{4} & \textcircled{3} & \textcircled{2} & \textcircled{1} \\ S = & 1 & 1 & 0 & 1 & 1 \end{matrix}$$

B. Das System-Modell von Greniewski ist damit wohl verständlich geworden — die Frage, die sich nun erhebt ist: wie findet man ein solches Modell? Denn bei der Konstruktion wird man kaum den eben geschilderten Weg durchlaufen. Formulieren wir die Frage anders: kann man ein System-Modell für die Addition zweier Dualzahlen nicht „algebraisch" darstellen, also etwa als Boolesche Funktion, die dann in eine Schaltung übersetzt wird?

Versuchen wir, aus dem Schaltbild die Boolesche Funktion abzuleiten. Zu diesem Zweck haben wir im Schema I die Großbuchstaben A, B, C, usw. eingezeichnet, so daß wir die Beziehungen mit ihrer Hilfe als einfache Gleichungen schreiben können.

S, die Summe, ist offensichtlich ($\vee_7$) eine Disjunktion zweier Inputs, nämlich A′ (wegen $\sim_2$) und B, also:

$$S = A' + B \tag{1}$$

A ist ($\vee_6$) seinerseits eine Disjunktion von C und I_y:

$$A = C + y \tag{2}$$

B ist eine Konjunktion von C und I_y:

$$B = C \cdot y \tag{3}$$

Daraus folgt zunächst:

$$S = (C + y)' + Cy \tag{4}$$

oder nach der de Morganschen Regel (S. 237):

$$S = C'y' + Cy \tag{5}$$

Aus dem Schema lesen wir ab, daß:

$$C = D' + E \tag{6}$$

und $D = ü + x$, also $D' = (ü + x)' = ü'x'$ (7)

ebenso finden wir:

$$E = ü \cdot x \text{ und } E' = (üx)' = ü' + x' \tag{8}$$

somit ergibt sich für C:

$$C = x'ü' + xü \tag{9}$$

$$C' = (x'ü' + xü)' = (x'ü')' \cdot (xü)' = (x + ü) \cdot (x' + ü') = xü' + x'ü \tag{10}$$

und somit schließlich:

$$S = C'y' + Cy = (xü' + x'ü)y' + (x'ü' + xü)y \tag{11}$$

Multiplizieren wir dies aus, so erhalten wir für S die *disjunktive Normalform:*

$$S = x'y'ü + xy'ü' + x'yü' + xyü \tag{12}$$

Für den Übertrag Ü erhalten wir auf die gleiche Weise:

$$Ü = a \cdot b \cdot c \tag{13}$$

$$a = x + ü$$

$$b = x + y$$

$$c = y + ü$$

also:

$$Ü = (x + ü)(x + y)(y + ü) \tag{14}$$

Ausgerechnet und vereinfacht führt dies zu (vgl. S. 223f):

$$Ü = x'yü + xy'ü + xyü' + xyü, \tag{15}$$

der disjunktiven Normalform von Ü.

Bisher hatten wir uns immer noch an das vorliegende Modell gehalten, wir wollten aber sehen, wie man ein solches Modell entwirft. Dazu gehen wir wieder zu der *Tabelle* der Funktionswerte (Schaltfunktionen) über, aus der wir die Normalform unmittelbar ableiten können. Dieser „Übergang zur Tabelle" bedeutet nun nicht eine einfache formale Möglichkeit, sondern sie bedeutet letztlich, daß wir die Aufgabe, ein System-Modell für eine Addier-Einheit zu entwerfen, auf ein „black-box-Problem" zurückführen: wir stellen tabellenmäßig die verschiedenen Möglichkeiten an Inputs mit den darauf (nämlich durch „Addition") folgenden Outputs zusammen, leiten dann aus den Relationen beider die Normal-Form und aus dieser die Schaltung ab, die „in" der black-box vorliegen muß, damit diese Relationen zustande kommen.

Die Inputs sind x, y und ü — die Outputs S und Ü. Berücksichtigen wir auch noch die Komplemente der Inputs, so entsteht folgende Tabelle, die wir der Verständlichkeit halber etwas umgeordnet haben:

(x′ y′ ü′)	x y ü	S Ü
1 1 1	0 0 0	0 0
1 1 0	0 0 1	1 0
1 0 0	0 1 0	1 0
1 0 0	0 1 1	0 1
0 1 1	1 0 0	1 0
0 1 0	1 0 1	0 1
0 0 1	1 1 0	0 1
0 0 0	1 1 1	1 1

Uns interessieren zunächst nur Spalte 2 und 3. Z. B. dritte Zeile: $0 + 1 + 0 = 1$, $\text{Ü} = 0$, oder vierte Zeile: $0 + 1 + 1 = 0$, $\text{Ü} = 1$; usw. Die *disjunktive Normalform* wird nun wieder so gebildet, daß man — zunächst für S — alle diejenigen Produkte von x, y und ü bildet, die selbst $= 1$ und für die $S = 1$.

Wir haben sie für S in der Tabelle strich — für Ü punktiert umrandet. Wir finden:

$$S = x'y'ü + xy'ü' + x'yü' + xyü$$
$$Ü = x'yü + xy'ü + xyü' + xyü,$$

also dieselben Formen wie oben in den Gleichungen (12) und (15).

Jetzt müssen wir aus den Normalformen die Schaltung ableiten. Dazu benutzen wir abermals eine andere der üblichen Darstellungsweisen, um den Leser auch mit dieser vertraut zu machen, und zwar verwenden wir die nebenstehenden Symbole für die Und-Einheit $= x \cdot y$, die Oder-Einheit $= x + y$ und die Komplementäreinheit x′. Der Punkt bei der Komplementäreinheit symbolisiert, daß x nicht „hineingeht", wohl aber x′ herauskommt. Bei der Oder-Einheit gehen beide Inputs bis an die „Output-Wand", d. h. jeder für sich führt zu einem Output.

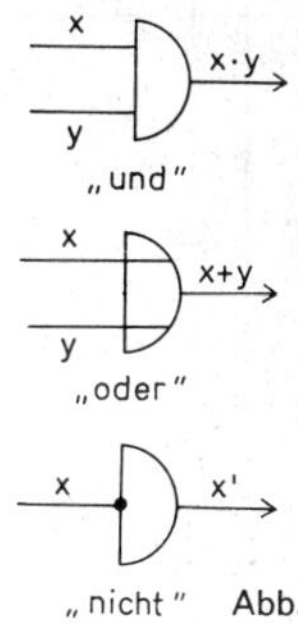

Abb. 87

Dann ergibt sich für die erste Konjunktion von S das folgende Bild:

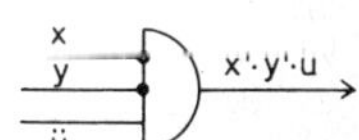

Abb. 88

für die zweite:

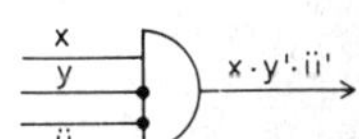

Abb. 89

usf.

Setzen wir alle Ausdrücke für S und Ü in entsprechende Schaltbilder um, so entsteht schließlich das Gesamtschaltbild für eine Addier-Einheit als Schalt-Darstellung der Booleschen Funktionen:

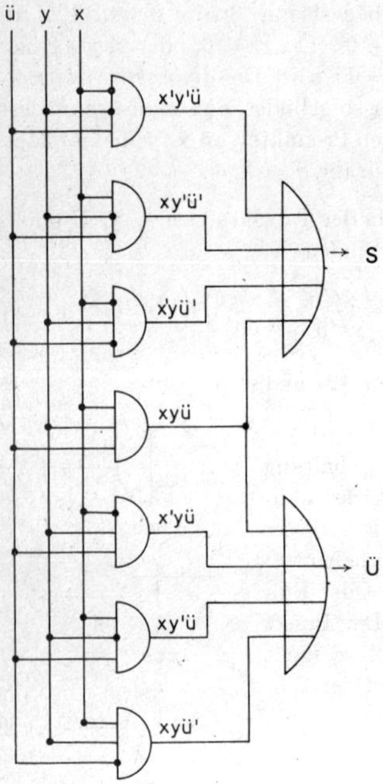

Abb. 90

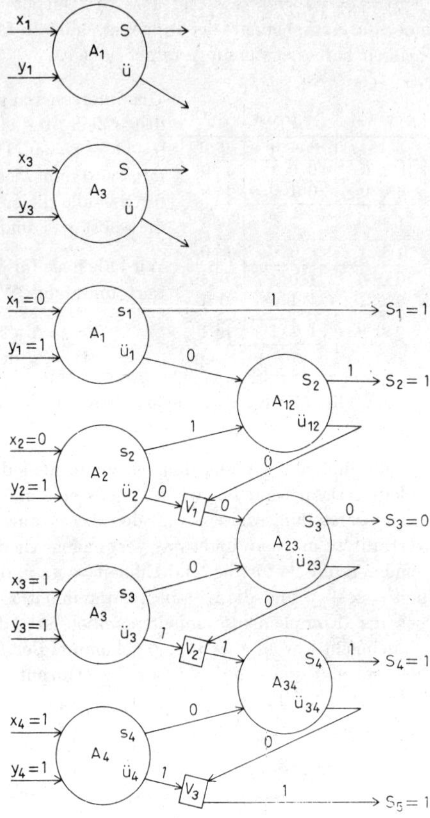

Abb. 91

C. Die bisher besprochenen System-Modelle zur Addition zweier Dualzahlen waren *serielle Systeme:* die einzelnen Ziffern der beiden zu addierenden Zahlen wurden paarweise zu den Zeiten t_1, t_2, ... eingegeben und im System addiert. Wollen wir die beiden vierstelligen Zahlen gleichzeitig addieren, benötigen wir ein *Parallelsystem,* in dem für jede Stelle ein eigenes *Addierwerk* der bisher besprochenen Art vorhanden sein muß. Wir symbolisieren ein solches Addierwerk jetzt so, wie es die beiden obenstehenden Zeichnungen zeigen: durch einen Kreis mit Inputs und Outputs für x_i und y_i sowie s_i und $ü_i$. Wir erhalten dann das System nach Abb. 91 (etwas verändert nach WHITESITT[1]):

[1]) J. E. WHITESITT: Boolesche Algebra und ihre Anwendungen. 1964. S. 162 f.

Es enthält außer den 4 Addiereinheiten erster Stufe noch 3 Einheiten zweiter Stufe. Die Arbeitsweise des Systems sei nur an einem Beispiel gezeigt:

A_2 addiert die beiden Inputs $x_2 = 0$ und $y_2 = 1$. Die Summe $s_2 = 1$ wird der nächsthöheren Einheit A_{12} zugeführt und dort zu dem Übertrag $ü_1$ (= 0) addiert. Das Ergebnis ist S_2, die Summe der II. Spalte. $ü_{12}$ (hier = 0) wird einer Oder-Einheit zugeführt, die auch den evtl. Übertrag von A_2 erhält und beide A_{23} zuführt, die diesen Input zur Summe s_3 von A_3 addiert. Der Output von $\vee_3$ mit den Inputs $ü_{34}$ und $ü_4$ ergibt die erste Stelle der endgültigen Summe.

Der Leser stelle sich zur Übung einmal eine Skizze dieser Schaltung auf, wenn die beiden zu addierenden Zahlen heißen (Lösung: Anhang 2):

$$\begin{array}{rcccccl} x = & & 1 & 1 & 0 & 1 & = (13)_{10} \\ y = & & 1 & 1 & 1 & 1 & = (15)_{10} \\ \hline S = & 1 & 1 & 1 & 0 & 0 & = (28)_{10} \end{array}$$

4.4.2. Real-Modelle

Die Realisierung eines System-Modells, also der Übergang vom System-Modell zum Real-Modell stellt eine ganze Anzahl neuer, vorwiegend technischer Probleme. Man wird sich zunächst entscheiden müssen, welche Art der Realisierung die gegebene ist, ob man also etwa ein mechanisches — z. B. pneumatisches — oder ein elektrisches Modell herstellen will. Hat man sich für das elektrische Modell entschieden, entstehen die Fragen nach der richtigen Stromquelle, nach den Funktionseinheiten u. dgl. mehr. Bei der Wahl der Funktionseinheiten muß man weiter entscheiden, ob man Relais, Elektronenröhren, Transistoren usw. verwenden will, bzw. welche dieser Einheiten für den beabsichtigten Zweck am geeignetsten sind. Man muß bei der Konstruktion auch berücksichtigen, daß reale Geräte gewisse Zeiten benötigen, um anzuspringen oder aufzuhören usw.

Als Zwischenstufe zwischen System-Modell und Real-Modell wird man wieder ein Schaltschema anlegen, in dem jetzt aber die Funktionseinheiten nicht mehr einfach durch „Blöcke" dargestellt werden können, sondern durch reale Funktionseinheiten ersetzt werden müssen. Es genügt nicht mehr zu wissen, daß die Einheit „irgendwie" die gewünschte Funktion ausübt, sondern man muß wissen, wie dies geschieht, wie die Einheit im einzelnen funktioniert. Damit kommt unsere Darstellung aber schnell an eine Grenze, da wir Kenntnisse technischer Art, wie sie hierfür nötig sind, weder voraussetzen noch auch hier vorbereitend darstellen können. Wir müssen uns daher auf ganz einfache Beispiele beschränken.

Das Relais: Von den Grundeinheiten, die in den einer Realisierung zugrunde liegenden Schaltschematen auftreten, haben wir die Elektronenröhre oben (S. 162f) schon besprochen, wir wollen hier nur noch kurz auf das Relais eingehen, weil dessen Funktion verhältnismäßig einfach zu verstehen ist.

Eine Spule (s. Abb. 92) enthält im Innern einen Eisenkern. Über diesem Kern befindet sich, an einer Feder (F) befestigt, ein Plättchen aus Weicheisen (P). Wird die Spule vom Strom durchflossen (Schalter S geschlossen), so wird Spule + Eisenkern zu einem Elektroma-

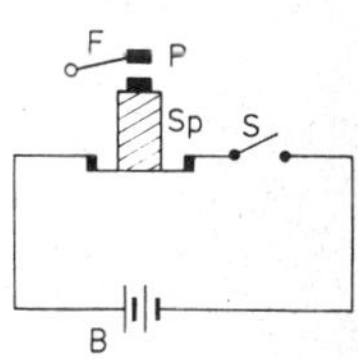

Abb. 92

gneten, der das Plättchen anzieht und festhält. Beim Öffnen von S läßt der Elektromagnet P los, und dieses geht infolge der Federspannung in seine Ausgangslage zurück.

Man kann ein solches Relais nun in einfacher Weise zum Schreiben in der *Telegrafie* (Abb. 93) oder als *Schalter* verwenden, z. B. um einen starken Strom durch einen schwachen zu steuern, speziell ein- und auszuschalten. Man koppelt (s. Abb. 94) das Relais so mit dem Arbeitsstromkreis, daß beim Anziehen von P der zweite

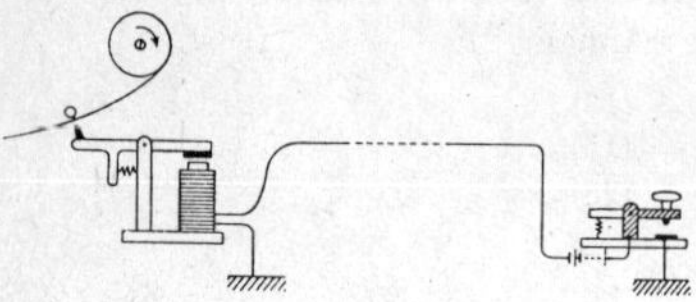

Abb. 93

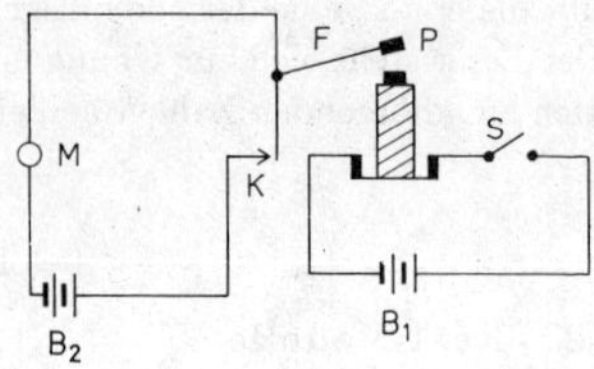

Abb. 94

Stromkreis bei K geschlossen wird. Man spricht bei elektromagnetisch betätigten Schaltern von einem *Kontakt* (K). Auch K ist nur der beiden Werte 0 (offen) und 1 (geschlossen) fähig. Ist der Kontakt in der „Ruhelage" offen und in der „Arbeitslage" geschlossen, so heißt er ein *Arbeitskontakt*. Umgekehrt ist ein *Ruhekontakt* in der Ruhelage geschlossen und in der Arbeitslage offen.

In Schaltschematen benutzt man zur Vereinfachung bestimmte Symbole. So wird ein Relais meist kurz als 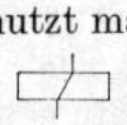 dargestellt; man zeichnet also nur den Eisenkern und andeutungsweise eine Wickelung mit den Zu- und Ableitungen. Kontakte deuten wir hier, wie vielfach üblich, durch eine Pfeilspitze an, so daß sich für die Schaltung der Abb. 95 etwa das nebenstehende einfache Schema ergibt (der Arbeitsstromkreis ist darin nur angedeutet). Zieht R an, so wird K geschlossen.  ist das allgemein übliche Symbol für eine Stromquelle, handele es sich um eine Batterie oder die öffentliche Stromleitung. 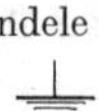 ist das Symbol für „Erdung" und  oder  für einen Widerstand.

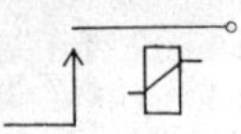

Abb. 95

3. *Die Funktionseinheiten.* Die drei logischen Funktionseinheiten lassen sich nun mit Hilfe von Relais in grob schematischer Form einfach darstellen:

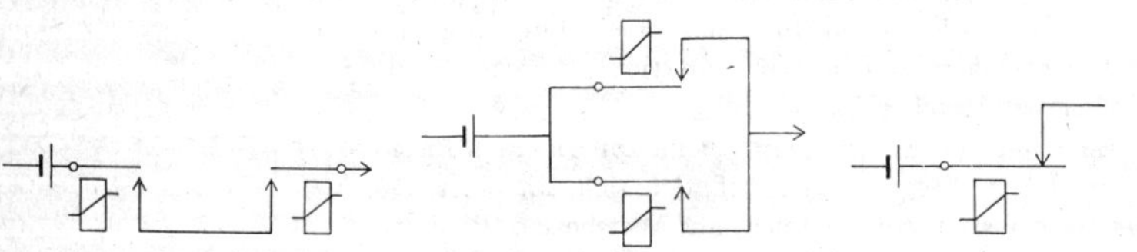

Abb. 96

Wollen wir nun z. B. eine Boolesche Funktion, etwa:

$$f = (a \& b) \vee (c \& d)$$

realisieren, so zeichnen wir zunächst das logische Schaltschema (s. Abb. 97) und fügen dann die entsprechenden Relais ein. Das führt zu einer technischen Lösung der Aufgabe, deren Funktion sich aus der Zeichnung ergibt: ziehen R_2 (für a) und R_3 (für b) an, oder R_4 (für c) und R_5 (für d), so erhält R_1 Strom, zieht seinerseits an und schließt damit den Arbeitsstromkreis.

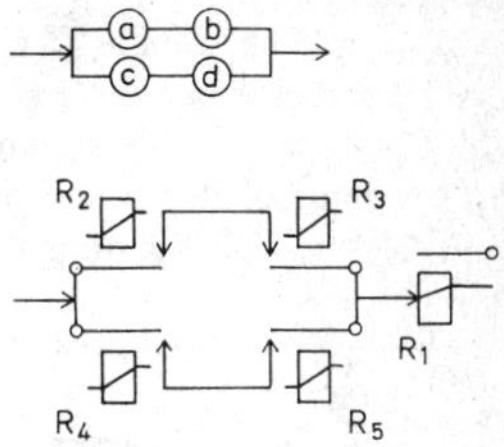

Abb. 97

4. *Die Lernmatrix:* Wir wollen, wie gesagt, Einzelheiten hier nicht behandeln, sondern wenden uns einer ganz anderen Realisierung „logischer" Verknüpfungen zu, nämlich der sog. *Lernmatrix*, die von K. STEINBUCH u. Mitarb. an der Technischen Hochschule Karlsruhe entwickelt worden ist. Diese Lernmatrix unterscheidet sich von den bisher besprochenen Modellen im Prinzip dadurch, daß sie nicht über vorgegebene Bahnen und funktionell festgelegte Einheiten „arbeitet" und z. B. eine Bedingte Reaktion liefert, sondern daß sie die Verknüpfungen — also sozusagen die „Assoziationen" — selbst herstellt. Man kann auch sagen: sie „lernt", diese Verknüpfungen auszuführen, und „entwickelt" eine bedingte Reaktion. Wir besprechen hier zunächst, entsprechend unserem augenblicklichen Thema, nur die einfache Verknüpfung zweier Elemente in der Matrix — später werden wir auf dieses Gerät weiter eingehen.

Gegeben seien zwei Drähte e und b, die sich kreuzen, die aber nicht miteinander verbunden, sondern gegeneinander isoliert sind. Fließt durch e ein Strom, so geschieht in b nichts — und umgekehrt. Verbinden wir nun aber (s. die schematische Abbildung) die beiden Drähte leitend miteinander (angedeutet durch das schwarze Dreieck, das zugleich einen gewissen Widerstand darstellt), so fließt ein Strom durch e jetzt auch durch b und kann z. B. die an b liegende Lampe L aufleuchten lassen (die zugehörigen Stromkreise sind hier nicht miteingezeichnet). Rein schematisch ist dies sozusagen ein Ausschnitt aus der „Bedingten Reaktion": Strom in b = I_S (s. S. 274ff), Strom in e = I_n — dieser bewirkt keine Reaktion (die Lampe bleibt dunkel). Nach Herstellen der Verbindung läßt auch I_n die Lampe aufleuchten.

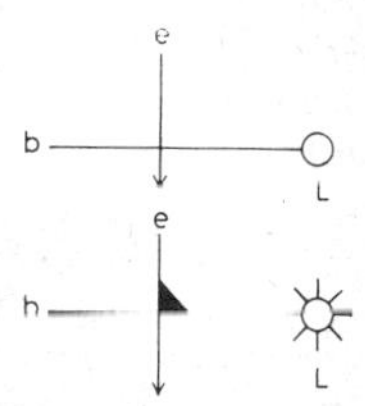

Abb. 98

Da wir aber bis jetzt die Verbindung zwischen e und b hergestellt haben, führt uns das Bisherige nicht weiter, denn bei der Ausbildung einer Bedingten Reaktion muß ja das System selbst die Verbindung oder Verknüpfung herstellen. Dies muß das System „lernen". Wir realisieren die Situation der Bedingten Reaktion etwa dadurch, daß wir gleichzeitig mit dem Strom durch e auch einen Strom durch b schicken — und dies so lange tun, bis ein Strom durch e allein L aufleuchten läßt. Aber ist dies überhaupt möglich? Es besagt doch, daß im Laufe der Zeit — in der sog. *Lernphase* der Matrix — die Isolierung oder ein hochohmiger Widerstand zwischen e und b an der Kreuzungsstelle überwunden wird und eine leitende Verbindung „entsteht".

Wer auf der Schule Chemieunterricht gehabt hat, erinnert sich vielleicht noch eines Versuches zur *Elektrolyse* von Metallsalzen bzw. zur sog. „Galvanostegie": eine wäßrige Lösung von essigsaurem Blei (Bleiacetat) enthält geladene Bleiteilchen (Blei-Ionen, Symbol Pb^{++}) und negativ geladene Acetat-Ionen (Ac^{-}). Unter dem Einfluß einer elektrischen Spannung, die durch zwei Elektroden der Flüssigkeit zugeführt wird, beginnen die Ionen zu „wandern" (Ion kommt vom griech. i'on = eilend, gehend, wandernd), und zwar die Pb^{++} zur (negativen) Kathode und die Ac^{-} zur (positiven) Anode. An der Kathode werden die Pb^{++} entladen und lagern sich dort als metallisches Blei ab, wobei (s. Abb. 99) allmählich ein sog. „Bleibaum" entsteht, der in Richtung auf die Anode wächst. Dasselbe geschieht auch, wenn man eine Lösung von salpetersaurem Silber (Silbernitrat) und Silber-Elektroden verwendet. Für die hier erwünschten praktischen Zwecke hat sich eine Zelle als günstig erwiesen, die von MacKay u. Mitarb. entwickelt wurde (s. Abb. 100): es entsteht ein „Silberbaum"[1] (s. Abb. 100a). Man kann die Lösung des Problems auch auf „trockenem" Wege erreichen, wenn man z. B. die Drähte aus

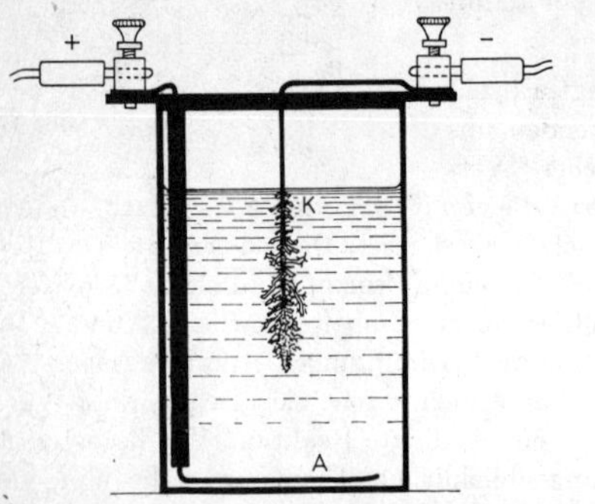

Abb. 99

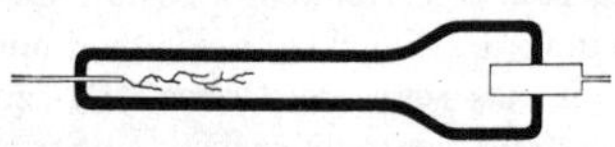

Abb. 100

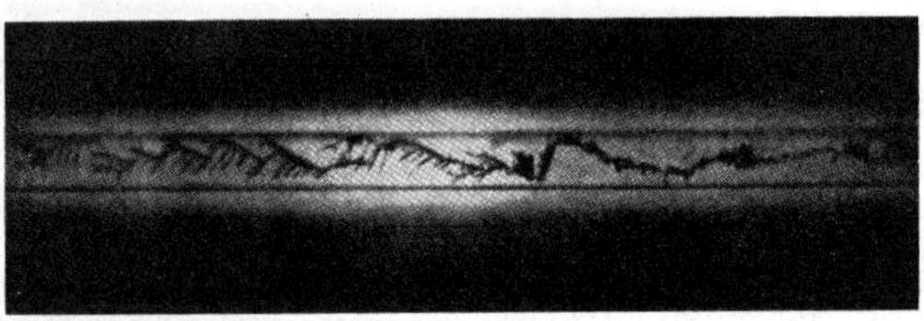

Abb. 100 a

[1] Die vielen Probleme, die bei dieser Realisierung zu bewältigen sind, betreffen u. a. das Dirigieren und die Unterstützung des wachsenden „Baumes", den Einfluß des Stromes auf dessen Form (s. d. Abb.), die Gefahr der Erwärmung des Elektrolyten bis zum Sieden u. dgl. Vgl. dazu D. M. MacKay u. W. A. Ainsworth: „Electrolytic Growth Processes with Applications to Self-Adjusting Automata" in: Neuere Ergebnisse der Kybernetik. München, Wien 1964. S. 326ff.

Silber anfertigt und an der Kreuzungsstelle den oberen Draht mit einer Schicht von Silberbromid überzieht. Auch dann wächst aus dem kathodischen Draht ein Silberfaden zur Anode hinüber (s. die schematische Abb. 101)[1]. Die Analogie zur Ausbildung einer Bedingten Reaktion ist deutlich.

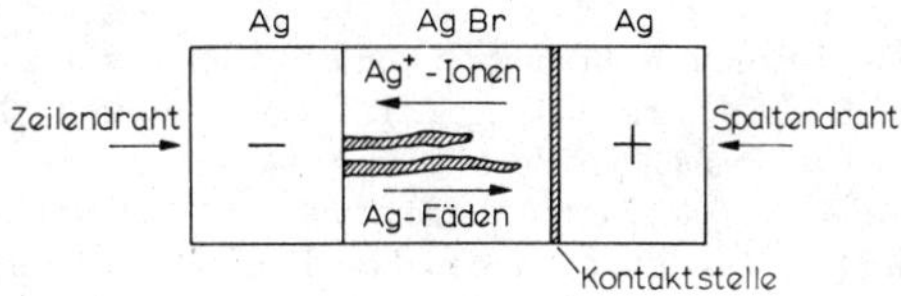

Abb. 101

Die Steinbuchsche *Lernmatrix* besteht nun aus einem Netzwerk solcher Elemente mit den Spaltendrähten e_i und den Zeilendrähten b_j. Die Abb. 102 zeigt das Netzwerk nach beendeter Lernphase: das Gerät arbeitet jetzt in der *Kannphase*.

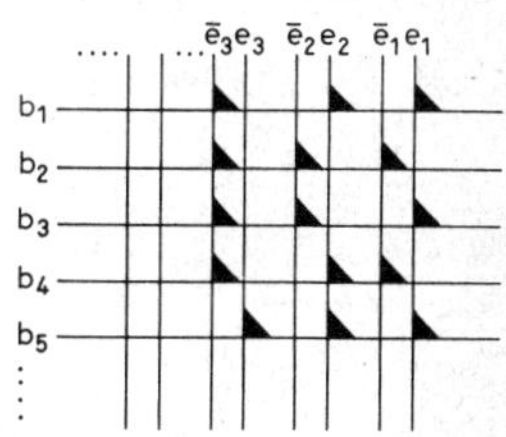

Abb. 102

Nehmen wir an, an $\bar{e}_1$, e_2 und $\bar{e}_3$ liege eine elektrische Spannung von etwa je 10 Volt. Die durch die schwarzen Dreiecke gekennzeichneten Übergänge zwischen e und b mögen je einen Widerstand von 200 Ohm haben. Nach dem Ohmschen Gesetz:

$$\text{Spannung U} = \text{Stromstärke i} \cdot \text{Widerstand R oder: } i = \frac{U}{R}$$

fließt dann von $\bar{e}_1$ auf b_2 und b_4 ein Strom von:

$$\frac{U}{R} = \frac{10}{200} = 0{,}05 \text{ Ampere} = 50 \text{ Milliampere (mA).}$$

Da die gleiche Spannung auch an e_2 liegt, fließt von hier ein Strom von 50 mA durch b_1, b_4 und b_5 — und $\bar{e}_3$ beliefert b_1, b_2, b_3 und b_4 jeweils mit einem Strom von ebenfalls 50 mA. Die Ströme auf b_2, b_4 und b_5 addieren sich zueinander — wir finden daher für die b-Drähte folgende Ströme:

$$
\begin{aligned}
b_1 &= 50 \text{ mA von } \bar{e}_3 + 50 \text{ mA von } e_2 &&= 100 \text{ mA}\\
b_2 &= 50 \text{ mA von } \bar{e}_1 + 50 \text{ mA von } \bar{e}_3 &&= 100 \text{ mA}\\
b_3 &= 50 \text{ mA von } \bar{e}_3 &&= 50 \text{ mA}\\
b_4 &= 50 \text{ mA von } \bar{e}_1 + 50 \text{ mA von } e_2 + 50 \text{ mA von } \bar{e}_3 &&= 150 \text{ mA}\\
b_5 &= 50 \text{ mA von } e_2 &&= 50 \text{ mA}
\end{aligned}
$$

[1] Auf die anderen Lösungsmöglichkeiten mit Hilfe magnetischer und kapazitiver Elemente gehen wir hier nicht ein. Vgl. dazu etwa H. J. Hönersloh u. H. Kraft: „Technische Verwirklichung der Lernmatrix" in: Lernende Automaten. München 1961. S. 75ff.

Das sehr einfache Beispiel zeigt, daß bei der angenommenen Kombination $\bar{e}_1$, e_2 und $\bar{e}_3$ der Zeilendraht b_4 den stärksten Strom = 150 mA erhält. In einem der Matrix nachgeschalteten *Extremwertbestimmer* (auf dessen Konstruktion wir hier nicht näher eingehen können) wird dieses b_4 gleichsam herausgesiebt, alle anderen b_j werden zugleich abgeschaltet: das Gerät spricht also eindeutig auf die obige Kombination von Inputs an.

In der Lernphase ist diese Kombination von e-Werten der b_4 zugeordnet worden, anders ausgedrückt: die Matrix hat „gelernt", eine bestimmte Kombination von e-Werten zu einer entsprechenden Booleschen Funktion zu verknüpfen. Die Booleschen Funktionen der oben skizzierten Matrix zeigt die Tabelle (links unten). Codieren wir alle e_i mit 1 und alle $\bar{e}_j$ mit 0, so werden diese Funktionen durch die in der letzten Spalte stehenden Codegruppen dargestellt. Gibt man nun der Matrix, etwa mit Hilfe einer Lochkarte, eine bestimmte Codegruppe ein, so „antwortet" die Matrix mit einem Strom auf einem bestimmten Draht b_n, der dann zur entsprechenden „Verarbeitung" weitergeleitet werden kann. Die Lernmatrix hat also „gelernt", auf bestimmte codierte Signale in bestimmter Weise zu antworten. Umgekehrt vermag sie auch bei Eingabe eines Stromes auf einer der b-Leitungen mit einem bestimmten Codezeichen zu antworten.

	Codegruppe
$b_1 = e_1 \& e_2 \& \bar{e}_3$	110
$b_2 = \bar{e}_1 \& \bar{e}_2 \& \bar{e}_3$	000
$b_3 = e_1 \& \bar{e}_2 \& \bar{e}_3$	100
$b_4 = \bar{e}_1 \& e_2 \& \bar{e}_3$	010
$b_5 = e_1 \& e_2 \& e_3$	111

4.5. Kybernetische Maschinen

4.5.1 Maschine und Mensch

1. Unter den „Verknüpfungsmaschinen", wie wir hier allgemein sagen wollen spielen die großen *Rechenautomaten*, die elektronischen Rechengeräte (computers) in der Praxis wie auch im Bewußtsein der Allgemeinheit eine besondere Rolle, so daß wir trotz der damit verbundenen Schwierigkeiten auf sie eingehen müssen. Nachrichten über die Leistungsfähigkeit dieser Giganten — um etwa zwei 10–20stellige Zahlen miteinander zu multiplizieren, benötigt ein solches Gerät höchstens $^1/_{1000}$ Sekunde, oder: „eine einzige Maschine leistet so viel Rechenarbeit wie 10 Millionen Menschen" — oder über die Kompliziertheit des Aufbaus — so enthielt der schon 1946 gebaute „Eniac" nicht weniger als 18000 Elektronenröhren — vermögen den Außenstehenden eher zu verblüffen, als daß sie ihm ein Verständnis für die Bedeutung dieser Maschinen oder auch für die Größe der geistigen Leistung vermitteln, die diese Geräte darstellen. Schlagworte wie „Elektronengehirne", „Denkmaschinen" usw. sind ebenfalls nur geeignet, die Phantasie der Leser in falsche Richtungen zu lenken. Gerade solche Schlagworte machen es aber nötig, immer wieder die grundsätzlichen Fragen und Probleme, die mit derartigen kybernetischen Maschinen entstehen, gründlich zu erörtern — also hier etwa das Thema „Maschine und Mensch" im Zusammenhang zu besprechen.

2. „Wir bezeichnen mit dem Namen ‚Maschine' jede Kombination von unbelebten oder ausnahmsweise sogar belebten Teilen, die fähig ist, den Menschen in der Ausführung einer von Menschen geplanten Gesamtheit von Operationen zu ersetzen —

wobei ‚Operationen‘ im weitesten Sinne genommen wird“, schreibt COUFFIGNAL einmal (1938)[1]. Das ist eine sehr umfassende Definition einer „Maschine“, die sowohl einfachste Gebilde, wie z. B. von Tieren angetriebene Wasserschöpfer oder Göpelwerke, als auch die modernsten Einrichtungen zur Automation ganzer Produktionszweige in der Industrie erfaßt. Sie weist auch durch die Anwendung des Wortes „ersetzen“ schon auf die schwierigen sozialen Probleme hin, die die Einführung neuartiger Maschinen in die Industrie seit jeher gestellt hat, angefangen von den „Maschinenstürmern“ in England in der Mitte des vorigen Jahrhunderts bis zur heutigen „Vollautomatisierung“.

Dasselbe Wort macht aber auch einen Mangel jener Definition offenbar: es kommt bei der Einführung von Maschinen ja nicht nur und nicht in erster Linie auf ein „Ersetzen“ des Menschen, sondern auf eine *Leistungssteigerung* an, wie z. B. die Verwendung größerer Energien und Kräfte, als sie dem Menschen zur Verfügung stehen, das Erreichen größerer Geschwindigkeiten, größerer Genauigkeit usw. Das unterscheidet die Maschine wesentlich vom *Werkzeug*, das zwar auch die Leistungsfähigkeit des Menschen steigert, aber nur in den ihm von Natur gezogenen Grenzen. Auch der geschickteste Arbeiter mit dem feinsten Werkzeug vermag z. B. nicht ein „optisches Gitter“ (für physikalische Untersuchungen) herzustellen, bei dem auf einer Glasplatte in genau gleichen Abständen feine parallele Striche eingeritzt werden müssen — bis 1800 Striche auf 1 mm!

In diesem Sinne müssen wir nun auch die großen Rechenautomaten verstehen: sie „ersetzen“ nicht nur menschliche Rechner, sondern sie liefern Leistungen, die menschlichen Rechnern überhaupt nicht zugänglich sind.

Betrachten wir speziell die Rechenautomaten, so spezialisiert sich unser Problem „Maschine und Mensch“ auf die viel erörterte Frage: Können solche Automaten wirklich „rechnen“? Und das heißt doch: vermögen sie auf Grund ihrer (vom Menschen geschaffenen) Konstruktion Leistungen zu vollbringen, die wir üblicherweise als „geistige Leistungen“ ansprechen?

Wir wollen hier das Problem einmal von der anderen Seite aus betrachten und stellen die Frage:

Ist Rechnen eine geistige Tätigkeit?

3. Eine solche Frage läßt sich natürlich nicht einfach mit Ja oder Nein beantworten, sie bedarf einer gewissen Untersuchung. Über das Addieren haben wir oben bei den System-Modellen schon gesprochen (S. 250), wir wollen deshalb hier zunächst eine „höhere“ Rechentätigkeit, das *Multiplizieren*, etwas genauer untersuchen — und zwar sozusagen auf der „untersten Stufe“, nicht theoretisch.

Wie multiplizieren wir also zwei vierstellige Zahlen wie 4837 und 6523?

Nehmen wir zunächst ein einfacheres Beispiel: $5 \cdot 12$. Dies ist doch nichts anderes als:

$$\underbrace{12 + 12 + 12 + 12 + 12}_{\text{5mal}} = 60.$$

[1] Zitiert nach LOUIS COUFFIGNAL: Denkmaschinen (dtsch. Übers. v. E. WALTHER). Stuttgart 1955. S. 15.

Die Multiplikation des Multiplikanden (12) mit dem einstelligen Multiplikator (5) läßt sich also auf eine mehrmalige Addition zurückführen. Wollten wir dies auf unsere beiden 4stelligen Zahlen anwenden, so sähe der Ansatz so aus:

$$\underbrace{4837 + 4837 + \ldots\ldots + 4837}_{6523\text{mal}} = 31\,551\,751.$$

Das wäre gewiß ein sehr umständliches Verfahren — bei den großen Geschwindigkeiten der Rechenautomaten ist es aber durchaus anwendbar. Für diese 6523 Additionen benötigt ein moderner Automat vielleicht 1–2 Sekunden — doch ist dies für heutige Ansprüche schon eine viel zu lange Zeit.

$$\begin{array}{r}
\text{I. } 4837 \cdot 6523 \\
\hline
14511 \\
9674 \\
24185 \\
29022 \\
\hline
31551751
\end{array}$$

Der Mensch geht daher einen anderen Weg: er zerlegt (s. Schema I) die Multiplikationen der beiden 4stelligen Zahlen in 4 (= Stellenzahl des Multiplikators) einstellige Multiplikationen mit dem Multiplikanden (= M), deren Ergebnisse er dann nach Schema I addiert. Was aber geschieht wirklich dabei?

$$\begin{array}{rcr}
\text{II. } 4837 \cdot 6523 & & \\
\hline
14511 & = & 3 \cdot \mathrm{M} \\
96740 & = & 20 \cdot \mathrm{M} \\
2418500 & = & 500 \cdot \mathrm{M} \\
29022000 & = & 6000 \cdot \mathrm{M}
\end{array}$$

Dies zeigt uns Schema II.

Wir multiplizieren nicht einfach jede Ziffer des Multiplikators mit M, sondern jede Ziffer mit ihrem Stellenwert (also multipliziert mit der richtigen Zehnerpotenz). Dies machen wir uns in der Praxis aber niemals mehr klar, sondern wenden mechanisch das gelernte Schema I an (unter Weglassung der Endnullen) und „rücken", ebenfalls rein mechanisch, jede folgende Multiplikationszeile um eine Stelle nach links.

$$\begin{array}{rcl}
\text{III. } 4{,}837 \cdot 65{,}23 & & \\
\hline
0{,}14511 & = & 0{,}03 \cdot \mathrm{M} \\
0{,}96740 & = & 0{,}2 \;\; \cdot \mathrm{M} \\
24{,}18500 & = & 5{,}0 \;\; \cdot \mathrm{M} \\
290{,}22000 & = & 60{,}0 \;\; \cdot \mathrm{M}
\end{array}$$

Heißen die beiden Zahlen nun etwa: 4,837 und 65,23, so sieht das genaue Schema so aus (Schema III), wobei sich die Stellung des Dezimalkommas automatisch ergibt. Wir rechnen aber, als ob es keine Dezimalstellen gäbe, und rücken im Endergebnis mechanisch das Komma um so viele Stellen nach links, wie die Summe der Dezimalstellen beider Zahlen (hier = 5) angibt. Auch dies ist wieder ein rein mechanischer Vorgang, von einer eigentlich „geistigen" Tätigkeit ist dabei kaum die Rede.

Schema I und II zeigen uns nun aber einen Weg, wie man auch die Multiplikation sehr großer Zahlen auf Additionen zurückführen kann, ohne etwa Tausende von Additionen ausführen zu müssen. Das Verfahren wurde praktisch in Rechenautomaten benutzt, z. B. in der NORC der IBM, einem 1955 speziell für das Waffenamt der US-Marine konstruierten Computer — er läßt sich, besonders bei sehr großen Zahlen, auch für „menschliches" Multiplizieren anwenden.

Das Schema IV zeigt das Verfahren, die Zeichnung die technische Lösung in der NORC[1].

[1] nach W. J. Eckert u. R. Jones: „Schneller schneller". IBM Deutschland, Sindelfingen 1956, S. 34 f.

IVa.

$$
\begin{array}{rrl}
 & 14653274 & = 1 \cdot M = a \\
+ & 14653274 & \\
\hline
 & 29306548 & = 2 \cdot M = b \\
+ & 14653274 & \\
\hline
 & 43959822 & = 3 \cdot M = c \\
+ & 14653274 & \\
\hline
 & 58613096 & = 4 \cdot M = d \\
+ & 14653274 & \\
\hline
 & 73266370 & = 5 \cdot M = e \\
+ & 14653274 & \\
\hline
 & 87919644 & = 6 \cdot M = f \\
+ & 14653274 & \\
\hline
 & 102572918 & = 7 \cdot M = g \\
+ & 14653274 & \\
\hline
 & 117226192 & = 8 \cdot M = h \\
+ & 14653274 & \\
\hline
 & 131879466 & = 9 \cdot M = i
\end{array}
$$

IVb.

$$
\begin{array}{l}
14653274 \cdot 3843789 \\
\hline
\qquad\qquad\qquad\qquad\qquad i \\
\qquad\qquad\qquad\qquad h \\
\qquad\qquad\qquad g \\
\qquad\qquad c \\
\qquad d \\
\quad h \\
c \\
\hline
\text{Produkt} = (i + 10\,h + 100\,g + \ldots)
\end{array}
$$

Man addiert also (Schema IVa) M neunmal und wählt dann aus der so hergestellten Liste den jeweils den einzelnen Ziffern des Multiplikators entsprechenden Wert von n · M, also z. B. für 4 · M = d aus und schreibt ihn in das Schema IVb (unter Berücksichtigung des Stellenwertes). Man benötigt dann auch für die größten Zahlen immer nur 10 Additionen: 9 für die Aufstellung der Liste und die 10. für die Schlußaddition.

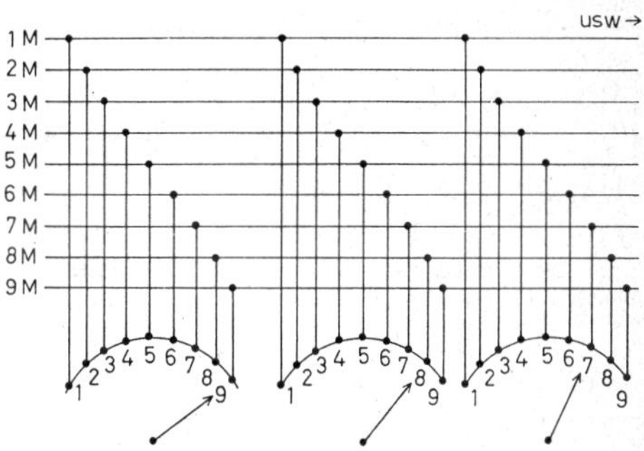

Abb. 103

4. Ein anderes Beispiel aus der „Mathematik", das Lösen einer einfachen Gleichung, z. B.:

$$4x + 7 = 23 \qquad x = ?$$

Wieder gehen wir ganz mechanisch vor. Wir bringen 7 „auf die andere Seite" als „— 7" und dividieren die rechte Seite (23 — 7) dann durch 4:

$$x = \frac{23 - 7}{4} = \frac{16}{4} = 4.$$

Dem Mathematiker sträuben sich bei dieser Darstellung mit Recht die Haare. Ein Lehrer meiner Heimatstadt pflegte bei derartigen Aussagen zu bemerken: „Es wird nichts auf die andere Seite oder um die Ecke gebracht.“ Was geschieht nun aber wirklich bei diesem so mechanisierten Lösungsverfahren? Schema V zeigt es: wir wenden das Euklidsche Axiom: „Gleiches zu Gleichem addiert (bzw. von Gleichem subtrahiert, mit Gleichem multipliziert), gibt Gleiches“ zweimal an, in dieser Tatsache liegt die Berechtigung des Verfahrens, das wir zwar alle einmal richtig gelernt, aber bald schematisiert und automatisiert haben und daher jetzt ohne Nachdenken benutzen.

$$\begin{array}{lll} \text{V. a)} & 4x + 7 & = 23 \\ \text{b)} & \quad -7 & = -7 \\ & 4x & = 23 - 7 \\ \text{c)} & \dfrac{4x}{4} & = \dfrac{23-7}{4} \\ & x & = 4 \end{array}$$

Und noch ein letztes Beispiel: die Lösung einer quadratischen Gleichung, etwa:

$$x^2 - 8x - 9 = 0 \qquad x = ?$$

Um diese Gleichung zu lösen, holen wir aus unserem Speicher (Gedächtnis) — oder, falls sie dort nicht mehr greifbar ist, aus einer gedruckten „Formelsammlung“ — die allgemeine Lösungsformel für $x^2 - 2ax - b = 0$:

$$x = a \pm \sqrt{a^2 + b},$$

setzen die entsprechenden Werte unserer Gleichung ein $a = 4$, $b = 9$:

$$x = 4 \pm \sqrt{16 + 9} = 4 \pm \sqrt{25},$$

$$x_1 = 4 + 5 = 9;\ x_2 = 4 - 5 = -1.$$

$$\begin{array}{lll} \text{VI. a)} & x^2 - 2ax - b & = 0 \\ & \qquad\quad + b & = + b \\ \hline & x^2 - 2ax & = b \\ \text{b)} & \qquad\quad + a^2 & = + a^2 \\ \hline & x^2 - 2ax + a^2 & = a^2 + b \\ \text{c)} & (x - a)^2 & = a^2 + b \\ \text{d)} & \sqrt{(x-a)^2} & = \pm \sqrt{a^2 + b} \\ \hline & x - a & = \pm \sqrt{a^2 + b} \\ \text{e)} & \quad + a & = + a \\ \hline & x_{1,2} & = a \pm \sqrt{a^2 + b} \end{array}$$

Wie aber kommt die Lösungsformel zustande? Wir haben das mathematische Verfahren, das das Schema VI zeigt, alle einmal gelernt und damit auch die Begründung für seine Berechtigung. Auch wenn wir es nicht vergessen haben, wenden wir es nicht mehr (oder nur noch selten) an. Wir brauchen dieses Wissen zum Lösen der Gleichung nicht. Der Lösungsvorgang nach der Formel vollzieht sich automatisch (ohne Nachdenken).

Daß in der automatischen Anwendung gewisser Formeln oder *Algorithmen* (festgelegter Lösungsverfahren) eine gewisse Gefahr liegt, haben wir in der Schule alle gelernt: bei den meist wenig geschätzten „eingekleideten Aufgaben“. Allzuschnell überließen wir uns dem Algorithmus und begannen zu „rechnen“ — und wunderten uns dann, wenn als Ergebnis etwa $a = a$ oder gar $0 = 1$ herauskam: die „Denkarbeit“ des *Ansatzes* einer sinnvollen Gleichung war zu kurz gekommen; wir hatten wieder einmal Mathematik mit Rechnen verwechselt.

Die Beispiele haben wohl deutlich gemacht, worauf es hier ankam: Alles menschliche Rechnen — und das gilt auch für die Differential- und weitgehend sogar noch für die Integral-Rechnung — ist ein recht mechanisches Ausführen eines *Programms*, das — in seinen einzelnen Schritten festgelegt — uns unmittelbar eingegeben oder aus einem Speicher abgerufen wird, und über dessen ,,Sinn" wir uns beim Rechnen keinerlei Gedanken machen — auch keine Gedanken machen müssen. Wir sind so ,,programmiert" und lassen das Programm ablaufen. Somit müßten wir eigentlich sagen: wir Menschen ,,rechnen" wie Automaten, und deshalb brauchen wir auch keine Bedenken haben, nun umgekehrt zu sagen: Automaten können wirklich ,,rechnen".

5. Nun wird man wohl sagen: wir Menschen sind uns unserer Tätigkeit ,,bewußt" — doch könnte dies für den Rechenvorgang selbst, nimmt man etwa einen extrem behavioristischen Standpunkt ein, belanglos sein. Wir können uns durchaus vorstellen, daß das unserem Gehirn einprogrammierte Verfahren rein ,,physiologisch" abläuft. Und wenn wir dann das Rechenergebnis prüfen? Ist das eine ,,geistige Tätigkeit"?

Sollen wir etwa in einem Lehrbuch eine mathematische Aufgabe lösen, so sehen wir schließlich unter den ,,Lösungen" nach und vergleichen unser Ergebnis mit der gedruckten Lösung. Ist unser Ergebnis falsch, so rechnen wir die ganze Aufgabe noch einmal, solange, bis wir die richtige Lösung gefunden haben. Das heißt aber doch: wir vergleichen zwei Zahlenwerte miteinander — und streichen dann notfalls alles aus und beginnen von neuem. Genau das tut aber ein entsprechend programmierter Automat auch, wenn er ,,prüft".

6. Soweit stimmt die Analogie also weitgehend — doch gibt es einen wesentlichen Unterschied zwischen dem Rechnen des Menschen und des Automaten, der zeigt, daß das ,,Bewußtsein" eben doch nicht nur begleitend und für den Vorgang selbst unwesentlich ist, sondern eine wesentliche Funktion ausübt. Wir Menschen rechnen mit ,,Zahlen" — der Automat aber rechnet mit ,,Objekten", wie wir einmal sagen wollen. Was meint das?

Denken wir uns ein kleines Kind, das Zahlen noch nicht kennt. Es spielt mit Bauklötzchen; hat links etwa 3 und rechts 5 Klötzchen liegen und schiebt im Spiel diese Klötzchen auf einen Haufen zusammen. Faktisch *summiert* das Kind (3) Klötzchen und (5) Klötzchen zu (8) Klötzchen — aber es ,,addiert" nicht, da es ja nicht einmal zählen kann.

Oder: Borels Affe (s. S. 59) tippe auf der Schreibmaschine — was allerdings ein außergewöhnlicher Zufall wäre — die Gleichung:

$$3 + 5 = 8.$$

Er hat nicht gerechnet, sondern hat nur Zeichen nebeneinander gesetzt, die nicht für den Affen, wohl aber für den menschlichen Beobachter einen Sinn ergeben. Wir sind wieder bei dem Grundproblem der ,,Universalbibliothek", deshalb formulieren wir unsere Frage gleich entsprechend: ist diese von dem Affen getippte Gleichung ,,richtig"? Genaugenommen müßten wir sagen: nein! — oder besser: die Frage nach Richtigkeit und Falschheit läßt sich hier eigentlich gar nicht stellen. Ändern wir das Beispiel etwas ab: der Affe möge jetzt — was schon ein klein wenig wahrscheinlicher wäre — Folgendes tippen:

$$\cdot\cdot\cdot + \cdot\cdot\cdot\cdot\cdot = \cdot\cdot\cdot\cdot\cdot\cdot\cdot\cdot$$

dann könnten wir schon eher sagen: diese ,,Gleichung" ist richtig, falls wir + und = als Symbole für ein faktisches Zusammenschieben oder Zusammensehen wie oben bei dem spielenden Kinde verstehen. Die Punkte sind ,,Objekte" oder Stellvertreter für solche (z. B. Bauklötzchen), sie können auch Stellvertreter für elektrische Impulse und dgl. sein. Wer diese Objekte zusammenfügt, der ,,summiert". Ziffern und Zahlen aber sind abstrakte Zeichen, die man nach gelernten Regeln *addiert*, und d. h. man weiß dann, wie groß die Summe ist.

Die Gleichung $3 + 5 = 8$ ist also nur richtig und sinnvoll für den, der die Zeichen versteht. Das Zusammenfügen der Punkte links aber ergibt objektiv richtig die rechte Punktmenge. Anders gesagt: die Gleichung $3 + 5 = 8$ ist eine *Nachricht*. Für den Affen bedeutet sie wahrscheinlich, für einen Rechenautomaten, der sie aufstellt, bedeutet sie mit Sicherheit nichts, ebensowenig wie etwa für die Schreibmaschine, auf der ich sie soeben geschrieben habe.

Das, was der Automat als sog. ,,Befehle" erhält, kann man als *Signale* ansehen, da sie für den eingebenden Menschen die Bedeutung abgesendeter Signale haben. Diese Signale verarbeitet der Automat rein physikalisch: er verknüpft sie, speichert sie, holt sie wieder aus dem Speicher heraus, verknüpft sie erneut mit anderen Signalen usw. Und schließlich gibt er das Ergebnis aller dieser Operationen etwa in Form gedruckter Zahlen heraus: als Signale, die potentielle Nachrichten-Träger sind — für den Menschen. Der Automat kann diese Endsignale auch an eine andere Daten verarbeitende Maschine herausgeben, die dann auf Grund dieser Ergebnisse etwa in einem Fabrikbetriebe eine bestimmte Produktion steuert. Wir sprechen auch bei einer solchen Übertragung von Maschine zu Maschine von *Signalen* — aber genau genommen sind sie dies wieder nur für den außenstehenden menschlichen Beobachter. Intra- und intermaschinell sind sie bestimmte physikalische Größen oder Vorgänge, die bestimmte andere physikalische Größen und Vorgänge hervorrufen oder steuern, im Prinzip nicht anders, als wenn 1 kg-Gewicht eine bestimmte Waagschale zum Sinken bringt, während 1 g-Gewicht dies nicht vermag.

7. Wir könnten nun sagen: Da die Funktionen und Wirkungen der Vorgänge in Daten verarbeitenden Maschinen weitgehend menschlichen ,,geistigen" bzw. ,,automatisierten" geistigen Vorgängen entsprechen, sprechen wir auch bei Automaten analog von Signalen, Nachrichten und auch von Information. Aber dies wäre wieder nicht ganz korrekt, denn eine solche Redeweise diente letztlich nur der Veranschaulichung oder wäre eine sprachlich bequeme, aber unkorrekte Ausdrucksweise. Die Übernahme jener Begriffe in die Theorie der Automaten bedeutet aber mehr.

Als HEISENBERG z. B. den Begriff ,,Unbestimmtheit" aus der Alltagssprache in die Physik einführte, wollte er nicht nur allgemein ausdrücken, daß es unmöglich ist, Ort und Impuls eines Elektrons zugleich genau zu bestimmen, sondern er stellte eine genau definierte mathematische Beziehung auf, die diesen Begriff streng faßte: die ,,Unbestimmtheits-Relation". Die ,,Unbestimmtheit" ist also keine Analogie, sondern ein neuer und fruchtbarer physikalischer Begriff, so wie etwa seinerzeit die Benennung des Proportionalitätsfaktors in der Kraftgleichung — die Kraft k ist der von ihr hervorgerufenen Beschleunigung b proportional: $k = m \cdot b$ — als ,,Masse"

Es lassen sich in vielen Wissenschaften Beispiele dafür finden, daß neue Begriffe — oft zunächst als Analoga aus der Alltagssprache entnommen — die Theorie dieser Wissenschaften befruchten und zugleich vereinfachen, sei es, daß sie neue Gesichtspunkte herantragen — z. B. das RUTHERFORD-BOHRsche „Planetenmodell" des Atoms — sei es, daß sie Vereinheitlichungen ermöglichen — z. B. NEWTONS sprichwörtlicher „Apfel", d. h. die Erkenntnis, daß es sich beim Fallen eines Apfels vom Baum und bei der Anziehung der Sonne auf die Planeten um die gleiche Erscheinung handelt, so daß man dann die KEPLERschen Gesetze aus dem Gravitationsgesetz ableiten kann, sie also theoretisch ein Spezialfall der Gravitation sind.

In diesem Sinne müssen wir nun auch die Übertragung der Begriffe Signal, Nachricht, Information usw. in die Spezielle Kybernetik und ebenso in die Angewandte Kybernetik, also in die physikalische, chemische, biologische, soziologische Wissenschaft verstehen: es handelt sich nicht um bloße Analogien (wenn sie auch in manchen Wissenschaften noch vielfach so benutzt werden), sondern um einen neuen Begriffsapparat, der streng definierte Begriffe enthält, die geeignet sind bzw. sein können, auch in anderen Wissenschaften fruchtbar und vereinheitlichend zu wirken, neue Fragestellungen hervorzurufen und schon bekannte Erkenntnisse unter neuen Gesichtspunkten anders zu sehen und sie evtl. in größere Zusammenhänge zu stellen.

Das gilt, um nun zu unserem speziellen Thema zurückzukehren, auch für das Verhältnis von „Automat und Mensch". Die Anwendung der Begriffe der Allgemeinen Kybernetik erlaubt, beide unter neuen Gesichtspunkten zu erfassen und aufzufassen, erlaubt, Gemeinsamkeiten beider mathematisch zu formulieren, strukturell zu deuten und als Fälle einer allgemeinen Systemtheorie zu verstehen — ohne daß damit gesagt ist, daß diese Betrachtungsweise nun für das Verständnis von „Mensch", „Automat" und „Automat und Mensch" erschöpfend sei. Sie zeigt an ihnen nur neue, bisher nicht oder kaum so gesehene bzw. beachtete Seiten auf und versucht, sie wissenschaftlich zu erfassen — ein sicherlich berechtigtes Vorgehen. Deswegen bleibt eine physikalisch-technische Theorie der Automaten ebenso wichtig wie etwa eine physiologische oder psychologische Theorie des Menschen.

4.5.2. Der Digital-Rechner

Der Digital-Rechner, also ein mit Ziffern arbeitender Rechenautomat, ist ein Spezialfall einer Daten verarbeitenden Maschine. Er besteht wie jede solche Maschine im Prinzip aus drei Teilen: der *Eingabe*, einem Gerät, das die „Daten" — beim Rechnen die zu verknüpfenden Zahlen — zuführt, dem *Verarbeiter* (wie wir sagen wollen), und der *Ausgabe*, die das Ergebnis der Verarbeitung an den Empfänger ausliefert, wobei dieser Empfänger, wie wir sahen, auch eine andere Daten verarbeitende Maschine sein kann. Eingabe und Ausgabe, die man zusammenfassend auch als „Randorgane" bezeichnet, sind sozusagen die Kommunikationsmittel der Maschine, durch die sie mit der Umwelt in Kontakt steht. Außerdem muß noch ein *Kontrollsystem* vorhanden sein, denn die Maschine soll sich selbst kontrollieren, soll z. B. Fehler in einer Rechnung auffinden und durch erneute, richtige Rechnung ausmerzen. Und schließlich ist noch ein *Steuersystem* (Steuerpult) nötig: zum Starten und Stoppen der Maschine sowie für sonstige evtl. nötige Eingriffe in den Arbeitsablauf durch den Menschen.

4.5.2.1. *Die Eingabe*

Das Eingabe-Gerät hat zwei Aufgaben zu erfüllen: es soll der Maschine die zu verarbeitenden Daten liefern — *Dateneingabe*, und es muß ihr das Arbeitsprogramm zuführen — *Befehlseingabe*.

Für ein Rechengerät bestehen die „Daten" aus Zahlen. Es gibt verschiedene Wege, der Maschine Zahlen einzuführen. Man kann z. B. mit einem Eingabe-Gerät ein anderes kuppeln, das Zeichen zu „erkennen", also Zahlen zu „lesen" vermag. Doch ein solches Gerät ersetzt nur den Menschen. Beide, Mensch und Zeichenerkennungs-Gerät, benötigen einen „Übersetzer", der die Zahlen in eine für die Maschine geeignete Sprache oder Schrift überträgt, sie also der „objektiven Empfangsbereitschaft" der Maschine anpaßt. Ein für die Maschine geeigneter Code ist z. B. der Binärcode, bei dessen Anwendung die Zahl 1642 zu 11001101010 wird. Diese Codezeichen werden nun so „aufgeschrieben", daß sie maschinell unmittelbar in Stromimpulse umgesetzt werden können. Technische Mittel dafür sind etwa *Lochkarten* (S. 193f), *Lochstreifen* oder auch *Magnetbänder* (wie in den Tonbandgeräten). Lochkarten und Lochstreifen werden vom Menschen mit einem einer Schreibmaschine ähnlichen Gerät gestanzt (s. Abb. 104). Die Angaben können dann, falls erwünscht, von einer Spezialmaschine auf ein Magnetband übertragen werden; man kann die Lochkarten aber auch unmittelbar verwenden. Der Unterschied der beiden Eingabearten liegt in der Eingabegeschwindigkeit: bei Lochkarten und Lochstreifen beträgt sie von 100 bis zu einigen tausend Zeichen pro Sekunde, bei Magnetbändern aber 20000 bis ca. 100000 Zeichen pro Sekunde.

Abb. 104

Entsprechend müssen nun auch die *Befehle*, also die Anordnungen für die Verarbeitung maschinengerecht codiert und in die Maschine eingegeben werden. Diese Befehle müssen sehr genau spezifiziert sein — das Aufstellen einer solchen Befehlsfolge, des *Programms*, nennt man *Programmieren* (s. u. S. 278ff).

4.5.2.2. *Speicher*

So wie man beim menschlichen Gedächtnis zwischen Kurz- und Langzeitgedächtnis unterscheidet (s. S. 196), unterscheidet man auch bei den Daten verarbeitenden Maschinen zwischen *Kurzzeit-* und *Langzeit*-Speichern. Technisch spricht man auch von Register-Speichern oder *Registern*, die nur eine geringe Kapazität (ca. 100 bit), dafür aber eine sehr kurze Zugriffszeit haben (bis hinab zu 1 ns = 10^{-9} sec.), und von *Massenspeichern* mit großer Kapazität (bis 10^9 bit und mehr) und längerer Zugriffszeit (etwa 1 ms = 10^{-3} sec.).

Die heute wichtigsten Speicher sind *Strukturspeicher* auf elektromagnetischer Grundlage. Der primäre Träger, dessen Struktur beim Speichern verändert wird, ist ein magnetisierbares Material, z. B. Eisenoxid (Fe_2O_3) oder „Ferrit" (eine komplizierte Eisen-Sauerstoff-Verbindung).

Will man den Magnetismus zum Speichern verwenden, müssen drei Vorbedingungen erfüllt sein, auf die wir hier — da wir physikalische Kenntnisse möglichst nicht voraussetzen wollen — eingehen müssen:

I. Man muß ein geeignetes Material „magnetisieren" können. Dies ist möglich, wie wir uns aus der Schulzeit vielleicht erinnern. Man kann z. B. einen Eisenstab durch Bestreichen mit einem Magneten magnetisch machen. Dieses für die Technik allerdings kaum verwendbare Verfahren läßt sich durch elektromagnetische Verfahren ersetzen. Was geschieht dabei und wie geschieht es?

Man kann fast sagen, daß unsere ganze Elektrotechnik letztlich auf der Beobachtung des dänischen Physikers HANS CHRISTIAN OERSTEDT (1820) beruht: ein elektrischer Strom in einem Draht lenkt eine in seiner Nähe stehende Magnetnadel (Kompaßnadel) aus ihrer Richtung ab. Die weitere Untersuchung dieser Beobachtung zeigte, daß jeder Strom in einem Leiter von einem geschlossenen Magnetfeld umgeben ist, anders ausgedrückt: ein sich änderndes elektrisches Feld (der fließende Strom!) baut in seiner Umgebung ein Magnetfeld auf. Auch das Umgekehrte gilt: ein sich änderndes magnetisches Feld erzeugt in seiner Umgebung ein geschlossenes elektrisches Feld. Nähern wir etwa einen Magneten einer Drahtschleife so, daß die magnetischen Kraftlinien die Schleife durchsetzen, so können wir in der Schleife einen elektrischen Stromstoß beobachten.

Auf dieser Grundlage kann man Elektromagnete herstellen: man steckt einen Eisenstab in eine Drahtspule und läßt durch die Spule einen Strom fließen, dann wird der Eisenstab „magnetisch" — wir haben dies oben (S. 257) schon beim Relais besprochen. Ein solcher Elektromagnet kann dann wieder einen anderen Eisenstab oder einen Ferrit-Ring oder ein Ferrit-Plättchen usw. magnetisieren.

II. Die zweite Voraussetzung ist: man muß durch Magnetisieren zwei verschiedene Zustande hervorrufen können, die man dann etwa den Signalen 1 und 0 zuordnen kann. Nun ist ja wohl allen bekannt, daß die beiden Enden eines Magnetstabes „magnetisch verschieden" sind: man spricht vom Nordpol und Südpol eines Magneten je nachdem, ob das betr. Ende eines frei aufgehängten Stabes zum magnetischen Nordpol oder zum magnetischen Südpol der Erde weist. Und wir erinnern uns vielleicht auch, daß man diese beiden Pole nicht voneinander trennen kann: zerteilt man einen Magneten in beliebig kleine Stücke, so hat jedes dieser Stücke wieder seinen Nordpol und seinen Südpol.

Dies gilt nun auch für Elektromagnete. Selbst das einfachste Beispiel des Elektromagnetismus, das sog. „magnetische Blatt" oder die „magnetische Doppelfläche", zeigt uns dies: biegen wir einen stromleitenden Draht zu einer Schleife (s. Abb. 105), so verlaufen die magnetischen Kraftlinien wie in der Abb. gezeigt. In der Mitte fließen sie nach hinten aus dem Ring hinaus, wenn der Strom für uns, die wir auf die Ringfläche sehen, im Sinne des Uhrzeigers läuft. Dort, wo die magnetischen Kraftlinien herauskommen, ist der Nordpol; wo wir sie eintreten sehen, ist der Südpol. Kehren wir die Stromrichtung im Draht um, so wechseln auch die magneti-

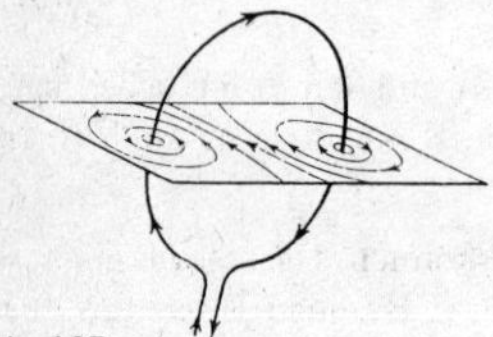

Abb. 105

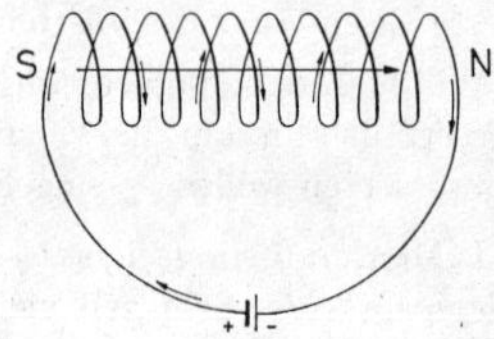

Abb. 106

schen Pole ihre Seiten. Bei einer Spule ergibt sich das Entsprechende: der Eisenkern hat seinen Südpol dort, wo ihn der Strom — wenn wir längs der Spule blicken — im Uhrzeigersinn umkreist. Durch Änderung der Stromrichtung kann man somit am Ende eines Eisenstabes beliebig einen Nordpol oder einen Südpol erzeugen (s. Abb. 106).

Biege ich nun den Stab zu einem Ringe mit einem kleinen Luftspalt (Abb. 107), so verlaufen die Kraftlinien in stark gekrümmten Bögen wieder zwischen N-Pol und S-Pol. Bringe ich dann in dieses „Feld" einen magnetisierbaren Stoff, z. B. ein „Magnetband", so durchsetzen die Kraftlinien diesen Stoff und magnetisieren ihn, und zwar verschieden je nach der Stromrichtung im Elektromagneten. Wir können dann diesen beiden verschiedenen magnetischen Zuständen die Signale 1 und 0 zuordnen.

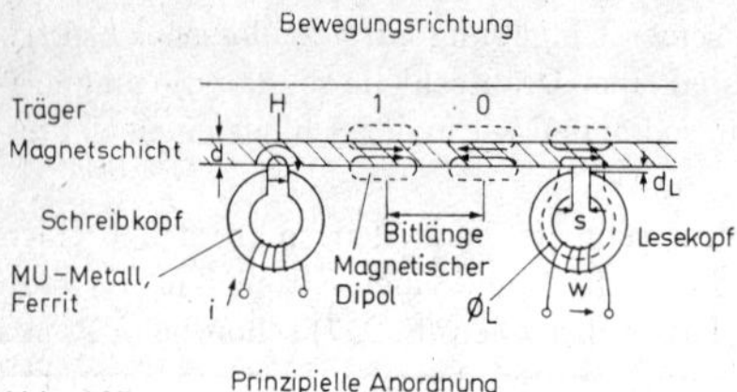

Abb. 107

III. Die dritte Voraussetzung schließlich ist, daß die Magnetisierung „erhalten" bleiben muß und nicht mit Abschalten des erregenden Feldes wieder verschwindet. Auch dazu muß einiges gesagt werden:

Zunächst: wie deutet man die Erscheinung dieses sog. *Ferromagnetismus*? Schon um die Mitte des vorigen Jahrhunderts stellte Ampère eine Hypothese auf, die inzwischen weiterentwickelt und modifiziert worden ist, und die man in starker Vereinfachung etwa so darstellen kann: Im Innern des Eisenstabes liegen winzige Partikeln oder Bereiche, die „natürliche" Magnete sind. Sie liegen nach allen Richtungen, gleichsam bunt durcheinander, so daß ihre magnetischen Wirkungen sich gegenseitig aufheben. Unter dem Einfluß eines erregenden Feldes werden diese Partikeln alle parallel gestellt, die Bereiche parallel orientiert — jetzt addieren sich ihre Wirkungen zur magnetischen Gesamtwirkung des Stabes.

Die nächste Frage ist: was geschieht, wenn wir das erregende Feld abschalten? Ungefähr das gleiche, als wenn ein Lehrer eine Klasse, die er mühsam zur Ordnung gebracht hat und durch seine Anwesenheit in dieser Ordnung hält, für eine kurze Zeit verläßt. Schnell beginnt die Ordnung sich zu lösen, die Unordnung — sie ist eben der „wahrscheinlichere“ Zustand — nimmt allmählich wieder zu. Ebenso beginnen beim Abschalten des erregenden Feldes die Partikel-Magnete wieder auszuscheren und zur früheren Unordnung zurückzukehren. Doch zeigen hier ferromagnetische Stoffe eine für unsere Zwecke wichtige Eigenschaft: die sog. *Hysterese* (griech. = Zurückbleiben):

Wir zeichnen ein Koordinatensystem, in dem die waagerechte Achse die beiden Richtungen des erregenden Feldes anzeigt: Feldstärke $+\mathfrak{H}$ und $-\mathfrak{H}$. Die senkrechte Achse gibt die Stärke des induzierten Magnetismus, der *magnetischen Induktion* an, und zwar ebenfalls nach den beiden Richtungen $+\mathfrak{B}$ und $-\mathfrak{B}$ unterschieden.

Wir lassen nun vom Nullpunkt aus $\mathfrak{H}$ allmählich anwachsen. Dann nimmt auch $\mathfrak{B}$ allmählich zu, und zwar so, wie es die Kurve OM, die Neukurve (früher auch „jungfräuliche Kurve“ genannt) anzeigt. $\mathfrak{B}$ nimmt zu bis zu einem Werte M, dem

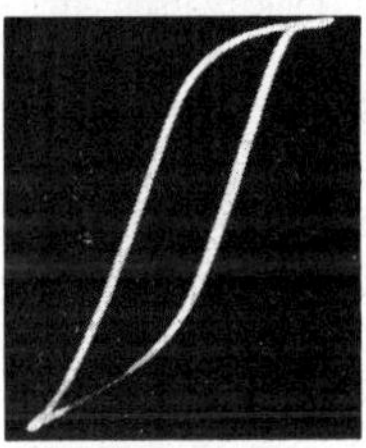
Abb. 108

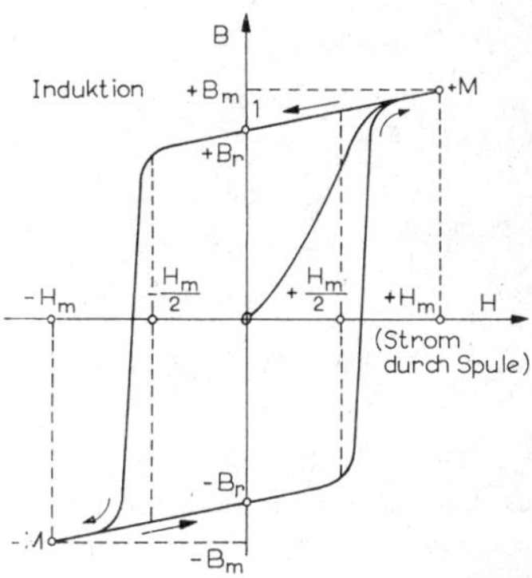

Abb. 109

positiven Sättigungspunkt. Jetzt sind alle Partikelmagnete ausgerichtet — eine weitere Steigerung der Feldstärke kann also keine weitere Zunahme von $\mathfrak{B}$ mehr erzwingen. (Vgl. Abb. 108 u. 109.)

Ist die Sättigung erreicht, lassen wir $\mathfrak{H}$ langsam wieder abnehmen (der Lehrer verläßt die Klasse) — sofort beginnt auch die Ordnung im Eisen zu sinken: $\mathfrak{B}$ nimmt ab, aber nicht entlang der Neukurve, sondern langsamer, als es bei der Magnetisierung zugenommen hat — entlang der Kurve M B_{r+}. Das bedeutet: ist $\mathfrak{H} = 0$ geworden, so besteht im Stab immer noch ein *remanenter* Magnetismus der Stärke B_{r+}, die Ordnung ist noch nicht völlig zerstört. Um völlige Unordnung zu erzwingen, müssen wir eine Kraft, die *Koerzitivkraft* anwenden. Erst bei einem bestimmten negativen Wert von $\mathfrak{H}$ wird $\mathfrak{B} = 0$.

$\mathfrak{H}$ möge nun in negativer Richtung weiterwachsen. Unter dem Einfluß der jetzt „negativen“ erregenden Feldstärke beginnen die Magnet-Partikeln im Stab sich wieder zu ordnen, jetzt aber im umgekehrten Sinne, so lange, bis wieder im Sättigungspunkt (— M) völlige Ordnung eingetreten ist. Der Wert der magnetischen Induktion ist jetzt — $\mathfrak{B}_M$. Wächst dann $\mathfrak{H}$ erneut in positiver Richtung, so wird zunächst die Einwirkung des erregenden Feldes in der bisherigen Richtung geringer — die Ordnung beginnt sich wieder zu lösen. Ist $\mathfrak{H}$, von — $\mathfrak{H}$ herkommend, gleich Null geworden, besteht abermals remanenter Magnetismus im Stab von der Größe B_{r-}. Wird dann $\mathfrak{H}$ wieder zunehmend positiv, so nimmt die Magnetisierung des Stabes entlang der Kurve B_{r-} M erneut bis zum positiven Sättigungspunkt zu.

In dem Kreislauf gibt es somit zwei Haltepunkte: B_{r+} und B_{r-}, in denen das Eisen auch nach Abschalten des erregenden Feldes remanenten Magnetismus der einen oder anderen Richtung enthält, je nach der „Vorgeschichte".

Die Form der Hysteresis-Schleife ist für verschiedene Stoffe verschieden, breiter und flacher bei dem einen, schmaler und höher bei einem anderen Stoff, so daß Stahl z. B. höhere B-Werte hat als etwa Kobalt. Eine für technische Zwecke ideale Hysteresis-Kurve wäre die Rechteck-Kurve, bei der also der remanente Magnetismus gleich dem Sättigungswert wäre. Mit Ferrit geeigneter Zusammensetzung kann man dieser Rechteck-Kurve sehr nahe kommen.

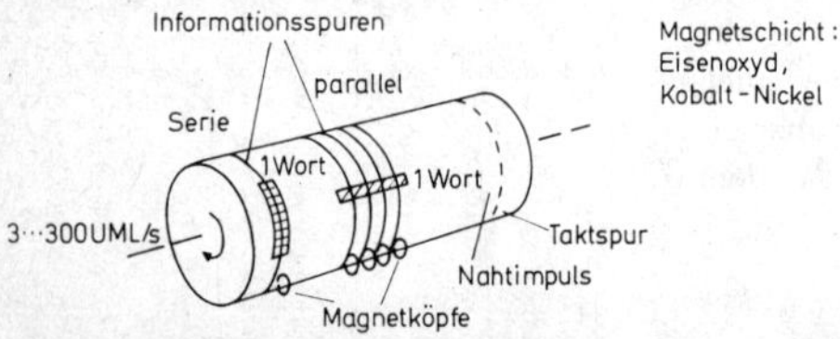

Schematischer Aufbau einer Magnettrommel

Abb. 110

Es gibt viele verschiedene technische Arten von Magnetspeichern, man verwendet sie als Magnetband-, als Magnettrommel- oder auch als Magnetplatten-Speicher (Abb. 110). Besonders wichtig geworden ist der *Ferritkern-Speicher* in Form einer Speichermatrix:

Speicherelement ist ein Hohlring aus Ferrit mit einem Durchmesser von etwa 1–2 mm. Durch das Innere des Ringes werden mehrere Leitungen geführt: a) die sog. Treiberleitungen x und y, in der Matrix eine Reihen- und eine Spaltenleitung. Weiterhin b) die Blockierleitung Z und schließlich die Leseleitung L. Viele solche Elemente werden zu einer ebenen Matrix verbunden und eine Anzahl solcher Speicherebenen dann

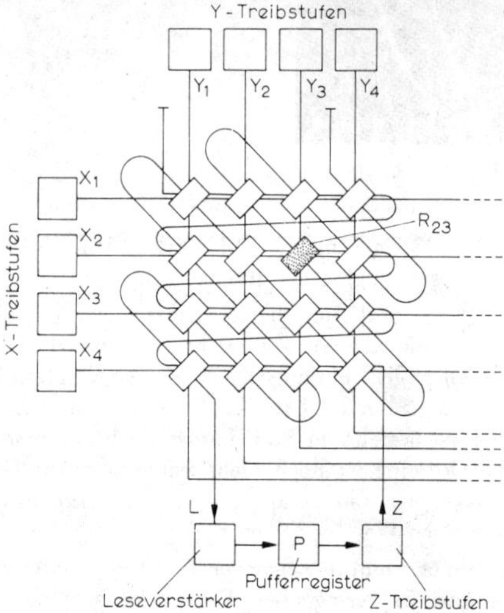

Abb. 111

übereinandergesetzt zu einem Speicherblock (s. Abb. 111). Im Block werden die x_i- und y_i-Leitungen durch alle übereinanderliegenden Reihen und Spalten geführt, dagegen besitzt jede Ebene ihre eigene Z- und ihre eigene L-Leitung.

Zum Schreiben oder Lesen des Registers wird zunächst die *Adresse* des gewünschten Elements eingestellt, etwa x_2y_3. Nur diese beiden Treiberleitungen erhalten dann Impulse, und zwar von einer Stärke, daß ihre Summe den Schwellenwert des Elements, das im Schnittpunkt der beiden Drähte liegt, erreicht. Beide Impulse setzen sich aus einem negativen und einem positiven Halbimpuls zusammen (Abb. 112). Durch

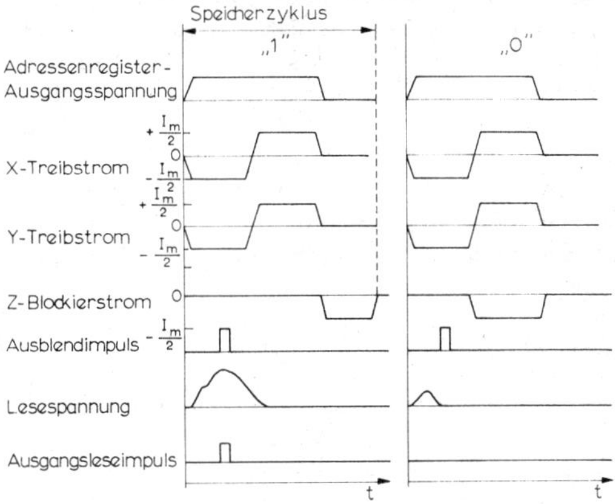

Abb. 112

die beiden negativen Halbimpulse wird das Element in den Zustand „Null" versetzt. Befand es sich vorher im Zustand „Eins", so bewirkt die Änderung des magnetischen Zustandes in der Leseleitung einen Impuls, der im *Pufferregister* als „1" registriert wird: in diesem Register befindet sich also das „gelesene" Signal aus x_2y_3. Da es durch den Lesevorgang im Element gelöscht worden ist, muß das Element neu magnetisiert werden. Im „Rückschreibvorgang" wird durch die beiden positiven Halbimpulse von x_2 und y_3 (durch ihre Summe!) das Element wieder in den Zustand „1" versetzt. Dabei sorgt die „1" im Pufferregister dafür, daß die Z-Treibstufe in Ruhe bleibt. War der Zustand des Elements aber „Null", dann bleibt auch die Stelle im Pufferregister = 0 — wieder ist also das gespeicherte Signal im Element „gelesen" worden. Beim Rückschreibvorgang durch die Summe der beiden positiven Halbimpulse wird aber durch die „0" im Pufferregister die Z-Treibstufe aktiviert, die nun einen negativen Halbimpuls in das Element schickt, so daß die Gesamtsumme der 3 Impulse:

$$x/2 + y/2 - z/2$$

zur Magnetisierung nicht ausreicht: das Element bleibt im Zustand „0", wie es vorher war.

Eine Neuentwicklung sind die sog. *Dünnschichtspeicher*. Sie bestehen aus sehr dünnen Plättchen (bis herab zu 10^{-6} cm Dicke), die auf Glas aufgebracht werden, z. B. elektrolytisch oder durch Aufdampfen. Jedes dieser Plättchen kann 1 bit speichern. Auf einer Fläche von 25 cm² kann man mehr als 2300 solcher Plättchen aufbringen, in ihr somit die entsprechende Anzahl bits speichern. Die Plättchen erhalten schon beim Aufbringen eine bestimmte magnetische Vorzugsrichtung, sie haben somit zwei magnetisch stabile Richtungen, die sich um 180° unterscheiden. Die Vorgänge des Lesens und Schreibens verlaufen hier etwas komplizierter, doch kann man vereinfacht etwa sagen: man schickt durch die gewünschte Zellenleitung einen Strom derart, daß das Plättchen ummagnetisiert wird, und zwar aus der sog. „leichten" Richtung, in der es sich befindet, in eine andere, „schwere" Richtung. Sei die leichte Richtung + x, so möge die schwere als + y bezeichnet werden. Trifft nun in diesem Zustande des Plättchens ein kleiner positiver (für 1) oder negativer (für 0) Strom das Plättchen über die sog. Ziffernleitung, so reicht dessen Feld aus, um die Magnetisierung je nach Stromrichtung in die eine (+ x) oder andere (— x) Richtung umzuordnen. Beim Lesen wird umgekehrt durch den Vorgang der Umordnung aus der leichten in die schwere Richtung in der Leseleitung ein Impuls induziert, der entsprechend dem vorher vorhandenen Zustand des Plättchens (+ x oder — x) einen Signalimpuls gibt.

4.5.2.3. *Rechenwerk, Leitwerk und Taktgeber*

Für das eigentliche Rechenwerk können wir auf das bei den System-Modellen Gesagte verweisen, wobei wir die Möglichkeiten der Realisierung logischer Schaltungen, sei es durch Relais, Röhren, Transistoren usw. berücksichtigen müssen. Eine Darstellung führte uns zu weit in elektrotechnische und elektronische Spezialfragen. Wichtig ist nur zu ergänzen, daß das Rechenwerk jetzt außer den zu verarbeitenden Daten auch die nötigen *Befehle* zu ihrer Verarbeitung erhalten muß — diese kommen aus dem *Leitwerk* oder Kommandowerk (s. Abb. 113): die eingegebenen Zahlen müssen gespeichert, aus dem Speicher wieder abgerufen, miteinander verknüpft, das Ergebnis muß für neue Verknüpfungen erneut gespeichert werden usw. Alle diese Operationsbefehle müssen im Leitwerk gespeichert sein und von ihm in einer durch das Programm bestimmten Reihenfolge abgegeben werden. Hinzu kommen noch verschiedene Spezialbefehle, z. B. *Schiebebefehle*, die veranlassen, daß in einem speziellen Register, dem *Akkumulator*, Zahlen um bestimmte Stellen nach links oder rechts verschoben werden (man denke etwa an das Multiplikationsschema S. 264), weiterhin *Sprungbefehle*, die u. U. die festgelegte Reihe der Operationen unterbrechen, abbrechen oder einen schon ausgeführten Teil der Rechnung noch einmal durchlaufen lassen und dgl. mehr.

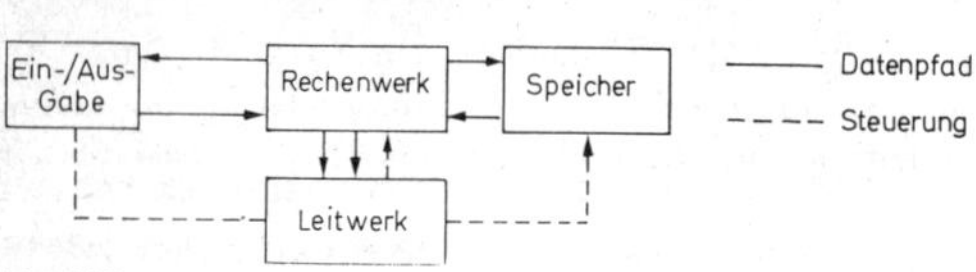

Abb. 113

Die Vielzahl der Operationen muß aber auch zeitlich genau aufeinander abgestimmt sein — es handelt sich ja um Milli-, Mikro- oder gar Nanosekunden! Diese Abstimmung besorgt bei den sog. *synchronen* Maschinen der *Taktgeber*, ein Generator, der eine Pulsfolge bestimmter Frequenz liefert, die alle Operationen des Geräts zeitlich ausrichtet. Bei den asynchronen Maschinen kann jede neue Operation erst beginnen, wenn die vorhergehende beendet ist.

Wie ein Rechengerät arbeitet, eine bestimmte Rechenaufgabe löst, das wird am deutlichsten werden an der Besprechung des Programms (S. 278ff).

Ein Wort noch zur *Codierung* der Daten und Befehle bei Rechenautomaten. Man verwendet hier häufig nicht den reinen Binär-Code, sondern benutzt verschiedene spezielle Codes, wie etwa den BCD-Code (= Binary Coded Decimal), auf den wir hier als ein Beispiel kurz eingehen wollen. Der BCD-Code codiert nicht die ganze Dezimalzahl, sondern jede ihrer Ziffern binär, und zwar jede Ziffer mit 4 bit.

Beispiel: Z = 126,375.
Binär-Code: Z = 1111110,011
BCD-Code: Z = 0001 0010 0110, 0011 0111 0101
1 2 6 , 3 7 5

4.5.2.4. *Die Ausgabe*

Die Ausgabegeräte entsprechen weitgehend den Eingabegeräten, nur gleichsam mit umgekehrtem Vorzeichen. Die Rechenergebnisse werden im allgemeinen auf Lochkarten oder Lochstreifen ausgegeben — speziell dann, wenn sie als Eingaben für eine weitere Daten verarbeitende Maschine bestimmt sind. Für den Menschen werden sie durch ein Zusatzgerät, den *Drucker*, in Schreibschrift umgesetzt. Diese Drucker sind im Prinzip automatische Schreibmaschinen, die eine unvorstellbar große Geschwindigkeit entwickeln. Ein moderner Schnelldrucker kann z. B. in einer Minute ca. 1100 Zeilen, das sind in roher Schätzung etwa 30 Schreibmaschinenseiten, drucken.

Um die Schnelligkeit zu erhöhen, werden heute Lochkarten und Lochstreifen-Signale meist nicht mehr nach dem oben (S. 193f) geschilderten Abtastverfahren mit Bürsten, sondern fotoelektrisch abgelesen und übertragen (s. Abb. 114). Dabei werden die Karten oder Streifen zwischen einer Lichtquelle und einer Fotozelle hindurchgeführt. Dort, wo ein Loch gestanzt ist, fällt Licht auf die Fotozelle, in dieser fließt dann ein elektrischer Impuls, da durch die Beleuchtung der Widerstand der Zelle vermindert wird. Man kann auf diese Weise Lesegeschwindigkeiten bis zu 1000 Zeichen pro Sekunde erzielen.

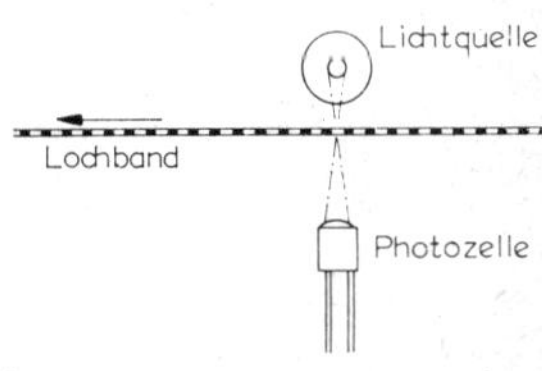

Abb. 114

Doch selbst diese Geschwindigkeiten sind klein gegenüber den Mikro- und Nanosekunden, in denen die Rechenoperationen ausgeführt werden. Man muß daher einen Zwischenspeicher einschalten, in den das Rechengerät seine Ergebnisse hinein-

„schießt", und aus dem sie dann verhältnismäßig „langsam" den Ausgabegeräten zugeführt werden. Oder man arbeitet in geeigneter Anordnung mit mehreren Ausgabegeräten gleichzeitig.

4.5.2.5. *Das Programm*

Wir haben gesehen, daß auch wir Menschen im wesentlichen „programmiert" rechnen, d. h., daß wir beim Addieren, Multiplizieren, beim Lösen von Gleichungen usw. automatisch bestimmte Algorithmen anwenden, die bei richtiger Ausführung die richtige Lösung bringen. Die eigentliche geistige Arbeit und geistige Leistung beim Rechnen ist mit dem Ausarbeiten dieser Algorithmen gleichsam ein-für-allemal erledigt, wir können uns ihnen anvertrauen. Entsprechend liegt auch die geistige Leistung beim Rechnen eines Automaten nicht „im" Automaten, sondern beim Programmierer, der die Folge der Operationsbefehle ausarbeitet.

1. Wie genau das Programmieren eines menschlichen und eines automatischen Rechners in Einzelfällen einander entsprechen, sei zunächst an einem Beispiel gezeigt:

Im Jahre 1819 entwarf der englische Mathematiker W. G. HORNER ein Schema zur Berechnung von Funktionen höheren Grades, die sog. *Hornersche Anordnung.* Angenommen, wir sollten folgende Funktion ausrechnen:

$$f(x) = px^4 + qx^2 + 1 \quad \text{für: } p = 0{,}04167$$
$$q = 0{,}5$$
$$x = 0{,}785.$$

Um nicht gleich mit den unbequemen Dezimalzahlen operieren zu müssen, wollen wir zunächst den allgemeinen Fall betrachten:

$$f(x) = a_4x^4 + a_3x^3 + a_2x^2 + a_1x + a_0.$$

Zur Berechnung denken wir diese Funktionsgleichung zunächst um:

$$f(x) = \{[(a_4x + a_3)x + a_2]x + a_1\}x + a_0.$$

Das Potenzieren von x ist damit in eine Folge von Multiplikationen aufgelöst worden. Und nun das Hornersche Schema:

$$\begin{array}{ccccc} a_4 & a_3 & a_2 & a_1 & a_0 \\ & + a_4x & + b_3x & + b_2x & + b_1x \\ \hline a_4 & b_3 & b_2 & b_1 & b_0 \end{array}$$

In einem sehr einfachen Zahlenbeispiel sei:

$$f(x) = 3x^4 + 2x^3 - x^2 + 5x - 1$$

also: $a_4 = 3$; $a_3 = 2$; $a_2 = -1$, $a_1 = 5$, $a_0 = -1$ und x sei $= 2$.

Dann lautet das Schema:

3	2	— 1	+ 5	— 1
	+ 6	+ 16	+ 30	+ 70
3	8	+ 15	35	*69*

und für das erste Beispiel:

0,04167	0	— 0,5	0	+ 1
	+ 0,0327	+ 0,0257	— 0,327	— 0,2922
0,04167	0,0327	0,4743	— 0,327	+ 0,*7878*

Man vergleiche nun damit ein Programmierbeispiel bei STEINBUCH zur Berechnung der einfacheren Funktion

$$f(x) = ax^2 + bx - c$$

in einem Rechenautomaten[1]:

Speicherinhalte		Flußdiagramm	Akkumulatorinhalt
0001	a	Übertrage 0001 in Akku	a
0002	b	multipliziere mit 1000	$a \cdot x$
0003	c	addiere 0002	$a \cdot x + b$
....		multipliziere mit 1000	$(a \cdot x + b) \cdot x$
....		subtrahiere 0003	$ax^2 + bx - c$
1000	x	drucke das Ergebnis.	

Der Vorgang verläuft ersichtlich in beiden Fällen in genau der gleichen Weise.

2. Die Beispiele zeigen uns bereits das Wesentliche, das zum Programmieren erforderlich ist:

a) Das Aufstellen der Folge der Rechenoperationen;

b) Die Wahl geeigneter Symbole und Zeichen zur Niederschrift des Programms, denn es ist sehr umständlich, immer alles in Worten zu formulieren;

c) Das Codieren dieses Programms in die Maschinensprache, also etwa in den Binär- oder BCD-Code.

a) Beim Aufstellen eines komplizierten Rechenprogramms wird man zunächst einmal ein Schema herstellen, ein sog. *Flußdiagramm*, das die einzelnen Rechenschritte in der richtigen Reihenfolge enthält. Man schließt dabei die einzelnen Schritte in Kästchen ein, deren Form evtl. schon gewisse Hinweise für die Verfeinerung des Schemas enthalten kann. Wir wollen hier an einem Beispiel, der schon oben (S. 266) diskutierten Lösung einer quadratischen Gleichung, ein solches Flußdiagramm schrittweise aufstellen[2]. Die Gleichung sei in der allgemeinen Form gegeben:

$$ax^2 - bx + c = 0$$
$$x = ?$$

[1] K. STEINBUCH: Automat und Mensch. 2. Aufl. 1963, S. 161.

[2] Vgl. zum Folgenden: DIETER MÜLLER: Programmierung elektronischer Rechenanlagen (BI-Hochschultaschenbücher 49). Mannheim 1964, spez. S. 32ff.

I. Die erste Überlegung, die wir der Genauigkeit halber anstellen müssen, ist: liegt hier wirklich eine quadratische Gleichung vor? Über die Zahlenwerte von a, b und c ist uns ja nichts bekannt, es könnte also z. B. auch $a = 0$ sein und die Gleichung reduzierte sich damit auf:

$$\begin{aligned} -bx + c &= 0 \\ x &= c/b. \end{aligned}$$

Da wir die Aufgabe in allgemeiner Form lösen sollen, können wir nicht entscheiden, ob dieser „lineare" Fall vorliegt, sondern müssen diese Entscheidung im speziellen Fall der Maschine übertragen, indem wir ihr einen *bedingten Befehl* erteilen. Unser Flußdiagramm beginnt also mit: Start — Eingabe — Entscheidungsfrage: $a = 0$? Lautet die Antwort: ja, so wird die Rechnung auf einem Seitenzweig weitergeführt, dem *linearen Zweig*. Ist a dagegen $\neq 0$, liegt also eine quadratische Gleichung vor, so folgen wir dem Hauptzweig.

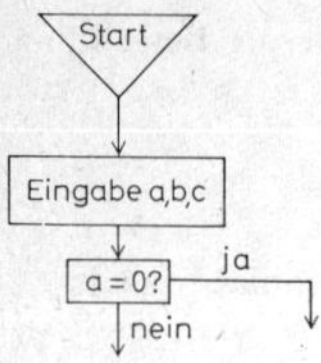

Abb. 115

II. Auch für die Maschine setzen wir die allgemeine Lösungsformel an:

$$x = \frac{b \pm \sqrt{b^2 - 4ac}}{2a} = \frac{b \pm \sqrt{\text{Diskr}}}{2a}$$

Den Ausdruck $b^2 - 4ac$ nennt man die „Diskriminante" der Gleichung, abgekürzt „Diskr".

Nun erinnern wir uns vielleicht aus unserer Schulzeit, daß Wurzeln aus negativen Zahlen, z. B. $\sqrt{-4}$, „imaginär" sind, d. h. daß man sie auffaßt als ein Produkt aus einem realen Teil, hier also $= \sqrt{4}$, und einem imaginären Teil $\sqrt{-1}$, also:

$$\sqrt{-4} = \sqrt{4} \cdot \sqrt{-1} = \sqrt{4} \cdot i \text{ mit } i = \sqrt{-1}.$$

Da das Rechnen mit imaginären und komplexen Zahlen umständlich ist, mögen wir vielleicht hoffen, daß in unserem Falle die Diskriminante positiv ist, müssen aber den anderen Fall berücksichtigen. Wir kommen somit zu einer zweiten Entscheidungsfrage in unserem Flußdiagramm:

$$\text{Diskr} < 0 \text{? oder Diskr} > 0\text{?}$$

Wir bauen das Kästchen mit dieser Frage in das Diagramm ein und müssen wiederum zwei Äste unterscheiden. (Abb. 116).

Ist $\text{Diskr} < 0$, so zerlegen wir die Lösungsformel in einen reellen Teil R und einen imaginären Teil I:

$$x = \frac{b}{2a} \pm \frac{\sqrt{-\text{Diskr}}}{2a}$$

Diese werden nun einzeln weiter behandelt, wie im Diagramm angedeutet.

Ist dagegen Diskr > 0, können wir auf dem Hauptzweig weiterrechnen und setzen die beiden Lösungen ein, denn eine quadratische Gleichung hat stets zwei Lösungen:

$$x_1 \text{ und } x_2.$$

Schließlich müssen wir noch die Kästchen, die die Ergebnisse enthalten, mit der „Ausgabe" verbinden und zum Abschluß den „Stop"-Befehl geben, dann ist das Flußdiagramm (ohne Speicheradressen und Spezialbefehle) fertig.

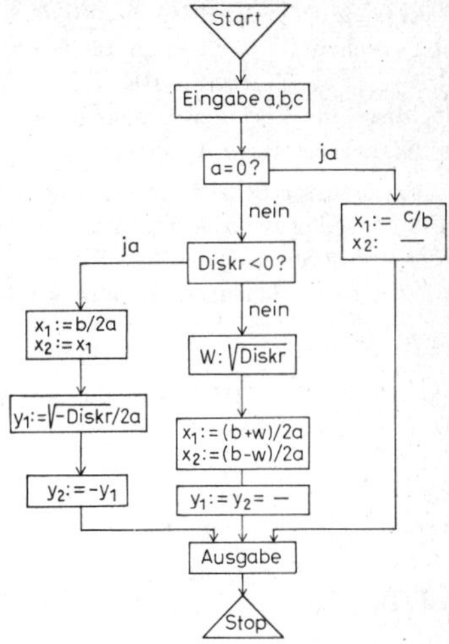

Abb. 116

b) In dieser Form kann die Maschine aber mit dem Programm nichts anfangen. Die nächste Aufgabe ist somit, dieses Flußdiagramm in eine Sprache zu übersetzen, die entweder unmittelbar für die Maschine geeignet ist — *Maschinensprache*, oder, da eine solche Übersetzung für den Menschen recht unbequem und mühselig ist, das Diagramm in eine Sprache umzuformen, die dann maschinell in die Maschinensprache übertragen werden kann — *Programmierungs-* oder *Programm*-Sprache.

Programm-Sprachen sind in den letzten Jahren vielfach entwickelt worden. Sie sind entweder auf bestimmte Rechengeräte zugeschnitten — *maschinenorientierte Programmsprachen*, oder sind maschinenunabhängig und somit allgemein verwendbar — *programmorientierte Programmsprachen*. Unter diesen sind die bekanntesten, auch in Deutschland vorwiegend verwendeten, ALGOL und FORTRAN, sowie eine speziell für wirtschaftliche Probleme entworfene, COBOL (= *C*ommon *B*usiness *O*riented *L*anguage). Eine weitere Programmsprache, die für die Bearbeitung linguistischer Probleme geeignet ist und so geschaffen wurde, daß sie auch Geisteswissenschaftler, speziell also Linguisten und Sprachwissenschaftler leicht handhaben können, wurde vom MIT (Massachusetts Institute of Technology) entworfen, sie heißt COMIT.

ALGOL (= *Algo*rithmic *L*anguage) ist ein Ergebnis internationaler Zusammenarbeit, FORTRAN wurde von der Internationalen Büromaschinengesellschaft (International Business Machines Corp., USA, kurz IBM) entwickelt.

Es hätte wenig Sinn, wollten wir hier einen „Sprachlehrgang" etwa für ALGOL geben[1]; wir wollen lediglich unser Flußdiagramm in ALGOL übersetzen, wozu natürlich einige Erläuterungen notwendig sind.

---

[1] Eine Einführung in das Programmieren, speziell unter Berücksichtigung von ALGOL und FORTRAN, gibt Dieter Müller: Programmierung elektronischer Rechenanlagen (BI-Hochschultaschenbücher 49). Mannheim 1964.

ALGOL ist in den USA entstanden, sie verwendet daher, wo neben den Symbolen und Zeichen Wörter der „natürlichen“ Sprache benötigt werden, englische Wörter, z. B. Start BEGIN (ALGOL verwendet nur Großbuchstaben). Da dies ein Wort der Umgangssprache ist, wird es zur Unterscheidung von den ALGOL-Wörtern in Apostrophe gesetzt: 'BEGIN'.[1]

Als nächster Schritt werden die Größen, die in der Rechnung vorkommen, aufgezählt, wobei zur Abkürzung von + Diskr — hier also: + DISKR — der Buchstabe W gewählt sein möge. Diese Aufzählung wird durch das Wort real = 'REAL' eingeleitet (s. d. Schema): die aufgezählten Größen sind „reale“ Zahlen und Größen.

'BEGIN'	
'REAL' W, A, B, C, DISKR, X1, X2, Y1, Y2;	
READ (A, B, C);	„Eingabe“ heißt hier READ, da dies ein Wort von ALGOL ist, keine Apostrophe.
'IF' A 'EQUAL' 0, 'THEN'	Erste Entscheidung: A = 0 oder ≠ 0?
'BEGIN' X1: = ± C/B; X2: = 0	X2 wird bei einer linearen Gleichung nicht benötigt.
'END' ZWEIG LINEAR;	„ZWEIG LINEAR“ ist auch als Umgangswort nicht festgelegt, wir können hier also deutsche Wörter wählen.
DISKR: = B × B — 4.0 × A × C;	ALGOL verwendet stets den Dezimalpunkt. Man muß jede Rechenoperation genau angeben, also nicht einfach AC, sondern genauer A × C schreiben.
'IF' DISKR 'LESS' 0 'THEN'	
'BEGIN' X1: = ± B/(2.0 × A); X2: = X1;	
Y1: = SQRT(—DISKR)/(2.0 × A);	(vgl. Flußdiagramm); SQRT(E) = positive Quadratwurzel aus E.
Y2: = — Y1;	
'END' KOMPLEX 'ELSE'	Damit ist jetzt auch der komplexe Zweig abgeschlossen.
'BEGIN' W : = SQRT(DISKR);	
X1: = (± B + W)/(2.0 × A)	
X2: = (+ B — W)/(2.0 × A)	
IMNULL: Y1: = Y2: = 0;	Y-Werte werden in diesem Zweig nicht benötigt.

[1] Wir besprechen hier die Form von ALGOL, die von der sog. ALCOR-Gruppe von Rechenzentren und Automaten-Herstellern benutzt wird; vgl. a. a. O., S. 68 ff.

```
'END' REELL;
PRINT(A, B, C);
PRINT(X1, Y2);
PRINT(X2, Y2);
'END' PROGRAMM;
```

c) *Maschinensprache:* Zur Übersetzung des Programms in die Maschinensprache werden die vielfältigen Operationen — mit allen Versetzungs-, Sprungbefehlen usw. sind es ca. 190 Befehle — durchnumeriert und mit zweistelligen Zahlen gekennzeichnet, z. B.:

31 übertrage Inhalt des Speichers X in Akkumulator;
35 addiere Speicherinhalt Y;
37 multipliziere mit Speicherinhalt Z; usw.

Mit diesen Zahlen sieht das Flußdiagramm des Beispiels von STEINBUCH (S. 279) in Maschinensprache so aus:

Adreßteil	*Operationsteil*	*Ausführung*
0001	0 31	übertrage A in Akkumulator
1000	0 37	multipliziere mit X
0002	0 35	addiere B
1000	0 37	multipliziere mit X
0003	0 36	subtrahiere C.

4.5.3. Analogrechner

1. KANTS Wort, daß „in jeder besonderen Naturlehre nur so viel eigentliche Wissenschaft angetroffen werden könne, als darin Mathematik anzutreffen ist", behauptet sicherlich etwas zuviel, wenn man das Wort „Mathematik" in strengem Sinne nimmt. Wohl aber ist es richtig, wenn man darunter allgemein die Anwendung von Zahlen und das Rechnen mit ihnen versteht. „Eigentliche" Physik beginnt mit dem *Messen*, so wie die „eigentliche" Chemie mit dem *Wägen* beginnt, also mit der Einführung quantitativer Betrachtungsweisen. Messen i.w.S., das das Wägen usw. umfaßt, ermöglicht, Gegenstände, Vorgänge und Relationen in der Natur ihrer Größe, Geschwindigkeit usw. nach zu bestimmen, mit anderen gleichartigen zu vergleichen und so Beziehungen aufzuweisen, die in „Gesetzen" in mathematischer Form ihren Ausdruck finden. Diese Gesetze sind allgemeiner Natur, d. h. sie gelten für viele oder gar für alle Einzelfälle — sie werden deshalb auch mit „allgemeinen" Zahlen, also Buchstaben, formuliert. So lautet etwa das OHMsche Gesetz (S. 261):

$$i = \frac{U}{R};$$

es gibt allgemein an, welche Beziehung zwischen der Spannung U, dem Widerstand R und der Stromstärke i in einem Leiter besteht. Abgesehen von ihrer theoretischen Bedeutung erlauben solche Gesetze auch, mit physikalischen Größen zu rechnen, d. h. also etwa bei bekannten Werten von U und R die zugehörige Stromstärke ausrechnen zu können, ohne dies erst experimentell untersuchen zu müssen.

Doch gilt auch das Umgekehrte: sei etwa die Aufgabe gestellt — um hier ein ganz primitives Beispiel zu wählen —, zu „berechnen", wie groß x = a : b ist. Man kann diese Aufgabe auch experimentell lösen: man wählt in einem elektrischen Stromkreis mit Hilfe eines Spannungsteilers eine Spannung von a Volt, stellt auf einen Widerstand von b Ohm ein — und das Amperemeter zeigt dann sofort an, wie groß a : b ist. Wir haben damit den Stromkreis als Rechengerät benutzt, als einen *Analogrechner*.

2. Der Begriff der *Analogie*, der dieser Benennung zugrunde liegt, ist nicht leicht eindeutig und genau zu bestimmen. KANT definiert die Analogie als „vollkommene Ähnlichkeit zweier Verhältnisse zwischen ganz unähnlichen Dingen"[1]. Diese Definition hebt das Wesentliche — auch das für die Kybernetik Wesentliche — zwar deutlich heraus, sie erlaubt aber noch keine Entscheidung, wenn es gilt, die Analogie etwa vom „Vergleich", vom „Bild", vom „Modell" usw. zu unterscheiden. Eine strenge Unterscheidung brauchen wir hier nicht zu versuchen, wir können uns mit der üblichen Trennung der Begriffe begnügen, da Mißverständnisse aus dem Zusammenhang nicht zu befürchten sind.

3. „In einem Analogrechner", so lesen wir bei JOHN VON NEUMANN, „wird jede Zahl durch eine physikalische Größe dargestellt, deren Wert, gemessen mit einer vorbestimmten Einheit, gleich der betreffenden Zahl ist"[2]. Diese physikalische Größe kann eine Länge sein — so z. B. beim Rechenschieber —, sie kann ein elektrischer Strom oder eine Spannung sein oder der Rotationswinkel einer sich drehenden Scheibe — kurz, im Prinzip jede physikalische Größe, deren Änderung sich quantitativ bestimmen, die sich also „messen" läßt. Diese Größen sind meist kontinuierlich veränderbar, sie werden daher auch die Zahlen „kontinuierlich" darstellen, also z. B. die Werte einer zu berechnenden Funktion y = f(x) für verschiedene Werte von x in Form einer Kurve.

ASHBY geht bei seiner Definition vom Begriff der „isomorphen Systeme" aus (s. S. 239) und zeigt dann als Beispiel, daß das Verhalten eines elektrischen Schwingungskreises, eines mechanischen Schwingers — und der sie beide beschreibenden Differentialgleichung isomorph ist. „Keines der drei Systeme hat eine Priorität; jedes kann für das andere eintreten. Daher mag ein Ingenieur, der die Differentialgleichung zu lösen wünscht, die Lösung schneller finden, wenn er ein elektrisches System zusammenbaut und die Lösungen daraus abliest. Man sagt dann allgemein, er habe ‚einen Analogrechner zusammengebaut'."[3] In anderen Fällen mag auch das mechanische System geeigneter sein.

Um also „analog" rechnen zu können, muß man einen physikalischen Vorgang finden, der die in der Rechenaufgabe gegebenen Beziehungen realisiert, der herstellbar und genau meßbar ist. Man kann auch sagen: man stellt ein *Real-Modell* her,

---

[1] KANT: Prolegomena § 55 (Akad. Ausg. Bd. 4, S. 357).

[2] JOHN V. NEUMANN: Die Rechenmaschine und das Gehirn. Dtsch. Ausgabe München 1960, S. 15.

[3] W. ROSS ASHBY: Introduction to Cybernetics. S. 94ff, spez. S. 96; vgl. auch A. KLEY: „Analogrechner" in: Kybernetische Maschinen (herausg. v. H. FRANK). Frankfurt/M. 1964, S. 174f.

das der zu untersuchenden mathematischen Relation oder Funktion isomorph ist, und bestimmt die gesuchten Werte, statt sie zu berechnen, experimentell am Modell — wie das oben unser primitives Beispiel gezeigt hat.

4. Analogrechner werden häufig für spezielle Aufgabenbereiche konstruiert. Eine große Rolle spielen die Integrieranlagen (differential analyzers), die zur Lösung von Differentialgleichungen dienen; sie sind Weiterentwicklungen einfacher Geräte, die schon im vorigen Jahrhundert zur „mechanischen Integration" (z. B. durch Ausmessen der Fläche unter einer Kurve) erfunden wurden. Sie arbeiten heute automatisch, sind mit Regelkreisen versehen — nach dem Vorbild der ersten großen Integrieranlage von Vannevar Bush (1930, am MIT).

Vorzugsweise sind es dynamische Systeme, sei es in der Naturwissenschaft oder Technik, in den Sozial- oder Wirtschaftswissenschaften, die für eine Anwendung von Analogrechnern geeignet sind: ihr Verhalten im Zusammenspiel der zahlreichen aufeinander und miteinander wirkenden Faktoren läßt sich in solchen Modellen gut simulieren und an ihnen mathematisch untersuchen.

Technisch spricht man speziell von *Simulatoren*, wenn man komplizierte Zusammenhänge in zu bauenden oder schon teilweise erbauten großen Systemen an Hand kleinerer — und billigerer — Teil-Modelle zunächst exakt untersucht, bevor man die großen Systeme selbst dann fertigstellt.

5. DAS VERHALTEN DER SYSTEME

5.1. Begriff und Arten des Verhaltens

1. Ein Versuch, den Begriff „Verhalten" näher zu kennzeichnen, mag sich zunächst an derjenigen wissenschaftlichen Richtung orientieren, die diesen Begriff des Verhaltens (behavior) systematisch in den Mittelpunkt ihrer Untersuchungen gestellt und sich selbst als „Behaviorismus" bezeichnet hat. „Was können wir (an Menschen und Tieren) beobachten?", hatte WATSON gefragt (s. S. 206), und er hatte geantwortet: „Wir können das Verhalten beobachten — das, was der Organismus tut und sagt".[1] Ausdrücklich betont WATSON, daß „auch Sagen Tun, d. h. Verhalten", sei, und hebt weiterhin hervor, „daß der Behaviorist in erster Linie an der Verhaltensweise des ganzen Menschen interessiert ist"[2]. Das schließt nicht aus, daß auch Teilreaktionen, wie z. B. das Ballen der Faust, „Verhalten" sein können, etwa in der Wut oder in der Schreckreaktion (startle pattern), wenn sie „Ausdruck" des Gesamtzustands sind. Damit haben wir schon drei Arten von Verhalten gefunden, die wir unterscheiden müssen:

Tatverhalten — „was der Organismus tut";
Ausdruckverhalten — worin er sich kundgibt;
Verbalverhalten — „was der Organismus sagt".

2. Aus der Grundeinstellung und der besonderen Art der Fragestellung ergibt sich die Methode des Behaviorismus — sie ist, wie wir schon früher festgestellt haben, die „black-box-Methode", und das besagt: der Behaviorist beobachtet nicht schlechthin Verhalten, sondern er beobachtet es als *Antwort* auf einen Reiz oder auf eine bestimmte Situation. „Verhalten" eines Organismus ist daher stets gekennzeichnet als eine Reaktion, anders gesagt: als eine Relation zwischen einem Input = Reiz, stimulus, abgekürzt: S — und einem Output = Reaktion, response, abgekürzt: R. Die beiden für den Behaviorismus grundlegenden „psychologischen" Probleme hat WATSON dann durch das Schema charakterisiert[3]:

	S	R
	gegeben	? (zu bestimmen)
	S	R
	? (zu bestimmen)	gegeben
Lösung:	S	R
	bestimmt	bestimmt

---

[1] JOHN B. WATSON: Der Behaviorismus (dtsch. von F. GIESE). 1930, S. 25.
[2] a.a.O. S. 37.
[3] a.a.O. S. 47.

Nach dieser Problemstellung und dem allgemeinen Lösungsschema bezeichnet man den Behaviorismus — und alle ihm hierin folgenden psychologischen Theorien — als „Reiz-Reaktions-Theorie“ oder „stimulus-response-Theorie“, was dann, auch im deutschen Schrifttum, allgemein als „S-R-Theorie“ abgekürzt wird.

Es kommt für diese Art von „Verhaltens-Psychologie“ somit nur darauf an, die S-R-Beziehungen zu beobachten und experimentell zu untersuchen; dies führt zur „Erkenntnis“, und d. h. hier: es erlaubt, das Verhalten der Organismen mit mehr oder weniger großer Wahrscheinlichkeit vorauszusagen.

Diese strenge Reduzierung auf S-R-Relationen mag unserer alltäglichen Erfahrung als zu eng erscheinen. Der Organismus wird damit zu einer Art erweitertem Lockeschem „Verstand“, einer leeren Fläche, in die die Erfahrung ihre Zeichen schreibt. Was völlig zu fehlen scheint, ist jede Art von Spontaneität im menschlichen wie auch im tierischen Verhalten. Dies führt uns zu einer weiteren Unterscheidung von Verhaltensarten:

Reaktionsverhalten — als Antwort (response) auf Reize.
Spontanverhalten — als??

Nun erkennt allerdings Watson ausdrücklich auch „innere“ Reize an, und zwar sowohl spezielle, wie etwa bestimmte Muskelspannungen, als auch komplexe, wie z. B. „Hunger“[1]. Der Behaviorismus wird daher „Spontanverhalten“ auf solche inneren, nicht unmittelbar beobachtbaren Reize zurückführen. Demgegenüber betont die Ethologie (K. Lorenz, Tinbergen usw.) gerade die „angeborenen Verhaltensweisen“, die für Gattungen, Arten und Ordnungen von Organismen spezifisch sind und die durch bestimmte „Schlüssel“-Reize ausgelöst werden. Auch hier steht also die S-R-Beziehung im Mittelpunkt, sie wird aber differenzierter gedeutet. Und auch hier läßt sich Spontanverhalten auf „innere Faktoren“ zurückführen, aber etwa in dem Sinne, daß der innere „Drang zur Triebentladung sich so gestaut hat, daß die Instinkthandlung ohne erkennbaren äußeren Anlaß im Leerlauf losgeht“[2]; das bedeutet, daß sie auch bei Fehlen des Reizes oder der entsprechenden Situation abläuft, „als ob“ der Reiz gegeben, die Situation vorhanden sei. So wurde in einem von Lorenz beobachteten Fall der gesamte Verhaltensablauf vom Erblicken der Beute, dem Fangen, Töten und Fressen — bis zur „Sättigung“ von einem zahmen Star auch ohne Anwesenheit eines Beutetieres im *Leerlauf* vollzogen.

3. Auch wir werden hier der Betrachtung des Verhaltens die S-R-Relation zugrunde legen. Als weitere Differenzierung dieser Relation bietet sich die Unterscheidung an, die wir oben (S. 14) als die drei „Ebenen der Kommunikation“ bezeichnet hatten:

a) Ursache-Wirkung-Beziehung,
b) Reiz-Reaktion-Beziehung,
c) Kommunikations-Beziehung.

---

[1] Watson: a.a.O. S. 33f.

[2] Detlev Ploog: „Verhaltensforschung und Psychiatrie“ in: Psychiatrie der Gegenwart. Bd. I/IB. 1964, S. 301.

Das bedeutet: S wirkt entweder als Ursache oder als Reiz oder als Signal (bzw. Nachricht), und das Verhalten ist eine Wirkung jener Ursache, eine Reaktion auf den Reiz oder eine Antwort auf das Signal. Wir werden allerdings die reinen Ursache-Wirkung-Beziehungen nicht zu den eigentlichen Verhaltens-Arten rechnen, sondern uns auf die beiden anderen Arten beschränken. Und unter den Reiz-Reaktion-Beziehungen werden wir die reinen *Reflexe* ebenfalls ausklammern, nämlich dann, wenn sie — wie z. B. der bekannte Kniesehnen-Reflex — nur Teilreaktionen und nicht Reaktionen des ganzen Organismus sind.

Diese Beschränkung des Begriffes „Verhalten" auf die im weiteren Sinne als „kommunikativ" zu bezeichnenden S-R-Relationen führt uns nun aber zu einer weiteren, für uns entscheidenden Klassifizierung des Verhaltens, nämlich derjenigen, die wir oben (S. 25 ff) erörtert haben. Wir können dann unterscheiden:

I. ausgelöstes Verhalten,
II. gesteuertes Verhalten,
III. geregeltes Verhalten,

wobei wir die „Anpassung" vorerst unter das „geregelte" Verhalten subsumieren.

4. Es ließen sich noch manche andere Unterscheidungsmöglichkeiten anführen, ohne daß wir damit für unsere Darstellung viel gewinnen würden. Wichtiger ist eine grundsätzliche Frage, die jetzt entsteht:

Alle diese Unterscheidungen und Klassifizierungen sind ja deduktiv gewonnen worden. Sie wurden abgeleitet entweder aus unserer alltäglichen Erfahrung oder aus dem über das Verhalten von Systemen bisher in diesem Buche Dargestellten. Für eine strenge theoretische Betrachtung sollten sie sich aber erst aus den Beobachtungen und Experimenten ergeben, und nicht nur durch diese verifiziert werden.

Lassen wir diese allgemeine Frage für den Augenblick noch ruhen; wir werden gleich wieder auf sie stoßen — sie sollte uns an dieser Stelle nur die Art unseres Vorgehens bewußt machen. Folgen wir vielmehr noch einige Schritte dem, was wir bisher über das Verhalten von Systemen gefunden haben, so liegt auf Grund der letzten Gliederung eine genauere Bestimmung von „Verhalten" nahe:

Alles *Verhalten von Systemen* ist das Ergebnis eines Signal- oder Nachrichtenempfanges und einer Verarbeitung dieser Signale bzw. Nachrichten.

Offensichtlich sind alle bisher genannten Unterscheidungen von Arten des Verhaltens in dieser Bestimmung enthalten, und auch das Grundschema der S-R-Relation ist erhalten geblieben. *Verhalten* eines Systems ist entweder die Reaktion auf ein Reizsignal oder die Antwort auf ein kommunikatives Signal, sei es als Tun, Ausdruck oder „Sagen". Es kann auch als „Spontanverhalten" beobachtet werden, etwa auf Grund innerer Reizsignale oder als verzögerte Antwort auf äußere Reizsignale oder auch als durch „Verarbeitung" gleichsam von den ursprünglichen Reizen und Signalen „abgelöste" Antwort. Und dieses Verhalten kann ausgelöst, (durch die Signale) gesteuert oder (vom System selbst) geregelt sein.

Die Auffassung des Verhaltens als des Ergebnisses einer *Nachrichtenverarbeitung* (i.w.S.) führt uns nun zu einer letzten Unterscheidung (s. S. 203f), die sich aus der Einteilung der Arten der Nachrichtenverarbeitung ergibt, nämlich:

A. einfache Formen des Verhaltens,
B. komplexe Formen des Verhaltens.

Als „komplexe Formen" der Nachrichtenverarbeitung hatten wir z. B. Lernen, Denken und Phantasie bezeichnet — und wir stehen damit vor Zentralthemen der Kybernetik. Die Einteilung in die beiden Arten A und B liegt nun aber zu den bisher besprochenen gleichsam „quer". Wie wir z. B. auch „Lernen" definieren mögen, schon eine flüchtige Prüfung zeigt, daß im Lernen sicherlich nicht nur ausgelöstes und gesteuertes und geregeltes Verhalten vorfindbar ist, sondern auch manche anderen Arten, wie Verbalverhalten neben Tatverhalten usw. Da wir die Unterscheidung der Arten A und B unserer Darstellung der Nachrichtenverarbeitung zugrunde gelegt haben, werden wir ihr auch hier folgen und werden die Formen des Verhaltens als komplexe Formen der Nachrichtenverarbeitung besprechen.

5. Damit entsteht aber das oben erwähnte Problem erneut: um z. B. *Lernen* untersuchen zu können, muß ich ja wissen, was „Lernen" ist, muß also wissen, welche speziellen Verhaltensformen ich als „Lernen" bezeichnen darf oder will. Gehe ich streng nach der black-box-Methode vor, so finde ich nur verschiedene Arten von S-R-Relationen, aber niemals „Lernen". Ich kann dann, von theoretischen psychologischen Vorstellungen geleitet, bestimmte Arten dieser Relationen als „Lernen" interpretieren — genau genommen erlaubt mir dies jedoch weder zu sagen, daß der Schwarze Kasten „lernt", noch daß Lernen bei lebenden Organismen irgendwie dem Verhalten des Schwarzen Kastens vergleichbar ist. Das ändert sich auch nicht, wenn man, wie z. B. Spearman beim Intelligenz-Problem, nur mit statistisch aus Testuntersuchungen ermittelten abstrakten „Faktoren", wie dem g-Faktor oder dem s-Faktor und dgl., arbeitet — soll „Intelligenz" untersucht werden, kommt man um eine entsprechende „Deutung" jener Faktoren nicht herum, so etwa des g-Faktors als eines „allgemeinen Intelligenzfaktors" usf.

Jeder Schritt über die reine black-box-Theorie hinaus führt daher zur Annahme oder zur Setzung bestimmter „hypothetischer Konstruktionen" oder wenigstens „intervenierender Variabler", die nun aber nicht nur zur Erklärung der „Vorgänge im Kasten" dienen, sondern mit deren Hilfe bestimmte S-R-Relationen als „Lernen", „Denken" usw. interpretiert werden.

Für eine kybernetische Untersuchung der komplexen Verhaltensarten ergeben sich dann zur Einführung dieser hypothetischen Konstruktionen drei Wege:

a) über die theoretischen Modelle der Psychologie, seien es die der S-R-Theorien, seien es die der mathematischen oder reduktionistischen Psychologie, der Gestaltpsychologie usw.;

b) über die allgemeine Systemtheorie als Lehre von den Zustandsänderungen der Systeme. Dies wäre der theoretisch gegebene, aber auch der schwierigste Weg;

c) über die kybernetischen Modelle, also über die künstliche Herstellung vergleichbarer Verhaltensformen in Real-Modellen.

Die Vor- und Nachteile dieser drei Wege sind hier nicht zu erörtern; einiges wird darüber bei den Einzeldarstellungen zu sagen sein. Wir werden hier im wesentlichen den dritten Weg c) beschreiten, soweit dies bei unseren Voraussetzungen möglich ist, werden a) nur gelegentlich betreten und werden schließlich versuchen — so wie bei der Einführung in die allgemeine Verknüpfungstheorie —, den Weg b) einige Schritte weit zu verfolgen.

Wenn wir oben gesagt haben, daß die komplexen Formen des Verhaltens „Zentralthemen der Kybernetik" sind, so müssen wir jetzt hinzufügen: sie sind eigentlich nicht mehr Themen einer „Einführung in die Kybernetik". Dies muß betont werden, um die Leser, die besonders an diesen Themen interessiert sind, vor Enttäuschungen zu bewahren. Wir werden auch jetzt wie bisher „elementar" vorgehen — und das bedeutet, daß uns viele wesentliche Probleme verschlossen und ihre Lösungen bzw. Lösungsversuche unbekannt bleiben werden.

5.2. Lernen

5.2.1. Der Begriff „Lernen"

1. „Lernen" gehört zu den Begriffen, die wir alle kennen, verwenden und verstehen — und die sich doch nur schwer definieren lassen. Von ihm gilt, was Augustinus vom Begriff der „Zeit" sagt: „si nemo a me quaeret, scio - si quaerenti explicare velim, nescio". Nach allem, was wir bisher über Verknüpfungen, über ihre Arten, Gesetzmäßigkeiten usw. erfahren haben, können wir sagen: Lernen ist eine spezielle komplexe Form der Nachrichtenverknüpfung. Das ist zunächst eine These, deren Berechtigung, ja deren Sinn erst aufgewiesen werden muß. Jedenfalls ist es so lange keine Definition, als wir nicht wissen, was wir genauer unter „Lernen" zu verstehen haben. Erst dann können wir feststellen, ob jene Behauptung berechtigt ist und welchen Sinn sie hat.

2. Die Mannigfaltigkeit biologischer, psychologischer, ethologischer, physiologischer, philosophischer und kybernetischer Definitionen für „Lernen" ist groß und ihre Verschiedenheit derart, daß man schon ernsthaft diskutiert hat, ob es überhaupt einen Begriff „Lernen" gibt, ob man nicht vielmehr mehrere, verschiedene Begriffe für die verschiedenen Phänomene definieren müsse.

Vermeiden wir zunächst dieses Dickicht der Definitionen und Theorien und wenden uns „der Sache selbst" zu, versuchen zu erklären, was wir im Alltag unter Lernen verstehen.

Von „Lernen" sprechen wir im allgemeinen, wenn wir etwas in Besitz haben, das wir vorher nicht hatten: Vokabeln einer Sprache, Kenntnisse einer Wissenschaft, aber auch bestimmte Fähigkeiten wie Schwimmen, Autofahren, ebenso aber auch bestimmte Zustände und Verhaltensformen wie „Gleichmut der Seele" (aequanimitas), Toleranz und dgl.

Hier ergibt sich schon eine erste Unterscheidung: genau genommen verstehen wir unter „Lernen" den Akt des Erwerbs jener Kenntnisse, Fähigkeiten usw. — im Englischen: learning. Deren Besitz, der dann unser Verhalten beeinflußt, kennzeichnen wir als Gelerntes oder Erlerntes haben — englisch: having learned.

Dieses Lernen umfaßt einen weiten Bereich sehr verschiedener Phänomene; es reicht von der Bedingten Reaktion bis zur „Erfahrung" eines ganzen Lebens. Unsere Beispiele weisen aber noch auf eine andere Unterscheidung hin: sie betreffen alle eine Art des Lernens, die man als „künstlich" bezeichnen könnte. Ihnen stehen gegenüber Beispiele für den Erwerb oder besser für die Ausbildung von Fähigkeiten, für die wir die Anlagen von Geburt an mitbekommen haben, die wir aber ohne „Erlernen" nicht ausüben können: das kleine Kind muß erst „laufen" lernen, muß allgemein lernen, auf Ziele gerichtete und zweckmäßige Handlungen auszuführen usw. Man bezeichnet die Entwicklung solcher Fähigkeiten oft als *Reifung* (maturation), und das Entwickeln selbst als *Integration* der Einzelfähigkeiten zu einem einheitlich zusammenwirkenden Ganzen. Die Begriffe „Reifung" und „Lernen" stehen aber logisch nicht auf derselben Ebene. Man hat mit Recht gesagt: „Alles Lernen hängt von der Reifung ab, die den Organismus zum Lernen bereit macht. Andererseits muß jeder Zuwachs an Fähigkeit und Komplexheit, die das reife Verhalten des Erwachsenen charakterisieren, dem Lernen zugeschrieben werden" (CARL I. HOVLAND).

3. Woher stammt das „Neue", das wir durch Lernen erwerben? In vielen Fällen kommt es „von außen": Lernstoff, den wir durch Hören (in der Schule, bei Vorträgen, in der Universität) oder durch Lesen aufnehmen, Wahrnehmungen, die wir machen oder — in Form etwa schmerzhafter Sensationen — erleiden („gebranntes Kind scheut das Feuer"). Daneben gibt es auch einen inneren Erwerb von Neuem: durch Denken, Erkennen, durch Phantasie-Erlebnisse u. dgl. Ob wir auch hier von „Lernen" sprechen können, bedürfte einer genaueren Untersuchung; für einen ersten Überblick mag eine solche Erweiterung des Begriffs erlaubt sein. Drittens lernen wir durch Auseinandersetzungen zwischen Ich und Umwelt: dieses Lernen reicht vom einfachen Üben einer Tätigkeit (der lernende Radfahrer und der Baum am Wege) bis zur Bewältigung schwieriger Lebenssituationen.

4. Das Neue, das wir durch Lernen erwerben, wird unser Besitz, d. h. es wird Bestandteil des Systems, sei es auch nur in Form eines Engramms. Wollen wir aber von „Lernen" im eigentlichen Sinne sprechen, müssen wir dies noch verschärfen; wir können etwa sagen: das Neue muß unser *Eigentum* werden, womit in einer wohl verständlichen Weise die Verarbeitung beim Einbau in das System angedeutet ist. Im Sinne unserer vorläufigen Kennzeichnung besagt dies: das Neue wird Bestandteil des Systems durch Verknüpfungen der Signale und Nachrichten, die dann zur Bildung von Komplexen, von Untereinheiten und Untersystemen im System führen. So wird das ganze System durch „Lernen" immer reicher strukturiert, mannigfaltiger gegliedert.

Damit zeichnen sich, speziell beim Menschen, zwei extreme Lerntypen ab. Auf der einen Seite der Typus, den man etwa als „Vielwisser" bezeichnen kann, der zwar einen reichen Besitz an Gelerntem hat, diesen aber nicht nutzt, ihn also im Grenzfall nicht zur Steuerung seines Verhaltens verwendet. Schon HERAKLIT sagt verächtlich: „Vielwisserei lehrt nicht Verstand haben" (Fragment 40), womit zugleich der „Verstand" als einer der Faktoren bezeichnet ist, die Gelerntes auf dem Wege der Verarbeitung nutzen. Den Gegentypus stellt derjenige dar, der alles Gelernte sofort —

wieder im Grenzfall — fruchtbar macht, sei es zur Erkenntnis, sei es zur Bildung seiner Persönlichkeit, zur Steuerung seines Verhaltens.

„Was man nicht nützt, ist eine tote Last“, heißt es im „Faust“. Doch gibt es im *Gedächtnis*, im Gegensatz zum *Speicher*, solche „tote Last“? Alles ins Gedächtnis Aufgenommene wird sicherlich irgendwie „eingebaut“, d. h. mit schon vorhandenem Gedächtnisbesitz verknüpft, und wird in irgendeiner Form eines Tages „genützt“; es beeinflußt dann, wenn auch vielleicht nur unterschwellig, unser Verhalten mit. In einem Speicher dagegen besetzt „ungenutzter“ Inhalt nur Plätze, blockiert den Zugang für Neues und ist somit wirklich eine „tote Last“.

Das führt zu einem Problem, das in mehreren modernen Lerntheorien eine Rolle spielt. HUMPHREY (1933) und auch ASHBY (1954) z. B. betonen, es gehöre geradezu zum Begriff des Lernens, daß das Erlernte nützlich sei: Wenn eine Möwe gelernt hat, ausfahrenden Schiffen zu folgen, so führt dies dazu, daß sie reichlichere Nahrung erhält („bigger and better meals and easier ones“). Hätte das Auffinden von Nahrung hinter einer Anzahl ausfahrender Schiffe ihr Verhalten dagegen so geändert, daß sie jetzt in entgegengesetzter Richtung wie das Schiff fliegt, so „würden wir wohl kaum sagen, daß hier ein Lernvorgang stattgefunden habe“ (G. HUMPHREY[1]). Und: „Wenn Tiere und Kinder lernen, ändert sich nicht nur ihr Verhalten, sondern es ändert sich i.a. zum Besseren“ (ASHBY[2]), nämlich so, „daß es ihrer Umwelt besser angepaßt ist“[3]. Auch in der Kybernetik wird dieses Merkmal als wesentlich hervorgehoben, so lesen wir z. B. bei ZEMANEK: „Lernen heißt ja ziemlich genau Fortschreiten der Verhaltensweise in Richtung auf bessere Erfolge auf Grund der Vorgeschichte ...“[4].

Die Beurteilung derartiger Wesensbestimmungen hängt natürlich davon ab, was man hier unter „Erfolg“ oder unter „besserer Anpassung“ zu verstehen hat. Für eine formale Lerntheorie scheint die Berücksichtigung dieses biologisch relevanten Merkmals wohl doch zu einschränkend, zumal es auf das Lernen der beiden „Endglieder“ nur bedingt anwendbar ist: Menschen z. B. „lernen“ offensichtlich vieles, was ihnen weder zur Selbsterhaltung noch zur Arterhaltung nützt, noch ihre Anpassung an ihre biologische oder soziale Umwelt verbessert.

Ein weiteres wichtiges Merkmal des Lernens, das mit dem vorigen zusammenhängt, aber allgemeiner als dieses ist, findet sich ebenfalls in vielen Lerntheorien: das System nimmt zwar die ganze Reizflut aus der Umwelt auf, aber nicht alles Aufgenommene trägt zum „Lernen“ bei. Das System wählt vielmehr unter der Mannigfaltigkeit der Inputs aus. Worin dieses *Auswählen* besteht, wo und wie es sich vollzieht, darüber gibt es verschiedene Annahmen und Theorien — für echtes „Lernen“ jedenfalls ist es eine Vorbedingung.

5. Ein allgemeiner Begriff des *Lernens*, der sowohl das Lernen der Automaten als auch das der Menschen umfaßt, kann nur ein formaler sein. Um ihn methodisch zu gewinnen, bietet sich wieder die black-box-Methode an. Sie macht die geringsten Voraussetzungen über die Art der Systeme, über die Formen der Verarbeitung usw.

---

[1] Zitiert nach F. H. GEORGE: The Brain as a Computer. 1961, S. 180.

[2] W. ROSS ASHBY: Design for a Brain. 1954, S. 3.

[3] a.a.O. S. 7.

[4] H. ZEMANEK: „Lernende Automaten“ in: Taschenbuch der Nachrichtenverarbeitung (herausg. K. STEINBUCH) Berlin, Göttingen, Heidelberg 1962, S. 1418.

Bei ihrer Anwendung umgehen wir gleichzeitig alle in der Biologie und Psychologie so viel erörterten Probleme, z. B. ob Einzeller „lernen“ können, sondern treiben wieder allgemeine Systemtheorie, auf Grund von deren Ergebnissen sich dann evtl. System-Modelle und weiterhin Real-Modelle („Lernende Automaten“) konstruieren lassen. Gelingt dies, so sind derartige Modelle Grundlagen für eine experimentelle und mathematische Untersuchung auch spezieller Lern-Vorgänge, und Sache der Biologie, Ethologie, Psychologie usw. ist es dann zu untersuchen, ob derartiges „Lernen“ auch in biologischen Systemen auftritt; wenn ja, in welchen Systemen es sich findet und wie sich das formale „Lernen“ in der aufsteigenden Reihe der Gattungen und Arten verfeinert, komplexer wird usw.

Gegeben ist also wieder eine black-box, der wir Inputs zuführen und die Outputs liefert. Ob das System „lernt“ und was das heißen kann, müssen wir aus den Outputs bzw. aus den Beziehungen zwischen Inputs und Outputs erschließen. Im Wort „erschließen“ ist schon enthalten, daß wir (s. o. S. 289) *Lernen* nicht direkt beobachten können, daß uns die Input-Output-Relationen dieses Phänomen nicht unmittelbar zeigen. Wir müssen daher „hypothetische Konstruktionen“ oder wenigstens „intervenierende Variable“ einführen, also Annahmen über das „Innere“ des Kastens machen. Methodisch ist hier aber eine strengere und eine freiere Richtung des Vorgehens zu unterscheiden. Im strengen Sinne, wie TOLMAN den Begriff ursprünglich verstand, ist eine „intervenierende Variable“ eine Annahme, die eine Voraussage des System-Verhaltens ermöglicht, sie ist also keine Erklärung. Im freieren Sinne aber, und ohne diesen kommen wir beim Lernen kaum aus, ist sie eine Erklärungs-Annahme, die dort eingeführt wird, wo „offensichtlich zwischen den beobachteten Reizen und den auf diese folgenden Reaktionen in der Deutung (!) eine Lücke klafft[1]. Unter diesem Gesichtspunkt definiert daher BERGIUS Lernen als die „Gesamtheit der hypothetischen Prozesse, die den Verhaltens- und Erlebensänderungen entsprechen, die nicht durch Reifung, Ermüdung, mechanische Eingriffe von außen oder durch Pharmaka zustande gekommen sind“[2].

Von der black-box-Methode her gesehen ist *Lernen* somit eine *intervenierende Variable* oder eine *hypothetische Konstruktion*, wobei wir die beiden Begriffe, unter Verzicht auf strenge Genauigkeit, hier freier verwenden wolle n,je nachdem, ob es sich mehr um eine Annahme über die innere Struktur des Kastens oder um Annahmen zur „Deutung“ seines Verhaltens handelt.

Berücksichtigen wir weiter das oben erwähnte Moment einer „Verbesserung“ des Verhaltens, so wird Lernen zu einem Spezialfall der *Anpassung*, genauer: eines Sich-Anpassens oder einer *Neuanpassung*.

Aufnahme und Verarbeitung von Inputs führen nun zu einer *Zustandsänderung* des Systems, die sich in den Outputs oder, wie man auch sagen kann, in den „Aktivitäten“ des Systems äußert. Das vor dem „Lernen“ etwa durch die Faktoren a, b, c, d,... bestimmte System ist nachher durch den neuen Faktor x mitbestimmt, z. B. in der Form a, bx, c, d,... oder a, b + x + d, c, ... Ein solches System ist „offen“

[1] KLAUS EFEYRTH: „Lernen als Anpassung des Organismus durch bedingte Reaktionen“ in: Handbuch der Psychologie, Bd. I, 2: Lernen und Denken. 1964, S. 95.

[2] RUDOLF BERGIUS: In der „Einleitung“ zu dem oben zitierten Bande des Handbuchs, S. 8.

für Information im Sinne des „relativ isolierten Systems" von GRENIEWSKI (S. 230). Es nimmt diese Information aus der Umwelt auf, wobei man Umweltfaktoren, „über die das System Information besitzt", auch als *Umstände* bezeichnet hat.

Die Änderung der Outputs, also der Reaktionen oder Aktivitäten des Systems, ist aber auch mit Hilfe der erwähnten Annahmen niemals streng voraussagbar, sondern man kann stets nur wahrscheinliche Voraussagen treffen: die Tatsache, daß lernendes Verhalten oder allgemein *Lernen* ein „probabilistischer Prozeß" (ESTES, 1959) sei, wurde zur Grundlage der probabilistischen Lerntheorien auch in der Psychologie; so bestimmen schon R. R. BUSH und F. MOSTELLER den Lernprozeß als eine Veränderung von Reaktionswahrscheinlichkeiten (1955). *Lernen* wird damit als ein „stochastischer Prozeß" aufgefaßt, d. h. als ein Prozeß, dessen „einzelne Stadien nicht notwendig, sondern nur mit einer gewissen Wahrscheinlichkeit aufeinander folgen" (HOFSTÄTTER[1]).

Wir kommen so schließlich zu einer Definition des *Lernens*, die als Grundlage für unser weiteres Vorgehen geeignet erscheint — sie stammt von O. W. HASELOFF[2]:

„Das Wort ‚Lernen' bezeichnet diejenige Klasse intervenierender Variablen, die umständebedingte Neuanpassungen offener Systeme erklären.

Jede dieser intervenierenden Variablen informiert über je eine Beziehung zwischen den Systemzuständen und den Wahrscheinlichkeiten der Aktivitäten des Systems

Vollzogenes Lernen manifestiert sich durch den Übergang von stochastischen zu deterministischen Verhaltensorganisationen."

Diese Definition zeigt Verbindungen sowohl zu biologischen als auch zu kybernetischen Begriffsbestimmungen des Lernens. So lesen wir etwa bei W. H. THORPE: „Wir können Lernen als denjenigen Prozeß definieren, der sich selbst durch adaptative Änderung des individuellen Verhaltens als Ergebnis der Erfahrung manifestiert", wobei unter „adaptativer Veränderung" eine Änderung verstanden wird, die sich über eine längere Lebensstrecke als „ökonomisch" erweist[3]. Und bei WIENER heißt es: „Lernen ist seinem Wesen nach eine Form von Rückkoppelung, bei der das Verhaltensschema durch die vorangegangene Erfahrung abgewandelt wird"[4].

Daß in beiden Definitionen der Begriff der „Erfahrung" (experience) auftritt, ist wohl nur ein Schönheitsfehler der Formulierung, keine eigentliche Diallele (idem per idem definit); im Bereich der Lerntheorie ist „Erfahrung" sicherlich eine Art von Lernen. Denn was anderes heißt „Erfahrungen machen" als „lernen"?

5.2.2. Arten des Lernens

1. Schon die vorwissenschaftliche Selbstbeobachtung zeigt uns verschiedene Arten oder Typen von Lernen. Wir können etwa einen mathematischen Lehrsatz wie eine Reihe Geschichtszahlen „auswendig lernen" — und werden ihn auch sehr schnell

---

[1] PETER R. HOFSTÄTTER: Psychologie (Fischer Lexikon). 1957, S. 287. — Vgl. zum Thema auch KLAUS FOPPS: „Probabilistische Lernmodelle" in: Handbuch der Psychologie, Bd. I, 2. S. 617ff.

[2] O. W. HASELOFF: „Enigei Hypothesen zur Struktur von Lernpiozessen" in: Neuere Ergebnisse der Kybernetik. München, Wien 1964, S. 18ff.

[3] W. H. THORPE: Learning and Instinct in Animals. London 1956, S. 49.

[4] NORBERT WIENER: Mensch und Menschmaschine. 1952. S. 63f.

wieder vergessen. Sobald wir den Satz aber verstanden, seinen Sinn eingesehen haben, behalten wir ihn, wenn auch nicht in seiner wörtlichen Fassung. Gewiß müssen wir ihn von Zeit zu Zeit durch Rekapitulieren auffrischen, aber es bedarf dazu nicht des Wortlautes wie bei einem auswendig gelernten Text, sondern irgendeines Signals, das den semantischen „Inhalt" des Satzes wieder hervorruft. Wir könnten unter diesem Gesichtspunkt etwa „Signal-Lernen" und „Nachrichten-Lernen" unterscheiden; gebräuchlicher ist die psychologische Unterscheidung von *assoziativem Lernen* und *Lernen durch Einsicht*, wobei wir jetzt nicht untersuchen wollen, ob bzw. wieweit diese beiden Unterscheidungen einander entsprechen.

Ob wir gelernt haben, nicht nach einer leuchtenden Flamme zu greifen, oder bei einem Spaziergang in unbekanntem Walde nach vielen vergeblichen Versuchen den Heimweg „gefunden" haben und ihn dann bei späteren Wanderungen dort schneller wiederfinden, oder ob Menschen durch berufliche Schulung und Übung „gelernt" haben, in kritischen Situationen ohne unzweckmäßiges Probieren und Überlegen sofort entsprechend zu reagieren, oder ob schließlich Menschen durch Lebenserfahrung „gelernt" haben, so etwas wie eine seelische Homöostase oder aequanimitas zu erreichen — alles dies scheint uns vom assoziativen wie vom Einsicht-Lernen verschieden und auch untereinander nicht gleichartig. So werden wir ein Lernen durch Konditionierung, durch Versuch und Irrtum (trial-and-error), ein Lernen durch Erfahrung unterscheiden, und wir werden bei genauerer Beobachtung sicherlich noch manche anderen Typen und Arten des Lernens entdecken können.

2. Bei einem Versuch, diese Arten irgendwie zu ordnen oder gar in ein System zu bringen, merken wir schnell, daß dies ohne theoretische Annahmen nicht möglich ist. Da es nicht unsere Aufgabe sein kann, hier eine begründete psychologische Einteilung der Arten des Lernens aufzustellen, werden wir unseren Betrachtungen eine der vielen vorhandenen Einteilungen zugrunde legen. Und da wir weiterhin vor allem mit der kybernetischen Seite der Lerntheorien uns zu befassen haben, werden wir speziell eine der von kybernetischer Seite aufgestellten Einteilungen wählen, und zwar diejenige, die H. Zemanek auf der Fachtagung der Nachrichtentechnischen Gesellschaft 1961 in Karlsruhe vorgeschlagen hat[1].

(0) Klassifizieren
(1) Lernen durch Abspeichern
(2) Lernen durch bedingte Zuordnung
(3) Lernen durch Erfolg (trial and error)
(4) Lernen durch Optimisierung
(5) Lernen durch Nachahmung
(6) Lernen durch Belehrung
(7) Lernen durch Erfassen.

Diese Einteilung ist sicherlich weder vollständig noch ist das Einteilungsprinzip theoretisch genügend begründet, doch als Richtweiser für das Folgende ist sie gut

[1] H. Zemanek: „Logische Beschreibung von Lernvorgängen" in: Lernende Automaten. München 1961, S. 11ff. Ausführlicher dargestellt auch in desselben Verfassers Beitrag „Lernende Automaten" im Taschenbuch der Nachrichtenverarbeitung (herausg. v. K. Steinbuch) 1962, S. 1426ff.

verwendbar. Das als (0) aufgeführte „Klassifizieren" ist eine Vorbedingung und Vorstufe, keine eigene Art des Lernens — es gehört eher mit dem oben erwähnten „Auswählen" (S. 292) zusammen.

3. Versuchen wir jetzt, selbst eine für unsere Zwecke brauchbare Aufgliederung des „Lernens" zu finden, so müssen wir uns von der obigen Einteilung zunächst wieder lösen, denn alle dort die Arten kennzeichnenden Begriffe sind hypothetische Konstruktionen, für die vorerst jede Begründung fehlt. Die Definition des Lernens, von der wir ausgehen wollen (S. 294), stellt uns in eine black-box-Situation — und wenn wir aus der Definition zu den einzelnen Arten vordringen wollen, so müssen wir sie aus dieser Situation entwickeln. Für eine strenge black-box-Theorie aber gilt — was noch einmal betont sei — der Satz: „Das wesentliche Merkmal einer black box ist, daß ihr Inneres sowohl unbeobachtbar als auch irrelevant ist" (K. E. Machin[1]) — richtiger wäre wohl, statt „irrelevant" zu sagen: hier nicht thematisch ist. Relevant wird es erst, wenn wir das Verhalten der black box zu interpretieren oder zu deuten versuchen, also z. B. als ein „Lern-Verhalten" — und dazu vermag uns dann die obige Einteilung als Richtweiser zu dienen.

Damit ist unser Vorgehen methodisch bestimmt: wir können zunächst nur die Relationen zwischen Inputs und Outputs bei verschiedenen Arten von black boxes feststellen und registrieren. Und wir müssen dann versuchen, ob die gefundenen Relationen sich als Lernen bzw. als verschiedene Arten von Lernen verstehen lassen. Da wir hier aber nicht experimentell vorgehen können, muß die logische Analyse an die Stelle des Experiments treten: d. h. wir untersuchen, welche Relationen zwischen Inputs und Outputs bei verschiedenen Arten von black boxes möglich sind (wobei wir natürlich auf Vollständigkeit verzichten müssen).

4. Gegeben sei der Kasten *A*, der einen Eingang für Inputs und einen Ausgang für Outputs haben möge. Da beim Lernen immer oder fast immer die Zeit eine wesentliche Rolle spielt, können wir uns nicht damit begnügen zu beobachten, wie der Kasten auf den einen oder anderen Input „antwortet", sondern müssen Folgen von Inputs betrachten. Dann können für den Kasten A formal etwa die folgenden Möglichkeiten des Verhaltens unterschieden werden:

A_1: Gleichviel, ob wir einen Input oder eine Folge von Inputs dem Kasten zuführen, ob die Inputs der Folge gleich oder verschieden sind — der Kasten A_1 gibt keinen Output. Da es hier nichts zu „beobachten" gibt, wir aber von der trivialen Annahme, der Kasten sei leer oder nicht in Ordnung, absehen können, müssen wir versuchen, auch dieses „negative" Verhalten des Kastens zu deuten: die Inputs bleiben im Kasten, sie werden also offenbar dort *gespeichert*. Das ist alles, was wir sagen können. So etwas wie „Lernen" anzunehmen, besteht kein Anlaß.

A_2: Der äußerlich gleiche Kasten A_2 verhält sich nun aber anders; auf jeden Input, ob allein oder in einer Folge gegeben, antwortet er mit einem spezifischen Output, und zwar sofort. Wir haben ein reines Reiz-Reaktion-Verhältnis; wieder ist kein Anlaß, den Begriff „Lernen" zur Deutung einzuführen.

[1] K. E. Machin: „Feedback Theory and its Applications to Biological Systems" in: Homeostasis and Feedback Mechanisms. (XVIII. Symposium d. Society of Experimental Biology, 1963.) Cambridge 1964, S. 422.

A_3: Der Kasten A_3 reagiert abermals anders: zunächst verhält er sich wie A_2, d. h. er gibt auf den Input a jedesmal die spezifische Reaktion R_a. Nach einer bestimmten Anzahl aufeinanderfolgender Inputs a aber bleibt die Reaktion R_a plötzlich aus und erscheint auch bei Fortsetzung der Input-Folge nicht wieder. Wie ist dies zu verstehen?

Es gibt mehrere Deutungen, die wir hier aber in etwas grober Verallgemeinerung zusammenfassen wollen, indem wir von Gewöhnung (habituation) sprechen. Ob die Gewöhnung ein „Lernen" ist, darüber ließe sich streiten — wir betrachten sie als eine spezielle Art des Lernens. Das zwingt dann allerdings dazu, besondere Arten der Gewöhnung wie die Adaptation der Sinnesorgane (s. o. S. 43f.), Ermüdung und dgl. hier auszugliedern. Wir können *Gewöhnung* mit W. H. THORPE definieren als „das Schwinden einer Antwort (response) als Folge einer wiederholten Reizung (stimulation), die nicht auf irgendeine Weise verstärkt (reinforcement) worden ist"[1]. Das Verhalten des Kastens läßt sich dann auch so formulieren: Während der Kasten A_1 überhaupt nicht antwortet, hat A_3 „gelernt", nicht mehr zu antworten.

A_4: Der umgekehrte Fall liegt beim Kasten A_4 vor, der nach einer längeren Folge von Inputs, die ohne Antwort bleiben, plötzlich antwortet. Auch hier sind wieder mehrere Deutungen möglich, etwa als Summationseffekt bei Vorliegen einer bestimmten Schwelle im Kasten. Wir können aber auch annehmen, der Kasten habe *gelernt* zu antworten — dies entspräche dann dem „Lernen durch Abspeichern" (1). Eine einfache schaltungstechnische Möglichkeit zur Realisierung dieses Verhaltens wäre ein *Schieberegister* im Kasten (s. o. S. 249). Da weder die bloße Beobachtung des Kastens noch die Annahme der intervenierenden Variablen „Schieberegister" erlaubt, die beiden Möglichkeiten streng zu unterscheiden, liegt es nahe, die bloße Summation von Inputs, sozusagen als eine Art „Überlauf-Effekt" betrachtet, als eine Form von „Lernen" anzusehen (auch das Antworten auf Grund eines Schieberegisters ist ja ein Überlauf-Effekt).

A_5: Schließlich ist noch das zu A_1 gegenteilige Verhalten des Kastens A_5 zu erwähnen: er gibt spontan einen Output, ohne einen Input erhalten zu haben. Hier müssen wieder verschiedene Fälle unterschieden werden, z. B. ob der Kasten überhaupt oder seit längerer Zeit keinen Input erhalten hat, ob er keinen dem Output entsprechenden, dagegen andere Inputs, erhalten hat usw. Um von *Lernen* sprechen zu können, müssen wir zusätzliche Annahmen machen und weitere Fallunterscheidungen vornehmen. Nur ein Fall sei hier genannt:

Dem Kasten möge früher ein Input a oder eine Folge solcher Inputs zugeführt worden sein, er kann darauf geantwortet oder nicht geantwortet haben (das gehört zur Vorgeschichte des Kastens, von der wir nichts weiteres wissen) — jedenfalls „antwortet" er jetzt nach einer gewissen Zeit ohne Input. Antwortet er mit R_a, so liegt nur ein verzögerter Fall A_4 vor, also ein Lernen durch Abspeichern. Antwortet er aber mit R_b, so müssen wir (unter der hypothetischen Voraussetzung, daß nur a's zugeführt wurden) annehmen, daß eine „Verarbeitung" stattgefunden hat. Eine Möglichkeit wäre dann, daß es sich um ein „Lernen durch Erfassen" (7) handelt.

---

[1] W. H. THORPE: Learning and Instinct in Animals. London 1956, S. 54.

5. Der nächste Kasten sei B genannt; er möge zwei Eingänge und einen Ausgang haben. Über die beiden Eingänge können nicht gleiche, sondern nur verschiedene oder verschiedenartige Inputs zugeführt werden, also entweder a, a′, a″ usw. oder a, b, c usw. Für das Verhalten von B sind nun die Zeitpunkte wichtig, zu denen die beiden Inputs gegeben werden sowie die jeweilige Dauer der beiden Inputs. Einige hier mögliche Beziehungen hat W. W. GRINGS zusammengestellt[1] (s. Abb. 117): sie entsprechen verschiedenen Fällen des „Klassischen Konditionierens“, also Typen

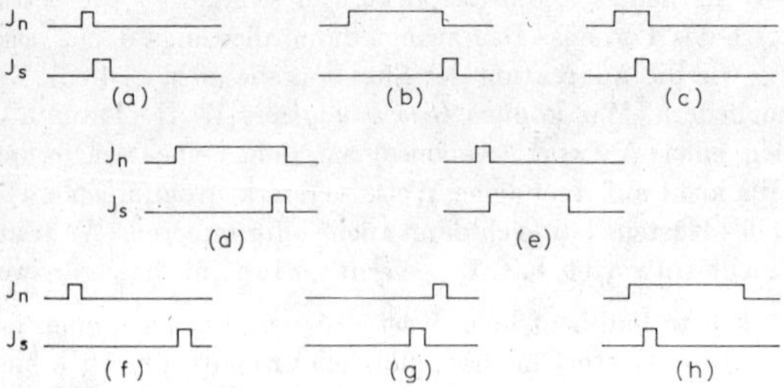

Abb. 117

der Bedingten Reaktion (BR). (a) ist die optimale Form des auch als „vorwärts“-Konditionierens bezeichneten Ausbildens einer BR. Geht dagegen der I_s dem I_n voraus, so spricht man von „rückwärts“-Konditionieren (g). Bei (f) verstreicht zwischen I_n und I_s längere Zeit (experimentell bis etwa 30 Min.) = „Spur“-Konditionieren. Dauert I_n während des Setzens von I_s an, so liegt ein „verzögertes“ Konditionieren vor: (c), (d) und (h).

Was wir am Kasten beobachten können, ist: wir geben zu bestimmten Zeitpunkten I_s und I_n, und der Kasten antwortet mit R_s. Wir deuten diese Beobachtung etwa durch die Aussage: der Kasten hat gelernt, auch auf I_n mit R_s zu antworten. Diese Formulierung zeigt schon, daß das Konditionieren, die Bedingte Reaktion, zwar eine Form von Lernen ist, aber sicherlich nicht die Grundform. In etwas krasser Übertreibung könnten wir das Ergebnis doch so verallgemeinern: der Kasten lernt, auf die verschiedensten Inputs mit stets dem gleichen Output zu antworten — und das wäre ein Verhalten, dem wesentliche Merkmale des „Lernens“ fehlen.

B_2: Bezeichnen wir den Kasten, der eine bedingte Reaktion entwickelt, als Spezialfall B_1, so bietet uns B_2 das gegensätzliche Bild: wieder geben wir zwei Inputs I_a und I_b in bestimmter Kombination — wir beobachten dann eine Reaktion R_c. Sei R_a die dem Input a und R_b die dem Input b normalerweise entsprechende Reaktion, so zeigt der Kasten B_2, daß er gelernt hat, die Kombination der beiden Inputs mit einer neuen Reaktion R_c zu beantworten — etwa, indem er die beiden Inputs zu einem neuen Signal verarbeitet hat, auf das er dann mit R_c reagiert.

6. Der dritte Kasten C möge einen Eingang und zwei Ausgänge haben, wobei jetzt die Ausgänge auf bestimmte Arten von Outputs spezialisiert sein sollen. Die Beob-

[1] WILLIAM W. GRINGS: „Classical Conditioning“ in: Theories of Contemporary Psychology. 1963, S. 501 f.

achtung des Verhaltens zeigt etwa: auf eine Folge von Inputs stets der gleichen Art a antwortet der Kasten C zunächst mit R_a als „unbedingter" Antwort — plötzlich aber erscheint am zweiten Ausgang die Reaktion R_b. Die formale Beziehung zwischen den Kästen C und B_1 ist deutlich, sie läßt sich kurz formulieren als:

B_1 lernt, auch den Input I_b mit R_a zu beantworten;
C lernt, auf den Input I_a auch mit R_b zu antworten.

Diese Gegenüberstellung betont die Gegensätzlichkeit der Verhaltensweisen; tatsächlich läßt sich C aber auf B_1 zurückführen, wenn man z. B. annimmt, auch B_1 besitze zwei Ausgänge und der neutrale Input I_n löse, für sich gegeben, eine zugeordnete Reaktion R_b aus — im Pawlowschen Versuch etwa Ohrenspitzen des Hundes bei Auftreten von I_n und Hinwendung zur Quelle des neutralen Reizes (Licht- oder Schallquelle) u. dgl. Dann besagt die Konditionierung:

B_1 lernt, den Input I_n auch mit R_s zu beantworten;

und das ist das Verhalten von C — allerdings eines Sonderfalles von C, etwa von C_1. Das „eigentliche" Lernen von C, das wir oben beobachtet haben, zeigt, daß C auch in diesem Falle nicht entweder mit R_s oder R_n antwortet, sondern eine neue Reaktion, etwa R_t, zeigt — was dann dem Verhalten von B_2 entsprechen würde.

7. Wir wollen hier nicht die Vielzahl der Möglichkeiten gleichsam durchexerzieren, sondern nur noch einen wichtigen Fall betrachten, den Kasten *D*, der einen Eingang haben möge, dafür aber eine sehr große Zahl von Ausgängen, wobei wieder angenommen sei, daß jeder Ausgang für eine bestimmte Reaktion R_i spezialisiert ist.

Wir geben nun eine Folge von Inputs stets der gleichen Art a und beobachten, daß der Kasten — in zeitlicher Folge — etwa so antwortet, wie

Zeitpunkte	t_1	t_2	t_3	t_m	t_n	t_{n+1}	t_{n+2}	.....
Inputs a	R_a	R_b	R_c	R_m	R_n	R_n	R_n	.....

das die kleine Tabelle zeigt: auf stets den gleichen Input folgen die verschiedensten Outputs R_i, bis von einem bestimmten Zeitpunkt t_n ab die Reaktion konstant wird.

Eine Deutung dieses Verhaltens ist, daß es sich hier um ein „trial-and-error"-Lernen handelt, also ein Lernen durch Versuch und Irrtum oder ein „Lernen durch den Erfolg" (3). Die verschiedenen Antworten treten in scheinbar zufälliger Folge auf, bis das System sich auf eine Antwort gleichsam festlegt — bei lebenden Systemen offenbar deshalb, weil diese Antwort „erfolgreich" ist.

Ist R_n bei Fortsetzung der Versuche nicht streng, sondern nur der Art nach konstant, so daß die Reaktionen zunächst R_{n1}, R_{n2}, R_{n3} ... sind, bis dann endlich die streng konstante Reaktion R_n erscheint, so können wir dies als den Sonderfall eines „Lernens durch Optimierung" (4) ansehen. Daß es sich bei der Folge der R_{ni} bis zum konstanten R_n um eine „Verbesserung" handelt, kann — wieder bei lebenden Systemen — entweder der unmittelbare Erfolg zeigen, z. B. bei Fluchtbewegungen oder zielstrebigen Handlungen; das System kann diesen Erfolg aber auch durch die zunehmende Gleichheit oder Ähnlichkeit mit einem Vorbild – Lernen durch Nachahmung (5) – oder schließlich durch die Bewertung durch einen außenstehenden Belehrenden (Lehrer, Lehrgerät) feststellen — das wäre dann „Lernen durch Belehrung" (6).

Auch das „Lernen durch Erfassen“ (insight) (7) läßt sich formal als ein „Lernen durch Versuch und Irrtum“ verstehen: die Probierreaktionen R_a bis R_m werden aber jetzt nicht mehr real, sondern zuerst an einem „inneren Modell“ der Außenwelt ausgeführt und nur die Endreaktion R_n wird schließlich verwirklicht.

8. Dieser Überblick über Arten des Lernens ist methodisch natürlich nicht befriedigend. Beobachtungen, intervenierende Variable, hypothetische Konstruktionen und weitergehende Deutungen treten in buntem Wechsel auf. Worauf es aber hier, in einer Einführung, ankam war, durch formale Variation der Verhaltensweisen bestimmter Typen von black boxes zu den auch in psychologischen Experimenten aufgefundenen Arten von Lernen vorzudringen und zugleich den Weg zur kybernetischen Lerntheorie und zu den Bemühungen um eine Modelldarstellung von Lernvorgängen zu öffnen. Primär ist die Verschiedenheit des Verhaltens, wobei wir bei einer zusammenfassenden Darstellung auf die Spezialisierungen der black boxes — nur ein Eingang und ein Ausgang, ein Eingang und zwei Ausgänge usw. — verzichten können und allgemein eine black box mit vielen Eingängen und Ausgängen annehmen können, die sich dann nur wie die Kästen A, B, C und D verhält.

5.2.3. Lern-Modelle

1. Bei der Vielfalt und Verschiedenheit der psychologischen Lern-Theorien einerseits und den Schwierigkeiten einer rein systemtheoretischen Behandlung des Lernens andererseits erscheint der dritte Weg (s. S. 289), die unmittelbare Entwicklung „Lernender Automaten“, verlockend und im Sinne der Kybernetik als „effective“: vom Streit der Meinungen und Theorien unbelastet wagt man von einer völlig neuen Seite her den Vorstoß in das so schwierig zu erhellende Gebiet. Man konstruiert Automaten, die sich so verhalten, als ob sie „lernten“, und prüft dann, vor allem auf dem Wege ständiger Verfeinerung und Vervollkommnung, ob diese Automaten als *Lern-Modelle* dienen können. Gewiß waren die ersten Automaten dieser Art noch recht „kuriose Modelle“, wie STEINBUCH sie einmal nennt, kaum sehr verschieden von den mechanischen Spielereien früherer Jahrhunderte oder von den verschiedenen „Automaten“ vergangener Zeiten[1]. Und doch unterscheiden sie sich von jenen prinzipiell, denn die modernen Automaten dienen nicht der Unterhaltung oder praktischen Zwecken, sondern sind in durchaus theoretischer Einstellung, eben als „Modelle“ geschaffen worden. Das Prinzip, das zu ihrer Konstruktion führt, hat W. GREY WALTER so formuliert:

„Man mußte versuchen, ... etwas über das Leben nicht nur durch Beobachtung lebender Gegenstände, sondern durch seine Nachahmung zu lernen“[2]. Gewiß ist, wie WALTER ausdrücklich betont, „eine Nachahmung keine Erklärung. ... Aber wenn mehr als drei oder vier Eigenschaften eines Systems bekannt sind und man das einfachste Modell, das diese Eigenschaften reproduzieren könnte, konstruiert hat, ist die Annahme erlaubt, daß das Original Komponenten enthält, die mit denen im Modell vergleichbar sind“[3].

[1] Einen Überblick über die Geschichte derartiger Automaten bis zurück ins Altertum gibt R. GERWIN in dem kleinen Buche „Intelligente Automaten“. Stuttgart 1964, S. 37ff.
[2] W. GREY WALTER: Das lebende Gehirn. 1961, S. 131.
[3] a.a.O. S. 193.

Die Betonung liegt dabei auf „Komponenten“. Auch die einst berühmte „Öl-Amöbe“, ein Öltröpfchen, das bei örtlicher Veränderung der Oberflächenspannung wie eine lebende Amöbe zu kriechen beginnt, „Scheinfüßchen“ ausstreckt und ihnen nachfließt, oder das ein mit Schellack überzogenes Glasstäbchen „frißt“, also in sich aufnimmt, den Schellack ablöst und das „unverdauliche“ Stäbchen wieder ausstößt — auch sie war ein „Modell“ insofern, als man nach dem obigen Prinzip annehmen durfte, daß Oberflächen- und Grenzflächenspannungen, die das „Verhalten“ des Öltröpfchens erklären, als „Komponenten“ wohl auch bei der Amöbe und allgemein beim Verhalten lebender Zellen eine Rolle spielen. Hätte man dies damals noch nicht gewußt, hätte dieses Modell als Richtweiser dienen können, um bei lebenden Zellen nach analogen oder gleichen physikalischen Vorgängen zu suchen.

2. Vom biologischen und psychologischen Standpunkt aus ist der Wert derartiger Modelle sicherlich durch diesen Hinweischarakter bestimmt: gelingt es, Lernverhalten der verschiedenen Arten durch technische Schaltungen zu simulieren, so liegt die Frage nahe zu prüfen, ob es auch in lebenden Wesen entsprechende Schaltzentren und „logische“ Schaltungen vergleichbarer Art gibt. Das Modell hat damit eine wesentliche Aufgabe aller Theorienbildung — in den Augen rein experimenteller Naturwissenschaftler sogar die Hauptaufgabe — erfüllt: neue Fragestellungen zu ermöglichen und neue Experimente zu veranlassen. Auf dem Spezialgebiet der „Regelung“ haben die technischen Modelle und Automaten zweifellos in diesem Sinne die sich schnell entwickelnde „Biologische Regelungstheorie“ beeinflußt.

Doch die kybernetische Fragestellung, die der Konstruktion solcher Modelle und Automaten zugrunde liegt, ist eine noch etwas andere. Auch hier geht es letztlich um die Allgemeine Systemtheorie, deren Grundthese ja ist, daß es bei allen Systemen, rein materiellen wie auch biologischen, „psychischen“ wie sozialen Systemen gewisse formale Gemeinsamkeiten gibt, Grundgesetze des Verhaltens von Systemen überhaupt, die in gewisser Weise erlauben, von der Leistung auf die Struktur zurückzuschließen. Da es sich dabei nicht um physikalisch-chemische oder speziell biologische, psychologische oder soziale „Mechanismen“ handelt, sind sie auch unabhängig vom Material des Systems — sie sind reine Relationen zwischen Elementen eines Systems und zwischen Systemen von Elementen untereinander. Durch eine Analyse funktionierender Automaten kann man derartige Relationen zu erfassen versuchen — nicht anders, als versuchte man, sie durch die Analyse des Verhaltens eines Tieres oder einer Wirtschaftsgemeinschaft aufzufinden. Ihre Begründung als allgemeine Gesetzmäßigkeiten erhalten sie von der Systemtheorie — ihre Gültigkeit auch für lebende und soziale Systeme durch Prüfung an den entsprechenden Objekten der Biologie, Psychologie und Soziologie.

Dabei wird man immer berücksichtigen müssen, daß solche allgemeinen Gesetze Ideal-Gesetze sind, die also in der Wirklichkeit niemals vollkommen gültig sind. In dem Streben nach äußerster Exaktheit und in dem Bemühen — speziell in der Theorie des Lernens — nach einer erschöpfenden Variation aller Faktoren und Faktorenwirkungen übersieht man heute manchmal, daß die „vorbildlichen“ physikalischen Gesetze in ihrer Genauigkeit und umfassenden Geltung nur auf Grund erheblicher

Vereinfachungen und Idealisierungen zustande gekommen sind. Die wichtigen „Gasgesetze“ und die aus ihnen folgende allgemeine „Zustandsgleichung der Gase“ z. B. gelten tatsächlich für kein einziges reales Gas, sondern nur für den „idealen Gaszustand“, dem sich zwar einige Gase wie Helium und Wasserstoff weitgehend annähern, von dem die meisten Gase aber recht erheblich abweichen. In einem tieferen Sinne sind diese Gesetze aber doch für alle Gase gültig, soweit sie eben „Gase“ sind, und für die spezifischen Eigenschaften der verschiedenen realen Gase kann man die Zustandsgleichung dann, wenn nötig, vervollständigen, also z. B. wie bei der van der Waalschen Gleichung das reale Volumen der Gasmoleküle und die gegenseitigen energetischen Beeinflussungen der Moleküle, von denen man bei der „idealen“ Gleichung abgesehen hat, berücksichtigen. Da die idealen Gasgesetze für „alle“ Gase gelten — man kann fast sagen: und gerade deshalb für kein spezielles einzelnes[1] — haben sie auch allgemeine praktische Geltung. So wird man auch die idealen Gesetze der allgemeinen Systemtheorie an die realen Systeme anpassen müssen, will man ihre Gültigkeit in diesen Systemen nachweisen und dann evtl. für praktische, in weiterem Sinne „technische“ Anwendungen nutzen.

5.2.3.1. Systematik der Automaten

Der Entschluß, von den „Automaten“ her das Problem des Lernens anzugehen, besagt nun natürlich nicht, daß wir hier, wie etwa bei den einfachen Verknüpfungsmaschinen, versuchen werden, „Lernende Automaten“ zu konstruieren oder die vorhandenen Automaten in ihrer technischen Struktur zu besprechen. Das wäre eine Aufgabe, die für uns wegen der fehlenden theoretischen und technischen Voraussetzungen unlösbar ist. Wir müssen auch hier wieder, wollen wir den Rahmen unserer Darstellung nicht überschreiten, in das Allgemeine und Formale gleichsam ausweichen, indem wir etwa die Frage stellen: wie muß ein solcher Automat, der „lernen“ kann, aussehen, welche Grundstrukturen muß er besitzen und auf welche Weise kommt „Lernen“ in ihm zustande?

Um diese Frage beantworten zu können, wollen wir eine Art „Stammbaum von Automaten“ aufstellen, ausgehend von den einfachsten und vertrauten in steigender Verfeinerung und Verkomplizierung bis hin zu jenen, die wir dann als „lernend“ ansprechen dürfen. Dabei ist, ganz im Sinne Ashbys, die Frage für uns irrelevant, ob es solche Maschinen schon gibt, ja sogar, ob es sie je geben wird: es kommt hier nur darauf an, daß sie „möglich“ sind. Einige Realisierungen derartiger Maschinen werden wir dann im nächsten Kapitel besprechen.

1. Einen „Stammbaum der Automaten“ können wir finden auf Grund einer Klassifizierung oder einer *Systematik der Automaten*, deren Prinzip so allgemein sein muß, daß es auch nicht-lernende Automaten umfaßt und das ermöglichen muß, von den einfachen zu den komplizierten Automaten aufzusteigen.

---

[1] Dieser „Idealisierung“ waren sich schon die Schöpfer der klassischen Mechanik durchaus bewußt, vgl. die bezeichnende Aussage Torricellis über die „Wurfparabel“: „Und wenn dann die Kugeln von Blei, von Eisen, von Stein sich nicht jenem aufgestellten Gesetze fügen, schlimm genug für sie (suo danno), wir sagen dann, daß wir nicht von ihnen sprechen.“ (Zitiert nach H. Dingler — dort ausführlicher im Original —: Der Zusammenbruch der Wissenschaft. 2. Aufl. 1931, S. 196.)

Lernen kommt — sehen wir einmal von dem Spezialfall eines rein innerlichen Lernens ab — zustande durch eine Kommunikation des Systems mit der Umwelt. Die Beziehungen zwischen System und Umwelt sind aber nicht nur bei lebenden Systemen, sondern auch bei den verschiedenen Arten von Automaten verschieden; sie lassen sich vor allem bei diesen systematisch variieren. Diese Beziehungen wollen wir daher unserer Systematik zugrunde legen.

Durch Lernen wird ein System gegenüber den Einflüssen der Umwelt gleichsam „selbständiger". Sein „Verhalten" ist keine Wirkung einer Ursache mehr, keine Reaktion auf einen Reiz, sondern eine Antwort auf eine Situation — das System „verhält sich" zur Umwelt. Diese Selbständigkeit ist ein weiteres Moment, das bei der Systematik auch von Automaten berücksichtigt werden muß.

K. STEINBUCH hat eine Klassifizierung von Automaten vorgenommen, der etwa diese Prinzipien zugrunde liegen — wir können dieser Klassifizierung hier weitgehend folgen[1].

2. Der einfachste Automaten-Typ ist derjenige, der durch Einschalten in Gang gesetzt wird, entsprechend seiner Konstruktion abläuft und so ein genau vorherbestimmtes Verhalten zeigt, das irgendwie in die Umwelt wirkt. Das Einschalten kann, wie bei den zahlreichen Warenautomaten, durch Einwerfen einer Münze oder wie etwa bei den Rolltreppen des öffentlichen Verkehrs durch Unterbrechen eines „Licht"-Strahls oder auf viele andere Weisen geschehen. Solche Automaten sind starr — doch haben Warenautomaten insofern eine gewisse Selbständigkeit, als sie auf „falsche" Münzen nicht reagieren, also die eingeworfenen Münzen „prüfen".

Im biologischen Bereich entspricht solchen Automaten in gewissem Sinne das reine Reflexverhalten, also der sog. „Reflexbogen". Ja, man könnte mit genügender Vorsicht — der Ethologe wird wahrscheinlich eher von „Leichtsinn" sprechen — die Terminologie der Verhaltensforschung auf sie anwenden: ein „Schlüssel"-Reiz aus der Außenwelt löst eine energieverbrauchende (in der Ethologie: triebverzehrende) „Endhandlung" aus, die „artgebunden" und „angeboren" ist. Diese Parallele soll natürlich nicht besagen, die Ethologie betrachte Lebewesen wie einst DESCARTES als „Automaten" — nichts wäre falscher. Sie soll nur einen Hinweis geben auf eine mögliche Gemeinsamkeit der Verhaltens-Struktur, des Ineinander-Greifens von Auslösung, innerer „Schaltung" und Reaktion, wobei diese „innere Schaltung" etwa dem entspricht, was in der Ethologie als „angeborener Auslösemechanismus (AAM)" bezeichnet wird.

3. Der nächste Typus (Typ a bei STEINBUCH) ist der *programmierte Automat*. Die Außenwelt wirkt auf ihn in doppelter Weise ein (wenn wir einmal von dem auch hier notwendigen Einschalten absehen): sie liefert ihm die Daten, die er verarbeiten soll, d. h. der Automat enthält eine Anzahl verschiedener Möglichkeiten sozusagen „inneren Verhaltens", wie Speichern, Abrufen, Transportieren, Vergleichen, Verknüpfen usw., durch die die Inputs (Daten) verändert werden bis zum „Endverhalten" (sit venia verbo), das dann in die Umwelt wirkt. Welche dieser Verhaltensformen und in welcher Reihenfolge sie in Gang gesetzt werden, bestimmen die im „Programm"

[1] Vgl. K. STEINBUCH: Automat und Mensch. 2. Aufl. 1963, S. 194ff; sowie H. ZEMANEK: „Lernende Automaten" im Taschenbuch der Nachrichtenverarbeitung. 1962, S. 1429ff.

zusammengefaßten „Befehle“. Und das besagt: die Umwelt *steuert* das innere Verhalten des Automaten in Richtung auf ein ihr unbekanntes, aber erwünschtes — also sozusagen „erfragtes“ — Endverhalten. Dieses Steuern kann fest sein (s. S. 31f.) wie etwa bei der Festlegung der einzelnen Rechenschritte zur Lösung einer Gleichung; es kann aber auch variabel sein, indem es die Wahl eines bestimmten Verhaltens durch die eintretende Situation bedingt sein läßt: „bedingte Befehle“ (s. S. 280), wie bei der Lösung der quadratischen Gleichung, z. B. ist Diskr < 0 oder > 0? Im einen Fall muß der Automat den einen (jetzt wieder festgelegten) Weg, im anderen Falle den anderen, ebenfalls festgelegten Weg beschreiten. Die Entscheidung liegt beim Automaten.

Entsprechendes gilt für die „Schleifen“. Der Automat soll z. B. eine Funktion $y = 3x^2 + 4x + 7$ berechnen, und zwar für alle x von 0 bis 12 ($\Delta x = 0{,}1$), also für $x_0 = 0$, $x_1 = 0{,}1$; $x_2 = 0{,}2$ .... Ist ein x_i berechnet, so lautet der bedingte Befehl: $x_i < 12$?, dann zurück zum Start, jetzt alles mit x_i wiederholen; ist dann x_{i+1} berechnet, so kommt der gleiche bedingte Befehl — so lange, bis ein $x_n = 12$. Der Programmierer könnte natürlich in diesem Fall berechnen, bei welchem Schritt $x_n = 12$ auftritt, die Rechnung somit beendet ist, und könnte dies dann fest programmieren. Aber das braucht er nicht; die Feststellung, ob $x_i \leqq 12$, überläßt er dem Automaten, indem er ihm ein für allemal die Anweisung gibt, je nach Fall einen der beiden programmierten Wege zu gehen. Der programmierte oder gesteuerte Apparat vermag somit zu *entscheiden.*

Aber darf man dies ernsthaft sagen? „Entscheidet“ sich ein Wassertropfen, der an der Fensterscheibe herunterläuft, ob er geradeaus weiterläuft oder in eine von einem anderen Tropfen zurückgelassene Spur einbiegt? Die Frage betrifft das immer wieder auftauchende Problem „Automat und Lebewesen“ und muß daher erörtert werden, da sie eine neue Sicht bietet.

These: Der Automat „entscheidet“ oder „entscheidet sich“ nicht, denn er ist so konstruiert, daß beim Auftauchen einer bivalenten Situation einer der beiden fest programmierten Wege zu verfolgen ist. Was der Automat dabei „tut“ ist: er stellt z. B. fest, ob $b^2 - 4ac$ ein Minus- oder ein Plus-Zeichen hat, bzw. ob $4bc \gtreqless a^2$ ist. Hat Diskr ein Minus-Zeichen, so schaltet der Automat auf den Nebenweg um.

Auch nichtprogrammierte, z. B. frei bewegliche Körper „entscheiden“ nicht über die Fortsetzung ihres Weges. Kommt eine einen Abhang herunterrollende Kugel an eine bivalente Stelle, von der zwei verschieden steile Fortsetzungen ausgehen, so folgt sie ceteris paribus dem stärkeren Gefälle. Ein durch Sexuallockstoffe angelocktes männliches Insekt folgt dem stärkeren „negativen“ Gefälle, d. h. der zunehmenden Konzentration des Stoffes, nicht anders als eine Motte ins Licht strebt. Im weiteren Sinne kann man auch bei einem programmierten Automaten von einem Gefälle oder einem *Gradienten* sprechen: taucht in der bivalenten Situation bei der Diskriminante ein Minus-Zeichen auf, so gibt dieses dem Nebenweg größeres Gewicht. So wie die Kugel „von Natur programmiert“ ist, dem stärkeren Gefälle zu folgen, so ist der Automat programmiert, dem Minus-Zeichen zu folgen. Fassen wir diese Darstellung in einem Schlagwort zusammen, so können wir hier von einer „Gradienten-Theorie der Entscheidung“ sprechen. Was bei bloßer Beobachtung als eine „Entscheidung“ erscheint, ist in Wirklichkeit die Auswirkung verschieden starker Gradienten der verhaltensbeeinflussenden Faktoren.

Anti-These: Der Automat „entscheidet“ — er entscheidet nämlich über die Fortsetzung seines Verhaltens in einer bivalenten Situation prinzipiell genauso wie ein Lebewesen, auch wie der Mensch: auch diese folgen bei einer Entscheidung dem jeweils stärkeren Gradienten.

Diese These ist schon sehr alt, sie hat ihre bekannteste Formulierung erfahren in dem berühmten (oder berüchtigten) „asinus Buridani“, dem Esel, der zwischen zwei gleichen Heubündeln verhungern muß. „Realisten“, unter ihnen heute auch viele Naturwissenschaftler, sind meist schnell bei der Hand mit der Bemerkung: dies sei eine „typisch scholastische Denkspielerei“ ohne jeden praktischen oder theoretischen Wert. „Natürlich“ fresse der Esel — so fahren sie dann gerne fort — zunächst das eine und dann das andere Heubündel auf und zeige damit, wie unsinnig und „lebensfremd“ diese sog. „Problemstellung“ sei. Wir wollen uns mit dieser Antwort hier nicht aufhalten; überdenkt man sie ein wenig, so kann man von ihr eigentlich nur sagen, was ein für seine boshaften bonmots bekannter Greifswalder Jurist im Seminar zu erklären pflegte: „Ihre Antwort ist kurz, prägnant — aber falsch.“ Uns kommt es hier auf etwas anderes an, nämlich auf die Feststellung (oder Behauptung), daß der „asinus Buridani“ ein höchst scharfsinniges, ja sogar recht realistisches Gedankenexperiment oder, wie wir in diesem Zusammenhange sagen können, ein *Gedankenmodell* des „Entscheidens“ ist, das sehr genau auf einen zentralen Punkt des Problems führt. Deshalb sei erlaubt, hier noch einiges darüber zu sagen:

Wir wollen annehmen, daß der unbekannte Urheber[1] des Modells — ganz im Gegensatz zur Ansicht der oben genannten „Realisten“ — von der Beobachtung ausgegangen ist, daß ein Esel, der zwischen zwei (ungefähr) gleiche Heubündel gestellt war, an einem der beiden Bündel zu fressen begann. Der Esel möge am rechten Heubündel begonnen haben. Pseudo-Buridan mag dann die Frage gestellt haben: warum am rechten Bündel? Offenbar waren die beiden Bündel nicht ganz gleich. Wir abstrahieren deshalb von den möglichen vorhandenen Verschiedenheiten der Bündel, wie z. B. der Größe, der Form, Lage, ihrer Zusammensetzung, ihres

[1] Das Modell stammt wahrscheinlich nicht von JOHANN BURIDAN (14. Jahrh.); wenigstens findet es sich nicht in seinen Schriften, wohl aber eine Diskussion der „völligen Gleichheit zweier Objekte“ (omnino similis in figura, magnitudine ...), die ja mit dem Modell zusammenhängt (vgl. das Zitat bei PRANTL: Geschichte der Logik im Abendlande, Bd. IV, S. 17 [67], [Neudruck Darmstadt 1957]). Das Modell findet sich aber als Vergleich bereits bei DANTE (Il Paradiso IV, 1ff):

„Der freie Mensch wird zwischen zweien Speisen,
Gleichfern, gleichlockend, hungern und vergehen,
Eh er den Vorzug einer wird erweisen. —
So blieb ein Lamm auch zwischen Wölfen stehen,
Und zwischen gleicher Gier vor beiden bange;
So auch ein Jagdhund zwischen zweien Rehen.“

(Übersetzung von R. ZOOZMANN)

Die „Urquelle“ findet sich schließlich schon bei ARISTOTELES: de coelo II, 13, 295 b, 32.

Duftes und dgl., bis wir zwei „völlig gleiche" Heubündel in mathematisch genau symmetrischer Aufhängung haben — sie sind jetzt solo loco verschieden. Damit fällt jeder äußere Anlaß für eine Wahl oder Entscheidung fort.

Beim nächsten Schritt abstrahieren wir nun von allen inneren Unsymmetrien des „Esels", die ihn zur Bevorzugung eines der beiden Bündel veranlassen könnten: Ungleichheit seiner Sinnesorgane, Gewöhnung, eingeborene Richtungsbevorzugung, wenn man will, auch bestimmte „Motive" oder, ethologisch gesprochen, „Stimmungen", Triebe usw. Damit fallen auch die inneren Anlässe für eine Entscheidung oder Wahl fort, und übrig bleibt ein abstractum, nämlich ein völlig symmetrisches System zwischen zwei solo loco verschiedenen Umweltreizen. Als einzige Quelle für eine Entscheidung oder Wahl bleibt damit die *reine Willkür*, und eine solche — das ist die aus diesem Gedankenexperiment gefolgerte bzw. ihm zugrunde liegende These — eine solche gibt es nicht. Lebewesen, auch wir Menschen, können nur entscheiden, wenn ein Motiv, ein Drang oder Trieb, eine Ursache oder ein „Grund" diese Entscheidung *steuert*.

Daß das Modell sich auch an der Wirklichkeit bewährt, sei nur kurz erwähnt: können Menschen zwischen zwei „gleichen" Möglichkeiten sich durchaus nicht entscheiden, so schieben sie die „Entscheidung" dem Zufall zu (z. B. Kopf und Schrift bei einer Münze, oder an den Knöpfen abzählen usw.). Abergläubische Naturen haben ihre besonderen „Zeichen" — und daß religiöse Menschen in kritischen Lebenssituationen bivalenter Art die Entscheidung Gott anvertrauen, erscheint als selbstverständlich. — Die Zuweisung an den „Zufall" ist übrigens nicht ganz so kindisch, wie sie vielleicht aussieht: zugrunde liegt dem (unbewußt) ein zunächst sehr banal aussehender, aber wirksamer psychologischer „Trick": durch die Zufallsentscheidung sind die beiden Möglichkeiten jetzt nicht mehr „gleich"wertig, sondern eine von ihnen hat ein größeres (positives oder negatives) Gewicht erhalten, das eine Eigenentscheidung erneut zu versuchen erlaubt.

Was bei aller formalen Ähnlichkeit das „Entscheiden" des Menschen von dem des Automaten unterscheidet, ist wieder das *Bewußtsein*: auch wenn er dem stärkeren Gradienten folgt, weiß der Mensch, daß er wählt, daß er sich entscheidet — jedenfalls immer dann, wenn er z. B. nach Gründen entscheidet, und vor allem auch dann, wenn er für seine Entscheidung die zu erwartenden oder möglichen Folgen der Entscheidung (als Faktoren) einkalkuliert. Auch dabei folgt er dann schließlich dem stärkeren Gradienten — nur die Art des Gradienten bzw. der ihn beeinflussenden Faktoren ist beim Menschen im allgemeinen eine wesentlich andere als beim Automaten. Bei *Tieren* ist es natürlich schwieriger festzustellen, wie sie sich entscheiden, wie Wahl und Entscheidung bei ihnen zustande kommen; Aufschlüsse darüber sind von der Verhaltensforschung zu erhoffen.

Definieren wir *Entscheiden* formal als ein Verhalten, bei dem ein System angesichts mehrerer Verhaltensmöglichkeiten dem stärkeren Gradienten der es bestimmenden Faktoren folgt, so können wir formal auch dem programmierten Automaten eine gewisse Entscheidungsfähigkeit zubilligen.

4. Wir gehen zum Typ b der STEINBUCHschen Klassifikation über. Er ist ein Automat, dem „nur der Auftrag mitgeteilt wird, jedoch nicht, durch welche Einzelmaßnahmen er den Auftrag erfüllen soll. Ein Testwertgeber bietet zeitlich nacheinander verschiedene Informationen an. Der Automat setzt diese in entsprechende Ausgangsmaßnahmen (Informationen oder motorische Maßnahmen) um und beobachtet ...

die Reaktion der Außenwelt. Derjenige Testwert, welcher unter Beobachtung der Laufzeit die günstigste Reaktion der Außenwelt ergibt, wird festgehalten und bestimmt das zukünftige Verhalten des Automaten. ... Von grundsätzlicher Bedeutung ist, daß der Automat einen Optimalzustand annimmt, welchen sein Konstrukteur vorher gar nicht kannte, eventuell im Prinzip nicht berechnen kann, da ihm die ... Gesetze des Vorgangs und seine Ausgangswerte unbekannt sind"[1].

Bei diesem Automaten treten einige neue Merkmale auf: er erhält durch den Testwertgeber nicht eine ihn bestimmende Information sondern verschiedene. Auf jede dieser Informationen antwortet er in programmierter Weise, diese Antwort wirkt auf die Umwelt ein — und der Automat „beobachtet" das Ergebnis, d. h. dieses gelangt als neue Information (Erfolgsinformation) in den Automaten. Er vergleicht diese Erfolgsinformation mit den schon gewonnenen und „wählt" schließlich unter den Testwert-Informationen diejenige aus, die ihrem Erfolg nach „die beste" ist. Wir wollen dies, allerdings ganz formal und schematisch, an einem chemischen Beispiel erläutern:

Läßt man 3 Volumina Wasserstoff-Gas (H_2) und 1 Volumen Stickstoff-Gas (N_2) miteinander reagieren, so entstehen 2 Volumina Ammoniak-Gas (NH_3). Dabei wird Energie (Wärme) frei. Das ist die Grundlage der berühmten HABER-BOSCH-Synthese des Ammoniaks, die nach der chemischen Gleichung verläuft:

$$3\,H_2 + N_2 \leftrightarrows 2\,NH_3 + \text{Energie.}$$

Die beiden Pfeile besagen, daß die Reaktion nicht nur nach beiden Seiten ablaufen kann, also von rechts nach links ebenso wie von links nach rechts, sondern daß sie tatsächlich sowohl in der einen als auch in der anderen Richtung gleichzeitig abläuft: sobald etwas Ammoniak entstanden ist, zerfällt ein Teil davon wieder in H_2 und N_2. Allmählich bildet sich ein *Gleichgewichtszustand* heraus, bei dem in der Zeiteinheit genau so viel Ammoniak zerfällt, wie gebildet wird (kinetisches Gleichgewicht). Die „Lage" dieses Gleichgewichts, d. h. die Menge Ammoniak, die dann im Reaktionsgefäß vorhanden ist, hängt von der Temperatur und vom Druck ab, unter denen die Reaktion verläuft. Nach dem sog. LE CHATELIER-BRAUNschen Prinzip ist a) bei niedriger Temperatur mehr Ammoniak vorhanden als bei hoher Temperatur, da die Reaktion Wärme freisetzt, hohe Temperatur also sozusagen die Reaktion bremst; b) wir finden mehr Ammoniak bei hohem Druck als bei niedrigem, da sich das Gesamtvolumen während der Reaktion vermindert: aus (links) insgesamt 4 Vol. entstehen (rechts) 2 Vol.; deshalb weicht das System bei hohem Druck nach der Seite des kleineren Volumens aus. Optimale Bedingungen für die Ammoniak-Herstellung wären daher: niedrige Temperatur und hoher Druck. Nur besteht noch eine grundsätzliche Schwierigkeit: bei niedriger Temperatur verläuft die Reaktion unmeßbar langsam. Man muß daher in der Praxis einen Kompromiß schließen und zwei Werte für t (Temperatur) und p (Druck) finden, die eine genügend große Reaktionsgeschwindigkeit garantieren und doch zugleich genügend Ammoniak herzustellen erlauben. Dieses „Finden" ist somit eine *Optimierungsaufgabe.*

[1] K. STEINBUCH: a.a.O. S. 195.

Unser Automat soll die optimalen Werte für t und p „finden". Der programmierte Testwertgeber möge ihm eine Serie von Wertepaaren übermitteln, etwa $t_0 = 400°$ C (das ist für die Praxis die Mindesttemperatur) und $p_1 = 1$ at; $t_2 = 500°$ C, $p_1 = 1$ at usw. (s. d. Tabelle der experimentell gefundenen Werte).

Vol.% NH_3

t °C	p_1 1 at	p_2 100 at	p_3 200 at	p_4 300 at
400	0,44	25,1	36,3	47,0
500	0,129	10,4	17,6	26,5
600	0,049	4,47	8,25	13,8
800	0,0117	1,15	2,24	—
1000	0,0044	0,44	0,87	—

In der „Umwelt" sei nun eine Einrichtung angenommen, die jeweils die bei den einzelnen Gleichgewichtszuständen im Reaktionsgefäß vorhandenen Ammoniak-Mengen festzustellen erlaubt, und die dann die gefundenen Zahlenwerte (s. Tabelle) in den Automaten eingibt. Probiert der Automat zunächst die Spalte t_i, p_1 durch, so ergibt ein Vergleich als Optimalwert t_1, p_1. Durchprobieren der zweiten Spalte führt zu t_1, p_2 als „besserem" Optimalwert -- bis schließlich t_1, p_4 (400°, 300 at) als Gesamt-Optimalwert ermittelt wäre. Nun soll der Außenapparat aber auch die Reaktionsgeschwindigkeit bestimmen und als Information eingeben können. Dann erweist sich der gefundene Optimalwert wegen der niedrigen Temperatur als zu langsam. Der Automat muß weiterprobieren, bis er bei $t_2 = 500°$ und $p_4 = 300$ at den unter den gegebenen Bedingungen optimalen Wert „gefunden" hat. Mit diesen Werten wird er dann weiterarbeiten, also die Ammoniak-Produktion steuern (es sind die Werte, die in der technischen Praxis verwendet werden).

Ein Beobachter dieses Verhaltens wird sagen können, daß der Automat „probiert" und dabei „lernt", welches die günstigsten Bedingungen für die Reaktion sind. Nur ist dieses Probieren über den Testwertgeber gesteuert, anders ausgedrückt: was der Automat probiert, ist programmiert. Dabei soll der Programmierer natürlich die obige Tabelle nicht kennen; er gibt nur die ihm geeignet erscheinenden Paare von t- und p-Werten ein, die der Automat dann ausprobiert. Der Programmierer könnte die t-Werte und die p-Werte aber auch getrennt eingeben, und der Testwertgeber kombinierte sie dann nach irgendeinem Zufallsmechanismus; der Vorgang des Optimierens verliefe prinzipiell in der gleichen Weise: durch „Probieren" findet der Automat die optimale Kombination und verwendet nur diese.

Schließlich können wir dem Automaten noch einen *Erfahrungs-Speicher* geben, in dem er die Kombinationen und die Erfolgs-Werte speichert und aus dem er sie jeweils vor einer neuen Probe abruft und mit den neuen Testwerten vergleicht. So könnte er z. B. nach Beendigung der zweiten Proben-Serie feststellen, daß es zwecklos ist, t zu erhöhen, daß zunächst ein Variieren von p genügt — bis er die Information über die Reaktionsgeschwindigkeit jetzt als Testwert mitverwendet und dann wieder auch t variieren muß.

5. Der so probierende Automat hat aber eine recht bedenkliche Eigenschaft: er lernt, wie das „gebrannte Kind", nur **durch** Erfahrung, genauer gesagt: **nachdem** er die Erfahrung gemacht hat. Unser Automat könnte daher, bei selbständiger Kombination aller Möglichkeiten, zu Paarungen von t- und p-Werten kommen, die gefährlich sind und bei deren Anwendung schon beim Ausprobieren das Reaktionsgefäß in die Luft fliegt. Sein „Lernen" käme dann sozusagen zu spät, bzw. es wäre zumindest sehr kostspielig und gefährlich.

Dies führt uns zum nächsten Automaten-Typus, dem *Automaten mit Modell der Umwelt* (Typ c bei STEINBUCH).

Dafür zunächst ein Beispiel:

Vor einigen Jahren wurde in England ein *automatischer Elektrokarren* für Industriebetriebe entwickelt, der programmiert selbständig durch den Betrieb fährt und seine Ladung an vorherbestimmten Stellen abliefert. Seine Fahrwege sind durch weiße Markierungslinien auf den schwarzen Fabrikstraßen festgelegt, und zwar mit verschiedenen Abzweigungen zu den verschiedenen Einzelbetrieben, Werkhallen, Werkstätten usw. Ein Sucherkopf, der im Gerät auf einer Spindel quer zur Fahrtrichtung hin und her wandert, tastet die Markierungslinie ständig ab und gibt durch entsprechende Impulse die nötige Information an die Steuergeräte, so daß der Karren die Markierungslinien entlangfährt (etwa wie ein Radfahrer langsam eine „gerade Strecke" fährt). 7 Steuerbefehle werden eingegeben: vorwärts, rückwärts, langsam, warten, rechts einbiegen, links einbiegen und Halt. Auf einer Schalttafel wird der gewünschte Weg eingestellt, etwa so, wie ein nach einem Wege Fragender belehrt wird: z. B. zweite Abzweigung rechts, dann geradeaus bis zur ersten Abzweigung links, dort einbiegen usw. Treten dem Karren Hindernisse in den Weg, so wird von diesen das Licht eines vorn eingebauten Scheinwerfers (für besondere Fälle ist auch hinten ein solcher Scheinwerfer eingebaut) so auf eine Fotozelle reflektiert, daß die Haltevorrichtung und zugleich Warnsignale in Gang gesetzt werden. Nach 2 Minuten erzwungenen Wartens gibt der Karren automatisch Störsignale, er „schreit um Hilfe".

Das ist ein fest programmierter **beweglicher** Automat, also nichts wesentlich Neues gegenüber den schon besprochenen Typen. Wir wollen ihn jetzt etwas verändern. Wir fragen nämlich: bedarf es eigentlich der Markierungslinien auf den Straßen?

Der neue Automat möge in seinem Inneren ein „Modell" des Fabrik-Straßennetzes enthalten, z. B. einen aus Metall aufgedruckten oder aufgedampften Wegeplan der Fabrik. Der Sucherkopf tastet jetzt in gleicher Weise suchend über der Straßenlinie im Modell und steuert somit den Automaten, sozusagen in „Blindfahrt", zusammen mit den eingegebenen Wegebefehlen zum Zielort. Notwendig ist nur, daß das Modell maßstabgetreu ist und die Fahrtgeschwindigkeit ebenfalls maßstabgetreu auf die Geschwindigkeit des Suchkopfes im Modell übertragen wird. Alles andere bleibt unverändert; auch in der Blindfahrt stoppt der Karren vor Hindernissen und gibt Alarm, wenn er nicht weiter kann.

Können wir dies auch auf den probierenden Automaten bei der Steuerung der Ammoniak-Herstellung übertragen? Der Automat müßte dann zunächst „am Modell probieren"; die Gefährdung der Anlage durch Fehlsteuerung wäre damit behoben. Dieser Automat müßte allerdings selbständiger sein als der Elektrokarren mit innerem Modell, denn dieser ist ja am Modell fest programmiert, während unser Automat eine optimale Kombination von Werten durch Probieren finden soll. Wie ist das möglich?

Da wir hier ja immer noch von möglichen Automaten sprechen, um das Prinzipielle ihrer Konstruktion und ihres Verhaltens zu verstehen, wollen wir die folgende Annahme machen:

Die bei der Reaktion im Gleichgewicht vorhandene Ammoniak-Menge (X) ist ja eine Funktion von Temperatur (t), Druck (p) und Reaktionsgeschwindigkeit (v), also:

$$X = f(t, p, v).$$

Wir setzen nun voraus, es gäbe eine explizite mathematische Formel, die diese Funktion darstellt, in der t, p und v als Variable auftreten. Diese Formel geben wir dem Automaten ein, und dieser berechnet — als Rechengerät — den Wert von X für alle vom Testwertgeber kommenden Werte für die drei Variablen. Die gefundenen Ergebnisse speichert er jeweils — und vergleicht sie miteinander so lange, bis er den Optimalwert gefunden hat. Diesen — und nur diesen gibt er dann nach außen an das Reaktionssystem als Steuerbefehl ab. Das „Probieren" ist im Prinzip der gleiche Vorgang wie oben, nur die Maßnahmen sind hier andere: der Automat probiert nicht am realen Reaktionssystem, sondern am „mathematischen Modell" der Reaktion.

6. Wir können aber noch einen Schritt weitergehen. Bisher betrachteten wir Automaten mit fest eingegebenem Modell der Umwelt, jetzt möge der Automat so konstruiert sein, daß er sich dieses „Modell der Umwelt" selbst herstellt. An diesem Modell wird er dann probieren und lernen, bis er das optimale Verhaltensschema gefunden hat (dieser Automat entspricht Typ d bei STEINBUCH). Wir wollen diesen Typus wieder an einem Beispiel, einem Gedankenversuch besprechen, und zwar abermals an unserem Elektrokarren. Um die Veranschaulichung recht drastisch zu machen, möge es sich um ein Ausstellungsobjekt handeln, bei dem die verblüffende Wirkung wichtiger ist als der ökonomische Nutzeffekt. So möge der Karren ein Eingabegerät erhalten, das auf gesprochene Worte anspricht — und zusätzlich noch eine Einrichtung zur „Herstellung des Modells".

Da in vielen Fabriken die Gebäude durch große Buchstaben und Zahlen gekennzeichnet sind, soll dem Automaten für seinen Weg nur die Adresse des Gebäudes gegeben werden, etwa in der Form:

„Gehe nach C 4!"

Der Automat kennt den Weg nach C 4 noch nicht, er muß ihn sich durch Probieren suchen, soll dann das Ergebnis im Modell festhalten und später durch Probieren am Modell den schnellsten und kürzesten Weg nach C 4 finden.

In einer stark vereinfachten Darstellung mag dies so aussehen:

Der Automat läuft die Hauptstraße entlang, bis ihm sein Außensucher (sein „Sinnesorgan") mitteilt, daß rechts eine Abzweigung ist. In diese biegt er ein. Dabei zeichnet er während der Fahrt ständig auf einer Wegekarte im Modellgerät maßstabgetreu eine Markierungslinie auf, die genau dem durchlaufenen Wege bzw. der Markierungslinie auf der Straße (im früheren Versuch) entspricht. Der erste Seitenweg sei eine Sackgasse. Der Automat läuft sie bis zum Ende — dort stoppt er. Er möge nun von außen, etwa durch einen Menschen, ,,belehrt" werden, daß er falsch gelaufen ist (Schalter für ,,falsch" z. B.). Er kehrt zur Hauptstraße um. Da der Stift auch den Rückweg aufzeichnet, enthält dieser Seitenweg jetzt zwei Markierungslinien. Weiter geht es die Hauptstraße bis zur nächsten Abzweigung. Stets werden Fehlwege als solche gekennzeichnet: durch zwei Linien. Schließlich gelangt er richtig nach C 4, erhält dort das Signal ,,richtig" und wird zum Startpunkt zurückgeschickt.

Damit ist die ,,Lernphase" beendet — auf der Modelltafel ist der Weg (Suchweg) aufgezeichnet, und zwar derart, daß alle ,,falschen" Wege zwei Markierungslinien enthalten, der richtige aber nur eine Linie. Jetzt soll der Automat erneut nach C 4 laufen. Er bleibt zunächst stehen — für einen Beobachter mag es aussehen, als ,,überlege" er, welchen Weg er einschlagen soll. Tatsächlich prüft er jetzt genau wie oben seinen Weg am Modell, wobei der Suchkopf im Innern über die Markierungslinien tastet. Sobald er eine Doppellinie antrifft, kehrt er um bis zu einer einfachen Linie, tastet diese entlang — bis er das Ziel gefunden hat. Dabei schaltet er jeweils

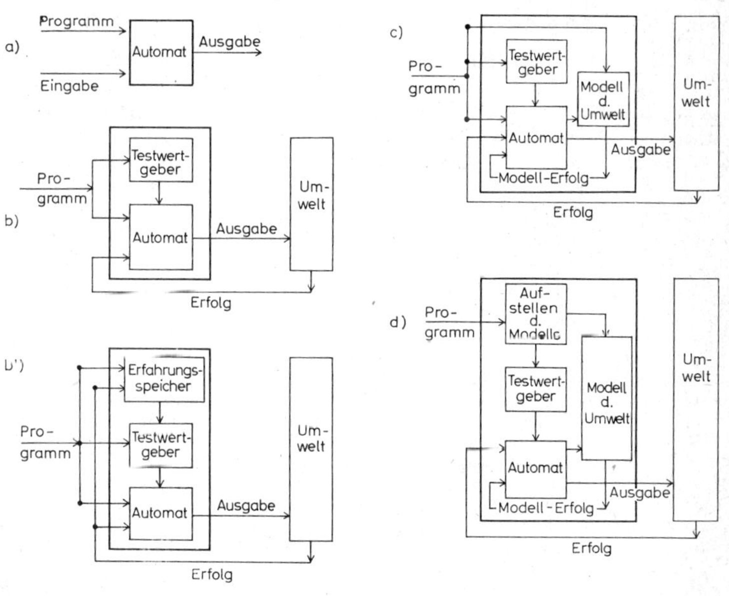

Abb. 118

die nötigen Steuerschaltungen ein. Ist dies Probieren beendet, startet der Automat und läuft ohne Fehler direkt zum Ziel[1].

Wie gesagt — diese Darstellung ist bewußt vereinfacht. Eine technische Realisierung eines derartigen Automaten — natürlich mit geeigneteren technischen Mitteln — werden wir im nächsten Kapitel kennenlernen.

7. Wir wollen jetzt noch einmal die verschiedenen Arten von Automaten zusammenstellen, und zwar in Form von Diagrammen (s. Abb. 118). Wir verbinden sie dabei mit den obengenannten Arten und Formen des *Lernens* (nach H. Zemanek[2]):

Automaten	*Lernen*
a) Programmgesteuert	a) durch Speichern
a') dasselbe, aber mit bedingten Befehlen	a') durch Konditionierung
b) probierende	b) durch „trial and error"
b') dasselbe mit Erfahrungsspeicher	b') dasselbe mit Optimierung
c) mit festem Modell der Umwelt	c) durch Nachahmung
d) mit erlerntem Modell der Umwelt	d) wie c) + trial and error

Daß es sich bei diesen verschiedenen möglichen Automaten nicht nur um Spielereien am Schreibtisch handelt, beweisen verschiedene, real konstruierte „Lernende Automaten". Einige von ihnen wollen wir im nächsten Kapitel besprechen.

5.2.3.2. *Beispiele realer Lernmodelle*

Für Menschen mit konstruktiver Phantasie und manueller Geschicklichkeit ist es zu allen Zeiten eine reizvolle Aufgabe gewesen, Mechanismen zu ersinnen und zu konstruieren, die einzelne, oft sehr differenzierte Leistungen lebender Organismen nachahmen. Berühmte, da besonders gelungene Beispiele sind etwa Vaucansons „Flötenspieler" und „Mandolinenspielerin" (um 1740), sowie der schreibende und zeichnende Knabe des Uhrmachers Pierre Jaquet-Droz (1760) (Abb. 119). Die Konstrukteure dieser Mechanismen bemühten sich, ihre Gebilde auch äußerlich den betr. Lebewesen, die sie nachahmen sollten, möglichst ähnlich zu machen. Der Zweck dieser Spielzeuge war letztlich zu verblüffen: gerade weil es Puppen waren, gerade weil sie von lebenden Wesen in allem verschieden waren, im Material wie in den „Mechanismen" und auch in der Energiequelle, mußte es verblüffen, daß sie so ähnliche Leistungen vollbrachten. In scherzhafter Übertreibung nannte man der-

[1] K. J. Groffmann sieht in der Vorstellungsfähigkeit und Vorstellungstätigkeit — und sie ist beim Menschen eine Grundlage für das Planen, Entscheiden usw. am Inneren Modell — „das wesentliche anthropologische Unterscheidungskriterium zwischen Mensch und Tier"; und illustriert dies u.a. durch die Tatsache, daß in Labyrinthversuchen (s. u. S. 318 ff) „Ratten die Bewegungen, die wir Menschen durch planvolle Koordination von Wahrnehmungen und Vorstellungen ersetzen, wirklich im Laufen ausführen müssen": „Die Intelligenz als psychodynamische Funktion" in: Dialektik und Dynamik der Person — Festschrift f. Robert Heiss zum 60. Geburtstag, 1963, S. 46ff. — Ein am inneren Modell probierender oder gar dieses Modell selbst herstellender Automat wäre damit „menschenähnlicher" als alle Tiere.

[2] H. Zemanek: „Lernende Automaten" in: Handbuch der Nachrichtenverarbeitung. 1962, S. 1432.

Abb. 119

artige „menschenähnliche" Mechanismen *Androide*. In der jüngsten Vergangenheit sind solche Androide, mit modernen und viel wirkungsvolleren physikalischen und technischen Mitteln ausgerüstet, wieder erstanden; sie heißen heute *Roboter* (robots). Auch einige dieser Konstruktionen wurden als Ausstellungsobjekte gezeigt, wie z. B. noch vor wenigen Jahrzehnten der „Mr. Ohm Kilowatt" des Amerikaners EARL KENT, der auf zugeflüsterte Worte reagierte — und antwortete[1].

Inzwischen sind die Roboter dem Spielalter entwachsen und haben ernsthaftere Aufgaben zu erfüllen. Sie machen ihrem Namen, der mit dem russischen rabota = Arbeit, speziell Arbeitsleistung einer Maschine, zusammenhängt, jetzt Ehre: sie sind arbeitende *Maschinen*, die Aufgaben zu erfüllen haben, die entweder menschliche Arbeit ersetzen oder die menschlicher Arbeitsfähigkeit nicht erreichbar sind[2].

Die *kybernetischen Modelle* unterscheiden sich zunächst äußerlich von den Androiden dadurch, daß sie — mit wenigen Ausnahmen — auf jede äußere Ähnlichkeit mit lebenden Organismen verzichten. Sie sind nicht Ausstellungsobjekte, auch keine Arbeit leistenden Maschinen, sondern sind ihrem Sinn und Zweck nach Forschungsmittel und Forschungsobjekte.

Wir haben im Laufe dieses Buches mehrfach über Sinn und Wert derartiger Modelle gesprochen — wir können das Gesagte hier noch einmal knapper und zugleich exakter formulieren:

Die Voraussetzung für alle Modelle und Automaten, die „geistige" Vorgänge wie Lernen, Denken usw. simulieren sollen, ist die Tatsache, daß *Schaltalgebra* und *formale Logik* in gleichem Maße Interpretationen der formalen *Systemtheorie* sind,

[1] Vgl. R. GERWIN: a.a.O. S. 82f.

[2] Die „Roboter" wurden schon früh beliebte Themen mehr oder weniger phantasievoller Zukunftsromane (der Vorläufer der heutigen Science Fiction); bald aber wurden sie auch Gegenstand düsterer und ahnungsvoller Zukunftsvisionen. So lief in den 20er Jahren in einem Berliner Theater ein Schauspiel des Tschechen CAREL ČAPEK mit dem Titel: „W.U.R." (= Workman's Universal Roboter), das eine Revolution der zu Millionen produzierten Roboter gegen die Menschen schildert: sie töten alle Menschen bis auf den Ingenieur, nach dessen Plänen sie hergestellt wurden. Auf dieses Theaterstück hat man übrigens die Anwendung des Namens „Roboter" zurückgeführt.

und das bedeutet, daß man mit elektrischen Mitteln logische Schaltungen herstellen kann. Vom Standpunkt der Kybernetik aus besagt dies: deshalb können, ja müssen derartige Modelle sich auch so verhalten wie Wesen, deren Verhalten durch „logische" Prinzipien bestimmt sind, d. h. sie müssen lernen, sie müssen bei genügender Vollkommenheit auch denken können, wobei dann — wenn sie wirklich Forschungsobjekte sind und man auf jeden „Androidismus" (sit venia verbo) verzichtet — „Lernen" und „Denken" der Automaten dem menschlichen Lernen und Denken genau so ähnlich sind — nicht mehr, aber auch nicht weniger — wie Schaltalgebra und Logik einander entsprechen: sie besitzen die gleichen formalen Strukturen, und erzielen daher „formal" die gleichen bzw. ähnliche Leistungen —; ähnliche Leistungen, solange ihnen die Kompliziertheit und Vollkommenheit der Lebewesen fehlt (s. auch S. 343ff).

Dieser notwendige Mangel an Kompliziertheit und Vollkommenheit — elektronische Rechengeräte haben etwa 10^4–10^5 Schaltelemente, das menschliche Nervennetz aber rund 10^{10} — macht es notwendig, sich bei der Konstruktion z. B. lernender Automaten zu entscheiden. Grundsätzlich sind zwei Wege zur Lösung der Aufgabe möglich (A. L. SAMUEL[1]): man kann versuchen, ein Schaltnetz aufzubauen, das sozusagen durch „trial and error" oder durch „Belohnung und Strafe" lernt, wobei die Schaltverbindungen auf Grund der Erfahrung entstehen (z. B. die Lernmatrix). Das führt zu einem allgemein lernenden Modell (general purpose learning machine) — ist aber eine äußerst schwierige, wenn heute überhaupt generell lösbare Aufgabe. Oder man programmiert das Lernen des Modells für bestimmte Aufgaben; das führt zu Modellen mit relativ hoher, aber spezieller Lernleistung.

1. „Elmer", „Elsie" und „Cora":

Unter den kybernetischen Verhaltens-Modellen sollen an erster Stelle die drei Modelle von W. GREY WALTER besprochen werden, die ihr Urheber scherzhaft „Elmer", „Elsie" und „Cora" getauft hat. „Elmer" bedeutet: *el*ectro*me*chanical *r*obot; „Elsie": *e*lectro *l*ight *s*ensitive with *i*nternal and *e*xternal stability; und „Cora" *co*nditioned *r*eflex *a*nalogue. In einer der biologischen Terminologie angenäherten Namengebung bezeichnet WALTER die beiden ersten auch als Machina speculatrix (genauer müßte man eigentlich sagen: M. speculatrix walteri; wir kürzen hier ab als M. sp.) und den Cora-Komplex als Machina docilis (hier abgekürzt M. d.). Wegen ihres Aussehens hat man diese Modelle populär auch „Schildkröten" genannt, im Unterschied etwa zu WIENER-WIESNERS „Motte" und „Wanze", die ihre Namen auf Grund ihres positiven bzw. negativen Phototropismus erhalten haben.

„Elmer" und „Elsie" sind noch keine „lernenden" Modelle, sondern sind Gebilde, die auf Grund ihrer Konstruktion sozusagen „frei herumsuchen" (daher „speculatrix"). Sie haben ein Laufwerk, das sie vorwärts, rückwärts und im Kreise herumkriechen läßt und das durch geeignete Steuermechanismen auch Bewegungen mit einer seitlichen Komponente ermöglicht. Als Energiequelle haben sie eine kleine

---

[1] A. L. SAMUEL: „Some Studies in Machine Learning Using the Game of Checkers" in: Lernende Automaten. München 1961, S. 156.

elektrische Batterie, und sie besitzen zwei „Sinnesorgane" (ursprünglich, später kommt noch ein drittes dazu): eine Fotozelle und einen Berührungskontakt[1].

Das Modell wird im Dunklen in Gang gesetzt und wandert nun „suchend" umher, je nach der Steuerung im Zickzack oder in Kreisbewegungen. Durch diese unregelmäßige Bewegung wird die Fotozelle ständig in eine andere Richtung eingestellt (aktiv gesprochen: das Modell tastet mit seinem Auge die Umgebung ab), bis sie von einem Lichtsignal getroffen wird. Dieses Signal veranlaßt eine Umstellung der Steuerung: das Modell strebt jetzt dem Licht zu (sozusagen: positiver Phototropismus). Aber es nähert sich der Lichtquelle nur bis auf eine bestimmte kurze Entfernung: überschreitet die Intensität des Signals einen bestimmten Schwellenwert, so schaltet ein Relais — das Modell bleibt stehen und strebt dann wieder vom Licht fort.

Stellt man nun vor M. sp. in gleicher Entfernung zwei gleich starke Lichtquellen, so findet sich das Modell in der Situation von „Buridans Esel" oder von Dantes Mann „intra due cibi" (s. S. 305). Es umgeht nun aber nicht das „Dilemma", wie Walter schreibt, sondern realisiert eigentlich das Gedankenmodell: es strebt zunächst der einen Lichtquelle zu (welcher?, weshalb dieser?), wird dann, wenn es ihr genügend nahegekommen ist, abgestoßen, wird von der anderen angezogen, wandert zu dieser hin, wird auch dort abgestoßen — und pendelt gleichsam zwischen den beiden Quellen hin und her, ohne je eine von ihnen zu erreichen: es kann sich nicht „entscheiden".

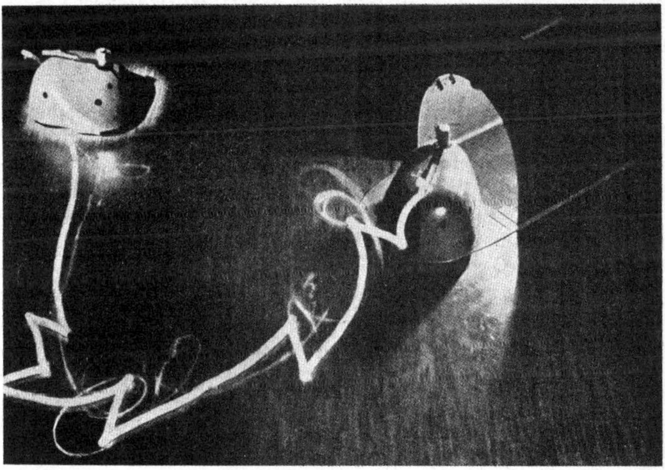

Abb. 120

[1] Eine genaue Schilderung des Verhaltens von M. speculatrix gibt Walter in seinem Buch „Das lebende Gehirn". 1961, S. 138–144; technische Einzelheiten dort auf S. 299ff.

Stößt M. sp. einmal gegen ein Hindernis, so läßt der Berührungskontakt sie zurückweichen. Sie dringt dann bald erneut vor, aber mit einer seitlichen Komponente der Bewegungsrichtung; stößt abermals an, weicht wieder zurück — erneut vor und so fort, bis sie an das Ende des Hindernisses gekommen und der Weg für sie frei ist: M. sp. vermag also Hindernisse zu „umgehen".

Ist die Batterie allmählich schwächer geworden und droht zu versiegen, so nimmt die Empfindlichkeit des Fotoverstärkers zu: M. sp. reagiert jetzt auch auf schwächere Lichtreize, z. B. auf ein Licht, das im Hintergrund seiner „Höhle" leuchtet. Von ihm angezogen, „strebt" M. sp. „heimwärts" (s. Abb. 120), gelangt so in die Höhle und kommt dadurch automatisch mit dem Ladegerät in Kontakt. Die Batterie wird aufgeladen, die Reaktion wird damit wieder normal — und M. sp. verläßt die Höhle, geht sozusagen auf neue Abenteuer aus.

Wenn also M. sp. auch noch nicht lernt, so zeigt sie doch einige unvorhergesehene Verhaltensweisen. Walter hat sein Modell „am Kopf" mit einer kleinen Taschenlampenbirne versehen, die automatisch erlischt, sobald die Fotozelle ein Lichtsignal erhält, und die bei Aufhören dieses Reizes wieder leuchtet. Diese Lampe sollte eigentlich nur zur Kontrolle dienen, ob die innere Schaltung von M. sp. funktioniert. Die erste Überraschung brachte das Modell seinem Urheber, als er es vor einen Spiegel stellte: das von der kleinen Birne ausgestrahlte Licht wurde vom Spiegel auf die Fotozelle reflektiert und setzte die (+)-phototrope Reaktion in Gang: das Modell begann auf sein Spiegelbild zuzuwandern. Doch inzwischen war, infolge der Reizung der Fotozelle, die „Kopflampe" erloschen, damit hörte der Lichtreiz auf, und das Modell blieb stehen. Dadurch leuchtete aber wieder die Kopflampe, wieder Hinstreben zum Licht, wieder Aufhören des Reizes usf. „Daher zögert das Geschöpf", schreibt Walter, „vor einem Spiegel und flattert und zittert und trippelt wie ein Narziß."

Begegnen zwei M. sp. einander, so ist das Kopflicht jeder einzelnen ein Lichtreiz für die andere: sie streben aufeinander zu. Dabei erlöschen dann beide Kopflampen, die Modelle verharren — die Lämpchen leuchten auf, erneutes Zueinander usw.

Man kann sagen, daß bei diesen noch recht spielerischen Versuchen zwar nicht die Modelle „lernen", wohl aber der Experimentierende: die Modelle „lehren" ihn, worauf er bei seinen Voraussichten und Voraussagen ihres Verhaltens hätte achten müssen, d. h. sie zwingen ihn zu gründlicherer Verhaltensanalyse und zu einer umfassenderen Berücksichtigung der Verhaltensmöglichkeiten. Sie leisten damit eigentlich genau wie jedes andere Experiment, also auch die Verhaltensbeobachtung eines lebenden Wesens, ihren „wissenschaftlichen" Beitrag.

Eine bedingte Reaktion auszubilden, also in einfacher Form zu „lernen", vermag erst „Cora", ein Schaltkreis, der eine technische Verwirklichung der früher (S. 247ff) besprochenen System-Modelle ist. Durch Kombination der M. sp. mit diesem Schaltkreis entsteht die M. docilis[1]. Sie lernt — nach etwa 20 Versuchen in der „Lernphase", wie man auch hier sagen kann — einen Pfeifton (M.d. hat also auch ein akustisches „Sinnesorgan") mit dem Lichtreiz zu assoziieren, so daß man sie dann aus ihrer Höhle „herauspfeifen" kann.

[1] Genaue Schilderung bei Walter: a.a.O. S. 193ff bzw. 304ff.

Die Bedingte Reaktion bedarf, einmal ausgebildet, im allgemeinen der Verstärkung (reinforcement): nach Erklingen der Glocke muß PAWLOWS Hund seine Nahrung erhalten, sonst klingt die Bedingte Reaktion schnell — allerdings nicht völlig — ab. Das gleiche zeigt sich bei M. docilis: hat sie gelernt, auf den Pfeifton zu reagieren, so schwindet dies Gelernte bald, wenn ihr nicht dann auch ein Licht gezeigt wird.

Auch hier bot M.d. aber eine unerwartete Reaktion, als WALTER im nächsten Schritt Pfeifton und Berührung miteinander assoziierte. Zunächst reagierte das Modell auf den Ton so, als wäre es gegen ein Hindernis gestoßen. Diese Reaktion bedarf nun aber keiner Verstärkung durch eine wirkliche Berührung, sondern sie wird gleichsam „innerlich" verstärkt. Die Abwehrreaktion auf Berührung ist nämlich mit einem Rückkopplungskreis kombiniert, der verhindern soll, daß während der Berührung und der darauf folgenden Reaktion Lichtsignale wirksam werden können. Auch bei der durch Pfeifen erzeugten bedingten Rückweichreaktion vor dem Pseudo-Hindernis tritt diese Rückkopplung in Aktion — und dies wirkt jetzt als Verstärkung der bedingten Reaktion. WALTER kommentiert das Verhalten bei Berührung als „Verteidigungsreflex" und schreibt dazu: „Der Verteidigungsreflex erfordert keine spezifische Verstärkung — genau wie bei den Tieren und wie bei uns selbst"; er gibt aber zu, „man hätte dies voraussehen können, aber das war nicht geschehen".

Zum Abschluß seien die logische Schaltung sowie das Flußdiagramm der M. docilis hier wiedergegeben (s. Abb. 121). Die beiden Abbildungen erläutern sich gegenseitig, so daß wir hier nicht näher darauf einzugehen brauchen. Man erkennt

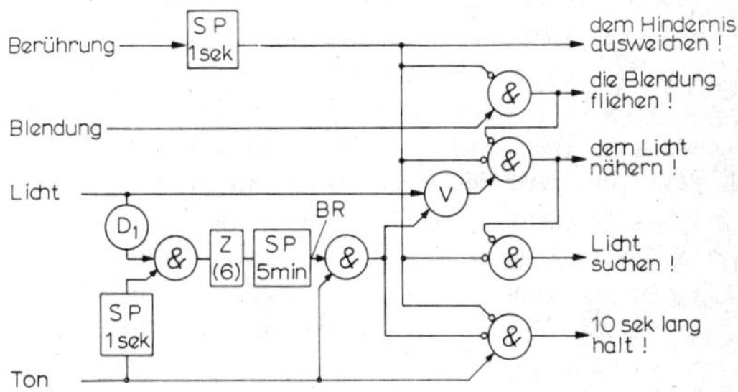

Abb. 121a

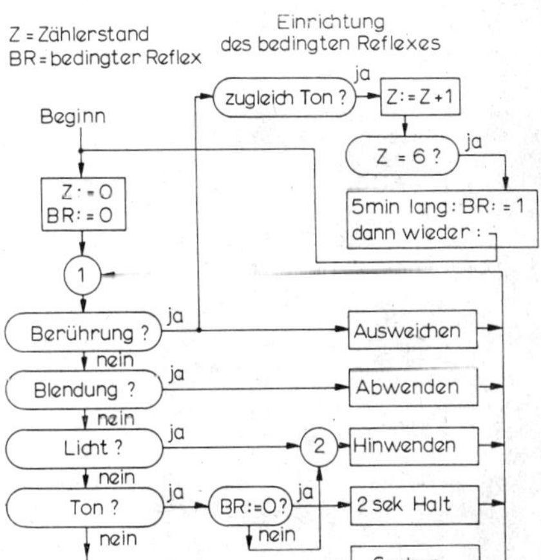

Abb. 121b

im unteren linken Teil des logischen Schemas eine Variante des System-Modells von S. 248; Sp = Speicher, BR = Bedingte Reaktion. Z ist ein Zählwerk, das etwa dem Schieberegister (in Abb. 81, S. 249) entspricht; D_1 ist ein sog. ,,Differentiier"-Glied oder eine entsprechende logische Schaltung, die den Einsatz bzw. das Ende des Signals programmieren läßt: wird z. B. eine unregelmäßige Folge von Einsen und Nullen im Binärcode in zeitlicher Folge eingegeben, so markiert D_1 nur die jeweils erste ,,1" einer Gruppe (entsprechend D_0 das erste oder erneute Auftauchen einer ,,0").

2. Die Maus im Labyrinth:

Irrgarten-Lernen (maze-learning), also Versuche, bei denen Lebewesen ihren Weg durch ein Labyrinth finden müssen, ist ein in der Verhaltenspsychologie viel benutztes Verfahren. Es gibt verschiedene Arten von Labyrinthen, angefangen vom einfachen T-Labyrinth, bei dem das Versuchstier an der Wegegabelung eine rechts-links-Entscheidung zu treffen und zu lernen hat, über zickzackförmige Labyrinthe mit ,,blinden" Seitenwegen bis zu den komplizierten Formen, die man auch als ,,Hampton Court-Labyrinthe" bezeichnet, da der erste, der sie in der Wissenschaft anwendete, W. S. SMALL (1899), sein Modell dem von König WILLIAM III. von England im Park des Schlosses Hampton Court zur Belustigung seiner Gäste errichteten Labyrinth (um 1700) nachgebildet hatte. Das Problem ist stets das gleiche, wie wir es ja wohl von ähnlichen Garten-Labyrinthen her selbst kennen: wie findet man bei den vielen ,,blinden" oder in sich zurücklaufenden Wegen, Seitenwegen, Sackgassen usw. den richtigen Weg zum Ziel bzw. zum Ausgang zurück? Als Lern-Objekt ist das Labyrinth geeignet, wenn man in das ,,Ziel" irgendeine Belohnung legt, und die Versuchstiere bei aufeinanderfolgenden Versuchen von Mal zu Mal weniger Zeit benötigen und kürzere Wege finden. Man kann dann die Zahl der Wiederholungen bis zum ,,zügigen" Erreichen des Ziels als Maß für das ,,Lernen durch den Erfolg" bewerten.

Abb. 122

1951 konnte SHANNON ein mechanisches Modell einer ,,Maus im Labyrinth" vorführen (s. Abb. 122). Es besteht aus 25 = 5 × 5 Feldern, deren Zwischenwände sich beliebig verändern lassen. Die ,,Maus" war ein Versuchskörper auf Rädern, der mit einem ,,Fühler" versehen war, so daß er auf Berührung der Wände bei Fehlwegen reagierte. Angetrieben wurde der Versuchskörper durch zwei Motoren — die ganze Antriebs- und Steuermechanik liegt unter der Labyrinthtafel. Der eine Motor verleiht dem Probekörper eine ,,Ost-West"-, der andere eine ,,Nord-Süd"-Bewegung. Befindet sich der Probekörper auf einem der 25 Versuchsfelder, so hat er 4 Fortschreitungsmöglichkeiten, zwischen denen er „wählen" muß. Gespeichert wird im Gerät diejenige Richtung, in der der Probekörper das vorhergehende Feld verlassen hat. Stößt er beim Fortschreiten in einer der vier Richtungen gegen eine Wand, so kehrt er zur letzten Verzweigungsstelle zurück und versucht eine andere mögliche Richtung. Dies setzt sich fort, bis er endlich im Ziel angelangt ist. Dann sind zugleich die Folgen für das „richtige" Wählen gespeichert. Im übrigen ist die Gesamtzahl der Entscheidungen bzw. der Fortschreitungsschritte des Probekörpers auf 25 begrenzt. Ist sie überschritten, so wird das Programm abgebrochen und anders fortgesetzt. Damit wird vermieden, daß der Probekörper etwa in einen Kreisweg gerät und diesen immer wieder durchläuft.

Eine interessante Variante der SHANNONschen „Maus im Labyrinth" wurde 1960 von R. EIER und H. ZEMANEK an der Wiener Technischen Hochschule entwickelt[1]. Sie ist interessant besonders deswegen, weil sie — natürlich in modern modifizierter Form — das älteste Prinzip einer Orientierung im Labyrinth verwendet: den „Ariadne-Faden" der griechischen Sage. Nach dieser Sage drang Theseus mit Hilfe eines Wollknäuels, das ihm Ariadne gegeben, in den labyrinthischen Palast ein, in dessen Mitte der Minotaurus hauste. Er fand das Zentrum, tötete das Untier und gelangte, wieder mit Hilfe des ausgelegten Fadens, heil aus dem Labyrinth heraus.

Einen solchen Ariadne-Faden verwendete auch der Elektrokarren (S. 310f), der sich den Weg durch die Straßen der Fabrik zu seinem Ziele suchte; nur legte er den Faden nicht real aus, sondern zeichnete ihn in das „innere Modell" ein.

Für das Labyrinth-Modell muß dieser einfache Vorgang nun logisch analysiert, codiert und entsprechend ins Technische übersetzt werden. Man wird zunächst unterscheiden:

a) Wege, die noch nicht begangen wurden;
b) Wege, die zum „richtigen", zum Lösungsweg gehören;
c) Sackgassen, die bereits erfolglos begangen wurden;
d) Kreiswege.

Wendet man einen Ariadne-Faden an, so sind diese Wege folgendermaßen gekennzeichnet:

a) kein Faden
b) ein Faden;
c) zwei Fäden, einer, der hinein-, und einer, der herausführt;
d) der Probekörper kommt auf seinem Wege an einen Punkt, an dem sich drei Fäden treffen würden, wenn er weitergeht (s. Abb. 123).

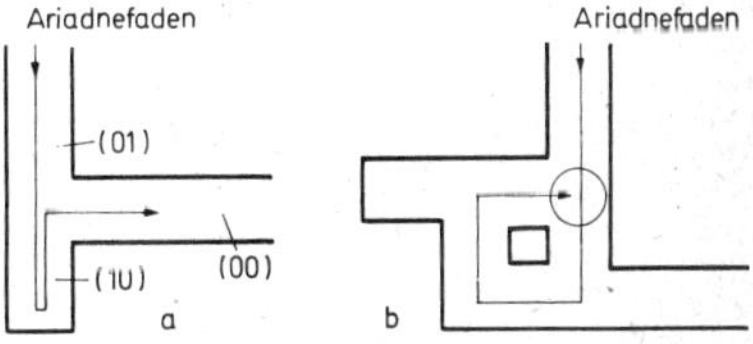

Abb. 123

[1] Vgl. R. EIER: „Ein Labyrinth-Modell" in: Lernende Automaten. München 1961. S. 206 ff, s. a. W. GÖRKE: „Einige Beispiele für Lernende Automaten" in: Kybernetische Maschinen (Herausg. H. FRANK). Frankfurt/M. 1964, S. 237 ff.

Das elektrische Modell verzichtet auf einen realen „Faden", es ersetzt diesen durch bestimmte speicherbare Informationen. Zwei Arten von Informationen müssen dem Probekörper gegeben werden:

I. *Markierungsinformationen*, also gleichsam die Codierung des „Ariadne-Fadens" und zwar für die obigen Wege:

a) 00 = frei;
b) 01 = Lösungsweg;
c) 10 = Sackgasse;
d) 11 = Kreisweg.
(im Dual-System ist: 00 = 0, 01 = 1, 10 = 2 und 11 = 3)

II. *Richtungsinformation*, die jeweils den Eingang des im Augenblick innegehabten Feldes („Knotens") festhält, also diejenige Richtung, aus der der Probekörper zuletzt gekommen ist.

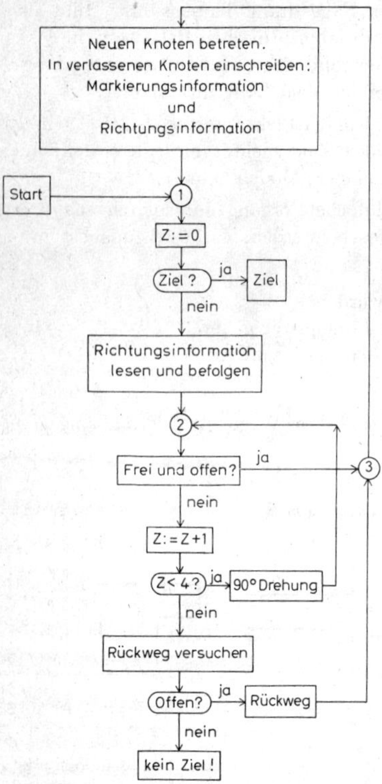

Abb. 124

Beim Fortschreiten folgt der Probekörper zunächst dieser Richtungsinformation, d. h. er geht in der gleichen Richtung weiter, vorausgesetzt, daß die Markierungsinformation des vor ihm liegenden Knotens 00 ist; sonst versucht er eine andere Richtung.

Das Flußdiagramm (Abb. 124) erläutert das Verfahren genauer: Die Zählvorrichtung Z (0, 1, 2, 3, 4) informiert dabei, wieviele Richtungen das Gerät schon abgesucht hat.

Bei „Start" beginnt der Probekörper zu wandern, und zwar geradeaus ($Z = 0$). Sogleich stößt er auf die erste Entscheidung: Ziel? Gegeben wird ein bedingter Befehl: wenn „ja", so ist das Suchen beendet; wenn „nein", wandert er weiter. Die Richtungsinformation wird dazu gelesen — und befolgt. Doch zuvor wieder eine Entscheidung: ist dieser Weg frei? Wenn „ja", dann Schleife, d. h. weiter wie bei (1); wenn „nein", muß er „suchen" (bei jedem Suchakt rückt Z um eine Einheit weiter). Erneute Entscheidungsfrage: $Z < 4$? Wenn „ja", läßt der Steuermechanismus den Probekörper sich um 90° drehen, also etwa aus der Nord-Süd- in die Ost-West-Richtung.

Wieder Schleife im Diagramm: zurück zu (2) (das ist die spezielle Programmierung des „Suchens"). Bei „nein", Z = 4, hätte er alle vier Richtungen erprobt, überall bereits zwei Fäden (oder auch einen Faden) gefunden — er muß zurück zum letzten Knoten und von dort in einer anderen Richtung weitersuchen.

Ist dieser Rückweg offen? Wenn „ja", dann Schleife zurück zu (1), wenn „nein", dann „gibt es kein Ziel", d. h. der Probekörper befindet sich wieder im Startpunkt, es liegt der „entartete Fall vor, daß Start- und Zielknoten identisch sind" (EIER).

3. Noch einmal: die „Lernmatrix" (s. S. 259ff);

Wir wollen Prinzip und Arbeitsweise der *Lernmatrix* in Fortsetzung des früher Gesagten jetzt etwas anders darstellen[1]. Gegeben sei die Lernmatrix nach beendeter Lernphase (s. d. Schema, Abb. 125):

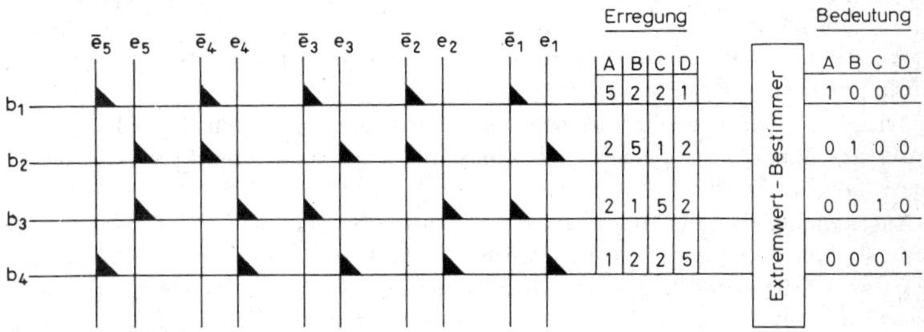

Abb. 125

Sie habe die Buchstaben A, B, C und D in folgender Codierung „gelernt":

$$\begin{aligned} A&:\ 0\,0\,0\,0\,0 = \bar{e}_1 \,\&\, \bar{e}_2 \,\&\, \bar{e}_3 \,\&\, \bar{e}_4 \,\&\, \bar{e}_5 \\ B&:\ 1\,0\,1\,0\,1 = e_1 \,\&\, \bar{e}_2 \,\&\, e_3 \,\&\, \bar{e}_4 \,\&\, e_5 \\ C&:\ 0\,1\,0\,1\,1 = \bar{e}_1 \,\&\, e_2 \,\&\, \bar{e}_3 \,\&\, e_4 \,\&\, e_5 \\ D&:\ 1\,1\,1\,1\,0 = e_1 \,\&\, e_2 \,\&\, e_3 \,\&\, e_4 \,\&\, \bar{e}_5 \end{aligned}$$

Wir geben zunächst A = 00000 auf die e-Leitungen (Spaltenleitungen). Die in den 4 b-Leitungen entstehenden Ströme sind dann nach dem Schema:

$$(b_1 + b_3) + (b_1 + b_2) + (b_1 + b_3) + (b_1 + b_2) + (b_1 + b_4) = \\ = 5 \cdot b_1 + 2 \cdot b_2 + 2 \cdot b_3 + 1 \cdot b_4.$$

Die vier Faktoren 5, 2, 2, 1 tragen wir als „Erregung" der b-Leitungen in das Schema unter A ein. Es folgt der Buchstabe B = 10101; die Ströme in den b-Leitungen sind jetzt:

$$(b_2 + b_4) + (b_1 + b_2) + (b_2 + b_4) + (b_1 + b_2) + (b_2 + b_3) \\ = 2 \cdot b_1 + 5 \cdot b_2 + 1 \cdot b_3 + 2 \cdot b_4;$$

die Faktoren 2, 5, 1, 2 kommen in das Schema unter B. Entsprechend ergeben sich die Erregungen der b-Zeilen unter C und D.

[1] Nach K. STEINBUCH: Automat und Mensch. 2. Aufl. 1963, S. 220ff.

Im Extremwertbestimmer wird der jeweils höchste Wert der Erregung in einer Zeile ausgewählt und als „1" ausgegeben; die übrigen Werte werden gelöscht und erscheinen als „0". So ergeben sich die Code-Gruppen der „Bedeutung" hinter dem Extremwertbestimmer, also für A = 1000, für B = 0100, für C = 0010 und für D = 0001 — und diese geben die „Bedeutungen" der einzelnen eingegebenen Code-Gruppen auf den e-Leitungen an.

Eine interessante Eigenschaft der Lernmatrix ist es, daß sie geringe Fehler in den eingegebenen Code-Gruppen, die z. B. durch Übertragung oder durch das Codieren entstanden sind, auszugleichen vermag. Das ist möglich, da die Lernmatrix bei nicht genauer Übertragung eines Zeichens das jeweils „ähnlichste" Zeichen als Output gibt.

Angenommen, als Eingabe erscheine statt 00000 für A die Zeichengruppe 00100, für die keine „Bedeutung" gelernt sei. 00100 codiert ergibt: $\bar{e}_1$ & $\bar{e}_2$ & e_3 & $\bar{e}_4$ & $\bar{e}_5$, und daraus resultieren die Erregungen: $4 \cdot b_1 + 3 \cdot b_2 + 1 \cdot b_3 + 2 \cdot b_4$; der Extremwertbestimmer wählt daraus wieder die höchste Erregung aus, also b_1 — und als Output erscheint: 1000, und das ist wieder = A.

Sobald der Fehler aber größer wird (Hammingdistanz > 1), führt das Prinzip der Wahl des ähnlichsten Zeichens allerdings nicht zur Fehlerkorrektur, sondern zu einem falschen Zeichen.

Angenommen D = 11110 sei beim Schreiben versehentlich zu 11011 geworden, dann sind die sich ergebenden Erregungen: $1 \cdot b_1 + 2 \cdot b_2 + 4 \cdot b_3 + 3 \cdot b_4$, und das führt zum Output 0010, also zum Buchstaben C. Die Lernmatrix reagiert also so, als wäre nicht D zweifach falsch, sondern C einfach falsch eingegeben worden, nämlich: 11011 statt 01011.

Man kann die Möglichkeiten der Lernmatrix nun dadurch vervielfältigen und steigern, daß man zwei oder mehrere Matrizen miteinander koppelt. Dies kann auf verschiedene Weisen geschehen.

Die erste Art ist die *Schichtung* von Lernmatrizen (s. Abb. 126). Man koppelt die erste Lernmatrix (LM I) mit der LM II derart, daß die Bedeutungs-Codegruppen von I die Inputs der LM II sind. Diese kann man dann wieder mit einer LM III in der gleichen Weise koppeln usw. Steinbuch gibt als Beispiel für die Verwendung derart geschichteter Lernmatrizen: das erste Gerät vermag Zeichen, z. B. Buchstaben, zu lesen, wobei ein Fotorezeptor die von einem Buchstaben jeweils eingenommene Fläche abtastet; geschwärzte Stellen werden als 1, weiße Stellen als 0 codiert (die Abb. 127 zeigt ein Demonstrationsmodell einer solchen zeichenlesenden LM und seine Prinzipschaltung). Die Bedeutungen der codierten Buchstaben

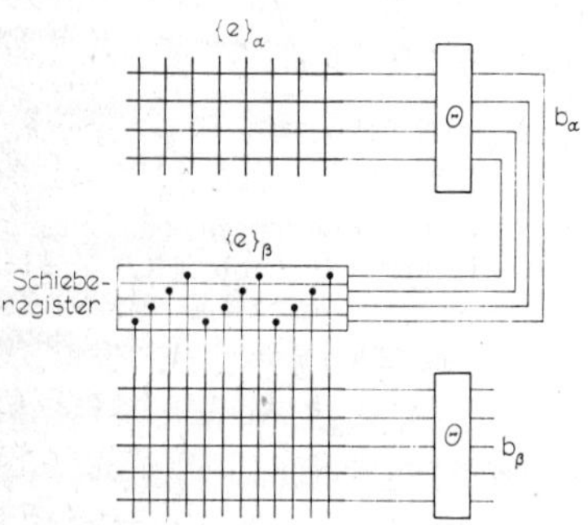

Abb. 126

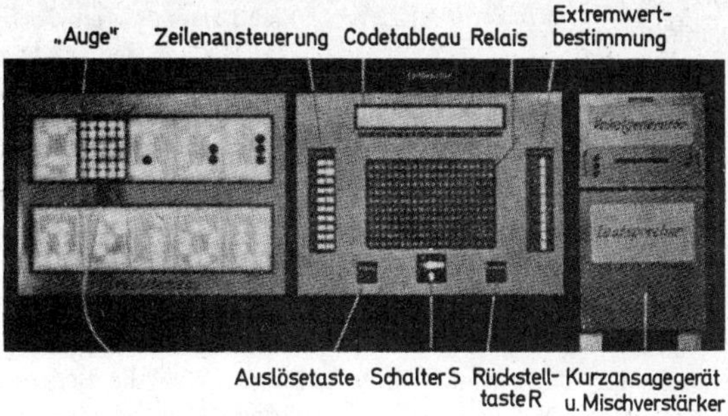

Abb. 127a

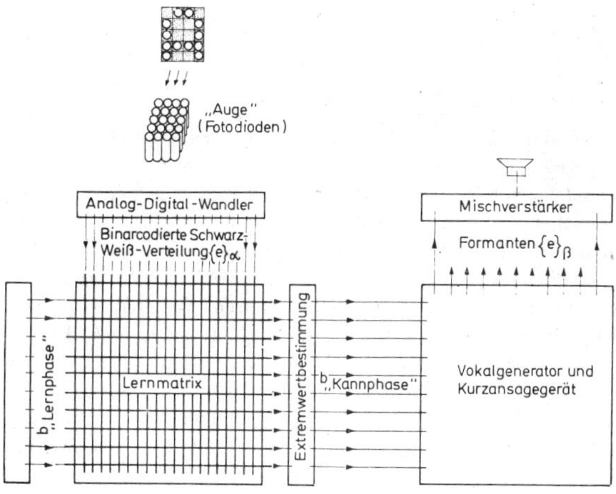

Abb. 127b

werden dann z. B. einem „Vokalgenerator" zugeführt (dieser ist jetzt die LM II), der sie als „gesprochene" Vokale ausgibt. Man kann die Outputs der LM II aber auch auf eine zweite Bedeutungs-Matrix schalten. Durch Zwischenschaltungen läßt sich erreichen, daß die seriell entstehenden einzelnen Buchstaben in die LM II parallel eingegeben werden — deren Outputs sind dann die Wörter. Abermalige Schichtung mit einer LM III führt schließlich zum „Sinn" eines Satzes.

Eine andere Art der Kopplung von Lernmatrizen ist die Bildung sog. LM-Dipole. Abb. 128 zeigt die beiden Formen der ebe-Kopplung und der beb-Kopplung. Bei der *ebe-Kopplung* werden die b-Outputs der LM I auf die b-Leitungen der LM II gegeben; diese liefert dann die e_1-Codierungen der eingegebenen Bedeutungen. Solche Kopplungen sind für „Wort-gegen-Wort"-Übersetzungen geeignet: die e-Inputs der LM I

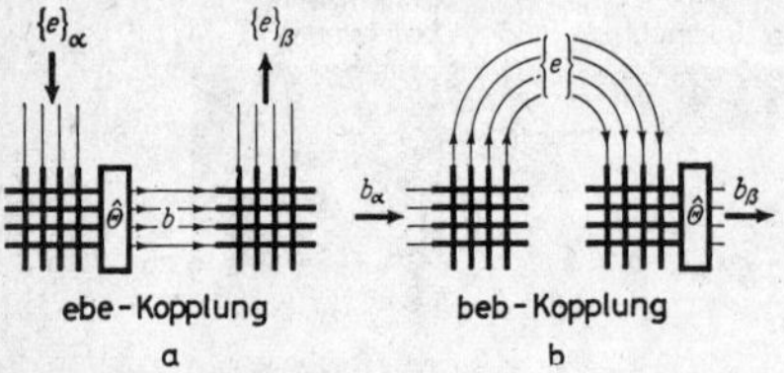

Abb. 128

sind die codierten Wörter der Sprache A. Die von der LM I gelieferten Bedeutungen werden auf die b-Leitungen der LM II gegeben; diese liefert dann die Codegruppen jener Bedeutungen in der Sprache B.

Die *beb-Kopplung* ist gleichsam ein Abbild der Nachrichtenübertragung von Mensch zu Mensch: Bedeutung → Signal → Bedeutung. Hierbei werden in der LM I primär die b-Leitungen, also die Bedeutungen, erregt. Die e-Leitungen dieser LM I geben die zugehörigen Codegruppen, führen sie den e-Leitungen der LM II zu, die daraus erneut die Bedeutungen bildet.

5.3. **Denken**

5.3.1. Der Begriff „Denken"

1. Beim „Denken" unterscheidet schon die alltägliche Sprache verschiedene Arten und Formen. Daß es nicht dasselbe ist, ob ich „an etwas denke", „etwas denke" oder „über etwas nachdenke", erscheint uns evident. Daß wir trotzdem in diesen und noch manchen anderen Fällen von „Denken" sprechen, weist darauf hin, daß schon im Erleben selbst sich etwas Gemeinsames abzeichnet. Versuchen wir, dies näher zu bestimmen, so können wir etwa sagen: Während Wahrnehmen und Vorstellen sich kennzeichnen lassen als „Etwas anschaulich haben", sind Wissen und Denken durch ihre Unanschaulichkeit charakterisiert, sind somit „Etwas unanschaulich haben". Dies besagt nun nicht, daß beim Denken überhaupt nichts Anschauliches vorhanden sei; anschauliche Bestandteile fehlen vielmehr auch beim Denken selten, wenn überhaupt jemals. Zumindest sind beim Denken als „innerem Sprechen" die akustischen, optischen und motorischen Wortvorstellungen da, weiterhin Vorstellungsbilder des einen oder anderen Gegenstandes, an den ich denke oder über den ich nachdenke usw. Aber diese anschaulichen Bestandteile sind nicht das, was ich denke, sie sind nicht das *Gedachte*, sondern begleiten dieses nur. Die anschaulichen Bestandteile haben beim Denken, nach einem Worte HUSSERLS, „illustrierende" Funktion.

Die Kennzeichnung des Denkens als „Etwas unanschaulich haben" reicht aber noch nicht aus, da auch „Wissen" ein unanschaulich-Haben ist; Wissen ist aber nicht Denken, auch wenn es ihm verwandt und stets mit ihm gekoppelt ist. Sehen wir im folgenden vom „Denken an" zunächst ab, das ein besonderes Phänomen ist und eine gesonderte Untersuchung erforderte, so können wir „Wissen" als einen Zustand und „Denken" als einen Vorgang charakterisieren, genauer: als eine Folge elementarre *Denkakte*. Das führt zu einer ersten bestimmenden Formel:

Denken ist eine (kontinuierliche oder diskontinuierliche) Folge einzelner Akte des Habens von Unanschaulichem.

Bei diesem Denken können wir dann zwei Arten, genauer zwei Stufen, unterscheiden: das reine „Etwas denken" und das „Nachdenken-über", wobei das Nachdenken-über eine höhere Einheit von Akten des Etwas-Denkens ist.

2. Etwas-Denken ist auch als diskontinuierliche, also z. B. zeitlich unterbrochene Folge eine *Einheit*. Das die Folge vereinheitlichende Moment ist das „Etwas". Seine vereinheitlichende Funktion zu erklären, können wir hier nicht versuchen; es genüge die Feststellung, daß dieses „Etwas" nicht das „Gedachte" ist, denn in den einzelnen elementaren Denkakten einer Folge denken wir Verschiedenes — in zeitlicher Folge immer das Gleiche unanschaulich-Haben würden wir kaum als ein „Denken" bezeichnen.

Dieses „Etwas" kann etwa ein *Gegenstand* sein, von dem ich das Verschiedene denke, z. B. im Urteil: Gold ist ein gelbrotes, weiches Metall vom spezifischen Gewicht 19,3, das bei 1063° C schmilzt und bei ca. 3000° C verdampft. Es kann eine *Beziehung* sein, etwa: Gold ist spezifisch schwerer als Aluminium, aber spezifisch leichter als Platin. Es kann ein Vorgang, ein gegenwärtiges oder historisches Ereignis sein, usw. usw. Dasjenige, was ich von dem Etwas oder über das Etwas denke, ist ein *Sachverhalt*. Das Gedachte ist nicht der Gegenstand Gold mit den und den Eigenschaften[1], sondern der Sachverhalt, daß Gold diese Eigenschaft hat; es ist nicht die Beziehung zwischen Gold und Platin, sondern der Sachverhalt, daß diese Beziehung besteht, und ebenso, daß der Vorgang stattgefunden hat usw.

Einen Sachverhalt drücken wir logisch in Form eines *Urteils* aus: Gold ist gelbrot — Gold ist leichter als Platin usw., allgemein:

S ist P oder: S—P.

Ziehen wir aus dem Bisherigen die Folgerung: Denken = Etwas denken ist urteilen, so mag dies als voreilig und die Bestimmung selbst als zu eng erscheinen. Denken erschöpft sich nicht in Urteilen, wird man sagen, denn auch *Fragen*, *Annehmen* usw. gehören zum Denken und nicht nur das im Urteilen enthaltene *Behaupten*, eben daß S—P. Weiterhin gibt es ein sozusagen „neutrales" Denken. Denke ich z. B. einen mathematischen Lehrsatz, so muß ich weder behaupten, daß er richtig ist, noch fragen, ob er es ist, noch annehmen, daß er es sei — ich denke nur die Relation und mache mir klar, was die Formel bedeutet.

Die Einwände sind berechtigt, eine Auseinandersetzung mit ihnen würde aber recht umfangreiche und schwierige logische Erörterungen erfordern, für die hier nicht der Ort ist. In unserem Zusammenhange kommt es auf etwas anderes an: im sprachlich formulierten Denken, um das es sich hier, wie ja auch in der Logik, handelt, haben Behauptungen, Fragen, Annahmen die gleiche *Form*: S—P, oder können leicht ohne Änderung des Sinnes in diese Form gebracht werden. Das gilt selbst für die einfachsten „Was?"-Fragen, z. B.: „Was ist X?" läßt sich in die sprachlich ungewöhnliche und unschöne, aber sinngleiche Form umwandeln: „X ist was?". Fügen wir die verschiedenen Möglichkeiten des Behauptens, Fragens usw. gleichsam als Funktionszeichen in unsere Formel ein, so ergibt sich:

f(S—P).

[1] Das ist es etwa beim „Denken-an".

In dieser Formel kann sowohl „f" als auch „—" in allgemeiner Weise, also unabhängig vom speziellen Inhalt, variieren:

f bedeute z. B. „Annahme": ich nehme an, daß S—P;
— bedeute z. B. „kann sein": ich behaupte, S kann sein P;

oder:

f bedeute z. B. „notwendig": ich behaupte (denk) notwendig, daß S—P;
— bedeute z. B. „notwendig": ich nehme an, S ist notwendig P.

Wir schränken daher den Bereich unserer Untersuchung nicht ein, wenn wir hier als „Denken" formal Vorgänge der Form oder Folgen von Akten der Form:

S—P

verstehen, wobei wir für die formale Betrachtung das „Funktionszeichen" ausklammern.

3. Die allgemeine Formel S—P zeigt schon an, was jede Betrachtung formulierter Urteile bestätigt: daß es sich hier um *Verknüpfungen* handelt. Was aber wird verknüpft? Im formulierten Denken irgendeiner Art, das auch mathematische, chemische, musikalische usw. Formulierungen umfaßt, werden zunächst *Zeichen* verknüpft. Aber nicht jede Zeichenverknüpfung werden wir als „Denken" bezeichnen. Erste Bedingung ist, daß auch im elementaren Denkakt die Zeichenverknüpfung ein Ganzes ergibt — ein *Signal*. Aber wiederum ist nicht jedes Signal Produkt des Denkens, und umgekehrt ist Denken als Verknüpfen von Zeichen zu Signalen noch nicht ausreichend bestimmt. Wir müssen vielmehr beim „Denken" die *semantische Dimension* berücksichtigen. Das gilt jedenfalls für das menschliche Denken — wieweit es für das „Denken" von Tieren oder gar von Automaten gilt, bleibt noch zu untersuchen.

Wir wollen dieses Eindringen in die semantische Dimension schrittweise vornehmen (vgl. dazu S. 72f.: die drei Stufen des Sinns).

Um ein Ganzes aus den Zeichen herstellen zu können, müssen wir in die Zeichenfolge eine gewisse *Ordnung* bringen, z. B. durch Bildung von Zeichengruppen wie Wörtern = Superzeichen. Diese Superzeichen müssen wir dann so verknüpfen, daß eine übergeordnete Einheit entsteht, die wir einen *Satz* nennen können: das Signal. Während in der rein syntaktischen Dimension jede Verknüpfung von Zeichen ein Signal sein kann, ist ein *Signal* bei zusätzlich semantischer Betrachtung eine geordnete Verknüpfung von Wörtern zu einem Satz. Die Superzeichen oder „Wörter" können dabei, wie gesagt, auch „Zahlen" (= Wörter aus Ziffern), musikalische Themen oder Akkorde (in der Schrift = Wörter aus Noten) usw. sein. Dies ist für ein Signal in der semantischen Dimension eine notwendige, aber noch keine hinreichende Bedingung: auch ein syntaktisch korrekter Satz kann, wie das Beispiel S. 72 zeigte, „sinnlos" sein.

Zeichen in der Darstellung einer *Sprache* sind Repräsentanten der gesprochenen Vokale, Konsonanten usw. *Wörter* sind Zeichengruppen oder Superzeichen, die eine *Bedeutung* haben, wobei diese Bedeutung nur in Einzelfällen mit den Sprachelementen, die die das Wort bildenden Zeichen repräsentieren, in Beziehung steht — z. B. bei lautmalenden Wörtern wie knistern, knirschen, krachen, knacken, brechen usw.

Sätze sind Verknüpfungen von Wörtern derart, daß die dadurch entstehende Verknüpfung der Bedeutungen einen *Sinn* ergibt, genauer gesagt: daß die entstandene Einheit etwas ist, das einen Sinn hat oder keinen Sinn hat. Ergibt die Verknüpfung der Bedeutungen einen Sinn, so soll ein derartiger Satz eine *Nachricht* heißen. Eine Nachricht unterliegt also immer der Frage nach dem Sinn, d. h. sie kann positiven oder negativen Sinn haben. Ein Signal aber, in rein syntaktischer Dimension, unterliegt der Frage nach dem „Sinn" ebensowenig, wie ein Stein der Frage unterliegt, ob er „tot" ist.

Ist der positive Sinn einer Nachricht nun — auf der nächsten Stufe — *logisch richtig*, so nennen wir die Nachricht eine *Aussage* (vgl. S. 241 f.). Das gleiche gilt — was aber hier irrelevant ist —, wenn, auf der abermals nächsten Stufe, die Nachricht „wahr" ist.

Da bei allen psychologischen wie auch kybernetischen Untersuchungen des Denkens das *logische Denken* eine zentrale Stellung einnimmt, können auch wir unsere Betrachtungen auf dieses logische Denken konzentrieren; wir können es kennzeichnen als eine Nachrichtenverknüpfung in der semantischen Dimension, oder allgemeiner und formal definiert:

> *Logisches Denken* ist ein Verknüpfen von Superzeichen zu Signalen derart, daß die dadurch verknüpften Bedeutungen der Superzeichen eine Aussage bilden.

Dies ist sicherlich keine strenge Definition des logischen Denkens, die sozusagen „hieb- und stichfest" ist, aber sie ist für das Weitere ein geeigneter Ausgangspunkt (s. aber unten S. 346ff.).

4. Bei methodisch strengem Vorgehen liegt es nahe, wieder die black-box-Methode anzuwenden, um die besondere Verhaltensweise „logisches Denken" in ihrer Eigenart zu untersuchen. Die Voraussetzungen sind dafür offenbar die gleichen oder wenigstens sehr ähnliche wie beim „Lernen": logisches Denken können wir nicht direkt beobachten, sondern können es nur als hypothetische Konstruktion einführen und dann, nachdem wir durch diese Hypothese gewisse Verhaltensformen als „Denken" ausgewählt haben, versuchen, das entsprechende Verhalten des Kastens durch die Annahme bestimmter intervenierender Variabler „im" Kasten zu verstehen[1].

Aber gibt es überhaupt ein Verhalten des Kastens bzw. ist ein Verhalten der black box denkbar, das als „Denken" und nur als Denken — oder wenigstens mit größerer Berechtigung als durch andere Interpretationen so gedeutet werden kann? Schon die Unterscheidung vom „Lernen", vor allem vom „Lernen durch Einsicht", dürfte äußerst schwierig sein.

---

[1] „Vom behavioristischen Standpunkt ist ‚Denken' etwas, das wir aus dem Verhalten erschließen, in derselben Weise, wie wir ‚Lernen' aus dem Verhalten erschließen." F. H. GEORGE: The Brain as a Computer. 1961. S. 365.

Wie schwierig dieses Problem ist und wie sehr wir auf „Denken“ nicht aus reinen Input-Output-Relationen, sondern nur aus dem komplexen Gesamtverhalten schließen können, zeigt ein interessantes Kriterium, das der englische Mathematiker A. M. TURING einmal für die Denkfähigkeit von Automaten vorgeschlagen hat[1] — es läßt sich grundsätzlich auch auf die black box anwenden: Der Beobachter spielt mit einem Partner, den er nicht sieht und von dem er nicht weiß, was er ist (ein Mensch?, ein Automat?), ein Frage- und Antwort-Spiel (etwa auf telegrafischem Wege). Kann er nach einiger Zeit nicht entscheiden, ob der Partner ein Automat oder ein Mensch ist, so ist TURING bereit, dem Partner, wer oder was er auch sei, also speziell dem Automaten, Denkfähigkeit zuzusprechen. Das ist sicherlich kein theoretisches Kriterium und kaum ein praktisch anwendbares — es beleuchtet aber die Kompliziertheit der Situation.

Es gibt allerdings einen Weg, auch mit Hilfe der black-box-Methode „logisches Denken“ zu untersuchen, dann nämlich, wenn das Verhalten der box derart ist, daß es bei Annahme bestimmter intervenierender Variabler, nämlich spezifisch „logischer Schaltungen“ im Kasten, erklärt werden kann. Dazu genügen dann aber nicht die einfachen, bisher besprochenen logischen Grundverknüpfungen, sondern Verknüpfungen, wie sie in den von uns noch nicht behandelten Teilen der Aussagenlogik auftreten.

Das zeigt aber, daß beim logischen Denken der Weg über die logische Interpretation der allgemeinen Verknüpfungstheorie offenbar der einfachere ist, anders ausgedrückt: der Weg über die „Algebra des Denkens“.

5. Zum Abschluß noch ein Wort über das *Nachdenken-über* oder, wie man auch sagt: das *problemlösende Denken.* Die meisten experimentalpsychologischen Untersuchungen über das Denken und ebenso auch viele Definitionen dieses Begriffs beziehen sich auf dieses problemlösende Denken. So definiert z. B. G. HUMPHREY in seiner Monographie über das „Denken“: „Thinking ... may be provisionally defined as what occurs in experience when an organism, human or animal, meets, recognizes, and solves a problem“[2]. Und wenn STEINBUCH betont[3], „jede sinnvolle Definition des Denkens müsse die ‚Modellstruktur‘ des Denkens berücksichtigen“, d. h. also das „Prüfen am inneren Modell“, so betrifft auch diese allgemeine Kennzeichnung des Denkens nur das Nachdenken-über, und zwar speziell in Hinsicht auf die Fragestellung, ob es „wahr“ oder „falsch“ ist.

In unserer Auffassung ist dieses problemlösende Denken oder allgemein das Nachdenken-über eine höhere Einheit von Akten des *Etwas-Denkens*, das hier unser Thema ist, und zwar unter logischem Gesichtspunkt, also nur unter die Frage gestellt, ob es (logisch) richtig oder (logisch) falsch ist.

Daß auch das problemlösende Denken letztlich ein *Verknüpfen* ist, wird weitgehend anerkannt. Wir lesen z. B. bei HUMPHREY: „The process of thinking involves an active combination of features which as part of the problem situation were originally discrete (SELZ, MAIER, ‚Gestalt‘, HERRICK, many philosophers).“[4]

[1] Nach K. STEINBUCH: Automat und Mensch. 2. Aufl. 1963. S. 193.
[2] GEORGE HUMPHREY: Thinking. London, New York 1951. S. 311.
[3] K. STEINBUCH: a.a.O.
[4] G. HUMPHREY: a.a.O. S. 312.

5.3.2. Algebra des Denkens

1. Wir haben *logisches Denken* definiert als ein Verknüpfen von Zeichen (und Superzeichen) zu *Aussagen*, und wir haben „Denken" hier eingeschränkt auf formuliertes Denken, also gesprochenes, geschriebenes oder in irgendeinem Zeichensystem codiertes Denken. Die beim so verstandenen Denken notwendig vorhandene semantische Dimension ist bei dieser Kennzeichnung im Begriff der „Aussage" enthalten: eine Aussage ist etwas, das wahr oder falsch, bzw. das logisch richtig oder logisch falsch sein kann. Denken führt somit zum Aufstellen von Urteilen, Fragen, Annahmen usw.

Aber Denken erschöpft sich darin nicht, sondern es verknüpft weiterhin diese Aussagen zu neuen Aussagen. Es ist nicht nur ein Mittel zur Nachrichten-Bildung, sondern auch ein Mittel der *Nachrichten-Verarbeitung*.

Das Verknüpfen von Aussagen zu neuen Aussagen in seiner einfachsten Form war Thema der „logischen Interpretation" der allgemeinen Verknüpfungstheorie (S. 241ff.). Wir können an das dort Gesagte anschließen, wenn wir jetzt kurz jene Verknüpfungen von Aussagen betrachten, die man als bezeichnend, ja als wesentlich für „Denken" ansieht: die Verknüpfungen des *schlußfolgernden Denkens* oder des *logischen Schließens*.

Die Lehre vom logischen Schließen ist von ihren Anfängen bei ARISTOTELES an formalisiert worden — das lag im Wesen der Sache, da die Logik ja die Wissenschaft von den *Formen* des Denkens ist. Was das in heutiger Sicht heißt, dafür sei folgende Stelle von HEINRICH SCHOLZ angeführt:

„Unter einer Form überhaupt verstehen wir einen Ausdruck, in dem wenigstens eine Variable so auftritt, daß dieser Ausdruck dadurch, daß wir in diese Variable etwas einsetzen, oder kurz durch eine geeignete inhaltliche Belastung dieser Variablen, in eine wahre oder falsche Aussage übergeht. Unter einer perfekten Form verstehen wir einen Ausdruck, der aus einer Aussage dadurch gewonnen werden kann, daß wir alle als veränderlich betrachteten Bestandteile derselben durch geeignete Variablenzeichen ersetzen", und: „Die Aristotelische Logik oder, genauer, die Logik, zu der ARISTOTELES den Grund gelegt hat, ist insofern eine formale Logik, als sie sich ausschließlich mit Formen beschäftigt, genauer mit perfekten Formen, und so, daß sie aus diesen die Formen auswählt, für welche ... Schlußregeln formuliert werden können"[1].

Nur zur Verdeutlichung des Gesagten geben wir drei Beispiele:

I. Quadrate sind Rechtecke
Rechtecke sind Parallelogramme
———
Quadrate sind Parallelogramme

II. Die irdische Atmosphäre ist ein Körper
Körper haben ein Gewicht
———
Die irdische Atmosphäre hat ein Gewicht

[1] HEINRICH SCHOLZ: Geschichte der Logik (Geschichte der Philosophie in Längsschnitten, Heft 4). Berlin 1931, S. 3f.

III. Denken ist ein Verknüpfen von Nachrichten

Ein Verknüpfen von Nachrichten ist eine Nachrichtenverarbeitung

Denken ist eine Nachrichtenverarbeitung

Diese drei Beispiele haben offensichtlich die gleiche Form, unabhängig vom Inhalt des Ausgesagten. Man nennt dieses Schluß-Schema einen *Syllogismus*, und zwar speziell einen Syllogismus der ersten Figur. Ersetzen wir in dem Schema die Ausdrücke, die die Aussagen zu „verschiedenen" Aussagen machen, also die „als veränderlich betrachteten Bestandteile" wie „Quadrat", „Atmosphäre", „Denken" usw. durch Variablenzeichen wie S und P, und die konstanten Bestandteile „ist" (bzw. „sind") durch „—", so kommen wir zur obigen allgemeinen Form eines Urteils (s. S. 325): S—P, oder S—M, oder M—P usw. Und die drei Schlüsse lassen sich in einem Schema darstellen:

1. S—M
2. M—P

3. S—P

Dabei heißen 1. und 2. die *Prämissen* und 3. die *Konklusion* (conclusio) des Schlusses.

Man wird nun sagen — und hat es im Laufe der Jahrhunderte auch immer wieder kritisch festgestellt —, daß kein Mensch jemals so „denken" wird, sondern doch z. B. eher so: „Wenn die Atmosphäre ein Körper ist, dann hat sie auch Gewicht." Das ist gewiß richtig, wenn auch gerade dieses Beispiel nicht beweisend ist; es zeigt nur, daß wir im aktuellen Denken das Schema verkürzen. Die zweite Prämisse fehlt dabei nicht, sie steckt implizit im „dann".

Wir können hier auf die Fülle der Probleme, die die Theorie des Schließens bei ARISTOTELES und seinen Nachfolgern aufwirft, nicht näher eingehen. Nur das eine sei gesagt: die logischen Schlußformen sind keine „Denkformen", sondern sie zeigen die logische Struktur der Aussagenverknüpfungen an und geben damit eine Begründung für die Richtigkeit unseres Schließens. Anders gesagt: Unser tatsächlich schlußfolgerndes Denken, in welcher Form es auch verlaufen mag, ist *logisch richtig*, wenn wir es in eine der logischen Schlußformen, z. B. einen Syllogismus, ohne Änderung des Sinns umformen können. Über die „Wahrheit" der erschlossenen Aussage ist damit — das sei noch einmal betont — nichts ausgemacht. Beide Prämissen können falsch und doch die logisch richtig aus ihnen geschlossene conclusio wahr sein, so wenn ich z. B. schließe:

1. Alle deutschen Großstädte liegen an großen Strömen
2. An großen Strömen liegende Städte haben mehr als 100000 Einwohner

3. Alle deutschen Großstädte haben mehr als 100000 Einwohner

Dagegen kann aus zwei wahren Prämissen keine falsche conclusio folgen. Das erinnert uns an die Wahrheitswerte der faktischen Implikation (s. S. 244f): $p \rightarrow q$ ist nur dann falsch, wenn p richtig und q falsch ist, es ist dagegen richtig auch dann, wenn p falsch und q richtig ist.

Bevor wir jetzt zur Algebra des Schließens übergehen, noch eine kurze Anmerkung: Das letzte Beispiel eines Schluß-Schemas unterscheidet sich von den drei früheren durch ein charakteristisches Merkmal, nämlich das Wort „alle" in der ersten Prämisse und in der conclusio. Die traditionelle Logik mußte bei der Aufstellung der verschiedenen möglichen Schlußformen berücksichtigen, ob die Prämissen einerseits und die Konklusion andererseits „allgemeine" oder „partielle", „bejahende" oder „verneinende" Urteile usw. sind, ob also z. B. die Prämissen lauten:

Alle S—P; Einige S—P; Alle S $\underline{\text{ nicht }}$ P; Einige S $\underline{\text{ nicht }}$ P; usw.

Die moderne formale Logik seit BOOLE verwendet zur entsprechenden Kennzeichnung der Aussagen sog. *Quantifikatoren,* oder kürzer *Quantoren,* d.s. Funktionszeichen (Operatoren), die Angaben über die Quantität der Aussagen-Variablen, also über die S, M und P der Aussagen, machen. Ein solcher Quantor ist z. B. der *Einsquantor* = (Ex) oder $\exists_x$. Die Formel $\exists_x p$ besagt dann: „es gibt mindestens ein x, so daß p". Oder der *Allquantor* = $\wedge_x$ bzw. $\forall_x$. $\forall_x p$ heißt: „für alle x gilt p".

Wir können die „Logik der Quantoren" hier nicht behandeln[1], sondern beschränken uns auf die allgemeine Verknüpfung von Aussagen p, q und r usw. und auf die Betrachtung der daraus ableitbaren logischen Schlußformen.

2. Wir beginnen mit einem einfachen Schluß, dem sog. *modus ponens* der traditionellen Logik. Er hat folgende Form:

1. wenn p, so q 2. p ist ――――― 3. q ist	das „ist" sei hier als Abkürzung etwa für „ist gültig" verstanden. Der Strich wird gelesen (z. B.) als „also".

Mit dem Zeichen der Aussagen-Logik läßt sich dies ausdrücken durch:

1. $p \rightarrow q$
2. p

―――

3. q

Ist dieser Schluß richtig? Das erscheint uns logisch evident, aber im System muß er „bewiesen" werden. Wie können wir dabei vorgehen?

Wir schließen aus der Gültigkeit beider Prämissen, d. h. sowohl $p \rightarrow q$ als auch p sind gültig. Die Voraussetzung des Schlusses ist somit eine *Konjunktion* der Prämissen: $(p \rightarrow q) \wedge p$ — oder, da wir rechnen müssen, wieder in der vertrauteren mathematischen Form:

$$(p \rightarrow q) \cdot p.$$

Der „Schluß" besagt nun:

Wenn $(p \rightarrow q) \cdot p$, dann q,

oder formal:

$$[(p \rightarrow q) \cdot p] \rightarrow q.$$

[1] Vgl. dazu etwa PAUL LORENZEN: Formale Logik (Sammlung Göschen 1176/1176a). Berlin 1958. S. 101ff.

p q	$p \to q$	$(p \to q) \cdot p = P$	$P \to q$
0 0	1	0	1
0 1	1	0	1
1 0	0	0	1
1 1	1	1	1

Das ist die Boolesche Funktion jenes Schlußschemas, und wenn der Schluß immer gültig sein soll, dann muß diese Funktion eine *Tautologie* sein, d. h. ihr Wahrheitswert muß für jeden Wert von p (0 oder 1) und q (0 oder 1) stets = 1 sein. Das muß uns die *Wahrheitstafel* (links) zeigen.

Der Beweis muß aber auch rechnerisch gelingen (wir erinnern uns dafür, daß $p \to q$ äquivalent $p' \wedge q$ ist):

$$\begin{aligned}[(p \to q) \cdot p] \to q &= [(p \to q) \cdot p]' + q = (p \to q)' + p' + q \\ &= (p' + q)' + p' + q = pq' + p' + q.\end{aligned}$$

Aus dieser Form bilden wir die *disjunktive Normalform* (S. 223f.), indem wir durch Erweitern mit $(q + q' = 1)$ bzw. $(p + p' = 1)$ dafür sorgen, daß jede der entstehenden Konjunktionen alle Variablen (bzw. ihr Komplement) enthält; dies führt zu:

$$= (p \cdot q') + [p' \cdot q] + (p' \cdot q') + [p \cdot q] + p'q$$

$p' \cdot q$ tritt zweimal auf, kann daher einmal gestrichen werden (S. 224). Vereinfachung der Normalform durch Zusammenfassen geeigneter Glieder (in unserer Darstellung gleich gekennzeichneten) ergibt:

$$= q'(p + p') + q(p + p') = q' + q = 1.$$

Die Funktion ist somit eine Tautologie, der Schluß ist daher gültig.

3. Als nächstes Beispiel untersuchen wir unseren *Syllogismus*:

1. S—M	wir können ihn umformen in:	1. Wenn S, dann M
2. M—P	(vgl. aber unten S. 335f.)	2. Wenn M, dann P
3. S—P		3. Wenn S, dann P

oder formal:

$$\begin{array}{l} 1.\ p \to q \\ 2.\ q \to r \\ \hline 3.\ p \to r \end{array}$$

Wir wollen die Gültigkeit des Schlusses wieder rechnerisch beweisen, anders ausgedrückt: Wir wollen zeigen, daß die Implikation *transitiv* ist.
Der Beweis verläuft so:

$$\begin{array}{c} [(p \to q) \cdot (q \to r)] \to (p \to r) \\ [(p' + q) \cdot (q' + r)]' + (p' + r) \\ (p' + q)' + (q' + r)' + (p' + r) \\ pq' + qr' + p' + r. \end{array}$$

Wieder bilden wir die *disjunktive Normalform:*

$$pq'r + pq'r' + pqr' + p'qr' + p'q + p'q' + pr + p'r$$
$$= (pq'r) + [pq'r'] + \{pqr'\} + \{p'qr'\} + p'qr + p'qr' + (p'q'r) + [p'q'r'] + pqr$$

Zusammenfassen der gleich gekennzeichneten Glieder ergibt:

$$q'r(p + p') + q'r'(p + p') + qr'(p + p') + qr(p + p') =$$
$$= q'r + q'r' + qr' + qr$$
$$= q'(r + r') + q(r + r') = q' + q = 1.$$

4. Und noch ein drittes Beispiel, ein komplizierter logischer Schluß, der eigentlich eine Denksportaufgabe ist (WHITESITT stellt ihn auch a.a.O. als „Aufgabe"):

Gegeben seien die folgenden Beziehungen:

a) Wenn er Kaffee nimmt, trinkt er keine Milch;
b) Er ißt nur Brötchen, wenn er Milch trinkt;
c) Er nimmt keine Suppe, wenn er nicht Brötchen ißt;
d) Heute Mittag trank er Kaffee.

Frage: Nahm er Suppe oder nicht?

Wir übersetzen zunächst die Relationen in Aussagenverknüpfungen, dazu setzen wir:

1. Er nimmt Kaffee $= p$
2. Er trinkt Milch $= q$
3. Er ißt Brötchen $= r$
4. Er ißt Suppe $= s$

Dann bilden wir mit diesen Aussagen das Schluß-Schema:

a) $p \rightarrow q'$
b) $r \rightarrow q$
c) $r' \rightarrow s'$
d) p

s oder s'

Der Ansatz für die Rechnung ist:

$$[(p \rightarrow q') \cdot (r \rightarrow q) \cdot (r' \rightarrow s') \cdot p] \rightarrow s \text{ (oder } s').$$

Wir wollen hier annehmen, s' sei richtig, prüfen also die Richtigkeit des Schlusses unter der Voraussetzung, daß die Prämissen s' implizieren[1] und ordnen gleich:

$$= [(p' + q') \cdot (r' + q) \cdot (r + s') \cdot p]' + s'$$
$$= (p' + q')' + (r' + q)' + (r + s')' + p' + s'$$
$$= pq + rq' + r's + p' + s'.$$

[1] Daß s' die Antwort ist, folgt unmittelbar aus der Transitivität der Implikation (S. 322 f.), wenn wir bedenken, daß $(r \rightarrow q) \leftrightarrow (q' \rightarrow r')$. Ersetzen wir im Schema $(r \rightarrow q)$ durch das äquivalente $(q' \rightarrow r')$, so ist die Folge der Implikationen: $(p \rightarrow q') \cdot (q' \rightarrow r') \cdot (r' \rightarrow s')$ also: $p \rightarrow s'$; p ist, ergo: s'.

Wieder könnten wir die disjunktive Normalform aufstellen, was aber recht umständliche Rechnungen erfordert; wir wollen einen einfacheren Weg gehen, indem wir p' mit (q + q' = 1) und s' mit (r + r' = 1) erweitern:

$$\begin{aligned} & pq + p'q + p'q' + rq' + r's + rs' + r's' \\ & = q(p + p') + p'q' + rq' + r'(s + s') + rs' \\ & = q + p'q' + rq' + r' + rs'. \end{aligned}$$

Jetzt erweitern wir q mit (r + r' = 1):

$$\begin{aligned} & = qr + qr' + r' + rq' + rs' + p'q' \\ & = r(q + q') + r' + qr' + rs' + p'q' \\ & = (r + r') + (qr' + rs' + p'q') \\ & = 1 + (qr' + rs' + p'q') \\ & = 1. \end{aligned}$$

(Eine gute Übung ist es, die Wahrheitstafel dieser Funktion aufzustellen.)

5.3.3. Modelle des Denkens

Logische Schlüsse, wie wir sie in unserem Denken vollziehen, lassen sich in Form Boolescher Funktionen darstellen, und ihre Schlüssigkeit läßt sich rechnerisch oder mit Hilfe der Wahrheitstafeln ermitteln. Nach dem Prinzip der Austauschbarkeit isomorpher Systeme, von dem wir noch sprechen werden (s. S. 349f.), müssen sich diese Booleschen Funktionen auch durch „logische Schaltungen" darstellen lassen — wir kommen damit zu einer Art „Schaltlogik". Bei der ziemlich hemmungslosen Verwendung des Wortes „Logik" heute[2] muß gesagt werden, daß dieses Wort hier sich wirklich auf „die Logik" bzw. auf das logische Denken bezieht.

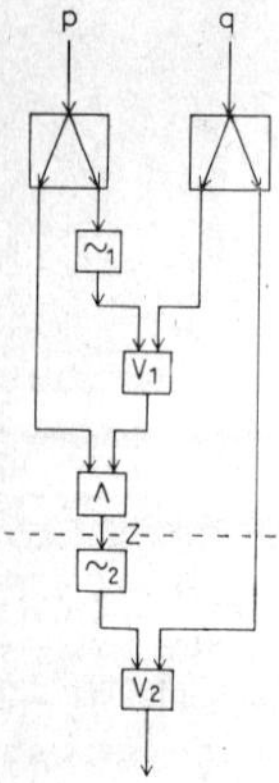

Abb. 129

1. Wir beginnen wieder mit dem modus ponens (S.331f.), dessen algebraische Form ist:

$$\frac{\begin{array}{c} p \rightarrow q \\ p \end{array}}{q} \qquad \text{oder:} \qquad \frac{\begin{array}{c} p' \vee q \\ p \end{array}}{q}$$

Dieses logische Schema läßt sich leicht in eine logische Schaltung übersetzen (s. Abb. 129). Wir betrachten zunächst den Teil über der gestrichelten Linie: die I. Prämisse, $p' \vee q$ besagt jetzt, daß $\vee_1$ in der Schaltung auf jeden Fall einen Output = 1 hat, denn: ist p = 0, so p' = 1, und ist p = 1, also p' = 0, muß q = 1 sein. Die II. Prämisse sagt aus, daß „p ist" — so-

[2] Wir finden z. B. in einer Abhandlung folgenden Satz: „Bei den herkömmlichen Zeichenlesemaschinen besteht die Erkennungslogik (sic!) aus einem starr verdrahteten Zuordnen ...." Als „Logik" wird hier also eine technische Schaltung bzw. ein Teil eines Gerätes bezeichnet!

mit feuert auch die Und-Einheit. Vervollständigen wir jetzt die Schaltung durch eine Adjunktion von Z′ und q, so ist der Output von $\vee_2$ für jeden Wert von p und q = 1.

Wichtiger als diese Feststellung der Tautologie ist der Output der Und-Einheit: er ist nur = 1, wenn sowohl p als auch q = 1. Da p = 1 durch die II. Prämissen gegeben ist, besagt das Auftreten von Z = 1, daß q = 1 ist, d. h. das Auftreten eines Outputs bei $\wedge$ gibt implizit die conclusio an.

Bei der entsprechenden Schaltung für den Syllogismus (Abb. 130) liegt der Fall etwas anders. Hier ist Z nur dann = 1, wenn sowohl der Output von $\vee_1$ als auch der von $\vee_2$ = 1 ist, wenn also beide Prämissen wahr sind. Ist nur eine von ihnen falsch, etwa p = 1, q = 0 oder q = 1, r = 0, so ist Z = 0.

Die Wahrheitswerte von p, q und r gehen aber in den Schluß gar nicht ein. Der Output Z ist eine Verknüpfung von Aussagen-Verknüpfungen, nämlich von 2 Implikationen, und sein Wahrheitswert hängt nur von deren Wahrheitswert ab — und dies zeigt die Schaltung. Erst wenn wir wieder zur Gesamtschaltung ergänzen, ist der Endoutput für alle Werte von p, q und r = 1.

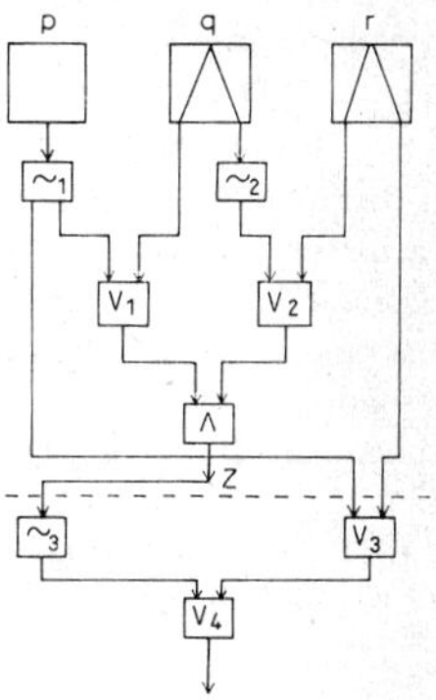

Abb. 130

2. Gegen diese Lösung der Aufgabe, Syllogismen in logische Schaltungen zu übersetzen, lassen sich verschiedene Bedenken erheben. Das wichtigste richtet sich gegen die Darstellung der Prämissen eines Schlusses als Implikationen. Die Prämissen eines Syllogismus sind *prädikative Urteile* der Form S—P; sie sind einfache Aussagen, die durch Verknüpfen von Aussagen-Variablen wie Subjekt, Prädikat usw. entstehen. Implikationen aber sind Verknüpfungen von Verknüpfungen, also p → q, wobei p und q selbst prädikative Urteile sind.

Wir wollen auf die hier entstehenden logischen Probleme nicht eingehen, sondern nur kurz sagen: durch die formale Übersetzung der Prämissen in Implikationen reduzieren wir die logischen Schlüsse auf den Spezialfall der *hypothetischen Schlüsse:*

1. Wenn G, dann Z
2. Wenn Z, dann F

---

3. Wenn G, dann F

z. B.

1. Wenn Gold ein Metall ist, so leitet es den elektrischen Strom;
2. Wenn ein Stoff den elektrischen Strom leitet, so besitzt er bewegliche Elektronen;

---

3. Wenn Gold ein Metall ist, so besitzt es bewegliche Elektronen.

Nun kann man zwar prädikative Urteile formal in hypothetische umformen, aber dabei ändert sich der Sinn der Aussagen, so wenn wir z. B. die prädikative Aussage:

Gold leitet den elektrischen Strom,in die obige I. Prämisse umformen. Im prädikativen Urteil wird festgestellt bzw. behauptet, daß Gold den Strom leitet, im hypothetischen wird nur festgestellt oder behauptet: wenn — dann, über die Gültigkeit oder Wahrheit des Vordersatzes (G) wird nichts ausgesagt. Untersuchen wir z. B. einen uns gänzlich unbekannten Stoff, so können wir fragen: ist er ein Metall oder ein Nichtmetall?, und dann fortfahren: wenn er ein Metall ist, dann muß er den Strom leiten — und können dies experimentell untersuchen.

Wir können hier abbrechen und wenden uns jetzt zwei Beispielen von Schaltungen für logisches Schließen zu, die von ganz anderen Voraussetzungen ausgehen.

Edmund C. Berkeley bespricht in seinem Buche über „Intelligente Maschinen" einige „machines that reason", die also in der Lage sein sollen, logische Operationen zu vollziehen. Zwei dieser Maschinen, für die Berkeley auch einfache Schaltungen angibt, wollen wir hier behandeln.

3. Folgende Aufgabe soll gelöst werden[1]: Es soll eine Maschine entworfen werden, in die man die ersten und zweiten Prämissen eines Syllogismus in verschiedenen Varianten (s. u.) eingibt, und die als Output jeweils die richtige, aus diesen Prämissen folgende Konklusion ausgibt. Das Gerät, das dies zu leisten vermag, bezeichnet Berkeley als „Syllogismus-Maschine" (syllogism machine) und sagt, „sie sei ein besonders schlagendes Beispiel einer kleinen Maschine, die logisch schließt". Wir wollen, an Hand der Darstellung Berkeleys, dieses Gerät hier schrittweise entwickeln.

I. Um die verschiedenen Varianten der Prämissen und der Konklusionen erfassen zu können, müssen wir auch quantitative Unterschiede berücksichtigen: Alle S—P, einige S—P, sowie weiterhin positive (affirmative) und negative Urteile unterscheiden. In der traditionellen Logik hat man für diese Varianten kennzeichnende Buchstaben eingeführt, und zwar: a für das *a*ffirmative allgemeine Urteil; i für das aff*i*rmative partielle Urteil; e für das verneinende allgemeine Urteil (n*e*go) und o für das verneinende partielle Urteil (neg*o*).

Das ergibt die folgenden vier I. Prämissen:

I.	*Ia*
1. Alle S sind M	1. S a M
2. Alle S sind nicht M	2. S e M
3. Einige S sind M	3. S i M
4. Einige S sind nicht M	4. S o M

Die entsprechenden II. Prämissen sind dann:

II.	*IIa*
5. Alle M sind P	5. M a P
6. Alle M sind nicht P	6. M e P
7. Einige M sind P	7. M i P
8. Einige M sind nicht P	8. M o P

[1] Edm. C. Berkeley: Symbolic Logic and Intelligent Machines. New York, London. 1961, S. 85ff.

Aus diesen Prämissen können vier mögliche Konklusionen folgen:

III.	*IIIa*
9. Alle S sind P	9. S a P
10. Alle S sind nicht P	10. S e P
11. Einige S sind P	11. S i P
12. Einige S sind nicht P	12. S o P

Offensichtlich geben nun nicht alle möglichen Kombinationen der Prämissen 1–4 mit den Prämissen 5–8 und mit den Konklusionen 9–12 „richtige" Schlüsse. So kann zwar die Kombination 3–7–10 ein „wahres" Urteil ergeben (s. d. Beispiel), aber gewiß nicht auf Grund eines richtigen Schlusses:

3. S i M		3. Einige Engländer sind in London lebende Menschen.
7. M i P	Beispiel:	7. Einige in London lebende Menschen sind Deutsche.
10. S e P		10. Alle Engländer sind nicht Deutsche.

Würden wir alle Möglichkeiten durchprobieren, was hier zu weit führt, so fänden wir, daß wir noch einige Konklusionen ergänzend hinzufügen müssen, nämlich:

13. P o S = Einige P sind nicht S (= Umkehrung von 12.).
14. S′ i P′ = Einige nicht-S sind nicht-P.
15. — = zwischen S und P läßt sich keine Beziehung erschließen.

II. Welche Kombinationen zwischen den je 4 Prämissen und den 7 Konklusionen sind nun logisch möglich, d. h. ergeben richtige Schlüsse? Wir müssen gleich sagen: die Maschine weiß dies „noch" nicht, wir müssen es ihr erst eingeben. Dazu stellen wir im folgenden eine Liste der logisch möglichen Kombinationen auf:

Erste Prämisse	*Zweite Prämisse*	*Konklusion*	*abgekürzt*
S a M (1)	M a P (5)	S a P (9)	(1) · (5) = (9)
	M e P (6)	S e P (10)	(1) · (6) = (10)
	M i P (7)	— (15)	(1) · (7) = (15)
	M o P (8)	— (15)	(1) · (8) = (15)
S e M (2)	M a P (5)	— (15)	(2) · (5) = (15)
	M e P (6)	— (15)	(2) · (6) = (15)
	M i P (7)	P o S (13)	(2) · (7) = (13)
	M o P (8)	S′ i P′ (14)	(2) · (8) — (14)
S i M (3)	M a P (5)	S i P (11)	(3) · (5) = (11)
	M e P (6)	S o P (12)	(3) · (6) = (12)
	M i P (7)	— (15)	(3) · (7) = (15)
	M o P (8)	— (15)	(3) · (8) = (15)
S o M (4)	beliebig (5–8)	— (15)	(4) · (5–8) = (15)

Ordnen wir diese Liste nach gleichen Konklusionen, so finden wir, in abgekürzter Form (als Konjunktionen) geschrieben:

$$\begin{aligned} (9) &= (1)\cdot(5) \qquad & (13) &= (2)\cdot(7)\\ (10) &= (1)\cdot(6) & (14) &= (2)\cdot(8)\\ (11) &= (3)\cdot(5) & (15) &= (1)\cdot(7)+(1)\cdot(8)+(2)\cdot(5)+(2)\cdot(6)+\\ (12) &= (3)\cdot(6) & &\quad (3)\cdot(7)+(3)\cdot(8)+(4)\cdot(5)+\ldots+(4)\cdot(8). \end{aligned}$$

III. Die Maschine soll nun Folgendes leisten können: wir geben ihr irgendeine der vier I. Prämissen und irgend eine der vier II. Prämissen ein und fragen, welches die korrekt daraus folgende Konklusion sei, z. B.:

Eingegeben: (SiM) ∧ (MeP) *Antwort der Maschine:* S o P.

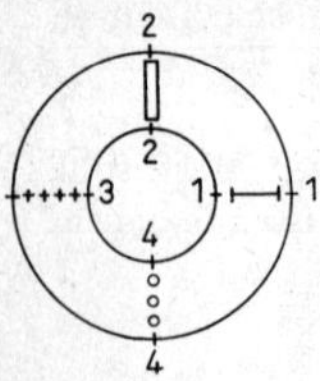

Abb. 131

Das Eingeben soll maschinell vorgenommen werden. Dafür kann ein Schalter mit vier möglichen Stellungen dienen. Einen solchen Schalter zeigt die Abb. 131. Ist er in Stellung 1 geschlossen, so deuten wir dies durch 1—1 und das Zeichen |—| an. Entsprechend bei den anderen möglichen Stellungen: 2—2, ▭; 3—3, ++++; 4—4, oooo. Auf diesem Schalter können wir daher die vier I. Prämissen einstellen.

Als nächstes brauchen wir einen Schalter für die II. Prämissen, den wir so einrichten müssen, daß er zugleich die Kombinationen 1—5, 1—6, ..., 2—5, 2—6, ..., 4 — 5 ..., 4—8 herzustellen erlaubt. Als Zeichen für geschlossene Stellungen wählen wir die gleichen wie oben, je nach dem ersten Glied der Kombination, also für alle 1—x-Stellungen |—| usw. In der Abb. 132 sind die vier Stellungen 1—5 oder 2—7 oder 3—6 oder 4—8 eingezeichnet. Das Prinzip der Schaltung ist aus der Zeichnung zu ersehen: jede der vier möglichen Stellungen des ersten Schalters ist mit je vier Polen auf dem nächsten Kreise fest verbunden. Schalte ich z. B. 1—1, so kann ich von jedem der vier (1)-Punkte auf dem nächsten Kreise weiterschalten, entweder 1—5, oder 1—6, oder 1—7, oder 1—8.

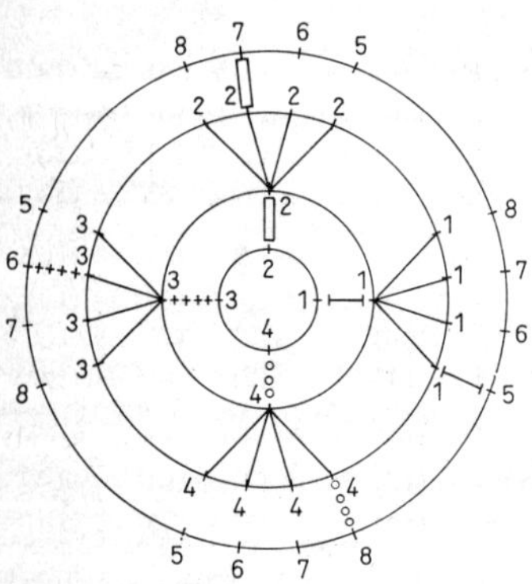

Abb. 132

In unserem Beispiel müssen wir zunächst S i M, d. i. aber (3) eingeben, also 3—3 schalten, und dann M e P = (6), somit 3—6 schalten.

Der dritte Schalter für die Konklusionen ist entsprechend eingerichtet (s. Abb. 133): auf einem weiteren konzentrischen Kreise sind über jeder Gruppe (5, 6, 7, 8)

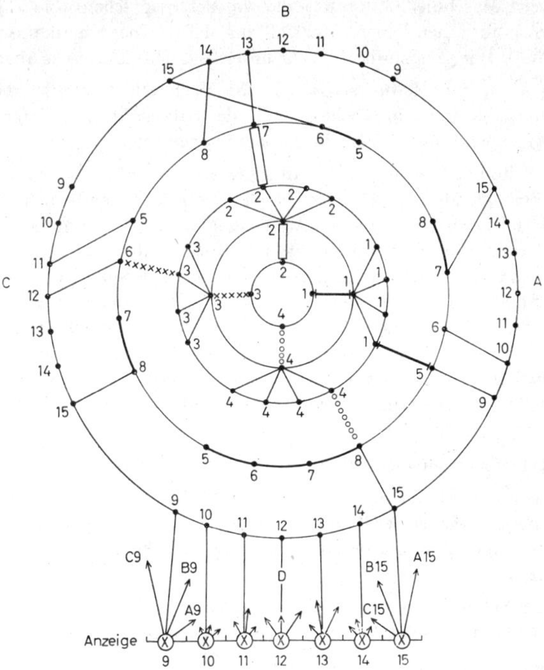

Abb. 133

jeweils die 7 Konklusionen angeordnet, die mit den entsprechenden (5, 6, 7, 8)-Punkten fest verdrahtet sind, je nach der richtigen Konklusion, die aus der Kombination folgt. So ergibt 1—5 die Konklusion 9; 1—7 und 1—8 ergeben 15, daher sind 7 und 8 gleich leitend miteinander verbunden; 2—7 ergibt 13; 3—6 ergibt 12 usw.

Das Gerät soll nun das Ergebnis anzeigen. Als *Anzeige* können verschiedene Lampen — 7 Lampen für die 7 Konklusionen — dienen oder, wirkungsvoller, Plättchen mit den aufgedruckten Konklusionen, die wie in einem Klingelkasten bei Strom herunterfallen, so daß die Schrift vor einem Fensterchen erscheint. Dabei sind alle (9)-Punkte des äußersten Kreises mit der Anzeige (9), alle (10)-Punkte mit der Anzeige (10) usw. verbunden. Die Schaltung der Kombination 3—6 muß somit dazu führen, daß in der Ausgabe (12) hinter dem Fenster „S o P" zu lesen ist Und schalten wir 1—1 zu 1—6 zusammen, so erscheint, wie die Abb. zeigt, die (10) entsprechende Konklusion „S e P".

Die Maschine kann also unsere Fragen beantworten, sie kann aus den eingegebenen Prämissen die richtige Konklusion „erschließen". Aber vermag das wirklich die Maschine? Wir kommen auf diese Frage im nächsten Kapitel zurück.

4. Die zweite Maschine BERKELEYS, die wir hier besprechen wollen, ist ein „Beispiel aus dem praktischen Leben“, ein Fall, der sich in einer amerikanischen Zeitung zugetragen hat[1]. Wir müssen ihn hier für unsere Verhältnisse etwas abändern.

Die Szene ist in einer Zeitungsredaktion spät nachts, kurz vor Schluß: die Seiten der neuen Ausgabe sind „umbrochen“, d. h. der Satz steht zum Matern bereit, die Druckmaschinen sind mit einigen Bogen bereits angelaufen.

Die erste Seite der Zeitung ist 3-spaltig gesetzt; sie enthält einen ausführlichen, 2 Spalten einnehmenden Bericht über einen wichtigen Staatsbesuch, daher wurde auch die Korrektur besonders sorgfältig gelesen. In letzter Minute, gerade als die erste Seite hinausgehen soll, kommt die telegrafische Meldung vom Ausbruch umfangreicher und bedrohlicher kriegerischer Auseinandersetzungen zwischen zwei asiatischen Staaten. Diese Meldung muß an die Spitze der ersten Seite, und das besagt, daß der „Staatsbesuch“ entsprechend nach unten geschoben werden muß. Dann geht er aber nicht mehr vollständig auf die erste Seite, sondern muß „umlaufen“. Alle folgenden Seiten sind aber 4-spaltig gesetzt — nur hinten, auf Seite 10, findet sich neben einer Reklame, die von oben bis unten $1/3$ der Seite füllt, die Möglichkeit, 3-spaltig gesetzten Text auszutauschen.

Ergo bestehen zwei Möglichkeiten:

a) Entweder kommt der Schluß des „Staatsbesuches“ auf Seite 10 — dagegen erhebt sich aus dem Kreise der Redaktion Widerspruch: unmöglich könne man diesen wichtigen Berichtsschluß, der den Text der Rede des hohen Gastes enthält, derart schlecht plazieren;

b) oder der Schluß wird seiner Bedeutung entsprechend auf Seite 2 gestellt — dann muß er aber umgesetzt werden, da Seite 2 eben 4-spaltig gesetzt ist.

Der Chefredakteur schließt nun folgendermaßen:

„Der Schluß des ‚Staatsbesuches‘ ist 3-spaltig gesetzt. Soll er auf Seite 2, müssen wir ihn auf 4-spaltig umsetzen. Wird er neu gesetzt, macht der Setzer Druckfehler. Macht der Setzer Druckfehler, haben wir keine Möglichkeit mehr, diese zu korrigieren, da die Zeit zu kurz ist (der Druck muß beginnen, die Eisenbahnzüge warten nicht). Ergo enthält die Ausgabe in dem wichtigen Bericht Fehler, und die Redaktion ist blamiert (im Original: we shall look foolish). Deshalb müssen wir die Fortsetzung trotz aller Bedenken auf Seite 10 unterbringen — das ist die einzige Möglichkeit in dieser Situation, daß wir uns nicht blamieren.“

Der Chef vom Dienst befolgt diese Anordnung — da er aber ein Grübler und Tüftler ist, quält ihn der Fall noch zu Hause. Ist das richtig, fragt er sich? Ist die Redaktion wirklich in jedem anderen Falle blamiert? Allgemein gesprochen: wie wirken sich diese vielen Bedingungen letztlich aus, wenn sie bestehen oder wenn sie nicht bestehen? Es müßte möglich sein, eine Maschine zu konstruieren, die diese Frage beantwortet. Und er benutzt den nächsten freien Tag, dieses Problem formal zu klären — wobei er sich aber klar ist, daß praktisch die Entscheidung des Chefredakteurs sicherlich die richtige war.

---

[1] a. a. O. S. 94ff.

Er stellt sich zunächst eine Liste der verschiedenen Fakten und Bedingungen zusammen:

a) Der „Staatsbesuch“ ist 3-spaltig gesetzt;

b) Soll er auf Seite 2, muß er umgesetzt werden;

c) Beim Umsetzen entstehen Druckfehler;

d) Der Druckbeginn steht unmittelbar bevor;

e) Die Redaktion hat keine Möglichkeit mehr, Fehler zu korrigieren;

f) In der fertigen Ausgabe sind Druckfehler enthalten;

g) Sind Druckfehler in dem wichtigen Bericht, ist die Redaktion blamiert;

h) Die Redaktion will sich nicht blamieren;

i) Der „Staatsbesuch“ kommt ohne Neusetzen auf Seite 10.

Von diesen 9 Punkten können bei der Analyse a), b), g) und h) unberücksichtigt bleiben, denn a), b) und h) sind Fakten, an denen sozusagen nicht zu rütteln ist; g) aber ist eine Folge von f). Dieses f) ist der zentrale Punkt, und es kommt alles auf die Frage an, ob die übrigen 4 Bedingungen im Zusammenwirken zu f oder zu non-f = f′ führen. Das soll die Maschine beantworten.

Er stellt nun die entsprechenden Bedingungsformeln auf:

A: Wenn i′, und wenn c, und wenn d, und wenn e — dann f;

B: Wenn i; oder wenn i′ und wenn c′; oder wenn i′ und wenn c und wenn d′; oder wenn i′ und wenn c und wenn d und wenn e′ — dann f′.

Aus diesen Bedingungen läßt sich die folgende einfache Schaltung ableiten, die die Aufgabe löst: Benötigt werden offenbar 4 Schalter, die als (i), (c), (d) und (e) bezeichnet seien. Jeder dieser Schalter (x) ist zweier Werte fähig: x und x′. Bedingung A sagt, daß i′, c, d und e in Serie geschaltet werden müssen, während aus B folgt, daß die Schaltung von i, c′, d′ und e′ eine Parallelschaltung sein muß. f und f′ sind zwei Lämpchen, die durch Aufleuchten das Ergebnis anzeigen (Abb. 134).

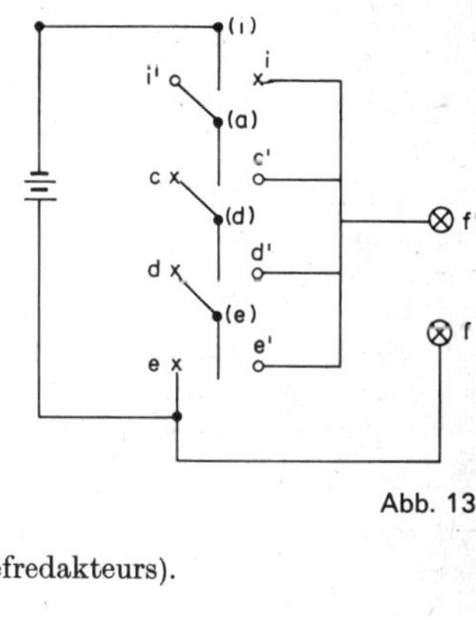

Abb. 134

Stellen wir jetzt irgend eine Kombination der 4 Schalter ein, indem wir etwa (i) auf i′, (c) auf c, (d) auf d und (e) auf e′ schalten — was geschieht? Der Strom läuft, wie aus der Abb. zu ersehen, über i′—c—d—e′ zur Lampe f′: die Redaktion ist nicht blamiert (wenn also noch Zeit zum Korrigieren ist = e′). Ebenso bei i—c′—d′—e′ (der „Lösung“ des Chefredakteurs).

Insgesamt bestehen 16 Möglichkeiten, da (i) als i oder i' kombiniert werden kann, jeweils mit c oder c', jede dieser 4 Möglichkeiten mit d oder d' und jede dieser 8 Möglichkeiten mit e oder e'. Probiert man alle Möglichkeiten durch, so zeigt sich, daß nur bei einer einzigen Kombination, nämlich bei i'—c—d—e, die Lampe f aufleuchtet, also die Redaktion blamiert ist.

Das Problem läßt sich natürlich auch rechnerisch lösen. Schreiben wir die obigen Bedingungsformeln in algebraischer Form, also mit Verwendung der Zeichen „·" und „+" für Konjunktion und Adjunktion, so folgt:

$$A: (i' \cdot c \cdot e \cdot d) \rightarrow f.$$

$$B: [i + (i' \cdot c') + (i' \cdot c \cdot d') + (i' \cdot c \cdot d \cdot e')] \rightarrow f'.$$

B läßt sich rechnerisch vereinfachen:

$$\begin{aligned} B &= [i + (i'c') + (i'cd') + (i'cde')]' + f' \\ &= i'(i'c')'(i'cd')'(i'cde')' + f' \\ &= i'(i + c)(i + c' + d)(i + c' + d' + e) + f' \\ &= i'c(i + ic' + id' + ie + c' + c'd' + c'e + di + c'd + de) + f' \\ &= i'cde + f' = (i'cde)' \rightarrow f' \\ \text{oder:} &= (i + c' + d' + e') \rightarrow f'. \end{aligned}$$

Wir erhalten somit die beiden Bedingungsformeln:

$$A: (i' \wedge c \wedge d \wedge e) \rightarrow f \quad \text{und } B: (i \vee c' \vee d' \vee e') \rightarrow f'.$$

Um das Verhalten von A bzw. B zu finden, formen wir die Implikationen zunächst in Disjunktionen (Adjunktionen) um:

$$\begin{aligned} A &= (i' \cdot c \cdot d \cdot e)' + f & B &= (i + c' + d' + e')' + f' \\ &= (i + c' + d' + e') + f & &= (i' \cdot c \cdot d \cdot e) + f' \\ &= (B) + f & &= (A) + f', \end{aligned}$$

wenn wir zur Abkürzung den Klammerausdruck von A als (A) und entsprechend den Klammerausdruck von B als (B) setzen.

Soll die Adjunktion gültig sein (Wahrheitswert = 1), so muß mindestens einer der Summanden = 1 sein. Ist also z. B. (A) = 0, so muß f' = 1 sein. Und für A: ist (B) = 0, so muß f = 1 sein. (B) ist aber nur dann = 0, wenn alle 4 Summanden = 0 sind, also i = 0, c = d = e = 1, somit nur für die eine Kombination (icde) = (0111) — und das zeigt auch die Schaltung. Für diese Kombination ist aber (A) = (B)' = 1, und nur für diese Kombination. Nur für diesen einen Wert kann dann f' = 0 sein. (Dies ergibt sich auch aus der Wahrheitstafel, deren Aufstellung eine einfache Aufgabe ist. Lösung s. Anhang 2.)

Doch wieder entsteht die Frage: wer hat eigentlich die Antwort gegeben? Die Maschine — oder der Konstrukteur?

5.3.4. Können Maschinen denken?

1. Die Betrachtungen über die „Syllogism Machine" und über das Gerät, das „The Manager's Argument" zu prüfen hatte, scheinen keinen Anlaß zu geben, die Frage nach der Denkfähigkeit von Automaten zu stellen. Jeder Leser wird wohl die Antwort geben: ob Maschinen denken können, weiß ich nicht — die BERKELEYschen Modelle jedenfalls können es nicht. Genau genommen „können" sie überhaupt nichts, sie sind weder Maschinen noch Modelle für irgend etwas, sondern reine Schaltungen, die der Mensch in bestimmter Weise einstellt, worauf der ebenfalls vom Menschen eingebaute Output geliefert wird. Wollte man einwenden, daß die Maschinen aber Antworten geben, die der Fragende nicht weiß, so müßte man sagen: das leistet jedes Lexikon oder Nachschlagewerk auch, nur daß die Inputs dort alphabetisch angeordnet sind und unser Suchen durch Verweisungen evtl. weitergeführt wird.

Da man die Berechtigung dieser ablehnenden Antwort angesichts unserer Darstellung der beiden Geräte kaum bestreiten kann, müssen wir zunächst noch etwas über die BERKELEYschen Modelle sprechen.

Die „Syllogismus-Maschine": In dem Schaltschema hatten wir zur Vereinfachung angenommen, daß die Schalter „von Hand" gestellt werden, da es ja nur auf die Schaltung selbst ankam. Es bedeutet keine Schwierigkeit, das Schalten zu automatisieren, z. B. mit Hilfe einfacher Relaisschaltungen. Die Prämissen werden dann codiert eingegeben, dadurch wird das betreffende Relais erregt, und dieses stellt die Schaltung her. Da die Prämissen in Serie geschaltet sind, sind sie logisch in Konjunktion verbunden, und die Maschine gibt dann das Ergebnis dieser Verknüpfung aus.

Stellen wir uns nun vor, wir würden die Prämissen der an einem anderen Ort stehenden Maschine auf geeignete Weise telegrafisch eingeben, und die Maschine würde die Antworten ebenfalls telegrafisch übermitteln, und wir wüßten nicht, wer oder was unser Partner X ist — nach dem TURINGschen Kriterium (S. 328) müßten wir X, der Maschine, dann „Denkfähigkeit" zuschreiben, da wir sicherlich nicht entscheiden könnten, ob ein Mensch oder ein Automat die logisch richtigen Antworten gibt. Wir wollen dieses Kriterium jetzt nicht höher bewerten als a.a.O., wollen nur darauf hinweisen, daß die Maschine sich so verhält, daß wir aus der Entfernung auf diesem Wege nicht entscheiden können, ob unser Partner X nun denken kann oder nicht.

Das Gerät, das „The Manager's Argument" prüfen soll, besitzt eine etwas größere Selbstandigkeit. Programmiert ist es in allgemeiner Form, als Realisierung der beiden Booleschen Funktionen A und B; ihr Konstrukteur hat die Schaltung für den allgemeinen Fall entworfen, ohne zu wissen, welche Werte für f bzw. f' in den 16 verschiedenen Fällen sich ergeben werden. Er hätte dies leicht mit Hilfe der Wahrheitstafel feststellen können, aber dies überläßt er der Maschine: da die Maschine die allgemeine Boolesche Funktion realisiert, kann er sich darauf verlassen, daß sie auch in Einzelfällen, z. B. bei (icde) = (0110), richtig antworten wird. Und wie bei dem probierenden Automaten (S. 306ff) könnte man auch dieses Gerät so konstruieren, daß es selbständig alle möglichen Kombinationen der vier Faktoren vornimmt und das Ergebnis dann anzeigt. Aber „Denkfähigkeit" werden wir auch diesem Automaten wohl kaum zusprechen.

2. Versuchen wir nun, die allgemeine Frage zu erörtern. Wir stellen zunächst zwei Thesen einander gegenüber, und zwar geben wir die „These“ in der Darstellung BERKELEYS:

These: „Man kann nicht leugnen, daß diese Maschinen tatsächlich schlußfolgern, und zwar korrekter und schneller Schlüsse ziehen als ein menschliches Wesen“ — so etwa formuliert BERKELEY seine These[1]. Allerdings, so fährt er fort, kann man sagen, daß diese Maschinen den Schlußprozeß nicht verstehen. Zugegeben, aber so ziemlich das gleiche gilt doch auch für den Menschen. „Der Mensch weiß nicht, wie das Schlußfolgern in seinem Hirn vor sich geht“ — ja, tatsächlich könnten wir darüber aus der Konstruktion schlußfolgernder Maschinen mehr erfahren als durch unmittelbare Untersuchung des Gehirns.

Man wird einwenden, daß diese kleinen Maschinen keinen Schlußprozeß oder auch nur einen Teil davon „erfinden“ können. Auch dies wird zugegeben — obwohl BERKELEY annimmt, daß eine Maschine, die groß und wirkungsvoll genug ist, theoretisch in der Lage sein sollte, auch einen solchen Prozeß zu erfinden. Vor allem aber ist dazu zu sagen, daß auch „kein einzelner Mensch jemals einen Schlußprozeß der Art, wie ihn die Menschen verwenden, erfunden hat“. Sechstausend Jahre Entwicklung der Sprache, der Kultur und der Zivilisation, sechstausend Jahre des Denkens und Kalkulierens und kleiner Fortschritte in der Erfindung solcher Prozesse waren nötig, um diese Formen zur heutigen Höhe zu entwickeln.

Und daraus folgt, so dürfen wir den Gedanken weiterführen: auch bei den „denkenden Maschinen“ wird es einer längeren Entwicklung bedürfen (wenn auch gewiß nicht so langer Zeit), bis sie ebenfalls als Ergebnis minimaler Fortschritte im einzelnen fähig sein werden, „selbständig“ zu denken, zu urteilen und zu schließen.

Antithese: Als Vertreter der Antithese zitieren wir GEORG KLAUS, der in seinem Buche „Kybernetik in philosophischer Sicht“ das Problem sehr ausführlich und gründlich erörtert, speziell in den Kapiteln „Können Maschinen denken?“ und „Zur Rolle des Modells in der Kybernetik“[2]. Es geht in den Erörterungen von KLAUS dabei immer um das „philosophische Grundproblem“, nämlich um die „Frage nach dem Verhältnis von Materie und Bewußtsein“. Der folgende Satz scheint notwendig zur Kennzeichnung der Grundhaltung des Verfassers, die, so stark im einzelnen und an vielen Stellen auch die Übereinstimmungen sind, von der unsrigen letztlich erheblich verschieden ist:

„Nicht nur manche Idealisten, sondern auch die Anhänger des dialektischen Materialismus bestreiten, ..., daß Maschinen denken können. .... Das Nein des dialektischen Materialismus weist die relative Wahrheit, die selbst in der höchst überspitzten These mancher Kybernetiker vom Denken der Maschine enthalten ist, auf ihren richtigen Platz. Das Nein der Idealisten und Theoretiker der Religion ist das Nein, das stets und ständig jedem Fortschritt der Wissenschaft entgegengehalten wurde, ...“ (S. 45).

---

[1] BERKELEY: a.a.O. S. 97.

[2] GEORG KLAUS: Kybernetik in philosophischer Sicht. Dietz-Verlag, Berlin 1961, S. 35ff und 244ff.

Bei der uns hier speziell interessierenden Frage geht auch KLAUS davon aus, „daß es möglich ist, die logischen Beziehungen auf zahlreiche verschiedene Weisen in materiellen Modellen darzustellen" (50). „Haben wir nun aber ein solches physikalisches Modell hergestellt, so sind wir in der Lage, bestimmte Denkaufgaben gewissermaßen ins Physikalische zu übersetzen und umgekehrt. Es wäre aber völlig unsinnig zu sagen, unser elektrisches Schaltsystem könne aussagenlogisch denken. Das wird noch deutlicher, wenn wir uns beispielsweise überlegen, daß wir als Modell für unsere Aussagenlogik auch die Beziehungen eines Rangierbahnhofes hätten nehmen können. Dort geht es dann nicht um Kontakte, sondern um Weichen, um durchlaßfähige und um blockierte Strecken usw. Wollten wir die kybernetische Redeweise ins Paradoxe übertreiben, so könnten wir behaupten, der Rangierbahnhof könne logisch denken und logische Operationen ausführen. Worum aber geht es in Wirklichkeit?

„Wenn die logischen Beziehungen Abstraktionen aus Klassen wirklicher Beziehungen sind, so muß es umgekehrt möglich sein, sie in einer Vielzahl wirklicher, zum Beispiel physikalischer Modelle darzustellen Weder der Rangierbahnhof noch das System elektrischer Kontakte, noch irgendein System von Elektronenröhren oder Transistoren können logisch denken! Es handelt sich vielmehr um eine isomorphe Beziehung zwischen gewissen Systemen von Abstraktionen und wirklichen physikalischen Systemen. ...

„Philosophisch völlig unsinnig ist es aber, aus dieser Isomorphie Identität zu machen. Bei einer bestimmten Form der Zuordnung kann man der Disjunktion zweier Aussagen die Parallelschaltung zweier Schaltungen entsprechen lassen; aber völlig unsinnig wäre es zu behaupten, daß die Disjunktion zweier Aussagen dasselbe sei wie die Parallelschaltung zweier Schaltungen. ...

Auf Grund der genannten Isomorphie können wir der aussagenlogischen Aufgabe eine schalttechnische Aufgabe entsprechen lassen. An die Stelle der aussagenlogischen Operationen, die wir vornehmen, um unsere Aufgabe zu lösen, tritt in der physikali-

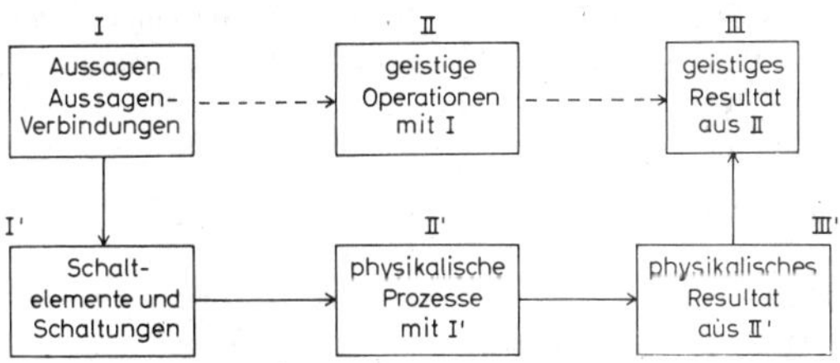

Abb. 135

schen Entsprechung ein bestimmtes System physikalischer Operationen. Die physikalischen Operationen führen zu einem bestimmten physikalischen Resultat. Vermöge der genannten Isomorphie können wir dieses physikalische Resultat wieder in aussagenlogische Beziehungen zurückübersetzen" (50ff).

Das führt dann zu einer schematischen Darstellung (s. Abb. 135)[1], und KLAUS

[1] Von Interesse ist, daß das KLAUSsche Schema durch eine kleine Änderung, nämlich durch Umkehrung des ersten Pfeils (zwischen I und I') zu einer schematischen Darstellung der Definition eines theoretischen Modells wird, wie sie HEINRICH HERTZ (s. o. S. 207) gegeben hat.

schließt mit der Feststellung: „Streng genommen kann also die Maschine nicht einmal die allereinfachsten Operationen, beispielsweise die Addition von $1 + 1 = 2$, ausführen."

3. Maschinen können logisch denken — keine Maschine kann logisch denken; These und Antithese, beide mehr oder weniger zwingend begründet, stehen einander gegenüber. Wollen wir zu ihnen Stellung nehmen, so müssen wir zunächst den Begriff „logisch Denken" prüfen. Wir haben bereits oben (S. 330) kurz darauf hingewiesen, daß wir Menschen, auch wenn wir logisch schlußfolgern, meist nicht tatsächlich in den logischen Formen und Schematen denken. Konsequent hat deshalb PFÄNDER, in Fortsetzung der HUSSERLschen Kritik am „Psychologismus" in der Logik, diese Wissenschaft nicht als Wissenschaft „vom Denken", sondern als „systematische Wissenschaft von den *Gedanken*" definiert[1], und dieselbe klare Unterscheidung von Psychologie und Logik finden wir etwa bei v. FREYTAG-LÖRINGHOFF, der sagt: „Gegenstand der Logik sind gewisse Eigenschaften und Beziehungen in Sachverhalten, die gedacht werden, nicht aber das Denken selbst als psychisches Ereignis"[2]. Im Anschluß an diese Bestimmungen definieren wir hier die (philosophische) Logik:

Logik ist die allgemeine und formale Wissenschaft vom Gedachten.

Diese Definition schlägt auch eine Verbindung zur mathematischen Logik und erlaubt eine, wenn auch noch etwas grobe, Unterscheidung von philosophischer und mathematischer Logik: die mathematische Logik betrachtet das Gedachte an sich, unabhängig von seinem „Gedachtsein"—die philosophische Logik dagegen betrachtet es „als Gedachtes".

Wird die Logik so definiert, so erhält auch der Begriff des „logischen Denkens" eine andere Bedeutung, die man etwa formelhaft wiedergeben kann als *Logisches denken.* Und damit erhält schließlich auch die Frage, „ob Maschinen denken können", einen anderen Sinn und eine andere Formulierung. Ob Maschinen logisch „denken" können, steht jetzt und hier gar nicht mehr zur Diskussion, sondern etwa: können Maschinen logische Beziehungen zwischen Gedachtem, z. B. zwischen Aussagen, herstellen?

4. Ein Vergleich mit den „rechnenden" Automaten liegt nahe. Daß Maschinen nicht eigentlich „rechnen" können, d. h., wie wir jetzt vielleicht verallgemeinernd sagen dürfen, „Mathematisches denken" können, haben wir gesehen (S. 262ff); aber sie können Beziehungen zwischen Gegenständen und Vorgängen derart herstellen, daß sie den mathematischen Verknüpfungen isomorph sind. Und ebenso könnten dann „logische" Automaten — das wäre jetzt die These — Verknüpfungen zwischen Gegenständen und Vorgängen herstellen, die logischen Verknüpfungen isomorph sind, was ja z. B. auch KLAUS zugibt. Die Antithese würde dann besagen, daß

[1] ALEXANDER PFÄNDER: „Logik" in: Jahrbuch für Philosophie und phänomenologische Forschung, Bd. IV (2. Ausg.). Halle 1930 (auch als Buch erschienen, ebenda). S. 139ff (Buch S. 5ff), spez. S. 148 (14).

[2] BRUNO BARON v. FREYTAG gen. LÖRINGHOFF: Logik (Urban-Bücher 16). Stuttgart und Köln 1955. S. 12.

Automaten solche isomorphen Verknüpfungen nicht von sich aus herstellen, sondern nur programmiert logische Schaltungen funktionieren lassen können — wogegen die These (BERKELEY) dann einwenden würde, daß dies beim Menschen letztlich auch nicht anders sei.

Doch der Vergleich zwischen „rechnenden" und „denkenden" Automaten zeigt noch Unterschiede auf, die für unsere Frage wichtig sind. KLAUS betont, es sei unsinnig zu behaupten, die Konjunktion[1] zweier Aussagen sei „dasselbe" wie die Serienschaltung zweier Schalter; sie sei dieser eben nur isomorph — das leuchtet ein. In Rechenautomaten und ebenso in den Modellen für die Bedingte Reaktion wird aber eine „Und"-Einheit nur erregt, wenn zwei, drei oder mehr Impulse sie gleichzeitig erregen. Die Funktion einer Und-Einheit ist somit einer „Addition" nicht nur isomorph, sondern sie ist eine Summierung (S. 267f) von Gegenständen oder Vorgängen. Man kann Gegenstände und auch Vorgänge eben durch räumliches oder/und zeitliches Zusammenfügen objektiv summieren (wenn auch nicht addieren, solange keine Zahlen mitspielen), man kann ihre „Summe" bilden, indem man etwa Gegenstände auf einen Haufen schüttet. Da dieses Summenbilden letztlich die Grundlage des „Rechnens mit Objekten" ist, können auch Automaten derart „rechnen".

Das wird noch deutlicher, wenn wir jetzt die „Zahlen" einführen. Wieder müssen wir unterscheiden: solange wir die Zahlwörter „der Reihe nach aufsagen" — z. B. beim Lernen einer fremden Sprache—, so lange „zählen" wir nicht, und dasselbe gilt, wenn wir entsprechend die Zahlzeichen der Reihe nach hinschreiben. Das letztere kann auch der Automat, ja, kann jede kleine Tischrechenmaschine. Was ist aber „Zählen"? Die Definition der *Kardinalzahl* in der Mengenlehre zeigt dies sehr genau: „Unter einer Kardinalzahl oder Mächtigkeit m", so heißt es dort etwa, „wird ein beliebiger Repräsentant M aus einer Klasse von untereinander äquivalenten Mengen verstanden", und: „Eine Menge M heißt äquivalent zu einer Menge N, wenn es möglich ist, die Elemente von N den Elementen von M eineindeutig (oder umkehrbar eindeutig) zuzuordnen"[2]. Beim „Etwas Zählen", bei dem wir ja die Kardinalzahlen benutzen, wenn wir die „Anzahlen" meinen, ordnen wir also die Reihe der Zahlen einer Reihe von Gegenständen, Vorgängen usw. „eineindeutig" zu, so daß jeder Zahl ein und nur ein gezähltes Element und jedem Element der Reihe eine und nur eine Zahl entspricht. „Zählen" durch Zuordnen kann aber auch ein Automat, und er kann auch das Ergebnis in Zahlen wiedergeben, wie uns jeder „Zähler" im Haushalt, im Auto usw. beweist. Aber die Zahlen sind für ihn Objekte, nicht einmal Zeichen, und sie bleiben es auch, wenn er mit Zahlen „rechnet". Daher sagt KLAUS mit Recht: die Maschine kann nicht einmal die Addition von $1 + 1 = 2$ ausführen, sie kann vielmehr nur die Objekte 1 und 1 zusammenfügen, „auf einen Haufen schütten", und diesen dann zählen.

Interessant werden die Beziehungen zwischen Mensch und Automat—, das können wir jetzt unseren früheren Ausführungen über dieses Thema hinzufügen — wenn wir zu den *allgemeinen Zahlen* übergehen, also mit Buchstaben a, b, c .... rechnen. Die

[1] Wir wählen hier der Deutlichkeit halber die Konjunktion statt der Disjunktion, was ja am Sinn der Aussage nichts ändert.

[2] E. KAMKE: Mengenlehre (Sammlg. Göschen). Berlin und Leipzig 1928, S. 23 u. 19.

Buchstaben bedeuten nicht bestimmte Zahlen, sondern, wie man oft sagt, „beliebige Zahlen" — was allerdings streng nur für sog. identische Gleichungen gilt, wie z. B.:

$$(a + b)^2 = a^2 + 2ab + b^2; \tag{1}$$

es gilt schon nicht mehr für die einfache Formel der Addition:

$$a + b = c. \tag{2}$$

Während wir in Gleichung (1) tatsächlich „irgendwelche" zwei Zahlen einsetzen können, die Gleichung bleibt immer gültig, besagt Gleichung (2): In der Reihe der positiven und negativen ganzen Zahlen gibt es zu zwei beliebigen Zahlen a und b stets eine dritte bestimmte Zahl c, die die Summe von a und b ist. Oder: In der Reihe der ganzen Zahlen gibt es zu jeder beliebigen Zahl c stets zwei Zahlen a und b so, daß c die Summe von a und b ist. Es gibt in diesem Falle unzählige solcher Paare a und b, aber Paare bestimmter Zahlen.

Über die Beziehungen der Buchstaben zu „irgendwelchen" Zahlen machen wir uns beim Buchstabenrechnen keinerlei Gedanken, wir rechnen tatsächlich mit den Buchstaben als Elementen eines Verknüpfungssystems, deren Verknüpfungen bestimmten Regeln (Axiomen) unterworfen sind, die wir anwenden. Und da wir über die „Bedeutung" der Buchstaben nicht weiter nachdenken müssen, rechnen wir mit ihnen letztlich wie mit den bedeutungslosen Elementen der allgemeinen Verknüpfungstheorie — und ähneln damit dem „Rechnen" der Automaten erheblich mehr noch als beim Zahlenrechnen.

Wieder anders — das muß hier noch erwähnt werden — ist die Situation bei den algebraischen Gleichungen. Hier bedeuten die Buchstaben des Alphabets — x, y und z werden meist verwendet — nicht „beliebige", sondern bestimmte, aber unbekannte Zahlen. „Bestimmt" sind sie durch die Relationen, die in der Gleichung ausgedrückt sind, z. B.:

$$ax + b = c, \text{ also: } x = \frac{c-b}{a}.$$

Algebraische Gleichungen kann man daher „auflösen", sei es in Buchstaben-Relationen oder in bestimmte Zahlen. Identische Gleichungen kann man nur zum Umformen mathematischer Ausdrücke verwenden.

Alles dies kann nun aber der Automat auch — solange die „Zahlen" nicht Zeichen mit Bedeutung sind bzw. solange es für die Operationen unwesentlich ist, daß sie dies sind.

5. Bei den Verknüpfungen der formalen Logik rechnen wir ebenfalls mit Buchstaben wie p und q, und diese sind „allgemeine Aussagen" wie die Buchstaben in der Mathematik allgemeine Zahlen sind. Und die Variablen in diesen Aussagen, also die logischen Subjekte, Prädikate usw., sind im gleichen Sinne „allgemeine" Subjekte und Prädikate. Solange wir mit ihnen „rechnen", bewegen wir uns wieder im allgemeinen Verknüpfungssystem, ohne uns über sie weitere Gedanken zu machen — wir können sie als bedeutungslose Elemente dieses Systems ansehen.

Erst durch die *Interpretationen* werden die allgemeinen Elemente, die Rechnungen und ihre Ergebnisse zu Verknüpfungen von „Mengen", von „Aussagen" oder auch von „Schaltern" usw. So wird dieselbe BOOLEsche Funktion in der einen Interpretation zur Vereinigung dreier Mengen, von denen jede der Durchschnitt zweier Mengen ist ($AB + A'B + A'B'$, s. S. 240). In einer anderen Interpretation wird sie zu einer Schaltung $\bar{a} + b$, die nur dann keinen Output liefert, wenn a geschlossen ($= 1$), also $\bar{a} = 0$, und b offen ($= 0$) ist. Und in der „logischen" Interpretation wird sie zur *faktischen Implikation:* $p' \vee q \equiv p \rightarrow q$, die nur „falsch" ist, wenn $p = 1$ und $q = 0$ (S. 243f).

Die *Interpretation* aber ist das, was die Maschine nicht kann; sie muß man als eine „geistige Leistung" ansehen. Die Maschine verknüpft Zeichen zu Superzeichen — durch die Interpretation werden die Superzeichen zu „Wörtern", die eine *Bedeutung* haben: Wörter einer Sprache, mathematische oder chemische Formeln, musikalische Themen usw. Die Maschine verknüpft Superzeichen zu syntaktischen Signalen — durch die Interpretation werden diese zu „Nachrichten", die einen *Sinn* haben: Sätze einer Sprache, ein mathematischer Beweis, eine chemische Kettenreaktion, ein musikalischer „Satz" usw.

Solange es sich um *isomorphe Systeme* handelt, sind wir in der Interpretation frei[1]. Da die Interpretation aber transitiv ist — aus $a \equiv_i b$ und $b \equiv_i c$ folgt $a \equiv_i c$ —, ist auch jede Interpretation des allgemeinen Verknüpfungssystems eine „Interpretation" einer anderen Interpretation dieses Systems. Somit können Schaltungen der Schaltalgebra ebenso gut Interpretationen logischer Verknüpfungen sein wie etwa VENN-Diagramme[2].

Zwei Interpretationen desselben Systems sind damit in gewissem Grade austauschbar, d. h. wir können die logischen Verknüpfungen durch elektrische Schaltungen darstellen, können logische „Schlüsse" an Schaltsystemen prüfen und untersuchen — soweit eben die Isomorphie der Systeme reicht, d. h. soweit die spezielle Interpretation als „logisch" und als „Schaltung" dabei irrelevant ist.

Angenommen, das menschliche Nervensystem sei als Schaltsystem ebenfalls ein dem allgemeinen Verknüpfungssystem isomorphes System, es wäre dann eine weitere Interpretation. MCCULLOCH und PITTS haben in ihrer grundlegenden Arbeit auf der Basis der BOOLEschen Algebra einen „logischen Kalkül" für die Relationen und Vor-

---

[1] Die *Arithmetik* ist nicht mit dem allgemeinen Verknüpfungssystem isomorph, da in ihr verschiedene Sätze nicht gelten (S. 235f). Auch die „Multiplikation" von Permutationen ist mit jenem System nicht isomorph, denn bei ihr gilt das kommutative Gesetz nicht: hier ist $A \cdot B \neq B \cdot A$, wie man leicht feststellen kann, wenn man in dem Beispiel S. 203 links die beiden Faktoren umstellt.

[2] Die Veranschaulichung logischer Urteile und Schlüsse durch Kreise geht auf den Mathematiker LEONHARD EULER (1707–1783) zurück, der diese Methode der Interpretation (bzw. Veranschaulichung) in seinen „Briefen an eine deutsche Prinzessin" entwickelt hat. Die EULERschen Diagramme sind aber anderer Art als die VENN-Diagramme (S. 240f), da sie auf einer anderen Grundlage beruhen (Subsumptions-Theorie des Urteils). Eine gute Darstellung der EULER-Diagramme gibt WILLIAM STANLEY JEVONS in seinem „Leitfaden der Logik" (dtsch. v. H. KLEINPETER). 2. Aufl. Leipzig 1913; spez. S. 72ff u. 132ff.

gänge im Nervensystem entwickelt, der diese Annahme weitgehend rechtfertigt[1]. Im Idealfall wären dann z. B. Schaltalgebra und Neuronenalgebra (wenn man so sagen darf) isomorphe Systeme, und das bedeutet, daß ein schlußfolgernder Automat tatsächlich in gleicher Weise wie das Nervensystem logisch verknüpft. Nur würde er dabei gewiß nicht „denken" — was aber in diesem Zusammenhange irrelevant ist.

Aus dem Gesagten ergibt sich als Folgerung:

Denken ist eine Weise, logische Verknüpfungen vorzunehmen, schaltalgebraisches Verknüpfen ist eine andere Weise, und, wenn man so will, „Rangieren" könnte eine dritte Weise sein. Nur die erste Weise ist „logisches Denken", alle anderen Weisen könnte man als „Logisches herstellen" bezeichnen — der Frage, ob diese Maschinen „denken" können, unterliegen sie gar nicht (vgl. oben S. 327). Wie aber steht es nun mit dem Nervensystem? Betrachten wir etwa im Sinne eines radikalen *Reduktionismus* das „physiologische Schalten" als allein wesentlich — und das wäre bei unserer Fragestellung wissenschaftlich korrekt —, so wird die Frage „Können Automaten denken?" zu einem Sonderfall des alten Leib-Seele-Problems, das in diesem Zusammenhange dann lauten würde:

„Kann das Nervensystem denken?"

6. Unsere Betrachtungen sollten weniger eine Lösung der gestellten Frage geben als vielmehr diese Frage selbst klären und präzisieren. Wir sind zwar überzeugt, daß Automaten, seien sie auch so kompliziert wie das menschliche Nervensystem, nicht denken können — aber da dies kein Problem ist, das wir hier erörtern müssen, interessiert diese persönliche Überzeugung auch nicht weiter. Daß aber entsprechend komplizierte Automaten so konstruiert werden können, daß sie auch logische Schlußverfahren „selbständig" (z. B. durch Probieren am „inneren Modell") entwickeln können, davon sind auch wir überzeugt, teils wegen der Leistungen schon bestehender Automaten, teils auf Grund der Theorie: was an logischen Verknüpfungen sich mit den Mitteln der Booleschen Algebra darstellen läßt, das kann man prinzipiell auch in Verknüpfungen der Schaltalgebra transformieren, und dann, wieder prinzipiell, auch in reale Schaltungen übersetzen. Und das Selbstentwickeln von Schaltungen läßt sich in Automaten ebenso programmiern wie das Befolgen bedingter Befehle oder das „Suchen" eines Weges durch ein Labyrinth.

Wir haben — das muß zum Schluß noch betont werden — das Problem „Denken" zwar ausgeklammert, aber es ist damit nicht erledigt, sondern bleibt ein echtes Problem auch der Kybernetik, z. B. der sogen. „Psycho-Kybernetik", oder der „Informations-Psychologie" (H. Frank). Doch geht seine Behandlung über den Rahmen einer Einführung hinaus, zumal es für eine solche Darstellung noch nicht reif ist[2].

---

[1] Eine kurze Darstellung der Grundgedanken findet man bei Wolfgang Wieser: Organismen, Strukturen, Maschinen (Fischer-Bücherei). Frankfurt/M. 1959. S. 98ff. Die Originalarbeit, W. S. McCulloch and W. Pitts: „A logical calculus of the ideas immanent in nervous activity". ist im Bull. Mathem. Biophysics 5 (1943), S. 115–133, erschienen.

[2] Hingewiesen sei auf den interessanten Versuch eines kybernetischen Denk-Modells von H. Stachowiak: Denken und Erkennen im kybernetischen Modell. Wien, New York 1965.

5.4. Transformation und Regelung

5.4.1. Über Anpassung

1. „Lernen" und „Denken" sind zwar komplexe Formen der Nachrichtenverarbeitung, vom Gesamtverhalten eines Systems aus gesehen sind sie aber noch verhältnismäßig einfache Verhaltensformen; sie sind oft auch Bestandteile höherer Verhaltensformen. Unter diesen verdient hier die *Anpassung* besonderes Interesse, einmal wegen ihrer Wichtigkeit für alles tierische und menschliche Verhalten und dann, weil an ihr einige kybernetische Fragestellungen und Methoden sichtbar werden, die wir bisher nur vorläufig (oder noch gar nicht) behandelt haben, deren Kenntnis aber zur Abrundung notwendig ist: die Lehre von der *Transformation*, also der Veränderung von Systemen, und die Lehre von der *Regelung*. Eine Theorie der Anpassung auch nur in den Grundzügen zu entwickeln, ist nicht unsere Aufgabe — einige allgemeine Bemerkungen dazu haben wir im I. Teil (S. 43ff) gegeben. Eine solche Theorie ist wesentlich Thema der Angewandten Kybernetik, dessen Bearbeitung in die Biologie, Anthropologie (i.w.S.), Psychologie und speziell in die Verhaltensforschung (Ethologie) gehört. Wir wollen hier versuchen, den Begriff „Anpassung" so weit zu klären, daß uns die Analyse zu den erwähnten kybernetischen Fragestellungen führt.

2. Schon die alltägliche Wortbedeutung von „Anpassung" verweist uns auf „etwas Anderes" als das System selbst. Betrachten wir dieses „Andere" auch als ein System, so ist *Anpassung* formal ein in irgendeiner Weise in Beziehung Treten von Systemen untereinander. Sei im folgenden S das betrachtete System und Σ das „andere" System: Σ kann die Umwelt sein oder ein Kommunikationspartner (bzw. auch mehrere), es kann eine Gemeinschaft sein oder eine Maschine (bzw. auch eine „andere" Maschine) — kurz, alles, mit dem das betrachtete System in Relation treten kann oder muß.

Welcher Art ist nun die Relation „Anpassung" zwischen S und Σ?

Gehen wir wieder von der Wortbedeutung aus, so können wir zwei verschiedene Arten von Anpassung unterscheiden:

a) *sich-Anpassen-an:* Gegeben ist das System Σ, das wir als fest betrachten können, und das variable System S. Beide stehen in gewisser Weise im Widerstreit, sie passen nicht zueinander — formal: sie sind nicht im *Gleichgewicht* miteinander. Das sich-Anpassen-an besteht dann darin, daß S sein Verhalten allmählich ändert, diese Veränderung an Σ ausrichtet und so zum Gleichgewicht strebt.

b) *Etwas sich anpassen:* Hier liegt der umgekehrte Fall vor. In der gleichen Situation eines Un-Gleichgewichts zwischen S und Σ bleibt (im Grenzfall) S konstant und wirkt so auf Σ ein, daß Σ an S angepaßt wird, so lange, bis auch jetzt ein Gleichgewichtszustand erreicht ist.

Beispiele für diese beiden Grundformen der Anpassung lassen sich in beliebiger Art und Menge finden: wir passen unser Verhalten unserer Umwelt an, unseren Partnern im Beruf und im Leben, unseren „Verhältnissen" (z. B. den finanziellen Verhältnissen), unserer sozialen Stellung und dgl. mehr.

Wir passen aber mindestens im gleichen Maße unsere Umwelt uns an, verändern sie technisch, ja schaffen uns künstliche Umwelten, die uns, dem System S gemäß, uns angepaßt sind. Das beginnt schon beim *Klima* durch die Kleidung („Kleider-Klima") und Wohnung („Wohnungs-Klima") und reicht bis zur Umgestaltung ganzer Landschaftsräume. Die Geschichte der Zivilisation ist die Geschichte der Anpassung der Umwelt an uns.

Nur, was so umgestaltet wurde, zunächst als Anpassung an den Menschen und seine Bedürfnisse, wird objektiv; und das Anpassen-an hat, wie viele menschliche Verhaltensweisen, die Tendenz, sich zu verselbständigen, Selbstzweck — und damit zweckfremd zu werden. So schaffen wir uns künstliche Umwelten, an die wir uns nun wieder mühsam anpassen müssen — das ist die andere Seite der Geschichte der Zivilisation.

3. Ist Anpassung so als ein *intersystemisches Verhalten* bestimmbar, so erscheinen, von hier aus gesehen, „Lernen" und „Denken" sowie auch z. B. „Handeln" als *Mittel* zur Herbeiführung des Gleichgewichtszustandes. Dabei sind Lernen und Handeln selbst wesentlich intersystemisch, während Denken wesentlich intrasystemisch ist. Lernen und Handeln aber unterscheiden sich wieder durch die Richtung der intersystemischen Relation:

Lernen ist zentrisch, symbolisch: $\Sigma \rightarrow S$;
Handeln ist ex-zentrisch, symbolisch: $\Sigma \leftarrow S$.

Auf beide Formen der Anpassung lassen sich die verschiedenen Unterscheidungen der Verhaltensweise (s. S. 286ff) anwenden: z. B. Reaktions- und Spontan-Verhalten oder: ausgelöstes, gesteuertes und geregeltes Verhalten usw.

Beim sich-Anpassen-an besteht der Vorgang letztlich in einer *Veränderung* von S, und zwar, da diese Veränderung auf ein bestimmtes Ziel gerichtet ist, in einer von Σ gesteuerten Veränderung oder, falls das System sich selbst steuert, in einer geregelten Veränderung von S.

Beim etwas-uns-Anpassen durch Handeln von S wird Σ verändert, auch diese Veränderung ist somit gesteuert. Zugleich aber ist das Handeln von S ein geregeltes Verhalten, da S ja sein Verhalten ständig am Erfolg kontrollieren, durch den Erfolg steuern lassen muß. Auch in diesem Falle verändert sich also S ständig, es „lernt" an seinem eigenen Handeln (vgl. auch S. 171 das Nicolai Hartmann-Zitat).

4. Für eine allgemeine theoretische Behandlung der *Anpassung* ergibt sich damit als Grundlage eine Untersuchung der Veränderung von Systemen überhaupt — *Transformations-Theorie*, und speziell eine Theorie der gesteuerten und geregelten Transformationen. Beide Untersuchungen gehören zur Allgemeinen Systemtheorie, wie wir sie hier verstehen. Formal kann man dabei vereinfacht die Transformationen durch Regelung als intrasystemisch und die durch Steuerung als intersystemisch ansehen. Die Theorie der kombinierten Transformationen bildet dann sozusagen den krönenden Abschluß der Allgemeinen Systemtheorie.

Die „Theorie der Anpassung", die auch die des Lernens, des Handelns usw. umfaßt, ist damit eine *Interpretation* der allgemeinen Transformationstheorie; die technische Regeltheorie ist eine andere Interpretation, und andere Wissenschaften, wie

Soziologie, Wirtschaftswissenschaft usw. könnten, wenigstens in Teilen, als weitere Interpretationen behandelt werden.

Alles dies gilt vorerst aber nur prinzipiell. Für unsere Darstellung reduzieren sich solche weitreichenden Spekulationen schnell auf ein Minimum, nämlich auf den Versuch, einige Grundbegriffe und Gesetze der Allgemeinen Transformations-Theorie und Regel-Theorie zu behandeln[1]. Der Schritt zu den höheren Bereichen wird allerdings von diesen schmalen Grundlagen aus nicht immer einsichtig sein. Das ist leider unvermeidlich. Die Grundlagen, die wir hier geben können, sind für die erwähnten Interpretationen nicht tragfähig genug — sie breiter zu legen und stärker zu fundieren verbietet sich aber schon deswegen, weil dafür zuviel Mathematik erfordert wird — und das zwingt uns wieder zum Verzicht.

5.4.2. Transformation

5.4.2.1. *Die Transformation und ihre Darstellung*

1. Wir verstehen unter einem *System* wieder eine Gesamtheit von *Elementen*, zwischen denen irgendwelche Beziehungen bestehen oder hergestellt werden können. Als Symbol für ein System schreiben wir:

$$S: (a, b, c, \ldots.), \tag{1}$$

wobei a, b, c ... die Elemente seien.

Ein solches System können wir in verschiedener Weise interpretieren: als physikalischen Körper etwa, dann sind die Partikeln des Körpers, z. B. seine Molekeln, die Elemente; als chemische Verbindung mit den Atomen der Stoffe als „Elementen" (nicht zu verwechseln mit den „chemischen Elementen", aus denen die Verbindung besteht, die ebenfalls Elemente des Systems sein können); als Organismus, wobei dann etwa dessen Zellen die Elemente sind; als Gemeinschaft mit den Menschen als Elementen usw.

Zu einem bestimmten Zeitpunkt t_1 befindet sich ein System in einem bestimmten *Zustand* Z_1, den wir etwa durch bestimmte Eigenschaften von S kennzeichnen können: Temperatur, Dichte, Farbe, Form des Körpers — Reaktionsfähigkeit der chemischen Verbindung — Wachen oder Schlafen, Aktivität, Gesundheit usw. des Organismus — Harmonie oder Streit, Zusammenwirken oder Konkurrenz in der Gemeinschaft mögen einige Beispiele solcher Kennzeichnung sein. Betrachten wir das System als Ganzes, wie in den eben genannten Beispielen, so können wir seinen Zustand in der gleichen Weise formulieren:

$$S_{t_1}: (a, b, c, d \ldots) \tag{1a}$$

---

[1] Die Aufgabe, die wir uns damit stellen: eine elementare Einführung in die Theorie der Transformation von Systemen zu geben, ist von W. Ross Ashby in seiner „Introduction to Cybernetics" unseres Erachtens so ausgezeichnet, ja man kann sagen erschöpfend gelöst worden, daß wir seiner Darstellung hier eigentlich nur folgen können — weitgehend folgen, da aus dem Zusammenhang unseres Buches einige Abweichungen nötig sind. Leider ist Ashbys Buch noch nicht ins Deutsche übersetzt worden, so daß wir hier auf das englische Original verweisen müssen.

doch bedeuten die a, b, c, d ... jetzt Eigenschaften des Systems, z. B. beim physikalischen Körper a = 32° C, b = 4,2 g · cm^{-3}, c = rot, d = Würfel und dgl. Betrachten wir dagegen das System als Gesamtheit seiner Elemente (Bestandteile) und seinen Zustand Z_t als bedingt durch die Zustände dieser Elemente, so schreiben wir genauer:

$$S_t: (a_t, b_t, c_t, \ldots\ldots) \tag{1b}$$

Ist S z. B. eine Gemeinschaft, so kann (1b) bedeuten: der Mensch a_t ist gereizt, b_t ist krank, c_t plant ein neues Unternehmen usw.

2. Der Zustand eines Systems, ob wir ihn nun nach (1a) oder (1b) betrachten, ist zeitlich nicht gleichbleibend: alle realen Systeme verändern sich, d. h.:

$$S_{t_2} \neq S_{t_1} \tag{2}$$

Veränderungen von Systemen sind auf viele verschiedene Weisen möglich; wir betrachten hier kurz einige Sonderfälle:

a) Das System als Ganzes verändert sich, d. h. es hat im Zeitpunkt t_2 andere Eigenschaften als im Zeitpunkt t_1. Die Temperatur des physikalischen Körpers ist etwa bis zum Schmelzpunkt gestiegen, damit hat sich seine Form geändert und oft auch (z. B. bei Schwefel) seine Farbe usw. Den Übergang vom Zustand Z_1 des Systems in den Zustand Z_2 bezeichnen wir als eine *Transformation* des Systems, abgekürzt T und symbolisch dargestellt durch:

$$T: \downarrow \begin{pmatrix} a, b, c, d, & \ldots\ldots \\ u, v, w, x, & \ldots\ldots \end{pmatrix} \tag{3}$$

b) Das System verändert sich, weil seine Elemente sich verändern, also z. B. seine Bestandteile. Genauer: die Elemente sind noch dieselben, sie sind aber nicht mehr die gleichen; ihre Eigenschaften haben sich verändert. So möge im obigen Beispiel der Mensch a_t sich beruhigt haben, b_t ist wieder gesund, c_t hat mit der Ausführung seines Planes begonnen usw. Auch dies ist eine *Transformation* des Systems:

$$T: \downarrow \begin{pmatrix} a_1, b_1, c_1, & \ldots \\ a_2, b_2, c_2, & \ldots \end{pmatrix} \tag{3a}$$

c) Das System verändert sich, weil seine Elemente — die im Grenzfall die gleichen Eigenschaften behalten mögen — anders angeordnet sind, S daher umstrukturiert wird. Bei einem Körper, z. B. einem Eisenstab, führt das Magnetisieren (s. S. 271 ff) zu einer Umordnung der Partikeln; das System erhält damit eine neue Eigenschaft: der Stab wird magnetisch. In einer Gemeinschaft, z. B. einer Firma, kann ein Austausch (Umordnung) in den leitenden Stellen das Betriebsklima und die Leistungsfähigkeit verbessern.

Derartige Transformationen können aber sehr tiefgehende Wirkungen haben, so daß das System nicht nur anders, sondern ein anderes wird. Dazu ein Beispiel aus der Chemie:

Jede Molekel der Essigsäure besteht aus 2 Kohlenstoff-Atomen (C), 4 Wasserstoff-Atomen (H) und 2 Sauerstoff-Atomen (O); die Essigsäure hat daher die *Bruttoformel*

$C_2H_4O_2$. Diese 8 Atome sind in bestimmter Weise angeordnet und miteinander verbunden (Strukturformel A). Durch Umstrukturieren, z. B. wie in B, erhalte ich einen anderen Stoff, den Ameisensäuremethylester — und durch weiteres Umordnen abermals einen anderen Stoff (wie in C), den Glykolaldehyd[1]:

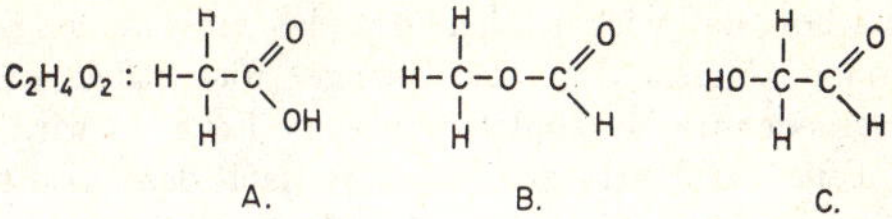

Abb. 135

In einfachster Form tritt eine solche Transformation durch Umstrukturieren als *Permutation* auf (s. o. S. 203), bei der nur die Reihenfolge der Elemente verändert wird.

Transformationen durch Permutation sind ein Beispiel *geschlossener Transformationen.* Ein Alltags-Beispiel möge die Permutations-Transformation veranschaulichen:

In einem Hotel hat eine Reisegesellschaft 20 Zimmer belegt, aber 50% der Reisenden (Elemente) sind mit ihren Zimmern nicht zufrieden. Nach vielen Mühen gelingt es dem Reiseleiter, durch Umtausch einige Zufriedenheit und Ruhe herzustellen. Seien a, b, c ... die unzufriedenen Reisenden und bezeichne der Index die ihnen zugeteilte bzw. die spätere Zimmernummer, so kann die Transformation so aussehen:

$$T: \downarrow \begin{pmatrix} a_3, & b_7, & c_9, & d_{11}, & e_{14}, & f_{15}, & g_{16}, & h_{17}, & i_{19}, & j_{20} \\ a_9, & b_3, & c_7, & d_{16}, & e_{17}, & f_{19}, & g_{14}, & h_{20}, & i_{11}, & j_{15} \end{pmatrix} \qquad (3\,b)$$

d) Schließlich können sich Systeme auch dadurch verändern, daß einige Elemente gegen andere ausgetauscht werden. Sind es „andere" = andersartige Elemente, so führt die Transformation zu einem anderen System, z. B. wenn ich oben in A die OH-Gruppe am rechten C-Atom durch eine Methylgruppe (CH_3) austausche, entsteht wieder ein anderer Stoff mit anderen Eigenschaften, das Aceton.

Sind es gleichartige Elemente, so liegt eine echte Transformation des Systems vor. Der Begriff „Ersatzteile" zeigt, welche Rolle solche Transformationen in der Technik spielen; das gleiche finden wir bei Organismen, bei denen zur Erhaltung des Systems ständig z. B. abgenutzte und verbrauchte Elemente ausgewechselt werden.

Allerdings kann man die Ansicht vertreten, daß auch durch solche Transformationen das System ein „anderes" wird — man denke nur an die einst viel erörterte Frage: ist ein Erbstück, z. B. ein Spazierstock des Vaters, noch „derselbe" Stock, wenn im Laufe der Jahre zuerst die Zwinge, dann die Krücke und schließlich das Mittelstück durch gleiche Stücke ersetzt worden sind? Sicherlich ist er objektiv nicht mehr „Vaters Stock" (aber von wann ab ist er es nicht mehr?) — in anderer Hinsicht jedoch ist er es

[1] Das ist natürlich reine „Papierchemie". Wie dieses „Umstrukturieren" praktisch vorgenommen werden kann, ist hier irrelevant; worauf es ankommt ist: eine andere Verknüpfung derselben Atome (bzw. genügt: der „gleichen" Atome) ergibt einen anderen Stoff.

noch, z. B. als Objekt bestimmter emotionaler Beziehungen, zumindest, solange die Krücke noch dieselbe ist.

3. Wir werden uns mit den Problemen, die die Transformationen c) und d) aufwerfen, hier nicht beschäftigen, sondern vor allem a) und b) betrachten. Die Transformationen, die „Vaters Stock" allmählich in ein gleiches, aber doch anderes System umwandeln, zeigen schon, daß wir auch bei körperlichen Systemen sehr verschiedene „Elemente" annehmen können, dort also Zwinge, Mittelstück und Krücke. Oder erhitzen wir eine ausgedehnte Metallplatte an einer Ecke, so wird die Temperatur der verschiedenen Teile der Platte zur Zeit t je nach deren Entfernung von der Wärmequelle verschieden sein, so daß jetzt in S: (a, b, c, d ...) die a, b, c, d ... „Teile verschiedener Temperatur" bedeuten. Wir können auch die Teile gleicher Temperatur durch Linien (Isothermen) untereinander verbinden und jedes derartige Untersystem als „Element" ansehen, ähnlich wie auf den Wetterkarten Linien (Isobaren) die Orte gleichen Luftdrucks verbinden: die Änderung der Lage dieser Isobaren, also die Transformation des Systems der Isobaren, ist eine wesentliche Grundlage der Wettervorhersage.

4. Die Zustände der Elemente können nun meßbar, d. h. durch Zahlenangaben charakterisierbar sein. Sei z. B. S: (a, b, c, d, ...) das Warenlager eines Kaufmanns, so können wir S auch durch die Preise dieser Waren charakterisieren (die wir der Einfachheit halber als ganzzahlig annehmen):

$$S: (3, 6, 2, 5, 8, 7, \ldots.) \tag{4}$$

Eine allgemeine Preissteigerung bringt nun einen einfältigen Kaufmann dazu, alle Preise um 3 DM zu erhöhen, d. h. er führt folgende Transformation durch:

$$T: \downarrow \begin{pmatrix} 3, 6, 2, 5, & 8, & 7, \ldots. \\ 6, 9, 5, 8, & 11, & 10, \ldots. \end{pmatrix} \tag{5}$$

Wir können diese Transformation dann auch knapp in algebraischer Form darstellen:

$$T: n_1 = n + 3; \tag{6}$$

diese Transformation gilt für jedes Element des Systems.

Ein anderer Kaufmann verdoppelt einfach alle seine Preise:

$$T: n_1 = 2 \cdot n \text{ oder } T: \downarrow \begin{pmatrix} 3, & 6, 2, & 5, & 8, & 7, \ldots. \\ 6, & 12, 4, & 10, & 16, & 14, \ldots. \end{pmatrix} \tag{7}$$

und ein dritter schließlich erhöht sie prozentual, um 20%:

$$T: n_1 = n + \frac{20 \cdot n}{100} = \frac{6}{5}\, n, \text{ oder: } T: \downarrow \begin{pmatrix} 3; & 6; & 2; & 5; & 8 & 7; & \ldots \\ 3{,}6; & 7{,}2; & 2{,}4; & 6{,}0; & 9{,}6; & 8{,}4; & \ldots \end{pmatrix} \tag{8}$$

5. Für eine formale Behandlung sind die *geschlossenen Transformationen* besonders wichtig; diese müssen wir daher etwas genauer betrachten. Zunächst ein Grenzfall:

Es besteht kein Grund, Systeme auf endliche Gliederzahl zu beschränken. Das System der natürlichen Zahlen 1, 2, 3, 4, ... z. B. ist ein *unendliches System*, denn es hat „unendlich viele" Elemente, da die Reihe der natürlichen Zahlen nicht begrenzt ist. Irgendeine Transformation, die die x_i dieses Systems durch Addition, Multiplikation oder Potenzierung in ihre y_i überführt, ist eine geschlossene Transformation, da sie wieder zu natürlichen Zahlen führt, die in dem ursprünglichen System bereits als Elemente vorhanden sind.

Derartige Transformationen zeigen eine der berühmten „Paradoxien" des Unendlichen (BOLZANO[1]). So ist das System der geraden Zahlen 2, 4, 6, 8, 10, ... offenbar eine Teilmenge oder ein Teilsystem des Systems der natürlichen Zahlen:

$$\begin{array}{llllllllll} 1, & 2, & 3, & 4, & 5, & 6, & 7, & 8, & 9, & 10, \ldots \\ & 2, & & 4, & & 6, & & 8, & & 10, \ldots \end{array} \tag{9}$$

und das gleiche gilt von dem System der Quadratzahlen:

$$\begin{array}{llllllllllllllll} 1, & 2, & 3, & 4, & 5, & 6, & 7, & 8, & 9, & 10, & 11, & 12, & 13, & 14, & 15, & 16, \ldots \\ 1, & & & 4, & & & & & 9, & & & & & & & 16, \ldots \end{array} \tag{9a}$$

und doch sind alle diese drei Systeme einander äquivalent, sind von gleicher Mächtigkeit: wenn wir nämlich jede natürliche Zahl n mit 2 (oder einer beliebig großen Zahl) multiplizieren, wird dadurch deren „Anzahl" ja nicht verändert. Die Transformation $T: n' = 2n$. oder:

$$T: \downarrow \begin{pmatrix} 1, & 2, & 3, & 4, & 5, & 6, & 7, \ldots \\ 2, & 4, & 6, & 8, & 10, & 12, & 14, \ldots \end{pmatrix} \tag{9b}$$

führt also die Reihe der natürlichen Zahlen in die der geraden Zahlen über, sie erlaubt, anders gesagt, die beiden Reihen einander eineindeutig (S. 347) zuzuordnen. Und dasselbe ergibt sich durch die Transformation $T: n' = n^2$, die zur Reihe der Quadratzahlen führt und wieder eine eineindeutige Zuordnung der beiden Reihen ergibt. Mengentheoretisch formuliert heißt dies: Eine unendliche Menge kann einer ihrer echten Teilmengen äquivalent sein[2].

6. *Geschlossene Transformationen* haben die Eigenschaft, daß dieselbe Transformation mehrmals angewendet werden kann, z. B.:

$$T: \downarrow \begin{pmatrix} a, b, c, d \\ c, a, d, b \end{pmatrix} \tag{10}$$

Mehrmalige Anwendung von T ergibt nacheinander die Transformationen:

$$T: \downarrow \begin{pmatrix} c, a, d, b \\ d, c, b, a \end{pmatrix} \to T: \downarrow \begin{pmatrix} d, c, b, a \\ b, d, a, c \end{pmatrix} \to T: \downarrow \begin{pmatrix} b, d, a, c \\ a, b, c, d \end{pmatrix} \tag{11}$$

Hier führt also viermalige Anwendung von T zum Ausgangssystem zurück. Das ist wieder ähnlich wie bei den *Permutationen*; wie dort, können wir hier von einem *Produkt der Transformationen* sprechen, oder speziell, da es sich stets um die gleiche Transformation T handelt, von *Potenzen*; also, wenn wir oben stets das Ausgangssystem schreiben (d. h. umordnen):

$$T: \downarrow \begin{pmatrix} a, b, c, d \\ c, a, d, b \end{pmatrix}; T^2: \downarrow \begin{pmatrix} a, b, c, d \\ d, c, b, a \end{pmatrix}; T^3: \downarrow \begin{pmatrix} a, b, c, d \\ b, d, a, c \end{pmatrix}; T^4: \downarrow \begin{pmatrix} a, b, c, d \\ a, b, c, d \end{pmatrix} \tag{12}$$

---

[1] Vgl. B. BOLZANO: Paradoxien des Unendlichen (1851). (Neu herausg. v. A. HÖFLER, Ph. B. 99) Leipzig 1920, § 33 (S. 53ff).

[2] E. KAMKE: Mengenlehre (Sammlung Göschen). Berlin 1928, S. 22.

Die letzte Transformation in diesem Zyklus (T^4) nennt man die *identische Transformation*, da sie das System in sich selbst überführt.

Sind die Elemente als Zahlenwerte gegeben, so lassen sich auch die Potenzen von T in algebraischer Form darstellen, z. B.:

$$T: \downarrow \begin{pmatrix} 3, & 6, & 2, & 7 \\ 4, & 7, & 3, & 8 \end{pmatrix} \text{ oder: } n' = n + 1$$

$$\text{und } T: \downarrow \begin{pmatrix} 4, & 7, & 3, & 8 \\ 5, & 8, & 4, & 9 \end{pmatrix} \text{ oder } T^2: \downarrow \begin{pmatrix} 3, & 6, & 2, & 7 \\ 5, & 8, & 4, & 9 \end{pmatrix}, \text{ also: } n'' = n' + 1 = (n + 1) + 1 = n + 2$$

allgemein:

$$T^m: n^{(m)} = n + m \tag{13}$$

Natürlich muß die algebraische Form nicht so einfach sein; wer Lust dazu hat, möge die Transformation $T: n' = 2n + n^2$ auf S: (1, 2, 3, 4, 5) anwenden und dann noch T^2 berechnen.

Betrachten wir nur die Veränderung eines Elements in der Folge der Transformationen, so schreiben wir: T(b), T^2(b), T^3(b) usw., also im obigen Buchstaben-Beispiel (10):

T(b): b–a; T^2(b): b(–a)–c; T^3(b): b(–a–c)–d; T^4(b): b(–a–c–d)–b.

Auch hier begegnet uns wieder die Mehrdeutigkeit der Darstellung. Nehmen wir folgende einfache Transformation:

$$T: \downarrow \begin{pmatrix} a, b, c, d, \ldots\ldots, x, y, z \\ b, c, d, e, \ldots\ldots, y, z, a \end{pmatrix} \tag{14}$$

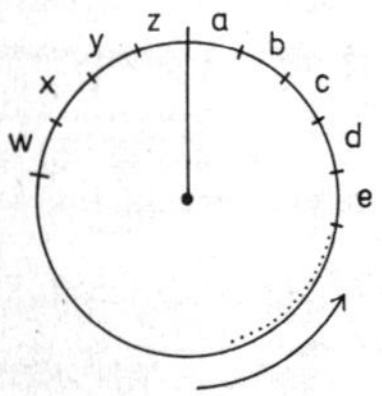

Abb. 136

Sie ist geschlossen und *zyklisch*, denn nach 26 Schritten kehrt sie wieder zum Ausgangszustand zurück; jedes Element geht bei jeder Transformation in das folgende Nachbarelement über, bzw. rückt an den Platz des vorhergehenden. Ein technisches Beispiel ist ein Rad, dessen Kranz wir uns aus den Teilen a, b, c, d ... zusammengesetzt denken (Abb. 136), wobei der Ort jedes dieser Teile zur Zeit t (genauer etwa: der Ort seines Schwerpunkts) durch die 3 Raumkoordinaten gegeben sei. Dreht sich das Rad im Zeigersinne, wobei die Drehung in einzelne Schritte zerlegt sei, dann folgen die Transformationen T, T^2, T^3, ... einander, und der Ort jedes Teilchens im Zeitpunkt t_n ist der Ort des n-ten vorhergehenden Teilchens zur Zeit t_0.

Wir können die Folge der T^n etwa für die Teilchen b oder d oder x gesondert darstellen:

$$T^n(b): \downarrow\begin{pmatrix} b\\ c\\ d\\ e\\ \cdot\\ \cdot\\ \cdot\\ z\\ a\\ b \end{pmatrix}; \quad T^n(d): \downarrow\begin{pmatrix} d\\ e\\ f\\ g\\ \cdot\\ \cdot\\ \cdot\\ b\\ c\\ d \end{pmatrix}; \quad T^n{}_{(x)} \downarrow\begin{pmatrix} x\\ y\\ z\\ a\\ \cdot\\ \cdot\\ \cdot\\ v\\ w\\ x \end{pmatrix}; \tag{15}$$

Das ist aber nichts anderes als (14), d. h. wir können

$$S: (a, b, c, d, \ldots, x, y, z)$$

entweder als Gesamtheit der Elemente a, b, c ... betrachten, von denen jedes nacheinander die Gleichungen (15) befolgt — oder aber wir betrachten S als Gesamtheit seiner möglichen Zustände a, b, c ..., wobei die Reihenfolge, in der diese Zustände auftreten, durch T bestimmt wird.

7. In vielen Fällen ist eine *graphische Darstellung* einer Transformationenfolge nützlich. Sei z. B. die folgende Transformation gegeben:

$$T: \downarrow\begin{pmatrix} a, b, c, d, e, f, g, h\\ d, c, f, e, h, g, b, a \end{pmatrix} \tag{16}$$

Auch diese Transformation folgt einer allgemeinen Regel, die man leicht finden kann. Bezeichnen wir das 1., 3., 5., 7. Element (ungerade Ordnungszahlen) mit u und das 2., 4., 6., 8. Element mit g, so gilt:

$$T: \begin{cases} u' = u + 3\\ g' = g + 1 \end{cases} \tag{17}$$

denn das 1. Element wird in das 4., das 2. in das 3., das 3. in das 6. usw. transformiert. Schreiben wir nun die Folgen der T^n für die einzelnen Zustände (oder Elemente) von S wie in (15) hin, so sehen wir bald, daß sich das Verfahren erheblich abkürzen läßt, weil die einzelnen Reihen in schon geschriebene einmünden (durch ... angedeutet):

(a): a → d → e → h → a	(e): e → h → .....
(b): b → c → f → g → b	(f): f → g → .....
(c): c → f →	(g): g → b → .....
(d): d → e →	(h): h → a → .....

Das läßt sich graphisch in einem sogen. *kinematischen Graph* darstellen (s. Abb. 137): mit zwei graphischen Zyklen haben wir sämtliche Transformationen der acht Elemente erfaßt.

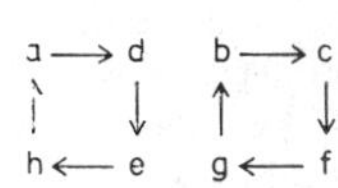

Abb. 137

Ein anderes Beispiel:

$$T: \downarrow\begin{pmatrix} a, b, c, d, e, f\\ d, e, c, a, f, b \end{pmatrix}$$

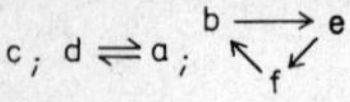

Abb. 138

ergibt graphisch (Abb. 138): Das dritte Beispiel schließlich (Abb. 139) möge zeigen, daß im transformierten System nicht alle Elemente untereinander verschieden sein müssen. Die Folge der Transformationen läßt sich aus dem Graph leicht ablesen:

$$T: \downarrow \begin{pmatrix} a, b, c, d, e, f, g, h \\ b, e, b, c, f, b, c, e \end{pmatrix}$$

$$T: \downarrow \begin{pmatrix} b, e, b, c, f, b, c, e \\ e, f, e, b, b, e, b, f \end{pmatrix} \text{ oder } T^2: \downarrow \begin{pmatrix} a, b, c, d, e, f, g, h \\ e, f, e, b, b, e, b, f \end{pmatrix}$$

$$T: \downarrow \begin{pmatrix} e, f, e, b, b, e, b, f \\ f, b, f, e, e, f, e, b \end{pmatrix} \text{ oder } T^3: \downarrow \begin{pmatrix} a, b, c, d, e, f, g, h \\ f, b, f, e, e, f, e, b \end{pmatrix} \qquad (18)$$

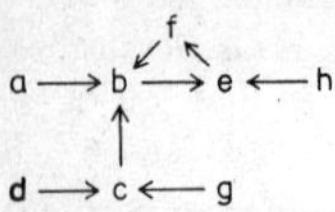

Abb. 139

8. Im letzten Beispiel haben wir gesehen, daß bei einer Transformation T mehrere Elemente (d, g bzw. b, h) in das gleiche Element (c bzw. e) transformiert werden können. Umgekehrt kann nun auch *ein* Element in mehrere andere transformiert werden. Besteht S z. B. aus einer (sehr großen) Zahl von Radium-Atomen (Ra), und sei zur Zeit t_0:

$$S: (Ra_1, Ra_2, Ra_3, Ra_4, \ldots\ldots\ldots\ldots Ra_n, Ra_{n+1}, \ldots\ldots),$$

dann ist zur Zeit t_1 ein Teil der Radium-Atome in α-Teilchen (Helium-Atomkerne, He) und Radon-Atome (Rn) zerfallen, also:

$$T: \downarrow \begin{pmatrix} Ra_1, & Ra_2, & Ra_3, & Ra_4, & \ldots\ldots Ra_{17}, & \ldots\ldots Ra_{87}, & \ldots\ldots \\ & \swarrow\searrow & & & \swarrow\searrow & \swarrow\searrow & \\ Ra_1, & He\ Rn, & Ra_3, & Ra_4, & \ldots\ldots He\ Rn, & \ldots\ldots He\ Rn & \ldots\ldots \end{pmatrix}$$

Man spricht in diesem Falle von *mehrwertigen Transformationen*, während alle bisher behandelten Transformationen *einwertige* (oder eineindeutige) sind.

Ein System, das sich wie eine geschlossene eineindeutige Transformation verhält, ist ein *determiniertes System* (s. o. S. 30 u. S. 230).

5.4.2.2. *Systeme mit Input*

1. Systeme können sich aus innerer Dynamik von selbst verändern, also ohne daß diese Veränderung von außen angestoßen oder gesteuert wird. Ein solches System ist die oben betrachtete Menge von Radium-Atomen, deren Zerfall nicht von außen beeinflußt wird. Derartige gegen Einwirkung von außen abgeschlossene Systeme werden auch oft als theoretische *Modelle* aufgestellt, um durch die Isolierung des Systems das Zusammenwirken der inneren Faktoren untersuchen zu können — ein berühmtes Beispiel aus der Wirtschaftstheorie ist THÜNENS „Isolierter Staat".

In den meisten Fällen werden aber die Veränderungen realer Systeme von außen hervorgerufen oder beeinflußt, d. h. die äußeren Einwirkungen überlagern sich inneren Veränderungen, wirken mit diesen zusammen, um den jeweiligen Zustand des

Systems zu bestimmen. Auch jetzt erscheint es für theoretische Untersuchungen oft zweckmäßig, die beiden Faktoren-Gruppen getrennt zu untersuchen und dann erst die Synthese beider Faktoren-Wirkungen vorzunehmen.

Wir sprechen jetzt von den von außen wirkenden Faktoren, wobei es für die formale Betrachtung zunächst irrelevant ist, ob diese als bloße *Störung* der Eigenveränderung, als *Auslöser* von Eigenveränderungen oder in bestimmtem Sinne *steuernd* wirken.

2. Gegeben sei wieder ein System S: (a, b, c, d) und weiterhin eine Anzahl *Inputs* I_n, die in S verschiedene Transformationen hervorrufen, z. B.:

$$I_1 \downarrow \begin{pmatrix} a, b, c, d \\ c, d, b, a \end{pmatrix}; I_2 : \downarrow \begin{pmatrix} a, b, c, d \\ d, a, c, b \end{pmatrix}; I_3 : \downarrow \begin{pmatrix} a, b, c, d \\ b, a, d, c \end{pmatrix} \tag{1}$$

↓	a	b	c	d
I_1	c	d	b	a
I_2	d	a	c	b
I_3	b	a	d	c

Diese Darstellung läßt sich durch Anwendung einer *Matrix* vereinfachen: über dem Strich steht der Ausgangszustand des Systems, unter dem Strich rechts neben dem jeweiligen Input die durch diesen hervorgerufene Transformation. Je nach dem Input verändert sich der Zustand des Systems in anderer Weise.

Auch die Transformationen mit Input lassen sich oft algebraisch darstellen, wenn die Elemente des Systems Zahlen sind (z. B. Meßwerte bestimmter Zustandsgrößen). Betrachten wir die folgenden Transformationen:

$$T_1 : \downarrow \begin{pmatrix} 1, 2, 3, 4 \\ 2, 3, 4, 5 \end{pmatrix}; T_2 : \downarrow \begin{pmatrix} 1, 2, 3, 4 \\ 3, 4, 5, 6 \end{pmatrix}; T_3 : \downarrow \begin{pmatrix} 1, 2, 3, 4 \\ 4, 5, 6, 7 \end{pmatrix} \tag{2}$$

so ist offenbar $T_1 : n' = n + 1$; $T_2 : n' = n + 2$; $T_3 : n' = n + 3$, also allgemein:

$$T_a : n' = n + a \tag{3}$$

Welche der möglichen Transformationen jeweils verwirklicht wird, hängt davon ab, welchen Wert a hat — diesen Wert können wir nicht aus dem System und auch nicht der Transformationsgleichung (3) entnehmen, er muß sozusagen „von außen" gegeben sein. Der sog. *Parameter* a in (3) ist der *Input*, der verschiedener Werte fähig ist. a bezeichnet somit eine Gruppe möglicher Inputs.

3. Systeme, deren Zustand sich von selbst nicht ändert, sind — so können wir sagen — im inneren *Gleichgewicht*. Aus der Schulphysik ist bekannt, daß es drei Arten von Gleichgewicht gibt (Abb. 140):

Abb. 140

a) *stabiles Gleichgewicht*; z. B. eine Kugel auf dem Boden einer Schale;

b) *labiles Gleichgewicht*; die Kugel auf der umgestülpten Schale;

c) *indifferentes Gleichgewicht*; die Kugel auf einer ebenen Fläche.

Diese Kennzeichnungen der Gleichgewichtszustände beziehen sich auf das Verhalten des Systems (hier der Kugel), das einer äußeren Einwirkung (Input) unterliegt und dann sich selbst überlassen wird:

a) *stabil:* Der Input verschiebt die Kugel ein wenig aus der Gleichgewichtslage — sie strebt dann, sich selbst überlassen, der alten Gleichgewichtslage wieder zu.

b) *labil:* Jede kleine Verschiebung aus der Gleichgewichtslage läßt die Kugel herunterrollen, die alte Gleichgewichtslage kann von selbst nicht wieder erreicht werden. Das System verändert sich, bis schließlich eine neue Gleichgewichtslage erreicht ist; die Kugel bleibt z. B. auf dem Tisch oder auf dem Fußboden liegen.

c) *indifferent:* Jede Verschiebung läßt das System im Gleichgewicht. Sehen wir von der räumlichen Lageänderung ab, so führt ein Input hier nicht zu einer Transformation.

Stabilität, Labilität und Indifferenz des Gleichgewichts sind aber nicht nur Funktionen der betr. Gleichgewichtslage des Systems, sondern sie sind auch Funktionen der Inputs, die sie aus dieser Lage entfernen: sehr starken Inputs gegenüber wird z. B. auch ein S in stabilem Gleichgewicht sich labil verhalten, so wenn wir z. B. in a) die Kugel bis über den Rand der Schale verschieben.

Man kann diese Begriffe nun auch auf die Systeme selbst übertragen und von stabilen, labilen und indifferenten Systemen sprechen:

a) *Stabile Systeme* verhalten sich gegen Inputs so, daß sie die aufgezwungene Transformation rückgängig machen, indem sie entweder durch eine *inverse Transformation* unmittelbar oder durch eine zyklische Folge von Transformationen schrittweise wieder zum ursprünglichen Zustand zurückkehren. Dies entspricht bei Organismen der Erhaltung des ,,inneren Milieus", der *Homöostase* (s. S. 44).

b) *Labile Systeme* werden schon durch geringe Inputs für dauernd aus ihrer Gleichgewichtslage entfernt, sie finden dann einen neuen Gleichgewichtszustand — dies entspricht bei Organismen der *Anpassung*.

c) *Indifferente Systeme* werden durch (limitierte) Inputs überhaupt nicht verändert (im Grenzfall), ihr Gleichgewichtszustand bleibt erhalten.

Alle drei Kennzeichnungen beziehen sich, das sei noch einmal betont, auf das Eigenverhalten der Systeme gegen limitierte Inputs. Alle drei Arten von Systemen unterliegen aber bei geeigneter Art und Stärke der Inputs auch deren Einflüssen, die entweder steuernd bestimmte Transformationen hervorrufen oder als Auslöser auf das Eigenverhalten wirken. Auch bei *geregeltem* Eigenverhalten der Systeme kann die Wirkung des Inputs eine Steuerung sein, z. B. als Führungsgröße (Sollwerteinsteller, s. S. 39).

4. Wir wollen nun versuchen, das Gesagte in Formeln und Symbolen darzustellen.

Ist ein System als Ganzes *stabil*, so daß sein Zustand nach Einwirkung des Inputs zur Zeit t_1 in t_2 wieder der gleiche ist, so wird dieser Grenzfall einer Transformation durch die *identische Transformation* wiedergegeben. Es gibt aber auch *partielle Stabilität* nur für einige Elemente oder mögliche Zustände, wie im folgenden Beispiel für die Zustände c und f:

$$T: \downarrow \begin{pmatrix} a, b, c, d, e, f, \ldots \\ d, f, c, a, b, f, \ldots \end{pmatrix} \tag{4}$$

Die einzelnen Zustandsgrößen a, b, c, ... des Systems sind nun vielfach wieder von mehreren Faktoren abhängig, so z. B. das Volumen eines Gases vom Druck und von der Temperatur: das Volumen verändert sich also, wenn eine der beiden Größen oder beide sich ändern. Wie in diesem Beispiel lassen sich die Faktoren und die Zustandsgrößen oft durch Zahlenangaben bestimmen; ihre Transformation kann dann algebraisch dargestellt werden. Angenommen, jede der Zustandsgrößen a, b, c, ... von S sei nur durch zwei Faktoren bestimmt, und weiterhin angenommen, die Art der Transformation sei formal für alle Zustandsgrößen die gleiche. Bezeichnen wir dann die Faktoren der Zustandsgrößen mit x und y, so möge folgende Transformationsregel gelten:

$$T: \begin{cases} x' = x + 2y - 3 \\ y' = 2x - y + 5 \end{cases} \tag{5}$$

Die Gleichungen zeigen, daß bei der Transformation sowohl x auf y als auch umgekehrt y auf x wirkt, daß wir also y als einen Input für die Transformation von x und ebenso x als einen Input für die Transformation von y ansehen können. Die Frage, die jetzt interessiert, ist: besteht für irgendeine der Zustandsgrößen oder für irgendeinen Gesamtzustand von S unter dieser Transformation Gleichgewicht?

Die Antwort läßt sich durch eine einfache mathematische Überlegung und folgende Rechnung geben: Wenn unter der Transformation T Gleichgewicht herrschen soll, so muß T eine *identische Transformation* sein, und das heißt: es muß dann $x' = x$ und $y' = y$ sein. Aus den beiden Gleichungen (5) kann man dann aber berechnen, für welche Werte von x und y Gleichgewicht besteht:

$$x = x + 2y - 3 \quad \text{oder} \quad 0 = 2y - 3 \quad \text{oder} \quad y = \frac{3}{2}$$

$$\text{und: } y = 2x - y + 5 \quad \text{oder } 2y = 2x + 5 \quad \text{oder } 2 \cdot \frac{3}{2} = 2x + 5, \text{ also: } x = -1.$$

Gilt die Transformation T für alle Elemente von S, so ist S als Ganzes im Gleichgewicht, sobald die Faktoren x und y die soeben errechneten Werte annehmen. Gilt T nur für einige Elemente, so sind diese bei den betr. Zahlenwerten im Gleichgewicht.

Wer von der Schule her noch die Grundbegriffe der Differentialrechnung kennt, wird sich erinnern, daß die zeitliche Änderung einer Größe x durch die Differentialquotienten nach der Zeit t:

$$\frac{dx}{dt}$$

ausgedrückt wird. Bei Stabilität ist diese zeitliche Änderung = 0, also muß der Differentialquotient = 0 sein, z. B.

$$\begin{matrix} \frac{dx}{dt} = x + 2y & & x + 2y = 0 \\ & \text{somit:} & \\ \frac{dy}{dt} = x^2 - 4 & & x^2 - 4 = 0 \end{matrix}$$

Man findet: $x_1 = +2$; $x_2 = -2$, und daraus: $y_1 = -1$; $y_2 = +1$. Somit sind $(x_1 y_1) = (2, -1)$ und $(x_2, y_2) = (-2, 1)$ Gleichgewichtszustände für x und y.

Eine *zyklische* Folge von Transformationen ist ein anderes Beispiel für ein Gleichgewicht eines Systems, so z. B. bei der Transformation:

$$T: \downarrow \begin{pmatrix} a, b, c, d, e, f, g \\ c, e, g, a, f, b, d \end{pmatrix} \tag{6}$$

Aus ihr ergeben sich folgende Reihen:

$T(a), T^2(a), T^3(a), T^4(a): a \rightarrow c \rightarrow g \rightarrow d \rightarrow a$ oder:

$T(b), T^2(b), T^3(b) \quad : b \rightarrow e \rightarrow f \rightarrow b$ oder:

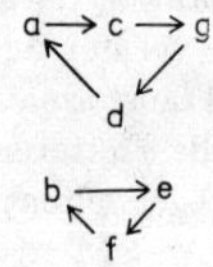

Abb. 141

5. Die Gleichgewichtszustände von Systemen sind nun aber definiert durch das Verhalten von S gegen einen (limitierten) Input, also gegenüber einer *Störung*, die S aus dem Gleichgewicht herausbringt. Auch diese Störung führt zu einer Transformation von S, die wir speziell als D (= displacement), bei der Einwirkung auf einzelne Elemente als D(a), D(b) usw. bezeichnen. Wir müssen in unserer Darstellung nun ausdrücken, daß D einmal auf S wirkt, worauf dieses dann sich selbst bzw. der Einwirkung einer Transformation T oder einer Folge T^n überlassen bleibt.

Sei S: (a, b, c, d, e) und die Stör-Transformation $D(a): \downarrow \begin{pmatrix} a \\ c \end{pmatrix}$, dann wird S zunächst durch D(a) transformiert, unterliegt dann aber der Transformation T, symbolisch: TD(a) [bzw. $T^2D(a)$ usw.]. Mit diesen Bezeichnungen ist der Ausdruck dafür, daß das durch D(a) transformierte System S unter der n-maligen Einwirkung von T, also durch $T^nD(a)$, zum stabilen Gleichgewicht a zurückgeführt wird, gegeben durch die Gleichung:

$$\lim_{n \to \infty} T^nD(a) = a. \tag{7}$$

Seien z. B. S, T und D wie folgt gegeben:

$$S: \quad (a, b, c, d, e)$$

$$T: \downarrow \begin{pmatrix} a, b, c, d, e \\ d, e, c, b, c \end{pmatrix}$$

$$D: \downarrow \begin{pmatrix} a, b, c, d, e \\ b, d, a, e, c \end{pmatrix}$$

; ist S dann unter $T^nD(c)$ im Gleichgewicht?

Durch den Input D(c) wird c zu a, und unter T der Reihe nach:

$$a \rightarrow d \rightarrow b \rightarrow e \rightarrow c \rightarrow c;$$

das System kehrt also schließlich zu c zurück.

6. Etwas komplizierter werden die Verhältnisse, wenn nicht ein bestimmter Input I eine bestimmte Transformation T hervorruft, sondern wenn I selbst ein System Σ ist, das sich in der Zeit verändert, so daß die Inputs $I_1, I_2, \ldots$, die die Transformationen $T_1, T_2, \ldots$ von S bestimmen, wieder Transformationen von Σ sind. Wir koppeln also jetzt zwei Systeme S und Σ (oder zwei Teile eines Systems, wie z. B. zwei Teile einer Maschine) zusammen und untersuchen, wie Σ auf S einwirkt:

Wir haben ein System Σ, das den Transformationen T_Σ unterliegt:

$$T_\Sigma\colon \downarrow \begin{pmatrix} a, & b, & c \\ c, & a, & a \end{pmatrix}$$

und haben weiterhin das System S mit den Transformationen $T_S = R_1$, R_2 und R_3:

↓	u,	v,	w,	x
R_1	w,	x,	x,	v
R_2	v,	u,	x,	w
R_3	x,	w,	x,	v

Die Inputs R_α hängen jetzt ab von den T_Σ, d. h. Σ und S sind so miteinander gekoppelt, daß der jeweilige Zustand von Σ bestimmt, welche der Transformationen R_α in S wirksam wird. Dazu benötigen wir noch ein Kopplungsschema:

$$K\colon \downarrow \begin{array}{l} a,\ b,\ c\ \text{(Zustand von } \Sigma) \\ 2,\ 3,\ 2\ \text{(Wert von } \alpha \text{ in } R_\alpha) \end{array}$$

Wie müssen wir nun vorgehen?

Die beiden gekoppelten Systeme sind ein System, dessen Verhalten wir untersuchen. Angenommen, Σ sei zunächst im Zustand a, und S im Zustand u. Daß Σ im Zustand a ist, besagt nach der Tabelle für K, daß dann $\alpha = 2$ ist, d. h. unter der Einwirkung von Σ im Zustand a wird S durch R_2 transformiert, somit: $u \to v$. Gleichzeitig wird aber auch Σ transformiert, nämlich nach Tabelle T_Σ: $a \to c$. Im Zustand c bestimmt jetzt Σ wieder R_2 bei S, so daß nach der T_S-Matrix: $v \to u$, und gleichzeitig nach der T_Σ-Matrix: $c \to a$ wird. Somit ist Σ wieder in a und S wieder in u wie zu Beginn; der Zyklus läuft ständig ab.

Wird bei gleichen T_Σ und T_S dagegen wie bei K′ gekoppelt:

$$K'\colon \downarrow \begin{array}{l} a,\ b,\ c \\ 3,\ 1,\ 2 \end{array}$$

so ist der Verlauf der Zustände des Gesamtsystems vom Anfangszustand (a, u) in Kurzdarstellung.

$$(a, u) \xrightarrow{R_3} (c, x) \xrightarrow{R_2} (a, w) \xrightarrow{R_3} (c, x) \ldots\ldots, \text{ ein anderer Zyklus.}$$

7. Bisher haben wir eine Kopplung betrachtet, bei der nur Σ auf S wirkt, nicht aber umgekehrt. Der nächste Schritt führt zur *feedback-Kopplung* oder wechselseitigen Kopplung, bei der also sowohl Σ auf S als auch S auf Σ wirkt: $\Sigma \rightleftarrows S$.

Gegeben sei (auch dieses Beispiel nach Ashby) das System mit den Transformationen $R_\alpha = R_1$, R_2 und R_3 und den Elementen a, b, c, d. Weiterhin das System S mit den Transformationen $U_\beta = U_1$, U_2, U_3 und U_4 und den Elementen e und f. Und schließlich die beiden Kopplungsvorschriften $K_1 = K(\Sigma \rightarrow S)$ und $K_2 = K(S \rightarrow \Sigma)$:

↓	a	b	c	d
R_1	c	d	d	b
R_2	b	a	d	c
R_3	d	c	d	b

↓	e	f
U_1	f	f
U_2	e	f
U_3	f	f
U_4	f	e

K_1: ↓	a	b	c	d	(Zustand von Σ)
	3	1	1	2	(Wert von β)

K_2: ↓	e	f	(Zustand von S)
	3	1	(Wert von α)

Es sei angenommen, das neue, durch die feedback-Kopplung entstandene System Z befinde sich anfangs im Zustande Z_0: (a, e). K_1 zeigt, daß dann U_3 auf S wirkt: e → f. K_2 sagt aus, daß in Σ R_3 gültig ist: a → d. Z wird somit in Z_1 transformiert: (a, e) → (d, f). Jetzt wirkt in S nach K_1 (d bestimmt β = 2) U_2, also: f → f, und in Σ f) bestimmt α = 1) R_1: d → b, daher $Z_1 \rightarrow Z_2$: (d, f) → (b, f). Weiterhin ergibt sich $Z_2 \rightarrow Z_3$: (b, f) → (d, f); $Z_3 \rightarrow Z_4$: (d, f) → (b, f). Das System schwingt also zwischen diesen beiden Zuständen ständig hin und her.

Der interessierte Leser möge selbst ermitteln (auch graphisch!), wie die Transformationen für die übrigen möglichen Anfangszustände aussehen, also für (a, f), (b, e), (b, f) usw. (Lösung Anhang 2).

8. Die Transformationstheorie läßt sich auch auf die *black box* anwenden: Sei B das System ,,black box" mit den möglichen Outputs a, b, c, d . . als seinen verschiedenen Zuständen. Geben wir nun verschiedene Inputs, z. B. u und v, und antwortet die box darauf mit einem der Outputs, z. B. u(a): a → c, und v(a): a → b, so sind dies zwei Transformationen von B(a) (angenommener Anfangszustand der Box) unter Input. Das beobachtete *Protokoll* ist daher die Folge der Zustände von B unter Wirkung der einzelnen Inputs. Ein Beispiel (wieder nach Ashby) möge dies verdeutlichen:

Die Untersuchung einer black box habe folgendes *Protokoll* ergeben:

Zeit:	1	2	3	4	5	6	7	8	9	10	11	12	13	14	15	16	17
Zustand:	ub	ud	ua	ua	ua	va	vc	vc	uc	ud	va	uc	vd	va	uc	vd	ua

Lassen sich in diesem Protokoll irgendwelche Regelmäßigkeiten auffinden, die dann Rückschlüsse auf das Innere des Kastens bzw. Voraussagen seines künftigen Verhaltens erlauben?

Der Ausgangszustand des Kastens sei b, auf diesen wirkt der Input u; dieser transformiert b in d (2). Wirkt auf d jetzt abermals u, so wird d in a transformiert (3). Anwendung von u auf a führt zur identischen Transformation (4), abermalige Wirkung von u auf a führt wieder zu a (5) und dann noch einmal zu a (6). Jetzt wirkt auf a Input v, dabei wird a in c transformiert (7), zweimal v auf c wirkend ergibt die identische Transformation (8 und 9). Wirkung von u auf c führt dieses in d über (10) usw. Die Einwirkungen werden übersichtlicher, wenn wir die Matrix der Transformationen aufstellen:

↓	a	b	c	d
u	aaa	d	ddd	aa
v	ccc	—	cc	aa

oder vereinfacht:

↓	a	b	c	d
u	a	d	d	a
v	c	–	c	a

Die Matrix zeigt, daß beide Inputs zu einwertigen, geschlossenen Transformationen des Systems führen, und das bedeutet: die black-box verhält sich — mit Ausnahme von v(b), wo kein Output beobachtet wird — wie ein *determiniertes System* mit 2 Inputs. In graphischer Darstellung: (Abb. 142).

9. Schließlich läßt sich auch der Begriff der *isomorphen Systeme* unter diesem Gesichtspunkt betrachten, nämlich als Systeme, die isomorphen Transformationen unterliegen.

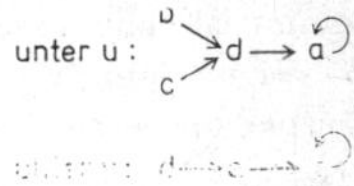

Abb. 142

Daß bzw. ob zwei Transformationen formengleich oder isomorph sind, läßt sich aus der Transformations-Matrix oft nur schwer ablesen, dagegen führt eine geeignete graphische Darstellung zum Ziel: man kann dann die Isomorphie aus den beiden *Graphen* unmittelbar ablesen. Ein Beispiel (nach Ashby) möge dies zeigen: Gegeben seien die beiden Systeme M und N mit ihren Inputs u und v bzw. x und y. T_M und T_N sind die beiden Matrizen der jeweiligen Transformationen:

T_M:

	a	b	c	d
u	a	c	d	c
v	b	a	d	c

T_N:

	g	h	j	k
x	k	j	h	g
y	k	h	g	g

Besteht zwischen diesen beiden Systemen bzw. ihren Transformationen irgendwelche Ähnlichkeit oder Gleichheit? Anders gesagt: sind M und N isomorphe Systeme?

Die Darstellung der zugehörigen *kinematischen Graphen* zeigt sofort, daß die beiden Systeme isomorph sind: u entspricht y und v entspricht x, die Transformationen der beiden Systeme sind also paarweise isomorph:

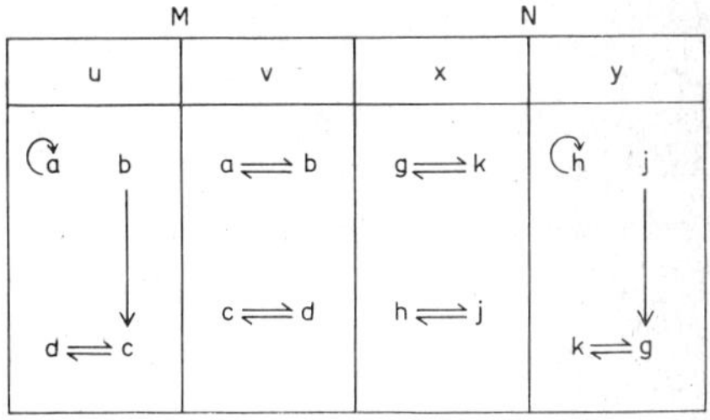

Abb. 143

5.4.2.3. *Transformation und Information*

1. Varietät:

Analysiert ein Chemiker die Cyansäure (eine „Verwandte" der Blausäure), um die chemischen Elemente festzustellen, aus denen sie besteht — sog. *qualitative Analyse* — so findet er Kohlenstoff (C), Wasserstoff (H), Stickstoff (N) und Sauerstoff (O) als Bestandteile, und er kann das Ergebnis sozusagen als System-Formel schreiben = S: (H, C, N, O), oder chemisch als Bruttoformel oder Summenformel (s.S. 354f):

Cyansäure = HCNO. Analysiert er dann etwa die c-Hexenyl-äthyl-barbitursäure (bekannter unter dem Namen „Phanodorm"), so findet er bei der qualitativen Analyse wieder diese 4 Elemente; die *quantitative Analyse* ergäbe als Summenformel aber (in unserer Schreibart der System-Formel):

S: (C,C,C,C,C,C,C,C,C,C,C,C,H,H,H,H,H,H,H,H,H,H,H,H,H,H,H,H,N,N,O,O,O),

was der Chemiker abkürzt als $C_{12}H_{16}N_2O_3$. Es gibt noch sehr viele andere Verbindungen aus diesen 4 Elementen (mit verschiedenen Atomzahlen) — worauf es hier ankommt ist: alle diese Verbindungen bestehen aus vier verschiedenen Elementen. Wir sagen dann: die *Varietät* dieser Verbindungen ist = 4. Nehmen wir als weiteres Beispiel das Mineral Boracit der Formel $Mg_3B_7O_{13}Cl$, so ist auch dessen Varietät = 4.

Nicht immer kann man die Varietät eines Systems oder eines Satzes (set) von Elementen so einfach durch Abzählen feststellen; ein schon etwas schwierigeres Beispiel (nach Ashby) ist das folgende:

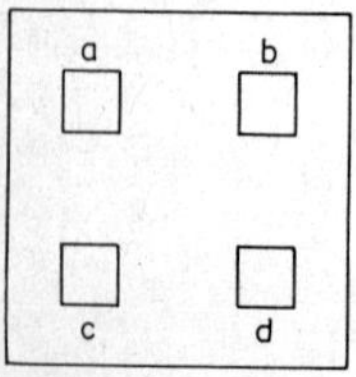

Abb. 144

Ein Spion soll aus einem Hause nächtlich Lichtsignale geben. Das Haus hat 4 quadratisch angeordnete Fenster a, b, c, d (s. Abb. 144), und die Signale bestehen aus Kombinationen von Lichtern in diesen Fenstern, z. B. ein Licht in a; oder ein Licht in a und eins in b; oder je ein Licht in a, b, c usw. In jedem Fenster erscheint also entweder 1 Licht oder 0 Licht, nicht aber mehrere. Der die Nachrichten empfangende Agent kann nun aber im Dunkeln die Lage eines erleuchteten Fensters relativ zum Hause nicht erkennen, er kann also nicht feststellen, ob ein einzelnes Licht in a, in b, in c oder in d brennt, sondern diese 4 Fälle sind für ihn ununterscheidbar. Wieviele Signale kann er auf diese Weise erhalten? Anders gesagt: Wie groß ist für ihn die Varietät des Signalsystems?

Eine systematische Prüfung ergibt folgende Fälle:

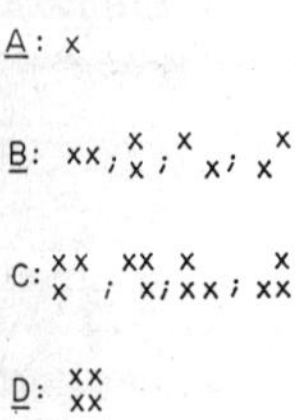

Abb. 145

A) nur 1 Licht = 1 Fall: a oder b oder c oder d.
B) 2 Lichter = 4 Fälle: a + b, a + c, a + d und c + b, da z. B. c + d von a + b nicht zu unterscheiden ist (s. Abb. 145).
C) 3 Lichter = 4 Fälle: a + b + c, a + b + d, a + c + d und b + c + d
D) 4 Lichter = 1 Fall: a + b + c + d
und E) 0 Lichter = 1 Fall (der aber wegen seiner Mehrdeutigkeit als Signal kaum zu verwenden ist).

Insgesamt gibt es also, den Grenzfall eingeschlossen, 11 mögliche Signale — könnte der Empfänger dagegen die Lage der Fenster relativ zum Hause erkennen, ließen sich 16 verschiedene Signale unterscheiden (wie man durch Ausprobieren leicht feststellt. Mathematisch handelt es sich hier um *Kombinationen* ohne Wiederholung und ohne Berücksichtigung der Anordnung, so daß also Kombinationen wie a, a, b, d nicht vorkommen können, und z. B. a, b, d, c und a, d, c, b nicht verschieden sind).

Unter den gegebenen Bedingungen ist daher die *Varietät* des Signalsystems kleiner als die durch die genannte Kombination der 4 Elemente zu verschiedenen Gruppen erreichbare Varietät. Etwas Entsprechendes fanden wir beim *Primärcode* (Buchstabenschrift): die Anzahl der durch Kombinationen (mit Wiederholung und mit Berücksichtigung der Anordnung) herstellbaren *Wörter* (K_W) ist erheblich kleiner als die der formal möglichen Kombinationsgruppen (K_m). Sowohl bei den Wörtern als auch bei den Kombinationsgruppen ist die Varietät aber gleich der Anzahl der Elemente des so gebildeten Systems, denn in beiden Systemen treten keine gleichen Wörter oder Gruppen auf. Nach der früher abgeleiteten Formel der K_m ist deren Varietät somit (s. S. 82):

$$V(K_m) = \sum_{n=1}^{20+r} 26^n \tag{1}$$

Die Anzahl überhaupt möglicher Kombinationen der 26 Buchstaben des Alphabets zu Gruppen von z. B. 3 Buchstaben (zur Klasse 3) ist nach der früheren Formel:

$$K_{26}^{3} = 26^3 = 2^{14,1} \tag{2}$$

und ebenso groß ist die Varietät dieses Systems.

Die Anzahl möglicher Wörter läßt sich nach dem oben Gesagten (S. 59 u. 81) nicht berechnen, auch die der Wörter mit einer bestimmten Buchstabenzahl, z. B. = 3, nicht. Doch angenommen, dies sei möglich und die gefundene Anzahl sei N, so können wir auch N der Einfachheit halber als Potenz von 2 schreiben, etwa:

$$K_{W(3)} = N = 2^n \tag{3}$$

Auch deren Varietät ist gleich ihrer Anzahl, nämlich = N. Wir können daher allgemein definieren:

Unter der Varietät eines Systems mit $n = 2^m$ verschiedenen Elementen verstehen wir den Wert des dualen Logarithmus von n und messen dann die Varietät ebenfalls in bit:

$$V = \mathrm{ld}\, n = \mathrm{ld}\, 2^m = m \text{ bit} \tag{4}$$

Über die damit sichtbar werdenden Beziehungen der *Varietät* zum *Entscheidungsgehalt* (EG) und zum *Informationsgehalt* (IG) wird noch zu sprechen sein.

2. Varietät und Transformation

Durch eine Transformation kann die Varietät des Systems geändert werden. Wir müssen daher unterscheiden: Transformationen, die V erhalten, und solche, die sie verändern. Besonders wichtig sind die Fälle, in denen V kleiner wird — im Englischen spricht man dann von constraint (Zwang), z. B.:

$$T: \downarrow \begin{pmatrix} a, b, c, a, d, f, g, i, c, h, d, d, k \\ d, c, a, d, f, g, a, f, a, k, f, f, e \end{pmatrix} \qquad \begin{matrix} V = 9 = 3{,}2 \text{ bit} \\ V = 7 = 2{,}8 \text{ bit} \end{matrix}$$

Ashby gibt in seinem Buch (a.a.O. S. 130ff) eine Anzahl Beispiele für die Bedeutung von „constraint", von denen wir nur zwei erwähnen wollen: a) die *Kontinuität* z. B. einer Bewegung. Ein Körper unserer Umwelt, der sich von A nach B bewegt, muß den Raum zwischen den beiden Punkten kontinuierlich durchmessen (wenn er „springt": den Luftraum). Nur „Gespenster" können jetzt hier und im nächsten Zeitpunkt ohne zu „fliegen" an einem ganz anderen Orte sein. Kennen wir also den Ort eines Körpers zur Zeit t_0, so wissen wir, daß sein Ort zur Zeit t_1 ein eng benachbarter Ort sein muß, d. h. wir können unter allen vorhandenen Punkten, die der Körper einmal einnehmen kann, als „nächsten" eine engere Gruppe auswählen. b) *Naturgesetze:* „Jedes Naturgesetz ist ein constraint". Sind z. B. die Stellungen und Geschwindigkeiten der Planeten bekannt, so gibt es formal viele Möglichkeiten, wie sie sich bewegen werden. Von diesen Möglichkeiten werden aber nur wenige verwirklicht, im jeweiligen Augenblick als „nächste" nur eine — das Newtonsche Gesetz sagt aus, welche. „Was hier wichtig ist, das ist die Tatsache, daß das Gesetz viele Stellungen und Geschwindigkeiten ausschließt, von ihnen voraussagen kann, daß sie niemals eintreten werden." Man kann auch sagen: durch das Gesetz werden aus den formal möglichen die tatsächlich möglichen (s. o. Anm. auf S. 86) ausgewählt.

Das Gleiche finden wir, um noch ein drittes Beispiel anzufügen, bei den beiden Kombinationsgruppen K_m und K_W (S. 81f). K_m enthält alle formal möglichen Zeichengruppen aus den 26 Zeichen des Alphabets, K_W nur die „als Wörter möglichen" oder tatsächlich möglichen (vom liguistischen Standpunkt). Transformieren wir das System der K_m in das der K_W, indem wir etwa jede Zeichengruppe der K_m in dasjenige Wort transformieren, das ihr am ähnlichsten ist[1] — im Grenzfall liegt eine identische Transformation vor, wenn eine K_m-Gruppe selbst schon ein Wort ist — so wirkt auch hier constraint: da ja alle Wörter auch unter den K_m-Gruppen auftreten, wird die Varietät durch diese Transformation verringert.

3. Codieren

Wir haben bisher unter Transformation in einem engeren Sinne im wesentlichen die Veränderung eines Systems verstanden. Im weiteren Sinne aber ist auch die Umwandlung eines Systems in ein anderes eine Transformation, d. h. diese Umwandlung folgt den gleichen formalen Regeln. Unter diesem Gesichtspunkt ist auch das *Codieren* eines Signals S eine *Transformation* des Systems S in das System S′, wobei es gleichgültig ist, ob jedes Zeichen von S in ein Zeichen oder in eine Zeichengruppe von S′ transformiert wird, da die Zeichengruppe als „Superzeichen", als Einheit gilt, die Varietät durch die Übertragung somit nicht verändert wird. Der Code kann

[1] Mehrdeutigkeit läßt sich bei einer solchen Transformation kaum vermeiden, wirkt aber hier nicht störend. Definieren wir als einander „ähnlichste" Zeichengruppen etwa diejenigen, die sich nur durch ein Zeichen unterscheiden, so wird z. B. die Zeichengruppe „tmt" in „amt", „tat", „tot", „tut" transformiert werden können, ohne die Regel zu verletzen: alle diese Wörter sind „tmt" gleich ähnlich.

entweder eine bestimmte formale Transformations-Regel sein, so daß er sich auch algebraisch darstellen läßt — oder die Zuordnung der Zeichen von S und S′ ist willkürlich oder zufällig („random coupling“): wir können z. B. aus einem Spiel Karten 26 Karten wahllos herausziehen, die einzelnen Karten in der Reihenfolge ihres Erscheinens den Buchstaben des Alphabets zuordnen und dann transformieren. Für beides sei hier ein Beispiel gegeben:

Wieder habe ein militärischer Agent die Aufgabe, eine wichtige Nachricht verschlüsselt zu übermitteln. Sei die Nachricht, um einen recht einfachen Text zu wählen: „Neue Armee aufgestellt“. Wendet der Agent — Beispiel A — einen algebraisch darstellbaren Code an, so mag dieser so aussehen:

$$A: \quad x' = \begin{cases} x + 3 & (\text{für } x = 2p) \\ x + 1 & (\text{für } x = 2p + 1) \end{cases}$$

Das bedeutet: alle Buchstaben des Alphabets (x dient hier als „allgemeiner“ Buchstabe) werden laufend durchnumeriert: a = 1, b = 2, c = 3 usw. Hat der betr. Buchstabe eine gerade Ordnungszahl ($x = 2p$, z. B. n hat Nr. 14), so wird für ihn der drittnächste gesetzt; hat er eine ungerade Nummer ($x = 2p + 1$; z. B. hat e Nr. 5), so tritt an seine Stelle der nächste in der Reihenfolge. Das ergibt, wenn wir uns auf die Buchstaben der Beispielsmeldung beschränken, folgende „Codierungs“-Liste:

n = 14; x′ = 14 + 3 = 17 = q	f = 6; x′ = 9 = i
e = 5; x′ = 5 + 1 = 6 = f	g = 7; x′ = 8 = h
u = 21; x′ = 22 = v	s = 19; x′ = 20 = t
a = 1; x′ = 2 = b	t = 20; x′ = 23 = w
r = 18; x′ = 21 = u	l = 12; x′ = 15 = o
m = 13; x′ = 14 = n	

somit folgt: *Text* = „neue armee aufgestellt“

codiert = „qfvf bunff bvihftwfoow“

Die entscheidende Frage ist nun: kann der Empfänger dieses Signal eindeutig entschlüsseln? Er benötigt dazu die *inverse Transformationsregel*, diese lautet offenbar:

$$x = \begin{cases} x' - 3 & (\text{für } x' = 2p + 1), \text{ da } x' = (2p) + 3 \text{ stets ungerade ist.} \\ x' - 1 & (\text{für } x' = 2p), \qquad \text{da } x' = (2p + 1) + 1 \text{ stets gerade ist.} \end{cases}$$

Daraus ergibt sich der inverse Code:

q = 17 ergibt: 14 = n
f = 6 ergibt: 5 = e
v = 22 ergibt: 21 = u
usw.

B: Jetzt soll die Transformationsregel durch „random coupling“ gefunden werden, also nach dem oben gegebenen Beispiel etwa durch Ziehen von Karten aus einem Spiel. Um das Beispiel nicht zu überladen, wollen wir wieder nur die hier benötigten Buchstaben codieren, ziehen also (V = 11) 11 Karten beliebig aus einem Spiel und finden folgende Zuordnungsliste:

a = Kreuz 3	m = Pik 8
e = Kreuz Bube	n = Pik 10
f = Caro 8	r = Pik Dame
g = Caro 6	s = Herz 5
l = Kreuz 5	t = Caro Dame
	u = Herz König

Wir mischen jetzt die 11 Karten und ziehen von oben ab — das ergibt folgende Transformations-Regel (daß dabei 2 Buchstaben identisch transformiert wurden, ist natürlich Zufall):

$$T: \downarrow \begin{pmatrix} a, \ldots, e, f, g, \ldots, l, m, n, \ldots, r, s, t, u \\ e, \ldots, r, f, n, \ldots, u, g, a, \ldots, m, l, t, s \end{pmatrix}$$

daraus ergab sich als codierter Text:

arsr emgrr esfnrltruut.

Zum Decodieren muß man nur die inverse Transformation herstellen:

$$T: \downarrow \begin{pmatrix} a, \ldots, e, f, g, \ldots, l, m, n, \ldots, r, s, t, u \\ n, \ldots, a, f, m, \ldots, s, r, g, \ldots, e, u, t, l \end{pmatrix}$$

und findet daraus sofort den Klartext.

Für beide Arten des Codierens gilt, daß ein eindeutiges Decodieren nur möglich ist, wenn die Transformation „Codieren“ die Varietät erhält. Wird etwa durch die Transformation die Varietät vermindert, so werden beim inversen Transformieren ja in einigen Fällen demselben Zeichen zwei verschiedene Zeichen im retransformierten System zugeordnet, die inverse Transformationen ist dann nicht mehr eindeutig.

4. Der wahrscheinlichste Zustand

Zuvor eine Bemerkung zum Begriff der „Varietät“. Wir haben bisher stets von der Varietät eines Systems gesprochen, wenn das System verschiedene Elemente hat; V gibt dann die Anzahl dieser verschiedenen Elemente an. Für eine strengere Betrachtung muß der Begriff der *Varietät* genauer gefaßt werden: jedes System ist zu einem gegebenen Zeitpunkt nur in einem bestimmten Zustand, seine Varietät ist somit genau genommen = 1 oder = 0 bit. Ist aber ein Satz (set) vieler solcher Systeme (gleichartiger) gegeben, die sich alle in verschiedenen Zuständen befinden, dann ist V die Varietät dieses „Systems von Systemen“. Wir können aber wieder, wie oben S. 358f auch nur ein System betrachten, dann gibt V die Anzahl möglicher Zustände an, die S annehmen kann.

Wir erhitzen nun einen ausgedehnten Körper, z. B. eine Metallplatte, an verschiedenen Stellen gleichzeitig verschieden stark, dann werden zu einem bestimmten

Zeitpunkte die „Elemente" des Systems (kleine Teile der Platte mit gleicher Temperatur) untereinander verschiedene Temperaturen aufweisen, und die Anzahl dieser Elemente bestimmt die *Varietät* des Systems: nach dem Obigen ist es nämlich gleichgültig, ob wir annehmen, eine große Anzahl Metallplatten sei entsprechend verschieden stark erhitzt worden, oder ob wir dieselbe Platte nacheinander verschieden stark erhitzen und dann die Platten (oder die Platte zur Zeit t_i) mit den jeweils gleichen Temperaturen als „Element" ansehen. Für das Folgende ist unsere Ausgangssituation geeigneter:

Nach Aufhören des Erhitzens wird es einen Zeitpunkt t_n geben, zu dem alle Elemente schließlich die gleiche Temperatur haben, da sich die Temperaturen entlang dem jeweiligen Temperaturgefälle ausgeglichen haben (bei mehreren Platten finden wir das Gleiche, wenn wir sie miteinander verbinden). Die Platte ist dann im *thermischen Gleichgewicht*.

Etwas Entsprechendes finden wir, wenn wir z. B. Zucker oder Kochsalz in Wasser auflösen: zunächst haben die verschiedenen Teile der Flüssigkeit (je nach ihrer Entfernung von dem Punkt, bei dem wir den Stoff eingegeben haben) verschiedene Konzentrationen an gelöstem Stoff. Nach einer — allerdings recht langen — Zeit werden dann Zucker oder Salz gleichmäßig in der Flüssigkeit verteilt sein = Ausgleich der Konzentrationsunterschiede durch *Diffusion*.

Derartige Systeme streben also einem Zustand zu, in dem in ihnen *Gleichgewicht* herrscht: es gibt dann keine Temperatur- oder Konzentrationsunterschiede mehr, die zu Veränderungen oder Bewegungen Anlaß geben könnten. Ebenso gleichen sich auch elektrische Ladungen auf einem Leiter aus, bis überall das gleiche Potential herrscht. Solche Veränderungen von Systemen sind somit Transformationen mit *Verminderung der Varietät* (bei den miteinander verbundenen Platten sind schließlich auch alle im gleichen Zustand, untereinander im thermischen Gleichgewicht): an die Stelle einer vorhandenen Verschiedenheit ist Gleichheit getreten.

Dies erfordert eine etwas ausführliche Betrachtung, die wir an einem Gedankenexperiment vornehmen wollen:

Gegeben sei ein Gas in seinem Behälter, das gegen irgendwelche Einflüsse von außen völlig abgeschirmt sei, nur einem einmaligen äußeren Input unterworfen werden kann. Jede Partikel des Gases — die Partikeln fliegen in einem Gase schnell umher, das kennzeichnet den Gaszustand — läßt sich charakterisieren durch Angabe ihrer (kinetischen) Energie E, ihrer Geschwindigkeit nach Größe und Richtung (v) und ihres Ortes (z. B. bestimmt durch die 3 Raumkoordinaten x, y, z) zur Zeit t. Man sagt: der Zustand der Partikel ist bestimmt durch ihre *Komplexion*:

$$K = E, v, (x, y, z)$$

und der Zustand des Systems selbst ist bestimmt durch die Gesamtheit der Komplexionen.

Durch einen einmaligen, momentanen Input sei es nun gelungen, alle schnellen Partikeln (K groß, da v und mit v auch E groß) in der einen Hälfte des Gefäßes, und alle langsamen Partikeln in der anderen Hälfte zu versammeln, so als ob man auf einem Schulhof alle „herumflitzenden" jüngeren Kinder in die eine Ecke, und alle gemessen schreitenden älteren Schüler in die andere Ecke verbannt hätte.

Ein ähnliches Gedankenexperiment, das muß hier erwähnt werden, ist der berühmte MAXWELLsche „Dämon": in dem Gefäß ist eine Scheidewand angenommen, die es in die beiden Teile A und B trennt. In der Wand ist ein „Durchlaß", an dem der „Dämon" sitzt. Kommt eine schnelle Partikel aus B an den Durchlaß, öffnet der Dämon ihn und läßt die Partikel nach A durch; einer langsamen Partikel aus B weigert er den Durchtritt. Umgekehrt läßt er alle langsamen Partikeln aus A nach B durch, hält von A kommende schnelle Partikeln aber zurück. So sammeln sich allmählich in A die schnellen und in B die langsamen Partikeln an — und alles, ohne daß dem System von außen Energie zugeführt oder innere Energie verbraucht wird, denn der „Dämon" steuert ja nur, was die Energie der Partikeln nicht verändert und damit, ex definitione, auch den Zustand des Systems nicht.

Über die Unmöglichkeit eines solchen „Dämons" ist viel Literatur entstanden, vor allem ob damit ein sog. „perpetuum mobile II. Art" geschaffen werden könnte, das dem II. Hauptsatz der Thermodynamik widerspricht. Ein entscheidender Punkt zur Beurteilung ist die Frage, ob der „Dämon" zum System gehört oder nicht. Gehört er dazu, so verbraucht er die allerdings sehr geringe Steuer-Energie, verändert also sozusagen „seine Komplexion" und damit den Zustand des Systems doch. Gehört er aber nicht zum System, so ist dieses nicht mehr streng „geschlossen", sondern wird ständig „von außen" beeinflußt. Noch ein anderes Moment spielt eine Rolle in der Diskussion: gehört der Dämon zum System, so muß er so klein sein wie die Partikeln — dann unterliegt er aber den ziellosen Bewegungsstößen der Partikeln wie diese auch („Brownsche Bewegung" s. S. 149), er vermag also nicht mehr zielgerecht zu steuern. WIENER und BRILLOUIN betonen in diesem Zusammenhang, daß der Dämon vor allem „Information" bedürfe, um die schnellen und die langsamen Partikeln unterscheiden zu können — und das bedeute einen wenn auch sehr geringen Energieaustausch[1].

Durch die Trennung der Partikeln in schnelle und langsame haben wir in dem System „Gas" eine gewisse *Ordnung* geschaffen, anders ausgedrückt: war der Gesamtzustand des Systems S anfangs bestimmt als S(a), als ein Zustand a, so läßt er sich jetzt kennzeichnen durch zwei Zustände, etwa durch S(a, b), und d. h., wir haben die Varietät des Systems erhöht. Überlassen wir jetzt das System sich selbst, so strebt es wieder dem Zustand S(a) zu, unter Verminderung der Varietät (vgl. aber S. 377).

Angenommen nun, das System „Gas" sei gegen jeden (auch unsern) Input vollständig abgeschlossen, also völlig sich selbst überlassen. Dann dürfen wir wohl sagen: es ist äußerst unwahrscheinlich, daß bei der ungeordneten Bewegung der Partikeln auf irgend eine Weise eine Trennung der schnellen Partikeln in der einen und der langsamen Partikeln in der anderen Hälfte des Gefäßes von selbst eintritt. Ist aber doch dieser unwahrscheinliche Zustand einmal eingetreten oder als Anfangs-

[1] Vgl. dazu auch etwa Fischer-Lexikon „Physik" (herausg. W. GERLACH), S. 64f.

zustand gegeben, so wird das System schnell dem wahrscheinlicheren Zustand S(a) zustreben und in ihm zur Ruhe kommen. Man kann allgemein sagen:

Jedes geschlossene System strebt von selbst dem jeweils wahrscheinlichsten Zustand zu (vgl. oben S. 75).

Dieser Begriff des wahrscheinlichsten Zustandes bedarf aber einer exakteren Definition, wir wollen diese (in Anlehnung an ein Beispiel von W. Westphal) zu finden versuchen: das System S sei das Barvermögen eines Volkes. Sein Gesamtzustand wird nicht verändert durch die zahlreichen Vorgänge auf dem Geldmarkt, d. h. durch die ständig wechselnde Verteilung der Vermögensverhältnisse der einzelnen Personen, also, wie wir sagen dürfen, der (finanziellen) Komplexionen der Partikeln. Zur Vereinfachung wollen wir ein übersehbares kleines System S′ betrachten, das durch die Summe von 1000.— DM bestimmt ist und dessen Verteilung auf die 4 „Partikeln“ A, B, C und D wir untersuchen wollen:

I. Eine Möglichkeit der Verteilung ist, daß die „Komplexionen“ aller 4 Partikeln gleich sind, daß also jede Person 250.— DM besitzt. Dieser Zustand der *Gleichverteilung* kann hier offensichtlich nur auf eine Weise realisiert werden.

A	B	C	D
+	+	—	—
+	—	+	—
+	—	—	+
—	+	+	—
—	+	—	+
—	—	+	+

II. Eine zweite Möglichkeit ist, daß 2 der 4 Personen je 500. — DM besitzen — dieser Zustand kann auf 6 verschiedene Weisen realisiert werden (nebenstehende Tabelle).

III. Daß 3 der 4 Personen sich das Gesamtvermögen in Form von 200.—, 300.— und 500.— DM teilen und der vierte jeweils leer ausgeht, ist eine dritte Möglichkeit — hierfür bestehen, wie man an einer entsprechenden Tabelle leicht nachprüfen kann, 18 Realisierungsmöglichkeiten.

IV. Die Gesamtsumme kann aber auch in 4 Teile von 100.—, 200.—, 300.— und 400.— DM aufgeteilt und dann auf die vier Personen verteilt werden — dafür bestehen 24 Realisierungsmöglichkeiten.

V. Und schließlich ist auch denkbar, daß eine Person die ganze Summe erhält und die drei anderen nichts erhalten — dafür gibt es offensichtlich 4 Möglichkeiten.

Wir finden somit, wenn wir Verteilungszustand (VZ) und Realisierungsmöglichkeit (RM) einander gegenüberstellen:

VZ	RM
I	1
II	6
III	18
IV	24
V	4

Die verschiedenen Verteilungszustände entstehen dadurch, daß verschiedene „Komplexionen“ den gleichen Gesamtzustand ergeben können — in unserem Beispiel: daß man eine Zahl (1000) auf verschiedene Weise in Summanden zerlegen kann. Die verschiedenen Realisierungsmöglichkeiten ergeben sich dadurch, daß sich die verschiedenen Komplexionen auf verschiedene Weise auf die „Partikeln“ verteilen lassen.

Angenommen nun, das System S′, das wir uns jetzt als ein Miniatur-Wirtschaftssystem vorstellen müssen, befinde sich am Morgen eines Tages im Zustand I: jeder der 4 Kaufleute besitzt 250.— DM. Dieser Zustand bleibt gewiß nicht erhalten, sondern die Partner beginnen zu kaufen. Es ist nun sehr unwahrscheinlich, daß am

Abend dieses Tages die Verteilung V eingetreten ist, auch VZ II ist nicht sehr wahrscheinlich, sondern eher erwarten wir, daß III oder IV zu finden sind. Und das besagt: wir erwarten bei unserem sich selbst überlassenen System S′ im Zustande I, daß die Zustandsänderungen (Transformationen) von S′ sich in Richtung der Zustände mit den meisten Realisierungsmöglichkeiten bewegen werden — daß diese Zustände „wahrscheinlicher" sind als die anderen. — Würden wir den Vergleich weiter ausführen, würde er schnell stark „hinken", da die Partner von S′ eben nicht Partikeln, sondern Menschen sind, deren individuelle Faktoren den jeweiligen VZ entscheidend mitbestimmen. Wir kehren daher jetzt zu unserem System S, dem „Gas" zurück:

In einem Gase sind nun nicht wie in einem Volke Millionen, sondern Millionen × Millionen × Millionen = Trillionen Partikeln vorhanden, so daß hier statistische und Wahrscheinlichkeitsgesetze gelten, die in dem kleinen System S′ nicht anwendbar sind. Jetzt können wir streng sagen:

Derjenige Zustand, der durch die größte Anzahl von Realisierungsmöglichkeiten verwirklicht werden kann, ist auch der *wahrscheinlichste Zustand.*

Die Anzahl der Realisierungsmöglichkeiten eines Zustandes bezeichnet man dann als die *thermodynamische Wahrscheinlichkeit* dieses Zustandes. Das System S befinde sich nun in einem geordneten Zustande, z. B. S(a, b), der nur wenige (oder gar nur eine) Realisierungsmöglichkeit hat, also sehr „unwahrscheinlich" ist. Wie wird es sich entwickeln, d. h. durch welche Transformation wird es in einen anderen Zustand übergehen? Da wir annehmen dürfen, daß das System nicht „springt", sondern in einen Zustand übergehen wird, der sich von S(a, b) nur wenig unterscheidet, wird S also einem „Nachbarzustande" zustreben. Unter diesen werden nun solche mit mehr und solche mit weniger Realisierungsmöglichkeiten sein. Wir werden erwarten, daß S in den Zustand übergeht, der „wahrscheinlicher" ist als S(a, b), also mehr Realisierungsmöglichkeiten hat.

Anders ausgedrückt: S geht in den Zustand mit der größeren *thermodynamischen Wahrscheinlichkeit* über. Nun hatten wir früher schon gesehen (S. 75), daß die thermodynamische Wahrscheinlichkeit ein Maß der Unordnung der Partikeln ist, d. h. die Transformationen von S werden Schritt für Schritt Transformationen mit Verminderung der Varietät sein, solange, bis der *wahrscheinlichste Zustand* erreicht ist und das System dort zur Ruhe kommt. Welcher Zustand dies ist, können wir hier nicht sagen, sondern können nur formal feststellen: es ist der Zustand mit einem Maximum an Unordnung oder einem Minimum an Ordnung (was aber auch noch genauerer Erklärungen bedürfte, um streng gültig zu sein).

5. Noch einmal: Information

Die thermodynamische Wahrscheinlichkeit ist ein Maß der Unordnung; in einem sich selbst überlassenen geschlossenen System nimmt sie und damit die Unordnung ständig zu. Die thermodynamische Wahrscheinlichkeit W ist nun mit der *Entropie* H des Systems nach BOLTZMANN durch die Beziehung verknüpft:

$$H = k \cdot \ln W \tag{5}$$

und das besagt: die Entropie ist der thermodynamischen Wahrscheinlichkeit proportional (k, der Proportionalitätsfaktor, ist die BOLTZMANNsche Konstante, s. S. 121), d. h. ist W groß, so ist auch die Entropie des Zustandes groß; die Entropie wächst mit der Wahrscheinlichkeit des Zustandes.

Das ist aber genau umgekehrt wie bei der *Information*: je wahrscheinlicher der Zustand, desto geringer ist die Information, die er enthält, und je unwahrscheinlicher, desto größer sein Informationsgehalt. Da ein abgeschlossenes System von selbst dem wahrscheinlichsten Zustand zustrebt, wird dabei sein Informationsgehalt immer kleiner — und das besagt auch der früher nach WIENER zitierte Satz: „daß eine Nachricht ihre Ordnung während des Aktes der Übertragung wohl von selbst verlieren, aber nicht gewinnen kann".

Entsprechendes gilt nun auch für die *Varietät:* ASHBY schreibt (a.a.O. S. 134): bei einem System, das einer einwertigen Transformation unterliegt, kann die Varietät niemals wachsen, sondern nur abnehmen. Denn es ist möglich, daß bei der Transformation verschiedene Elemente in gleiche transformiert werden, bei einer einwertigen Transformation kann aber nicht ein Element in mehrere verschiedene transformiert werden.

Die drei Begriffe „wahrscheinlichster Zustand", „Varietät" und „Information" stehen somit offensichtlich in engen Beziehungen zueinander, deren Bestimmung aber nicht ganz einfach ist, da als vierter Begriff noch die „Ordnung" eine Rolle spielt. Eine strenge Bestimmung dieser Relationen können wir hier nicht vornehmen, wollen aber versuchen, wenigstens die dabei auftretenden Probleme anzudeuten. Wir betrachten zunächst die Beziehungen zwischen Varietät und Ordnung:

Sind in einem System alle Elemente gleich, so ist dessen Varietät $= 0$; sind sie alle verschieden, so ist V für das betreffende System maximal. Auch in einem System mit $V = 0$ kann man die der räumlichen und zeitlichen Lage nach beliebig verteilten Elemente „ordnen", indem man sie sozusagen „antreten" läßt. Da alle Elemente einander gleich sind, unterscheiden sich die n! möglichen Anordnungen der n Elemente nicht voneinander; eine solche Ordnung verändert aber auch die Varietät des Systems nicht. Ordnet man dagegen bei dem System mit $V = n$ die Elemente nach bestimmten gleichen oder ähnlichen Merkmalen, so entsteht die Frage, wie durch ein solches Ordnen die Varietät beeinflußt wird.

Da das Ordnen die Elemente selbst ja nicht verändert, können wir sagen: durch die Ordnung wird die Varietät des Systems nicht verändert; die Elemente bleiben die gleichen und ihre Verschiedenheit voneinander wird durch die Anordnung in Gruppen nicht berührt. Wir können aber auch sagen: wo bisher, wie bei dem oben betrachteten Gase, ein einziger Gesamtzustand zu erkennen war, ist jetzt ein System mit deutlich unterscheidbaren verschiedenen Elementen entstanden, nämlich den m Ordnungsgruppen. Die Varietät des Systems ist daher durch das Ordnen vermehrt worden. Schließlich aber kann man auch sagen: aus der großen Varietät von ursprünglich n verschiedenen Elementen ist jetzt die kleinere Varietät von nur m verschiedenen Gruppen geworden — die Ordnung hat die Varietät somit vermindert.

Ordnung setzt zwar Varietät voraus, aber ob sie die Varietät verändert, ist eine Frage der Betrachtungsweise.

Entsprechend setzt nun auch *Information* Varietät voraus. ASHBY gibt dafür einmal ein sehr anschauliches Beispiel[1]:

In einem Mehrstaatenkriege sind zwei Soldaten aus derselben Stadt von verschiedenen feindlichen Truppen gefangen genommen worden. Beide dürfen nach einiger Zeit ihren Frauen eine Mitteilung schicken; beide schreiben: „Mir geht es gut." Aber der Gefangene im Staate A darf nur diese Mitteilung absenden, während dem Gefangenen im Staate B drei Nachrichten zur Auswahl freigestellt sind: Mir geht es gut — Mir geht es leidlich — Mir geht es schlecht. Die Nachricht ist in beiden Fällen die gleiche, ihr Informationsgehalt ist aber deutlich verschieden, da die Nachricht aus B aus einem größeren Reservoir mit größerer Varietät ausgewählt worden ist. Vorausgesetzt nun, die beiden Empfänger kennen das jeweilige Reservoir der Nachricht, d. h. ihnen sind die Anordnungen für die Gefangenenpost in A und B bekannt, dann ist auch für sie der Informationsgehalt der beiden Nachrichten durchaus verschieden. Da diese Voraussetzung praktisch aber kaum angenommen werden kann, unterscheiden sich die beiden Nachrichten für die Frauen doch nicht, d. h. der *subjektive Informationsgehalt* ist der gleiche — wenn wir einmal von persönlichen Varianten absehen, daß z. B. die eine Frau die Nachricht dankbar glaubt, während die andere skeptisch ist und zweifelt. Nur die Ungewißheit, die der subjektive Informationsgehalt tatsächlich zu beheben vermag, wird zur Gewißheit: als er dies schrieb, lebte er noch.

Damit stoßen wir auf den wichtigen Unterschied von *objektiver* und *subjektiver Information*, dessen Erörterung aber den Rahmen einer Einführung überschreitet, zumal auch hier die unumgängliche philosophische Begriffserklärung noch keineswegs vollendet ist. F. v. CUBE, der die subjektive Information im Rahmen seiner „Theorie des Lernens" eingehend behandelt, kommt zur Feststellung folgender vier wichtiger Teilprobleme: 1) das subjektive Repertoire oder Reservoir, aus dem die Nachricht stammt — dieses ist, darauf weist ASHBYS Beispiel hin, für Sender und Empfänger oft verschieden. 2) die subjektiven Wahrscheinlichkeiten, also die Wahrscheinlichkeit, mit der der Empfänger ein Zeichen erwartet oder erwarten kann. 3) die subjektiv schon gespeicherte Information oder die *Vorinformation*, also was der Empfänger von der Sache schon weiß. Im Spezialfall: wenn eine Nachricht zur Sicherheit wiederholt wird, kann ihre subjektive Information für den Empfänger = 0 sein. 4) Die *Invarianz* der subjektiven Information, was hier besagen soll: der Empfänger „holt sich in der Zeiteinheit stets denselben Betrag an Information aus einem Wahrnehmungsfeld heraus."[2]

Der ganze Fragenkomplex, den diese wenigen Hinweise aufzeigen, bedarf noch gründlicher Untersuchung. So ist es sicherlich zumindest eine Frage der Betrachtungsweise, ob man mit ASHBY z. B. Varietät und Information einfach gleichsetzen

[1] ASHBY: Introduction, S. 124.

[2] FELIX v. CUBE: Kybernetische Grundlagen des Lernens und Lehrens. Stuttgart 1965. S. 84ff.

kann — doch wie gesagt, eine solche Untersuchung gehört nicht mehr in die Einführung.

6. Stochastische Transformation

Das System, das wir oben S. 375f behandelt haben, kann 5 verschiedene Zustände I, II, III, IV und V annehmen — und es wird, wenn es sich in einem dieser Zustände befindet, entweder in diesem beharren oder in einen der anderen vier Zustände übergehen. Es unterliegt daher von Zeitpunkt zu Zeitpunkt einer *Transformation* — wenn wir die identische Transformation einschließen. Jede dieser Transformationen führt zu einem bestimmten Zustand des Systems; aber wir, die Beobachter, wissen nicht, welchen Zustand das System im nächsten Augenblick annehmen wird. Darüber können wir nur eine Wahrscheinlichkeitsaussage machen, nämlich auf Grund der beobachteten Auftretenshäufigkeiten der 5 Zustände. Ist das System z. B. in I, so sind die Zustände II und V etwa gleich wahrscheinlich, III und gar IV sind aber erheblich wahrscheinlicher als Folgezustände anzunehmen.

Untersuchen wir dies jetzt allgemein und formal: Gegeben sei ein System S mit den möglichen Zuständen A, B, C, D, E, also S: (A, B, C, D, E), und die möglichen Transformationen, die diese Zustände ineinander überführen, z. B. $T(A \to B)$, $T(D \to C)$ usw. Insgesamt sind 25 Transformationen möglich (die identischen wieder eingeschlossen). Welche Transformation in einem gegebenen Zeitpunkt wirksam wird, wissen wir nicht. Numerieren wir die Zustände der Reihe nach mit 1, 2, 3, 4, 5, so können wir die Gesamtheit möglicher Transformationen wie oben S. 361 kennzeichnen:

$$T: n' = n + a \tag{6}$$

Es handelt sich somit um Transformationen mit unbekanntem Input; der Wert des Parameters a muß daher wieder „von außen" gegeben werden; er sei jetzt aber nicht nach einer Regel oder selbst als Transformation eines Systems gegeben, sondern „durch Zufall" bestimmt: Wir ermitteln die Werte von a etwa durch Werfen einer Münze, wobei wir, wenn Kopf (k) oben liegt, $a = 1$, und wenn Schrift (s) oben liegt, $a = 0$ setzen.

Wir beginnen mit S(A) und bilden nacheinander T(A), $T^2(A)$ usw., wobei wir vor jeder Transformation erneut die Münze werfen und so a neu bestimmen. Eine Folge solcher Würfe möge sein:

1. s s k k k s k s s

und bei einem zweiten Versuche möge sich ergeben:

2. k s k k s s s k s

Die beiden durch die oben getroffene Festsetzung bestimmten Transformationen sind:

T_1: $n' = n + 0$ (für $a = 0$ unter Wirkung von s)
T_2: $n' = n + 1$ (für $a = 1$ unter Wirkung von k)

Die Anwendung der beiden gefundenen Folgen von Würfen führt zu den folgenden Zustandsreihen für S:

1) 1, 1, 1, 2, 3, 4, 4, 5, 5, 5 oder: A, A, A, B, C, D, D, E, E, E

2) 1, 2, 2, 3, 4, 4, 4, 4, 5, 5 oder: A, B, B, C, D, D, D, D, E, E

Da für a nur die beiden Werte 1 oder 0 zur Verfügung stehen, die beide als gleichwahrscheinlich anzusehen sind, besteht für jeden Zustand die gleiche Wahrscheinlichkeit, daß S seinen Zustand unverändert behält oder in den folgenden Zustand übergeht:

A B C

½ ↙ ↘ ½ ½ ↙ ↘ ½ ½ ↙ ↘ ½ usw.

A B B C C D

(rückläufige „Transformationen", z. B. D → C usw., sind hier nicht möglich, da a nicht negativ werden kann.)

Wir können jetzt wieder eine Matrix aufstellen, die oben waagerecht die jeweiligen Zustände des Systems vor der Transformation, und links senkrecht die Zustände nach der Transformation enthält. In die Matrix-Fläche tragen wir die Wahrscheinlichkeiten dafür ein, daß der Zustand S(X) (oben) in den Zustand S(Y) (links) übergeht:

	A	B	C	D	E
A	½	0	0	0	½
B	½	½	0	0	0
C	0	½	½	0	0
D	0	0	½	½	0
E	0	0	0	½	½

Dies ist dann die Matrix der *Übergangswahrscheinlichkeiten* von S(X) zu S(Y); sie besagt: ist S zur Zeit t_1 etwa im Zustande C, so ist es zur Zeit t_2 mit 50% Wahrscheinlichkeit wieder in C, mit 50% Wahrscheinlichkeit aber in D.

7. Die Markoff-Kette

Zunächst sei ein Beispiel (etwas verändert nach Ashby) besprochen: In einem seichten Tümpel leben Insekten, die sich entweder im Wasser (W) oder unter Steinen (K = Kiesel) oder am Ufer (U) aufhalten können. Wir beobachten den Tümpel und das Verhalten der Insekten über längere Zeit, speziell ein irgendwie gekennzeichnetes Einzeltier: wo hält es sich auf? wohin geht es von hier? usw. Unsere Beobachtungen führen zu einem Protokoll, aus dem wir folgende Matrix ableiten können:

	U	W	K
U	¼	¾	1/8
W	¾	0	¾
K	0	¼	1/8

Aus ihr können wir ablesen: die Beobachtungen haben ergeben, daß das Tier niemals im Wasser bleibt (W → W = 0) und auch niemals vom Ufer unter die Steine geht (U → K = 0). Wir können voraussagen, daß es vom Wasser wahrscheinlich (W → U = ¾) ans Ufer gehen und dann von dort aus wieder ins Wasser zurückkehren wird (U → W = ¾).

Ist nun das beobachtete Einzeltier repräsentativ für alle anderen im Tümpel, so werden diese, wenn sich jedes unabhängig von den anderen verhält, in ihrer Gesamtheit ein entsprechendes Verhalten zeigen: wir werden 3 Gruppen finden, M_U, M_W und M_K, deren Größe jeweils ebenso wechselt wie ihre Zusammensetzung aus Einzeltieren (Realisierungsmöglichkeit der betr. Gruppe). Mit Hilfe der Übergangswahrscheinlichkeiten, also der stochastischen Transformationen, können wir aber die

Größe der drei Gruppen ermitteln. Der Einfachheit halber setzen wir die Gesamtzahl M der Tiere = 100 — was uns die Verteilung in % liefert —, dann ist:

$$M_U + M_W + M_K = M = 100 \qquad (7)$$

Angenommen nun, durch einen Eingriff von außen seien alle M Tiere unter den Steinen versammelt worden, so daß $M_U = M_W = 0$ und $M_K = 100$ ist; oder anders geschrieben:

$$S_0\colon (0, 0, 100) \qquad (8)$$

sei der Ausgangszustand des Systems. Wie verhält sich S nun, wenn es sich selbst überlassen bleibt?

Wir lesen aus der Matrix ab, daß wahrscheinlich 75% der Tiere im nächsten Zeitpunkt ins Wasser, $^1/_8 = 12{,}5\%$ auf das Ufer gehen und die restlichen 12,5% unter den Steinen bleiben werden, d. h. die Transformation wird sein:

$$T\colon\downarrow \begin{pmatrix} 0; & 0; & 100 \\ 12{,}5; & 75; & 12{,}5 \end{pmatrix} \qquad (9)$$

In der folgenden Zeiteinheit ist die gleiche Transformation wirksam, nur müssen wir jetzt alle 3 Orte berücksichtigen. M_W ist jetzt = 75, davon werden $^3/_4$ auf das Ufer und $^1/_4$ wieder unter die Steine gehen. Von den Tieren am Ufer werden sich $^3/_4$ ins Wasser begeben, $^1/_4$ wird am Ufer bleiben, usw.

Allgemein können wir für die M_U', M_W', und M_K', also die Mengen im jeweils „nächsten" Zeitpunkt an den 3 Orten, folgende 3 Gleichungen aufstellen (sie ergeben sich aus den Zeilen der Matrix):

$$M'_U = \frac{1}{4} M_U + \frac{3}{4} M_W + \frac{1}{8} M_K = \frac{1}{4} \cdot 12{,}5 + \frac{3}{4} \cdot 75 + \frac{1}{8} \cdot 12{,}5 = 60{,}9 \qquad (10)$$

$$M'_W = \frac{3}{4} M_U \qquad + \frac{3}{4} M_K = \frac{3}{4} \cdot 12{,}5 + \qquad + \frac{3}{4} \cdot 12{,}5 = 18{,}7 \qquad (11)$$

$$M'_K = \qquad \frac{1}{4} M_W + \frac{1}{8} M_K = \qquad \frac{1}{4} \cdot 75 + \frac{1}{8} \cdot 12{,}5 = 20{,}3 \qquad (12)$$

Setzen wir dies fort, indem wir die jeweils für M_U', M_W' und M_K' gefundenen Werte einsetzen, so ergeben sich folgende Transformationen:

$$T^2\colon\downarrow \begin{pmatrix} 0 & ; 0 & ; 100 \\ 60{,}9 & ; 18{,}8 & ; 20{,}3 \end{pmatrix}$$

$$T^3\colon\downarrow \begin{pmatrix} 0 & ; 0 & ; 100 \\ 31{,}9 & ; 60{,}9 & ; 7{,}2 \end{pmatrix}$$

$$T^4\colon\downarrow \begin{pmatrix} 0 & ; 0 & ; 100 \\ 53{,}7 & ; 29{,}3 & ; 17{,}0 \end{pmatrix}$$

usw.

Setzt man die Folge der T^n genügend weit fort, so kommt das System schließlich bei einem T^m ins Gleichgewicht:

$$T^m : \downarrow \begin{pmatrix} 0 & 0 & 100 \\ 44{,}9; & 42{,}9; & 12{,}2 \end{pmatrix}$$

denn T^{m+1} ist eine identische Transformation. Dieses Gleichgewicht läßt sich wieder berechnen, in der gleichen Weise, wie wir dies oben S. 363f getan haben. Wir benötigen dafür zwei der 3 Gleichungen (10)–(12) und die Gleichung (7):

$$M_U = \frac{1}{4} M_U + \frac{3}{4} M_W + \frac{1}{8} M_K \qquad (10')$$

$$M_K = \frac{1}{4} M_W + \frac{1}{8} M_K \qquad (12')$$

$$100 = M_U + M_W + M_K \qquad (7)$$

Aus (12′) folgt zunächst: $M_K = \frac{2}{7} M_W$, und dann aus (10′): $M_U = \frac{22}{21} M_W$; aus (7) folgt dann schließlich: $100 = \left(\frac{22}{21} + 1 + \frac{6}{21}\right) M_W = \frac{49}{21} M_W = \frac{7}{3} M_W$ und

$$\text{somit: } M_W = \frac{300}{7} = 42{,}9;\ M_K = 12{,}2 \text{ und } M_U = 44{,}9.$$

Die Matrix lehrt uns aber noch etwas anderes: wir haben zunächst das einzelne Tier beobachtet, wo es sich aufhielt und wohin es sich von dort bewegte, d. h. wir haben die *Übergänge* W → W, W → U, W → K beobachtet und gezählt. Wir haben aber nicht untersucht, wo das betr. Tier sich vorher befand. Ergibt sich nun — was hier angenommen war — daß das Tier, ganz gleich, ob es vorher vom Ufer ins Wasser gekommen oder unter den Steinen heraus ins Wasser gekrochen war (und entspr. bei den anderen Übergängen), in 75% aller Fälle auch dann aus dem Wasser ans Ufer ging, dann ist die Wahrscheinlichkeit des folgenden Zustandes (z. B. U auf W folgend) nur vom unmittelbar vorhergehenden Zustand (z. B. W) abhängig, nicht aber von den Zuständen, auf die W selbst gefolgt ist. Und das bedeutet: das Verhalten des Tieres entspricht einer (strengen) *Markoff-Kette* (s. S. 93).

	U	W	K
U	0	0,5	0,5
W	0,8	0,5	0,4
K	0,2	0,0	0,1

Hätten unsere Beobachtungen z. B. zu der folgenden Matrix geführt, so könnten wir diese Transformations-Matrix auch graphisch darstellen, und wir kämen auf diesem Wege zu der früher gebrachten *Matrizen-Darstellung* einer Markoff-Kette bzw. zu ihrem *Markoff-Diagramm* (s. S. 109f), nur daß wir hier die Zustandsbezeichnungen geändert und in der Matrix Zeilen und Spalten der Einheitlichkeit unserer jetzigen Darstellung wegen vertauscht haben. Es ist m. a. W. gleichwertig, ob wir sagen, eine Informationsquelle der oben betrachteten Art ist ein Markoff-Prozeß, oder sagen: das System Informationsquelle wird nach einer Markoff-Transformation transformiert.

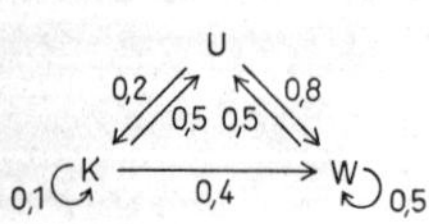

Abb. 146

5.4.3. Regelung

5.4.3.1. *Regelung und Transformation*

1. Die allgemeinen Begriffe und Prinzipien der ,,Regelung" und der ,,Regeltechnik" haben wir im einleitenden I. Teile gegeben, sozusagen als eine Art *Phänomenanalyse* der Regelung. Eine *Theorie* der Regelung, wie sie den technischen, biologischen, soziologischen usw. Anwendungen zu Grunde liegt, arbeitet mit Differentialgleichungen und anderen Methoden der Höheren Mathematik, entzieht sich daher einer Darstellung in diesem Buche. Für uns ergibt sich als nächstliegend ein Anknüpfen an die Transformations-Theorie, wie sie im vorhergehenden Abschnitt behandelt wurde, also die Darstellung der Regelungs-Vorgänge als Transformationen[1].

Die Bedeutung der Regelung nicht nur im technischen, sondern vor allem auch im biologischen, psychologischen und sozialen Bereich, hat sie zu einem Zentralthema der Kybernetik werden lassen — wir erinnern uns, daß diese Wissenschaft historisch von den Analogien zwischen technischen und biologischen Regelungsvorgängen ihren Ausgang genommen hat. Tatsächlich kann man den Geltungsbereich der ,,Regelung" kaum weit genug ziehen, da jede zielgerichtete Bewegung, jede zweckvolle Tätigkeit ,,Regelung" voraussetzt bzw. einschließt: ob es sich bei Tieren um die Futtersuche oder um das Fangen einer Beute handelt, ob Menschen einen Gegenstand ergreifen oder irgend eine handwerkliche Tätigkeit ausüben, ob Tiere oder Menschen in Gemeinschaften zusammenleben, ob es sich endlich um Wirtschaft oder Politik, um wissenschaftliche oder künstlerische Tätigkeit handelt — stets wird das *Verhalten* der betreffenden Wesen oder ,,Systeme" sozusagen ,,vom Ziel her" gesteuert, d. h. ständig muß die Tätigkeit kontrolliert und reguliert werden: ,,auf den Erfolg", ,,auf das Ziel" hin.

Da aber Bewegungen und Handlungen als bloße Abläufe von sich aus nicht zielgerichtet sind, sondern gewissermaßen dem *Trägheitsprinzip* folgen — das man etwa so formulieren kann: Jedes System verharrt in seinem Bewegungszustand, wenn es nicht durch Kräfte gezwungen wird, seinen Zustand zu ändern[2] — bedürfen zielgerichtete Bewegungen und Tätigkeiten ständig neuer ,,Ausrichtungen" durch steuernde Kräfte. Kommen diese Kräfte von außen, sprechen wir von *Steuerung*, kommen sie aus dem System selbst, so sprechen wir von ,,Selbststeuerung" oder *Regelung*. Das Einsetzen dieser Kräfte wird meist durch ein Abweichen vom Ziel hervorgerufen. Eine solche Regelung gleicht daher dem *Lernen durch Erfahrung*, d. h. genauer: dem Lernen nach der gemachten Erfahrung, das künftige Erfahrungen gleicher Art verhindern soll. Ebenso setzt diese Regelung erst nach dem Abweichen von der Zielrichtung bzw. dem Verlassen des Ziels ein und stellt dann den ,,richtigen" Zustand wieder her.

2. So weit verbreitet diese Art der Regelung auch ,,in the animal and the machine" ist, für eine allgemeine Theorie der Regelung ist sie ein Spezialfall, neben den z. B.

---

[1] Auch hierbei können wir uns weitgehend an ASHBY anschließen. Vgl. Introduction S. 193ff.

[2] Bei NEWTON heißt es strenger: "corpus omne perseverare in stato suo quiescendi vel movendi uniformiter in directum, nisi quatenus illud a viribus impressis cogitur, statum suum mutare".

eine weitere Art tritt, bei der es zur Störung des Systems gar nicht erst kommt, da die Regelung diese Störung „abfängt". Wir verallgemeinern daher hier den Begriff „Regelung" und verstehen darunter das *Verhalten eines Systems,* das einen bestimmten gesetzten, erstrebten oder in biologischem, sozialem usw. Sinne „gesunden" Zustand erreicht und/oder erhält.

Ein solches geregeltes System S ist dabei mit dem regelnden System R — dem *Regelsystem* — in bestimmter Weise gekoppelt, wobei R auch ein Teilsystem von S sein mag, wie z. B. bei Organismen. Wir nehmen weiterhin an, S sei dem *Trägheitsprinzip* unterworfen, d. h. es würde im jeweiligen Zustande (z. B. der Ruhe oder der gerade jetzt so gerichteten Bewegung) verharren, wenn nicht Kräfte eine Zustandsänderung herbeiführen — wir müssen dann nur bei Eigenveränderungen des Systems auf systemeigene Kräfte (z. B. innere Inputs aus einem anderen Teilsystem von S) rekurrieren.

Diese Kräfte wirken auf den Zustand von S als Störungen, die von einem *Störsystem* D ausgehen. S ist somit ein *System mit Input* („innerer Input" eingeschlossen) und enthält außerdem ein Regelsystem R. Unter der Einwirkung von D unterliegt S irgendwelchen Transformationen, die von R abgefangen oder auf irgend eine Weise rückgängig gemacht werden, z. B. durch inverse Transformationen oder durch eine Folge zyklischer Transformationen usw. Der jeweilige Zustand von S ist dann durch das Zusammen- oder auch Gegeneinander-Wirken von D und R bestimmt. Wir können daher S auch als ein System mit zwei Inputs ansehen, nämlich D und R, die aber nicht voneinander unabhängig sind.

		R		
		α	β	γ
D	1	*a*	f	h
	2	i	r	*a*
	3	s	*a*	*t*
	4	x	d	*a*

3. Diese Beziehungen lassen sich wieder in einer Matrix darstellen, bei der links die verschiedenen Störungen (D-Inputs) und oben die dazugehörigen Aktionen von R stehen. In die Fläche der Matrix kommen die durch das Zusammenwirken der beiden Inputs entstehenden Zustände von S (abgekürzt, eigentlich S(a), S(f) usw.), also die Transformationen, denen S unterliegen würde, falls die Regelung nicht wirksam wäre, sowie die identische Transformation infolge voller Wirkung von R[hier S(a)]. Über diese Zustände können wir bereits eine allgemeine Feststellung treffen: soll das Regelsystem R richtig funktionieren, und sei a der angestrebte Zustand, so muß a in jeder Reihe der Matrix wenigstens einmal auftreten, d. h. es muß zu jedem Input von D mindestens ein Verhalten von R geben, das den Zustand a wiederherstellt oder erhält. Wir dürfen auch erwarten, daß a in jeder Spalte der Matrix einmal auftreten wird, da wir annehmen können, daß das Regelsystem auf verschiedene Inputs von D auch mit verschiedenen Verhaltensweisen wird antworten müssen. Wirkt nun (s. d. Tabelle) etwa D_2, so führt die Aktion Rα zu S(i), Rβ zu S(r), aber Rγ zu S(a) usw. Auch bei D_4 führt Rγ zum Erfolg, woraus wir auf eine gewisse Ähnlichkeit von D_2 und D_4 schließen können, da beide durch die gleiche Aktion von R behoben werden. Tritt dagegen der Zustand a in einer Reihe mehrfach auf, so bedeutet dies, daß mehrere Aktionen von R jetzt erfolgreich sind.

4. Eine wichtige Frage ist nun die nach der *Varietät* der drei Systeme oder Teilsysteme S, D und R: V_S, V_D und V_R.

		R	
	α	β	γ
1	b	g	a
2	a	d	e
D 3	c	a	d
4	e	f	h
5	f	b	c
6	g	h	f

Untersuchen wir zunächst die Beziehungen zwischen V_D und V_R. S möge 8 mögliche Zustände haben S: (*a*, b, c, d, e, *f*, g, h). Wir machen weiterhin die Voraussetzung, daß in einer Spalte der Matrix niemals zwei gleiche Zustände auftreten sollen. Von den 8 Zuständen sind nur 2, nämlich a und f, homöostatisch, d. h. durch Regelung aufrechtzuerhalten, alle anderen sind unstabil, ja können zur Arbeitsunfähigkeit des Systems, zu Fehlleistungen oder auch zur Zerstörung von S führen. a und f können aber nicht gleichzeitig bestehen, d. h. wenn, z. B. bei einer Störung durch D_4, a nicht mehr aufrechtzuerhalten ist, muß R den anderen „homöostatischen" Zustand f zu erreichen versuchen und diesen dann halten („Anpassung").

Wie muß R nun vorgehen, wenn wir annehmen, R sei ein systematisch operierendes System, ein Mensch oder ein „probierender Automat" (s. S. 306ff)?

Wir sehen zunächst von D ab, untersuchen nur das Verhalten von R unter der Voraussetzung, R könne die obige Tabelle „sehen" und sein Verhalten danach einrichten. R wird dann beim ersten Schritt Rγ wählen, um den Zustand a zu erzielen. Da a in dieser Spalte nicht mehr auftritt, muß R beim nächsten Schritt ein anderes Verfahren auswählen, nämlich Rα, und beim dritten Schritt dann Rβ. Damit sind die 3 Möglichkeiten, die R hat, um den Zustand a zu erreichen, erschöpft. Beim nächsten Schritt muß R eine Spalte wiederwählen, und das bedeutet nach Voraussetzung: R muß einen anderen Zielzustand anstreben, also f. Dazu wählt er nacheinander β—α—γ, und ist mit der zweiten Serie auch wieder am Ende.

Allgemein: hat R n verschiedene Verhaltensweisen (also $V_R = n$) und tritt der Zielzustand in jeder Spalte nur einmal auf, muß R nach n Schritten einen neuen Zielzustand anstreben. Wie oft R diesen Wechsel des Zielzustandes vornehmen muß, wieviel Serien von n Schritten R bei seinen Wahlen der geeigneten Aktionsweisen durchlaufen muß, das hängt von der Anzahl der D_i, also von V_D ab. Ist V_D wie im Beispiel $= 2$ n, so muß R einmal wechseln, ist $V_D = m \cdot n = m \cdot V_R$, so muß R $m = V_D/V_R$ Serien durchlaufen, um alle Möglichkeiten zu erschöpfen. Wir erhalten so im Beispiel die Transformationen:

$$T\colon \downarrow \begin{pmatrix} (1,\gamma) & (2,\alpha) & (3,\beta) & (4,\beta) & (5,\alpha) & (6,\gamma) \\ a & a & a & f & f & f \end{pmatrix}$$

und entsprechend bei mehr Zeilen und Spalten.

Ist die Regelung wirksam, so werden als Zustände von S nur die homöostatischen Zustände auftreten, und das bedeutet: jede Vermehrung der Outputs, jeder neu auftretende Zielzustand infolge eines Wechsels vermehrt die Varietät von S um 1. Daraus ergibt sich die Beziehung:

$$V_S \geqq \frac{V_D}{V_R} = m \qquad (1)$$

V_S kann also nicht kleiner sein, wohl aber gleich oder größer als V_D/V_R; die Gleichung gibt damit eine obere Grenze für die Wirkungsmöglichkeiten von R, denn je kleiner V_S ist — im idealen Grenzfall = 1 — desto besser wirkt R, desto besser ist die Homöostase des Systems gegenüber D bzw. seine Anpassung an D.

Messen wir die Varietät wie oben (S. 369) in bit, müssen wir (1) logarithmieren:

$$\mathrm{ld}\, V_S \geqq \mathrm{ld}\, \frac{V_D}{V_R} = (\mathrm{ld}\, V_D - \mathrm{ld}\, V_R)\ \mathrm{bit} \tag{1a}$$

Da die Angabe der Maßeinheit „bit" eindeutig besagt, daß ld V gemeint ist, können wir kürzer für ld V auch einfach V schreiben:

$$V_S \geqq (V_D - V_R)\ \mathrm{bit} \tag{1b}$$

Und dies bedeutet nun (was man natürlich auch direkt aus (1) entnehmen kann):

Je größer die Varietät von R, je größer also die Anzahl seiner Verhaltensmöglichkeiten, desto kleiner ist bei gegebenem V_D die Varietät von S und desto besser die Regelung — bis zur Grenze für V_S, die sich aus (1) ergibt.

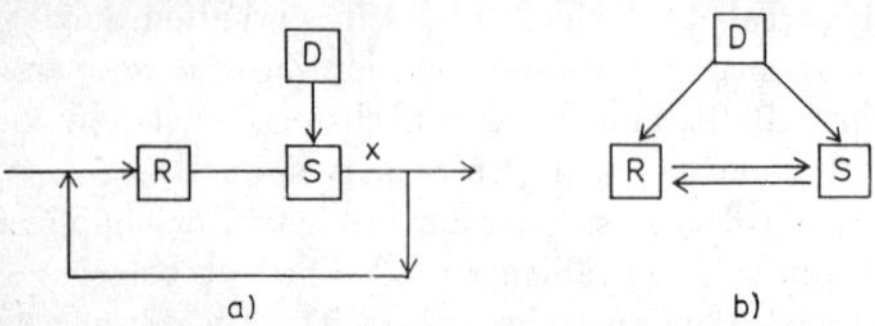

Abb. 147

5. Wir können dies nun auch etwas anders sehen. Nehmen wir unser früheres Blockschema der Regelung (S. 42) noch einmal vor: D (die Störung, die dort mit Z bezeichnet war) wirkt auf S und damit auf den Output x, der dann wieder zurück auf R wirkt. In starker Vereinfachung können wir jetzt D auch unmittelbar auf R (und auf S) wirken lassen und erhalten damit das Schema der Abb. 147b, das zugleich allgemeiner ist als das von 147a, da es den Fall des „Abfangens" der Störung (vgl. Abb. 4 S. 33) mitumfaßt. Die Regelschaltung des letzten Schemas besteht aus zwei Ketten: D—S und D—R—S, von denen hier die zweite von Interesse ist:

Abb. 147c  (2)

D wirkt auf R und R wirkt auf S. Welcher Art diese Wirkungen sind, ist hier gleichgültig, da es sich um rein formale Relationen handelt. Wir wollen aber einen Spezialfall untersuchen: die Inputs von D seien *Signale*.

Daß Signale äußerst starke Wirkungen auf Lebewesen ausüben können, trotz der sehr geringen Energie, die sie übertragen, haben wir früher schon erwähnt (S. 25). Dafür jetzt nur ein recht drastisches Beispiel, das zeigt, daß dabei jede Regelungsmöglichkeit durchbrochen werden kann: Begegnet uns bei einem Waldspaziergang plötzlich ein aus einem Zirkus ausgebrochener Löwe, so ist der Input (zunächst) nur ein Signal, das aber geeignet sein dürfte, R zu wilden Oszillationen zu veranlassen oder bis zur völligen Erstarrung stillzulegen. so daß allein die Wirkung D—S übrig bleibt, also z. B. panikartige Flucht oder Schreckstarre. Das Gleiche tritt übrigens ein, wenn D ein entsprechender „innerer Input", die *Halluzination* eines Löwen ist.

Auch der Input, den S von R erhält, kann dann ein Signal sein, d. h. wir haben in der Kette ein *Kommunikations-System* vor uns mit D als Signal-Quelle, R als *Wandler* und S als *Empfänger*. Vereinfachen wir noch weiter, indem wir von der spezifischen Tätigkeit eines Wandlers absehen, so können wir in (2) D als Quelle (für Signal oder Störung) und R als *Kanal* betrachten. R's Funktion wird dann sicherlich begrenzt sein durch seine *Kanalkapazität* C (s. S. 147).

Damit entsteht die Frage nach den Beziehungen zwischen der Kapazität C_R des Kanals R und seiner Varietät V_R. Wir erinnern daran, daß V_R bedeutet: R kann V_R verschiedene Zustände annehmen, also V_R verschiedene Verhaltensweisen zeigen, der jeweilige Zustand von R ist einer. Das Entsprechende gilt für V_D und V_S. Oder auch:

Wir haben einen Satz (set) von n Inputquellen D, von denen zur Zeit t keine zwei im gleichen Zustand sein mögen. Und wir haben einen Satz von m Kanälen, von denen auch nicht zwei zu diesem Zeitpunkt den gleichen Zustand haben. Wie verändert sich dann die Varietät beim Übergang von den D zu den R und weiter zu den S?

Angenommen, die n Inputs von D wirken auf die m R-Systeme und rufen je in einem der R-Systeme eine Transformation hervor. Soll jeder Input ein und nur ein R erreichen, kann n höchstens gleich m sein:

$$n \leqq m \qquad (3)$$

Bewirkt jeder Input eine Transformation, so können in den R-Systemen nicht mehr als n neue Zustände entstehen, also $V'_R \leqq n$. Dieses n ist aber die Varietät von D — somit ergibt sich:

$$V'_R \leqq V_D \qquad (4)$$

Dies gilt für den „ersten Schritt" der Übertragung. Setzen wir für jeden Schritt die Dauer einer Zeiteinheit, also eine Sekunde, und messen die V logarithmisch, so besagt (4) auch:

Der Kanal R kann nicht mehr V übertragen, als höchstens V_D bit/sec. Wieviel Varietät kann nun R auf S übertragen, anders ausgedrückt: wieviel Varietät kann die Quelle D über den Kanal R mit der Varietät V_R an den Empfänger S übermitteln? Speziell sei angenommen, daß V_R klein ist gegen V_D — wieviel Varietät kann dann R an S übertragen? Wir wollen dies an einem Beispiel untersuchen (etwas verändert nach ASHBY):

Gegeben sei ein Satz von 6 verschiedenen Input-Quellen D_i, die folgenden Transformationen unterliegen:

$$T: \downarrow \begin{pmatrix} 1, & 2, & 3, & 4, & 5, & 6, \\ 4, & 1, & 2, & 2, & 5, & 3, \end{pmatrix}$$

Das System R, der „Kanal", ist nur zweier Werte fähig, 0 und 1; V_R ist somit $= 2$. und R sei mit D nach der Regel gekoppelt:

$$R' = \begin{cases} \nearrow 0, \text{ wenn } D + R \text{ gerade,} \\ \searrow 1, \text{ wenn } D + R \text{ ungerade.} \end{cases}$$

Das System S, der Empfänger, werde durch R transformiert nach:

$$S' = 2\,S + R.$$

Die Ausgangslagen der so gekoppelten Systeme Z_i (D, R, S) seien:

$$(1, 0, 0)\quad (2, 0, 0)\quad (3, 0, 0)\quad (4, 0, 0)\quad (5, 0, 0)\quad (6, 0, 0),$$

d. h. zu Anfang sind $V_D = 6$; $V_R = V_S = 1$.

Aus den Bedingungen ergibt sich die folgende Transformationstabelle für die 3 Systeme D, R und S; die letzte Reihe gibt die jeweilige Varietät nach der Transformation an, zeigt also die Änderungen der Varietät bei jedem einzelnen Schritt:

	D							*R*							*S*							
Schritte:	0	I	II	III	IV	V	VI	0	I	II	III	IV	V	VI	0	I	II	III	IV	V	VI	VII
	1	4	2	1	4	2	1	0	1	1	1	0	0	0	0	0	1	3	7	14	28	56
	2	1	4	2	1	4	2	0	0	1	1	1	0	0	0	0	0	1	3	7	14	28
	3	2	1	4	2	1	4	0	1	1	0	0	0	1	0	0	1	3	6	12	24	49
	4	2	1	4	2	1	4	0	0	0	1	1	1	0	0	0	0	0	1	3	7	14
	5	5	5	5	5	5	5	0	1	0	1	0	1	0	0	0	1	2	5	10	21	42
	6	3	2	1	4	2	1	0	0	1	1	0	0	0	0	0	0	1	3	6	12	24
Varietät	6	5	4	4	4	4	4	1	2	2	2	2	2	2	1	1	2	4	4	6	6	6

Die Tabelle zeigt zunächst: R vermag, genügend viele Schritte bzw. genügend lange Übertragungszeit vorausgesetzt, mehr Varietät zu übertragen, als es selbst besitzt, und zwar soviel, daß $V_S\max = V_D\max$ wird. Das besagt: auch ein Kanal mit geringer Kapazität kann in genügend langer Zeit die gesamte Varietät der Quelle an den Empfänger leiten. Weiterhin: Ist die Varietät von R = m, so kann R bei jedem Schritt nicht mehr Varietät als maximal m (im Beispiel m = 2) übertragen.

Das gleiche gilt nun auch, wenn wir jetzt wieder zu unserem Ausgangspunkt zurückkehren, wenn R als Regelsystem wirkt:

„Die Kapazität von R als Regler kann R's Kapazität als Kommunikationskanal nicht übertreffen" (Ashby, S. 211).

Das ist der exaktere transformationstheoretische Ausdruck für unsere frühere Aussage (S. 38): Die Grundlage der Regelung ist eine Nachrichtenverarbeitung — wobei jetzt auch R's Funktion als „Wandler" eingeschlossen ist.

5.4.3.2. *Technische und biologische Regelung*

1. Unsere bisherigen Untersuchungen betrafen Arten und Formen der Regelung, die das Wirksamwerden einer Störung „abfangen" sollen; wir können hier von einer *Input-orientierten Regelung* sprechen: R richtet sein Verhalten an D aus, wird somit von D unmittelbar beeinflußt und schirmt S gegen D ab. Doch ist dies Abschirmen, wie ein Blick auf Abb. 147b zeigt, an eine Voraussetzung geknüpft: da D auch inmittelbar auf S wirkt, kann R nur „abfangen", wenn der Weg D—R—S

schneller durchlaufen wird als der direkte Weg D—S. Dies zeigt schon, daß eine solche Input-orientierte Regelung zwar der Idealfall wäre, tatsächlich aber einen verhältnismäßig seltenen Spezialfall darstellt (wie etwa in Beispiel S. 31 ff). Arbeitet R nicht schnell genug, kann es die Wirkung von D auf S nicht abfangen; sein Eingreifen kommt daher „zu spät", und S ist durch D schon transformiert worden. Dann wird es Aufgabe der Regelung, die eingetretene Transformation rückgängig zu machen, die Störwirkung von D zu beheben. Das ist diejenige Form der Regelung, die uns in den meisten technischen und auch biologischen Realisierungen begegnet.

Mit dieser neuen Aufgabe verändert sich aber auch das formale Schema der Abb. 147 b bzw. die Kette (2) des vorhergehenden Abschnitts. Jetzt müssen wir sagen: D wirkt auf S, und R orientiert sich an S und richtet danach sein Verhalten, nämlich seine Wirkung auf S. Die „Kette" (2) sieht somit jetzt wie Abb. 148a bzw. vereinfacht Abb. 148b aus:

Abb. 148

Wie verläuft nun in einem solchen System die *Regelung*?

D möge — das ist eine vereinfachende Annahme — in zeitlichen Abständen Δ t jeweils momentan wirken, also nicht kontinuierlich. Die Wirkung von D führt zu einer Transformation von S, die S als *Signal* an R melden möge (= Ist-Wert-Information, s. S. 39). R wirkt dann, etwa durch Ingangsetzen einer inversen Transformation in S, regelnd auf dieses System ein. Im nächsten Zeitpunkt wirkt D abermals, wieder meldet S an R und R reagiert entsprechend — und dies setzt sich beliebig fort. Bei *kontinuierlicher* Einwirkung von D kommen wir zu einem entsprechenden Vorgang, wenn wir die Einzelwirkungen gleichsam bündeln, zu Gruppen zusammenfassen; anders ausgedrückt: wenn wir einen bestimmten Zustand von S als *Sollwert* festlegen und die kontinuierlich zunehmende Abweichung von diesem Wert sozusagen als einen Input betrachten, auf den R (evtl. auch in kontinuierlichem Wachstum) mit einer Aktion antwortet. Wir haben dann den Fall etwa des Thermostaten (s. S. 36f), dessen „Konstanz" ja nicht ein fester Wert ist, sondern der um den Sollwert herum „schwingt", oder eines Systems, das wie im Beispiel S. 366 (7) ständig zwischen zwei Zuständen hin und her pendelt.

Die *Output-orientierte Regelung*, wie wir sie nennen können, ist also niemals vollkommen.

Für diese Art der Regelung lassen sich beliebig viele Beispiele finden: der Thermostat, der z. B. die Temperatur eines Wasserbades oder eines Ofens „konstant" hält; die Regulatoren in den Organismen, die den Blutzuckergehalt oder den Hormonspiegel des Blutes oder die Körpertemperatur „konstant" halten; aber auch Entscheidungen zur Regelung der Produktion in Betrieben bei Sättigung des Marktes — und nicht zuletzt die aktuelle und wichtige Verkehrsplanung. Stets ist das Auftreten des gestörten Zustandes das Signal, das die Regelung in Gang setzt, damit durch sie der ungestörte Zustand wiederhergestellt oder ein neuer Gleichgewichtszustand erreicht und gehalten wird.

Die Verkehrsplanung ist zugleich ein Beispiel für das oben über das „Arbeitstempo" von D und R Gesagte: alle Bemühungen um eine Input-orientierte Regelung des Verkehrs scheitern in der Praxis letztlich, da hier die Wirkung von D (z. B. Zunahme der Anzahl der Kraftfahrzeuge, Vergrößerung der Wagentypen) sich viel schneller durchsetzt, als R (z. B. Straßenbau, Parkhochhäuser u. dgl.) je arbeiten kann. Vom Standpunkt der formalen Regelungstheorie könnte hier nur eine dritte Art der Regelung helfen, nämlich die *Input-Regelung*, deren Schema ist:

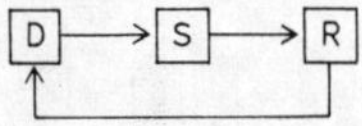

Abb. 149

Auch diese kommt in der Praxis vielfach vor, z. B. bei speziellen staatlichen Maßnahmen wie numerus clausus, Zuzugssperre usw., generell aber in der früher (S. 351f) erwähnten „Anpassung der Umwelt an uns", d. h. der Veränderung der Umwelt derart, daß deren D – Inputs den Möglichkeiten von S, nämlich unseren Möglichkeiten, weitgehend angepaßt sind.

Die Unterschiede zwischen „guten" und „schlechten" Output-orientierten Reglern sind quantitativ; sie zeigen sich darin, ob die Schwingungen des Systems S um den Soll-Zustand klein oder groß sind. Auch hier macht sich wieder die *Varietät* des Systems bemerkbar. Wir können aus Abb. 148b erschließen, daß die Varietät von S zunächst gleich der von D sein wird, bis das Eingreifen von R V_S vermindert. Ist V_R groß, kann R maximal die gesamte Varietät von S als Information erhalten und kann dann entsprechend reagieren. Ist V_R aber viel kleiner als V_S, so benötigt R (s. S. 388) viele Schritte, um V_S aufnehmen und verarbeiten zu können. Das kostet aber Zeit — und die Regelung wird schlechter, wenn inzwischen ein neuer D-Input S transformiert hat. Also auch jetzt gilt wieder: je größer die Varietät von R, desto kleiner kann V_S durch Regelung gehalten werden.

2. Ist das System nicht determiniert, sondern ein *Markoff-System*, so verläuft die Regelung notwendig etwas anders. Wir wollen zunächst annehmen, der Regler sei ein Mensch, der eine Tabelle der Übergangswahrscheinlichkeiten des Systems sowie eine Anzahl Hebel vor sich hat, die ihm die verschiedenen Aktionsweisen (die α, β und γ von R, s. S. 385) ermöglichen. Von irgendwelchen Inputs, denen das System S unterliegt, weiß er nichts, da er ja nur mit S selbst gekoppelt ist (= Output-orientierte Regelung). Weiterhin wollen wir zur Veranschaulichung annehmen, die verschiedenen Zustände von S äußerten sich durch verschiedene Färbungen des Systems (man könnte an eine Verkehrsregelung denken): die 3 möglichen Zustände von S seien A = grün, B = gelb und C = rot. R soll (so der Wunsch vieler Verkehrsteilnehmer) den Zustand A konstant halten. Zu einem bestimmten Zeitpunkt beginnt S sich zu verfärben. Die Tabelle zeige R, daß dem Übergang A→C die Wahrscheinlichkeit 0,75 zugeordnet ist, er wird somit nach dem Hebel greifen, der C in A überführt. Zugleich aber wird er vorsichtshalber seine andere Hand demjenigen Hebel nähern, der den anderen Übergang A→B (0,25) rückgängig zu machen erlaubt. Sobald er die Art der Verfärbung erkennt, kann er handeln, und er wird um so schneller

handeln, um so besser regeln können (was natürlich jetzt keine Verkehrsregelung mehr wäre), wenn der erwartete und wahrscheinlichere Übergang auftritt.

Kennt der Regler aber die Tabelle der Übergangswahrscheinlichkeiten nicht und auch nicht die Wirkung der von ihm ausgelösten Aktionen, so muß er probieren. Ist S etwa gelb geworden, versucht er es mit dem Hebel β — S wird daraufhin rot, also war β falsch. Jetzt probiert er den Hebel α, S wird wieder gelb. Erneutes Betätigen von β läßt S jetzt grün werden — S ist also kein strenges Markoff-System, da die Wirkung von (β, B) verschieden ist, je nachdem der Zustand (β, B) auf A oder auf C folgt. Es bedeutet schließlich keine Schwierigkeit, den menschlichen Regler durch einen programmierten (im ersten Fall) oder durch einen probierenden, sein „Ziel suchenden" (goal seeking) Automaten zu ersetzen.

3. Eine gute Regelung wird ein System in ein stabiles Gleichgewicht bringen, vorausgesetzt, daß die störenden D-Inputs nicht zu stark sind. Und das besagt: das ganze System S + R, also das geregelte und das Regelsystem zusammen, streben einem Gleichgewichtszustand zu. Dabei werden nun aber beide Teile, sowohl S als auch R, verschiedene Transformationen erleiden und somit eine Folge von Zuständen durchlaufen. Unter den Zuständen von S wird einer oder werden einige sein — nennen wir sie A_i —, bei denen S im Gleichgewicht ist: die nächste Transformation von S wird dann eine identische sein. Das Regelsystem R möge aber zu diesem Zeitpunkte nicht im Gleichgewicht sein, sein Input an S wird daher dieses wieder aus dem Gleichgewicht heraustreiben. Das ist die Situation, die wir früher (S. 47) einmal so kennzeichneten: R sagt gleichsam „nein" zu dem von S erreichten Zustand, da in diesem nicht das ganze System Z(S, R) im Gleichgewicht ist. Wie läßt sich nun erreichen, daß Z als Ganzes ins Gleichgewicht kommt?

Das Regelsystem möge zwei Inputs erhalten: s = „schlecht" = 0 und g = „gut" = 1. Wirkt s auf R ein, so wird R so transformiert, daß dabei niemals ein Gleichgewichtszustand auftritt. Wirkt dagegen g auf R ein, so wird dieses stets in einen Gleichgewichtszustand transformiert. Das geregelte System S sei nun in einem Gleichgewichtszustand, also in einem der Zustände A_1, A_2, A_3, ... Unter diesen nehme A_1 eine Sonderstellung ein (s. u.). R sei nun mit S auf folgende Weise gekoppelt: Ist R im Gleichgewicht, so liefert es den Output g — und erhält S den Input g von R, so führt dies zu einem der Zustände A_i in S. Liefert R dagegen den Output s, so führt dies zu einem der anderen Zustände B, C, .., bei denen S nicht im Gleichgewicht ist.

Das System Z(S, R) durchläuft nun verschiedene Transformationen — ob diese durch äußere Inputs D hervorgerufen oder Eigenveränderungen des Systems (innere Inputs) sind, spielt jetzt keine Rolle, da D ja nur mit S gekoppelt ist und uns hier nur die Kopplung S—R interessiert. Wir sahen: eine Grundbedingung dafür, daß S ins Gleichgewicht kommt, ist, daß R im Gleichgewicht ist, denn dann ist sein Output = g, und das führt in S zu einem der Zustände A_i. Ist i nun nicht gleich 1, d. h. liegt einer der Zustände A_2, A_3, ... vor, so meldet S dies an R, dieser Input treibt R aus seinem Gleichgewicht, so daß R's Output damit = s ist, der nun auch S aus dem Gleichgewicht bringt. Das geht so lange, bis R wieder in einem Gleichgewichtszustand ist, an S den Output g gibt und damit auch in S einen Gleichgewichtszustand hervorruft. Ist dieser nun A_1, so tritt etwas Neues auf: die Koppelung zwischen S und R ist derart, daß S im Zustande A_1 keinen Output an R gibt — R bleibt daher in seinem Gleichgewicht, damit bleibt auch S im Zustande A_1: jetzt ist Z(S, R) als Ganzes ins Gleichgewicht gekommen. Das ist das Prinzip des Ashbyschen „Homöostaten“ (s. o. S. 46f).

4. Man kann sagen, daß das System Z wie unser früher (S. 97) erörtertes Gesellschaftsspiel funktioniert, das „game of 20 questions“, wie es in den USA genannt wird: S ist der „Fragende“ und R der „Antwortende“, der nur mit „ja“ oder „nein“ antwortet. Dasselbe Prinzip liegt auch dem bekannten Suchspiel der Kinder zugrunde: das „blind“ suchende Kind wird durch Zurufe „Feuer“ oder „Wasser“ — oder mehrwertig abgestuft durch „heiß“, „lau“, „kalt“ usw. — von den zusehenden Kindern gesteuert, bis es den versteckten Gegenstand gefunden hat. Stets handelt es sich um eine Art „trial-and-error-Suchen“; im Grunde ist dies ja auch der Kern des „trial-and-error-Lernens“, nur daß hier das Gefundene „behalten“, also gespeichert wird und für spätere Gelegenheiten genutzt werden kann.

Wir gehen jetzt einen Schritt weiter und betreten ein Gebiet, das anscheinend mit unserem jetzigen Thema nichts zu tun hat, nämlich das *Erfinden* und *Konstruieren* eines Modells oder einer Maschine, z. B. eines geregelten Systems. Dies ist nun gewiß eine geistige „Leistung“, und wir wollen hier auch nicht versuchen, diese zu leugnen oder zu eliminieren, sondern wollen ein solches Erfinden auf seine formale Struktur hin untersuchen.

Ein Techniker will also eine bestimmte Maschine „erfinden“, d. h. eine Maschine so konstruieren, daß sie eine vorbestimmte Leistung zu vollbringen vermag. Dies ist offensichtlich ein geregelter Vorgang, und zwar eine Kopplung zweier Transformations-Systeme (S. 365f): der Techniker ist das System R, das selbst — im Fortgange der Arbeit — ständigen Transformationen unterliegt und das dann, je nach dem erreichten Zustand, das andere System S, die entstehende Maschine, transformiert. Dabei wirkt S ständig auf R zurück, und R versucht, einen Gleichgewichtszustand zu erreichen. Ist ihm dies gelungen (ist er „zufrieden“), so regelt er S auf den entsprechenden Gleichgewichtszustand ein. Wir können dasselbe noch unter einem etwas anderen Gesichtspunkt betrachten, was uns zugleich den Anschluß an die soeben genannten Spiele liefert:

Der Techniker läßt sich mit dem „Autor“ vergleichen, der aus der Universalbibliothek (S. 87) die für sein geistiges Werk geeignetste Formulierung heraussucht: der Techniker sucht aus der Unzahl möglicher Maschinen die „richtige“ aus. Das Erfinden einer Maschine tritt damit in formale Parallele zum Herstellen eines Signals oder einer Nachricht durch Auswahl aus einem Repertoire oder Alphabet.

Da der Techniker aber das Reservoire der „möglichen“ Maschinen ebensowenig kennt, wie der Autor das der möglichen Fassungen seiner Idee, muß er praktisch anders vorgehen, formal: er grenzt die Unzahl der Möglichkeiten systematisch ein, etwa durch ständige *Dichotomie* (S. 96f). Er muß dann wie bei den Spielen so fragen, daß die große Varietät des Reservoirs, des Systems der „möglichen Zustände“ seiner Maschine, durch jede Frage möglichst stark — prinzipiell auf die Hälfte — reduziert wird. Ashby erläutert dies am Beispiel der realen „Auswahl" beim Kauf eines Wagens:

Die anfängliche Varietät der vielen Marken, Typen, Formen usw., der sich der Käufer gegenübersieht, ist sehr groß. Ein erster „constraint" wird eingeführt durch die Grundbedingung: der Wagen darf höchstens 10000 DM kosten — durch sie wird die Varietät bereits erheblich vermindert. Eine zweite Verminderung tritt ein, wenn der Käufer überlegt: unsere Familie besteht aus 5 Köpfen, eine bestimmte Mindestgröße des Wagens ist damit notwendig. Ein dritter constraint möge sein: ich will unbedingt einen Wagen mit Vorderradantrieb haben, usw. usw. Schließlich wird die Varietät auf 1 bit eingeschränkt sein: nur noch zwei Wagen stehen zur Auswahl. Bis hierher kann man den Vorgang des Auswählens auch durch den „graphischen Baum" darstellen (s. S. 94f) und kann, falls die Anzahl der „Stufen" bekannt ist, den Entscheidungsgehalt des Kaufvorgangs in bits berechnen. Jetzt aber tritt etwas Neues auf: beide Wagen erscheinen dem Käufer gleich gut, gleich geeignet, den letzten Schritt der Verminderung der Varietät durch Dichotomie kann er nicht mehr ausführen — er muß sich entscheiden. Will er dabei dem „stärkeren Gradienten" (S. 306) folgen, muß er jetzt andere, subjektive Faktoren ins Spiel bringen. Objektiv bedeutet dies: der Käufer ist jetzt ein System ohne (äußeren) Input, und die Matrix der Übergangswahrscheinlichkeiten dieses Systems aus dem Zustande der Ungewißheit, des Schwankens in den der Entscheidung, der Gewißheit, würde einem außenstehenden Beobachter erlauben zu sagen, wie er sich wahrscheinlich entscheiden wird. Der Käufer selbst aber wird vermutlich „probieren" wie der Regler ohne Kenntnis der Matrix: er wird — Probieren am inneren Modell — versuchsweise sich für einen der beiden Wagen entscheiden, auf die „innere Reaktion" achten, sich dann für den anderen entscheiden, auch hier beobachten, wie er auf diese Entscheidung reagiert, und so seine Wahl optimieren. Führt auch dies zu nichts, so kann er die Wahl schließlich dem *Zufall* überlassen: Werfen einer Münze oder dgl.

Kehren wir jetzt wieder zu unserem Techniker zurück. Wir wollen hier nicht in technische Einzelheiten gehen, sondern weiter formal analysieren. Zunächst wird er ein System-Modell („paper and pencil model") seiner Maschine entwerfen, das die prinzipiell notwendigen Relationen enthält. Dies bedeutet die erste *Auswahl* aus der Vielzahl möglicher Modelle oder Maschinen. Dieses erste Modell wird er nach verschiedenen Gesichtspunkten verbessern, er wird z. B. die Ökonomie der Mittel berücksichtigen, die „Eleganz" der Lösung usw. — auch dies kann mit geeigneter Fragestellung durch dichotomische Auswahl geschehen. Damit wird eine schärfere Auswahl erzielt. Dies geht solange fort, bis er die seiner Ansicht nach „beste" Lösung gefunden hat — die Varietät der Modell-Möglichkeiten ist damit = 0 bit geworden.

Der nächste Schritt ist die Realisierung, die Übertragung in ein reales Modell („hardware model"). Der Vorgang ist hier genau der gleiche, nur daß hier andere „constraints" die Verminderung der Varietät bedingen, z. B. Berücksichtigung des Wirkungsgrades, Antriebs- und Werkstoffprobleme, Wirtschaftlichkeit usw. sowie zahlreiche konstruktive Einzelprobleme. Jeder solche constraint bewirkt eine die Varietät vermindernde Transformation des entstehenden Systems — bis schließlich systematische Auswahl zur endgültigen Lösung führt.

„Erfinden" ist so, formal gesehen, ein schrittweise vorgehendes, systematisches Auswählen („selection in stages") aus einem — als gegeben angenommenen — Reservoir möglicher Lösungen des Problems.

Das ist nun aber etwas, was eine *Maschine*, z. B. ein probierender Automat, ebenfalls kann. In einem solchen Automaten befinde sich ein „Lager" (Speicher), das die notwendigen allgemeinen „Maschinenelemente" enthält, die hier zu kombinieren sind. Diese kombiniert er dann nach programmierten Regeln am „inneren Modell" oder real. Genau dasselbe tut auch der Techniker: er hat, für die Modellherstellung, in seinem „Speicher" (im Gedächtnis oder, wenn nötig, in einem Buch) die bekannten Maschinenelemente gleichsam „auf Lager", er hat bei der Ausbildung oder beim Studium gelernt, wie man diese Elemente miteinander verknüpfen muß, will man bestimmte Wirkungen erzielen. Dies ist ihm durch den Unterricht „einprogrammiert" worden. Hierbei gibt es also noch nichts zu „erfinden". Zu solchen Elementen können wir auch komplexe Teile wie Motoren, Relais, Grundschaltungen usw. rechnen, die wir für beide als „gegeben" ansehen. Und auch das Probieren ist beim Techniker weitgehend programmiert, denn der Techniker unterscheidet sich ja vom Laien-Erfinder dadurch, daß er gelernt hat, nicht „irgend etwas irgendwie zu verknüpfen", sondern sinnvolle Kombinationen vorzunehmen. Beide aber, der Techniker wie der Automat, sind nicht programmiert, daß etwas Bestimmtes bei diesem Probieren herauskommt, sondern dies müssen beide „am Erfolg" lernen, d. h. beide müssen den Fortschritt ihrer Bemühungen am jeweiligen Ergebnis regeln. Beide wählen aus der Fülle der Möglichkeiten schrittweise erst das Brauchbare, dann das Gute, darauf das Bessere und schließlich das Beste aus. Auch hier handelt es sich somit letztlich um eine Optimierungs-Regelung durch Probieren. Und das würde bedeuten: prinzipiell kann also auch ein Automat nicht nur eine ihm gleiche Maschine bauen, sondern auch eine andere, neue Maschine erfinden.

Man wird nun sagen: gut — aber das Wichtigste haben wir bisher noch nicht erwähnt, nämlich das *Ziel*. Es mag schon möglich sein, daß ein Automat auf diese Weise irgendeine brauchbare Maschine herstellen kann, nur nicht eine bestimmte Maschine, nämlich gerade die Maschine, die der Techniker erfinden will. Wieder stehen wir einem Gegensatz von These und Antithese gegenüber, wollen wir die Frage beantworten: Kann eine Maschine eine andere Maschine „erfinden" oder nicht?

Wie steht es nun mit dem „Ziel"? Man wird sagen: der Automat kann seine Aufgabe nur erfüllen, wenn ihm dieses Ziel einprogrammiert wird.

Darauf antwortet die *These:* das ist gar nicht möglich, da der Programmierer das Ziel nicht kennt; er hat nur eine vage Vorstellung, eine „Idee", wie man gerne sagt, von diesem Ziel. Er kann dem Automaten Hilfen geben, indem er die Varietät der Möglichkeiten von vornherein möglichst klein hält: durch die Auswahl der zu kombinierenden Elemente, durch bestimmte Verknüpfungsregeln und dgl. Genau so ist aber auch der Mensch programmiert: er kann bei seinen Versuchen nur die Elemente verwenden, die er kennt oder deren Kenntnis ihm durch Information von außen zugänglich ist. Und er kann auch, wenigstens zunächst, nur die Verknüpfungsregeln anwenden, die er gelernt hat; und auch das systematische Probieren und Auswählen durch Dichotomie muß er einmal gelernt haben. Durch derartige Programme werden aber beide „Erfinder" (sit venia verbo) nicht auf ein eng umgrenztes, sozusagen punktförmiges Ziel, wohl aber auf einen engeren Zielbereich hingesteuert, und sie haben nur noch die Freiheit, sich in diesem Felde suchend zu bewegen.

Der Verfechter der *Antithese* wird darauf erwidern: das führt noch immer nicht zu einer bestimmten Maschine. Um diese erfinden zu können, muß der Mensch eben eine *Idee* dieser Maschine haben. Sein systematisches Probieren wird zwar formal auf einen Gleichgewichtszustand eingeregelt, aber dieser Zustand ist nicht nur ein „Funktionieren überhaupt", also im obigen Beispiel einer der Zustände A_2, A_3, usw., sondern einzig und allein der Zustand A_1, der nun keinen Output mehr gibt, aus dem weitere Änderungen (Transformationen) folgen. Bei der Maschine aber ist die Regelung formal auf das Erreichen eines der Zustände A_i ($i = 1, 2, 3 ...$) ausgerichtet, anders ausgedrückt: der Mensch hat einen Zielpunkt, die Maschine günstigstenfalls ein Zielfeld.

Doch noch einmal die *These:* ist es, für diese formale Betrachtung!, wirklich entscheidend, ob dem Techniker die Idee zu seiner Maschine einfällt (woher stammt der Einfall? Meist doch aus Erfahrungen in der Praxis, ist also von außen zumindest ausgelöst[1]) oder ob diese „Idee" der Maschine als Zielpunkt — auch von außen — eingegeben wird? Nach dem oben Gesagten ist doch nur nötig, daß die von der Maschine erreichten A_i mit dem Regelsystem so gekoppelt werden, daß n u r A_1 keinen das weitere Suchen antreibenden Output gibt. Man könnte sich dann denken, daß die Kopplung von S und R, etwa durch stochastische Signale, auf einen noch unbekannten Optimalzustand A_1 zielt, so daß die Maschine etwas erfinden könnte, woran noch kein Mensch gedacht hat.

5. Mit diesem Höhenflug der Spekulation — denn etwas anderes sollte das obige nicht sein — wollen wir abschließen. Wieder kam es nur darauf an, die Probleme aufzuzeigen, die Fragen, um die es beim Thema „Kybernetische Maschinen" immer wieder geht, als solche zu klären und zu verdeutlichen. Eine Antwort auf die Frage „Können Maschinen Maschinen erfinden?" sollte damit gewiß nicht gegeben sein.[2]

Vieles wäre noch über die Regelung zu sagen: wir müßten die verschiedenen Arten der Regler und ihr unterschiedliches Zeitverhalten besprechen und vor allem dann die für alle Kybernetik so wichtigen Relationen zwischen technischen und biologischen Reglern aufweisen. Alles dies würde uns aber zu tief in die Spezialprobleme der Sonderwissenschaft „Regelung" führen, ohne daß für die Erörterung der „Grundbegriffe" damit viel gewonnen würde. Es gibt gerade über Regelung in der Technik wie auch in der Biologie heute eine reiche Literatur; viele Schriften sind für den Nichtfachmann bestimmt — wie überall, kann auch hier die „Einführung" nur bis an die Schwelle führen und muß weiteren Kenntniserwerb der Spezialliteratur überlassen.

[1] Vgl. dazu auch oben S. 29 zum Thema „Zielsetzung".

[2] Vgl. zu diesem Thema auch die interessanten Ausführungen von A. MOLES: „Heuristische Prozesse und Informationstheorie" in: Neuere Ergebnisse der Kybernetik. München, Wien 1964, S. 40 ff.

5.4.4. Spieltheorie und soziales Verhalten

Im Jahre 1944 erschien in den USA ein Buch mit dem zunächst wohl etwas seltsam anmutenden Titel „Theory of games and economic behaviour“[1]: ein Mathematiker, JOHN v. NEUMANN, und ein Wirtschaftstheoretiker, OSKAR MORGENSTERN, bemühten sich gemeinsam, einen neuen Weg zur Bewältigung wirtschaftstheoretischer Probleme zu beschreiten, einen Weg, den VON NEUMANN entdeckt hatte.

Mit Spielen, speziell mit Glücksspielen, hatten sich Mathematiker schon lange beschäftigt; ist doch ein eigener Zweig der Mathematik, die *Wahrscheinlichkeitsrechnung*, aus Fragen entstanden, die das Glücksspiel betreffen: 1654 hatte De Méré, ein französischer Spieler, PASCAL zwei Fragen gestellt: einmal, ob es vorteilhaft sei zu wetten, daß man in einer gewissen Anzahl von Würfen mit zwei Würfeln den Sechserpasch werfen werde — und dann, wie man Einsatz und Gewinn verteilen solle, wenn eine festgelegte Folge von Spielen vorzeitig abgebrochen werden müsse. Das zweite Problem reizte PASCAL besonders, und er fand dafür auch eine Lösung — in allgemeiner Form, als Verteilungs- oder *Zurechnungsproblem* spielt diese Frage auch in der heutigen Spieltheorie und ihren Anwendungen eine Rolle. v. NEUMANNS neuer Ansatz zu einer Theorie der Spiele betraf aber nicht so sehr Glücksspiele als vielmehr *strategische Spiele;* er erweiterte damit den Anwendungsbereich der Spieltheorie auf praktisches Lebensverhalten, speziell auf soziales Verhalten, erheblich. Wir wollen versuchen, einige Grundgedanken dieser Theorie hier wiederzugeben, und können uns dabei weitgehend an die allgemeinverständliche Darstellung halten, die MORGENSTERN in einer vor einigen Jahren auch in deutscher Sprache erschienenen Aufsatzsammlung gegeben hat[2].

1. Die formale Struktur eines Regelsystems haben wir S. 384 durch eine Transformations-Matrix wiedergegeben: die Inputs D und die Aktionsweisen von R ergeben die in der Matrix-Fläche stehenden Zustände oder Outputs von S. Diese Matrix können wir nun aber auch etwas anders deuten oder, wenn man will, anders interpretieren:

Angenommen, D verfolge ein bestimmtes Ziel, will einen bestimmten Zustand von S hervorrufen; D wird dann unter den ihm möglichen Inputs denjenigen auswählen, der das gewünschte Ziel am sichersten erreicht. Darauf wählt auch das Regelsystem unter seinen möglichen Aktionsweisen diejenige aus, die jetzt ihm den sichersten Erfolg garantiert, nämlich den von R gewünschten Zustand von S hervorzurufen. D und S „kämpfen“ oder „spielen“ also gegeneinander, wobei jeder der beiden „Spieler“ jeweils die Strategie wählt, die ihm am aussichtsreichsten erscheint. Die Zustände von S oder dessen Outputs zeigen an, welcher der beiden Spieler gewonnen hat. Die Matrix des Regelungs-Vorganges gibt so gesehen ein *Zwei-Personen-Spiel* wieder, und sie läßt sich umgekehrt auf solche Spiele anwenden.

---

[1] JOHN v. NEUMANN and OSKAR MORGENSTERN: Theory of games and economic behaviour. Princeton 1944, 3. Aufl. 1953. Deutsch: Spieltheorie und wirtschaftliches Verhalten. Würzburg 1961.

[2] OSKAR MORGENSTERN: Spieltheorie und Wirtschaftswissenschaft. Wien, München 1963.

2. Spielen zwei Spieler Zug um Zug gegeneinander, so verändert sich das System „Zwei-Personen-Spiel" mit jedem einzelnen Zuge, wobei jeder Zug in der Partie eine *Transformation* des Systems bedeutet. Wie bei allen Transformationen müssen wir somit auch hier fragen, ob es sich um ein determiniertes oder um ein stochastisches System handelt, müssen also zwischen *determinierten* und *nicht-determinierten* Spielen unterscheiden. Auch wenn wir von den eigentlichen Glücksspielen absehen, enthalten doch die meisten Spiele stets Zufallsfaktoren, also Elemente, auf die die Spieler keinen Einfluß haben: bei Kartenspielen z. B. die Karten, die die Spieler erhalten; bei Brettspielen, wer beginnt und damit vielfach Gelegenheit hat, der Partie einen bestimmten Eröffnungscharakter zu verleihen u. dgl. mehr. Andererseits gibt es aber auch bei Spielen, die nicht vollständig determiniert sind — Schach gehört zu diesen schon wegen der Unzahl möglicher Kombinationen —, doch Phasen oder ganze Partieabschnitte, die man als streng determiniert ansehen kann, z. B. im Schach bei Stellungen, die mehrzügige „Matt-Kombinationen" erlauben. Da eine „Kombination" (im strengen Sinne) im Schach nur korrekt ist, wenn sie auch bei bestem Spiel des Gegners zum Erfolg führt, also nicht davon abhängt, daß der Gegner „es nicht merkt" oder nicht die besten Züge findet, ist eine solche Phase der Partie zweifellos determiniert: letztlich sind alle Gegenzüge bei einer solchen Kombination „erzwungen", lassen sich daher vorausberechnen. In veröffentlichten „Meister-Partien" findet man oft derartige Situationen — in einer der berühmtesten, der Partie Steinitz—v. Bardeleben (Hastings 1895), begann Steinitz im 22. Zuge mit einer Kombination, die den Gegner im 35. Zuge mattgesetzt hätte (Schwarz gab vorher auf); mehr als ein Drittel der Partie war hier determiniert.

Bei einem determinierten Spiel oder einer determinierten Phase einer Partie gibt es also bestimmte Folgen von Zügen, die man vorausplanen kann, gibt es bestimmte *Strategien*. und Aufgabe der Spieler ist es, unter den möglichen Strategien die jeweils besten auszuwählen — denn auch „Zwangszüge" des unterliegenden Gegners sind in der betreffenden Situation „die besten"; andere, die sich nicht vorausberechnen ließen, würden den Verlust nur beschleunigen. Dabei ist es gleichgültig, ob der Gegner die Pläne und Absichten des Spielers durchschaut oder nicht: macht er nur taktisch in jeder Einzelphase den jeweils besten Zug, ändert das am Ablauf nichts.

Auch bei *strategischen Spielen* wird häufig um einen Einsatz gespielt. Wird dieser nicht, wie etwa bei großen Schachwettkämpfen, „von außen", sondern von den Spielern selbst aufgebracht, so handelt es sich um ein „Zwei-Personen-Spiel mit der Summe Null", denn was der eine Spieler gewinnt, verliert der andere. Das Spiel ändert also die Summe des Einsatzes nicht, sondern transformiert nur die Verteilung dieser Summe auf die Spieler. Hier liegt somit das zweite Pascalsche Problem vor, in einer etwas anderen Fassung: wie muß der Einsatz nach Beendigung der Partie verteilt werden?

Wir wollen zur Verallgemeinerung annehmen, daß es bei einem solchen Spiel nicht nur schlechthin um Gewinn und Verlust geht, sondern daß diese noch gestaffelt werden — beim Schach z. B. mögen Matt, Remis, Patt verschieden bewertet und vielleicht auch noch die „Schönheit" der Partie möge als ein besonderer Wert angesehen werden (bei Internationalen Turnieren werden oft solche Preise verliehen,

STEINITZ z. B. erhielt für die obige Partie einen Schönheitspreis). Und wir wollen weiter annehmen, daß verschiedene Strategien zu derart verschieden bewerteten Endergebnissen führen, so daß die Spieler bemüht sind, etwa möglichst „schön" oder möglichst „ökonomisch" zu spielen, und d. h. nicht „irgendwie", sondern mit den sparsamsten Mitteln zu gewinnen. Dann können wir wieder eine Matrix aufstellen, die an den Rändern die verschiedenen möglichen Strategien von A und B und in der Fläche die möglichen Gewinne von A enthält: —1 für A bedeutet dann +1 für B (die zusätzlichen Spalten werden gleich erklärt, siehe Tabelle). Angenommen: Mattsetzen des Gegners gelte 4 Punkte und der Schönheitspreis 5 Punkte, so wird A die Strategie A_2 wählen; würde dann B seinerseits B_2 wählen, so ist A der Gewinn und der Preis sicher: sein Gewinn ist dann maximal. Wählt aber B eine der beiden anderen ihm möglichen Strategien, gewinnt A mit A_2 immer noch 2 Punkte; bei der Wahl von A_1 führt B_2 des Gegners nur zu 1 Punkt Gewinn, und A_3 kann bei geeigneter Gegenwahl sogar zum Verlust für A führen.

	B_1	B_2	B_3	Zeilen-Minima
A_1	2	1	3	1
A_2	2	5	4	2
A_3	2	—1	1	—1
Spalten-Maxima	2	2	4	

B seinerseits wird bei dem von A gewählten A_2 möglichst n i c h t B_2 wählen, sondern mit dem für ihn günstigen B_1 antworten. Die einzige Gewinnchance, die B hat, besteht zwar in der Wahl von B_2, aber dies ist zugleich auch seine größte Verlustchance. Es gibt in der Tabelle (s. d. Randspalten) nur e i n e n Punkt, der zugleich ein Minimum einer Zeile und ein Maximum einer Spalte ist, bei dem diese beiden Werte also gleich sind — diesen Punkt wird die Strategie von B anstreben, so wie auch A bei seiner Wahl diesen Punkt mitberücksichtigt hat.

Wählt A irgend eine Strategie A_i und B dann eine seiner Strategien B_j, so gibt der Schnittpunkt der betreffenden Zeile und Spalte in der Matrix an, wie hoch der Gewinn für A ist: bei A_2B_3 z. B. $= 4$, bei $A_3B_2 = -1$, also 1 Punkt Verlust, und bei $A_2B_1 = 2$.

Mathematisch kann man nun so vorgehen:

Es bedeute s_1 die von A in der Partie gewählte Strategie und s_2 die von B gewählte, dann kann man das Spielergebnis durch eine Funktion $H(s_1, s_2)$ darstellen, wobei $H_1(s_1, s_2)$ das Ergebnis für den Spieler A und $H_2(s_1, s_2)$ das Ergebnis für B bedeutet. A strebt ein möglichst hohes Ergebnis an, er will also H maximal machen, formal:

$$\max_{s_1} H_1(s_1, s_2) = \max_{s_1} H(s_1, s_2).$$

Umgekehrt will B die Funktion H minimal machen (da H ja die Gewinne von A wiedergibt), für ihn gilt formal:

$$\min_{s_2} H(s_1, s_2) = \max_{s_2} H_2(s_1, s_2),$$

denn dieses Minimum von H ist das Maximum seines Gewinnes H_2. Nun ist der ausgezeichnete Punkt in der Matrix, der Schnittpunkt der Strategien A_2B_1, zugleich ein

Maximum der Zeilen Minima und ein Minimum der Spalten-Maxima, d. h. formal ist hier:

$$\max_{s_1} \min_{s_2} H(s_1, s_2) = \min_{s_2} \max_{s_1} H(s_1, s_2) \qquad (1)$$

und das bedeutet, dies ist derjenige Gewinn, den A bei bester Wahl seiner Strategie und zugleich bei bester Strategiewahl von B erreichen kann: zwar ein Minimum an Gewinn, aber an Gewinn, also ein Mini-Maximum der Ergebnisfunktion H. B seinerseits verliert auf jeden Fall, aber er möchte den Verlust so klein wie möglich halten, erstrebt also ein Minimum an Verlust, also ein relatives Maximum an „Gewinn"; nur weiß B, daß dies günstigstenfalls ein Mini-Maximum für ihn sein kann — und d. h., da hier alle Ergebnisse einseitig auf A bezogen sind, ein Maxi-Minimum für A.

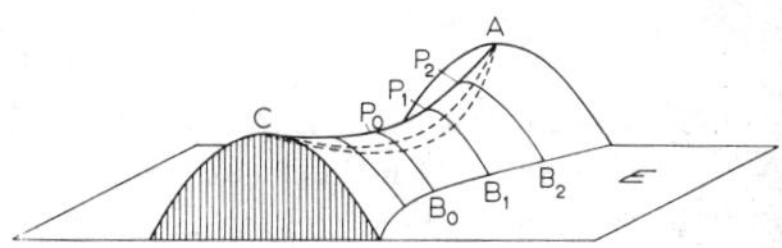

Abb. 150

Wir wollen versuchen, dies an einem Beispiel anschaulich zu machen[1]: Angenommen, wir wollen ein Gebirge überschreiten (s. Abb. 150), und zwar auf dem einfachsten oder kürzestmöglichen Wege. Unsere Ausgangshöhe sei die Ebene E. Wir werden dann sicherlich unter den verschiedenen Möglichkeiten den Weg B_0P_0 wählen, da die Wege von B_1 oder B_2 aus deutlich länger sind und vor allem höher hinaufführen. Wir werden m.a.W. über den „Paß" des Gebirges gehen. Jeder Weg von B_i zu den entsprechenden Kammpunkten P_i ist nun, formal gesehen, eine *Kurve*, die jeweils ihren höchsten Punkt, ihr Maximum, auf dem Kamm in P_i hat. Dabei hat die Kurve B_0P_0 offensichtlich das niedrigste „Maximum" aller dieser Kurven, also ein Mini-Maximum.

Ein anderer Wanderer will auf dem Kamm von A nach C gehen, er muß dazu durch das dazwischenliegende Tal hindurch. Geht er über den Kamm, so muß er durch einen Punkt, der am tiefsten liegt, der also das Minimum seiner Wegkurve ist. Er wird dann seinen Weg so wählen, daß dieses Minimum relativ am höchsten liegt, so daß er auf seinem Wege am wenigsten an Höhe verliert; er wird seinen Weg also so wählen, daß sein Minimum ein Maxi-Minimum ist und wird von A_0 über P_0 nach C_0 wandern; die anderen (gestrichelten) Wege führen tiefer hinab.

Ein solcher Punkt, der zugleich das Mini-Maximum der einen und das Maxi-Minimum der anderen Kurvenschar ist, heißt der *Sattelpunkt* der Fläche, und für einen solchen Sattelpunkt gilt die Gleichung (1).

Ist in einem zwei-Personen-Spiel die Bedingung (1) erfüllt, hat m.a.W. die durch die beiden Variablen s_1 und s_2 bestimmte Ergebnisfunktion (die sich ja geometrisch durch eine Fläche darstellen läßt) einen Sattelpunkt, so ist das Spiel streng determiniert, und (1) stellt die *Lösung* dieses Spiels dar, d. h. aus (1) kann man dann die für beide Spieler günstigste Strategien-Kombination ermitteln.

---

[1] Vgl. etwa COURANT-ROBBINS: Was ist Mathematik? Berlin, Göttingen, Heidelberg 1962, S. 261f.

Als Aufgabe für die Spieltheorie und ihre Anwendung ergibt sich in diesem Falle: „In der Theorie kommt es darauf an, die Existenz eines solchen Sattelpunktes zu beweisen. ... Und die Anwendung der Theorie besteht darin, den Sattelpunkt, von dessen Existenz man sich überzeugt hat, rechnerisch für den konkreten Fall aufzusuchen, womit man dann dem Spieler gezeigt hat, welche Strategie er wählen muß, um sich seinen größten Vorteil zu sichern" (O. MORGENSTERN[1]).

3. Ist das zwei-Personen-Spiel nicht determiniert und gibt es in der Partie auch keine längeren determinierten Phasen, so ist die theoretische Behandlung natürlich schwieriger: es gibt dann keinen so direkt zu bestimmenden Sattelpunkt der Funktion und daher keine daraus abzuleitende „beste Strategie". Da der Spieler aber schließlich auch jetzt nicht nur von Zug zu Zug entscheiden, sondern planen will, muß die Theorie versuchen, ihm dabei zu helfen. VON NEUMANN hat dazu einen recht merkwürdigen Weg eingeschlagen, der aber zu wichtigen theoretischen Ergebnissen geführt hat — wir wollen versuchen, ihn an Hand der MORGENSTERNschen Darstellung und mit einem Beispiel von ihm verständlich zu machen[2]:

Beim determinierten Spiel hatte sich gezeigt, daß es für den Fortgang der Partie, z. B. im Schach einer korrekten Kombination, unwesentlich ist, ob der eine Spieler die Pläne und Strategien des anderen kennt oder nicht: das Spiel läuft, jeweils die besten Züge vorausgesetzt, sozusagen zwangsmäßig ab. Beim nicht-determinierten Spiel ist dies anders: jeder Spieler muß versuchen, die Pläne des Gegners möglichst frühzeitig zu erkennen, um ihnen rechtzeitig begegnen zu können, d. h. danach seine eigene Strategie auszuwählen. Daraus folgt: „Die Hauptsorge des Spielers muß es sein, seine eigenen Pläne geheimzuhalten." Erkennt man dies als „Hauptsorge" an (man wird darüber streiten können), so ist der nächste Schritt nur konsequent, wenn auch einigermaßen überraschend: „Man ist", so schreibt MORGENSTERN weiter, „vor der Preisgabe von Information am besten geschützt, wenn man selbst keine besitzt."

Spieltheoretisch ausgedrückt heißt dies: der Spieler wählt in einem solchen Falle nicht eine „reine" Strategie, die es ja jetzt nicht gibt, sondern eine „gemischte", nämlich eine *statistische Strategie*.

Hierzu das Beispiel:

Das Werfen einer Münze ist nicht nur ein Mittel, in Fällen ohne eigene Entscheidungsfähigkeit eine Entscheidung „von außen" herbeizuführen, sondern zwei Spieler können auch das *Spiel* „Kopf oder Schrift" spielen. A legt verdeckt eine Münze hin, darauf legt B seine Münze offen auf den Tisch, etwa k nach oben. Jetzt deckt A auf; liegt auch bei seiner Münze k oben, hat A gewonnen, zeigt seine Münze aber s, so hat B gewonnen. Das Spiel ist offenbar nicht determiniert. W ü ß t e A, wie B seine Münze hinlegen w i r d, so könnte A stets gewinnen, und umgekehrt wäre B immer Sieger, wenn er wüßte, wie A seine Münze hingelegt h a t. Naturgemäß wissen beide Spieler dies nicht, sie müssen daher anders vorgehen und spielen ja auch tatsächlich anders: sie „legen" die Münzen nicht „geplant" hin, sondern lassen sie trudeln oder werfen sie auf den Tisch — sie lassen somit den *Zufall* entscheiden, welche Seite bei ihrer Münze oben liegen wird.

---

[1] O. MORGENSTERN: a.a.O. S. 83.
[2] a.a.O. S. 85ff.

Damit wird das Spiel anscheinend zu einem reinen Glücksspiel — gewiß, und doch wiederum nicht ganz. Betrachten wir den Spieler A, der mit dem Spiel beginnt. Für seinen „Zug" hat er nicht, wie es den Anschein hat, zwei Möglichkeiten, nämlich k oder s obenauf zu legen, sondern genau genommen drei Möglichkeiten: k oben, s oben — oder die Entscheidung für k oder s dem Zufall zu überlassen. Von diesen drei Möglichkeiten wählt er bewußt eine, nämlich diejenige, die ihm 50% Gewinnchance gibt. Mehr als 50% Gewinnchance kann er bei diesem Spiel nicht haben, auch wenn er noch so überlegt handelt — es sei denn, er selbst sei abergläubisch und „vertraue" etwa auf „Kopf" (ist B abergläubisch, und weiß A, in welcher Richtung, wird das Spiel sofort weitgehend determiniert, umgekehrt auch, wenn B die Art des Aberglaubens von A kennt). A befindet sich somit, anders gesprochen, in der Situation des „asinus Buridani" — und wählt daher einen unparteiischen „Mitspieler", den Zufall. Das ist dann für ihn — und entsprechend auch für B — die „beste" Strategie.

4. Wir wollen den Weg der Spieltheorie hier nicht im einzelnen weiterverfolgen, da für eine genauere Darstellung mehr Mathematik erforderlich ist, als wir hier verwenden können. Beim nächsten Schritt, dem *drei-Personen-Spiel* mit der Summe Null, und weiter bei den n-Personen-Spielen (n = beliebig) hätten wir vor allem zu berücksichtigen, daß sich bei ihnen meist *Koalitionen* bilden: beim drei-Personen-Spiel werden oft zwei Personen gegen eine — oder, wie beim Skat, genauer: eine Person gegen die beiden anderen — spielen, wobei nicht nur das Zurechnungsproblem schwieriger zu lösen ist, sondern auch die Wahl der besten Strategie. Praktisch kennt das jeder Skatspieler, wenn nach Beendigung einer Partie die Teilnehmer der „Koalition" sich über die jeweils gewählte „beste" Strategie ihre Meinung sagen. Weiterhin wären dann die n-Personen-Spiele ohne Nullsumme zu behandeln, die sich aber durch ein hübsches Verfahren auf Nullsummen-Spiele zurückführen lassen: man führt einen „n + 1ten Spieler" ein, der jedoch nicht mitspielt, sondern dessen einzige Funktion ist, die Verluste zu tragen, die den Gewinnen der Spieler entsprechen[1].

Ein weiteres Problem, auf das wir hier aber leider auch nicht näher eingehen können, sind die *Spielenden Automaten.* Es gibt heute schon eine größere Anzahl Automaten, die strategische Spiele spielen können, so etwa damespielende Automaten, die z. T. so vortrefflich spielen, daß ihr Konstrukteur sie nicht mehr zu schlagen vermag; schachspielende Automaten, die immerhin „gute Mittelklasse" sind, wenn sie auch noch nicht Meisterleistungen vollbringen, und Automaten fur viele einfachere Spiele wie „Nullen und Kreuze", „Mühle" u. dgl.

Shannon hat (1953) die wichtigsten Typen möglicher Spielender Automaten klassifiziert, danach muß man unterscheiden[2]:

a) Maschinen vom Wörterbuch-Typ: sie speichern für alle möglichen Spielsituationen die jeweils besten Züge, was z. B. bei Mühle möglich ist; können somit in jeder praktisch auftretenden Stellung den Zug machen, der sich in früheren Partien als erfolgreich erwiesen hat.

---

[1] Näheres bei O. Morgenstern: a.a.O. S. 91ff.

[2] Vgl hierzu: H. Zemanek: „Lernende Automaten" in: Taschenbuch der Nachrichtenverarbeitung (herausg. K. Steinbuch). Berlin, Göttingen, Heidelberg 1962. S. 1465f.

b) Automaten, die nach einer exakten Formel spielen: das ist nur möglich, wenn die Theorie dieser Spiele „geschlossen" ist, wie z. B. bei so einfachen Spielen wie dem „Streichhölzchen-Spiel". Eine interessante Variante dieses Spieles mit einem System-Modell eines Spielenden Automaten (ebenso auch die einfachsten Grundlagen der mathematischen Spieltheorie) findet der Leser in einer Arbeit von KLAUS DÄHNERT[1]).

c) Automaten, die allgemeine Verfahren mit Näherungsformeln verwenden: In den meisten Fällen gibt es keine abgeschlossene Theorie der Spiele, aber man kennt, wie bei Dame oder bei Schach, generelle Regeln — es gibt ja eine Fülle von Büchern über Schach-Taktik und Schach-Strategie, die die Auswahl der „besten Strategie" ermöglichen. Auch für die meisten Kartenspiele sind solche Regeln durch Erfahrung gegeben. Der Automat wird auf solche Regeln programmiert — und hat damit Chance, „gut" zu spielen, hat aber, ebensowenig wie der sie anwendende Mensch, keine Garantie für einen Gewinn.

d) Lernende Automaten: der Automat erhält neben den Spielregeln und den strategischen und taktischen Regeln ein spezielles Lernprogramm, mit dessen Anwendung er sein Spiel allmählich immer mehr verbessert.

Zur Lern-Programmierung des (amerikanischen) Dame-Spiels gibt A. L. SAMUEL eine ausführliche Untersuchung[2], aus der wir hier nur ein wichtiges Problem und seine Lösung andeuten wollen: es kommt ja bei Dame, wie vor allem auch beim Schach, immer darauf an, die Entwicklung einer Partie einige Züge weit vorauszusehen. Dies muß also auch ein „gut" spielender Automat können, und er muß dies daher „lernen", wie auch der menschliche Spieler es lernen muß. Wie kann man dies programmieren? Wie bei allen derart programmierten Spielenden Automaten ist auch hier eine Grundlage die *Bewertung* der einzelnen Stellungen und dann die Bewertung der in ihnen zu wählenden Züge. Wonach aber wird man einen solchen Zug bewerten? Doch nach der Stellung, zu der er führt, bzw. nach dem Wert, den diese Stellung dann hat. Jetzt kehrt man die Betrachtungsweise um: man geht von der zuletzt bewerteten Stellung aus und fragt rückwärts: welche Züge haben zu dieser Stellung geführt, aus welcher unmittelbar oder mittelbar vorhergehenden Stellung ist diese entstanden? Man programmiert also gleichsam „rückwärts" von einer als erreicht angesehenen, in Wirklichkeit aber erst angestrebten Stellung auf die einige Züge vorher gegebene — und nimmt diese als Ausgangsstellung, von der aus der Automat „entscheiden" soll. Und das bedingt dann auch die „Bewertung" der einzelnen Stellungen: „An jedem Verzweigungspunkt (also einer Stellung, in der mehrere Zugmöglichkeiten zur Auswahl stehen, d. Vf.) wird der betreffenden Stellung derjenige Wert gegeben, der der (zukünftigen) Stellung, die aus jener beim besten Zuge entsteht, zugebilligt werden muß"[3]. Auf diese Weise „lernt" der Automat, die Züge

[1] KLAUS DÄHNERT: „Spieltheorie und optimales Verhalten von Lebewesen". Wissenschaftliche Zeitschr. d. Karl-Marx-Universität, Leipzig. **12**, 591ff (1963).

[2] A. L. SAMUEL: „Some Studies in Machine Learning Using the Game of Checkers" in: Lernende Automaten. München 1961. S. 155ff.

[3] a.a.O. S. 159.

vorausschauend nach dem zu erwartenden Erfolge zu bewerten und danach auszuwählen.

5. Die wenigen Beispiele, die wir hier geben konnten, werden dem Leser, der zum ersten Mal mit der Spieltheorie in Berührung kommt, wenig über deren wissenschaftliche Bedeutung und noch weniger über ihre praktischen Anwendungsmöglichkeiten sagen können. Aber schließlich ist dies bei allen Wissenschaften nicht anders: wer auf die traditionelle Weise mit Holundermark-Kügelchen, Papierschnitzeln und geriebenen Glas- und Kautschukstäben in die Elektrizitätslehre eingeführt wird und vielleicht als bisherigen Gipfel seines Wissens die Leydener Flasche kennt, vermag nicht zu ahnen, daß aus diesen „kindlichen Spielen" eine Wissenschaft sich entwickelt hat, die uns in die tiefsten Geheimnisse der Materie führte und zugleich eine weltumspannende Technik hervorgebracht hat. Worauf es bei unseren Beispielen ankam, war, einmal die Fragestellung der Spieltheorie aufzuzeigen und dann, eine Vorstellung von ihrer Methodik zu geben. Auf diesem Wege müssen wir noch einige Schritte weitergehen:

In allgemeiner und formaler Sicht ist die Spieltheorie eine Theorie des *Verhaltens*, und zwar eines speziellen Verhaltens, auf das wir bei unserer Gliederung der Verhaltensformen (S. 286ff u. 351ff) noch nicht hingewiesen haben: das Verhalten, das wir als „Etwas sich Anpassen" gekennzeichnet hatten, kann bei dem anzupassenden System auf Widerstand stoßen. Dieses wehrt sich dann gegen die ihm aufgezwungenen Transformationen und versucht seinerseits, den alten Gleichgewichtszustand wiederzugewinnen oder einen neuen zu finden. Dieser „Kampf" zweier Systeme, von denen jedes seinen eigenen Gleichgewichtszustand erhalten oder finden will, führt schließlich zu einem Gesamtgleichgewicht (s. S. 391f), zu einem Gewinn oder Verlust des einen Systems oder zu einem Ausgleich, sozusagen einem Remis oder Unentschieden. So verstanden, kann man die Relation Individuum—Umwelt, ob es sich bei den „Individuen" nun um Pflanzen, Tiere oder Menschen oder schließlich auch um Gemeinschaften handelt, als eine Auseinandersetzung mit der Umwelt, als einen Kampf mit ihr — oder auch als ein nach bestimmten Regeln ablaufendes Spiel ansehen. Vom verhaltenstheoretischen bzw. tierpsychologischen Standpunkt formuliert dies DONALD MICHIE einmal sehr anschaulich:

„In der Sprache der Spiele sind die beiden ‚Personen' das Tier und seine Umwelt. Gezogen wird abwechselnd. Die Züge der Umwelt heißen ‚Reize' (dies ist spezialisiert auf das Thema der MICHIEschen Arbeit, d. Vf.) und die des Tieres ‚Reaktionen'. Das Ergebnis des Spiels wird nach einer Anzahl von Zügen abgeschätzt. Vom Standpunkt des Tieres aus besteht das Ziel darin, sich ein Ergebnis mit einem möglichst hohen positiven Wert zu sichern, wobei die Ergebnisse danach gewertet werden, wieweit sie zur Bedürfnisbefriedigung des Tieres beitragen oder — auf der negativen Seite der Bilanz — wieweit sie Unbehagen, Schmerz usw. hervorrufen. Natürlich wird nicht in wörtlichem Sinne vorausgesetzt, daß auch das Spiel der *Umwelt* durch irgendein Ziel gesteuert werde, obwohl dies unter besonderen Bedingungen vorkommen kann, zum Beispiel, wenn die reale Umwelt aus einem menschlichen Wesen oder einem anderen Tier besteht. Andererseits aber wird es, genau wie die Reaktionen des Tieres, notwendigerweise den ‚Naturgesetzen' unterworfen sein, die mit den Spielregeln übereinstimmen"[1].

Nur diesen zuletzt erwähnten Fall, daß der Gegner ein bewußt planender „Spieler" ist, behandelt v. NEUMANNS Spieltheorie, doch auch der allgemeine Fall zeigt, daß Beziehungen zwischen Spieltheorie und Verhaltensforschung bestehen können. Alles Verhalten in Situationen, die verschiedene Möglichkeiten offenlassen, beruht auf einer *Entscheidung* für die jeweils „beste Strategie", mit der das Individuum sich in der Situation behaupten oder gar Vorteile erringen kann. Und die Spieltheorie stellt sich die Aufgabe, solche optimalen Strategien theoretisch zu ermitteln, wobei sie bestimmte Voraussetzungen machen und auch mit den einfachsten Fällen, also etwa dem zwei-Personen-Spiel mit der Summe Null, anfangen muß.

Wir können die Theorie der Spiele auch als eine Wissenschaft bezeichnen, die uns „systematisch zur Erreichung jedes beliebigen Zieles befähige", d. h. wir können die früher erwähnte Definition der Kybernetik von A. DUCROCQ auch auf die Theorie der Spiele anwenden, was hier nur die Beziehungen zwischen Spieltheorie und Kybernetik deutlich machen soll. Genauer ist die Theorie der Spiele ein spezieller Zweig der allgemeinen Systemtheorie bzw. der Transformations- und Regeltheorie: sie behandelt ja weniger reale Spiele als vielmehr „Spiele überhaupt", d. h. formale Systeme, deren Zustände „Zug um Zug" transformiert werden, wobei diese Transformationen sowohl durch äußere Inputs (Strategie des Gegners) als auch durch innere Inputs (Eigenstrategie) gesteuert werden. Im gleichen Sinne formuliert ASHBY diesen Zusammenhang: „Die Theorie der Spiele, wie sie von v. NEUMANN und MORGENSTERN entwickelt worden ist, ist isomorph mit der Theorie gewisser Maschinen mit Input"[2].

6. Die v. NEUMANN-MORGENSTERNsche Arbeit betrifft nun speziell die Anwendung der Spieltheorie auf das Wirtschaftsleben. Darüber müssen wir noch sprechen, einmal, weil dies ein typisches Beispiel für die heutige, nicht zuletzt durch die Kybernetik geförderte Tendenz ist, verschiedene Wissenschaftssysteme miteinander zu verbinden, und zum anderen, weil uns diese Betrachtung auf ein auch für die Kybernetik zentrales Problem der modernen Wissenschaftstheorie führen wird.

Beziehungen zwischen Wirtschaft und Spiel bzw. zwischen den beiderseitigen Theorien lassen sich auf verschiedenen Wegen aufweisen:

Der nächstliegende Weg ist, die Ähnlichkeit der Situationen im Wirtschaftsleben einerseits und bei strategischen Spielen andererseits an *Beispielen* herauszustellen. So ist etwa die Situation des sog. „bilateralen Monopols" der Situation eines zwei-Personen-Spiels sehr verwandt: auf der einen Seite ein A, der im Alleinbesitz einer Ware ist, auf der anderen Seite ein B, der diese Ware erwerben will. Allerdings ist

[1] DONALD MICHIE: „Puzzle-learning versus Game-learning in Studies of Behavior" in: The Scientist Speculates. 1962. S. 90ff (deutsch: „Phantasie in der Wissenschaft". Düsseldorf 1965. S. 92ff). — Die Arbeit steht zwar in dem hier schon mehrfach zitierten Buch voller „partly baked ideas", enthält aber, wie viele dort, sehr nachdenkenswerte Gedanken.

[2] ASHBY: Introduction. S. 241.

dies kein Spiel mit der Summe Null, denn beim Tausch haben beide Partner einen Vorteil. Entsprechend liegt ein drei-Personen-Spiel vor, wenn dem Monopolisten zwei Kauflustige gegenüberstehen, die sich möglicherweise gegen A verbinden und gemeinsam gegen ihn handeln. Kompliziertere Beispiele sind Kämpfe großer Unternehmen um die Marktbeherrschung[1], sind aber auch Planungen geeigneter Strategien für derartige Auseinandersetzungen mit der Konkurrenz. Zu solchen Planungen gehören auch die sog. „business games", strategische Planspiele auf wirtschaftlichem Gebiet, die den militärischen Planspielen entsprechen: zwei Parteien, die jede eine Firma repräsentieren, werden in eine bestimmte wirtschaftliche Situation gestellt, wie bei einem militärischen „Manöver". Beide Parteien treffen ihre Entscheidungen. Welche Folgen haben diese für die Unternehmen? Das wird jetzt durch „Probieren am Modell" ermittelt, wobei man heute meist Automaten zu Hilfe nimmt: einmal um die Zeit zu verkürzen, denn die Spiele dürfen ja auch nicht vergleichsweise so lange dauern wie die wirklichen Vorgänge, eine Aufgabe, die ohne Rechenautomaten kaum zu bewältigen ist — und dann, weil man heute die „Verarbeitung" der Entscheidungen schon selbständig arbeitenden Automaten überlassen kann, denen diese Entscheidungen eingegeben werden. Die *Beispiele* zeigen die Ähnlichkeiten zwischen den beiderseitigen Situationen, sie weisen Analogien zwischen Wirtschaften und Spielen auf; das gilt auch für die business games, wenigstens solange sie nach wirtschaftlich-strategischen Prinzipien gespielt werden.

Ein anderer Weg geht vom menschlichen *Verhalten* aus. Wirtschaften und Spielen sind beide menschliche Verhaltensweisen, und dieses Verhalten wird gesteuert von bestimmten (subjektiven) Motiven und (objektiven) Prinzipien. Die oben zitierten Sätze von DONALD MICHIE (S. 389f) lassen vermuten, daß es auch in dieser Hinsicht enge Beziehungen zwischen Wirtschaften und Spielen gibt, die vielleicht einer der Gründe für die durch die Beispiele belegten Analogien beider Gebiete sind.

ERNST WAGEMANN hat diese Auffassung auch theoretisch vertreten. Er bestreitet die Alleinherrschaft des „ökonomischen Prinzips" im Wirtschaftsleben und nimmt eine Trias von Wirtschaftsprinzipien an:

a) das rationale Prinzip (Ertragsstreben)
b) das traditionale Prinzip (Bedarfsorientierung)
c) das virtuelle Prinzip (Spieltrieb)

WAGEMANN führt dann neben dem klassischen „homo oeconomicus", als dessen Prototyp in älteren Theorien meist Robinson Crusoe galt, den „homo ludens" (HUIZINGA), für den er Columbus als Prototyp nimmt, in die Wirtschaftstheorie ein; er schreibt: „Es hieße eine der wichtigsten Seiten der wirtschaftlichen Entwicklung gerade des industriellen Zeitalters außer acht lassen, wenn man nicht auch hier das Spielelement oder vielmehr das ihm so nahe virtuelle Prinzip als den treibenden, weil die Möglichkeiten setzenden Faktor erkennen würde."[2] Das bedeutet eine

[1] MORGENSTERN gibt dafür einige Beispiele aus der Wirtschaftsgeschichte: a.a.O. S. 115ff.

[2] ERNST WAGEMANN: Berühmte Denkfehler in der Nationalökonomie. München 1951, S. 70ff (von mir gesperrt).

Rückführung dieser Seite wirtschaftlichen Verhaltens auf sehr tiefliegende psychische Motive, denn die strategischen Spiele entspringen ja letztlich auch dem „Spieltrieb“, nur daß sie ein rationales Verhalten erfordern und somit, wie im Wirtschaftsleben, das „rationale Prinzip“ zur Geltung bringen. Die Urform dieser strategischen Spiele aber sind die sog. *Regelspiele* der Kinder, „die eine gemeinsame Unterordnung unter ein für alle verbindliches Gesetz voraussetzen“ (J. PIAGET) und die bei Kindern etwa vom 7.–8. Lebensjahr an immer häufiger werden[1].

Aber bei den Beziehungen zwischen Spieltheorie und Wirtschaftstheorie geht es nicht um Analogien und psychische Faktoren, so fruchtbar deren Berücksichtigung sein mag; die Theorie der Spiele ist eine mathematische Disziplin, und es handelt sich somit letztlich um die Relationen zwischen Wirtschaftstheorie und Mathematik. Die Anwendung mathematischer Methoden — und zwar nicht nur rechnerischer, sondern vor allem Denkmethoden — auf die Sozialwissenschaften, speziell auf die Theorie wirtschaftlicher Vorgänge, ist schon alt, sie geht mindestens zurück auf DANIEL BERNOULLI, der 1738 — übrigens auch von der Theorie der Glücksspiele herkommend — den Begriff des „relativen Gewinns“ einführte: der wirtschaftliche Nutzen eines Gewinns, so etwa führt BERNOULLI aus, das „emolumentum“ hänge von dem wirtschaftlichen Zustande der Person (ex conditione personae) ab, die den Gewinn erzielt. BERNOULLI begründete damit eine Entwicklung, die schließlich bis in die „Grenznutzentheorie“ der Nationalökonomie verfolgt werden kann. Eine zweite Wurzel dieser Beziehungen ist die mathematische Statistik, die seit QUETELET (1869) immer stärker in die Wirtschafts- und Sozialstatistik eindrang. Ein weiteres Beispiel für die Anwendung mathematischer Methoden in der Wirtschaft — auch in der praktischen Wirtschaft — ist die *Großzahlforschung*, die die verschiedenen miteinander und zusammen wirkenden Faktoren, die die Produktion und den Ertrag eines Betriebes bestimmen, rechnerisch zu erfassen und planmäßig zu beeinflussen erlaubt[2]. Vor allem aber zeigen die „Mathematischen Schulen“ der Nationalökonomie, wie tief der Einfluß der Mathematik auf die Wirtschaftstheorie ist, wie sehr man versucht, auch die Wirtschaftstheorie, etwa nach dem Vorbild der Physik, zu mathematisieren. Auch der noch junge Zweig der *Optimierungskunde*, wie man den englischen Begriff *Operations Research* verdeutscht hat, muß hier noch erwähnt werden[3].

Zu diesen Bestrebungen einer Mathematisierung der Nationalökonomie könnte man nun auch die Theorie der Spiele rechnen. Doch die v. NEUMANN-MORGENSTERNsche Spieltheorie will noch etwas anderes, sie erstrebt mehr — und damit stehen wir vor dem oben erwähnten zentralen Problem, auf das es uns hier schließlich ankommt.

Die Theorie der Spiele beansprucht nicht nur, eine mathematische Erfassung wirtschaftlicher Vorgänge zu sein, sondern sie will ein Modell der Wirtschaft geben. Das aber bedeutet doch im strengen Sinne: das System der mathematischen Spiel-

[1] Vgl. J. PIAGET und B. INHELDER: „Die Psychologie der frühen Kindheit“ in: Handbuch der Psychologie (herausg. D. KATZ). Basel 1951, S. 254.

[2] Vgl. etwa KARL DAEVES und AUGUST BECKEL: Großzahlforschung und Häufigkeitsanalyse. Weinheim, Berlin 1948.

[3] Vgl. dazu WERNER KERN: Operations Research. (Sammlung Poeschel) Stuttgart 1964, spez. S. 19.

theorie und das System „Wirtschaft" seien isomorphe Systeme. Das „Spielsystem", wenn wir es kurz so bezeichnen dürfen, ist als ein Teil der formalen Systemtheorie axiomatisch begründet — und die „Wirtschaft", in ihrer Gesamtheit als ein System betrachtet, sei eine Interpretation des Spielsystems.

Es ist jetzt nicht entscheidend, ob Spieltheoretiker diese These in aller Strenge verfechten — ein Wort von v. NEUMANN, das MORGENSTERN zitiert, zeigt, daß v. NEUMANN prinzipiell in dieser Richtung dachte: „Es soll festgestellt werden, ob es zutrifft, daß nicht nur eine ‚Analogie' zwischen den beiden Bereichen besteht, sondern daß die ‚typischen Probleme wirtschaftlichen Verhaltens mit den Begriffen geeigneter strategischer Spiele streng identisch werden'"[1]. MORGENSTERN schwächt allerdings in seinen Darlegungen den Begriff des „Modells" so ab, daß wir nur vermuten können, wie er sich zu der obigen These stellt. Er schreibt:

„Ein Modell muß 1. der Realität ähnlich sein (was heißt hier „ähnlich"? d. Vf.); 2. es darf, um bewältigt werden zu können, nicht zu kompliziert sein (also nicht so kompliziert wie die Realität, für die es Modell ist? d. Vf.); und 3. es muß zu einer mathematischen Darstellung und Durchdringung führen[2]".

Versteht man den Begriff des „Modells" so, dann bleibt doch nur die allgemeine Tendenz zur Mathematisierung auch der Sozialwissenschaften, in die sich die Spieltheorie damit einfügt. Zweifellos ist das eigentliche Problem, ob die Theorie der Spiele ein „Modell" des Wirtschaftslebens in strengem Sinne ist, heute noch gar nicht zu diskutieren, geschweige denn zu lösen — so lange nicht, bis auch die Wirtschaftstheorie axiomatisiert ist, und davon ist sie wohl noch recht weit entfernt.

Aber auch schon heute unterliegen die Sozialwissenschaften einer Gefahr dieser Mathematisierungs-Tendenz, die an einem Worte MORGENSTERNS sehr deutlich wird: wir wollen zeigen, so schreibt MORGENSTERN[3], „daß es vor allem darauf ankommt, das wahre Wesen des zugrunde liegenden wirtschaftlichen Phänomens zu entdecken, statt gewissermaßen vorzeitig haltzumachen und zur mathematischen Behandlung eines schlecht definierten und ungenau beschriebenen Problems überzugehen".

Ist es denn wirklich so sicher, daß die mathematische Seite eines wirtschaftlichen oder sozialen Problems „das wahre Wesen" dieses Problems darstellt und nicht nur eine, wenn auch gewiß nicht unwesentliche Seite? Die Gefahr ist hier die gleiche wie bei der kybernetischen Erforschung etwa des „Denkens" oder des „Bewußtseins": gerade die Erfolge der neuen Methoden führen leicht zu ihrer Verabsolutierung, und diese Verabsolutierung führt zur Einseitigkeit, zur „Bewußtseinsenge", ja zur Problemblindheit gegenüber der Fülle anderer möglicher Fragestellungen an denselben Gegenstand. Es ist dann leicht möglich — und die Wissenschaftsgeschichte zeigt, wie oft dies tatsächlich geschehen ist —, daß die wirklich „wesentlichen", nämlich den Gegenstand zutiefst erfassenden (und nicht unsere Methode seiner Behandlung „wissenschaftlicher" machenden) Aspekte und Probleme übersehen

[1] O. MORGENSTERN: a.a.O. S. 113.
[2] a.a.O. S. 77.
[3] a.a.O. S. 29f (von mir gesperrt).

werden und schließlich in Vergessenheit geraten[1]. Eine neue Wendung in der Entwicklung der Wissenschaften muß dann erst — meist nach vielen Mühen — zeigen, daß auch das Übersehene seinen Wert, ja vielleicht den „eigentlichen" Wert für die wissenschaftliche Erforschung des Gegenstandes hat.

Doch damit stehen wir vor Fragen der modernen Wissenschaftstheorie, die durch die Bemühungen um eine „Unified Science" und andere Bestrebungen entstehen, die zu behandeln aber hier nicht der Ort ist. Daß die Kybernetik sich in diese Bestrebungen, die unabhängig von ihr entstanden sind und sich auch weitgehend unabhängig von ihr entwickeln, einfügt, ja ihnen eine erhöhte Aktualität gibt, war der Grund, weshalb wir hier wenigstens andeutungsweise darauf eingegangen sind.

[1] Ähnlich heißt es bei WELLEK: „Das 'Ausklammern' der Probleme aus methodischen Rücksichten im Operationismus und schon Behaviorismus, wie überhaupt im Positivismus, mag zuweilen sein Gutes haben und heuristisch Gewinn bringen; man muß nur achtgeben, daß man nicht die Hauptsache ausklammert — wie es allermeist geschieht". A. WELLEK: Der Rückfall in die Methodenkrise der Psychologie und ihre Überwindung. Göttingen 1959, S. 28.

ANHANG 1

Über das Rechnen mit Logarithmen

Da das Rechnen mit Logarithmen erfahrungsgemäß vielen Menschen Schwierigkeiten bereitet, seien hier die wichtigsten Begriffe und Regeln zur Erinnerung zusammengestellt. Logarithmen sind eine außerordentliche Rechenerleichterung, da sie erlauben, den Grad einer Rechenoperation zu erniedrigen: Multiplizieren wird durch Addieren, Potenzieren durch Multiplizieren ersetzt.

Zur Illustration eine kleine scherzhafte Anmerkung: In einem Stück von BERNARD SHAW „In good king CHARLES' golden days" spielt NEWTON eine zentrale Rolle. In einer Szene fragt seine Haushälterin den großen Mathematiker, wieviel 3 · 7 ist. Sie habe in der Schule nur Addieren, nicht aber Multiplizieren gelernt. NEWTON antwortet, er habe dies auch nicht gelernt („I was too lazy"), aber man brauche es auch gar nicht zu können. Es genüge, die Logarithmen von 3 und 7 zu addieren, um das Produkt zufinden. Und er rechnet im Kopf: Logarithmus von 3 + Logarithmus von 7 gibt etwa 1,322 — und das muß zwischen 20 und 22 liegen, also etwa = 21. — Soweit der alte Spötter SHAW.

1. Das Logarithmieren ist eine der „Umkehrungen" des Potenzierens, so wie das Dividieren eine Umkehrung des Multiplizierens ist. Wir wollen dies schrittweise aufbauen:

I. $a_1 + a_2 + a_3 + \ldots + a_n = \sum_{i=1}^{n} a_i$.

Ist $a_1 = a_2 = \ldots = a_n$, so $\sum_{i=1}^{n} a_i = n \cdot a$ (1)

$a_1 \cdot a_2 \cdot a_3 \cdot \ldots \cdot a_n = \prod_{i=1}^{n} a_i$.

Ist $a_1 = a_2 = \ldots = a_n$, so $\prod_{i=1}^{n} a_i = a^n$ (2)

II. Es sei: $y = a^x$ (Potenzieren)

dann: $a = \sqrt[x]{y}$ (Radizieren, I. Umkehrung des Potenzierens)

und: $x = \log_a y$ (gesprochen: x gleich Logarithmus von y zur Basis a. Logarithmieren, II. Umkehrung des Potenzierens)

III. Ist $y_1 = a^{x_1}$ und $y_2 = a^{x_2}$, so ist:

$$y_1 \cdot y_2 = \underbrace{(a \cdot a \cdot a \ldots . a)}_{x_1\text{-mal}} \cdot \underbrace{(a \cdot a \cdot a \ldots a)}_{x_2\text{-mal}} = \underbrace{(a \cdot a \cdot a \ldots a)}_{(x_1+x_2\text{-mal})} = a^{x_1 + x_2}. \tag{3}$$

Nun ist $\log_a y_1 = x_1$ und $\log_a y_2 = x_2$, somit nach (3):

$$\log_a(y_1 \cdot y_2) = x_1 + x_2. \tag{4}$$

Weiterhin folgt aus (4):

$$\log_c a^x = \log_c \underbrace{(a \cdot a \cdot a \cdot a \ldots . a)}_{x\text{-mal}} = \underbrace{\log_c a + \log_c a + \ldots . + \log_c a}_{x\text{-mal}}$$
$$= x \cdot \log_c a \tag{5}$$

2. Es sei nun $y = a^x$ und auch $y = b^z$ (z. B. $64 = 2^6 = 4^3$). Somit ist $a^x = b^z$. Logarithmieren wir beide Seiten dieser Gleichung zur Basis c, so folgt nach (5):

$$x \cdot \log_c a = z \cdot \log_c b \tag{6}$$

Nach dem Ansatz ist aber $x = \log_a y$ und $z = \log_b y$. Setzen wir dies in (6) ein, so ergibt sich:

$$\log_a y \cdot \log_c a = \log_b y \cdot \log_c b \tag{7}$$

Über die drei Zahlen a, b, c haben wir noch keine Festsetzungen getroffen, wir können daher annehmen, daß zwei von ihnen gleich sind. Es sei $a = c$, dann wird (7) zu:

$$\log_a y \cdot \log_a a = \log_b y \cdot \log_a b \tag{8}$$

oder, da $\log_a a = 1$ (denn $a^1 = a$):

$$\log_a y = \log_b y \cdot \log_a b \tag{9}$$

Der Logarithmus einer Zahl zur Basis a ist gleich dem Logarithmus dieser Zahl zur Basis b, multipliziert mit dem Logarithmus der Zahl b zur Basis a. Gleichung (9) erlaubt also, den Logarithmus einer Zahl von der einen Basis auf eine andere umzurechnen.

Wir wollen Gleichung (7) jetzt noch in anderer Weise verändern. Es sei $y = b$ und $c = b$, dann folgt:

$$\log_a b \cdot \log_b a = \log_b b \cdot \log_b b$$

$$\text{oder: } \log_a b \cdot \log_b a = 1 \tag{10}$$

$$\text{bzw.: } \log_a b = \frac{1}{\log_b a} = M_a \tag{11}$$

M_a heißt der *Modul* des Systems mit der Basis a.

Es sei z. B. $a = 2$ und $b = 10$, so folgt aus (11):

$$\log_2 10 = \frac{1}{\log_{10} 2}$$

3. Grundsätzlich könnten wir jede beliebige Zahl a als Basis eines Logarithmen-Systems wählen, d. h. wir können alle Zahlen als Potenzen von a schreiben. So ist z. B.:

$$2 = 2^1 = 10^{0,30103\cdots\cdots} = 125^{0,14356\cdots\cdots}$$

Die Exponenten sind dabei unendliche Dezimalbrüche, die man an irgendeiner Stelle abbrechen kann, je nach der Genauigkeit, die man erreichen will. In der Praxis rechnet man meist mit 4-stelligen oder 5-stelligen Exponenten (wie im Beispiel), d. h. mit 4- oder 5-stelligen Logarithmen, und läßt die Punkte = „usw.“ fort.

Drei *Logarithmen-Systeme* werden vorwiegend verwendet, und zwar Systeme mit a = 10, a = 2,718281828.... und a = 2.

I. *a = 10:* Alle Zahlen werden als Potenzen von 10 dargestellt, z. B.

$$4 = 10^{0,60206},\ 5 = 10^{0,69897},\ 10 = 10^1,\ 100 = 10^2 \text{ usw.}$$

Die entsprechenden Logarithmen: $\log_{10}4 = 0{,}60206$, $\log_{10}100 = 2{,}00000$ usw. heißen *dekadische* oder BRIGGsche Logarithmen. Sie werden abgekürzt geschrieben als lg, also:

$$\lg x = \log_{10}x.$$

II. *a = 2,718281828....:* Diese Zahl wird in der Mathematik international als „e“ bezeichnet. In diesem System werden somit alle Zahlen als Potenzen von e dargestellt, z. B.

$$2 = e^{0,69315},\ 41 = e^{3,71357}, \text{ usw.}$$

Die Wahl dieser seltsamen Zahl als Basis können wir hier nicht näher begründen, in der Mathematik spielt e wegen der besonderen Eigenschaften der Funktion $y = e^x$ eine große Rolle. Diese Logarithmen werden als *natürliche* Logarithmen bezeichnet und mit ln abgekürzt (von *l*ogarithmus *n*aturalis):

$$\ln x = \log_e x.$$

III. *a — 2.* Bei diesen *dualen* Logarithmen werden alle Zahlen als Potenzen von 2 dargestellt, z. B.

$$3 = 2^{1,58496},\ 5 = 2^{2,32193},\ 130 = 2^{7,02237}, \text{ usw.}$$

Man schreibt abkürzend ld (von *l*ogarithmus *d*ualis):

$$\text{ld } x = \log_2 x.$$

	lg	ln	ld
2	0,30103	0,69315	1,00000
3	0,47712	1,09861	1,58496
5	0,69897	1,60944	2,32193
7	0,84510	1,94591	2,80735

Die Logarithmen der 4 Primzahlen unter 10 sind in der nebenstehenden kleinen Tabelle zusammengestellt. Zur Umrechnung vom einen ins andere System benutzt man Gleichung (9), z. B.:

$$\lg y = \ln y \cdot \lg e = \ln y \cdot 0{,}4343 \tag{12}$$

und umgekehrt:

$$\ln y = \lg y \cdot 2{,}3026 \tag{13}$$

oder:

$$\lg y = \text{ld}\, y \cdot \lg 2 = \text{ld}\, y \cdot 0{,}3010 \tag{14}$$

und umgekehrt:

$$\text{ld}\, y = \lg y \cdot 3{,}3219 \tag{15}$$

Eine kurze Übung, nur mit Hilfe unserer kleinen Logarithmentafel: Wie groß ist ld 12, wenn lg 12 = 1,07918 gegeben ist?

Nach Gleichung (15) muß sein:

$$\text{ld}\, 12 = \lg 12 \cdot 3{,}3219,$$

also:

$$\text{ld}\, 12 = 1{,}07918 \cdot 3{,}3219 = 3{,}58496.$$

Ist das richtig? Wir können es prüfen mit Hilfe der allgemeinen logarithmischen Regeln (da wir ja eine Tafel für ld nicht zur Hand haben):

$$\text{ld}\, 12 = \text{ld}\,(2 \cdot 2 \cdot 3) = \text{ld}\, 2 + \text{ld}\, 2 + \text{ld}\, 3 = 2 \cdot \text{ld}\, 2 + \text{ld}\, 3$$

$$\begin{array}{rr} \text{ld}\;\;2 = & 1{,}00000 \\ \hline 2 \cdot \text{ld}\;\;2 = & 2{,}00000 \\ +\;\;\text{ld}\;\;3 = & 1{,}58496 \\ \hline \text{ld}\;12 = & 3{,}58496 \end{array} \quad \text{q. e. d.}$$

ANHANG 2

Lösungen der Übungsaufgaben

I. *Zu S. 106:*

Die Auftretenswahrscheinlichkeiten der Buchstaben A, B, C, ... H sind: $p_A = p_B = 0{,}250$; $p_C = p_D = 0{,}125$; $p_E = p_F = p_G = p_H = 0{,}0625$.

Daraus ergibt sich die Tabelle:

i	S_i	p_i	T_i	t_i	Codegruppe
1	A	0,250	0,000	2	00
2	B	0,250	0,250	2	01
3	C	0,125	0,500	3	100
4	D	0,125	0,625	3	101
5	E	0,0625	0,750	4	1100
6	F	0,0625	0,8125	4	1101
7	G	0,0625	0,8750	4	1110
8	H	0,0625	0,9375	4	1111

Beispiele:

$$T_4 = \frac{625}{1000} = \frac{1}{2} + \frac{0}{4} + \frac{1}{8}, \text{ also } (101)$$

$$T_6 = \frac{8125}{10000} = \frac{1}{2} + \frac{3125}{10000} = \frac{1}{2} + \frac{1}{4} + \frac{625}{10000} = \frac{1}{2} + \frac{1}{4} + \frac{0}{8} + \frac{1}{16}$$

also (1101) usw.

II. *Zu S. 257:*

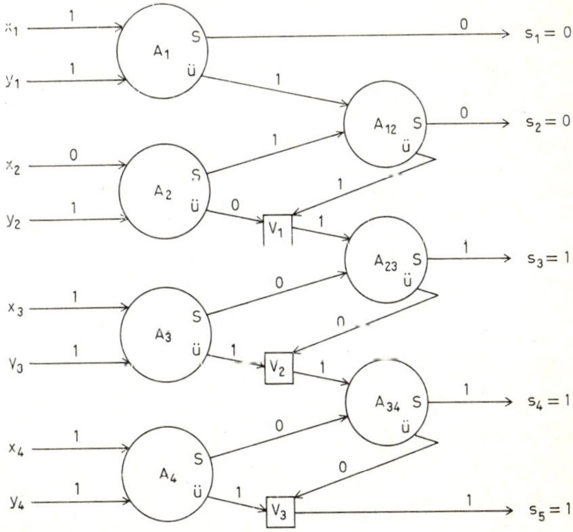

Abb. 151

III. *Zu S. 342:*

Wir benötigen nur die Werte, die (A) und (B) für die verschiedenen Werte von i, c, d und e annehmen:

i	c	d	e	i′	c′	d′	e′	(A)	(B)
0	0	0	0	1	1	1	1	0	1
0	0	0	1	1	1	1	0	0	1
0	0	1	0	1	1	0	1	0	1
0	0	1	1	1	1	0	0	0	1
0	1	0	0	1	0	1	1	0	1
0	1	0	1	1	0	1	0	0	1
0	1	1	0	1	0	0	1	0	1
0	1	1	1	1	0	0	0	1	0
1	0	0	0	0	1	1	1	0	1

Wir können die Tabelle bei 1000 abbrechen, da von jetzt ab i′ stets = 0 und damit (A) = 0 und (B) = 1 sein muß.

IV. *Zu S. 366:*

1) $(a,f) \xrightarrow[R_1]{U_3} (c,f) \xrightarrow[R_1]{U_1} (d,f) \longrightarrow$ usw.

2) $(b,e) \xrightarrow[R_3]{U_1} (c,f) \longrightarrow$ usw.

3) $(b,f) \xrightarrow[R_1]{U_1} (d,f) \longrightarrow$ usw.

4) $(c,e) \xrightarrow[R_3]{U_1} (d,f) \longrightarrow$ usw.

5) $(c,f) \xrightarrow[R_1]{U_1} (d,f) \longrightarrow$ usw.

6) $(d,e) \xrightarrow[R_3]{U_2} (b,e) \longrightarrow$ usw.

7) $(d,f) \xrightarrow[R_1]{U_2} (b,f) \longrightarrow$ usw.

Graphisch

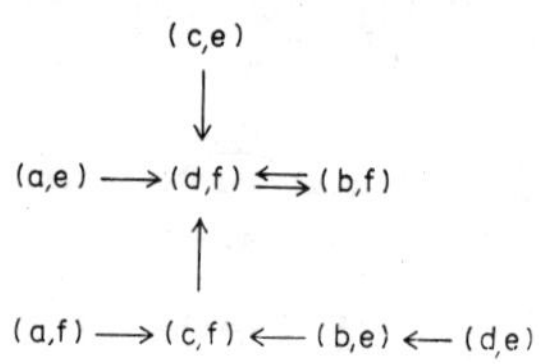

Abb. 152

Verzeichnis der angeführten Literatur

ARISTOTELES: de anima. Oxford 1956 (deutsch: Über die Seele, übers. von A. LASSON, Jena 1924).

— peri hermeneias oder Lehre vom Satz. (Phil. Bibl. v. E. ROLFES) Leipzig (Neudruck 1948).

W. ROSS ASHBY: An Introduction to Cybernetics. 2. Aufl. London 1957.

— Design for a Brain. London 1954.

— Aufnahme und Verarbeitung von Nachrichten durch Organismen. Stuttgart, 1961.

"Automatic control" (a Scientific American book). New York 1955.

ST. BEER: Kybernetik und Management. Deutsch von ILSE GRUBRICH. (Welt im Werden) Frankfurt 1962.

EDW. L. BENNET and M. CALVIN: Failure to train planarians reliability. Neurosc. Res. Progr. Bull. **11**, No. 4 (1964).

EDM. C. BERKELEY: Symbolic Logic and Intelligent Machines. 2. Aufl. New York 1961.

E. DU BOIS-REYMOND: Über die Grenzen des Naturerkennens. 1872 (Neudruck Darmstadt 1961).

B. BOLZANO: Paradoxien des Unendlichen. (Neu herausg. A. HÖFLER, Phil. Bibl.) Leipzig 1920.

GEORGE BOOLE: The mathematical analysis of logic. Oxford 1951 (Nachdruck d. Ausgabe von 1847).

BORING, LANGFELD, WELD: Foundations of Psychology. New York, London 1956.

M. BOVERI: Amerikafibel. Freiburg/Br. 1946.

R. CARNAP: Abriß der Logistik. Wien 1929.

COLIN E. CHERRY: Kommunikationsforschung — eine neue Wissenschaft. Deutsch von P. MÜLLER. (Welt im Werden) Frankfurt/M. 1963.

— Kybernetik. (Arbeitsgemeinschaft f. Forschung des Landes Nordrhein-Westfalen, Heft 38) Köln und Opladen 1954.

CICERO: de natura deorum.

„Conference in Cybernetics". Transactions of the 6. Conference. New York 1950.

L. COUFFIGNAL: Denkmaschinen. (Deutsch von E. WALTHER) Stuttgart 1955.

R. COURANT und H. ROBBINS: Was ist Mathematik? Berlin 1962.

F. v. CUBE: Kybernetische Grundlagen des Lernens und Lehrens. Stuttgart 1965.

K. DÄHNERT: Spieltheorie und optimales Verhalten von Lebewesen. Wiss. Ztschr. d. Karl-Marx-Universität, Leipzig **12**, 591ff. (1963).

K. DAEVES und A. BECKEL: Großzahlforschung und Häufigkeitsanalyse. Weinheim, Berlin 1948.

K. DENBIGH: Prinzipien des chemischen Gleichgewichts. Deutsch von H. J. OEL. Darmstadt 1959.

„Dialektik und Dynamik der Person". Festschrift für ROBERT HEISS zum 60. Geburtstag. Köln und Berlin 1963.

H. DINGLER: Der Zusammenbruch der Wissenschaft. 2. Aufl. München 1931.

A. DUCROCQ: Die Entdeckung der Kybernetik. Deutsch von G. WALTHER. Frankfurt/M. 1959.

W. J. ECKERT und R. JONES: Schneller, schneller. (IBM Deutschland) Sindelfingen 1956.

Fischer Lexikon „Physik". (W. GERLACH) Frankfurt/M. 1960.

Fischer Lexikon „Psychologie" (P. R. HOFSTÄTTER). Frankfurt/M. 1957.

H. v. FOERSTER: Das Gedächtnis. Wien 1948.

H. FRANK: Kybernetische Grundlagen der Pädagogik. Baden-Baden und Paris 1962.

B. Baron Freytag gen. Löringhoff: Logik (Urban-Bücher). Stuttgart und Köln 1955.
F. H. George: The Brain as a Computer. New York 1961.
R. Gerwin: Intelligente Automaten. Stuttgart 1964.
P. Glees: Ist das Gedächtnis strukturell disponiert? Umschau **62**, 435 (1962).
— Wie arbeitet unser Gehirn? Universitas **21**, 23 (1966).
H. Greniewski: Cybernetics without Mathematics. (Engl. Übersetzung aus dem Polnischen) London und Warschau 1960.
G. T. Guilbaud: What is Cybernetics? Übersetzung aus dem Französischen. London 1959.
Handbuch der Psychologie. Herausg. D. Katz. Basel 1951.
Handbuch der Psychologie, Bd. I, 2. Göttingen 1964.
N. Hartmann: Grundzüge einer Metaphysik der Erkenntnis. 2. Aufl. Berlin 1925.
— Zur Grundlegung der Ontologie. Berlin 1935.
— Möglichkeit und Wirklichkeit. Berlin 1938.
B. Hassenstein: Die bisherige Rolle der Kybernetik in der biologischen Forschung. Naturwiss. Rundschau **13**, 349 (1960).
M. Heidegger: Sein und Zeit. Halle 1927.
Heinrich Hertz: Die Prinzipien der Mechanik (Ges. Werke, Bd. III).
A. Heyting: Mathematische Grundlagenforschung. Intuitionismus. Beweistheorie. Berlin 1934.
D. Hilbert und W. Ackermann: Grundzüge der Theoretischen Logik. 2. Aufl. Berlin 1938.
— und P. Bernays: Grundlagen der Mathematik. Berlin 1943, Bd. I.
"Homeostasis and Feedback Mechanism". (XVIII. Symposium d. Society of Experim. Biology.) Cambridge 1964.
G. Humphrey: Thinking. London und New York 1951.
"Information Theory in Psychology" ed. H. Quastler. Glencoe (Ill.) 1955.
William James: The Principles of Psychology. Vol. I. London 1891.
W. St. Jevons: Leitfaden der Logik. (Deutsch H. Kleinpeter) 2. Aufl. Leipzig 1913.
C. G. Jung, W. Pauli: Naturerklärung und Psyche. Zürich 1952.
E. Kamke: Mengenlehre. (Sammlung Göschen) Berlin, Leipzig 1928.
Kant: Kritik der reinen Vernunft. 1. Aufl. 1781.
— Prolegomena. (Akad. Ausg. Bd. 4.)
J. v. Kempski: Brechungen. Hamburg 1964.
W. Kern: Operations Research. (Sammlung Poeschel) Stuttgart 1964.
G. Klaus: Kybernetik in philosophischer Sicht. Berlin 1961.
G. Koller: Johannes Müller. Stuttgart 1958.
F. v. Krbek: Erlebte Physik. Berlin 1942.
O. Kraemer: Automat und Mensch. Universitas **13**, 511 (1958).
R. Kuhn: Über einige Probleme der biochemischen Genetik. Angew. Chemie **61**, 1 (1949).
„Kybernetik — Brücke zwischen den Wissenschaften". Herausg. H. Frank. 5. Aufl. Frankfurt 1965.
„Kybernetische Maschinen". Herausg. H. Frank. (Welt im Werden) Frankfurt/M. 1964.
F. A. Lange: Geschichte des Materialismus. 5. Aufl. Leipzig 1896.
„Lernende Automaten" (Ber. über die Fachtagung der Nachrichtentechn. Ges. 1961). München 1961.
Ph. Lersch: Aufbau der Person. 5. Aufl. München 1952.
P. Lorenzen: Metamathematik. Mannheim 1962.
— Formale Logik. (Sammlung Göschen) Berlin 1958.
G. Megla: Vom Wesen der Nachricht. Stuttgart 1961.
W. Meyer-Eppler: Grundlagen und Anwendungen der Informations-Theorie. Berlin 1959.
H. Mittelstaedt: Die Regelungstheorie als methodisches Werkzeug der Verhaltensanalyse. Naturwissenschaften **48**, 250 (1961).
O. Morgenstern: Spieltheorie und Wirtschaftswissenschaft. Wien, München 1963.

CH. W. MORRIS: Foundations of the Theory of Signs. (Intern. Encyclop. of Unified Sciences.) Chicago 1938 (1960).
D. MÜLLER: Programmierung elektronischer Rechenanlagen. (BI. Hochschultaschenbücher) Mannheim 1964.
E. NAGEL und J. R. NEWMAN: Der Gödelsche Beweis. (Deutsch von H. SCHLEICHERT). Wien, München 1964.
„Neuere Ergebnisse der Kybernetik". München, Wien 1964.
JOHN V. NEUMANN: Die Rechenmaschine und das Gehirn. München 1962.
— und O. MORGENSTERN: Spieltheorie und wirtschaftliches Verhalten. Würzburg 1961.
V. PACKARD: Geheime Verführer. Düsseldorf 1958.
A. PFÄNDER: Logik. Halle 1930.
PLATON: Gorgias. (Ausg. Philos. Bibl. von O. APELT) Leipzig 1944.
A. PLÜGGE: Wohlbefinden und Mißbefinden. Tübingen 1962.
D. PLOOG: Verhaltensforschung und Psychiatrie. (Psychiatrie der Gegenwart, Bd. I/IB) Berlin 1964.
E. PRANTL: Geschichte der Logik im Abendlande. (Neudruck) Darmstadt 1957.
HW. PREUSS: Grundriß der Quantenchemie. Mannheim 1962.
„Regelungsvorgänge in der Biologie" (Beih. zur Regelungstechnik). München 1956.
„Regelungsvorgänge in lebenden Wesen". München 1961.
B. RENSCH: Psychische Komponenten der Sinnesorgane. Stuttgart 1952.
A. RENYI: Wahrscheinlichkeitsrechnung. VEB Deutscher Verlag d. Wiss. Berlin 1962.
H. RICKERT: Grundprobleme der Philosophie. Tübingen 1934.
B. RUSSEL und A. N. WITHEHEAD: Einführung in die mathematische Logik. München, Berlin 1932.
H. SCHOLZ: Geschichte der Logik. (Geschichte der Philosophie in Längsschnitten) Berlin 1931.
"The Scientist Speculates" ed. I. J. GOOD. London 1962 (Deutsch: Phantasie in der Wissenschaft Düsseldorf, Wien 1965.)
C. E. SHANNON and W. WEAVER: The Mathematical Theory of Communication. Urbana (USA) 1949.
G. SIEMENS: Die Geschichte des Hauses Siemens. Freiburg, München, Bd. I, 1953.
H. STACHOWIAK: Denken und Erkennen im kybernetischen Modell. Wien, New York 1965.
K. STEINBUCH: Automat und Mensch. 3. Aufl. Berlin 1965.
JONATHAN SWIFT: Gulliver's Travels (1726).
„Taschenbuch der Nachrichtenverarbeitung". Herausg. K. STEINBUCH. Berlin 1962.
"Theories in Contemporary Psychology" ed. MELVIN H. MARX. New York, London 1963.
"Theories of the Mind" ed. JORDAN M. SCHER. New York, London 1962.
W. H. THORPE: Learning and Instinct in Animals. London 1956.
E. WAGEMANN: Berühmte Denkfehler in der Nationalökonomie. München 1951.
W. GREY WALTER: Das lebende Gehirn. Deutsch von G. WALTHER. Köln, Berlin 1961.
JOHN B. WATSON. Der Behaviorismus. Deutsch von F. GIESE. Berlin, Stuttgart 1930.
C. F. V. WEIZSÄCKER: Die Geschichte der Natur. Stuttgart 1948.
A. WELLEK: Der Rückfall in die Methodenkrise der Psychologie und ihre Überwindung. Göttingen 1959.
J. E. WHITESITT: Boolesche Algebra und ihre Anwendungen. (Deutsch von UWE KLEMM.) Braunschweig 1964.
N. WIENER: Cybernetics. Paris, New York 1948. (Deutsche Ausgabe: Kybernetik. Düsseldorf, Wien. 2. Aufl. 1963.)
— Mensch und Menschmaschine. (Deutsche Übers. von G. WALTHER.) Frankfurt/M., Berlin 1952.
— Mathematik — mein Leben. Düsseldorf, Wien 1962.
— Über Informationstheorie. Naturwissenschaften **48**, 174 (1961).
W. WIESER: Organismen, Strukturen, Maschinen. (Fischer Bücherei) Frankfurt/M. 1959.
H. ZEMANEK: Elementare Informationstheorie. Wien, München 1959.
E. ZIMMER: Umsturz im Weltbild der Physik. 9. Aufl. München 1949.

Register

Abfangen einer Störung 33
Abrufen (aus Speicher) 24, 189, 193
Abtasten 139
Abtast-Theorem 141
Adaptation 43
– ssyndrom 43
adjustment 43
Adresse 193ff.
Äquivalenz, materiale (faktische) 244f.
Äquivokation 152
Alarmreaktion 23, 43
ALGOL 281ff.
Alles-oder-Nichts-Gesetz 176f.
Alphabet 18, 55ff.
Aminosäuren-Sequenz 182ff., 197
Ammoniak, Haber-Bosch-Synthese 307ff.
AMPÈRE, ANDRÉ MARIE 9
analoge Darstellung 145f.
Analogie 284
Analytische Geometrie 136ff.
Anpassung 43ff., 293, 351ff., 362, 385
–, funktionale 43
Anruf-Signal 160
Antikörper 23
Anzeichen 53
Ariadne-Faden 319f.
ARISTOTELES 40, 49, 128
ASHBY W. ROSS 46, 51, 353ff.
Aspekt, semantischer 62
Assoziationen 49f.
Auftretenshäufigkeit 102
Auftretenswahrscheinlichkeit 103ff.
AUGUSTINUS 88
Ausgang, s. Output
Auslösen 26f, 157, 180
Aussage 63, 241ff.
Ausschalten 27
Auswahl 68, 77, 91ff., 94ff., 118, 292
Automaten, Systematik 302ff.
–, denkende 328, 340ff.
–, „erfindende" 394f.
–, lernende 88, 262ff., 300ff., 310ff.
–, mit Modell der Umwelt 309f.
–, probierende 306ff.
–, rechnende, s. Rechenautomaten
–, spielende 401f.
Automatisierung (gelernter Fähigkeiten) 44
Axiomatische Methode 231ff.
Axiome 231ff.

Bandbreite 139f.
Baum, graphischer 94ff., 103
Baum des Porphyrius 98
Bedeutung 52f., 63f.
Begriff 63
Behaviorismus 206f., 286f.
Beobachter 125
BERKELEY, EDMUND C. 336ff.
BERNARD, CLAUDE 6, 44
Bewußtsein 88, 123, 204, 306
BIGELOW, JULIAN 8
Binär-Code 56, 89, 94ff.
binary choice 97f., 118f.
black-box Theorie 205ff., 215ff., 289f., 293f., 296, 327f., 366f.
Blindenschrift 56
Blockschaltbilder 16, 33, 42
BOLTZMANN, LUDWIG 121
Boltzmann-Konstante 121
BOOLE, GEORGE 40, 237
Boolesche Algebra 40f., 235ff.
–, Interpretationen der 238ff.
Boolesche Funktion 237f., 253f.
BOREL, EMILE 59
Brownsche Bewegung 149
Buchstaben 55
business games 405

CANNON, WALTER B. 6, 44
CHRYSIPPOS 242
CICERO, MARCUS TULLIUS 58
Code (s. a. Binär-Code) 18, 21, 56f., 62, 74, 77ff., 101ff., 145ff.
–, Eindeutigkeit der –-Darstellung 108
– -gruppe 100
–, Minimal- 115, 118
–, degenerierter 183
–, genetischer 181ff.
–, korrigierbarer 116f.
–, prüfbarer 115f.
–, überlappender 185
– und Redundanz 114ff.
– -Wirksamkeit 147
Codieren 18, 78ff., 87, 114ff., 145f., 370ff.
Computer, s. Rechenautomat
MCCULLOCH und PITTS 349f.

Dämon, Maxwellscher 374
Dampfmaschinenregulator (s. a. Fliehkraftregler) 8
Decodieren 19, 153

Denken 40, 204, 324ff., 352
–, Begriff 324ff.
–, Arten 324ff.
–, logisches 327, 346, 350
–, Mechanisierung des 87f., 343ff.
–, Modelle 334ff.
–, Algebra des 329ff.
Desoxyribonucleinsäure 184ff.
Dezimalsystem 78f.
Dichotomie 96, 98, 118, 392f.
Dichte-Verteilungs-Funktion 141
digitale Darstellung 145f.
Digramm-Beziehung 93
Disjunktion (Adjunktion) 221, 242ff.
Disjunktion, vollständige 97
Dokumentation 189ff.
Drucker 276f.
Dualitätsprinzip 236
Duodezimalsystem 78f.
Dualsystem 78ff.
– brüche 105
dyadische Brüche, s. Dualbrüche

effectiveness 11
Eingang, s. Input
Einschalten 27
Eiweiß-Stoffe (Proteine), Struktur 182ff.
–, Herstellung in der Zelle 181ff., 186ff.
Elementarvorrat 99
Elementarzeichen 56
Elemente, chemische 55
„Elmer“, „Elsie“ u. „Cora“ 314ff.
Empfänger 16, 23, 124, 155ff.
Empfangsbereitschaft, objektive 53, 170f.
–, subjektive 53, 170f.
Energie als Träger 159ff., 172ff.
Engramm 188
Entropie 75, 120ff., 376f.
Entscheidung 30, 68, 91ff., 94ff., 304ff., 404
–, Anzahl der –en 98ff.
– sgehalt 106ff.
– –, Einheit des 100f.
– –, mittlerer 107
Erfinden 392ff.
ergodischer Prozeß 133
Erwartetes 76
Esel des Buridan (asinus Buridani) 305f., 315, 401
EULER, LEONHARD 349 A

Feedback, s. Rückkopplung
Fehlhandlungen 156f.
Fernschreiber-Alphabet 96
Fernsehen 169f.
Fliehkraftregler 8, 34f.
Flußdiagramm 279ff.
v. FOERSTER, HEINZ 198f.
20-Fragen-Spiel (game of twenty questions) 97, 392
Freiheitsgrad 30f.
Frequenzband 139
FREUD, SIGMUND 157
Führungsgröße 39
Fundamentaltheorem 147, 152

GABOR, DENNIS 123
Gasgesetze 302
Gedächtnis 24f., 49f., 188f., 195ff., 292
–, Kurzzeit- 196
–, Langzeit- 196f.
–, quantenphysikalische Theorie 198f.
–, Strukturtheorie 197f.
–, Umlauftheorie 196
Gegenstand 12
Geheimschriften 60
Gesetz der spezifischen Sinnesenergien 154
Gewöhnung 44, 297
Gleichgewicht, kinetisches 45f., 307
–, thermisches 373
Gleichheit von Mengen 240
Graph, kinematischer 359
GRENIEWSKI, HENRYK 229f., 248
Grundgrößen 17, 128
Grundverknüpfungen, logische 222

Häufigkeit, Auftretens- (von Zeichen) 60, 92
–, Folge- 92f.
–, relative 102f.
Hamming-Code 116f.
– -Distanz 116
HARTLEY, R. V. L. 100
Hartley (Einheit) 100f.
HERTZ, HEINRICH 207
Homöostase 44f., 362
Homöostat 46f., 391f.
Hormone 45, 179ff.
HUNTINGTON, E. V. 235
HYDÉN, HOLGER 197f.
Hypothetische Konstruktion 207, 293f.
Hysterese 273

Ideal-Gesetze 301f.
Implikation, materiale 244
Impuls 139
Information 7, 17, 30, 64ff., 71ff., 94ff., 377f.
–, Begriff der 66ff.
–, Alltagsbegriff der 66ff., 71, 117f.
–, semantischer Begriff 72
–, syntaktischer Begriff 73ff.
–, Dimensionen der 69ff.
–, Maß der 68, 75, 77, 117ff.
–, Einheit des Maßes 118ff.
Informationsfluß 134
Informations-Gehalt 119
– einer kontinuierlichen Quelle 141
–, subjektiver 378
Informationsquanten 140
Informationsquelle 18, 66f., 77, 124
–, Begriff 131ff.
–, Arten 132ff.
–, diskrete 134ff.
–, endliche, statistische 146f.
–, kontinuierliche 134ff.
–, stationäre 133
–, statistisch inhomogene 133
Informations-System 123ff.
–, Struktur 124ff.
Informationstheorie 7, 70, 133f., 135f.
Input 19, 131
Intentions-Tremor 43
Interpretationen 349

Intervenierende Variable 207, 293f.
Ist-Wert 39
– – Fühler 39

James, William 170A
Junktoren 242

Kanal 16, 19, 141ff.
–, Begriff 148ff.
– -Kapazität 147, 387f.
–, gestörter 150ff.
– -System, Begriff 141ff.
– –, Einteilung 143f.
v. Kempski, Jürgen 126
Kette 33
–, offene 33
–, Steuer— (s. Steuerkette)
Klaus, Georg 10 A, 344ff.
Kombinationen (v. Zeichen) 18, 55, 77ff.
– (mathem.) 81ff.
Kommunikation 13ff., 22f.
– s-System 16, 123, 387
Komplexionen 373
–, Verteilung 375ff.
Konjunktion 221, 242ff.
Kraemer, Otto 58, 85
Kybernetik 1ff., 7, 9ff.
–, Allgemeine 11
–, Angewandte 11
–, Einteilung der 11
–, Intern. Gesellschaft für 1
–, Probleme der 50f.
–, Reine 11
–, Spezielle 11

Laplacescher „Geist" 113
Lasswitz, Kurd 58, 83
Leitwerk 276
Lernen 47ff., 68f., 204, 289, 290ff., 352
–, Begriff 290ff.
–, Arten 294ff.
–, assoziatives 49
durch Erfassen (insight
—learning) 300
– durch den Erfolg (trial and error learning) 49, 299,
– 318ff., 392
Irrgarten- 318
durch Versuch (s. Lernen durch den Erfolg)
–, Mechanisierung des 11, 87
–, Theorie des 113f.
Lern-Modelle 300ff.
– –, reale 312ff.
Lernmatrix 259ff., 321ff.
–, Kannphase 261f.
–, Lernphase 260f.
–, Kopplung von 323f.
–, Schichtung von 322f.
Lochkarten 193f.
Logarithmen, Rechnen mit 409ff.
Logik, Aussagen- 241ff.
–, formale 40, 97f., 127, 241f., 346, 348f.
–, mathematische 40, 241ff., 346
–, mehrwertige 98
–, Objekt- 245
–, stoische 242
–, Syntax- 245
Logistik, s. Logik, mathematische
Logon 140
„Lügner" 126

Magnetismus 271ff.
Markoff, A. A. 91
Markoff-Diagramm 109f., 382
– -Kette 91, 93f., 109f., 380ff.
– -Prozeß 91, 132
– -System 390
Masche 33
– nschaltung 33
Maschine, Begriff der 262f.
Maschinen, Kybernetische 262ff.
Maschine und Mensch 262ff., 343ff.
Matrizendarstellung 109f., 382
Maus im Labyrinth 318ff.
Maxwell, Clark 8, 374
Mem 198
Menge 12
–, Universal- 239
Mengen, Durchschnitt von 239
–, Vereinigung von 239
Mengenalgebra 238ff.
Meßumformer 39
Metalogik 126
Metamathematik 126, 234
Mitteilen 16
Mitteilung 13f., 63
Mittel, arithmetisches 107
Mneme 188, 195
Modelle, kybernetische 205, 207f., 246ff., 313f.
–, Real- 257ff.
–, System- (paper and pencil model) 48, 246ff.
–, theoretische 207, 360f.
Modulation 162ff.
–, Amplituden- 163
–, Frequenz- 163
–, Phasen- 163
–, Puls- 164
–, Puls-Code– 164f., 177
Modulieren 162, 168f.
modus ponens 331f., 334
Morgenstern, Oscar 396
Morris, Charles W. 52
Morse 101
v. Müller, Johannes 154

Nachahmung 44
Nachdenken-über 325, 328
Nachricht 16, 17, 23, 61ff., 64ff., 73f., 76A, 143, 155ff., 268, 327
–, Rekonstruktion der 153f.
Nachrichten-Quelle 23, 64, 87ff., 131
– -technik 6
– übertragung 63, 70f., 128ff., 144, 170ff.
– –, Parallel-System 152, 165f.
– –, Serien-Parallel-System 152, 166
– –, Serien-System 152, 166
– –, biologische 170ff.
– –, technische 161ff.
– verarbeitung 22, 25f., 37f., 87, 260ff., 329
– verknüpfung 327
Name 53, 63
Negation 221
Negentropie 75
Nervensystem 172ff., 349f.
v. Neumann, John 396
Neuron 172ff.
Nichtwissen 71f.
–, bestimmtes 66, 72 A
noise, s. Störung

Normalform, disjunktive 223f., 238
Nucleinsäuren 183ff., 197f.
Nyquist-Intervall 141

„oder"-Verknüpfung 41, 218ff., 235ff., 242ff., 246f., 258
Ölamöbe 301
Optimierung 307f.
Ordnung 74f., 76, 377f.
Ordnungsrelation 240
Output 19, 131

Parameter 361
PASCAL, BLAISE 396
PAWLOW, IWAN PETROWITSCH 47
PEIRCE, CHARLES S. 52
Permutationen 80f.
Phantasie 204
Phasen-Verschiebung 138, 149
Pragmatik 54f.
Pragmatismus 73
Primär-Code 56ff.
Problemspezialist 4
Programm 30, 279ff.
– -Sprache 281
Programmieren 30, 195, 279ff.
Psychoanalyse 156f.

Quantifikatoren 331

Rang (eines Wortes) 92
Rauschen 151 A
Reaktion, bedingte (s. auch Reflex, bedingter) 247ff., 259ff., 298f., 316ff.
–, optomotorische 212ff.
Receptoren 19
Rechenautomaten 7, 249ff., 262ff., 346ff.
–, Analogrechner 283ff.
–, Digitalrechner 269ff.
Rechnen 202ff., 210, 263ff., 346ff.
– mit Nachrichten 210ff.
Redundanz 20, 66
–, Begriff 111ff.
–, negative 111f.
–, positive 111
Reduplikation, identische 186
Reflex, bedingter (s. auch Reaktion, bedingte) 47ff., 50, 195
Reflexion 125
Regelgröße 39
Regelkreis 33
Regeln 34ff.
Regeln, grammatische 91f.
Regelstrecke 42
– technik 6
Regelung 34ff., 44, 351ff., 383ff., 395
–, biologische 388ff.
–, technische 388ff.
–, Temperatur- 34
Regler 39f.
Reize 19, 23, 172
Reizintensität, Codierung 176ff.
Reiz-Reaktion-Theorie 287
Reizübertragung im Nerven 172ff.
Relais 143
– -System 142f.
Ribonucleinsäure 184ff.
–, messenger- 187
–, transfer- 187
Ribosomen 187
Roboter 313
Rückkopplung 8, 42f., 365ff.
Rückwandler 124, 153ff., 176, 178
Russelsches Paradoxon 126

Sachverhalt 325
Satelliten 23
Sattelpunkt 398ff.
Satz 55, 63
Satz des ausgeschlossenen Dritten 98
– des Widerspruchs 98
Schaltalgebra 41, 221ff., 241
–, Postulate der 221
Schalten 33
Schalter 258
Schaltfunktion 221ff.
Schaltungen 219ff.
–, logische 33
Schaltungsalgebra, s. Schaltalgebra
Schema 74
Schiebe-Register 249, 297
„Schildkröten" 314
Schlüsse, hypothetische 335
Schlußformen, logische 330ff.
SCHMIDT, HERMANN 6
SCHOLZ, HEINRICH 329
Schwellenwert 176, 211
Schwingungen 133ff.
Selbstbewußtsein 88
Semantik 54f.
Semiosis 54f., 70
Semiotik 54f.
SEMON, RICHARD 188
Sender (s. a. Informationsquelle) 16, 22
SHANNON, CLAUDE 40, 90, 104, 109f., 119f., 127, 401f.
Shannon-Formel 119
Signal 17, 32, 55, 57, 59f., 61ff., 73f., 77, 87, 129, 155ff., 159, 161ff., 268, 326
– übertragung 75
Signale, unterschwellige 161
Sinn 63f., 72f.
Sollwert 35f.
– -Einsteller 38
– -Regelungen (biol.) 44f.
Speicher 24f., 191ff., 270ff., 292
–, Dünnschicht- 276
–, Ferritkern- 274f.
–, kinetische 192
–, statische 191
–, Struktur- 192
Speicherkapazität 193, 195
Speichern 188ff.
–, biologisches 195ff.
–, technisches 190ff.
Spiele, determinierte 397
–, nicht-determinierte 397
–, strategische 396ff.
–, Zwei-Personen- 396ff.
–, Dame (amerikanisch = checkers) 402
–, „Kopf-oder-Schrift" 400f.
–, Schach 397f., 401
–, Theorie der 396ff., 403f.
Sprache 125f., 133f., 245
–, Meta- 245
–, Objekt- 245

–, Redundanz der 112
–, statistische Untersuchung der 91
–, synthetische 89ff.
Sprechen 19
Sprungfunktion (step-function) 47
Stabilität 43, 45
Stafettensystem 142
stationärer Prozeß 133
Statistische Mechanik 120ff.
– Thermodynamik 120ff.
STEINBUCH, KARL 88, 259, 303, ff.
Stellglied 41f.
Steuern 27ff., 33, 35
Steuerkette 33
Steuerung 44, 128f., 383
–, feste 31
–, variable 31
stochastischer Prozeß 91, 132
Störung 19, 21, 127, 142, 148ff.
–, statistische 149
–, zufällige 149
Strategien 397ff.
–, statistische 400f.
stress 43
Strudelwürmer (Tubellarien) 197
Summationstöne 211
Superzeichen 56f.
SWIFT, JONATHAN 58
Syllogismus 330, 332f.
– -Maschine 336ff., 343
Synapse 173ff.
Syntaktik 54f.
System, Begriff des 10, 12, 228, 353
Systeme, Einteilung 30, 229f.
–, determinierte 30, 360
–, geschlossene 230
– mit Input 360ff., 384
–, relativ isolierte 230
–, isomorphe 218, 239, 344ff., 349, 367
–, offene 230
–, probabilistische 30
–, unendliche 356f.
– im Gleichgewicht 361ff.
–, Verhalten der 286ff.
–, Zustände der 93f., 353ff.
–, Zustandsänderungen 93f., 129, 231, 293f., 354ff.
Systemtheorie 200, 207, 313

Taktiken 29
TARSKI, ALFRED 126,
Tautologie 332
Team-Arbeit 4
Telegraph, elektrochemischer 166
Telegrafie 142
Telegrafieren, Frequenzselektion 168f.
–, Zeitselektion 167f.
Telefonie 139f.
Temperaturregelung, biol. 38
Thermodynamik, I. Hauptsatz der 75
–, II. Hauptsatz der 75
Thermostat 35
Träger (einer Nachricht) 16f., 21, 158ff., 161ff., 179ff.
Trägheitsprinzip 383
transducer 18
Transformation (Umwandlung) 15, 17, 18f., 187, 353ff.
– und Information 367ff., 376ff.
– und Varietät 369ff.
–, geschlossene 355ff.
–, mehrwertige 360
–, stochastische 379ff.
–, Stör- 364
–, zyklische 358f.
–, Gleichgewicht von –en 363ff.
–, Produkt von 357ff.
Transformations-Matrix 361
– -Theorie 352ff.
Transformatoren (Wandler) 18ff.
Transinformation 151
– sfluß 151
– sgehalt 151
Triplett 184ff.
TURING, A. M. 328

Übertragungsmedium s. Kanal
Übergangswahrscheinlichkeit 109f.
Überraschendes 75f.
v. UEXKÜLL, JAKOB 170
Ultrastabilität 47
Umweltlehre 170
Unbestimmtheit 30f.
„und"-Verknüpfung 41, 218ff., 235ff., 242ff., 246f., 258
Unerwartetes 75f., 118
Ungewißheit 68
Universalbibliothek 58, 83ff.
Unschärfeprinzip der Nachrichtentheorie 140
Ur-Code 56
Urteil 325
–, disjunktives 97
–, unendliches 97

Variabilität, kontinuierliche 133
Varietät 367ff., 372ff., 377f.
Venn-Diagramme 240ff., 349 A
Vererbung 171, 186
Verhalten 24ff., 68, 286ff.
–, Begriff 286f.
–, Arten 286ff.
–, soziales 396ff.
–, Spieltheorie 403ff.
Verhaltensforschung (Ethologie) 206, 287
Verhaltens-Psychologie 287
Verknüpfen von Nachrichten 201ff.
Verknüpfungen 326
–, elementare 208ff.
–, Theorie der 231ff.
Verstärker 42, 142f.
Verstehen 155ff.
Verzerrung (distortion) 127
Viren 187

Wärme 75
WAGNER, RICHARD 6
Wahl (s. Auswahl)
Wahrheit 73
– sfunktion 41
– stafeln 243
– swert 242
Wahrnehmung 22
Wahrscheinlichkeit 74f.
–, Auftretens- 76, 92, 102f.
–, bedingte 109
–, Folge- 76
–, thermodynamische 75, 121, 376

–, Übergangs- 380
Wahrscheinlichkeitsrechnung 396
WALTER, W. GREY 48, 314ff.
Wandler 18ff., 124, 144ff.
–, endlicher 146f.
–, semantischer 157f.
Weitschweifigkeit s. Redundanz
Weltraumraketen 23
WHEATSTONE, CHARLES 143
Widerspruchs, Satz des 98,
WIENER, NORBERT 1, 7, 8, 42f., 130
WIESER, WOLFGANG 88
Wirtschaft, Modell der 406f.
–, Spieltheorie der 404ff.
WITTGENSTEIN, LUDWIG 41
Wort 55, 63, 326f.

XENOKRATES 61

Zeichen 16, 52ff., 69f., 77, 326
–, statistische Seltenheit 76
–, Theorie der 52ff.
–, triadische Struktur 53, 62
– elemente 56
– muster (pattern) 61, 74
– paare, Auftretenswahrscheinlichkeit 109f.
– serien 106
– träger 52f.
– vorrat 57
Zeigertelegraph, Siemensscher 128f.
Zeit, Bergsonscher Begriff 130
–, Newtonscher Begriff 130
– gesetz 140, 152
– kanal 189
– quant, subjektives 199
Ziele 29f.
Zugriffszeit (eines Speichers) 189, 195
Zuordnen, eineindeutiges 347
Zurechnungsproblem 396
Zustand, wahrscheinlichster 372ff., 376

Quellenverzeichnis der übernommenen Abbildungen

Abb. 2: Naturwissenschaften 48, 250 (1961). — *Abb. 5:* GRIMSEHL-TOMASCHEK: Lehrbuch der Physik, Bd. I. 9. Aufl. 1936, S. 71 (Teubner Verlag, Leipzig). — *Abb. 93, 105, 106:* GRIMSEHL-TOMASCHEK: Lehrbuch der Physik, Bd. II/1. 8. Aufl. 1938, S. 185, 148, 205. — *Abb. 9:* W. ROSS ASHBY: An Introduction to Cybernetics, 2. Aufl. (Chapman & Hall Ltd. London) 1957. S. 84. — *Abb. 12, 49, 109, 125/126:* K. STEINBUCH: Automat und Mensch, Springer-Verlag, Berlin, 2. Aufl. 1963, S. 37, 129, 121, 220, 225. — *Abb. 101:* K. STEINBUCH: Automat und Mensch, Springer-Verlag, Berlin, 1. Aufl. 1961, S. 171. — *Abb. 32, 33, 34, 35:* K. KÜPFMÜLLER: Die Systemtheorie d. elektr. Nachrichtenübertragung, S. Hirzel Verlag, Zürich. 2. Aufl. 1952. S. 243, 246, 248, 249. — *Abb. 42:* Nach REIN, SCHNEIDER, SCHÜTZ, ROTHSCHUH. — *Abb. 43, 44.:* A. v. MURALT: Neue Ergebnisse d. Nervenphysiologie, Springer Verlag, Berlin 1958. S. 130f. — *Abb. 46, 53, 54, 55:* Aufnahme u. Verarbeitung von Nachrichten durch Organismen, S. Hirzel Verlag, Stuttgart, 1961. S. 90, 110f., 113. — *Abb. 50:* Arbeitsgem. f. Forschung d. Landes Nordrhein-Westfalen, Heft 38. Abb. 5 u. 6. — *Abb. 52:* O. F. RANKE: Physiologie des Zentralnervensystems v. Standpunkt d. Regelungslehre. Urban & Schwarzenberg Verlag, München–Berlin 1960. S. 22. — *Abb. 56, 81:* Kybernetik — Brücke zwischen den Wissenschaften, Umschau-Verlag Frankfurt, 3. Aufl. 1964. S. 84, 117. —*Abb. 80, 83:* verändert nach H. GRENIEWSKI: Cybernetics without Mathematics. Oxford/Warschau 1960. S. 65, 167. — *Abb. 87, 88, 89, 90, 107, 110, 113:* Kybernetische Maschinen, S. Fischer-Verlag (Welt i. Werden) 1964, S. 35, 38, 61, 63, 95. — *Abb. 91:* J. E. WHITESITT: Boolesche Algebra u. ihre Anwendungen. Friedr. Vieweg & Sohn, Braunschweig 1964. S. 163. — *Abb. 99:* R. W. POHL: Elektrizitätslehre, Springer Verlag Berlin, 4. Aufl. 1035. S. 5. — *Abb. 100:* Neuere Ergebnisse d. Kybernetik, R. Oldenbourg Verlag, München–Wien 1964. S. 327, 328. — *Abb. 103:* Schneller, schneller, IBM Sindelfingen 1956. S. 35. — *Abb. 104:* Originalaufnahmo, IBM Sindelfingen. — *Abb. 111, 112, 114, 118, 121, 124:* Taschenbuch d. Nachrichtenverarbeitung, Springer Verlag, Berlin 1962. S. 560, 561, 693, 1430, 1435, 1441. — *Abb. 115, 116:* Nach DIETER MÜLLER: Programmierung elektronischer Rechenanlagen (B.J. Hochschultaschenbuch 49) Bibliographisches Institut Mannheim 1964. S. 33. — *Abb. 117:* Theories of Contemporary Psychology, The Macmillan Comp., New York–London 1963. S. 501. — *Abb. 119:* R. GERWIN: Intelligente Automaten, Chr. Belser Verlag, Stuttgart 1964, S. 40. — *Abb. 120:* W. GREY WALTER: Das lebende Gehirn, Kiepenheuer & Witsch Verlag, Köln 1961. S. 142. — *Abb. 122:* Regelungsvorgänge in lebenden Wesen, R. Oldenbourg Verlag, München 1961. S. 42. — *Abb. 123, 127, 128:* Lernende Automaten, R. Oldenbourg Verlag, München 1961, S. 210, 69/70, 66.

Abb. 45 wurde liebenswürdiger Weise für das Buch zur Verfügung gestellt von Prof. Dr. DIETRICH SCHNEIDER MPJ für Verhaltensphysiologie, Seewiesen.